新譯資治通鑑（二十三）

陳紀三—十

張大可
韓兆琦等 注譯

三民書局

國家圖書館出版品預行編目資料

新譯資治通鑑(二十三)／張大可,韓兆琦等注譯.——
初版三刷.——臺北市：三民，2024
冊；　公分.——(古籍今注新譯叢書)

ISBN 978-957-14-6239-4 （全套:精裝）
1. 資治通鑑 2. 注釋

610.23　　105022920

古籍今注新譯叢書
新譯資治通鑑（二十三）

注譯者	張大可　韓兆琦等
創辦人	劉振強
發行人	劉仲傑
出版者	三民書局股份有限公司（成立於 1953 年）

三民網路書店
https://www.sanmin.com.tw

地址	臺北市復興北路 386 號　（復北門市）　(02)2500-6600 臺北市重慶南路一段 61 號（重南門市）　(02)2361-7511
出版日期	初版一刷 2017 年 1 月 初版三刷 2024 年 5 月
全套不分售 ISBN	978-957-14-6239-4

新譯資治通鑑 目次

第二十三冊

卷第一百六十九

陳紀三　起昭陽協洽（癸未　西元五六三年），盡柔兆閹茂（丙戌　西元五六六年），凡四年。

【題解】本卷載述西元五六三—五六六年南北朝四年史事，時當陳朝天嘉四年、五年、六年、天康元年，北周武帝保定三年、四年、五年、天和二年，北齊武成帝太寧三年、四年、後主天統元年、二年。陳文帝討滅江南群雄反叛，通好北周，勵精圖治，數年之間，重新恢復了江南的社會秩序，陳朝獲得了穩定。北周君臣協同，最為稱治。北齊連續宮廷政變，內訌滅殺國力。世祖高湛即位，步高洋後塵，酗酒信讒，殘虐骨肉，招致北周兩次大規模征討，差點喪了國祚。

世祖文皇帝下

天嘉四年（癸未　西元五六三年）

春，正月，齊以太子少傅魏收兼尚書右僕射。時齊主終日酣飲，朝事專委侍中❶高元海。元海庸俗，帝亦輕之，以收才名素盛，故用之。而收畏懦避事，尋坐阿縱，除名❷。

兗州❸刺史畢義雲作書與高元海，論敘時事，元海入宮，不覺遺之。給事中❹李孝貞得而奏之，帝由是疏元海，以孝貞兼中書舍人❺，徵義雲還朝。和士開❻復譖❼元海，帝以馬鞭箠元海六十，責曰：「汝昔教我反，以弟反兄，幾許❽不義！以鄴城兵抗并州，幾許無智！」出為兗州刺史。

甲申❾，周迪眾潰，脫身踰嶺，奔晉安❿，依陳寶應。官軍克臨川⓫，獲迪妻子。寶應以兵資迪，留異又遣子忠臣隨之。

虞寄⓬與寶應書，以十事諫之曰：「自天厭梁德⓭，英雄互起，人人自以為得之，然夷凶翦亂，四海樂推者，陳氏也。豈非曆數有在，惟天所授乎？一也。以王琳之彊，侯瑱之力，進足以搖蕩中原，爭衡天下，退足以屈強江外，雄張偏隅，然或命一旅之師，或資一士之說，琳則瓦解冰泮⓮，投身異域，瑱則厥角稽顙⓯，委命闕庭，斯又天假之[1]威，而除其患。二也。今將軍以藩戚⓰之重，東南之眾，盡忠奉上，勠力勤王，豈不勳高竇融⓱，寵過吳芮⓲，析珪判野⓳，南面稱孤⓴乎？三也。聖朝棄瑕忘過，寬厚得人，至於余孝頃、潘純陀、李孝欽、歐陽頠等，悉委以心腹，任以爪牙，胸中豁然，曾無纖芥㉑。況將軍釁㉒非張繡㉓，罪異畢諶㉔，當何慮於危亡，何失於富貴？四也。方今周、齊鄰睦，境外無虞，并兵一向，匪朝伊夕㉕，非劉、項㉖競逐之機，楚、趙連從㉗之勢，何得雍容㉘高拱㉙，坐論西伯㉚哉？五也。且留將軍狼顧㉛一隅，亟經摧衄㉜，聲實虧喪㉝，膽氣衰沮。其將帥首鼠兩端，唯利是視，孰能被堅執銳，長驅深入，繫馬埋輪㉞，奮不顧命，以先士卒者乎？六也。將軍之彊，孰如侯景？將軍之眾，孰如王琳？武皇滅侯景於前，今上摧王琳於後，此乃天時，非復人力。且兵革㉟已後，民皆厭亂，其孰能棄墳墓，捐㊱妻子，出萬死不顧之計，從將軍於白刃㊲之間乎？七也。歷觀前古，子陽、季孟㊳，顛覆相尋；餘善、右渠㊴，危亡繼及。天命可畏，山川難恃。況將軍欲以數郡之地當天下之兵，以諸侯之資拒天子之命，強弱逆順，可得侔㊵乎？八也。且非我族類，其心必異。不愛其親，豈能及物？留將軍身縻國爵㊶，子尚王姬㊷，猶且棄天屬㊸而弗[2]顧，背明君而孤立，危急之日，豈能同憂共患，不背將軍者乎？至於師老力屈，懼誅利賞，必有韓、智晉陽之謀㊹，張、陳井陘之勢㊺。九也。北軍㊻萬里遠鬭，鋒不可當㊼。將軍自戰其地，人多顧後。眾寡不敵，將帥不侔。師以無名而出，事以無機而動，以此稱兵㊽，未知其利。十也。為將軍計，莫若絕親留氏，遣子入質[3]，釋甲偃兵，一遵詔旨。方今藩維㊾尚少，皇子幼沖㊿，凡豫(51)宗枝[4]，皆蒙寵樹。況以將軍之地，將軍之才，將軍之名，將軍之勢，而克修藩服，北面稱臣，寧與劉澤(52)同年(53)而語其功業哉？寄感恩懷德，不覺狂言，斧鉞之誅，其甘如薺(54)。」寶應覽書大怒。或謂寶應曰：「虞公病勢漸[5]篤(55)，言多錯謬。」寶應意乃小釋，亦以寄民望，故優容之。

【章　旨】以上為第一段，寫陳朝虞寄致書陳寶應，勸其棄割據，就臣職。虞寄陳禍福順逆，諭之以理，動之以情，剖判透澈。無奈亂世軍閥，自矜功伐，心存僥倖，不以民眾生息為意，務求一逞，不到滅宗亡族而不止，悲夫！

【注　釋】❶侍中　官名，門下省長官。實為宰相。❷除名　罷官。❸兗州　州名，治所瑕丘，在今山東兗州北。❹給事中　官名，侍從皇帝，以備顧問。❺中書舍人　官名，主管起草制書詔令。❻和士開　（?—西元五七一年）仕北齊，官至侍中。傳見《北齊書》卷五十、《北史》卷九十二。❼譖　誣陷。❽幾許　多麼；何等。❾甲申　正月十九日。❿晉安　郡名，治所侯官縣，在今福建福州。⓫臨川　郡名，治所臨汝縣，在今江西臨川縣西。⓬虞寄　（?—西元五七九年）字次安，善屬文。陳寶應據有閩中，得寄。陳寶應欲反叛，寄與陳寶應書勸諫。諫書載《陳書》虞寄本傳。下文所載，有所刪略。傳見《陳書》卷十九、《南史》卷六十九。⓭天厭梁德　上天厭棄梁朝。⓮泮　散。⓯厥角稽顙　磕頭歸服。厥角，若崩頭角。《書經・泰誓中》：「百姓栗栗，若崩厥角。」孔傳：若崩摧其角。稽顙，磕頭以額觸地。此為順服之意。⓰藩戚　藩屏皇室的親屬。⓱竇融　東漢人，曾以河西五郡之地歸劉秀。傳見《後漢書》卷二十三。⓲吳芮　秦末率越人起兵，贊助劉邦。傳見《漢書》卷三十四。⓳析珪判野　析、判，作「分」字解。珪，指瑞玉，上圓下方，封諸侯之物。判野，劃疆分野。指得到封賞。⓴南面稱孤　古代君主見群臣時坐北朝南，故稱人君為南面。孤，侯王的自稱。㉑纖芥　細微。㉒釁　嫌隙。㉓張繡　東漢末人，曾殺曹操之子，後歸曹操，曹操不計前怨。傳見《三國志》卷八。㉔畢諶　曾為曹操別駕。張邈據兗州叛曹，劫持其母弟妻子，曹操讓他前去探視，他臨走時說無二心，但離開曹操後遂逃亡而去。後被曹操捉住，被任為魯相。㉕匪朝伊夕　不在早上即在晚上。匪，同「非」。㉖劉項　劉，指劉邦。項，指項羽。㉗楚趙連從　此指蘇秦勸說楚、趙兩國聯合抗秦。連從，合縱。㉘雍容　體態溫文。㉙高拱　高拱兩手；安坐。㉚坐論西伯　語出《後漢書》卷十三〈隗囂傳〉范曄論：「若囂命會符運，敵非天力，雖坐論西伯，豈多嗤乎？」西伯，指周文王，為西方之長。意謂如果隗囂命合符運，所敵不是上天授命的光武帝，雖然自云成為西伯文王，也不會被人笑話。虞寄在這裡的意思是說，當前的形勢既非劉、項楚漢之爭，也非楚、趙合縱抗秦，怎麼能雍容拱手，坐言西伯稱雄一隅之事。㉛狼顧　狼行常回顧。比喻有後顧之憂。㉜亟經摧衄　屢受挫折。衄，挫折之意。㉝聲實虧喪　名譽和實力虧損。㉞繫馬埋輪　拴住馬，把車輪埋起來，喻堅守不退之意。㉟兵革　指戰爭。㊱捐　拋棄。㊲白刃　利刃。㊳子陽季孟　兩人均西漢末割據軍閥。子陽，公孫述字，割據巴蜀。季孟，隗囂字，割據隴右。二人皆為光武帝所滅。傳見《後漢書》卷十三。㊴餘善右渠　餘善，西漢東越王名。右渠，西漢時朝鮮王名。二人皆叛漢，為其屬下所殺。㊵侔　相等。㊶身縻國爵　身有國家爵位。縻，繫住。㊷子尚王姬　留異之子貞臣尚公主。㊸天屬　有血緣關係的直系親屬。㊹韓智晉陽之謀　西元前四〇三年，智伯聯合韓、魏攻趙於晉陽，韓、魏、趙三家反聯合滅智伯。事見《史記》卷四十三〈趙世家〉。㊺張陳井陘之勢　張耳、陳餘原為刎頸之交，後鬧翻結怨。西元前二〇七年，張耳同韓信於井陘口攻殺陳餘。事見《史記》卷八十九〈張耳陳餘列傳〉、《漢書》卷三十二〈張耳陳餘傳〉。㊻北軍　陳朝軍隊從建康來，在晉安北，故稱北軍。㊼萬里遠鬪二句　因遠征，抱有必死的決心，作戰勇猛，來勢不可抵擋。㊽稱兵　舉兵。㊾藩維　屏藩皇室，指文帝諸子。㊿幼沖　幼小，指太子伯宗。(51)豫　通「與」。(52)劉澤　漢高祖疏遠的親屬，封燕王。事見《史記》卷五十一〈荊燕世家〉、《漢書》卷三十五〈荊燕吳傳〉。(53)同年　相等。(54)薺　薺菜，其味甘甜。(55)篤　病勢沉重。

【校　記】[1]之　原作「其」。據章鈺校，十二行本、乙十一行本、孔天胤本皆作「之」，今據改。按，《陳書・虞荔傳附虞寄傳》、《南史・虞荔傳附虞寄傳》皆作「之」。[2]弗　原作「不」。據章鈺校，十二行本、乙十一行本、孔天胤本皆作「弗」，今據改。按，《陳書・虞荔傳附虞寄傳》、《南史・虞荔傳附虞寄傳》皆作「弗」。[3]遣子入質　原無此四字。據章鈺校，十二行本、乙十一行本、孔天胤本皆有此四字，張敦仁《通鑑刊本識誤》、張瑛《通鑑校勘記》同，今據補。[4]枝　原作「族」。據章鈺校，十二行本、乙十一行本、孔天胤本皆作「枝」，張敦仁《通鑑刊本識誤》同，今據改。[5]漸　原作「稍」。據章鈺校，十二行本、乙十一行本、孔天胤本皆作「漸」，張敦仁《通鑑刊本識誤》同，今據改。

【語　譯】世祖文皇帝下

天嘉四年（癸未　西元五六三年）

春，正月，北齊任命太子少傅魏收兼尚書右僕射。當時北齊國主整天恣意飲酒，朝廷事務完全交付侍中高元海處理。高元海平庸鄙陋，皇上高湛也看不起他，因為魏收的才能名望一向很高，所以任用他。但是魏收膽小懦弱，遇事推委躲避，不久便因包庇縱容而獲罪，被罷官。

兗州刺史畢義雲寫信給高元海，評說時政，高元海進宮，沒有發覺自己遺失了這封信。給事中李孝貞撿到後上奏給皇上，皇上因此疏遠了高元海，任命李孝貞兼中書舍人，徵召畢義雲返回朝廷。和士開又誣陷高元海，皇上用馬鞭打了高元海六十鞭，斥責他說：「你先前教唆我造反，以弟反兄，何等不義！用鄴城的兵對抗并州，何等愚蠢！」外放高元海為兗州刺史。

正月十九日甲申，周迪部眾潰散，周迪逃脫，翻山越嶺，逃到晉安，依附陳寶應。官軍攻克臨川，抓獲周迪的妻子兒女。陳寶應派軍隊幫助周迪，留異又派他的兒子留忠臣跟隨周迪。

虞寄寫信給陳寶應，勸諫他十件事，說：「自從上天厭棄梁朝，英雄並起，人人都自以為能得天命，但是削平兇暴，剷除禍亂，四海所樂於推舉的人，只是陳氏。難道不是天命自有所歸，這是上天所授予的嗎？此其一。憑王琳的強大，侯瑱的實力，他們進則足以動搖中原，為爭奪天下與人決一高下，退則足以在長江之外稱霸，雄踞一方，然而朝廷或命一旅之師征討，或靠一介士人的遊說，王琳就瓦解冰消，投身異國，侯瑱則磕頭歸附，把性命也託付給朝廷，這又是上天給了陳氏威嚴，助他剷除禍患。此其二。如今將軍憑藉藩屏皇室的宗親的重要地位，擁有東南地區大量的土地與民眾，竭盡忠誠侍奉皇上，努力為王室效勞，豈不是功勳超過東漢竇融，尊寵超過西漢吳芮，分頒玉珪，劃野封土，南面稱孤了嗎？此其三。聖朝不計較人的瑕疵和過失，寬厚待人，至於像余孝頃、潘純陀、李孝欽、歐陽頠等，都被當做心腹或得力助手加以重用，皇上心胸豁達，沒有一點芥蒂。何況將軍沒有張繡那樣因殺子而出現的嫌隙，也不同於畢諶那樣因背叛而犯下的罪過，何必去顧慮危亡，又怎麼會失去富貴呢？此其四。如今朝廷與周、齊兩國睦鄰相處，境外沒有可憂慮之事，集中兵力用在一方，這是早晚的事。目前的情況，既不是劉邦、項羽角逐的時候，也不是楚、趙合縱抗秦的態勢，怎麼能優雅從容地高拱雙手，坐論西伯割據一方呢？此其五。再說留異將軍偏處一隅，心存後顧之憂，屢遭失敗，聲威實力大受虧損，膽量勇氣衰減頹喪。他的將帥都遲疑動搖，只考慮如何對自己有利，誰能替他披堅甲執利兵，長驅深入，繫住馬埋起車輪，拼命死戰，身先士卒去殺敵呢？此其六。將軍的強大，和侯景相比怎麼樣？將軍的部眾，和王琳相較又怎麼樣？陳武皇帝消滅侯景在前，今上摧毀王琳在後，這是天時，不是人力所能辦得到的。況且戰爭之後，百姓都厭惡動亂，誰能拋棄先人墳塋，丟下妻子兒女，萬死不辭，跟隨將軍在刀劍之間征戰呢？此其七。再觀察一番先前古代之事，當年割據一方的公孫述子陽、隗囂季孟，相繼被推翻；西漢時東越王餘善、朝鮮王右渠，背叛之後也接連遭滅亡。天命使人敬畏，山川險阻是難以倚仗的。何況將軍想拿幾個郡的地方來抵擋天下之兵，用一個諸侯的資本來抗拒天子之命，強與弱，逆與順，能夠相等嗎？此其八。再說，不是我的同類，他的心思必然不同。不愛自己的親屬，怎麼能去愛別人？留異將軍身受國家爵祿，兒子娶了公主為妻，尚且拋棄天然相連的親屬關係而不顧，背叛聖明君主而孤立，危急之時他又怎麼能共憂患而不背叛將軍您呢？等到軍隊疲弱，力量竭盡之時，他懼怕被誅殺而貪求受賞，當年韓君與對手聯合反過來消滅曾一起出兵的智伯的晉陽之謀，張耳攻殺昔日好友陳餘的井陘之戰那種局面一定會再度出現。此其九。北來的官軍萬里遠征，銳不可當。將軍您在自己的封地內作戰，人多有後顧之憂。況且將軍您寡不敵眾，將帥與官軍也不能相比。既沒有正當的出兵理由，也沒有合適的舉事時機，這種情況下起兵，不知道利在哪裡。此其十。替將軍打算，不如斷絕與留異的親戚關係，派遣兒子入陳朝為質，解甲息兵，完全遵照朝廷旨意行事。如今藩國尚少，皇子年幼，凡屬皇室宗族，都受到恩寵扶植。況且，憑著將軍的轄地、將軍的才能、將軍的名望、將軍的權勢，如果能夠盡藩國之職，北面稱臣，其功勳事業豈是僅僅與西漢劉澤相提並論呢？我虞寄感恩戴德，不覺出言狂妄，即使受到斧鉞的懲處，我也像吃薺菜一樣覺得甘甜。」陳寶應看到這封信，十分震怒。有人對陳寶應說：「虞公病勢轉重，說話多有錯謬。」陳寶應這才稍為消了點氣，也因為虞寄頗有人望，所以才寬容了他。

周梁躁公侯莫陳崇從周主如原州。帝夜還長安，人竊怪其故，崇謂所親曰：「吾比聞術者言，晉公今年不利，車駕今忽夜還，不過晉公死耳。」或發其事。乙酉❶，帝召諸公於大德殿，面責崇，崇惶恐謝罪。其夜，冢宰❷護遣使將兵就崇第，逼令自殺，葬如常儀。

壬辰❸，以高州刺史黃法氍為南徐州刺史，臨川太守周敷為南豫州刺史。

周主命司憲大夫❹拓跋迪造大律十五篇❺，二月庚子❻，頒行之[1]。其制罪：一曰杖刑，自十至五十；二曰鞭刑，自六十至百；三曰徒刑，自一年至五年；四曰流刑，自二千五百里至四千五百里；五曰死刑，磬、絞、斬、梟、裂❼。凡二十五等。

庚戌❽，以司空南徐州刺史侯安都為江州刺史。

辛酉❾，周詔：「大冢宰晉國公，親則懿昆❿，任當元輔，自今詔誥及百司文書，並不得稱公名。」護抗表⓫固讓。

三月乙丑朔⓬，日有食⓭之。

齊詔司空斛律光督步騎二萬，築勳掌城於軹關⓮，仍築長城二百里，置十二戍。

丙戌⑮，齊以兼尚書右僕射趙彥深⑯為左僕射⑰。

夏，四月乙未⑱，周以柱國達奚武為太保。

周主將視學⑲，以太傅燕國公于謹⑳為三老㉑。謹上表固辭，不許，仍賜以延年杖。戊午㉒，帝幸太學㉓。謹入門，帝迎拜於門屏之間，謹答拜。有司設三老席於中楹，南向。太師㉔護升階，設几，謹升席，南面憑几而坐。大司馬豆盧寧升階，正舄㉕。帝升階，立於斧扆㉖之前，西面。有司進饌，帝跪設醬豆㉗，親為之袒割㉘。謹食畢，帝親跪授爵以酳㉙。有司撤訖，帝北面立而訪道。謹起，立於席後，對曰：「木受繩則正，后㉚從諫則聖。明王虛心納諫以知得失，天下乃安。」又曰：「去食去兵，信不可去。願陛下守信勿失。」又曰：「有功必賞，有罪必罰，則為善者日進，為惡者日止。」又曰：「言行者，立身之基，願陛下三思而言，九慮而行，勿使有過。天子之過，如日月之食，人莫不知，願陛下慎之。」帝再拜受言，謹答拜。禮成而出。

【章旨】以上為第二段，寫北周國主宇文邕重教化，敬三老，行古禮，興太學。

【注釋】❶乙酉　正月二十日。❷冢宰　官名，為六卿之首。❸壬辰　正月二十七日。❹司憲大夫　官名，秩同御史中丞，主管刑罰。❺造大律十五篇　制定《大律》十五篇。按，《隋書・刑法志》載此事曰：「命司憲大夫拓拔迪掌之。至保定三年三月庚子乃就，謂之《大律》，凡二十五篇。」《大律》篇目《通鑑》作「十五篇」，《隋書》作「二十五篇」並列其篇名，《通鑑》誤，當從《隋書》。❻二月庚子　二月初六日。按，《大律》頒行之日《通鑑》作「二月庚子」，《隋書》作「三月庚子」。保定三年即陳武帝天嘉四年（西元五六三年）三月乙丑朔，無庚子日，故《隋書》誤，當從《通鑑》。❼磬絞斬梟裂　五種死刑。磬，懸體縊殺。絞，用繩勒死。斬，殺頭。梟，殺頭後掛其首於木上示眾。裂，車裂而死，或五馬分屍。❽庚戌　二月十六日。❾辛酉　二月二十七日。❿昆　兄。⓫抗表　上表。⓬乙丑朔　三月初一日。⓭食　通「蝕」。⓮軹關　關名，故址在今河南濟源。⓯丙戌　三月二十二日。⓰趙彥深　本名隱，避齊諱，以字行，北齊人。傳見《北齊書》卷三十八、《北史》卷五十五。⓱左僕射　胡三省注認為當作「右僕射」。趙彥深先是兼右僕射，今正除此職。⓲乙未　四月初二日。⓳視學　周制，天子親臨國學行春秋祭奠及養老之禮，稱為視學。⓴于謹　（西元四九五—五六八年）字思敬，河南洛陽（今河南洛陽）人，周武帝時官至司空，北周元老重臣之一。傳見《周書》卷十五、《北史》卷二十三。㉑三老　古代設三老五更，以尊養老人。㉒戊午　四月二十五日。㉓太學　古學校名，即國學。㉔太師　北周三公之一。勳德崇重者任此官，不置府僚。㉕舄　鞋。古代單底稱履，複底而著木者為舄。㉖斧扆　畫有斧形紋飾的屏風。扆，屏風。㉗醬豆　盛醬器皿，高腳盤。醬為各味中的主味，古人養老，執醬而饋。㉘袒割　天子袒衣，親自切割牲肉。此為古代敬老、養老之禮。㉙酳　用酒漱口。㉚后　古代天子及列國諸侯皆稱后。

【校記】①二月庚子頒行之　原無此七字。據章鈺校，十二行本、乙十一行本、孔天胤本皆有此七字，張敦仁《通鑑刊本識誤》、張瑛《通鑑校勘記》同，今據補。

【語譯】北周梁躁公侯莫陳崇跟隨北周國主宇文邕前往原州。宇文邕當夜回到長安，人們私下對其中的原因感到奇怪。侯莫陳崇對親近的人說：「我近來聽擅長術數的人說，晉國公宇文護今年時運不利，皇上今天突然連夜回京，不過是晉國公快要死了而已。」有人揭發了這件事。正月二十日乙酉，皇上宇文邕在大德殿召集眾公卿，當面斥責侯莫陳崇，侯莫陳崇惶恐謝罪。當夜，冢宰宇文護派使者率兵到侯莫陳崇的府第，逼迫他自殺，而他的葬禮仍按正常儀規舉辦。

正月二十七日壬辰，陳文帝任命高州刺史黃法𣰋為南徐州刺史，臨川太守周敷為南豫州刺史。

北周國主宇文邕命令司憲大夫拓跋迪制定《大律》十五篇，二月初六日庚子，頒布施行。其所規定的刑罰類別為：一曰杖刑，從十杖到五十杖；二曰鞭刑，從六十鞭到一百鞭；三曰徒刑，從一年刑到五年刑；四曰流刑，從二千五百里到四千五百里；五曰死刑，有懸縊、絞殺、砍頭、梟首、車裂等五種。共二十五等。

二月十六日庚戌，陳文帝任命司空南徐州刺史侯安都為江州刺史。

二月二十七日辛酉，北周下詔：「大冢宰晉國公宇文護，論親情是朕的堂兄，論職任位居輔佐大臣之首，從今以後詔書誥命，以及各官署的文書，都不得稱呼晉國公的名字。」宇文護上表堅決辭讓。

三月初一日乙丑，發生日蝕。

北齊下詔命令司空斛律光督率步兵騎兵兩萬人，在軹關修築勳掌城，以此為起點築長城二百里，設置十二處戍守據點。

三月二十二日丙戌，北齊任命兼尚書右僕射趙彥深為左僕射。

夏，四月初二日乙未，北周任命柱國達奚武為太保。

北周國主宇文邕準備視察太學，任命太傅燕國公于謹為三老。于謹上表堅決辭謝，皇上沒有允准，仍然賜給于謹延年手杖。四月二十五日戊午，皇上宇文邕駕臨太學。于謹進門，皇上親自在大門與屏風之間迎拜，于謹回禮答拜。禮儀官在廳堂的正中央設置三老席位，面向南。太師宇文護登上堂階，在三老席位上擺了一個小几案，于謹升堂入席面向南靠著小几案坐定。大司馬豆盧寧登上堂階，把于謹的鞋子放正。然後皇上登上堂階，站立在畫有斧形紋飾的屏風前邊，面向西。膳食官送進飯菜，皇上跪著擺放好醬盤，又袒衣露臂親自為于謹割肉。于謹吃完飯，皇上又親自跪著送上酒爵讓于謹以酒漱口。膳食官撤去酒席之後，皇上面向北站著詢問治國之道。于謹起身，站在席位後回答說：「木材受繩墨規範，就變得端正；帝王接納勸諫，就會聖明。英明的帝王虛心納諫從而知道得失，天下於是安定。」又說：「可以捨棄糧食捨棄兵備，但信用絕不可捨棄。希望陛下謹守信用不要失去。」又說：「有功的一定要獎賞，有罪的一定要懲罰，那樣，為善的人就日益增多，而為惡的人就日益受到禁止。」又說：「言和行，是立身的根本，希望陛下三思而後說話，反覆考慮而後行動，不要讓自己有過失。天子有了過失，如同日蝕月蝕一樣，人們沒有不知道的，希望陛下謹慎。」皇上再拜接受教誨，于謹回拜。禮儀行完，皇上才離開太學。

司空侯安都恃功驕橫，數❶聚文武之士騎射賦詩，齋❷中賓客，動至千人。部下將帥，多不遵法度，檢問收攝❸，輒奔歸安都。上性嚴整，內銜之，安都弗之覺。每有表啟❹，封訖，有事未盡，開封自書之云：「又啟某事。」及侍宴，酒酣，或箕踞❺傾倚。常陪樂遊園禊飲❻，謂上曰：「何如作臨川王時？」上不應。安都再三言之。上曰：「此雖天命，抑亦明公之力。」宴訖，啟借供帳❼水飾，欲載妻妾於御堂宴飲。上雖許之，意甚不懌❽。明日，安都坐於御座，賓客居羣臣位，稱觴上壽❾。會重雲殿災，安都帥將士帶甲入殿，上甚惡之，陰為之備。及周迪反，朝議謂當使安都討之，而上更使吳明徹。又數遣臺使按問❿安都部下，檢括⓫亡叛。安都遣其別駕⓬周弘實自託於舍人蔡景歷⓭，并問省中事。景歷錄其狀，具奏之，因希旨⓮稱安都謀反。上慮其不受召，故用為江州。

五月，安都自京口還建康，部伍入于石頭。六月，帝引安都宴於嘉德殿，又集其部下將帥會于尚書朝堂，於坐收安都，囚于嘉德西省，又收其將帥，盡奪馬仗而釋之。因出蔡景歷表，以示於朝，乃下詔暴⑮其罪惡，明日，賜死，宥⑯其妻子，資給其喪。

初，高祖在京口，嘗與諸將宴，杜僧明、周文育、侯安都為壽，各稱功伐⑰。高祖曰：「卿等悉良將也，而並有所短。杜公志大而識闇⑱，狎⑲於下而驕於上；周侯交不擇人，而推心過差；侯郎慠誕⑳而無厭，輕佻而肆志㉑；並非全身㉒之道。」卒皆如其言。

【章旨】以上為第三段，寫陳朝侯安都居功自傲，縱下陵上，身犯大不敬之罪而不自知，糾糾武夫，不學之過也。陳霸先識人、知人，而能駕御狂夫為己用，代蕭氏而有天下，良有以也。

【注釋】❶數　屢次；多次。❷齋　屋舍。多指書房、學舍。此指府中。❸收攝　拘捕。❹表啓　表與啟均為奏文之一種。❺箕踞　古時坐於席上，伸兩足，手據膝，形若畚箕，為傲慢不敬之姿態。❻禊飲　臨水修禊，攜帶食品在野外宴飲。❼供帳　用具帷帳。❽懌　歡喜；快樂。❾稱觴上壽　舉杯祝壽。觴，古代酒杯。❿臺使按問　由御史臺派出的官員，進行審查訊問。⓫檢括　清查。⓬別駕　官名，州刺史的佐吏，總理政務。⓭蔡景歷　（西元五一九－五七八年）字茂世，陳朝大臣，官至御史中丞，守度支尚書。傳見《陳書》卷十六、《南史》卷六十八。⓮希旨　迎合皇帝意旨。⓯暴　顯露；宣布。⓰宥　赦免。⓱功伐　功績。積功曰伐。⓲闇　昏暗。⓳狎　親近而態度不莊重。⓴慠誕　傲慢放縱。慠，同「傲」。㉑肆志　縱情；快意。㉒全身　保全生命。

【語譯】陳朝司空侯安都倚仗有功，驕縱專橫，多次召集文人武士騎馬射箭，吟詩作賦，府中賓客動輒上千人。他部下的將帥，大多不遵守法度，一遇到官府查問或收捕，就逃到侯安都那裡。陳文帝本性嚴格認真，內心對此十分不滿，而侯安都並未覺察。每有上表奏啟，本已經封好，因感到還有事情言猶未盡，便打開封口自己補寫道：「又啟奏某事。」等到入宮陪皇上宴飲，酒喝得很盡興了，有時就十分不敬地伸腿而坐，或歪著身子靠在柱子上。他曾經陪皇上在樂遊園臨水修禊，攜食宴飲，在席上竟然對皇上說：「跟做臨川王時相比怎麼樣？」皇上不回答，侯安都再三這樣說。皇上說：「這雖然是天命，不過也仰賴了明公的力量。」飲宴結束後，侯安都啟奏皇上要借用皇上的供宴飲用的帷帳、用具和裝飾華麗的遊船，想接他的妻妾到御堂上宴飲。皇上雖然答應了，內心很不高興。第二天，侯安都坐在給皇上設的座位上，賓客們處在群臣的位置上，給他舉杯祝壽。適逢重雲殿失火，侯安都率將士穿著鎧甲帶著兵器進入殿內，陳文帝十分厭惡，暗中對他加以防備。等到周迪反叛，公卿朝議認為應當讓侯安都領兵去討伐，陳文帝卻改派吳明徹去，又多次派御史臺的官員審訊侯安都的部屬，清查他們接納逃亡叛亂罪犯的情況。侯安都派他的別駕周弘實投靠中書舍人蔡景歷，打探中書省的機密。蔡景歷記下了周弘實的各種情況，一一奏報陳文帝，並迎合陳文帝的旨意稱侯安都謀反。陳文帝擔心侯安都不接受徵召，所以任命他為江州刺史。

五月，侯安都從京口回到建康，部隊開進石頭城。六月，陳文帝帶著侯安都在嘉德殿宴飲，又把侯安都的部屬將帥集中在尚書省朝堂，於是在宴席上拘捕了侯安都，把他囚禁在嘉德殿的西廂房，又拘捕了侯安都的部屬將帥，全部收繳了他們的馬匹兵器然後釋放。陳文帝這時才拿出蔡景歷的奏表，向朝臣們展示，於是下詔公布侯安都的罪惡，第二天，賜死，但寬赦了他的妻子兒女，還資助侯安都家舉辦葬事。

當初，高祖陳霸先在京口時，曾與諸將宴飲，宴席上杜僧明、周文育、侯安都向陳霸先敬酒祝他長壽，並各自稱說戰功。高祖說：「卿等都是良將，但也都有短處。杜公志向遠大但見識不明，對下屬親近卻不莊重，對上級態度傲慢；周侯交友不擇人，對人過於坦誠；侯郎傲慢放肆而不知滿足，舉止輕佻而隨心所欲；這都不是保全生命所應該做的。」最終這幾個人的結局都像高祖說的那樣。

乙卯[1]，齊主使兼散騎常侍崔子武來聘。

齊侍中、開府儀同三司和士開有寵於齊主，齊主外朝視事❷，或在內宴賞，須臾之間，不得不與士開相見，或累日不歸，一日數入；或放還之後，俄頃即追，未至之間，連騎督趣❸。姦諂百端，寵愛日隆，前後賞賜，不可勝紀。每侍左右，言辭容止，極諸鄙褻❹，以夜繼晝，無復君臣之禮。常謂帝曰：「自古帝王，盡為灰土，堯舜❺、桀紂❻，竟復何異？陛下宜及少壯，極意為樂，縱橫❼行之。一日取快，可敵千年。國事盡付大臣，何慮不辦？無為自勤約❽也！」帝大悅。於是委趙彥深掌官爵，元文遙❾掌財用，唐邕❿掌外、騎兵⓫，信都馮子琮⓬、胡長粲⓭掌東宮。帝三四日一視朝，書數字而已，略無所言，須臾罷入。長粲，僧敬之子也。

帝使士開與胡后⓮握槊。河南康獻王孝瑜⓯諫曰：「皇后，天下之母，豈可與臣下接手？」孝瑜又言：「趙郡王叡⓰，其父死於非命⓱，不可親近。」由是叡及士開共譖之。士開言孝瑜奢僭，叡言「山東⓲唯聞河南王，不聞有陛下。」帝由是忌之。孝瑜竊與爾朱御女言⓳，帝聞之，大怒。庚申⓴，頓飲㉑孝瑜酒三十七盃。孝瑜體肥大，腰帶十圍㉒，帝使左右婁子彥載以出，酖㉓之於車，至西華門，煩躁投水而絕。贈太尉、錄尚書事㉔。諸侯在宮中者，莫敢舉聲，唯河間王孝琬㉕大哭而出。

秋，七月戊辰㉖，周主幸原州。

八月辛丑㉗，齊以三臺宮為大興聖寺。

九月壬戌㉘，廣州刺史陽山穆公歐陽頠卒，詔子紇襲父爵位。

甲子㉙，周主自原州登隴㉚。

周迪復越東興嶺㉛為寇，辛未㉜，詔護軍章昭達㉝將兵討之。

丙戌㉞，周主如同州㉟。

初，周人欲與突厥木杆可汗㊱連兵伐齊，許納其女為后，遣御伯大夫㊲楊荐㊳及左武伯㊴太原王慶㊵往結之。齊人聞之，懼，亦遣使求昏於突厥，賂遺甚厚。木杆貪齊幣重，欲執荐等送齊。荐知之，責木杆曰：「太祖昔與可汗共敦鄰好，蠕蠕㊶部落數千來降，太祖悉以付可汗使者，以快可汗之意，如何今日遽欲背恩忘義，獨不愧鬼神乎？」木杆慘然良久曰：「君言是也。吾意決矣，當相與共平東賊，然後送[1]女。」荐等復命。

公卿請發十萬人擊齊，柱國㊷楊忠㊸獨以為得萬騎足矣。戊子㊹，遣忠將步騎一萬，與突厥自北道伐齊。又遣大將軍達奚武帥步騎三萬，自南道出平陽㊺，期會於晉陽。

冬，十一月辛酉[46]，章昭達大破周迪。迪脫身潛竄山谷，民相與匿之，雖加誅戮，無肯言者。

十二月辛卯[47]，周主還長安。○丙申[48]，大赦。

章昭達進軍，度嶺，趣建安[49]，討陳寶應，詔益州[50]刺史余孝頃督會稽[51]、東陽[52]、臨海[53]、永嘉[54]諸軍自東道會之。

是歲，初祭始興昭烈王[55]於建康，用天子禮[56]。

周楊忠拔齊二十餘城。齊人守陘嶺之隘[57]，忠擊破之。突厥木杆、地頭、步離[58]三可汗以十萬騎會之。己酉[59]，自恆州[60]三道俱入。時大雪數旬，南北千餘里，平地數尺。齊主自鄴倍道赴之，戊午[61]，至晉陽。斛律光將步騎[2]三萬屯平陽。己未[62]，周師及突厥逼晉陽。齊主畏其彊，戎服帥宮人欲東走避之。趙郡王叡、河間王孝琬叩馬[63]諫。孝琬請委叡部分，必得嚴整。帝從之，命六軍進止皆取叡節度[64]，而使并州刺史段韶[65]總之。

【章旨】以上為第四段，寫北齊國主高湛荒怠政事，招致北周大規模征討。

【注釋】❶乙卯 六月二十三日。❷視事 處理政事；辦公。❸督趣 督促。❹鄙褻 鄙陋輕慢；低俗齷齪。❺堯舜 皆為古代部落首領，傳說中的上古聖王。❻桀紂 夏桀、商紂王，皆為古代著名的暴君。❼縱橫 放縱而無約束。❽勤約 辛勤節簡。❾元文遙 （？—西元五七一年）字德遠，北齊河南洛陽人，歷官給事黃門侍郎、散騎常侍、侍中、中書監。傳見《北齊書》卷三十八、《北史》卷五十五。❿唐邕 字道和，北齊太原晉陽人，仕北齊，典職兵機，長期執掌丞相府外兵曹、騎兵曹。入周授儀同大將軍，卒於鳳州刺史。傳見《北齊書》卷四十、《北史》卷五十五。⓫外騎兵 外兵與騎兵。時北齊有外兵省與騎兵省。⓬馮子琮 （？—西元五七一年）北齊信都人，官至吏部尚書。傳見《北齊書》卷四十、《北史》卷五十五。⓭胡長粲 北齊安定臨涇人，官至黃門侍郎，出入禁中，北齊後主時權臣之一。事附《北齊書》卷四十八〈胡長仁傳〉。⓮胡后 北齊武成帝皇后。傳見《北齊書》卷九、《北史》卷十四。⓯孝瑜 （？—西元五六三年）東魏執政高澄之長子，北齊時封為河南王，卒諡康獻。傳見《北齊書》卷十一、《北史》卷五十二。⓰趙郡王叡 （西元五二九—五六五年）東魏趙郡王高琛之子，襲爵。傳附《北齊書》卷十三〈趙郡王琛傳〉、《北史》卷五十一〈趙郡王琛傳〉。⓱其父死於非命 高叡之父高琛為勃海王高歡之弟，因淫亂後庭，受杖而死。⓲山東 此指太行山以東之地。⓳孝瑜竊與爾朱御女言 齊制設八十一御女，古之御妻。《北齊書》卷十一〈河南康舒王孝瑜傳〉云：「爾朱御女名摩女，本事太后，孝瑜先與之通。」⓴庚申 六月二十八日。㉑頓飲 一次給他飲酒。㉒十圍 形容極其粗大。按，一圍長度，說法不一，有一圍等於三寸、五寸等說。㉓酖 用毒物害人。㉔錄尚書事 官名，總領尚書事，獨攬大權。㉕孝琬 高孝瑜之弟，封河間王。傳見《北齊書》卷十一、《北史》卷五十二。㉖戊辰 七月六日。㉗辛丑 八月十日。㉘壬戌 九月一日。㉙甲子 九月三日。㉚隴 指隴坂。地名，在今陝西隴縣、寶雞與甘肅清水縣、張家川回族自治縣之間。㉛東興嶺 嶺名，在今江西黎川縣、福建光澤之間。㉜辛未 九月十日。㉝章昭達 （西元五一八—五七一年）字伯通，吳興武康（今浙江德清）人，官至侍中。傳見《陳書》卷十一、《南史》卷六十六。㉞丙戌 九月二十五日。㉟如同州 前往同州。如，往。同州，州名，治所武鄉縣，在今陝西大荔。㊱木杆可汗 突厥伊利可汗之弟，名俟斤。在位二十年。事見《周書》卷五十。可汗，我國古代突厥、回紇等族最高統治者的稱號。㊲御伯大夫 官名，北周新置。侍從皇帝，同侍中之職。㊳楊荐 （？—西元五六八年）北周秦郡寧夷縣（縣治在今陝西禮泉東北）人，官至總管、梁州刺史。傳見《周書》卷三十三、《北史》卷六十九。㊴左武伯 官名，侍衛之官。㊵王慶 （？—西元五八一年）字興慶，北周太原郡祁縣人，官至延州總管。傳見《周書》卷三十三、《北史》卷六十九。㊶蠕蠕 即柔然，古代北方民族。南朝譯為芮芮，北朝譯為蠕蠕。㊷柱國 官名，職位較高的武官。㊸楊忠 （西元五〇七—五六八年）隋文帝之父。

仕北周，官至大司空，封隨國公。傳見《周書》卷十九。㊹戊子　九月二十七日。㊺平陽　縣名，晉州治所，在今山西臨汾。㊻辛酉　十一月初一。㊼辛卯　十二月初一。㊽丙申　十二月六日。㊾建安　郡名，治所建安縣，在今福建建甌。㊿益州　州名，治所成都縣，在今四川成都。按，時益州已入於周，不屬陳，應說是遙領。(51)會稽　郡名，治所山陰縣，在今浙江紹興。(52)東陽　郡名，治所長山縣，在今浙江金華。(53)臨海　郡名，治所章安縣，在今浙江臨海東南。(54)永嘉　郡名，治所永寧縣，在今浙江溫州。(55)始興昭烈王　陳高祖兄道譚，封始興王，諡昭烈。《陳書》、《南史》中亦作「陳道談」。(56)用天子禮　文帝嗣高祖，以子伯茂奉始興昭烈王之祀。今初以天子之禮祀之，不合舊禮。(57)陘嶺之隘　代州雁門縣（今山西代縣）有東陘關、西陘關。(58)地頭步離　二人名，木杆可汗分國為三部：木杆牙帳居都斤山，地頭可汗統東方，步離可汗統西方。(59)己酉　十二月十九日。(60)恆州　州名，治所平城，在今山西大同東北。(61)戊午　十二月二十八日。(62)己未　十二月二十九日。(63)叩馬　勒住馬。(64)節度　節制調度；指揮。(65)段韶　（？—西元五七一年）北齊人，官至太師。傳見《北齊書》卷十六、《北史》卷五十四。

【校　記】①送　原作「遣」。據章鈺校，十二行本、乙十一行本皆作「送」，今據改。按，《通鑑紀事本末》卷二四作「送」。②騎　原作「兵」。據章鈺校，十二行本、乙十一行本、孔天胤本皆作「騎」，今據改。

【語　譯】六月二十三日乙卯，北齊國主派兼散騎常侍崔子武到陳朝來通問修好。

北齊侍中、開府儀同三司和士開受到北齊國主高湛的恩寵，齊主不論是在外朝處理政事，還是在宮內宴飲玩賞，即使只是片刻時間，不與和士開相見都不行，有時連日不讓和士開回家，有時一天之內多次召他進宮，有時放他回家後，不一會兒就派人去把他追回來，在他還沒有到來的時候，接二連三派人策馬去催促。和士開的奸邪諂媚花樣百出，齊主對他的寵愛也一天比一天隆盛，對他前後的賞賜，多得不可記數。每當他在齊主身邊侍候時，言辭舉止，極其低俗齷齪，兩人夜以繼日在一起，不再有君臣之禮。和士開常常對皇上說：「從古以來的帝王，全都成了灰土，堯舜與桀紂，最終又有什麼兩樣？陛下應當趁年輕體壯，極意行樂，要無拘無束地放縱去做。如此快樂一天，可以抵得上活一千年。國家事務全都交給大臣，何憂不能辦成？自己用不著那樣辛勤節儉！」皇上聽了大為高興。於是委託趙彥深掌管封官授爵，元文遙掌管財政開支，唐邕掌管外兵與騎兵，信都人馮子琮、胡長粲掌理東宮。皇上三四天才上一次朝，只寫幾個字的旨意而已，完全沒有話要說，一會兒就罷朝入宮。胡長粲，是胡僧敬的兒子。

齊主要和士開與胡皇后一起玩握槊賭博的遊戲，河南康獻王高孝瑜進諫說：「皇后，是天下人之母，怎麼可以與臣下玩耍碰手？」高孝瑜又說：「趙郡王高叡，他的父親死於非命，不可親近他。」從此高叡與和士開兩人共同誣陷高孝瑜，和士開說高孝瑜生活奢侈超越身分，高叡說「山東只聽說有河南王，不聽說有陛下。」皇上由此猜忌高孝瑜。高孝瑜私自與爾朱御女交談，皇上聽說後，大怒。六月二十八日庚申，皇上逼迫高孝瑜一口氣喝了三十七杯酒。高孝瑜體態肥大，腰帶有十圍，皇上派身邊的親信婁子彥用車拉高孝瑜出宮，在車上用毒酒灌他，到了西華門，高孝瑜心中煩悶躁動，投水而死。事後追贈高孝瑜太尉、錄尚書事。當時留在宮中的諸侯王，沒有一個敢放聲哭泣，只有河間王高孝琬大聲痛哭出了皇宮。

秋，七月初六日戊辰，北周國主宇文邕巡幸原州。

八月初十日辛丑，北齊把三臺宮改名為大興聖寺。

九月初一日壬戌，陳朝廣州刺史陽山穆公歐陽頠去世，陳文帝下詔歐陽頠的兒子歐陽紇繼承父親的爵位。

九月初三日甲子，北周國主宇文邕從原州登上隴山。

陳朝周迪重又翻過東興嶺進行侵犯。九月初十日辛未，陳文帝下詔護軍章昭達率軍討伐周迪。

九月二十五日丙戌，北周國主宇文邕前往同州。

當初，北周想與突厥木杆可汗連兵討伐北齊，答應迎娶木杆可汗的女兒為皇后，派御伯大夫楊荐和左武伯太原人王慶前往聯繫。北齊聽到消息，深感恐懼，也派使者向突厥求婚，贈送的財物很豐厚。木杆可汗貪圖北齊財禮厚重，想把楊荐等人抓起來送到北齊。楊荐知道了，責備木杆可汗說：「周太祖宇文泰先前與突厥可汗共同加深了彼此間的睦鄰友好關係，蠕蠕部落幾千家來投降，太祖全部把他們交給可汗的使者，以滿足可汗的心願，為什麼今天突然想要背恩忘義，這樣做難道不會愧對鬼神嗎？」木杆可汗非常難過地過了好一陣才說：「你的話是對的，我下定決心了，要和你們共同討平東賊，然後送女出嫁。」楊荐等回國覆命。

北周公卿請求出兵十萬攻打北齊，柱國楊忠獨獨認為有一萬騎兵就足夠了。九月二十七日戊子，派楊忠率步騎一萬，與突厥一起從北路進攻北齊。又派大將軍達奚武率步騎三萬，從南路由平陽出發，約定在晉陽會師。

冬，十一月初一日辛酉，陳朝章昭達大敗周迪。周迪逃脫，祕密流竄在山谷中，民眾一起藏匿他，即使藏匿者會遭誅殺，但仍沒有人肯說出周迪的藏身之處。

十二月初一日辛卯，北周國主回到長安。〇初六日丙申，陳朝實行大赦。

章昭達進軍，翻過東興嶺，奔赴建安，討伐陳寶應。陳文帝又下詔書命令益州刺史余孝頃督率會稽、東陽、臨海、永嘉各路軍隊從東路進軍，與章昭達會合。

這一年，陳文帝在建康第一次祭祀高祖陳霸先之兄始興昭烈王陳道譚，用天子的禮儀。

北周楊忠攻下了北齊二十多座城邑，北齊扼守陘嶺險要關口，楊忠也把它攻破了。突厥的木杆、地頭、步離三可汗率十萬騎兵與北周軍隊會合。十二月十九日己酉，從恒州分兵三路一起進入北齊境內。當時大雪下了幾十天，南北一千多里的地區，平地積雪數尺。北齊國主高湛從鄴城兼程急行趕往前線。二十八日戊午，到達晉陽。斛律光率步兵、騎兵三萬人屯駐平陽。二十九日己未，北周軍隊和突厥騎兵逼近晉陽。齊主畏懼對方兵力強大，身著軍裝，帶領宮人想往東逃跑躲避。趙郡王高叡、河間王高孝琬勸住皇上的馬勸諫。高孝琬請求委派高叡來部署軍隊，一定能使軍隊嚴明整齊起來。皇上高湛聽從了，下令全軍進退都聽從高叡的節制調度，並派并州刺史段韶總領軍事。

五年（甲申　西元五六四年）

春，正月庚申朔❶，齊主登北城❷，軍容甚整。突厥咎周人曰：「爾言齊亂，故來伐之。今齊人眼中亦有鐵，何可當邪？」

周人以步卒為前鋒，從西山下，去城二里許。諸將咸欲逆擊❸之，段韶曰：「步卒力勢，自當有限。今積雪既厚，逆戰非便，不如陳以待之❹。彼勞我逸，破之必矣。」既至，齊悉其銳兵①鼓譟而出。突厥震駭，引上西山，不肯戰，周師大敗而還。突厥引兵出塞❺，縱兵大掠，自晉陽以往❻七百餘里，人畜無遺。段韶追之，不敢逼。突厥還至陘嶺，凍滑，乃鋪氈以度，胡馬寒瘦，膝已下皆無毛，比至長城❼，馬死且盡，截矟杖之❽以歸。

達奚武至平陽，未知忠退。斛律光與書曰：「鴻鵠❾已翔於寥廓❿，羅者猶視於沮澤⓫。」武得書，亦還。光逐之，入周境，獲二千餘口而還。光見帝於晉陽，帝以新遭大寇，抱光頭而哭。任城王湝⓬進曰：「何至於此！」乃止。

初，齊顯祖之世，周人常懼齊兵西度，每至冬月，守河椎冰⓭。及世祖即位，嬖倖用事，朝政漸紊，齊人椎冰以備周兵之逼。斛律光憂之，曰：「國家常有吞關、隴⓮之志，今日至此，而唯翫聲色⓯乎？」

辛巳⓰，上⓱祀北②郊。

二月庚寅朔⑱，日有食之。

初，齊顯祖命羣官刊定魏麟趾格⑲為齊律，久而不成。時軍國⑳多事，決獄罕依律文，相承謂之「變法從事㉑」。世祖即位，思革其弊，乃督修律令者，至是而成，律十二篇㉒，令四十卷㉓。其刑名有五：一曰死，重者轘㉔之，次梟首，次斬，次絞；二曰流，投邊裔㉕為兵；三曰刑，自五歲至一歲；四曰鞭，自百至四十；五曰杖，自三十至十。凡十五等㉖。其流內[3]官及老、小、閹、癡㉗并過失應贖者，皆以絹代金。三月辛酉㉘，班行之，因大赦㉙。是後為吏者始守法令。又敕仕門㉚子弟常講習之，故齊人多曉法。

又令民十八受田輸租調㉛。二十充兵，六十免力役㉜，六十六還田，免租調。一夫受露田㉝八十畝，婦人四十畝，奴婢依良人㉞，牛受六十畝。大率一夫一婦調絹一匹㉟，綿八兩，墾租㊱二石，義租㊲五斗；奴婢準良人之半㊳；牛調二尺，墾租一斗，義租五升。墾租送臺㊴，義租納郡以備水旱。

己巳㊵，齊羣盜田子禮等數十人，共劫太師彭城景思王浟㊶為主，詐稱使者，徑向浟第㊷，至內室，稱敕，牽浟上馬，臨以白刃㊸，欲引向南殿。浟大呼不從，盜殺之。

庚辰㊹，周初令百官執笏㊺。

齊以斛律光為司徒㊻，武興王普㊼為尚書左僕射。普，歸彥之兄子也。甲申㊽，以馮翊王潤㊾為司空。

夏，四月辛卯㊿，齊主使兼散騎常侍皇甫亮(51)來聘(52)。○庚子(53)，周主遣使來聘。

癸卯(54)，周以鄧公河南竇熾(55)為大宗伯(56)。五月壬戌(57)，封世宗之子賢(58)為畢公。

甲子(59)，齊主還鄴。

壬午(60)，齊以趙郡王叡為錄尚書事，前司徒婁叡(61)為太尉。甲申(62)，以段韶為太師。丁亥(63)，以任城王湝為大將軍(64)。

壬辰(65)，齊主如晉陽。○周以太保達奚武為同州刺史。

六月，齊主殺樂陵王百年(66)。時白虹圍[4]日再[5]重，又橫貫而不達；赤星見(67)；齊主欲以百年厭之(68)。會博陵人賈德胄教百年書，百年嘗作數「敕」字，德胄封以奏之(69)。帝發怒，使召百年。百年自知不免，割帶玦(70)留與其妃斛律氏，見帝於涼風堂。使百年書「敕」字，驗與德胄所奏相似。遣左右亂捶之，又令曳(71)之遶[72]堂行且捶，所過血皆遍地。氣息將盡，乃斬之，棄諸池，池水盡赤。妃把玦哀號不食，月餘亦卒，玦猶在手，拳不可開，其父光自擘之，乃開。

庚寅[73]，周改御伯為納言[74]。

初，周太祖之從賀拔岳在關中也，遣人迎晉公護於晉陽。護母閻氏及周主之姑[75]皆留晉陽，齊人以配中山宮[76]。及護用事，遣間使[77]入齊求之，莫知音息。齊遣使者至玉壁[78][6]，求通互市。護欲訪求母、姑，使司馬下大夫[79]尹公正至玉壁，與之言，使者甚悅。勳州刺史韋孝寬獲關東[80]人，復縱之，因致書為言西朝[81]欲通好之意。是時，周人以前攻晉陽不得志，謀與突厥再伐齊。齊主聞之，大懼，許遣護母西歸，且求通好，先遣其姑歸。

秋，八月丁亥朔[82]，日有食之。○周遣柱國楊忠將兵[7]會突厥伐齊，至北河[83]而還。

戊子[84]，周以齊公憲為雍州牧[85]，宇文貴[86]為大司徒。九月丁巳[87]，以衛公直[88]為大司空。追錄[89]佐命元功，封開府儀同三司隴西公李昞為唐公，太馭中大夫[90]長樂公若干鳳[91]為徐公。昞，虎之子。鳳，惠之子也。

乙丑[92]，齊主封其子綽[93]為南陽王，儼為東平王。儼[94]，太子之母弟也。

突厥寇齊幽州，眾十餘萬，入長城，大掠而還。

周皇姑之歸也，齊主遣人為晉公護母作書，言護幼時數事，又寄其所著錦袍，以為信驗[95]。且曰：「吾屬千載之運[96]，逢[8]大齊之德，矜老開恩，許得相見。禽獸草木，母子相依。吾有何罪，與汝分離？今復何福，還望見汝？言此悲喜，死而更蘇。世間所有，求皆可得，母子異國[97]，何處可求？假汝貴極王公，富過山海，有一老母，八十之年，飄然千里，死亡旦夕，不得一朝暫見[98]，不得一日同處，寒不得汝衣，飢不得汝食，汝雖窮榮極盛，光耀世間，於吾何益？吾今日之前，汝既不得申其供養，事往何論？今日以後，吾之殘命，唯繫於汝爾[99]。戴天履地[100]，中有鬼神，勿云冥昧[101]，而可欺負[102]！」護得書，悲不自勝。復書[103]曰：「區宇分崩[104]，遭遇災禍，違離膝下[105]，三十五年。受形[9]稟氣[106]，皆知母子，誰同薩保[107]，如此不孝！子為公侯，母為俘隸[108]，暑不見母暑，寒不見母寒，衣不知有無，食不知飢飽，泯如天地之外[109]，無由暫聞。分懷冤酷[110]，終此一生，死若有知，冀[111]奉見於泉下耳！不謂齊朝解網[112]，惠以德音[113]，磨敦、四姑[114]，並許矜放[115]。初聞此旨，魂爽飛越[116]，號天叩地，不能自勝。齊朝霈然之恩[117]，既已霑洽[118]，有家有國，信義為本，伏度來期[119]，已應有日。一得奉見慈顏[120]，永畢生願。

生死肉骨[121]，豈過今恩？負山戴岳[122]，未足勝荷。」

齊人留護母，使更與護書，邀[123]護重報，往返再三。時段韶拒突厥軍於塞下，齊主使黃門徐世榮乘傳[124]齎[125]周書問韶。韶以「周人反覆，本無信義，比[126]晉陽之役，其事可知。護外託為相，其實主也[127]。既為母請和，不遣一介之使[128]。若據移書[129]，即送其母，恐示之以弱。不如且外許之[130]，待和親堅定，然後遣之未晚。」齊主不聽，即遣之。

閻氏至周，舉朝稱慶[131]，周主為之大赦。凡所資奉[132]，窮極華盛。每四時伏臘[133]，周主帥諸親戚行家人之禮[134]，稱觴上壽。

突厥自幽州[135]還，留屯塞北[136]，更集諸部兵[137]，遣使告周，欲與共擊齊如前約。

閏月[138]乙巳[139]，突厥寇齊幽州。

晉公護新得其母，未欲伐齊，又[10]恐負突厥約，更生邊患[140]，不得已，徵二十四軍[141]及左右廂[142]散隸秦、隴、巴、蜀之兵并羌、胡內附者，凡二十萬人。冬，十月甲子[143]，周主授護斧鉞於廟庭[144]。丁卯[145]，親勞軍[146]於沙苑。癸酉[147]，還宮。

護軍至潼關，遣柱國尉遲迥帥精兵十萬為前鋒，趣洛陽，大將軍權景宣[148]帥山南[149]之兵趣懸瓠[150]，少師楊檦出軹關。

周迪復出東興，宣城太守錢肅鎮東興，以城降迪。吳州[151]刺史陳詳[152]將兵擊之，詳兵大敗，迪眾復振。

南豫州刺史西豐脫侯周敷帥所部擊之，至定川[153]，與迪對壘。迪紿[154]敷曰：「吾昔與弟勠力同心，豈規相害[155]？今願伏罪[156]還朝，因弟披露心腑，先乞挺身共盟。」敷許之，方[157]登壇，為迪所殺。

陳寶應據建安、晉安[11]二郡，水陸為柵[158]，以拒章昭達。昭達與戰，不利，因據上流，命軍士伐木為筏，施拍其上。會大雨，江漲，昭達放筏衝寶應水柵，盡壞之。又出兵攻其步軍，方合戰[159]，上遣將軍余孝頃自海道適至[160]，并力乘之[161]。十一月己丑[162]，寶應大敗，逃至莆口[163]，謂其子曰：「早從虞公[164]計，不至今日。」昭達追擒之，并擒留異及其族黨[165]，送建康，斬之。異子貞臣以尚主得免，寶應賓客皆死。

上聞虞寄嘗諫寶應，命昭達禮遣詣建康[166]。既見，勞之曰：「管寧[167]無恙[168]。」以為衡陽王[169]掌書記[170]。

周晉公護進屯弘農[171]。甲午[172][12]，尉遲迥圍洛陽，雍州牧齊公憲、同州刺史達奚武、涇州總管王雄[173]軍於邙山[174]。

戊戌[175]，齊主使[13]兼散騎常侍劉逖[176]來聘。

初，周楊檦為邵州[177]刺史，鎮捍東境[178]二十餘年，數與齊戰，未嘗不捷，由是輕之。既出軹關，獨引兵深入，又不設備。甲辰[179]，齊太尉婁叡將兵奄至[180]，大破檦軍，檦遂降齊。

權景宣圍懸瓠，十二月，齊豫州[181]道行臺[182]、豫州刺史太原王士良[183]、永州刺史蕭世怡[184]並以城降之。景宣使開府郭彥守豫州，謝徹守永州[185]，送士良、世怡及降卒千人於長安。

周人為土山、地道以攻洛陽，三旬不克。晉公護命諸將塹斷[186]河陽[187]路，遏齊救兵，然後同攻洛陽。諸將以為齊兵必不敢出，唯張斥候[188]而已。

齊遣蘭陵王長恭[189]、大將軍斛律光[190]救洛陽，畏周兵之彊，未敢進。齊主召并州刺史段韶，謂曰：「洛陽危急，今欲遣王救之。突厥在北，復須鎮禦，如何？」對曰：「北虜侵邊，事等疥癬。今西鄰闚逼[191]，乃腹心之病[192]，請奉詔南行。」齊主曰：「朕意亦爾。」乃令韶督精騎一千發晉陽。丁巳[193]，齊主亦自晉陽赴洛陽。

己未[194]，齊太宰平原靖翼王淹[195]卒。

段韶自晉陽行五日，濟河[196]，會連日陰霧，壬戌[197]，韶至洛陽，帥帳下三百騎，與諸將登邙阪[198]，觀周軍形勢。至大和谷〔14〕，與周軍遇，韶即馳告諸營，追集騎士[199]，結陳以待之。韶為左軍，蘭陵王長恭為中軍，斛律光為右軍。周人不意其至，皆恟懼[200]。韶遙謂周人曰：「汝宇文護纔得其母，遽[201]來為寇，何也？」周人曰：「天遣我來，有何可問！」韶曰：「天道賞善罰惡，當遣汝送死來耳！」周人以步兵在前，上山逆戰[202]。韶且戰且卻以誘之，待其力弊，然後下馬擊之。周師大敗，一時瓦解，投墜[203]溪谷死者甚眾。

蘭陵王長恭以五百騎突入周軍，遂至金墉城下。城上人弗識，長恭免冑示之面[204]，乃下弩手救之。周師在城下者亦解圍遁去，委棄營幕，自邙山至穀水[205]，三十里中，軍資器械，彌滿川澤。唯齊公憲、達奚武及庸忠公王雄在後，勒兵[206]拒戰。

王雄馳馬衝斛律光陳，光退走，雄追之。光左右皆散，唯餘一奴一矢。雄按矟不及光者丈餘，謂光曰：「吾惜爾不殺，當生將爾見天子。」光射雄中額，雄抱馬走，至營而卒。軍中益懼。

齊公憲拊循[207]督勵，眾心小安[208]。至夜，收軍，憲欲待明更戰。達奚武曰：

「洛陽軍散，人情震駭，若不因夜[209]速還，明日欲歸不得。武在軍久，備[210]見形勢，公少年未經事[211]，豈可以數營士卒委之虎口乎？」乃還。權景宣亦棄豫州走。

丁卯[212]，齊主至洛陽。己巳[213]，以段韶為太宰[214]，斛律光為太尉，蘭陵王長恭為尚書令[215]。壬申[216]，齊主如虎牢[217]，遂自滑臺[218]如黎陽[219]，丙子[220]，至鄴。

楊忠引兵出沃野[221]，應接突厥，軍糧不給[222]，諸軍憂之，計無所出。忠乃招誘稽胡[223]酋長咸在坐，詐使河州刺史王傑勒兵鳴鼓而至，曰：「大冢宰[224]已平洛陽，欲與突厥共討稽胡之不服者。」坐者皆懼，忠慰諭而遣之。於是諸胡相帥饋輸[225]，軍糧填積[226]。屬[227]周師罷歸，忠亦還。

晉公護本無將略，是行[228]也，又非本心，故無功，與諸將稽首謝罪[229]。周主慰勞罷之。

是歲，齊山東[230]大水，飢死者不可勝計。

宕昌王梁彌定[231]屢寇周邊，周大將軍田弘[232]討滅之，以其地置宕州[233]。

【章旨】以上為第五段，寫北齊高湛當政引來北周兩次大規模征討，北周與突厥合兵三十餘萬，由於北周大冢宰宇文護將略為短，而師出不僅無名，而且不義，且又準備不足，遭受北周建國以來最沉重的慘敗。

【注釋】❶庚申朔 正月初一。❷北城 晉陽北城。❸逆擊 迎擊；迎戰。❹陳以待之 布陣而等待。陳，通「陣」。❺塞 邊界；險要之處。❻以往 此指晉陽以北。❼長城 指北齊文宣帝時所築長城。❽截矟杖之 把矛截斷當拐杖拄著。矟，同「槊」。矛。❾鴻鵠 天鵝。❿寥廓 此謂天空高遠空曠。⓫沮澤 水草叢生的沼澤地帶。⓬任城王湝 （？—西元五七八年）即高湝，高歡第十子，官至大丞相，封任城王。傳見《北齊書》卷十、《北史》卷五十一。⓭椎冰 搗碎黃河表面冰層，不讓封凍。⓮關隴 古泛指函谷關以西、隴山以東一帶地區。⓯唯翫聲色 只喜歡歌舞和女色。⓰辛巳 正月二十二日。⓱上 皇上，此指陳文帝。⓲庚寅朔 二月初一。⓳麟趾格 東魏孝靜帝在位時，於興和三年（西元五四一年）令群臣於麟趾閣議定法制，故稱《麟趾格》。事見本書卷一百五十八〈梁紀〉十四武成帝大同七年。格，律令的一種。⓴軍國 軍務與國政。㉑變法從事 改變法律解釋，依從事例，實際上是棄置法律，隨意定案。㉒律十二篇 北齊武成帝河清三年（西元五六四年），尚書令、趙郡王叡等奏上《齊律》十二篇，包括一名列，二禁衛，三婚戶，四擅興，五違制，六詐偽，七門訟，八賊盜，九捕斷，十毀損，十一廄牧，十二雜律。詳見《隋書》卷二十五〈刑法志〉。㉓令四十卷 新《令》四十卷，基本上採納魏、晉故事。㉔轘 車裂人的酷刑。㉕邊裔 邊遠的地方。㉖凡十五等 死四等、流一等、徒五等、鞭五等、杖三等，通計十八等。《資治通鑑》依《隋書》卷二十五〈刑法志〉「大凡十五等」之文。㉗閹癡 閹，經過手術而失去生育能力的人。癡，患痴呆症的人。㉘辛酉 三月初三日。㉙因大赦 赦其舊罪，此後犯法者，皆以法令處置。㉚仕門 指入仕之家。㉛輸租調 調向國家交納地租與戶調（戶稅）。㉜力役 徭役。㉝露田 不栽樹的土地稱為露田，即耕作地。㉞奴婢依良人 指奴婢受田畝同良人。奴婢，奴隸。良人，平民百姓。㉟一匹 長四丈為一匹。匹也作「疋」。㊱墾租 田租。交納官府。㊲義租 於田租之外交納的租糧，送交郡中的義倉，以備災荒。㊳奴婢準良人之半 奴婢交納百姓的一半。㊴送臺 送交臺省。指中央戶部。㊵己巳 三月十一日。㊶彭城景思王浟 即高浟（？—西元五六四年），高歡第五子，官至太師、錄尚書事。封彭城王。傳見《北齊書》卷十、《北史》卷五十一。㊷徑向浟第 直接走進高浟住宅。㊸臨以白刃 舉刀相加，以示威脅。㊹庚辰 三月二十二日。㊺笏 古代朝會時臣子所執的手板，有事則寫在上面，以備遺忘。高品用象牙製作，低品則用竹木。㊻司徒 北齊以司徒、司空、太尉並稱三公，勳德崇重者才任此職。㊼武興王普 即高普，高歸義之子，武平間為司空、尚書令，後降北周。傳見《北齊書》卷十四、《北史》卷五十一。㊽甲申 三月二十六日。㊾馮翊王潤 即高潤，高歡第十四子。傳見《北齊書》卷十、《北史》卷五十一。㊿辛卯 四月初三日。(51)皇甫亮 仕北齊，官至任城太守。傳附《北史》卷三十八〈皇甫和傳〉。(52)聘 古代各國之間通問修好。(53)庚子 四月十二日。(54)癸卯 四月十五日。(55)竇熾 （西元五〇七—五八四年）字光成，扶風平陵（今陝西咸陽西北）人，歷仕西魏、北周與隋三代，官至太傅，封鄧國公。傳見《周書》卷三十、《北史》卷六十一。[56]大宗伯　古代六卿之一，掌邦國祭祀典禮。北周亦設此職，職掌類同禮部尚書。[57]壬戌　五月五日。[58]世宗之子賢　即宇文賢（？—西元五八〇年），北周明帝之子，封畢國公。傳見《周書》卷十三、《北史》卷五十八。[59]甲子　五月七日。[60]壬午　五月二十五日。[61]婁叡　（？—西元五六七年）仕北齊，官至太尉。傳附《北齊書》卷十五〈婁昭傳〉、《北史》卷五十四〈婁昭傳〉。[62]甲申　五月二十七日。[63]丁亥　五月三十日。[64]大將軍　武官名，位同三公，為執政者所加官號。[65]壬辰　五月戊午朔，無壬辰。疑為六月。即六月五日。[66]樂陵王百年　即高百年（？—西元五六四年），北齊孝昭帝第二子。傳見《北齊書》卷十二、《北史》卷五十二。[67]見　通「現」。[68]厭之　古人以白虹貫日為預示君王遇害的天象異兆，齊主殺高百年以壓服將來可能出現的災殃。[69]封以奏之　加封而奏進。[70]玦　玉佩。[71]曳　拖；牽引。[72]遶　圍繞。[73]庚寅　六月三日。[74]改御伯為納言　把天官府御伯司改為天官府納言司。御伯司長官為御伯中大夫，納言司長官為納言中大夫。職掌出納王命，陪侍左右，類似侍中之職。[75]周主之姑　宇文泰之妹。[76]配中山宮　在中山宮裡供役使。[77]間使　負有伺隙行事使命的使者。[78]玉壁　城名，北魏王思政所築。在稷山縣（今山西稷山縣）南。[79]司馬下大夫　即軍司馬之職，主管軍事。[80]關東　古泛稱函谷關以東之地。[81]西朝　北周。因在關西，故稱西朝。[82]丁亥朔　八月初一。[83]北河　古稱黃河上游窳渾縣故城（在今內蒙古杭錦後旗）東的一段為北河。[84]戊子　八月二日。[85]雍州牧　官名，雍州的最高長官。[86]宇文貴　（西元五四三—五六九年）宇文憲長子。年十七卒。傳附《周書》卷十二〈齊煬王憲傳〉、《北史》卷五十八〈齊煬王憲傳〉。[87]丁巳　九月二日。[88]衛公直　即宇文直（？—西元五七四年），宇文泰之子，封衛國公。傳見《周書》卷十三、《北史》卷五十八。[89]追錄　追記。[90]太馭中大夫　官名，為夏官府大馭司長官，正五命。職掌皇帝出行車馬及道路管理。若干鳳外任洛州刺史，徵拜此官。《周書》、《北史》均作「大馭中大夫」。「太」、「大」二字通。[91]若干鳳　西魏司空若干惠之子。傳附《周書》卷十七〈若干惠傳〉、《北史》卷六十五〈若干惠傳〉。[92]乙丑　九月十日。[93]綽　即北齊武成帝長子高綽。傳見《北齊書》卷十二、《北史》卷五十二。[94]儼　即武成帝第三子高儼（西元五五八—五七一年）。傳見《北齊書》卷十二、《北史》卷五十二。[95]信驗　憑證。[96]千載之運　千載難逢的運氣。[97]母子異國　指母子不同在一個國家。[98]一朝蹔見　一時相見。蹔，同「暫」。[99]唯繫於汝爾　只關聯在你身上了。[100]戴天履地　上有天，下有地。[101]勿云冥昧　不要說昏暗。冥，夜晚。昧，昏暗。[102]欺負　欺詐負義。[103]復書　回信。[104]區宇分崩　天下分裂。區，指疆域。宇，指上下四方。[105]膝下　舊時人子上稟父母稱膝下。意為依依父母之前，如未成年，以示親愛。[106]受形稟氣　得到形體和精氣的人。稟，受。[107]薩保　宇文護字薩保。[108]俘隸俘虜、奴隸。(109)泯如天地之外　如天地以外那樣不存在。泯，消滅；消失。(110)分懷冤酷　心中分外冤痛。分，過分。(111)冀　希望。(112)不謂齊朝解網　沒想到齊朝寬宥。解網，寬宥；解網放生。(113)德音　佳音；好消息。(114)磨敦四姑　宇文護兄弟稱其母為「阿磨敦」。四姑即周主之姑，排行第四。(115)矜放　憐憫而釋放。(116)魂爽飛越　魂魄飛揚，言極為興奮。(117)霈然之恩　恩澤浩大。霈然，下大雨的樣子。(118)霑洽　潤澤；沾濡。(119)伏度來期　我估計歸來日期。伏，身體前傾，面向下，示恭敬。度，揣測；考慮。(120)慈顏　指母親慈祥而和藹的容顏，代指母親。(121)生死肉骨　謂恩惠極大。生死，使死者復生。肉骨，使枯骨再長肉。(122)負山戴岳　背負山，頭頂岳，比喻恩惠之重。(123)邀　求。(124)傳　古代驛站用四匹馬拉的車。(125)賫　帶。(126)比　近；近來。(127)外託為相二句　表面上假託為輔相，實際上主持國政。(128)一介之使　一個使者。一介，一個。(129)移書　傳送書信。(130)外許之　表面上應允他。(131)舉朝稱慶　全朝皆道賀。稱慶，猶言道賀。(132)資奉　奉送給閻氏的財物。(133)伏臘　古時夏天的伏日，冬天的臘日，都是節日，合稱伏臘。(134)行家人之禮　按家裡人長幼尊卑之禮行事。(135)幽州　州名，治所薊城，在今天津市薊縣。(136)留屯塞北　駐紮在長城北。(137)更集諸部兵　又集合各部兵馬。(138)閏月　此指周曆閏九月。(139)乙巳　周曆閏九月二十日。(140)更生邊患　再次發生邊境禍患。指突厥進犯。(141)二十四軍　指六柱國及十二大將軍所統關中諸府兵。宇文泰相西魏時，定左右各十二軍，并屬相府。(142)左右廂　禁衛兵，兼有秦、隴、巴、蜀之兵，散隸於左右廂者。(143)甲子　十月十日。(144)廟庭　廟堂。(145)丁卯　十月十三日。(146)親勞軍　親自犒勞軍隊。(147)癸酉　十月十九日。(148)權景宣　（?—西元五六七年）字暉遠，北周天水郡顯親縣（今甘肅天水市西）人，官至荊州總管。傳見《周書》卷二十八、《北史》卷六十一。(149)山南　指荊、襄一帶。(150)懸瓠　地名，在今河南汝南縣。(151)吳州　州名，治所鄱陽縣，在今江西鄱陽。(152)陳詳　（西元五二三—五六四年）字文幾，陳朝人，官至吳州刺史。傳見《陳書》卷十五、《南史》卷六十五。(153)定川　縣名，縣治在今江西臨川縣北。(154)紿　欺詐。(155)豈規相害　豈能設謀加害。規，謀劃。(156)伏罪　服罪。(157)方　剛；才。(158)水陸為柵　駐軍所在水、陸地上築造柵寨以加強防禦能力。(159)合戰　交戰。(160)自海道適至　從海路正好趕到。(161)并力乘之　合力乘機攻殺。乘，趁機。(162)己丑　十一月五日。(163)莆口　地名，在今福建莆田東。(164)虞公　虞寄。(165)族黨　聚居的同族親屬。(166)禮遣詣建康　以禮相待，送往建康。(167)管寧　字幼安，東漢末北海郡朱虛縣人，曾客居遼東，不受公孫度爵命，後來歸還鄉里。此以虞寄比作管寧。(168)無恙　無疾無憂。問候用語。(169)衡陽王　即陳世祖第七子陳伯言（?—西元五八九年），封衡陽王。傳見《陳書》卷二十八、《南史》卷六十五。(170)掌書記　官名，掌治府內文書。(171)弘農　郡名，治所弘農縣，在今河南靈寶。(172)甲午　十一月初十日。(173)王雄　（西元五〇七—五六四年）仕北周，官至柱國大將軍。傳見《周書》卷十九、《北史》卷六十。(174)邙山　山名，在今河南洛陽北。(175)戊戌　十一月十四日。(176)劉逖　（西元五二五—五七三年）仕北齊，官至儀同三司。傳見《北齊書》卷四十五、《北史》卷四十二。(177)邵州　州名，治所亳城縣，在今山西垣曲東南。(178)鎮捍東境　鎮守、捍衛周東部邊境。(179)甲辰　十一月二十日。(180)奄至　突然來到。奄，忽然；突然。(181)豫州　州名，治所上蔡縣，在今河南汝南縣。(182)行臺　東漢以後政權所寄稱臺省，臺省設在外地的機構稱為行臺。(183)王士良　（西元五〇〇—五八一年）先仕北齊，後歸北周，官至并州刺史。傳見《周書》卷三十六、《北史》卷六十七。(184)蕭世怡　即梁武帝弟鄱陽王恢之子蕭泰，字世怡。以名犯周太祖諱，故稱字。傳見《周書》卷四十二、《南史》卷五十二、《北史》卷二十九。(185)永州　州名，治所楚城，在今河南信陽北。(186)塹斷　挖掘深溝，阻斷交通。(187)河陽　縣名，縣治在今河南孟州西北。(188)唯張斥候　只設置哨兵放哨。斥候，軍中伺望敵兵之人，猶如今天的偵察兵。(189)蘭陵王長恭　即高孝瓘（？—西元五七三年），齊世祖第四子。傳見《北齊書》卷十一、《北史》卷五十二。(190)斛律光　（西元五一五—五七二年）字明月，仕北齊，官至大將軍、太尉。傳附《北齊書》卷十七〈斛律金傳〉、《北史》卷五十四〈斛律金傳〉。(191)闚逼　窺伺逼迫。(192)腹心之病　比喻深患。(193)丁巳　十二月初三日。(194)己未　十二月初五日。(195)平原靖翼王淹　即高歡第四子高淹（？—西元五六四年）。傳見《北齊書》卷十、《北史》卷五十一。按，《北齊書》之〈文宣帝紀〉、〈廢帝紀〉、〈武成帝紀〉、本傳及《北史》本傳等「原」俱作「陽」，疑此有誤。(196)濟河　渡過黃河。河，指黃河。(197)壬戌　十二月初八日。(198)邙阪　邙即北邙山，亦稱邙山，在今河南洛陽北。阪，山坡；斜坡。(199)追集騎士　迅速集合騎兵。(200)忷懼　震動恐懼。(201)遽　疾；速。(202)上山逆戰　上北邙山迎戰齊兵。(203)投墜　跳下、墜落。(204)免冑示之面　脫下頭盔，讓對方看面孔。冑，頭盔。(205)穀水　河名，洛水支流。發源於弘農澠池縣（今河南澠池），東流至洛陽，入洛水。(206)勒兵　統率軍隊。(207)拊循　安撫；撫慰。拊，通「撫」。(208)小安　稍安。小，稍微。(209)因夜　趁著夜間。因，依靠。(210)備　盡。(211)少年未經事　年少沒有經歷過戰事。(212)丁卯　十二月十三日。(213)己巳　十二月十五日。(214)太宰　官名，又稱大冢宰。輔佐皇帝治理國家。(215)尚書令　官名，尚書省長官。輔佐帝王，執掌朝政。實為宰相。(216)壬申　十二月十八日。(217)虎牢　即虎牢關。在今河南滎陽西北。(218)滑臺　地名，在今河南滑縣南。(219)黎陽　縣名，縣治在今河南浚縣東北。(220)丙子　十二月二十二日。(221)沃野鎮　名，故址在今內蒙古烏拉特中後聯合旗內。(222)不給　供應不足。(223)稽胡　族名，是生活在銀州、夏州一帶（今陝西北部、山西西北部）的少數民族。(224)大冢宰　指宇文護。(225)饋輸　贈送、獻納。饋，贈物。(226)填積　堆積。(227)屬　正巧；適值。(228)是行　這次軍事行動。是，這。(229)稽首謝罪　磕頭認罪。(230)齊山東　指太行山以東的齊國之地。(231)梁彌定　（？—西元五六四年）羌人酋長。西魏大統七年（西元五四一年）始立為宕昌王。北周保定間，叛服無常，四年（西元五六四年），滅於北周。

事見《周書》卷四十九。232田弘（？—西元五七四年）仕北周，官至大司空。傳見《周書》卷二十七、《北史》卷六十五。233宕州　州名，治所陽宕縣，在今甘肅宕昌東。

【校　記】1兵　原作「師」。據章鈺校，十二行本、乙十一行本、孔天胤本皆作「兵」，今據改。2北　原作「南」，據章鈺校，十二行本、乙十一行本皆作「北」，今據改。按，《陳書・世祖紀》作「北」。3內　原作「外」。據章鈺校，十二行本、乙十一行本、孔天胤本皆作「內」，今據改。按，《隋書・刑法志》作「內」。4圍　原作「暈」。據章鈺校，十二行本、乙十一行本、孔天胤本皆作「圍」，今據改。按，《北齊書・樂陵王百年傳》、《北史・樂陵王百年傳》皆作「圍」。5再　原作「兩」。據章鈺校，十二行本、乙十一行本、孔天胤本皆作「再」，今據改。按，《北齊書・樂陵王百年傳》、《北史・樂陵王百年傳》皆作「再」。6玉壁　原作「玉璧」。據章鈺校，十二行本、乙十一行本、孔天胤本皆作「玉壁」，今據改。下同。7將兵　原無此二字。據章鈺校，十二行本、乙十一行本、孔天胤本皆有此二字，今據補。8逢　原作「蒙」。據章鈺校，十二行本、乙十一行本、孔天胤本皆作「逢」，今據改。按，《周書・晉蕩公護傳》作「逢」。9形　原作「生」。據章鈺校，十二行本、乙十一行本、孔天胤本皆作「形」，張敦仁《通鑑刊本識誤》同，今據改。10又　原無此字。據章鈺校，十二行本、乙十一行本、孔天胤本皆有此字，張敦仁《通鑑刊本識誤》同，今據補。11建安晉安　原作「晉安建安」。據章鈺校，十二行本、乙十一行本、孔天胤本二詞皆互乙，今據改。按，《陳書・章昭達傳》作「建安晉安」。12甲午　原無此二字。據章鈺校，十二行本、乙十一行本、孔天胤本皆有此二字，張敦仁《通鑑刊本識誤》同，今據補。按，《周書・武帝紀上》、《北史・高祖武帝紀》皆有此二字。13使　原作「遣」。據章鈺校，十二行本、乙十一行本、孔天胤本皆作「使」，今據改。14大和谷　原作「太和谷」。據章鈺校，十二行本、乙十一行本、孔天胤本皆作「大和谷」，今據改。

【語　譯】五年（甲申　西元五六四年）

春，正月初一日庚申，北齊國主登上晉陽北城，看到軍容非常整齊。突厥人怪罪北周人說：「你們說北齊混亂，所以來討伐。現今北齊軍人高度戒備，以至眼中有鐵，怎麼能抵敵？」

北周軍以步兵為前鋒，從西山下來，離晉陽城兩里左右。北齊眾將都要上前迎戰，段韶說：「步兵的力量有限，如今積雪已經很厚了，迎戰不便，不如嚴陣以待。對方疲勞，我方安逸，一定能打敗敵人。」北周軍到達陣前後，北齊的全部精銳部隊擊鼓吶喊著衝了出來，突厥兵大為震驚，退上西山，不肯出戰，於是北周軍大敗而回。突厥可汗領兵退走出塞，放縱士兵大肆搶掠，從晉陽以北七百餘里，人畜全被搶光。段韶追擊，也不敢過於逼近。突厥退軍到達陘嶺，山路上冰凍很滑，只得鋪上毛氈翻山，胡馬受寒瘦弱，膝以下都沒有毛了，等走到長城，馬都快死完了，士兵把長矛截斷當拐杖拄著走了回去。

達奚武到達平陽，不知道楊忠已經退走。斛律光寫信給達奚武說：「天鵝已經飛翔在高遠空曠的天空之上，張網的人卻還盯著地上的沼澤。」達奚武收到信後，也領兵退回。斛律光隨之追擊，進入北周境內，俘獲了二千多人後退回。

斛律光在晉陽朝見齊主，齊主因新遭大軍入侵，抱著斛律光的頭痛哭。任城王高湝上前說：「何至於這樣！」齊主這才止住了痛哭。

當初，齊顯祖高洋在世時，北周常常懼怕齊軍向西渡過黃河，每到冬天，守在河邊搗碎河面的冰層。等到齊世祖高湛即位，受寵幸的小人當權，朝政逐漸紊亂，反過來是北齊人搗碎河面的冰層以防備周兵進逼了。斛律光感到憂慮，說：「國家先前常有吞併關隴的壯志，今天卻到了這種地步，而皇上仍只顧沉迷在歌舞與女色之中嗎？」

正月二十二日辛巳，陳文帝在北郊祭地。

二月初一日庚寅，發生日蝕。

當初，北齊顯祖高洋命群臣刊定北魏的《麟趾格》作為齊律，拖延很久沒有完成。當時軍務國政事情繁多，判案很少依照法律條文，遞相沿襲，稱為「變法從事」。世祖高湛即位，想改革這一弊病，便督促修訂律令的官員，直到這時終於得以完成，有《律》十二篇，《令》四十卷。刑法的名目有五種：一曰死刑，最重的是車裂罪犯，其次是梟首示眾，再次是砍頭，再次是絞殺；二曰流放，發配到邊遠地方充軍；三曰徒刑，從五年刑期到一年刑期；四曰鞭刑，從一百鞭到四十鞭；五曰杖刑，從三十棍到十棍。這五種刑罰總共有十五等。凡是從一品到九品的流內官，以及老人、幼童、太監、痴呆，及過失犯罪而應當罰款贖罪的，一律用絹代錢。三月初三日辛酉，頒布施行，並大赦在此之前的舊罪。自頒行之後，官員才開始遵照法令行事。又敕令官宦子弟要經常學習律令，所以北齊人大多瞭解法律。

又規定百姓滿十八歲即受田繳納租調。二十歲要服兵役，到六十歲免除徭役，六十六歲交還田地，免除租調。一個男丁受露田八十畝，婦人受四十畝，奴婢受田依照平民的標準，養一頭耕牛受田六十畝，大體上一夫一婦繳納調絹一匹，綿八兩，繳納田租兩石粟，義租五斗粟，奴婢按平民的半數繳納，一頭牛徵收調絹二尺，田租一斗粟，義租五升粟。田租送交國庫，義租交給本郡以備水旱災害之用。

三月十一日己巳，北齊的盜賊團伙田子禮等幾十人，共同劫持太師彭城景思王高浟，要他當首領。這夥人詐稱是使者，逕直闖進高浟的宅第，來到內室，聲稱有敕令，強拉高浟上馬，用刀逼迫，想讓他領著到皇宮的南殿。高浟大聲呼喊著不肯聽從，這夥人把他殺了。

三月二十二日庚辰，北周開始下令要求百官執笏板上朝。

北齊任命斛律光為司徒，武興王高普為尚書左僕射。高普，是高歸彥哥哥的兒子。三月二十六日甲申，任命馮翊王高潤為司空。

夏，四月初三日辛卯，北齊國主派兼散騎常侍皇甫亮到陳朝來通問修好。〇十二日庚子，北周國主派使者到陳朝來通問修好。

四月十五日癸卯，北周任命鄧國公河南人竇熾為大宗伯。五月初五日壬戌，封世宗宇文毓的長子宇文賢為畢國公。

五月初七日甲子，北齊國主回到鄴城。

五月二十五日壬午，北齊任命趙郡王高叡為錄尚書事，前司徒婁叡為太尉。二十七日甲申，任命段韶為太師。三十日丁亥，任命任城王高湝為大將軍。

壬辰日，北齊國主前往晉陽。〇北周任命太保達奚武為同州刺史。

六月，北齊國主高湛殺樂陵王高百年。當時，太陽周圍出現兩道白虹，橫貫而不相通；赤星出現；北齊國主想用高百年來驅避災殃。適逢博陵人賈德胄教高百年寫字，高百年曾經寫過幾個「敕」字，賈德胄密封後上奏高湛。高湛大怒，派人宣召高百年。高百年自知不免一死，割下腰帶上的玉玦留給妃子斛律氏，在涼風堂參見皇上高湛。高湛讓高百年寫「敕」字，查驗後與賈德胄上奏的「敕」字相似。高湛派身邊的人亂棒捶打高百年，又命人拖著高百年繞涼風堂邊走邊打，所過之處鮮血遍地。在他氣息將盡時，砍了他的頭，把他丟到水池裡，池水全被染紅了。高百年的妃子拿著玉玦悲哀地號哭，不吃飯，一個多月後也死了，死的時候玉玦還握在手上，攥成一拳，掰不開，她的父親斛律光親自用手掰，才掰開了。

六月初三日庚寅，北周改御伯官名為納言。

當初，北周太祖宇文泰跟隨賀拔岳在關中的時候，派人從晉陽迎接晉國公宇文護回來。宇文護的母親閻氏，以及當今北周國主宇文邕的姑姑都留在晉陽，北齊把她們發配到中山宮供役使。等到宇文護掌權，派密使到北齊尋找她們，沒有人知道她們的音訊。北齊派使者到玉壁，要求開通兩國間邊貿往來。宇文護想訪求他的母親和姑姑，就派司馬下大夫尹公正到玉壁，同北齊使者商談，北齊使者非常高興。勳州刺史韋孝寬抓獲了關東北齊的人，又把他們放了，順便讓他們帶信到北齊，信中表示了西面的北周願意與北齊往來交好的意思。這時，北周因為先前攻打晉陽沒有取勝，準備與突厥一起再次征伐北齊。北齊國主高湛聽到這消息，十分恐懼，於是答應送宇文護的母親回到西面的北周，並且要求兩國往來交好，還先把宇文邕的姑姑送回去。

秋，八月初一日丁亥，發生日蝕。〇北周派柱國楊忠率領部隊會合突厥征伐北齊，進軍到北河退回。

八月初二日戊子，北周任命齊國公宇文憲為雍州牧，宇文貴為大司徒。九月初二日丁巳，任命衛國公宇文直為大司空，還追錄輔佐帝業的開國元勳，封開府儀同三司隴西公李昞為唐國公、太馭中大夫長樂公若干鳳為徐國公。李昞，是李虎的兒子。若干鳳，是若干惠的兒子。

九月初十日乙丑，北齊國主高湛封皇子高綽為南陽王，高儼為東平王，高儼，是太子高緯的同母弟。

突厥侵犯北齊幽州，部眾有十多萬人，進入長城，大肆劫掠後退走。

北周皇上的姑姑回來時，北齊國主高湛派人替晉國公宇文護的母親寫信，信中提到宇文護幼年時的幾件事，又寄出自己穿的錦袍作為證物。信中還說：「我遇上了千載難逢的好運氣，蒙受大齊的德澤，憐惜我年老，施與我恩惠，允許我與你相見。即使是禽獸草木，尚且母子相依。我有什麼罪過，要與你分離？如今又不知哪來的福分，仍舊有希望與你見面？說到這裡悲喜交加，如同死而復生。世間有的東西，只要追求都能得到，可是母子分離於兩國，怎樣才能求得團聚？即使你尊貴已至王公，富有超過山海，卻還有一個老母，八十高齡，飄零在千里之外，生命只在旦夕之間，卻不能有哪怕一刻短暫的相見，不能有哪怕一天的團聚，凍了得不到你的衣裳，餓了得不到你的食物，你即使極盡榮華與隆盛，光彩照耀於世，對我又有什麼益處？在今天以前，你已經沒能盡供養我的責任，事情過去了我還有什麼好說的？從今以後，我的餘生就只靠你了。頭頂青天，腳踏大地，中間還有鬼神，不要認為天地鬼神幽暗飄渺，就可以欺詐而違背道義！」宇文護得到書信，悲傷得不能自制。寫了一封回信說：「疆域分裂，遭遇災禍，遠離母親膝下，已經三十五年了。天地間凡是稟受身體和精氣的人，都知道母子之情，誰像我宇文薩保，竟如此不孝！兒子貴為公侯，母親卻當了俘虜奴隸，熱天看不到母親受暑，冬天看不到母親受凍，不知母親有無衣穿，也不知母親吃飯是飢是飽，像是消失在天地之外，無法打聽到一點消息。我心中分外冤痛，恐怕會就這樣終此一生，死後如果有知，只希望在九泉之下能再見到和侍奉您罷了！想不到齊朝網開一面，送來了好消息，對磨敦、四姑，都答應予以憐憫而釋放。剛聽到這一佳音，高興得魂魄好像飛越千里之外，我呼叫、叩拜天地，不能自制。齊朝浩大的恩德，既已讓人廣受潤澤，有家有國，一定會以信義為本，我虔敬估算母親回來的日期，那一天已經應該不遠。一旦能拜見母親慈祥的容顏，便可永遠了卻我此生的心願。即使是使死者復生，使枯骨長肉，哪裡能超過今天齊朝放還母親的深恩？如同背負高山，頭頂大嶽，齊朝恩德之深重真讓我承受不起。」

北齊留下宇文護的母親，讓她再給宇文護寫信，想求得宇文護的分量更重的回報，這樣往返了幾次。當時段韶在邊塞抵禦突厥軍隊，北齊國主派黃門徐世榮乘驛車帶了北周的書信去徵求段韶的意見。段韶認為「北周反覆無常，原本就沒有信義，從最近的晉陽戰役，就可以知道這一點。宇文護表面上託名是丞相，其實就如一國之君那樣在主持國政。他既然為了母親講和，卻不派一個使臣前來。如果只憑送來的幾封書信，就送回他的母親，只怕會顯示我們的軟弱。不如暫且表面上答應他，等待兩國和好親善的基礎堅定了，然後放還他母親也不晚。」北齊國主高湛沒有聽從，立即送宇文護母親回國。

閻氏回到北周，滿朝慶賀，北周國主宇文邕特為此實行大赦。所有供奉給閻氏的財禮，都極其華美豐盛。每年的四季節日和伏日臘日，北周國主宇文邕都要帶領各位親戚向閻氏行家人之禮，舉杯敬酒，祝她長壽。

突厥從幽州退還，仍留屯在塞北，重新集合各部兵馬，派使者通告北周，想與北周共擊北齊，如同先前所約定的那樣。北周曆閏九月二十日乙巳，突厥侵犯北齊幽州。

晉國公宇文護剛迎回母親，不想討伐北齊，但又擔心背棄與突厥的約定，再次發生邊患，迫不得已，徵調府兵二十四軍，以及分散隸屬左右廂禁軍的秦、隴、巴、蜀等地的部隊，再加上內附北周的羌、胡等蕃兵，總計二十萬人。冬，十月初十日甲子，北周國主宇文邕在廟堂授予宇文護斧鉞。十三日丁卯，北周國主親自到沙苑慰勞出征將士。十九日癸酉，返回宮殿。

宇文護的軍隊到達潼關，派柱國尉遲迥率精兵十萬為前鋒，向洛陽進發，大將軍權景宣率山南之兵向懸瓠進發，少師楊檦從軹關出兵。

陳朝叛將周迪重又進犯東興，宣城太守錢肅鎮守東興，獻出城池投降周迪。吳州刺史陳詳領兵進擊周迪，結果陳詳的部隊大敗，周迪部眾的士氣重又高漲起來。

南豫州刺史西豐脫侯周敷率所屬部隊進擊周迪，到達定川，與周迪軍對壘。周迪欺騙周敷說：「我以前與弟協力同心，豈能設謀加害於你？如今我願意服罪回朝，想通過弟向朝廷表達我發自內心的真誠意願，先請你挺身前來共同立盟。」周敷答應了他，剛登上立盟的土臺，就被周迪殺害了。

陳寶應佔據建安、晉安兩郡，在水路、陸路都修起柵欄以對抗章昭達。章昭達與陳寶應交戰，沒能取勝，便佔據上游，命令軍士砍樹建造木筏，在木筏上安置拍竿。正趕上大雨，江水大漲，章昭達放筏衝撞陳寶應的水中柵欄，把它全都衝壞。章昭達又出兵攻擊陳寶應陸上步兵，雙方正在交戰，陳文帝派將軍余孝頃從海上帶來的部隊恰好趕到，兩支官軍合力攻擊。十一月初五日己丑，陳寶應大敗，逃到莆口，對他的兒子說：「早先如果聽從虞公的計謀，不會到今天這種地步。」章昭達追擊擒獲了陳寶應，還擒獲了留異及其親族黨羽，一起押送到建康，把他們都殺了。留異的兒子留貞臣因娶公主為妻，得免一死，陳寶應的賓客也都被處死。

陳文帝聽到虞寄曾經勸諫陳寶應，命令章昭達禮送虞寄到建康。陳文帝召見之後，慰勞虞寄說：「管寧還安好吧。」任用他為衡陽王陳伯言的軍府掌書記。

北周晉國公宇文護進軍屯駐在弘農。十一月初十日甲午，尉遲迥圍攻洛陽，雍州牧齊國公宇文憲、同州刺史達奚武、涇州總管王雄在邙山紮營。

十一月十四日戊戌，北齊國主高湛派兼散騎常侍劉逖到陳朝來通問修好。

當初，北周楊檦為邵州刺史，鎮守北周東部邊境二十多年，多次與北齊交戰，未嘗不勝，因此輕視北齊。這次從軹關出兵，獨自領兵深入，又不設防備。十一月二十日甲辰，北齊太尉婁叡領兵突然殺來，大敗楊檦軍，楊檦於是投降了北齊。

權景宣圍攻懸瓠，十二月，北齊豫州道行臺·豫州刺史太原人王士良、永州刺史蕭世怡都獻城投降北周。權景宣派開府郭彥鎮守豫州、謝徹鎮守永州，把王士良、蕭世怡以及降兵一千人送到長安。

北周軍堆築土山、挖掘地道進攻洛陽，三十天還沒攻下來。晉國公宇文護命令眾將挖濠溝切斷河陽的道路，阻遏北齊的救兵，然後一起進攻洛陽。北周眾將認為北齊的救兵一定不敢出來，只派出偵察兵監視而已。

北齊派蘭陵王高長恭、大將軍斛律光率軍救洛陽，他們害怕周軍的強大，不敢前進。北齊國主召來并州刺史段韶，對他說：「洛陽危急，如今想派你去救援，可是突厥在北方，也須你鎮守防禦，怎麼辦呢？」段韶回答說：「北虜侵邊，此事不過等同於身上長了疥瘡皮癬。如今西邊鄰國窺伺進逼，這才是腹心大患，我請求奉詔向南進軍。」北齊國主說：「朕的意思也是這樣。」便下令段韶督率一千名精銳騎兵從晉陽出發。

十二月初三日丁巳，北齊國主高湛也從晉陽趕往洛陽。

十二月初五日己未，北齊太宰平原靖翼王高淹去世。

段韶從晉陽出發走了五天，渡過黃河，正碰上連日陰霧。十二月初八日壬戌，段韶到達洛陽，率帳下三百名騎兵，與眾將登上邙阪，觀察北周軍形勢。行進到大和谷，與北周軍相遇，段韶立即派人快馬通報各營，迅速集合騎兵，嚴陣以待。段韶為左路軍，蘭陵王高長恭為中路軍，斛律光為右路軍。北周軍沒想到北齊軍會到來，都十分驚恐。段韶遠遠地對北周軍說：「你們的宇文護剛剛得到母親，這麼快就來侵犯，為什麼？」北周軍回答說：「上天派我們來，有什麼可問的！」段韶說：「上天之道是賞善罰惡，應該是派你們送死來的吧！」北周軍把步兵放在前面，上山迎戰。段韶邊戰邊退，引誘敵人，等到對方精疲力盡，然後下馬發動攻擊，北周軍大敗，一下子土崩瓦解，跳落溪谷而死的人非常多。

蘭陵王高長恭帶領五百騎兵衝入北周圍城的軍隊，一直殺到金墉城下。城上的守軍不認識高長恭，高長恭脫下頭盔讓守軍看清自己的面孔，守軍才派出弓箭手來救他。在城下的北周軍隊也解圍逃走，丟下了營帳，從邙山到穀水，沿途三十里，北周軍隊丟下的軍用物資及器械，布滿川澤。只有齊國公宇文憲、達奚武以及庸忠公王雄在後面掩護，指揮軍隊進行抵禦。

王雄策馬衝擊斛律光的軍陣，斛律光退走，王雄追擊。斛律光身邊的人都跑散了，只剩下一個奴僕和一支箭。王雄收住長矛離斛律光只有一丈多遠，對斛律光說：「我愛惜你而不殺你，要活捉你去見天子。」斛律光用這最後一支箭射向王雄，射中額頭，王雄抱著馬逃跑，跑到軍營就死了。北周軍更加恐懼。

齊國公宇文憲對部隊進行撫慰和督導鼓勵，軍心才稍稍安定下來。到了夜晚，收攏軍隊，宇文憲準備等到天明再戰。達奚武說：「進攻洛陽的部隊已經潰散，人心震驚，如果不趁夜迅速撤退，明天想回都回不去了。我達奚武在軍中時間長，見遍了各種形勢，國公年輕沒有經歷過這樣的戰事，怎麼能把幾個營的士兵送到虎口裡呢？」於是退還。權景宣也放棄豫州撤走。

十二月十三日丁卯，北齊國主高湛到達洛陽。十五日己巳，任命段韶為太宰，斛律光為太尉，蘭陵王高長恭為尚書令。十八日壬申，北齊國主前往虎牢，於是取道滑臺前往黎陽，二十二日丙子，回到鄴城。

楊忠率軍出沃野鎮，接應突厥，但軍糧供應不上，各軍十分憂慮，也想不出好的辦法。楊忠便招誘稽胡部落的各酋長都坐在一起議事。楊忠安排河州刺史王傑指揮軍隊敲響戰鼓行軍到達，詐稱：「大冢宰已經平定洛陽，打算與突厥共同討伐還沒有臣服的稽胡。」在座的酋長都很恐懼，楊忠安慰曉諭他們一番後把他們送走。於是稽胡各部落相率饋送糧草，軍糧多得堆積了起來。正巧這時北周的軍隊結束戰事退回，楊忠便也退了回去。

晉國公宇文護本來沒有軍事謀略，這次出征，又不是他的本意，所以無功而返，他與眾將磕頭謝罪，北周國主宇文邕慰勞了他們讓他們各自回去。

這一年，北齊太行山以東發生大水災，餓死的人多得數不過來。

宕昌王梁彌定多次侵犯北周邊境，北周大將軍田弘討伐並消滅了宕昌王，在他原先統轄的地區設置了宕州。

六年（乙酉　西元五六五年）

春，正月癸卯❶，齊以任城王湝為大司馬❷。○齊主如晉陽。

二月辛丑❸，周遣陳公純❹、許公貴❺、神武公竇毅❻、南陽公❼楊荐等備皇后儀衛行殿❽，并六宮❾百二十人，詣突厥可汗牙帳❿逆女。毅，熾之兄子也。

丙寅⓫，周以柱國安武公李穆⓬為大司空，綏德公陸通⓭為大司寇⓮。○壬申⓯，周主如岐州⓰。

夏，四月甲寅⓱，以安成王頊⓲為司空。頊以帝弟之重，勢傾朝野⓳。直兵⓴鮑僧叡，恃頊勢為不法，御史中丞㉑徐陵㉒為奏彈之，從南臺㉓官屬引奏案而入。

上見陵章服㉔嚴肅，為斂容㉕正坐。陵進讀奏版㉖，時頊在殿上侍立，仰視上，流汗失色㉗。陵遣殿中御史㉘引頊下殿。上為之免頊侍中、中書監㉙。朝廷肅然。

戊午㉚[1]，齊大將軍東安王婁叡坐事㉛免。

齊著作郎祖珽㉜，有文學，多技藝，而疏率㉝無行。嘗為高祖中外府功曹㉞，因宴失金叵羅㉟，於珽髻上得之。又坐詐盜官粟三千石，鞭二百，配㊱甲坊㊲。顯祖㊳時，珽為祕書丞㊴，盜華林遍略㊵，及有它贓，當絞，除名為民。顯祖雖憎其數犯法，而愛其才伎㊶，令直中書省㊷。

世祖為長廣王，珽為胡桃油㊸獻之，因言「殿下有非常骨法㊹。孝徵夢殿下乘龍上天。」王曰：「若然，當使兄大富貴。」及即位，擢拜中書侍郎㊺，遷散騎常侍㊻。與和士開共為姦諂。

珽私說士開曰：「君之寵幸，振古㊼無比。宮車一日晚駕㊽，欲何以克終㊾？」士開因從問計。珽曰：「宜說主上云：『文襄㊿、文宣(51)、孝昭(52)之子，俱不得立，今宜令皇太子早踐大位(53)，以定君臣之分(54)。』若事成，中宮(55)、少主必皆德君，此萬全計也。請君微說(56)主上令粗解(57)，珽當自外上表論之。」士開許諾。

會有彗星(58)見。太史(59)奏云：「彗，除舊布新之象(60)，當有易主(61)。」珽於是上書言：「陛下雖為天子，未為極貴，宜傳位東宮[62]，且以上應天道。」并上魏顯祖禪子故事[63]。齊主從之。

丙子[64]，使太宰段韶持節[65]奉皇帝璽綬[66]，傳位於太子緯[67]。太子即皇帝位於晉陽宮，大赦，改元[68]天統。又詔以太子妃斛律氏為皇后。於是羣公上世祖尊號為太上皇帝[69]，軍國大事咸以聞。使黃門侍郎馮子琮[70]、尚書左丞胡長粲輔導少主，出入禁中，專典敷奏。子琮，胡后之妹夫也。

祖珽拜祕書監[71]，加儀同三司，大被親寵，見重二宮[72]。

丁丑[73]，齊以賀拔仁[74]為太師，侯莫陳相[75]為太保，馮翊王潤為司徒，趙郡王叡為司空，河間王[2]孝琬為尚書令。戊寅[76]，以瀛州刺史尉粲為太傅[77][3]，斛律光為大將軍，東安王婁叡為太尉，尚書僕射趙彥深為左僕射。

五月，突厥遣使至齊，始與齊通。

六月己巳[78]，齊主使兼散騎常侍王季高來聘。

秋，七月辛巳朔[79]，日有食之。

上遣都督程靈洗[80]自鄱陽[81]別道擊周迪，破之。迪與麾下[82]十餘人竄于山穴中，日月浸[83]久，從者亦稍苦之。後遣人潛出臨川[84]市魚鮭[85]，臨川太守駱牙[86]執之，今取迪自效[87]，因使腹心勇士隨之入山。其人誘迪出獵，勇士伏於道傍，出斬之。丙戌[88]，傳首[89]至建康。

庚寅[90]，周主如秦州[91]，八月丙子[92]，還長安。

己卯[93]，立皇子伯固[94]為新安王，伯恭[95]為晉安王，伯仁[96]為廬陵王，伯義[97]為江夏王。

冬，十月辛亥[98]，周以函谷關[99]城為通洛防，以金州[100]刺史賀若敦[101]為中州[102]刺史，鎮函谷。敦恃才負氣[103]，顧其流輩[104]皆為大將軍，敦獨未得，兼以湘州之役[105]，全軍而返，謂宜受賞，翻得除名，對臺使[106]出怨言。晉公護怒，徵還，逼令自殺。臨死，謂其子弼曰：「吾志平江南，今而不果[107]，汝必成吾志。吾以舌死，汝不可不思。」因引錐刺弼舌出血以誡之。

十一月癸未[108]，齊太上皇至鄴。

齊世祖之為長廣王也，數為顯祖所捶，心常銜[109]之。顯祖每見祖珽，常呼為賊，故珽亦怨之，且欲求媚於世祖，乃說世祖曰：「文宣狂暴，何得稱『文』[110]？既非創業，何得稱『祖』？若文宣為祖，陛下萬歲後[111]當何所稱？」帝從之。己丑[112]，改諡太祖獻武皇帝為神武皇帝[4]，廟號[113]高祖，獻明皇后為武明皇后[114]。今有司更議文宣諡號(115)。

十二月乙卯(116)，封皇子伯禮(117)為武陵王。○壬戌(118)，齊上皇如晉陽。○庚午(119)，齊改諡文宣皇帝為景烈皇帝(120)，廟號威宗(121)。

【章　旨】以上為第六段，寫北齊國主高湛信讒退位為太上皇，仍總領軍國之政。祖珽與和士開為高澄寵信的兩個奸佞臣，祖珽有文才，以文緣飾其奸，更為陰險。

【注　釋】❶癸卯　正月二十日。❷大司馬　官名，掌管軍事，參與朝政。❸辛丑　二月甲寅朔，無辛丑。疑為「辛酉」之誤。辛酉，二月初八日。❹陳公純　即宇文泰之子宇文純（?—西元五八〇年），封陳國公。傳見《周書》卷十三、《北史》卷五十八。❺許公貴　即宇文貴（?—西元五六七年），仕北周，官至大司徒，封許國公。傳見《周書》卷十九、《北史》卷六十一。❻竇毅　（西元五一九—五八二年）歷仕西魏、北周、隋三代，官至定州總管。傳見《周書》卷三十、《北史》卷六十一。❼南陽公　《周書》卷三十三〈楊荐傳〉、卷五〈武帝紀〉上、卷五十〈異域下・突厥傳〉與《北史》卷六十九〈楊荐傳〉、卷十四〈后妃傳〉下、卷九十九〈突厥傳〉皆作「南安公」，只有武英殿本等《周書》卷九〈皇后傳〉作「南陽公」。《通鑑》作「南陽公」，也可能另有所據。❽行殿　皇后出行時居住的宮殿。❾六宮　泛指皇后侍從。❿牙帳　可汗所居軍帳。因帳外樹立牙旗，故名。⓫丙寅　二月十三日。⓬李穆　（西元五一〇—五八六年）歷仕西魏、北周、隋三代，官至上柱國，封申國公。傳見《周書》卷三十、《隋書》卷三十七、《北史》卷五十九。⓭陸通　（?—西元五七二年）仕北周，官至大司寇，封綏德公。傳見《周書》卷三十二、《北史》卷六十九。⓮大司寇　官名，掌管刑獄、糾察等事。⓯壬申　二月十九日。⓰岐州　州名，治所扶風，在今陝西鳳翔。⓱甲寅　四月二日。⓲安成王頊　陳武帝兄道譚之第二子，後即位為宣帝。⓳勢傾朝野　權勢超過朝廷內外所有的人。⓴直兵　即直兵曹參軍。梁、陳王府、公府、將軍府僚屬諸曹中有直兵曹，掌親兵衛隊，長官為參軍。㉑御史中丞　官名，掌管監察。㉒徐陵　（西元五〇七—五八三年）字孝穆，東海郯（今安徽宿遷東南）人，歷仕梁、陳，官至左光祿大夫、太子少傅。傳見《陳書》卷二十六、《南史》卷六十二。㉓南臺　御史臺。㉔章服　以圖文為等級標誌的禮服。㉕斂容　面容嚴肅。㉖奏版　即奏本。㉗失色　驚慌變色。㉘殿中御史　官名，居殿中，掌監察。㉙中

書監　官名，掌贊詔命，主典文書。(30)戊午　四月初六日。(31)坐事　因事得罪。(32)祖珽　（？—西元五七三年）字孝徵，范陽遒（今河北定州南）人，仕北齊，官至尚書左僕射。傳見《北齊書》卷三十九、《北史》卷四十七。(33)疏率　調疏於禮法，不拘小節。(34)中外府功曹　官名，高歡都督中外諸軍事，祖珽任功曹，掌人事，參與政事。(35)金叵羅　古代的酒杯。(36)配徙置罪人於某地。(37)甲坊　製造兵甲的作坊。(38)顯祖　北齊文宣帝高洋，高歡第二子，北齊開國皇帝，西元五五一—五五九年在位。(39)祕書丞　官名，典尚書奏事。(40)華林遍略　書名，梁武帝敕諸學士於華林園所撰，凡六百二十卷。(41)才伎　才能。伎，通「技」。(42)直中書省　在中書省當值。(43)胡桃油　繪畫著色的一種油。(44)骨法　舊時相士稱人的骨相特徵為骨法。(45)中書侍郎　官名，掌侍從、制敕、冊命，通判省事。(46)散騎常侍　官名，掌規諫。(47)振古　猶云自古。(48)晚駕　與「晏駕」意同，古代稱帝王死亡的諱辭。(49)克終　能夠善終。(50)文襄　即高歡長子高澄，封為勃海王，追諡為文襄皇帝。(51)文宣　高歡次子高洋，禪位為文宣帝。(52)孝昭　即孝昭帝，高歡第六子高演，北齊第三代皇帝，西元五六〇—五六一年在位。(53)大位　皇位。(54)分　名分。(55)中宮　皇后所居之處，故為皇后的代稱。(56)微說　委婉地勸說。微，隱蔽。(57)粗解　粗略地知曉。解，曉；瞭解。(58)彗星　星名，通常在背著太陽的一面拖著一條掃帚狀的尾巴。(59)太史　官名，掌天文曆法。(60)彗二句　漢哀帝建平二年二月，彗星出現，《漢書》卷二十六〈天文志〉云：「傳曰：彗所以除舊布新也。」〈漢志〉引書傳為說，可見對彗星出現這一天象的這種解釋，早已成為人們見諸書傳的普遍認識。(61)當有易主　當要發生更換國君事。(62)東宮　太子所居之處。(63)魏顯祖禪子故事　指北魏獻文帝禪位於少子孝文帝。事見本書〈宋紀〉十四宋明帝泰始六年。(64)丙子　四月二十四日。(65)持節　古代使臣出使，必持節以作憑證。節，符節。(66)璽綬　古代印璽上繫有彩色組綬，稱璽綬。用指印璽。(67)緯　即後主高緯。武成帝長子，北齊第五代皇帝。西元五六五—五七六年在位。(68)改元　更換年號。(69)太上皇帝　為尚在世的皇帝父親的尊號。(70)馮子琮　（？—西元五七一年）仕北齊，官至尚書右僕射。傳見《北齊書》卷四十、《北史》卷五十五。(71)祕書監　官名，掌圖書著作等事。(72)二宮　指東宮、中宮。此指北齊後主與皇太后。(73)丁丑　四月二十五日。(74)賀拔仁　（？—西元五七〇年）傳附《北史》卷五十三〈張保洛傳〉。(75)侯莫陳相　（西元四八九—五七一年）仕北齊，官至太傅。傳見《北齊書》卷十九、《北史》卷五十三。(76)戊寅　四月二十六日。(77)尉粲為太傅　粲仕北齊。傳附《北齊書》卷十五〈尉景傳〉、《北史》卷五十四〈尉景傳〉。(78)己巳　六月十八日。(79)辛巳朔　七月初一日。(80)程靈洗　（西元五一四—五六八年）仕陳，官至郢州刺史。傳見《陳書》卷十、《南史》卷六十七。(81)鄱陽　郡名，治所鄱陽縣，在今江西鄱陽。(82)麾下　部下。麾，用作指揮的旗幟。(83)浸　漸漸。(84)臨川　郡名，治所臨汝縣，在今江西臨川縣西。(85)魚鮭　吳人對魚菜的總稱。(86)駱牙　（西元五二八—五七一年）仕陳，官桂陽太守、豐州刺史。傳見《陳書》卷二十二、《南史》卷六十七。87自效　自己立功。效，功。88丙戌　七月初六日。89傳首　將首級傳送。90庚寅　七月初十日。91秦州　州名，治所上邽縣，在今甘肅天水市。92丙子　八月二十六日。93己卯　八月二十九日。94伯固　陳文帝第五子。95伯恭　陳文帝第六子。96伯仁　陳文帝第八子。97伯義　陳文帝第九子。伯固、伯恭、伯仁、伯義四人傳俱見《陳書》卷二十八、《南史》卷六十五。98辛亥　十月二日。99函谷關　關名，是進入關中的要塞。故址在今河南新安境。100金州　州名，治所西城，在今陝西安康。101賀若敦　（？—西元五六五年）仕北周，官至中州刺史。傳見《周書》卷二十八、《北史》卷六十八。102中州　州名，治所中州城，在今河南新安。103負氣　謂恃其意氣，不肯屈於人下。104流輩　同輩。105湘州之役　賀若敦軍士病死過半，又失湘州。事見本書〈陳紀〉二文帝天嘉二年。106臺使　朝廷使臣。107不果　未能實現。108癸未　十一月五日。109銜　憾；心懷怨恨而未發。110文　《史記正義・謚法解》云「慈惠愛民曰文」。111萬歲後　皇帝死後。112己丑　十一月十一日。113廟號　皇帝死後升祔太廟時特立的名號，如某祖某宗即是。114武明皇后　即勃海王高歡妃婁氏。事見《北齊書》卷九、《北史》卷十四。115謚號　帝王后妃或有地位的人死後，據其生平事跡給予的一種稱號，以示褒貶。116乙卯　十二月七日。117伯禮　陳文帝第十子陳伯禮。傳見《陳書》卷二十八、《南史》卷六十五。118壬戌　十二月十四日。119庚午　十二月二十二日。120景烈皇帝　《謚法》云：布義行剛曰景，有功安民曰烈。121威宗　《謚法》云：猛以強果，有威可畏，以刑服遠均曰威。

【校　記】[1]戊午　原作「丙午」，嚴衍《通鑑補》改作「戊午」，今據以校正。按，《北齊書・武成帝紀》、《北史・世祖武成帝紀》皆作「戊午」。[2]河間王　原作「河南王」，嚴衍《通鑑補》改作「河間王」，今據以校正。按，《北齊書・後主紀》、《北史・後主紀》皆作「河間王」。[3]太傅　原作「太尉」，嚴衍《通鑑補》改作「太傅」，今據以校正。按，《北齊書・後主紀》、《北史・後主紀》皆作「太傅」。[4]為神武皇帝　原無此五字。據章鈺校，十二行本、乙十一行本、孔天胤本皆有此五字，張敦仁《通鑑刊本識誤》、張瑛《通鑑校勘記》同，今據補。

【語　譯】六年（乙酉　西元五六五年）

春，正月二十日癸卯，北齊任命任城王高湝為大司馬。○北齊國主高湛前往晉陽。

二月辛丑日，北周派陳國公宇文純、許國公宇文貴、神武公竇毅、南陽公楊荐等，準備好皇后出行的儀仗、侍衛、行殿，再帶上六宮侍從一百二十人，到突厥可汗牙帳迎聘可汗的女兒為皇后。竇毅，是竇熾哥哥的兒子。

二月十三日丙寅，北周任命柱國安武公李穆為大司空，綏德公陸通為大司寇。○十九日壬申，北周國主前往岐州。

夏，四月初二日甲寅，陳朝任命安成王陳頊為司空。陳頊靠著自己是皇上弟弟的尊貴身分，權勢超過朝野所有的人。直兵鮑僧叡倚仗陳頊的權勢做不法的事，御史中丞徐陵上奏彈劾他。徐陵跟著御史臺的官員帶著彈劾奏版進入殿堂，陳文帝看見徐陵穿著朝服莊嚴肅穆，不由得也顯出莊重的臉色端正地坐著。徐陵上前宣讀奏版，當時陳頊也在殿上侍立，抬頭看著皇上，不禁渾身流汗，臉色大變。徐陵派殿中御史引陳頊下殿。陳文帝因此免去陳頊侍中、中書監的職務。朝廷上一片肅穆。

四月初六日戊午，北齊大將軍東安王婁叡因事獲罪被免職。

北齊著作郎祖珽，有文才，會很多技藝，但是為人粗疏輕率，品行很差。他曾經擔任齊高祖高歡的都督中外諸軍事府中的功曹。因為有一次宴會丟失金酒杯，卻在祖珽的髮髻上找到了。又因用欺詐手段盜竊官粟三千石而獲罪，挨了二百鞭，被發配到甲坊服苦役。齊顯祖高洋時，祖珽任祕書丞，盜竊《華林遍略》，加上還有其他貪汙受賄行為，當處絞刑，改判為削職為民。顯祖高洋雖然憎惡他多次犯法，因愛惜他的才能技藝，後來又讓他在中書省當值。

齊世祖高湛為長廣王時，祖珽製作胡桃油獻給高湛，並趁機說「殿下的骨相非同尋常，我曾經夢見殿下乘龍上天。」高湛說：「如果真這樣，一定讓你享大富貴。」等到高湛即位，破格升遷祖珽為中書侍郎，後又升任散騎常侍。祖珽與和士開兩人一起做了很多奸邪諂媚之事。

祖珽私下對和士開說：「你受到的恩寵，自古以來無人能比。一旦皇上升天，你想靠什麼來保證你能夠善終？」和士開於是向他討教辦法。祖珽說：「你應當勸說皇上，說：『文襄帝、文宣帝、孝昭帝他們的兒子，都沒能立為皇帝，現今應當讓皇太子早登大位，以定下君臣的名分。』如果事情成功，皇后、少主都感激你，這是萬全之計。請你委婉地勸說皇上讓他大略地瞭解這個意思。我祖珽自會在外邊上表論說這件事。」

和士開答應了。

這時正好有彗星出現，太史上奏說：「彗星，是除舊布新的天象，當有更換國君的事發生。」祖珽趁機上書說：「陛下雖然是天子，但還算不上極頂尊貴，應當傳位皇太子，做太上皇，這樣又順應了天意。」祖珽還奏上北魏顯祖獻文帝禪位給少子孝文帝的史實做例證。北齊國主高湛聽從了。

四月二十四日丙子，皇上高湛派太宰段韶手持符節，捧著皇帝璽綬，傳位給皇太子高緯。太子在晉陽宮即皇帝位，大赦天下，改年號為天統。又下詔冊立太子妃斛律氏為皇后。於是王公大臣上世祖尊號為太上皇帝，軍國大事都要向太上皇奏報。派黃門侍郎馮子琮、尚書左丞胡長粲輔導少主，出入禁中，專門掌管向少主陳奏事宜。馮子琮，是胡皇后的妹夫。

祖珽升任祕書監，加儀同三司，大受親近寵幸，深得皇帝、皇后兩宮的器重。

四月二十五日丁丑，北齊任命賀拔仁為太師，侯莫陳相為太保，馮翊王高潤為司徒，趙郡王高叡為司空，河間王高孝琬為尚書令。二十六日戊寅，任命瀛州刺史尉粲為太傅，斛律光為大將軍，東安王婁叡為太尉，尚書僕射趙彥深為左僕射。

五月，突厥派使者到北齊，開始與北齊往來通好。

六月十八日己巳，北齊國主高緯派兼散騎常侍王季高到陳朝來通問修好。

秋，七月初一日辛巳，發生日蝕。

陳文帝派都督程靈洗從鄱陽另一路襲擊周迪，打敗了他。周迪與部下十多個人逃竄到山洞中，日子一長，跟隨的人漸漸感到困苦。後來周迪派人偷偷地到臨川買魚菜，這人被臨川太守駱牙抓獲，駱牙讓他回去捉拿周迪立功自新，並派心腹勇士跟在後頭進了山。這個人誘使周迪出來打獵，那些勇士埋伏在路邊，一擁而出殺了周迪。七月初六日丙戌，周迪的首級被傳送到建康。

七月初十日庚寅，北周國主宇文邕前往秦州，八月二十六日丙子，回到長安。

八月二十九日己卯，陳文帝封立皇子陳伯固為新安王，陳伯恭為晉安王，陳伯仁為廬陵王，陳伯義為江夏王。

冬，十月初二日辛亥，北周把函谷關的關城改名為通洛防，任命金州刺史賀若敦為中州刺史，鎮守函谷關。賀若敦倚仗有才，對人頗不服氣，看到跟自己同輩的人都做了大將軍，自己獨獨沒有得到，加上先前的湘州之戰，全軍撤回，自認為應當受賞，卻反而被罷了官，於是對朝廷使者口出怨言。晉國公宇文護大怒，徵召賀若敦回長安，逼令他自殺。臨死，他對兒子賀若弼說：「我的志向是平定江南，至今尚未實現，你一定要完成我的志向。我因為舌頭亂講話而死，你不能不三思。」於是拿錐子把兒子賀若弼的舌頭扎出血來以告誡他。

十一月初五日癸未，北齊太上皇高湛到達鄴城。

北齊世祖高湛為長廣王的時候，多次遭到顯祖高洋的捶打，心裡常常記恨顯祖。顯祖每次見到祖珽就稱他為賊，所以祖珽也怨恨顯祖，又因為要討好世祖，於是勸說世祖道：「文宣帝高洋狂暴，怎麼能稱為『文』？既然不是創業之君，怎麼能稱為『祖』？如果文宣帝稱為祖，陛下萬歲後又該稱什麼呢？」皇上高湛聽從了。十一月十一日己丑，北齊太上皇高湛下詔，改謚太祖獻武皇帝高歡為神武皇帝，廟號為高祖，獻明皇后為武明皇后，又下令主管部門重新議定文宣帝高洋的謚號。

十二月初七日乙卯，陳文帝冊封皇子陳伯禮為武陵王。○十四日壬戌，北齊太上皇高湛前往晉陽。○二十二日庚午，北齊改謚文宣皇帝高洋為景烈皇帝，改廟號為威宗。

天康元年（丙戌　西元五六六年）

春，正月己卯❶，日有食之。○癸未❷，周大赦，改元天和❸。○辛卯❹，齊主祀圜丘❺。癸巳❻，祫❼太廟。○丙申❽，齊以吏部尚書尉瑾❾為右僕射。○己亥⑩，周主耕藉田。○庚子⑪，齊主如晉陽。○周遣小載師⑫杜杲⑬來聘。

二月庚戌⑭，齊上皇還鄴。○丙子⑮，大赦，改元⑯。

三月己卯⑰，以安成王頊為尚書令。

丙午⑱，周主祀南郊⑲。夏，四月辛亥⑳，大雩㉑。

上不豫㉒，臺閣㉓眾事，並令尚書僕射到仲舉㉔、五兵尚書㉕孔奐㉖共決之。奐，琇之之曾孫也。疾篤，奐、仲舉與司空、尚書令、揚州刺史安成王頊、吏部尚書袁樞㉗、中書舍人劉師知㉘入侍醫藥。樞，君正之子也。太子伯宗㉙柔弱，上憂其不能守位㉚，謂頊曰：「吾欲遵太伯之事㉛。」頊拜伏泣涕，固辭。上又謂仲舉、奐等曰：「今三方鼎峙㉜，四海事重，宜須長君。朕欲近則晉成㉝，遠隆殷法㉞，卿等宜遵此意。」孔奐流涕對曰：「陛下御膳違和㉟，痊復非久㊱。皇太子春秋鼎盛㊲，聖德日躋㊳。安成王[1]介弟㊴之尊，足為周旦㊵。若有廢立㊶之心，臣等愚誠，不敢聞詔㊷。」上曰：「古之遺直㊸，復見於卿。」乃以奐為太子詹事㊹。

臣光曰：「夫臣[2]之事君，宜[3]將順其美，正救其惡㊺。孔奐在陳，處腹心㊻之重任，決社稷㊼之大計，苟以世祖之言為不誠，則當如竇嬰面辯㊽，袁盎廷爭㊾，防微杜漸以絕覬覦(50)之心。以為誠邪，則當請明下詔書，宣告中外，使世祖有宋宣(51)之美，高宗無楚靈(52)之惡。不然，謂太子嫡嗣(53)，不可動搖，欲保輔而安全之，則當盡忠竭節，以死繼之[4]，如晉之荀息(54)、趙之肥義(55)。奈何(56)於君之存，則逆探(57)其情而求合焉；及其既沒(58)，則權臣移國(59)而不能救，嗣主失位而不能死(60)？斯乃姦諛之尤(61)者，而世祖謂之遺直，以託六尺之孤(62)，豈不悖(63)哉？」

癸酉(64)，上殂(65)。

上起自艱難，知民疾苦。性明察儉約，每夜刺閨(66)取外事分判者，前後相續。敕傳更籤(67)於殿中者，必投籤於階石之上，令鎗然(68)有聲，曰：「吾雖眠，亦令驚覺。」

太子即位，大赦。五月己卯(69)，尊皇太后曰太皇太后(70)，皇后曰皇太后。

乙酉(71)，齊以兼尚書左僕射武興王普為尚書令。

吐谷渾(72)龍涸王莫昌帥部落附于周，以其地為扶州(73)。

庚寅(74)，以安成王頊為驃騎大將軍(75)、司徒、錄尚書、都督中外諸軍事。丁酉(76)，以中軍大將軍(77)、開府儀同三司徐度(78)為司空，以吏部尚書袁樞為左僕射，吳興太守沈欽(79)為右僕射，御史中丞徐陵為吏部尚書。

陵以梁末以來，選授[80]多濫，乃為書示眾曰：「梁元帝[81]承侯景之凶荒，王太尉[82]接荊州之禍敗，故使官方[83]窮此紛雜[84]。永安[85]之時，聖朝草創[86]，白銀難得，黃札[87]易營，權[88]以官階，代於錢絹。致令員外[89]、常侍[90]，路上比肩[91]，諮議[92]、參軍[93]，市中無數，豈是朝章[94]固應如此？今衣冠[95]禮樂，日富年華[96]，何可猶作舊意？非理望也。」眾咸服之。

己亥[97]，齊立上皇子弘[98]為齊安王，仁固[99]為北平王，仁英[100]為高平王，仁光[101]為淮南王。

六月，齊遣兼散騎常侍韋道儒來聘。○丙寅[102]，葬文皇帝于永寧陵，廟號世祖。

秋，七月戊寅[103]，周築武功[104]等諸城以置軍士。○丁酉[105]，立妃王氏為皇后。

八月，齊上皇如晉陽。

周信州蠻[106]冉令賢、向五子王等據巴峽[107]反，攻陷白帝[108]，黨與[109]連結二千餘里。周遣開府儀同三司元契、趙剛[110]等前後討之，終不克。九月，詔開府儀同三司陸騰[111]督開府儀同三司王亮、司馬裔[112]討之。

騰軍于湯口[113]，令賢於江南據險要，置十城，遠結涔陽蠻[114]為聲援，自帥精卒固守水邏城[115]。騰召諸將問計，皆欲先取水邏，後攻江南。騰曰：「令賢內侍水邏金湯[116]之固，外託涔陽輔車[117]之援，資糧充實，器械精新。以我懸軍[118]，攻其嚴壘，脫[119]一戰不克，更成其氣[120]。不如頓軍[121]湯口，先取江南，翦其羽毛，然後進軍水邏，此制勝之術也。」乃遣[5]王亮帥眾度江，旬日，拔其八城，捕虜及納降各千計。遂間募[122]驍勇，數道進攻水邏。蠻帥冉伯犂、冉安西素與令賢有仇，騰說誘[123]，賂以金帛，使為鄉導[124]。水邏之旁有石勝城，令賢使其兄子龍真據之。騰密誘龍真，龍真遂以城降。水邏眾潰，斬首萬餘級，捕虜萬餘口。令賢走，追獲，斬之。騰積骸於水邏城側為京觀[125]。是後羣蠻望之，輒大哭，不敢復叛。向五子王據石墨城[126]，使其子寶勝據雙城。水邏既平，騰頻遣諭之[127]，猶不下。進擊，皆擒之，盡斬諸向酋長，捕虜萬餘口。

信州舊治白帝，騰徙之於八陳灘[128]北，以司馬裔為信州刺史。

小吏部隴西辛昂[129]，奉使梁、益，且為騰督軍糧。時臨、信、楚、合[130]等州，民多從亂，昂諭以禍福，赴者如歸。乃令老弱負糧，壯夫拒戰，咸樂為用。使還，會巴州萬榮郡[131]民反，攻圍郡城，遏絕[132]山路。昂謂其徒曰：「凶狡猖狂，若待上聞[133]，孤城必陷。苟利百姓，專之[134]可也。」遂募通、開[135]二州，得三千人。倍道兼行，出其不意，直趣賊壘。賊以為大軍至，望風瓦解，一郡獲全。周朝嘉[136]之，以為渠州[137]刺史。

冬，十月，齊以侯莫陳相為太傅，任城王湝為太保，婁叡為大司馬，馮翊王潤為太尉，開府儀同三司韓祖念為司徒。

庚申[138]，帝享太廟[139]。

十一月乙亥[140]，周遣使來弔[141]。

丙戌[142]，周主行視武功等新城，十二月庚申[143]，還長安。

齊河間王孝琬怨執政，為草人而射之。和士開、祖珽譖之於上皇曰：「草人以擬聖躬[144]也。又，前突厥至并州，孝琬脫兜鍪[145]抵地，云：『我豈老嫗[146]，須著[147]此物！』此言屬大家[148]也。又，魏世[149]謠言：『河南種穀河北生，白楊樹端[6]金雞鳴。』河南、北者，河間也。孝琬將建金雞大赦[150]耳。」上皇頗惑[151]之。會孝琬得佛牙，置第內，夜有光。上皇聞之，使搜之，得填[152]庫矟幡[153]數百，上皇以為反具[154]，收訊[155]。諸姬有陳氏者，無寵，誣孝琬云：「孝琬常畫陛下像而哭之。」其實世宗像也。上皇怒，使武衛赫連輔玄倒鞭撾之[156]。孝琬呼叔，上皇曰：「何敢呼我為叔？」孝琬曰：「臣神武皇帝嫡孫，文襄皇帝嫡子，魏孝靜皇帝之甥，何為不得呼叔？」上皇愈怒，折其兩脛157而死。安德王延宗158哭之，淚赤159。又為草人，鞭而訊之曰：「何故殺我兄？」奴告之，上皇覆延宗於地，馬鞭鞭之二百，幾死160。

是歲，齊賜侍中、中書監元文遙姓高氏，頃之，遷尚書左僕射。

魏末以來，縣令多用廝役161，由是士流恥為之。文遙以為縣令治民之本，遂請革選162，密擇貴遊163子弟，發敕用之164，猶恐其披訴165，悉召之集神武門，令趙郡王叡宣旨166唱名167，厚加慰諭而遣之。齊之士人為縣168自此始。

【章旨】以上為第七段，寫陳文帝託孤，所委非人。北周掃平邊亂。北齊太上皇高湛信讒而翦滅骨肉。

【注釋】❶己卯 正月初二日。❷癸未 正月初五日。❸改元天和 周保定六年二月改年號為天和元年。❹辛卯 正月十四日。❺圜丘 古時祭天地之壇。齊制：圜丘方澤，并三年一祭，謂之禘祀。圜丘則以蒼璧束帛。正月上辛，祀昊天上帝。❻癸巳 正月十六日。❼祫 古時天子合祭祖先神主於太廟之禮。五年一祫。❽丙申 正月十九日。❾尉瑾 仕北齊，官至尚書右僕射。傳見《北齊書》卷四十、《北史》卷二十。❿己亥 正月二十二日。⓫庚子 正月二十三日。⓬小載師 官名，掌任土之法，如土地、賦斂、牧產等。⓭杜杲 （？—西元五八二年）歷仕周、隋，官至工部尚書。傳見《周書》卷三十九、《北史》卷七十。⓮庚戌 二月三日。⓯丙子 二月二十九日。⓰改元 改元天康。⓱己卯 三月初三日。⓲丙午 三月三十日。⓳祀南郊 皇帝在都城南郊圜丘祭天。每年一次。⓴辛亥 四月初五日。㉑大雩 古代因天旱而求雨之祭。㉒不豫 天子有病的諱稱。㉓臺閣 尚書的別稱。㉔到仲舉 （西元五一七—五六七年）仕陳，官至尚書僕射，掌朝政。傳見《陳書》卷二十、《南史》卷二十五。㉕五兵尚書 官名，掌管中兵、外兵、騎兵、別兵、都兵。㉖孔奐 （西元五一四—五八三年）仕陳，官至中書令。傳見《陳書》卷二十一、《南史》卷二十七。㉗袁樞 （西元五一七—五六七年）仕陳，官至尚書左僕射。

傳附《陳書》卷十七〈袁敬傳〉、《南史》卷二十六〈袁敬傳〉。㉘劉師知　（？—西元五六七年）仕陳，官至中書舍人。傳見《陳書》卷十六、《南史》卷六十八。㉙伯宗　陳廢帝，陳文帝嫡長子。西元五六七—五六八年在位。㉚守位　守住皇位。㉛太伯之事　太伯為周先祖太王長子。相傳太王欲傳位給季歷（周文王父），他和弟仲雍避居江南。此言陳文帝欲讓位於安成王陳頊。㉜三方鼎峙　謂陳與北周、北齊三國鼎立。㉝則晉成　效法晉成帝。晉成帝立母弟琅邪王岳為嗣，事見本書卷九十七〈晉紀〉十九成帝咸康八年。㉞隆殷法　尊崇殷法，殷代兄死弟及。㉟違和　因失調而致病。㊱痊復非久　不久即可痊癒如初。㊲春秋鼎盛　年富力強。㊳日躋　日益增進。躋，上升。㊴介弟　稱別人兄弟的敬辭。㊵周旦　周武王弟周公。武王死，周公輔佐其子成王。㊶廢立　謂廢太子，立安成王。㊷不敢聞詔　不敢奉命。㊸遺直　謂直道而行，有古之遺風。㊹太子詹事　官名，掌皇后太子家事。㊺正救其惡　糾正其過失。㊻腹心　喻親信。㊼社稷　土神與穀神。此代指國家。㊽竇嬰面辯　漢景帝未立太子，欲傳位於弟梁王，詹事竇嬰勸景帝應父子相傳。事見本書卷十六〈漢紀〉八景帝前三年。㊾袁盎廷爭　竇太后欲以梁王為嗣，大臣袁盎力諫，以為不可。事見本書卷十六〈漢紀〉八景帝中二年。㊿覬覦　非分之想。(51)宋宣　指春秋時宋宣公。宋宣公捨其子與夷，立其弟穆公。穆公死時，又捨其子而立與夷。(52)楚靈　指春秋時楚靈王。楚康王有病，其弟圍藉問候之機，縊殺康王，又殺其二子莫及平夏，自立為王，史稱靈王。事見《史記》卷四十〈楚世家〉。(53)嫡嗣　嫡長子。(54)荀息　春秋時，晉獻公有病，將其子奚齊託付於荀息，荀息表示竭力輔佐。獻公死，里克殺奚齊，荀息將自殺，有人勸他不如立奚齊弟卓子而輔之，荀息立卓子以葬獻公。里克又殺卓子，荀息遂自殺而死。事見《史記》卷三十九〈晉世家〉。(55)肥義　戰國時，肥義受趙武靈王之命，輔佐新君惠文王。趙武靈王長子章不服其弟惠文王，欲謀反，李兌勸肥義裝病讓政以避禍。肥義寧死不肯，後亂起被殺。事見《史記》卷四十三〈趙世家〉。(56)柰何　如何。(57)逆探　預先猜度。(58)既沒　死後。(59)移國　篡國。(60)不能死　不能以死相報。(61)尤　甚。(62)六尺之孤　年少之君。(63)悖　謬誤。(64)癸酉　四月二十七日。(65)殂　死。(66)刺閨　胡三省注云：「就閨中刺取外事，故曰刺閨。」也有人釋為宮中女官名。在古人詩作中，皆謂夜有急事，投刺宮門之外報警。閨，宮中小門。(67)更籤　古代夜間報更的牌。(68)鎗然　金玉碰擊聲。鎗，通「鏘」。(69)己卯　五月三日。(70)太皇太后　皇帝之祖母。(71)乙酉　五月九日。(72)吐谷渾　鮮卑族所建立的王國。故址在今青海北部和新疆東南部。(73)扶州　州名，治所甘松縣，在今四川松潘。(74)庚寅　五月十四日。(75)驃騎大將軍　官名，掌軍事，位同三公。(76)丁酉　五月二十一日。(77)中軍大將軍　官名，掌軍事，位從三公。(78)徐度　（西元五〇九—五六八年）仕陳，官至司空。傳見《陳書》卷十二、《南史》卷六十七。(79)沈欽　（西元五〇六—五六九年）傳附《陳書》卷七〈世祖沈皇后傳〉。(80)選授　選官授職。(81)梁元帝梁武帝第七子蕭繹，梁朝第五代皇帝。西元五五二—五五四年在位。(82)王太尉　即王僧辯。梁朝人，官至太尉。傳見《梁書》卷四十五、《南史》卷六十三。(83)官方　官法。(84)窮此紛雜　極為雜亂無章。(85)永安　胡三省注認為當從《南史・徐陵傳》作「永定」。永定，陳武帝即位時年號。(86)草創　初建。(87)黃札　任命官吏的詔旨。(88)權　暫且。(89)員外　官名，指正員以外的官員，無職事。(90)常侍　官名，侍從皇帝，掌管文書、詔令。(91)比肩　一個接一個，表示眾多。(92)諮議　官名，諮詢謀議。(93)參軍　官名，參議軍事。(94)朝章　朝廷的典章。(95)衣冠　指士大夫輩。(96)日富年華　謂一天比一天富麗，一年比一年浮華。(97)己亥　五月二十三日。(98)皇子弘　即高廓，字仁弘，武成帝第四子。(99)仁固　武成帝第五子。(100)仁英　武成帝第六子。(101)仁光　武成帝第七子。以上四人傳皆見《北齊書》卷十二、《北史》卷五十二。(102)丙寅　六月二十一日。(103)戊寅　七月三日。(104)武功　城名，在今陝西武功西北。(105)丁酉　七月二十二日。(106)信州蠻　南蠻中的一支，生活在江淮流域。信州，州名，治所白帝城，在今重慶市奉節。(107)巴峽　即今重慶市奉節長江瞿塘峽和巫山縣長江巫峽。(108)白帝　城名，在今重慶市奉節東瞿塘峽口。(109)黨與　同夥。(110)趙剛　仕周，官至利州總管。傳見《周書》卷三十三、《北史》卷六十九。(111)陸騰　（？—西元五七八年）歷仕西魏、北周，官至大司空。傳見《周書》卷二十八、《北史》卷二十八。(112)司馬裔　（？—西元五七一年）歷仕西魏、北周，官至大將軍。傳見《周書》卷三十六、《北史》卷二十九。(113)湯口　地名，在今重慶市雲陽東，即溪水入長江處。(114)涔陽蠻　南蠻族中的一支，生活在涔陽（今湖北沙市南）。(115)水邏城　地名，在今重慶市奉節東。(116)金湯　金城湯池。金以喻堅，湯喻沸熱不可近。(117)輔車　春秋時諺語云「輔車相依」，《呂氏春秋・權勳》云：「虞之與虢也，若車之有輔也，車依輔，輔亦依車。」喻兩物相依。(118)懸軍　深入敵境的孤軍。(119)脫　倘若；或許。(120)更成其氣　更助長其氣焰。(121)頓軍　軍隊停留。(122)間募　選拔、招募。間，當作「簡」。(123)說誘　勸說引誘。(124)鄉導　帶路者。鄉，通「嚮」。(125)京觀　古代戰爭，勝者為炫耀武功，收集敵人屍體，封土成高冢，稱為京觀。(126)石墨城　城名，在今湖北巴東縣境。(127)頻遣諭之　屢次派人去曉諭他。(128)八陳灘　城名，在今重慶市奉節境。相傳諸葛亮曾於此布八陣圖。陳，通「陣」。(129)辛昂　（？—西元五七二年）仕北周，官至驃騎大將軍、開府儀同三司。傳附《周書》卷三十九〈辛慶之傳〉、《北史》卷七十〈辛慶之傳〉。(130)臨信楚合　皆州名。臨州，治所臨江縣，在今重慶市忠縣。信州，治所魚腹縣，在今重慶市奉節東北。楚州，治所巴縣，在今重慶市。合州，治所石鏡縣，在今重慶市合川縣。(131)萬榮郡　郡名，治所永康縣，在今四川達縣西北。(132)遏絕　阻斷。(133)上聞　奏知朝廷。(134)專之　不待朝命，自己決斷。(135)通開　皆州名。通州，治所石城縣，在今四川達縣。開州，治所萬川縣，在今重慶市萬州區東。(136)嘉　誇獎；讚許。(137)渠州　州名，治所安漢縣，在今四川南充北。(138)庚申　十月十七日。(139)享太廟　於太廟祭祖。140乙亥 十一月二日。141來弔 來陳朝弔唁陳文帝。142丙戌 十一月十三日。143庚申 十二月十八日。144草人以擬聖躬 以草人比作上皇的身體。躬，自身。145兜鍪 古代戰士的頭盔。146老嫗 年老的女人。147須著 需要戴。須，通「需」。148大家 時稱天子為大家。149魏世 指北魏時。150金雞大赦 古代頒赦詔日，設金雞於竿，以示吉辰。雞以黃金飾首，故名金雞。151惑 迷亂。152填 通「鎮」。153幡 旗幟。154反具 謀反的器具。155收訊 拘捕審訊。156倒鞭撾之 手持鞭小頭，以大頭擊打。撾，擊打。157脛 小腿。158安德王延宗 即高延宗（？—西元五七七年），文襄帝第五子。傳見《北齊書》卷十一、《北史》卷五十二。159淚赤 淚盡而出血。160幾死 幾乎死去。161廝役 泛指為人驅使的奴僕。162革選 廢除舊有的選官制度。163貴遊 無官職的王公貴族。164發敕用之 發布敕書，正式任用。165披訴 陳訴，表示不同意。166宣旨 宣布皇帝詔書。167唱名 高聲呼名。168為縣 指做縣官。

【校 記】[1]王 原無此字。據章鈺校，十二行本、乙十一行本、孔天胤本皆有此字，張敦仁《通鑑刊本識誤》同，今據補。[2]臣 原作「人臣」。據章鈺校，十二行本、乙十一行本、孔天胤本皆無「人」字，今據刪。[3]宜 原無此字。據章鈺校，十二行本、乙十一行本、孔天胤本皆有此字，今據補。按，《通鑑紀事本末》卷二四有此字。[4]以死繼之 原無此四字。據章鈺校，十二行本、乙十一行本、孔天胤本皆有此四字，張敦仁《通鑑刊本識誤》、張瑛《通鑑校勘記》同，今據補。[5]遣 原作「還」。據章鈺校，十二行本、乙十一行本、孔天胤本皆作「遣」，張瑛《通鑑校勘記》同，今據改。[6]端 原作「上」。據章鈺校，十二行本、乙十一行本、孔天胤本皆作「端」，今據改。按，《通鑑紀事本末》卷二五作「端」。

【語 譯】天康元年（丙戌 西元五六六年）

春，正月初二日己卯，發生日蝕。〇初五日癸未，北周實行大赦，改年號為天和。〇十四日辛卯，北齊國主高緯在圜丘祭天。十六日癸巳，在太廟合祭祖先。〇十九日丙申，北齊任命吏部尚書尉瑾為右僕射。〇二十二日己亥，北周國主宇文邕舉行親耕藉田典禮。〇二十三日庚子，北齊國主高緯前往晉陽。〇北周派小載師杜杲到陳朝來通問修好。

二月初三日庚戌，北齊太上皇高湛回到鄴城。〇二十九日丙子，陳朝大赦天下，改年號為天康。

三月初三日己卯，陳文帝任命安成王陳頊為尚書令。

三月三十日丙午，北周國主宇文邕在南郊祭天。夏，四月初五日辛亥，北周舉行求雨大典。

陳文帝病了，尚書省各種政務，一併命尚書僕射到仲舉、五兵尚書孔奐兩人共同商議決定。孔奐，是孔琇之的曾孫。陳文帝病情轉重，孔奐、到仲舉與司空・尚書令・揚州刺史安成王陳頊、吏部尚書袁樞、中書舍人劉師知等人入宮侍候醫藥。袁樞，是袁君正的兒子。太子陳伯宗懦弱，陳文帝憂慮他不能守住皇位，對陳頊說：「我打算遵照當年吳太伯的做法傳皇帝位給你。」陳頊伏地磕頭，淚流滿面，堅決推辭。陳文帝又對到仲舉、孔奐等說：「如今三方鼎立，天下事務十分繁重，應當立年長的人為國君。朕欲近則效法晉成帝立同母弟為嗣，遠則光大殷代兄終弟及的做法，卿等要遵循我的旨意。」孔奐流著眼淚回答說：「陛下飲食失調，不久即可康復。皇太子年富力強，他的聖德正日益增進，安成王有皇上之弟的尊貴，足可以成為周公旦那樣的輔佐重臣。如果皇上有廢太子立新君的心意，臣等愚忠，不敢奉詔。」陳文帝說：「古代直道而行的遺風，又出現在你們身上了。」便任命孔奐為太子詹事。

司馬光說：「說起臣子侍奉君王，應該順勢促成他做的好事，糾正補救他的過失。孔奐在陳朝，肩負心腹大臣的重任，決定國家的大計，如果認為陳世祖的話不真誠，那就應當像西漢竇嬰那樣當面爭辯，像袁盎那樣在朝廷上爭論，防微杜漸，用以杜絕有人窺伺帝位的野心。如果認為陳世祖的話是真誠的，那就應當請求陳世祖明明白白下達詔書，宣告於朝廷內外，使陳世祖擁有春秋時宋宣公捨子立弟的美名，而高宗陳頊就不會有楚靈王那樣篡弒的惡行。不然的話，既認為太子是理應嗣位的嫡子，不可動搖，想要保護、輔佐他，使他獲得安全，那就應當竭盡自己的忠誠與氣節，以死來報答，像晉國的荀息、趙國的肥義一樣。怎麼可以在國君活著的時候揣測他的心意以求迎合；等到去世後，在權臣篡國時不能去挽救，在嗣主失位時又不能以死相報？這種人是奸佞阿諛的臣子中最惡劣的人，而陳世祖還說他有直道而行的遺風，把幼少的國君託付給他，豈不是十分荒謬嗎？」

四月二十七日癸酉，陳文帝去世。

陳文帝從艱難中興起，知道百姓疾苦，生性善於洞察，又崇尚節儉。每晚都要取來投在宮門邊需要緊急處理的奏報，前後接連不斷。他下令夜間在殿中報更傳遞更籤的人，一定要把更籤投在臺階石頭上，讓它發出鏘然的響聲，說：「我即使睡了，這聲音也能讓我驚覺。」

太子即位，大赦天下。五月初三日己卯，尊皇太后為太皇太后，皇后為皇太后。

五月初九日乙酉，北齊任命兼尚書左僕射武興王高普為尚書令。

吐谷渾龍涸王莫昌率領部落歸附北周，北周將其地改置為扶州。

五月十四日庚寅，陳朝任命安成王陳頊為驃騎大將軍、司徒、錄尚書、都督中外諸軍事。二十一日丁酉，任命中軍大將軍、開府儀同三司徐度為司空，任命吏部尚書袁樞為左僕射，吳興太守沈欽為右僕射，御史中丞徐陵為吏部尚書。

徐陵認為梁末以來，選官授職大多太濫，便寫了一篇文書告諭大家，說：「梁元帝承繼侯景之亂的荒災年景，太尉王僧辯接受江陵失陷後的爛攤子，以致造成選官授職的制度極其紛繁雜亂。永安初年，陳朝剛剛建立，白銀難以得到，任命官職的詔書則較易頒發，所以暫且用官階來替代錢銀絹帛。導致員外郎、常侍，在路上一個接著一個，諮議、參軍，在鬧市上難以計數，難道朝廷的典章本該如此嗎？如今官員的服飾禮樂，一天比一天富麗，一年比一年浮華，怎麼可以還是沿襲舊時的做法？這是沒有道理的。」大家都贊同他的觀點。

五月二十三日己亥，北齊封立太上皇高湛的兒子高仁弘為齊安王，高仁固為北平王，高仁英為高平王，高仁光為淮南王。

六月，北齊派兼散騎常侍韋道儒到陳朝來通問修好。〇二十一日丙寅，陳朝在永寧陵安葬陳文帝，廟號為世祖。

秋，七月初三日戊寅，北周修築武功等各城來安置軍隊。〇二十二日丁酉，陳朝冊立妃子王氏為皇后。

八月，北齊太上皇高湛前往晉陽。

北周信州蠻族人冉令賢、向五子王等佔據巴峽反叛，攻陷白帝城，黨羽同夥串連二千多里，北周派開府儀同三司元契、趙剛等前後去征討，始終沒能討平。九月，下詔開府儀同三司陸騰督率開府儀同三司王亮、司馬裔前去征討。

陸騰的軍隊駐紮在湯口，冉令賢在長江南岸佔據險要之地，設置十座城堡，連結遠方的涔陽蠻進行聲援，冉令賢自己則率領精兵固守水邏城。陸騰召集眾將探討破敵的辦法，都想先奪取水邏城，然後進攻長江南岸各城堡。陸騰說：「冉令賢內恃水邏城有如同金城湯池那樣的堅固防守，外託涔陽蠻有如同頰骨與牙床相互依存那樣的支援，物資糧食充足，器械精良。用我們這支深入敵境的孤軍去攻擊對方防守嚴密的營壘，如果一戰不勝，會更加助長他們的氣焰。不如駐軍湯口，先攻取江南各城堡，翦除冉令賢的羽翼，然後進軍水邏城，這才是取勝的良策。」於是派王亮率部眾渡過長江，十天之中，攻佔了敵方的八座城堡，捕獲以及接受投降的蠻族人各以千計。於是選拔招募驍勇的士兵，分多路進攻水邏城。蠻族首領冉伯犂、冉安西平素與冉令賢有仇怨，陸騰派人勸說引誘，送他們很多金銀絹帛，讓他們作嚮導。水邏城的旁邊有一座石勝城，冉令賢派他哥哥的兒子冉龍真據守。陸騰祕密招誘冉龍真，冉龍真於是獻城投降。水邏城蠻兵潰散，被斬殺的有一萬多人，被捕獲的也有一萬多人。冉令賢逃走，追上去抓獲了他，把他斬首。陸騰把敵人的屍骨堆積在水邏城旁封土成高冢，成為京觀。此後，群蠻望見這座萬人高冢，就大哭，不敢再反叛。

向五子王據守石墨城，派自己的兒子向寶勝據守雙城。水邏城被平定後，陸騰多次派人曉諭向五子王，他還是不肯投降。陸騰進兵攻擊，把他們全都擒獲，把各個姓向的酋長全都殺了，捕獲了一萬多人。

信州原先的治所在白帝城，陸騰把治所遷到八陳灘北，任命司馬裔為信州刺史。

小吏部隴西人辛昂，奉命出使梁州、益州，並且為陸騰督送軍糧。當時，臨、信、楚、合等州，民眾中有很多人跟著作亂，辛昂向他們說明禍福利害，他們紛紛趕來歸附。辛昂就讓他們中年老力弱的背負運輸軍糧，年輕力壯的參與作戰，他們都樂於為辛昂效力。辛昂完成使命回朝時，正趕上巴州萬榮郡平民反叛，攻圍郡城，阻斷了山路。辛昂對隨行人員說：「亂民兇惡狡猾而又猖狂，如果等待向朝廷奏報請示，孤城一定會被攻陷。只要對百姓有利，擅自作主也是可以的。」於是在通州、開州二州募兵，得到三千人。這些人倍道兼程，出其不意，直奔叛賊營壘。叛賊以為是官軍大部隊到了，望風瓦解，整個萬榮郡得到了保全。北周朝廷嘉獎他，任命他為渠州刺史。

冬，十月，北齊任命侯莫陳相為太傅，任城王高湝為太保，婁叡為大司馬，馮翊王高潤為太尉，開府儀同三司韓祖念為司徒。

十月十七日庚申，陳廢帝在太廟祭祀祖先。

十一月初二日乙亥，北周派使臣到陳朝來弔唁陳文帝。

十一月十三日丙戌，北周國主宇文邕巡視武功等新城，十二月十八日庚申，回到長安。

北齊河間王高孝琬怨恨執政者，紮了草人用箭射它。和士開、祖珽在太上皇面前誣陷高孝琬說：「草人是用來比擬皇上的。又，先前突厥進犯到了并州，高孝琬脫下頭盔扔在地上說：『我難道是老太婆，要戴這種東西！』這話也是針對皇上您的。還有，北魏時流行一個謠言，說：『河南種穀河北生，白楊樹頭金雞鳴。』所謂河南、河北，指的就是河間。是河間王高孝琬準備設金雞，即帝位實行大赦而已。」太上皇高湛深受這種說法的迷亂。正好高孝琬得了一顆佛牙，安放在宅第內，佛牙在夜間發光。太上皇聽到了，派人搜查，搜到幾百件鎮庫的長矛和旗幡，太上皇以為這是謀反的器具，便逮捕審訊高孝琬。高孝琬的姬妾中有一個姓陳的女子，不受寵愛，就誣陷高孝琬說：「高孝琬經常畫了陛下的像而對著哭。」實際上畫的是其父世宗高澄的像。太上皇大怒，讓武衛赫連輔玄倒拿著鞭子用大頭擊打高孝琬。高孝琬高喊叔叔，太上皇說：「怎敢喊我為叔？」高孝琬說：「臣是神武皇帝的嫡孫、文襄皇帝的嫡子、魏孝靜皇帝的外甥，為什麼不能叫您叔叔？」太上皇更加憤怒，折斷他的兩條小腿之後他死了。安德王高延宗為高孝琬的死痛哭不已，以至淚中帶血。又製作了草人，一邊鞭打，一邊審問：「為什麼殺我的哥哥？」家中奴僕告發了這件事，太上皇把高延宗按倒在地，用馬鞭打了他二百鞭，打得他幾乎死去。

這一年，北齊賜侍中、中書監元文遙姓高氏，不久就升遷他為尚書左僕射。

北魏末年以來，縣令多用奴僕擔任，由此士人們都恥於擔任縣令。元文遙認為縣令是治理百姓的根本，於是請求廢除舊有的選用縣令的制度，暗中選擇沒有官職的王公貴族子弟，發布敕令，委職任用，但仍擔心他們申訴推辭，便把他們都召集到神武門，讓趙郡王高叡宣布皇帝詔命，高聲點名，大加安撫勸諭，派他們上任。北齊士人做縣令就是從這時開始的。

【研析】本卷所記西元五六三至五六六年四年間事，主要反映的是陳朝最終削平江南割據的土豪勢力、商胡在北齊政治中開始施加強有力的影響、北齊北周攻守異勢。茲對後兩個問題予以闡述。

「商胡」即經商的胡人。《通鑑》上卷稱：齊帝高湛為長廣王時，「清都和士開善握槊、彈琵琶有寵，辟為開府行參軍。」高湛當上皇帝後，和士開迅速升任侍中、開府儀同三司。本卷稱：和士開「有寵於齊主，齊主外朝視事，或在內宴賞，須臾之間，不得不與士開相見，或累日不歸，一日數入；或放還之後，俄頃即追，未至之間，連騎督趣。姦謟百端，寵愛日降，前後賞賜，不可勝紀。」清都乃東魏北齊時置於都城鄴城的郡級行政單位名，但和士開並不是土生土長的鄴城人。《北齊書》卷五十〈恩倖傳〉稱：「其先西域商胡，本姓素和氏。」知其人本西域胡人，先世以經商而至，遂落籍中土。兩漢時，「胡人」主要指匈奴，而匈奴西邊的族群被統稱為「西胡」，匈奴東邊的族群被統稱為「東胡」。十六國北朝時期，「胡人」的內涵已發生巨大轉變，特指來自西域的以「高鼻深目多鬚」為體貌特徵的族群，與屬於蒙古人種的漢人、鮮卑人以及匈奴人體貌上明顯不同。十六國時建立過後趙政權、後來被整體上消滅的羯族人，在體貌上與之相似。

自從絲綢之路開闢後，西域各小部族利用處於各大文明之間的便利，以經商作為主要的職業，他們販來產自波斯灣的珍珠、阿拉伯地區與印度的香料、以及遠方異域各種珍寶，運走成捆的絲綢，成為中古時期絲綢貨幣化的最大推手。《洛陽伽藍記》卷三述西域商人入居北魏洛陽及各地的盛況說：「西夷來附者，處崦嵫館，賜宅慕義里。自蔥嶺以西至於大秦，百國千城，莫不款附，商胡販客，日奔塞下，所謂盡天地之區宇，樂中國之土風，因而宅者，不可勝數。」北魏時，國家財政已受這些商胡的影響，太武帝拓跋燾在進攻北涼前，對其統治者沮渠牧犍的罪狀之一便是「切稅商胡，以斷行旅。」《魏書》卷六十五〈邢巒傳〉記其在宣武帝時上書說：「逮景明之初，承升平之業，四疆清晏，遠邇來同，於是蕃貢繼路，商賈交入，諸所獻貿，倍多於常。雖加以節約，猶歲損萬計，珍貨常有餘，國用恒不足。若不裁其分限，便恐無以支歲。自今非為要須者，請皆不受。」「蕃貢」實際上也是商業行為的一種形式。商胡攜帶而來的「珍貨」，竟然造成國庫空虛，而當時國家財政正是以絲綢為支撐的。同書卷二十一上〈北海王詳傳〉說：「朝廷比以軍國費廣，禁斷諸蕃雜獻，而詳擅作威令，命寺署酬直。」國家財政緊張，遂決定禁止與以貢獻為名而來的胡商進行交易，掌權的元詳卻命令相關機構仍舊「酬直」，自然他從胡商那裡得到了不少好處。胡商以「珍貨」為交易之資，決定了他們交易的對象首先是王公貴族，必然奔走於權貴之門，腐蝕當時的政治。《北史》卷四十一〈楊愔傳〉說：「太保、平原王（高）隆之與愔鄰宅，愔嘗見其門外有富胡數人，謂左右曰：『我門前幸無此物。』」和士開與身為長廣王的高湛結識，最初大致亦是如此。

商胡和士開因善「握槊」胡戲及彈西域傳來的琵琶，受到高湛的寵愛，而高湛當上皇帝，又使商胡的影響在北齊後期上升到政治領域。侍中為門下省長官，職掌為「顧問應對」，協助皇帝決策，北朝時期，侍中職責尤重。作為商胡，他們以追求利潤為目標，生活上則聲色犬馬，儘管他們也能接觸華夏文化，而其精神世界與生活方式，有別於追求立德、立言、立行，以「致君堯舜上」為目標的傳統士大夫。和士開為侍中，且皇帝高湛「須臾之間」也離不開他，漢族士大夫原本受到排擠，無行如祖珽等，則委身附會，投機求進，自然也不可能如先前的楊愔等人，正身而行，力挽時局。《北齊書·恩倖傳》說：和士開當政後，「富商大賈朝夕填門，朝士不知廉恥者多相附會，甚者為其假子，與市道小人同在昆季行列。」和士開將自己習知的人生享樂主義灌輸給高湛：「自古帝王，盡為灰土，堯舜、桀紂，竟復何異？陛下宜及少壯，極意為樂，縱橫行之，一日取快，可敵千年。國事盡付大臣，何慮不辦，無為自勤約也！」這使文化修養原本欠缺的高湛極為受用，北齊朝廷在政治上從此失去了任何具有理想意義的追求，也就失去了存在的意義。

和士開絕不是「一個人在戰鬥」，因其當政後援引，及其激起的享樂風潮，胡商在北齊朝廷迅速形成勢力。《北齊書·恩倖傳》稱：「又有史醜多之徒胡小兒等數十，咸能舞工歌，亦至儀同開府、封王。」「胡小兒等眼鼻深嶮，一無可用，非理愛好，排突朝貴，尤為人士之所疾惡。其以音樂至大官者：沈過兒官至開府儀同，王長通年十四五，便假節通州刺史。」甚至「以波斯狗為儀同、郡君」。陳寅恪先生甚至據此認為其時北齊朝廷呈現「西胡化」的特徵。這使得原本作為政治支柱的鮮卑勳貴也受到排擠，北齊政權的政治基礎因此動搖。《北齊書》卷三十九〈祖珽傳〉說：「自和士開執事以來，政體隳壞。」在與北周的對壘中，曾佔上風的北齊最終敗下陣來。

在北齊高湛崇尚胡商享樂之風之時，北周尚未實際掌握權力的周武帝宇文邕，卻以隆重的尊三老的朝廷儀典，宣示了他尊師重道的政治主張：在朝臣畢集、莊嚴肅穆的儀典上，代表道統與教化權力的「三老」居中而坐，南面為尊，皇帝迎候、跪呈食物、「北面立而訪道」。皇帝從血緣上是匈奴人，又出身於深受鮮卑習俗影響的家庭，被尊為「三老」的于謹，原本也出於鮮卑貴族，但于謹對周武帝的教訓是：虛心納諫、恪守誠信、賞善罰惡、謹言慎行，全是儒家規範。此前舉行類似儀典的，只有北魏孝文帝。無論族源如何，北周君臣通過這一儀典，將自己置於華夏文明的大傳統中，對所有參加者來說，無疑也經歷了一場心靈的洗禮。意志決定行動，追求理想的北周君臣與選擇即身享受的北齊君臣，一方選擇的是奮發有為，一方選擇的是自甘墮落。

最高統治者的政治取向，雖然在短時期不會影響國力盛衰，但卻能影響軍隊的士氣。卷中稱，高洋統治時期，有「吞關、隴之志」，「周人常懼齊兵西度，每以冬月，守河椎冰」；高湛即位後，「唯翫聲色」，「嬖倖用事，朝政漸紊，齊人椎冰以備周兵之逼。」攻守易勢。

當然，本卷記述的北周與北齊之間的兩次戰爭，一次圍逼晉陽，一次進攻洛陽，北周是進攻一方，戰爭結果顯然是北周失利。考察北周失利的表面原因，一是因為北周執政宇文護缺乏軍事才能，一是北周出兵原本不是自認為強大到可以戰勝北齊，而是逼於突厥之請，「恐負突厥約，更生邊患」，屬於配合突厥劫掠的行動。本質上的原因則是北齊軍隊尚未失去戰鬥力，北周軍隊尚弱。

圍攻洛陽之役，宇文護「徵二十四軍及左右廂散隸秦、隴、巴、蜀之兵并羌、胡內附者，凡二十萬人。」

可以說舉國而動。從軍隊調集方式我們可以發現，北周軍隊其時尚分散於各地，與將領的私人關係尚深，實際作戰失利時，有的將領已率軍隊退卻，有的將領仍試圖死拼。這表明北周軍隊兵員還少，且缺乏有效的整合，未能形成絕對的統一指揮系統，而這些，都有待周武帝實際掌權後加以解決。

卷第一百七十

陳紀四

起彊圉大淵獻（丁亥 西元五六七年），盡重光單閼（辛卯 西元五七一年），凡五年。

【題解】本卷載述西元五六七—五七一年南北朝五年史事。時當陳廢帝光大元年、二年、陳宣帝太建元年、二年、三年，北周武帝天和二年至六年，北齊後主天統三年至武平二年。陳朝發生宮廷政變，引發陳朝西境動亂。陳霸先次子安成王陳頊，廢帝自立，奪了姪兒陳伯宗的帝位，是為陳宣帝。北周政清，北齊政昏，兩國為爭奪宜陽與汾北地區發生大戰，北齊兵強，元宿老臣尚在，取得軍事勝利。北齊國主高緯執政，繼承乃父北齊武成帝高湛的昏庸信讒，權奸當國，宮廷政變不斷。

臨海王❶

光大元年（丁亥 西元五六七年）

春，正月癸酉朔❷，日有食之。○尚書左僕射袁樞卒。○乙亥❸，大赦，改元❹。○辛卯❺，帝祀南郊❻。○壬辰❼，齊上皇還鄴。○己亥❽，周主耕藉田。

二月壬寅朔❾，齊主加元服❿，大赦。

初，高祖為梁相⓫，用劉師知⓬為中書舍人⓭。師知涉學工文⓮，練習儀體⓯，歷世祖朝，雖位宦不遷⓰，而委任⓱甚重，與揚州刺史安成王頊、尚書僕射到仲舉同受遺詔⓲輔政。師知、仲舉恆居禁中，參決眾事，頊與左右三百人入居尚書省⓳。師知見頊地望權勢為朝野所屬⓴，心忌之，與尚書左丞㉑王暹㉒等謀出頊於外㉓。眾猶豫，未敢先發㉔。東宮通事舍人㉕殷不佞㉖，素以名節㉗自任，又受委東宮㉘，乃馳詣相府㉙，矯敕謂頊曰：「今四方無事，王可還東府㉚經理州務。」頊將出，中記室㉛毛喜㉜馳入見頊曰：「陳有天下日淺，國禍繼臻㉝，中外㉞危懼。太后深惟㉟至計，今王入省，共康庶績㊱。今日之言，必非太后之意。宗社㊲[1]之重，願王三思，須更聞奏，無使姦人得肆其謀㊳。今出外即受制於人，譬如曹爽，願作富家翁，其可得邪㊴？」頊遣喜與領軍將軍吳明徹籌之㊵，明徹曰：「嗣君㊶諒闇㊷，萬機多闕㊸。殿下㊹親實周、邵㊺，當輔安㊻社稷，願留中㊼勿疑。」頊乃稱疾，召劉師知，留之與語，使毛喜先入言於太后。太后曰：「今伯宗幼弱，政事並委二郎㊽。此非我意。」喜又言於帝。帝曰：「此自師知等所為，朕不知也。」

喜出，以報頊。頊因因師知，自入見太后及帝，極陳[49]師知之罪，仍自草敕請畫[50]，以師知付廷尉[51]，其夜，於獄中賜死[52]。以到仲舉為金紫光祿大夫[53]。王暹、殷不佞並付治[54]。不佞，不害之弟也，少有孝行[55]，頊雅重之，故獨得不死，免官而已。王暹伏誅。自是國政盡歸於頊。

右衛將軍會稽韓子高[56]，鎮領軍府，在建康諸將中士馬最盛，與仲舉通謀。事未發。毛喜請簡[57]士馬配子高，并賜鐵炭，使脩器甲[58]。頊驚曰：「子高謀反，方欲收執，何為更如是邪？」喜曰：「山陵[59]始畢，邊寇尚多，而子高受委前朝，名為杖順。若收之，恐不時[2]授首[60]，或能為人患。宜推心安誘，使不自疑，伺間圖之，一壯士之力耳。」頊深然之。

仲舉既廢[61]歸私第，心不自安。子郁，尚世祖妹信義長公主，除南康[62]內史[63]，未之官。子高亦自危，求出為衡、廣[64]諸鎮。郁每乘小輿[65]，蒙婦人衣，與子高謀。會前上虞[66]令陸昉及子高軍主[67]告其謀反。頊在尚書省，因召文武在位議立皇太子。平旦，仲舉、子高入省，皆執之，并郁送廷尉，下詔，於獄賜死，餘黨一無所問[68]。

辛亥[69]，南豫州[70]刺史余孝頃坐謀反誅。

癸丑[71]，以東揚州[72]刺史始興王伯茂[73]為中衛大將軍[74]、開府儀同三司。伯茂，帝之母弟也，劉師知、韓子高之謀，伯茂皆預之；司徒頊恐扇動中[3]外，故以為中衛，專使之居禁中，與帝遊處。

三月甲午[75]，以尚書右僕射沈欽[76]為侍中、左僕射。

夏，四月癸丑[77]，齊遣散騎常侍司馬幼之[78]來聘。

湘州刺史華皎[79]聞韓子高死，內不自安，繕甲[80]聚徒，撫循[81]所部，啓求廣州[82]，以卜[83]朝廷之意。司徒頊偽許之，而詔書未出。皎遣使潛引[84]周兵，又自歸於梁[85]，以其子玄響為質[86]。

五月癸巳[87]，頊以丹楊尹吳明徹為湘州刺史。○甲午[88]，齊以東平王儼[89]為尚書令。

司徒頊遣吳明徹帥舟師三萬趣郢州[90]，丙申[91]，遣征南大將軍淳于量[92]帥舟師五萬繼之，又遣冠武將軍楊文通從安成[93]步道出茶陵[94]，巴山太守黃法慧從宜陽[95]出澧陵[96]，共襲華皎，并與江州刺史章昭達[97]、郢州刺史程靈洗[98]合謀進討。六月壬寅[99]，以司空徐度[100]為車騎將軍，總督建康諸軍，步道趣湘州。

辛亥[101]，周主尊其母叱奴氏[102]為皇太后。

己未(103)，齊封皇弟仁機(104)為西河王，仁約為樂浪王，仁儉為潁川王，仁雅為安樂王，仁直為丹楊王，仁謙為東海王。

華皎使者至長安，梁王(105)亦上書言狀，且乞師，周人議出師應之。司會(106)崔猷曰：「前歲東征(107)，死傷過半。比(108)雖循撫，瘡痍未復(109)。今陳氏保境息民(110)，共敦鄰好(111)，豈可利(112)其土地，納(113)其叛臣，違盟約之信(114)，興無名(115)之師乎？」晉公護不從。閏六月戊寅(116)，遣襄州總管衛公直(117)督柱國陸通(118)、大將軍田弘(119)、權景宣(120)、元定(121)等將兵助之。

辛巳(122)，齊左丞相(123)咸陽武王斛律金卒，年八十。金[4]長子光(124)為大將軍，次子羨及孫武都並開府儀同三司，出鎮方岳(125)，其餘子孫封侯顯貴(126)者甚眾。門中一皇后，二太子妃(127)，三公主(128)，事齊三世，貴寵[5]無比。自肅宗(129)以來，禮敬尤重，每朝見，常聽乘步挽車(130)至階，或以羊車(131)迎之。然金不以為喜，嘗謂光曰：「我雖不讀書，聞古來外戚(132)鮮有能保其族者。女若有寵，為諸貴所嫉；無寵，為天子所憎。我家直以動勞致富貴，何必藉(133)女寵也？」

壬午(134)，齊以東平王儼錄尚書事(135)，以左僕射趙彥深為尚書令，并省(136)尚書左僕射婁定遠(137)為左僕射，中書監徐之才(138)為右僕射。定遠，昭之子也。

秋，七月戊申[139]，立皇子至澤為太子。

八月，齊以任城王湝為太師，馮翊王潤為大司馬，段韶為左丞相，賀拔仁[140]為右丞相[141]，侯莫陳相為太宰[142]，婁叡為太傅，斛律光為太保，韓祖念為大將軍，趙郡王叡為太尉，東平王儼為司徒。

儼有寵於上皇及胡后，時兼京畿[143]大都督、領軍大將軍，領[144]御史中丞。魏朝故事[145]：中丞出，與皇太子分路[146]，王公皆遙駐車[147]，去牛，頓軛於地[148]，以待其過。其或遲違[149]，則前驅以赤棒[150]棒之。自遷鄴[151]以後，此儀廢絕，上皇欲尊寵儼，命一遵舊制。儼初從北宮出，將上[152]中丞，凡京畿步騎、領軍官屬、中丞威儀[153]、司徒鹵簿[154]，莫不畢從。上皇與胡后張幕於華林園東門外而觀之，遣中使[155]驟馬趣仗，不得入，自言奉敕[156]，赤棒[6]應聲碎其鞍，馬驚，人墜。上皇大笑，以為善，更敕[157]駐車，勞問良久。觀者傾鄴城。

儼恆[158]在宮中，坐含光殿視事[159]，諸父[160]皆拜之。上皇或時[161]如并州[162]，儼恆居守[163]。每送行，或半路，或至晉陽乃還。器玩服飾，皆與齊主同，所須悉官給[164]。嘗於南宮[165]見新冰早李，還，怒曰：「尊兄[166]已有，我何意無？」自是齊主或先得新奇，屬官及工人必獲罪。儼性剛決，嘗言於上皇曰：「尊兄懦，何能帥[167]左右？」上皇每稱(168)其才，有廢立(169)意，胡后亦勸之，既而中止(170)。

華皎遣使誘章昭達，昭達執送建康。又誘程靈洗，靈洗斬之。皎以武州(171)居其心腹(172)，遣使誘都督陸子隆(173)，子隆不從。遣兵攻之，不克。巴州(174)刺史戴僧朔(175)等並隸於皎，長沙太守曹慶等，本隸皎下，遂為之用。司徒項恐上流守宰皆附之，乃曲赦(176)湘、巴二州。九月乙巳(177)，悉誅皎家屬。

梁以皎為司空，遣其柱國王操(178)將兵二萬會[7]之。周權景宣將水軍，元定將陸軍，衛公直總之，與皎俱下。淳于量軍夏口(179)，直軍魯山(180)，使元定以步騎數千圍郢州。皎軍于白螺，與吳明徹等相持。徐度、楊文通由嶺路襲湘州，盡獲其所留軍士家屬。

皎自巴陵(181)與周、梁水軍順流乘風而下，軍勢甚盛，戰于沌口。量、明徹募軍中小艦，多賞金銀，令先出當西軍大艦受其拍(182)。西軍諸艦發拍皆盡，然後量等以大艦拍之，西軍艦皆碎，沒于中流。西軍又以艦載薪，因風縱火，俄而風轉，自焚，西軍大敗。皎與戴僧朔單舸(183)走，過巴陵，不敢登[8]岸，徑奔江陵。衛公直亦奔江陵。

元定孤軍，進退無路，斫竹開徑，且戰且引(184)，欲趣巴陵。巴陵已為徐度等所據，度等遣使偽與結盟，許縱之還國。定信之，解仗[185]就度，度執之，盡俘其眾，并擒梁大將軍李廣[186]。定憤恚而卒。

皎黨曹慶等四十餘人並伏誅。唯以岳陽太守章昭裕[187]，昭達之弟，桂陽太守曹宣[188]，高祖舊臣，衡陽內史汝陰任忠[189]，嘗有密啓[190]，皆宥之。

吳明徹乘勝攻梁河東[191]，拔之。

周衛公直歸罪於梁柱國殷亮，梁主知非其罪，然不敢違，遂誅之。

周與陳既交惡[192]，周沔州刺史裴寬[193]白襄州[194]總管[195]，請益戍兵，并遷城於羊蹄山[196]以避水。總管兵未至，程靈洗舟師奄至[197]城下。會[198]大雨，水暴漲，靈洗引大艦臨城發拍[199]，擊樓堞[200]皆碎，矢石晝夜攻之三十餘日，陳人登城，寬猶帥眾執短兵拒戰，又二日，乃擒之。

丁巳[201]，齊上皇如晉陽。山東[202]水，饑，僵尸滿道。

冬，十月甲申[203]，帝享太廟[204]。

十一月戊戌朔[205]，日有食之。○丙午[206]，齊大赦。○癸丑[207]，周許穆公宇文貴自突厥還，卒于張掖[208]。○齊上皇還鄴。

十二月，周晉公護母卒，詔起[209]，令視事。

齊祕書監祖珽，與黃門侍郎劉逖[210]友善。珽欲求宰相，乃疏[211]趙彥深、元文遙、和士開罪狀，令逖奏之，逖不敢通。彥深等聞之，先詣上皇自陳。上皇大怒，執珽，詰之，珽因陳士開、文遙、彥深等朋黨[212]、弄權、賣官、鬻獄[213]事。上皇曰：「爾乃誹謗我！」珽曰：「臣不敢誹謗，陛下取人女。」上皇曰：「我以其饑饉，收養之耳。」珽曰：「何不開倉振給，乃買入後宮乎？」上皇益怒，以刀環築[214]其口，鞭杖亂下，將撲殺之。珽呼曰：「陛下勿殺臣，臣為陛下合金丹[215]。」遂得少寬。珽曰：「陛下有一范增[216]不能用。」上皇又怒曰：「爾自比范增，以我為項羽邪？」珽曰：「項羽布衣[217]，帥烏合之眾[218]，五年而成霸業。陛下藉父兄之資，纔得至此，臣以為項羽未易可輕[219]。」上皇愈怒，令以土塞其口。珽且吐且言，乃鞭二百，配[220]甲坊[221]，尋[222]徙光州[223]，敕令牢掌[224]。別駕張奉福曰：「牢者，地牢也。」乃置地牢中，桎梏[225]不離身。夜，以蕪菁[226]子為燭，眼為所熏，由是失明。

齊七兵尚書[227]畢義雲[228]，為治酷忍[229]，非人理所及，於家尤甚。夜，為盜所殺，遺其刀，驗[230]之，其子善昭所佩刀也。有司[231]執善昭，誅之。

【章旨】以上為第一段，寫陳朝發生宮廷政變，司徒陳頊誅殺輔佐大臣，大權獨攬，逼反湘州刺史華皎，引發北周與陳朝的一次大戰，陳軍獲勝，既穩固了陳朝政權，也加重了陳頊權傾臣僚的地位。

【注釋】❶臨海王　陳朝第三代皇帝陳伯宗，史稱廢帝，文帝嫡長子，字奉業，小字藥王。西元五六七—五六八年在位。後被宣太后廢為臨海王。❷癸酉朔　正月初一。❸乙亥　正月初三日。❹改元　年號由天康二年改為光大元年。❺辛卯　正月十九日。❻祀南郊　封建帝王每年在圜丘祭天，因地在都城南郊，故稱祀南郊。❼壬辰　正月二十日。❽己亥　正月二十七日。❾壬寅朔　二月初一。❿元服　帽子。元，指首。服，指冠。頭上所戴，故稱元服。⓫高祖為梁相　梁末，陳霸先殺王僧辯，立梁敬帝，遂為輔相，後受禪。高祖是武帝陳霸先廟號。⓬劉師知　（？—西元五六七年）歷仕梁、陳朝，官至中書舍人。傳見《陳書》卷十六、《南史》卷六十八。⓭中書舍人　官名，掌起草詔制。⓮涉學工文　鑽研學問，擅寫文章。⓯練習儀體　熟諳朝儀國體。練習，熟習。⓰位宦不遷　官位不升。⓱委任　任用。⓲遺詔　皇帝臨死前留下的詔令。⓳尚書省　官署名，下設各曹，為中央執行政務的總機構。⓴屬　專注；歸心。㉑尚書左丞　官名，掌尚書省禁令、宗廟、朝儀禮制和選官置吏。㉒王暹　（？—西元五六七年）歷仕梁、陳朝，官至尚書左丞。事附《陳書》卷二十與《南史》卷二十五〈到仲舉傳〉。㉓出頊於外　讓安成王頊出任外官（地方官）。㉔發　行動。㉕通事舍人　官名，東宮屬官，掌傳宣令旨、內外啟奏、宮臣辭見司儀。南朝齊、梁、陳均置，梁一班，陳九品。㉖殷不佞　（西元五一八—五七三年）傳附《陳書》卷三十二〈殷不害傳〉。㉗名節　名譽節操。㉘受委東宮　言在東宮時，受廢帝親任。㉙相府　此時以尚書省為相府。㉚東府　揚州刺史的治所。㉛中記室　官名，掌章表文書。㉜毛喜　（西元五一六—五八七年）仕陳，官至侍中。傳見《陳書》卷二十九、《南史》卷六十八。㉝國禍繼臻　謂八年之內，國家接連有大喪。㉞中外　朝廷內外。㉟深惟　深思熟慮。惟，思。㊱庶績　各種事功。㊲宗社　宗廟和社稷。指代國家。㊳肆其謀　使其陰謀得逞。肆，縱恣。㊴譬如曹爽三句　三國時，司馬懿乘曹爽奉魏帝參拜明陵之機發動政變，曹爽願免官作富家翁，終被殺。事見本書卷七十五〈魏紀〉七邵陵厲公嘉平元年。㊵籌之　籌劃此事。㊶嗣君　繼位的國君。此指臨海王。㊷諒闇　天子居喪之時。㊸多闕　多不過問。㊹殿下　臣下對太子及諸王的敬稱。㊺周邵　即周公姬旦、邵公姬奭。周武王死，二公輔佐年幼的成王。㊻輔安　輔佐皇室，安定國家。㊼中　內。指尚書省。㊽二郎　文帝為陳道譚長子，安成王陳頊為第二子，故稱二郎。㊾極陳　極力陳述。㊿自草敕請書　自己起草敕令，請廢帝簽署。(51)廷尉　官名，掌刑獄。(52)賜死　皇帝命令自殺。(53)金紫光祿大夫　南北朝時為加官、贈官或退休大臣榮銜，待遇同特進。梁十四班，陳三品。[54]付治　交付有關部門治罪。[55]孝行　殷不佞小時居父喪，以至孝著稱。其母死於江陵，遇兵亂，殷不佞在吳，久不得奔喪，四年之中，晝夜哭泣，居住飲食，常為居喪之禮。[56]韓子高　（西元五三八—五六七年）仕陳，官至右衛將軍。傳見《陳書》卷二十、《南史》卷六十八。[57]簡　挑選。[58]器甲　器械盔甲。[59]山陵　謂安葬文帝事。[60]授首　被殺。[61]既廢　被免官以後。[62]南康　郡名，治所贛縣，在今江西贛州西南。[63]內史　官名，掌王國或郡內民政，陳時萬戶以上郡為六品，不滿萬戶為七品。[64]衡廣　俱州名，指衡州與廣州。時衡州分為二：東衡州治所曲江縣，在今廣東韶關市南；西衡州治所含洭縣，在今廣東英德西北。廣州治所番禺縣，在今廣東廣州。[65]小輿　小車。[66]上虞　縣名，縣治在今浙江上虞。[67]軍主　一軍之主將。[68]問　追究。[69]辛亥　二月初十日。[70]南豫州　僑州名，治所姑熟，在今安徽當塗。[71]癸丑　二月十二日。[72]東揚州　僑州名，治所山陰縣，在今浙江紹興。[73]始興王伯茂　（西元五五一—五六八年）陳文帝第二子。傳見《陳書》卷二十八、《南史》卷六十五。[74]中衛大將軍　武官名，掌禁衛。[75]甲午　三月二十三日。[76]沈欽　（西元五〇三—五六九年）仕陳，官至尚書左僕射。傳附《陳書》卷七〈世祖沈皇后傳〉。[77]癸丑　四月十三日。[78]司馬幼之　歷仕北齊、隋二朝。傳附《北齊書》卷十八〈司馬子如傳〉、《北史》卷五十四〈司馬子如傳〉。[79]華皎　（？—西元五六七年）仕陳，官至湘州刺史。傳見《陳書》卷二十、《南史》卷六十八。[80]繕甲　整治盔甲。[81]撫循　安撫。[82]啓求廣州　奏請皇帝要求出任廣州職務。[83]卜　預測。[84]潛引　暗中招引。[85]梁　即後梁。西元五五四年梁岳陽王蕭詧降西魏，次年被西魏立為梁帝，建後梁，都江陵（在今湖北江陵）。[86]質　人質。[87]癸巳　五月二十三日。[88]甲午　五月二十四日。[89]東平王儼　北齊武成帝第三子高儼（西元五五八—五七一年），初封東平王，後改封琅邪王。傳見《北齊書》卷十二、《北史》卷五十二。[90]郢州　州名，治所夏口，在今湖北武昌。[91]丙申　五月二十六日。[92]淳于量　（西元五一一—五八二年）歷仕梁、陳，官至侍中、中軍大將軍。傳見《陳書》卷十一、《南史》卷六十六。[93]安成　郡名，治所平都縣，在今江西安福東南。[94]茶陵　縣名，縣治在今湖南茶陵東北。[95]宜陽　縣名，縣治在今江西宜春。[96]澧陵　縣名，縣治在今湖南醴陵。[97]章昭達　（西元五一八—五七一年）仕陳，官至侍中，進號車騎大將軍。傳見《陳書》卷十一、《南史》卷六十六。[98]程靈洗　（西元五一四—五六八年）仕陳，官至郢州刺史。傳見《陳書》卷十、《南史》卷六十七。[99]壬寅　六月初三日。[100]徐度　（西元五〇九—五六八年）仕陳，官至司空。傳見《陳書》卷十二、《南史》卷六十七。[101]辛亥　六月十二日。[102]叱奴氏　拓跋興於代北，兼併他部，以本部中別族為內姓，其他諸部隨方分之，北方有叱奴氏。[103]己未　六月二十日。[104]仁機　仁機與下文仁約、仁儉、仁雅、仁直、仁謙，分別為北齊武成帝第八、第九、第十、第十一、第十二、第十三子。傳均見《北齊書》卷十二、《北史》

卷五十二。按，仁機，本傳作「仁幾」。仁約，本傳作「仁邕」。[105]梁王　即後梁明帝蕭巋，為第二代皇帝，字仁遠。西元五六二—五八五年在位。[106]司會　官名，即謂司會中大夫。北周設司會為掌管全國財政的機構，以司會中大夫為長官。北周先後於同州、并州、相州三處亦有設置。[107]前歲東征　謂前年進攻北齊洛陽事。[108]比　近。[109]瘡痍未復　創傷尚未完復。比喻戰後破壞情況尚未恢復。[110]息民　使人民休養生息。[111]共敦鄰好　睦鄰友好。[112]利　貪得。[113]納　接納。[114]信　信用。[115]無名　無名義；無正當理由。[116]戊寅　閏六月九日。[117]衛公直　即宇文直（?—西元五七四年），宇文泰之子，封衛國公。傳見《周書》卷十二、《北史》卷五十八。[118]陸通　（?—西元五七二年）仕周，官至大司寇。傳見《周書》卷三十三、《北史》卷六十九。[119]田弘　（?—西元五七四年）仕北周，官至大司空。傳見《周書》卷二十七、《北史》卷六十五。[120]權景宣　（?—西元五六七年）仕周，官至侍中。傳見《周書》卷二十八、《北史》卷六十一。[121]元定　（?—西元五六七年）仕周，官至大將軍。傳見《周書》卷三十四、《北史》卷六十九。[122]辛巳　閏六月十二日。[123]左丞相　官名，朝廷的最高行政長官之一，協助皇帝處理國家政務。[124]光　斛律光（西元五一五—五七二年），仕齊，歷任太傅、左丞相等職。傳見《北齊書》卷十七、《北史》卷五十四。[125]方岳　四方之岳。稱地方長官，如刺史、太守等。[126]顯貴　顯達尊貴。[127]一皇后二句　斛律光長女，孝昭帝納為太子妃；次女，武成帝納為太子妃。後主受內禪，立為皇后。[128]三公主　斛律光之子武都、世雄、恆伽均尚公主。[129]肅宗　即孝昭帝，北齊第二代皇帝，名高演。西元五六〇年在位。[130]步挽車　人力步行拉的車。[131]羊車　古代宮內所乘小車，車飾善美。[132]外戚　帝王的母族、妻族。[133]藉　憑藉；依靠。[134]壬午　閏六月十三日。[135]錄尚書事　官名，總錄尚書事，獨攬朝政。[136]并省　北齊於并州（治晉陽）亦置省，立別宮。[137]婁定遠　（?—西元五七四年）仕北齊，官至司空。傳見《北齊書》卷十五、《北史》卷五十四。[138]徐之才　歷仕東魏、北齊，官至尚書左僕射。傳見《魏書》卷九十一、《北齊書》卷三十三、《北史》卷九十。[139]戊申　七月初十日。[140]賀拔仁　（?—西元五七〇年）歷仕東魏、北齊，官至錄尚書事。傳見《北史》卷五十三。[141]右丞相　官名，朝廷最高行政長官之一，輔佐皇帝處理全國政務。[142]太宰　官名，又名大冢宰，協助皇帝治理邦國。[143]京畿　國都及其附近地區。[144]領　兼任較低的職務。[145]故事　先例，指舊日的典章制度。[146]分路　分路而行，不引車避道。[147]駐車　停車。[148]頓軛於地　將軛放在地上。軛，牛馬拉車時放在脖子上的挽具。[149]遲違　不立即停車卸軛為遲，遲則違法。[150]赤棒　執法的紅色木棒。[151]遷鄴　西元五三四年，魏孝武帝由洛陽逃到關中依宇文泰，高歡另立清河王亶之子元善見為帝，遂遷都鄴城。[152]將上　謂領職視事。[153]威儀　儀仗、隨從。[154]鹵簿　大臣外出時扈從的儀仗隊。[155]中使　帝王宮廷中派出的使者，多由宦官充任。[156]奉敕　執行皇帝的命令。[157]更敕　再次下敕令。[158]恆　平常；經常。[159]視事　處理政事。(160)諸父 對同宗族伯叔輩的通稱。(161)或時 有時。(162)并州 州名，治所晉陽縣，在今山西太原西南。(163)居守 留守。(164)悉官給 全由官府供給。(165)南宮 齊主所居之宮。高儼從上皇、胡后居北宮。(166)尊兄 指齊主。齊主為武成帝長子，高儼為第三子，常謂齊主為尊兄。(167)帥 通「率」。帶領。(168)稱 讚許；誇獎。(169)廢立 指廢齊主而立高儼。(170)中止 中途停止。(171)武州 州名，治所武陵縣，在今湖南常德。(172)心腹 喻要害之處。(173)陸子隆 （西元五四〇—五八一年）仕陳，官至荊州刺史。傳見《陳書》卷二十二、《南史》卷六十七。(174)巴州 州名，治所巴陵縣，在今湖南岳陽。(175)戴僧朔 （？—西元五六七年）仕陳，官至巴州刺史。傳附《陳書》卷二十〈華皎傳〉。(176)曲赦 因特殊情況而赦免。(177)乙巳 九月初七日。(178)王操 （？—西元五七五年）仕後梁，官至尚書令。傳見《周書》卷四十八、《北史》卷九十三。(179)夏口 城名，在今湖北武漢。(180)魯山 城名，故址在今湖北武漢西南。(181)巴陵 郡名，治所巴陵縣，在今湖南岳陽。(182)拍 戰船上設置的拍竿，用以拍擊敵船。(183)單舸 一艘船。舸，繫在大船之後的小船。(184)引 領軍撤退。(185)解仗 解下兵仗；放下武器。(186)李廣 （？—西元五六七年）仕後梁，官至大將軍。傳附《周書》卷四十八〈蕭詧傳〉。(187)章昭裕 傳附《陳書》卷二十〈華皎傳〉。(188)曹宣 仕陳，官至桂陽太守。傳附《陳書》卷二十〈華皎傳〉。(189)任忠 （西元五一三—五八九年）歷仕梁、陳、隋三代，官至開府儀同三司。傳見《陳書》卷三十、《南史》卷六十七。(190)密啓 祕密書函。(191)河東 僑郡名，治所松滋縣，在今湖北松滋西北。(192)交惡 互相懷恨在心。(193)裴寬 仕周，官至車騎大將軍。傳見《周書》卷三十四、《北史》卷三十八。(194)襄州 州名，治所襄陽縣，在今湖北襄樊。(195)總管 官名，州級或重鎮的督軍之官。(196)羊蹄山 山名，即陽臺山。在今湖北漢陽境內。(197)奄至 忽然來到。(198)會 恰巧遇到。(199)發拍 揮動大船上的拍竿。(200)樓堞 城樓與城堞。(201)丁巳 九月十九日。(202)山東 此指太行山以東的地區。(203)甲申 十月十七日。(204)享太廟 天子祭祀祖廟。(205)戊戌朔 十一月初一日。(206)丙午 十一月初九日。(207)癸丑 十一月十六日。(208)張掖 郡名，治所永平縣，在今甘肅張掖西北。(209)詔起 北周國主宇文邕下詔讓守喪未滿的晉公宇文護起身處理政事。(210)劉逖 （西元五二五—五七三年）仕北齊，官至中書侍郎。傳見《北齊書》卷四十五、《北史》卷四十二。(211)疏 上奏章陳述。(212)朋黨 為私利目的而勾結同類。(213)鬻獄 利用刑獄索賄。(214)築 填塞。(215)金丹 古代煉金石為藥，謂服用可長生，謂之金丹。(216)范增 秦末項羽的謀士，但得不到重用。事見《史記》卷七〈項羽本紀〉、《漢書》卷三十一〈項籍傳〉。(217)布衣 布製的衣服。作平民的代稱。(218)烏合之眾 倉卒集合之眾，如烏鴉一樣忽聚忽散。(219)未易可輕 不宜輕視。(220)配 罰作苦役。(221)甲坊 製作兵器的作坊。(222)尋 不久。(223)光州 州名，治所掖縣，在今山東萊州。(224)牢掌 在牢中監押。(225)桎梏 腳鐐和手銬。(226)蕪菁 二年生草本植物，用其籽作燭，煙熏眼可失明。(227)七兵尚書 官名，掌管左中兵、右中兵、左外兵、右外兵、別兵、都兵、騎兵。228畢義雲（？—西元五六七年）仕北齊，官至七兵尚書。傳見《北齊書》卷四十七、《北史》卷三十九。229酷忍 殘酷。230驗 檢驗。231有司 官吏。古代設官分職，事有專司，故稱有司。

【校 記】1宗社 胡克家初刊本作「宗壯」，後之補刻本作「宗社」。據章鈺校，十二行本、乙十一行本、孔天胤本皆作「宗社」，今據以校正。2時 原作「即」。據章鈺校，十二行本、乙十一行本皆作「時」，今據改。按，《陳書・毛喜傳》、《通鑑紀事本末》卷二四作「時」。3中 原作「內」。據章鈺校，十二行本、乙十一行本、孔天胤本皆作「中」，今據改。4金 原無此字。據章鈺校，十二行本、乙十一行本、孔天胤本皆有此字，今據補。5三世貴寵 原作「貴寵三世」。據章鈺校，十二行本、乙十一行本、孔天胤本二詞皆互乙，張敦仁《通鑑刊本識誤》、張瑛《通鑑校勘記》同，今據改。6赤棒 原作「赤棒卒」。據章鈺校，十二行本、乙十一行本皆無「卒」字，今據刪。按，《北齊書・琅邪王儼傳》、《北史・琅邪王儼傳》皆無「卒」字。7會 原作「助」。據章鈺校，十二行本、乙十一行本、孔天胤本皆作「會」，今據改。按，《周書・蕭詧傳附蕭巋傳》、《北史・蕭詧傳附蕭巋傳》皆作「會」。8登 原作「發」。胡三省注云：「『發』恐當作『登』。」嚴衍《通鑑補》改作「登」，今據以校正。按，《陳書・華皎傳》作「登」。

【語 譯】臨海王

光大元年（丁亥 西元五六七年）

春，正月初一日癸酉，發生日蝕。〇陳朝尚書左僕射袁樞去世。〇初三日乙亥，陳朝大赦天下，改年號為光大。〇十九日辛卯，陳廢帝在南郊祭天。〇二十日壬辰，北齊太上皇高湛回到鄴城。〇二十七日己亥，北周國主宇文邕舉行親耕藉田典禮。

二月初一日壬寅，北齊國主高緯舉行成人加冠禮，實行大赦。

當初，陳高祖陳霸先擔任梁朝丞相，任用劉師知為中書舍人。劉師知鑽研學問，擅長文辭，熟悉儀禮體制，經歷陳世祖文帝一朝，雖然職位沒有升遷，但世祖對他十分信任，他與揚州刺史安成王陳頊、尚書僕射到仲舉一同受遺詔輔政。劉師知、到仲舉長期留在宮中，商酌決定各種政事。陳頊與身邊的三百人入居尚書省。劉師知看到陳頊因地望、權勢的緣故受到朝野人士的注目，心生妒嫉，與尚書左丞王暹等謀劃讓陳頊出朝去任外放官員。大家還在猶豫，不敢率先採取行動，東宮通事舍人殷不佞，平素以維護名譽節操為己任，又任職東宮，便快馬趕到尚書省相府，假託皇上敕令對陳頊說：「如今四方太平無事，安成王可以回到揚州治所管理州務。」陳頊正要離開尚書省，中記室毛喜快馬趕到，進入尚書省參見陳頊，說：「陳朝據有天下的時間不長，國家的大災難接連不斷，朝廷內外都憂慮恐懼。皇太后深思大計，才讓您安成王進入尚書省，共同處理各種政務。今天的敕令，一定不是太后的旨意。這是涉及宗廟社稷的重大事情，希望安成王三思，必須另外向皇上和太后奏報，不要讓奸邪小人的陰謀得逞。今天如果離開尚書省出任外官，就會受制於人，像曹爽那樣，即使想做一個富家翁，難道還能得到嗎？」陳頊於是派毛喜與領軍將軍吳明徹籌劃這件事，吳明徹說：「繼位國君正在守喪，日常紛繁的政務大多不再過問。殿下論親屬實際上就像當年的周公、邵公，理應來輔佐皇室安定社稷，希望您留在內朝尚書省不要遲疑。」陳頊於是稱病，召來劉師知，留下他，與他交談，派毛喜先行進宮向皇太后報告。皇太后說：「現今皇上陳伯宗年齡幼小，政事都託付給二郎安成王，讓他外出不是我的意思。」毛喜又向皇上報告，皇上說：「這是劉師知等人幹的，朕不知道。」毛喜出宮，回來把情況報告陳頊。陳頊於是拘禁了劉師知，親自入宮朝見皇太后和皇上，極力陳述劉師知的罪行，又親自草擬了敕令，讓皇上簽署，把劉師知交付廷尉治罪，當夜，劉師知在獄中被賜死。到仲舉降職為金紫光祿大夫。王暹、殷不佞都交付主管部門治罪。殷不佞，是殷不害的弟弟，少小時就有孝行，陳頊一向看重他，所以他獨能免去死罪，只是罷了官而已。王暹被處死。從此，處理國政的權力全部落在陳頊手中。

右衛將軍會稽人韓子高，坐鎮領軍府，在建康諸將中他的兵馬最強，他也與到仲舉共同謀劃過，但這時還沒有公開暴露。毛喜請求陳頊挑選士兵馬匹配備給韓子高，還賜給他鐵和炭，讓他修造兵器盔甲。陳頊大驚說：「韓子高謀反，正要抓捕他，為什麼反倒要這樣做呢？」毛喜說：「陳文帝剛安葬完畢，邊境的盜寇還有很多，而韓子高受到前朝任用，名義上還算順從。如果抓捕他，恐怕不會立即被殺，也許反倒能成為禍患。應當表現出誠意讓他安心接受誘騙，不要自己起疑，然後找機會設法對付他，那時需要的只是一個壯士的力量而已。」陳頊深表贊同。

到仲舉罷官後回到自己家裡，內心不安。他的兒子到郁，娶陳文帝的妹妹信義長公主為妻，授職南康內史，尚未赴任。韓子高自己也感到了危險，請求出都調任衡州或廣州刺史。到郁常常坐著小車，身蒙婦人衣服，到韓子高處密謀。適逢前上虞縣令陸昉和韓子高部隊裡的軍主告發韓子高等人謀反。陳頊正在尚書省秉政，便召集當朝文武百官商議立皇太子的事。清晨，到仲舉、韓子高進入尚書省，都被抓了起來，連同到郁一併送交廷尉治罪，皇上下詔，在獄中賜死，其餘黨羽一概不予追究。

二月初十日辛亥，南豫州刺史余孝頃因謀反獲罪被殺。

二月十二日癸丑，任命東揚州刺史始興王陳伯茂為中衛大將軍、開府儀同三司。陳伯茂，是皇上陳伯宗的同胞親弟弟。劉師知、韓子高等人的謀劃，陳伯茂都參與了，司徒陳頊擔心陳伯茂煽動朝廷內外，所以任用他為中衛，專門讓他住在宮裡，陪皇上遊玩休息。

三月二十三日甲午，任命尚書右僕射沈欽為侍中、左僕射。

夏，四月十三日癸丑，北齊派散騎常侍司馬幼之到陳朝來通問修好。

湘州刺史華皎聽說韓子高死了，內心不安，修治盔甲，聚集人馬，撫慰部下，並奏請到廣州任職，以試探朝廷的意向。司徒陳頊假意允准，但詔書並沒有發出。華皎派使者暗中招引北周軍隊，又主動歸附後梁，還派自己的兒子華玄響到後梁去作人質。

五月二十三日癸巳，陳頊任命丹楊尹吳明徹為湘州刺史。〇二十四日甲午，北齊任命東平王高儼為尚書令。

陳朝司徒陳頊派吳明徹率水軍三萬前往郢州。五月二十六日丙申，又派征南大將軍淳于量率水軍五萬跟進，又派冠武將軍楊文通從安成陸路出茶陵，巴山太守黃法慧從宜陽出澧陵，各軍一起進襲華皎，還會同江州刺史章昭達、郢州刺史程靈洗共謀征討。六月初三日壬寅，任命司空徐度為車騎將軍，總督建康諸軍，從陸路直逼湘州。

六月十二日辛亥，北周國主宇文邕把自己的母親叱奴氏尊為皇太后。

六月二十日己未，北齊國主高緯封皇弟高仁機為西河王，高仁約為樂浪王，高仁儉為潁川王，高仁雅為安樂王，高仁直為丹楊王，高仁謙為東海王。

華皎的使者到達長安，後梁國主蕭巋也上書說明情況，並且請求出兵，北周商議決定出兵接應華皎。司會崔猷說：「前年東征北齊，軍隊死傷過半，近來雖經安撫，但所受創傷尚未平復。如今陳朝保護境內，使不受侵犯，讓百姓休養生息，與鄰國一起加強友好關係，怎麼可以貪圖其土地，接納其叛臣，違背簽訂盟約應守的信義，毫無正當理由就出兵呢？」晉國公宇文護沒有聽從。閏六月初九日戊寅，北周派襄州總管衛國公宇文直督率柱國陸通、大將軍田弘、權景宣、元定等率軍救助華皎。

閏六月十二日辛巳，北齊左丞相咸陽武王斛律金去世，享年八十歲。斛律金的長子斛律光為大將軍，次子斛律羨及孫子斛律武都均官封開府儀同三司，出都擔任鎮守一方的重臣，其餘子孫封侯顯貴的人很多。斛律氏一門中出了一個皇后，兩個太子妃，娶了三個公主。斛律氏侍奉北齊三代君主，其地位之尊貴及所受之恩寵無人可比。自肅宗高演以來，在禮數上對其表示敬重程度更甚，斛律金每當朝見，被允許乘坐人力車直達宮殿臺階下，或者用宮內小車迎接。但是，斛律金並沒有因此而感到高興，他曾經對斛律光說：「我雖然沒讀過書，卻聽說從古以來外戚很少有人能保全他的家族的。進宮的女兒如果受到恩寵，就會被其他嬪妃所嫉妒；不得恩寵，就會遭到天子的憎恨。我們家只是憑著功勳勞績獲得富貴的，何必要依靠女兒的受寵呢？」

閏六月十三日壬午，北齊任命東平王高儼為錄尚書事，任命左僕射趙彥深為尚書令，并州尚書省左僕射婁定遠為朝廷尚書省左僕射，中書監徐之才為右僕射。婁定遠，是婁昭的兒子。

秋，七月初十日戊申，陳朝冊立皇子陳至澤為太子。

八月，北齊任命任城王高湝為太師，馮翊王高潤為大司馬，段韶為左丞相，賀拔仁為右丞相，侯莫陳相為太宰，婁叡為太傅，斛律光為太保，韓祖念為大將軍，趙郡王高叡為太尉，東平王高儼為司徒。

高儼得到太上皇和胡皇后的恩寵，當時兼任京畿大都督、領軍大將軍，領御史中丞。北魏舊制規定：御史中丞出行，與皇太子分路，王公大臣遠遠看見就要停車，拉開駕車的牛，把車軛放在地上，等待御史中丞的車通過。如果停車慢了一些，那麼為御史中丞前驅開道的人就會用執法的紅木棒毆打。自從遷都鄴城後，這種儀制就廢除了。太上皇想尊寵高儼，下令完全遵照舊制實行。高儼按恢復的儀制第一次從宮殿北門出行，作為御史中丞領職視事，凡是京畿大都督的步騎、領軍大將軍的官屬、御史中丞的儀仗、司徒府的隨行禮儀隊伍，無不全部隨從。太上皇與胡皇后在華林園東門外張掛帷幕觀看。太上皇派宮中使者策馬衝向高儼的儀仗隊，被儀仗隊擋住沒能進入，宮中使者自稱奉有太上皇敕令，話剛出口，就被紅木棒打碎了馬鞍，乘馬受驚，使者摔下馬來。太上皇大笑，認為很好，再次下敕令，讓御史中丞高儼停車，太上皇對高儼慰問了很久。鄴城全城的人幾乎都出來觀看了這一場面。

高儼經常身處宮中，坐在含光殿處理政事，高氏同宗的叔伯輩的人也都來拜見。太上皇有時前往并州，高儼常常留守。每次高儼送行，有時送到半途，有時送到晉陽才回來。高儼使用的供玩賞的器物與服飾，都與北齊國主高緯相同，他的日常所需全部由官府供給。高儼曾經在南宮看到新呈送給北齊國主的冰鎮早熟李子，回去後，生氣地說：「大哥已經有了，我為什麼沒有？」從此以後，北齊國主高緯如果先得了新奇的東西，那麼相關官員及手藝人一定會獲罪。高儼性情剛毅果斷，曾經對太上皇說：「大哥懦弱，怎麼能駕御左右臣工？」太上皇常常稱讚他的才能，一度有廢除高緯另立高儼的想法，胡皇后也這樣勸太上皇，但不久又中止了這個念頭。

陳朝華皎派使者勸誘章昭達，章昭達把使者抓起來送到建康。華皎又派使者勸誘程靈洗，程靈洗殺了使者。華皎認為武州處在自己的心腹位置，派使者去勸誘都督陸子隆，陸子隆沒有聽從。華皎又派兵攻打，也沒有攻下來。巴州刺史戴僧朔等都隸屬於華皎，長沙太守曹慶等原本也屬華皎管轄，所以能為華皎所用。司徒陳頊擔心長江上游各郡守宰都依附華皎，便特赦湘州、巴州兩州被華皎脅迫造反的人。九月初七日乙巳，把華皎的家屬全都誅殺。

後梁國主蕭巋任命華皎為司空，派後梁柱國王操率軍兩萬與華皎匯合。北周權景宣率領水軍，元定率領陸軍，由衛國公宇文直總督，與華皎一起東下。陳朝大將淳于量駐軍在夏口，宇文直駐軍在魯山，派元定率步兵騎兵數千人圍攻郢州。華皎駐軍在白螺，與吳明徹等相持。徐度、楊文通率軍走山路襲擊湘州，全部俘獲了華皎留在湘州的軍隊和家屬。

華皎從巴陵與北周、後梁的水軍一起順流乘風而下，軍勢十分強大，在沌口與陳朝軍隊交戰。陳將淳于量、吳明徹招募軍中的小船，給小船上的人賞了很多金銀，讓小船先行出戰，對著西邊聯軍的大艦衝去，接受西軍大艦拍竿的擊打。等到西軍各艦拍竿都快用完，然後陳軍淳于量等出動大艦迎戰，用拍竿擊打西軍大艦，西軍大艦都被擊碎，沉沒在江中。西軍又用船艦裝了柴火，順風放火焚燒陳軍戰船，不一會風向變了，結果卻燒了西軍自家的戰船，西軍大敗。華皎與戴僧朔乘坐一艘小船逃走，經過巴陵時不敢登岸，直奔江陵。衛國公宇文直也逃奔江陵。

元定成了孤軍，進退無路，只好砍伐竹林，開出一條路來，邊戰邊退，想要逃向巴陵。這時，巴陵已經被陳朝徐度等人佔領，徐度等派使者假意表示要與元定結盟，答應放元定回國。元定信了徐度的話，放下武器到了徐度那裡，徐度把他抓了起來，周軍盡數被俘，同時擒獲了後梁國大將軍李廣。元定氣憤怨恨而死。

華皎的黨羽曹慶等四十多人全都被處死。只有岳陽太守章昭裕，因為是章昭達的弟弟，桂陽太守曹宣，是高祖陳霸先舊日的部下，衡陽內史汝陰人任忠，曾經有密信向朝廷報告，所以都受到了寬赦。

吳明徹乘勝攻打後梁國的河東郡，把他攻了下來。

北周衛國公宇文直把失敗的罪責推給後梁國的柱國殷亮，後梁國主蕭巋知道不是殷亮的罪過，但是不敢違抗，於是殺了殷亮。

北周與陳國關係惡化之後，北周沔州刺史裴寬報告襄州總管，請求增加沔州的戍守兵力，並且把州城遷到羊蹄山以避開水患。襄州總管所派的士兵還沒有到達，陳朝將領程靈洗的水軍突然殺到城下。正趕上下大雨，水勢暴漲，程靈洗率領大艦駛到城邊揮動拍竿擊打，城牆上的城樓與城堞都被擊碎，陳軍發射箭、石頭等晝夜不停攻打了三十多天，陳軍才登上城牆，裴寬仍然帶領守城周兵手執短武器抵抗交戰，又戰了兩天，裴寬才力竭被擒。

九月十九日丁巳，北齊太上皇高湛前往晉陽。山東各州郡遭水災，發生饑荒，一路上滿是餓死的人。冬，十月十七日甲申，陳朝廢帝到太廟祭祀祖先。

十一月初一日戊戌，發生日蝕。○初九日丙午，北齊實行大赦。○十六日癸丑，北周許穆公宇文貴從突厥回國，在張掖去世。○北齊太上皇高湛回到鄴城。

十二月，北周晉國公宇文護母親去世，北周國主宇文邕下詔起用守喪期未滿的宇文護，讓他繼續處理政務。

北齊祕書監祖珽，與黃門侍郎劉逖私交很好。祖珽想當宰相，便寫了奏疏揭發趙彥深、元文遙、和士開等人罪狀，讓劉逖上奏，劉逖不敢把奏疏呈送上去。趙彥深等聽到消息，搶先到太上皇那裡為自己辯白。太上皇大怒，逮捕了祖珽，審問他，祖珽於是揭發和士開、元文遙、趙彥深等人結黨營私、憑藉職位濫用權力、賣官、辦案受賄等事。太上皇說：「你是在誹謗我！」祖珽說：「臣不敢誹謗，但陛下奪人女子。」太上皇說：「我因她遭遇災荒，只是放後宮收養罷了。」祖珽說：「那為什麼不開倉賑救，卻把她買入後宮呢？」太上皇更加憤怒，用刀把上的鐵環堵他的嘴，鞭子木棍一齊亂打，想要打死他。祖珽大喊：「陛下不要殺臣，臣替陛下煉製金丹。」這才稍稍得到一些寬宥。祖珽說：「陛下有一個范增卻不能任用。」太上皇又大怒說：「你自比范增，把我當做項羽嗎？」祖珽說：「項羽只是一個平民，率領烏合之眾，只經過五年就成就了霸業。陛下依靠父兄的基業，才有了今天這樣的地位，臣認為項羽不是隨便可以小看的。」太上皇越來越憤怒了，命令人用泥土塞住他的嘴，祖珽一邊吐泥一邊還說話。於是打了祖珽二百鞭子，發配他到製作兵器的作坊做苦工，不久又把他遷到光州，敕令關進牢中嚴加看管。光州別駕張奉福解讀說：「牢者，就是地牢。」於是把祖珽關在地牢中，手銬腳鐐不離他的身。夜晚，用蕪菁籽榨出的油點燈，祖珽的眼睛被油煙所熏，因此失明。

北齊七兵尚書畢義雲，辦理政務非常殘酷，完全不顧及人情常理，對自己家人尤其嚴厲。一天夜裡，畢義雲被強盜殺死，強盜遺落了他所用的刀，查驗這把刀，竟是畢義雲兒子畢善昭的佩刀。主管部門逮捕了畢善昭，誅殺了他。

二年（戊子　西元五六八年）

春，正月己亥❶，安成王頊進位太傅，領司徒，加殊禮❷。○辛丑❸，周主祀南郊。○癸亥❹，齊主使兼散騎常侍鄭大護來聘。○湘東忠肅公徐度卒。

二月丁卯❺，周主如武功。

突厥木杆可汗貳❻於周，更許齊人以昏，留陳公純等數年不返❼。會大雷風，壞其穹廬❽，旬日❾不止。木杆懼，以為天譴❿，即備禮送其女於周，純等奉之以歸。三月癸卯⓫，至長安，周主行親迎之禮⓬。甲辰⓭，周大赦。

乙巳⓮，齊以東平王儼為大將軍，南陽王綽為司徒，開府儀同三司徐顯秀為司空，廣寧王孝珩為尚書令。

戊午⓯，周燕文公于謹卒。謹勳高位重，而事上⓰益恭，每朝參⓱，所從不過二三騎。朝廷有大事，多與謹謀之。謹盡忠補益，於功臣中特被親信⓲，禮遇隆重，始終無間⓳。教訓諸子，務存靜退⓴，而子孫蕃衍㉑，率㉒皆顯達。

吳明徹乘勝進攻江陵，引水灌之。梁主出頓㉓紀南㉔以避之。周總管田弘從梁主，副總管高琳與梁僕射王操守江陵三城，晝夜拒戰十旬。梁將馬武、吉徹擊明徹，敗之。明徹退保公安㉕，梁主乃得還。

夏，四月辛巳㉖，周以達奚武為太傅，尉遲迥為太保，齊公憲為大司馬。

齊上皇如㉗晉陽。

齊尚書左僕射徐之才善醫，上皇有疾，之才療之。既愈，中書監和士開欲得次遷㉘，乃出之才為兗州㉙刺史。五月癸卯㉚，以尚書右僕射胡長仁㉛為左僕射，士開為右僕射。長仁，太上皇后之兄也。

庚戌㉜，周主享太廟。庚申㉝，如醴泉宮㉞。○壬戌㉟，齊上皇還鄴。

秋，七月壬寅㊱，周隨桓公楊忠卒，子堅㊲襲爵。堅為開府儀同三司、小宮伯㊳，晉公護欲引以為腹心。堅以白忠，忠曰：「兩姑之間難為婦㊴，汝其勿往㊵！」堅乃辭之。

丙午㊶，帝享太廟。○戊午㊷，周主還長安。○壬戌㊸，封皇弟伯智㊹為永陽王，伯謀㊺為桂陽王。

八月，齊請和於周，周遣軍司馬陸程等[1]聘㊻于齊。九月丙申㊼，齊使侍中斛斯文略報之㊽。

冬，十月癸亥[49]，周主享太廟。〇庚午[50]，帝享太廟。

辛巳[51]，齊以廣寧王孝珩錄尚書事，左僕射胡長仁為尚書令，右僕射和士開為左僕射，中書監唐邕[52]為右僕射。

十一月壬辰朔[53]，日有食之。〇齊遣兼散騎常侍李諧來聘。〇甲辰[54]，周主如岐陽[55]。〇周遣開府儀同三司崔彥等聘于齊。

始興王伯茂以安成王頊專政，意甚不平，屢肆惡言[56]。甲寅[57]，以太皇太后令誣帝[58]，云與劉師知、華皎等通謀。且曰：「文皇知子之鑒，事等帝堯[59]，傳弟之懷，又符太伯[60]。今可還申曩志[61]，崇立賢君。」遂廢帝為臨海王，以安成王入纂[62]。又下令，黜伯茂為溫麻侯，寘諸[63]別館，安成王使盜邀[64]之於道，殺之車中。

齊上皇疾作，驛追[65]徐之才，未至。辛未[66]，疾亟[67]，以後事屬[68]和士開，握其手曰：「勿負我也！」遂殂[69]於士開之手。明日，之才至，復遣[70]還州。

士開祕喪[71]三日不發[72]。黃門侍郎馮子琮問其故，士開曰：「神武、文襄之喪，皆祕不發。今至尊[73]年少，恐王公有貳心者，意欲盡追集於涼風堂，然後與公議之。」士開素忌太尉、錄尚書事趙郡王叡及領軍婁定遠，子琮恐其矯遺詔出叡於外，奪定遠禁兵，乃說之曰：「大行(74)先已傳位於今上(75)，羣臣富貴者，皆至尊父子之恩，但令在內貴臣一無改易，王公必無異志(76)。世異事殊(77)，豈得與霸朝(78)相比？且公不出宮門已數日，升遐(79)之事，行路皆傳，久而不舉(80)，恐有佗變。」士開乃發喪。

丙子(81)，大赦。戊寅(82)，尊太上皇后為皇太后。

侍中、尚書左僕射元文遙，以馮子琮，胡太后之妹夫，恐其贊(83)太后干預朝政，與趙郡王叡、和士開謀，出子琮為鄭州(84)刺史。

世祖(85)驕奢淫泆，役繁賦重，吏民苦之(86)。甲申(87)，詔：「所在(88)百工細作(89)，悉罷之。鄴下、晉陽、中山宮人、官口(90)之老病者，悉簡放(91)。諸家緣坐(92)在流所者，聽(93)還。」

周梁州恆稜獠(94)叛，總管長史(95)南鄭趙文表(96)討之。諸將欲四面進攻，文表曰：「四面攻之，獠無生路，必盡死(97)以拒我，未易可克。今吾示以威恩(98)，為惡者誅之，從善者撫之。善惡既分，破之易矣。」遂以此意遍令軍中。時有從軍熟獠(99)，多與恆稜親識，即以實報之(100)。恆稜猶豫未決，文表軍已至其境。獠中先有二路，一平一險，有獠帥數人來見，請為鄉導。文表曰：「此路寬平，不須為導。卿但先行慰諭子弟，使來降也。」乃遣之。文表謂諸將曰：「獠帥謂吾從寬路而進，必設伏以邀我，當更出其不意。」乃引兵自險路入。乘高而望，果有伏兵。獠既失計，爭帥眾來降。文表皆慰撫之，仍徵其租稅，無敢違者。周人以文表為蓬州⑩長史。

【章　旨】以上為第二段，寫北周最終與突厥完成和親。陳朝發生政權更迭，安成王陳頊廢了姪兒的帝位。北齊太上皇高湛病死，新君北齊後主高緯廢去一些暴政。

【注　釋】❶己亥　正月初三日。❷殊禮　特殊的禮遇。❸辛丑　正月初五日。❹癸亥　正月二十七日。❺丁卯　二月初二日。❻貳　有二心。❼不返　不讓返回。❽穹廬　氈帳。❾旬日　十天。❿天譴　上天譴責。古時迷信「天人感應」說，常以大雷風、洪水等現象作為上天的譴告。⓫癸卯　三月初八日。⓬親迎之禮　古時結婚六禮之一。此指周主親自迎木杆可汗之女入室，行交拜等禮節。⓭甲辰　三月初九日。⓮乙巳　三月初十日。⓯戊午　三月二十三日。⓰事上　服事周帝。⓱朝參　官吏上朝參見皇帝。⓲親信　親近信用。⓳間　間隙；隔閡。⓴靜退　恬淡謙讓。㉑蕃衍　繁盛眾多。㉒率　大概；一般。㉓出頓　此指後梁帝走出江陵，停留在紀南。㉔紀南　城名，故址在今湖北江陵北十幾里遠的地方。㉕公安　縣名，縣治在今湖北公安西北。㉖辛巳　四月十七日。㉗如　往；到。㉘次遷　按順序遷升。㉙兗州　州名，治所瑕丘縣，在今山東兗州北。㉚癸卯　五月初九日。㉛胡長仁　（？—西元五六九年）仕北齊，官至齊州刺史。傳見《北齊書》卷四十八、《北史》卷八十。㉜庚戌　五月十六日。㉝庚申　五月二十六日。㉞醴泉宮　宮名，在今陝西醴泉境內。㉟壬戌　五月二十八日。㊱壬寅　七月初九日。㊲堅　即楊堅（西元五四一—六〇四年），隋朝開國皇帝，史稱文帝。西元五八一—六〇四年在位。傳見《隋書》卷一、二，《北史》卷十一。㊳小宮伯　官名。北周天官府置宮伯司，負責宮廷侍衛，兼管皇帝臨朝及出行警衛事務。宮伯中大夫為宮伯司長官，左、右小宮伯下大夫為次官。此處小宮伯當是小宮伯下大夫。㊴兩姑之間難為婦　在互相矛盾的兩姑（婆婆）之間，做媳婦的感到左右為難。兩姑，此指周武帝和晉公宇文護。㊵汝其勿往　你還是別去。㊶丙午　七月十三日。㊷戊午　七月二十五日。㊸壬戌　七月二十九日。㊹伯智　陳文帝第十二子。㊺伯謀　陳文帝第十三子。與伯智二人傳皆見《陳書》卷二十八、《南史》卷六十五。㊻聘　古代諸侯之間通問修好。㊼丙申　九月四日。㊽報之　指回報。㊾癸亥　十月初二日。㊿庚午　十月初九日。51辛巳　十月二十日。52唐邕　仕北齊，官至錄尚書事。傳見《北齊書》卷四十、《北史》卷五十五。53壬辰朔　十一月初一日。54甲辰　十一月十三日。55岐陽　宮名，故址在今山西太原南。56屢肆惡言　屢次大肆說惡言惡語。肆，縱恣。57甲寅　十一月二十三日。58以太皇太后令誣帝　此指安成王奉太皇太后令以誣陷陳廢帝。59事等帝堯　指陳文帝對兒子的瞭解如同古代的帝堯。帝堯，傳說中的上古聖王，他認為自己的兒子丹朱不賢，不可用。60太伯　周古公亶父有子三人，長太伯，次虞仲，少子季歷。古公欲傳位少子，太伯、虞仲二人乃逃入荊蠻，以讓季歷。事見《史記》卷四〈周本紀〉。61還申曩志　實現過去的願望。曩志，過去的意向、願望。62入纂　繼承皇位。63寘諸　安置在。64邀　阻截。65驛追　驛傳追回。66辛未　十一月壬辰朔，無辛未。按，《北齊書》卷八〈後主紀〉作「十二月，辛未」。據此，辛未前脫漏「十二月」三字。辛未當是十二月十日。67疾亟　病情急速惡化。68屬　通「囑」。託付。69殂　死。70復遣　再次發遣。71祕喪　隱祕喪事。72不發　不舉辦喪事。73至尊　極其尊貴。此指皇帝。74大行　一去不返。臣下因諱言皇帝死亡，故用大行作比喻。75今上　現在的皇帝。76異志　有叛變的意圖。77世異事殊　時代相異，事情不同。78霸朝　高歡、高澄執掌東魏政權，未篡位時，北齊君臣皆稱之為霸朝。79升遐　升到高遠的地方。一般稱謂帝王之死。80不舉　謂不舉哀發喪。81丙子　十二月十五日。82戊寅　十二月十七日。83贊　贊助；幫助。84鄭州　州名，治所潁陰縣，在今河南許昌。85世祖　即上皇，武成帝高湛。86苦之　為其所苦。87甲申　十二月二十三日。88所在　處所。一般習指帝王住所。89細作　此指做精巧工藝品的人。90官口　指罪人家口沒官為奴婢的人。91簡放　挑選放出。此指挑選出年老有病的人。92緣坐　謂罪人不是正犯，因親屬犯罪而牽連入罪的人。93聽　允許。94恆稜獠　少數民族名，因生活在稜（在今四川儀隴）一帶而得名。95總管長史　官名，謂總管府長史，佐總管職掌兵馬。96趙文表　（？—西元五七九年）仕周，官至吳州總管。傳見《周書》卷三十三、《北史》卷六十九。97盡死　竭盡死力。98威恩　威嚴和恩惠。此指懲惡撫善。99熟獠　時稱原先已內附的獠人為熟獠。100以實報之　據實情以報。101蓬州　州名，治所安固縣，在今四川營山縣東北。

【校　記】1等　原無此字。據章鈺校，十二行本、乙十一行本、孔天胤本皆有此字，今據補。

【語　譯】二年（戊子　西元五六八年）

春，正月初三日己亥，陳朝安成王陳頊進位太傅，兼任司徒，給予他特殊的禮遇。○初五日辛丑，北周國主宇文邕在南郊祭天。○二十七日癸亥，北齊國主高緯派兼散騎常侍鄭大護到陳朝來通問修好。○陳朝湘東忠肅公徐度去世。

二月初二日丁卯，北周國主宇文邕前往武功。

突厥木杆可汗對北周有二心，另外答應與北齊聯姻，扣留北周使者陳國公宇文純等好幾年不讓回國。恰好遇上震雷狂風毀壞了木杆可汗的氈帳，狂風颳了十天也不停止。木杆可汗心生恐懼，以為是上天在懲罰他，立即備上禮物把女兒送到北周，宇文純等迎她回國。三月初八日癸卯，到達長安，北周國主宇文邕舉行迎親典禮。初九日甲辰，北周實行大赦。

三月初十日乙巳，北齊任命東平王高儼為大將軍，南陽王高綽為司徒，開府儀同三司徐顯秀為司空，廣寧王高孝珩為尚書令。

三月二十三日戊午，北周燕文公于謹去世。于謹功勳高職位重，而侍奉皇上更加謙恭，每次上朝參見，帶領的隨從不過二三個騎士。朝廷有了重要軍國大事，多與他商議。于謹竭盡忠誠，對事情多有裨補助益，在功臣中特別受到皇上親近信任，對他的禮遇非常隆重，君臣間始終沒有隔閡。于謹教訓幾個兒子，為人處事務必要恬淡謙讓，于氏子孫眾多，大體上都職位高而且有名聲。

陳朝大將吳明徹乘勝進攻江陵，引水灌城。後梁國主蕭巋離開江陵到紀南城避水。北周總管田弘扈從蕭巋，副總管高琳與後梁僕射王操堅守江陵三城，晝夜抵禦苦戰了一百天。後梁將領馬武、吉徹攻擊吳明徹，打敗了陳軍。吳明徹退守公安，後梁國主蕭巋這才能返回江陵。

夏，四月十七日辛巳，北周任命達奚武為太傅，尉遲迥為太保，齊國公宇文憲為大司馬。

北齊太上皇高湛前往晉陽。

北齊尚書左僕射徐之才擅長醫術，太上皇高湛生了病，徐之才為他治療。太上皇康復後，中書監和士開想依次升遷僕射職位，於是讓徐之才外放為兗州刺史。五月初九日癸卯，北齊任命尚書右僕射胡長仁為左僕射，和士開為右僕射。胡長仁，是太上皇胡皇后的哥哥。

五月十六日庚戌，北周國主宇文邕到太廟祭祀祖先。二十六日庚申，前往醴泉宮。〇二十八日壬戌，北齊太上皇高湛回到鄴城。

秋，七月初九日壬寅，北周隨桓公楊忠去世，兒子楊堅繼承爵位。楊堅任開府儀同三司、小宮伯，晉國公宇文護想拉攏他為心腹。楊堅把這件事告訴了楊忠，楊忠說：「夾在兩個婆婆中間，這個媳婦難當啊，希望你不要去投靠他！」楊堅便推辭了。

七月十三日丙午，陳朝廢帝到太廟祭祀祖先。〇二十五日戊午，北周國主宇文邕回到長安。〇二十九日壬戌，陳朝封皇上弟弟陳伯智為永陽王，陳伯謀為桂陽王。

八月，北齊請求與北周和好，北周派軍司馬陸程等到北齊通問修好。九月初四日丙申，北齊派侍中斛斯文略出使回報北周。

冬，十月初二日癸亥，北周國主到太廟祭祀祖先。〇初九日庚午，陳朝廢帝到太廟祭祀祖先。

十月二十日辛巳，北齊任命廣寧王高孝珩錄尚書事，左僕射胡長仁為尚書令，右僕射和士開為左僕射，中書監唐邕為右僕射。

十一月初一日壬辰，發生日蝕。〇北齊派兼散騎常侍李諧到陳朝來通問修好。〇十三日甲辰，北周國主宇文邕前往岐陽。〇北周派開府儀同三司崔彥等到北齊通問修好。

陳朝始興王陳伯茂認為安成王陳頊專擅朝政，內心很不滿，多次肆無忌憚地口出惡言。十一月二十三日甲寅，陳頊奉太皇太后敕令誣陷陳廢帝，說他和劉師知、華皎等人是同謀，並且說：「陳文帝有知子之明，就像堯帝知道自己兒子丹朱不能做繼承人一樣，他要傳位給弟弟的這番心意，也和當年太伯成全弟弟季歷繼位相符。現在應當重申陳文帝以前的意向，尊崇另立一位賢君。」於是把陳帝廢為臨海王，改由安成王陳頊入宮繼位。又下令，把陳伯茂貶為溫麻侯，安置在另外的館舍裡，安成王安排人假扮成強盜在途中攔截他，把他殺死在車上。

北齊太上皇高湛疾病發作，派驛使追召徐之才回京，徐之才還沒有趕到。辛未日，太上皇病情加重，將後事囑託給和士開，握著他的手說：「不要辜負我啊！」於是死在和士開手中。第二天，徐之才趕到，便重又讓他回兗州去。

和士開隱瞞太上皇高湛去世的消息，到了第三天還不發喪。黃門侍郎馮子琮詢問原因，和士開說：「神武帝、文襄帝死後都祕不發喪。如今皇上年輕，我擔心王公中有人懷有二心，我的想法是要把他們全都召集到涼風堂，然後與公卿大臣共同商議治喪的事。」和士開一向忌恨太尉、錄尚書事趙郡王高叡和領軍婁定遠，馮子琮擔心和士開假傳遺詔打發高叡到京外任職，奪取婁定遠統領禁軍的兵權，便勸和士開說：「大行皇帝先前已經傳位給如今的皇上，那些得到富貴的大臣們，都是蒙太上皇、皇上父子的恩典，只要使在朝貴臣的職位完全無所變動，王公們一定不會有叛離之心。時代變了，事情的處理也應有所不同，怎麼能和神武帝、文襄帝的霸朝時代相比呢？況且你不出宮門已經有好幾天了，太上皇升天的事，路人中都在傳，長久拖著不舉哀發喪，怕會有其他變故發生。」和士開這才發喪。

十二月十五日丙子，北齊實行大赦。十七日戊寅，尊太上皇皇后為皇太后。

侍中、尚書左僕射元文遙，認為馮子琮是胡太后的妹夫，擔心他會幫助胡太后干預朝政，就和趙郡王高叡、和士開商議，外放馮子琮為鄭州刺史。

北齊世祖高湛在位時驕奢淫逸，賦役繁重，官民深受其苦。十二月二十三日甲申，北齊國主高緯下詔：「皇室工場中的各類工匠，全都遣散。鄴宮、晉陽宮、中山宮的宮人、沒入官府為奴婢的罪犯家口，其中凡年老有病的，全部挑選出來放回家，那些由於親屬犯罪而遭連坐流放的人，允許他們回老家。」

北周梁州恆稜獠反叛，總管長史南鄭人趙文表率軍征討。眾將領建議四面圍攻，趙文表說：「四面圍攻，獠人沒有生路，一定會拚死抵抗，不容易攻克。現在我們恩威並舉，堅持作惡的人一定要誅殺，願意改惡從善的人要安撫。善與惡分清了，擊破這股勢力就容易了。」於是把這番意思傳令全軍。當時北周軍隊中有已經歸附從軍的熟獠，他們多數都與恆稜獠沾親帶故，當即據實把這番意思通報給親故。恆稜獠猶豫不決，這時趙文表的大軍已經壓境。獠人控制區原先有兩條通路，一條平坦，一條險要，有幾個獠人頭目前來叩見，請求讓他們來當嚮導。趙文表說：「這條路寬闊平坦，不需要嚮導，請你們先走一步回去勸諭鄉親子弟，讓他們前來投降。」於是打發他們回去。趙文表對眾將領說：「獠人頭目認為我們會從寬平之路進軍，一定設下埋伏截擊我軍，我軍應當再來個出其不意。」於是率軍從險路進入。登高一看，果然有伏兵。獠人既已失算，爭相帶領眾人前來投降。趙文表都對他們進行安撫，仍然徵收他們的租稅，沒有人再敢違抗。北周任命趙文表為蓬州長史。

高宗宣皇帝❶上之上

太建元年（己丑　西元五六九年）

春，正月辛卯朔❷，周主以齊世祖之喪罷朝會❸，遣司會李綸弔賻❹，且會葬。

甲午❺，安成王即皇帝位，改元❻，大赦。復太皇太后❼為皇太后，皇太后為文皇后。立妃柳氏為皇后，世子❽叔寶為太子。封皇子叔陵❾為始興王，奉昭烈王祀❿。乙未⓫，上謁太廟。丁酉⓬，以尚書僕射⓭沈欽為左僕射，度支尚書⓮王勱⓯為右僕射。勱，份之孫也。

辛丑⓰，上祀南郊。○壬寅⓱，封皇子叔英⓲為豫章王，叔堅⓳為長沙王。○戊午⓴，上享太廟。

齊博陵文簡王濟㉑，世祖之母弟也，為定州㉒刺史，語人曰：「次敘當至我矣㉓。」齊主聞之，陰㉔使人就州殺之，葬贈如禮。

二月乙亥㉕，上耕藉田。○甲申㉖，齊葬武成帝于永平陵，廟號㉗世祖。○己丑㉘[1]，齊徙東平王儼為琅邪王。○齊遣侍中叱列長叉㉙聘于周。○齊以司空徐顯秀為太尉，并省尚書令婁定遠為司空。

初，侍中、尚書右僕射和士開，為世祖所親狎㉚，出入臥內，無復期度㉛，遂得幸㉜於胡后。及世祖殂，齊主以士開受顧託，深委任之，威權益盛，與婁定遠及錄尚書事趙彥深、侍中‧尚書左僕射元文遙、開府儀同三司唐邕、領軍綦連猛㉝、高阿那肱㉞、度支尚書胡長粲俱用事，時號「八貴」。太尉趙郡王叡、大司馬馮翊王潤、安德王延宗與婁定遠、元文遙皆言於齊主，請出士開為外任。會胡太后觴㉟朝貴於前殿，叡面陳士開罪失云：「士開先帝弄臣㊱，城狐社鼠㊲，受納貨賂，穢亂宮掖㊳。臣等義無杜口㊴，冒死陳之。」太后曰：「先帝在時，王等何不言？今日欲欺孤寡㊵邪？且飲酒，勿多言！」叡等詞[2]色愈厲。儀同三司安吐根㊶曰：「臣本商胡㊷，得在諸貴行末㊸，既受厚恩，豈敢惜死？不出士開，朝野不定。」太后曰：「異日論之，王等且散。」叡等或投冠於地，或拂衣㊹而起。

明日，叡等復詣雲龍門，令文遙入奏之，三返，太后不聽。左丞相段韶使胡長粲傳太后言曰：「梓宮㊺在殯，事太怱怱，欲王等更思之。」叡等遂皆拜謝。長粲復命，太后曰：「成妹㊻母子家者，兄之力也。」厚賜叡等，罷之。

太后及齊主召問士開，對曰：「先帝於羣臣之中，待臣最厚。陛下諒闇始爾，大臣皆有覬覦㊼。今若出臣，正是翦㊽陛下羽翼。宜謂叡等[3]云：『文遙與臣，俱受先帝任用，豈可一去一留？並可用為州，且出納如舊㊾。待過山陵㊿，然後遣之。』叡等謂臣真出，心必喜之。」帝及太后然之，告叡等如其言。乃以士開為兗州刺史，文遙為西兗州(51)刺史。葬畢，叡等促士開就路(52)。太后欲留士開過百日(53)，叡不許。數日之內，太后數以為言(54)。有中人知太后密旨者，謂叡曰：「太后意既如此，殿下何宜苦違？」叡曰：「吾受委不輕，今嗣主幼沖(55)，豈可使邪臣在側？不守之以死(56)，何面戴天(57)？」遂更見太后，苦言之。太后令酌酒(58)賜叡，叡正色(59)曰：「今論國家大事，非為巵酒(60)！」言訖，遽出。

士開載美女珠簾詣婁定遠，謝曰：「諸貴欲殺士開，蒙王力(61)，特全其命，用為方伯(62)。今當奉別，謹上二女子，一珠簾。」定遠喜，謂士開曰：「欲還入不(63)？」士開曰：「在內久不自安，今得出，實遂本志，不願更入。但乞王保護，長為大州刺史足矣。」定遠信之。送至門，士開曰：「今當遠出，願得一辭覲二宮[64]。」定遠許之。士開由是得見太后及帝，進說曰：「先帝一旦登遐[65]，臣愧不能自死。觀朝貴意勢，欲以陛下為乾明[66]。臣出之後，必有大變，臣何面目見先帝於地下？」因慟哭。帝、太后皆泣，問：「計安出？」士開曰：「臣已得入，復何所慮，正須數行詔書耳[67]。」於是詔出定遠為青州[68]刺史，責趙郡王叡以不臣[69]之罪。

旦日，叡將復入諫，妻子咸止之，叡曰：「社稷事重，吾寧死事先皇，不忍見朝廷顛沛[70]。」至殿門，又有人謂曰：「殿下勿入，恐有變。」叡曰：「吾上不負天，死亦無恨[71]。」入，見太后，太后復以為言，叡執之彌固[72]。出，至永巷，遇兵，執送華林園雀離佛院[73]，令劉桃枝[74]拉殺之。叡久典朝政[75]，清正自守，朝野冤惜之。復以士開為侍中、尚書左僕射。定遠歸士開所遺，加以餘珍賂之。

三月，齊主如晉陽。夏，四月甲子[76]，以并州尚書省為大基聖寺，晉祠[77]為大崇皇寺。乙丑[78]，齊主還鄴。

齊主年少，多嬖寵[79]。武衛將軍高阿那肱，素以諂佞[80]為世祖及和士開所厚。世祖多令在東宮侍齊主，由是有寵，累遷并省尚書令，封淮陰王。

世祖簡都督二十人[81]，使侍衛東宮，昌黎韓長鸞[82]預焉，齊主獨親愛長鸞。長鸞，名鳳，以字行，累遷侍中、領軍，總知內省[83]機密。

宮婢陸令萱[84]者，其夫漢陽駱超，坐謀叛誅，令萱配掖庭，子提婆[85]，亦沒為奴。齊主之在襁褓，令萱保養之。令萱巧黠，善取媚，有寵於胡太后，宮掖之中，獨擅威福，封為郡君[86]，和士開、高阿那肱皆為之養子。齊主以令萱為女侍中[87]。令萱引提婆入侍齊主，朝夕戲狎，累遷至開府儀同三司、武衛大將軍[88]。宮人穆舍利者，斛律后之從婢也，有寵於齊主，令萱欲附之，乃為之養母，薦為弘德夫人[89]，因令提婆冒姓穆氏。然和士開用事最久，諸幸臣[90]皆依附之以固其寵。

齊主思祖珽[91]，就流囚[92]中除海州[93]刺史。珽乃遺陸媼[94]弟儀同三司悉達書曰：「趙彥深心腹陰[4]沈[95]，欲行伊、霍事[96]，儀同姊弟[97]豈得平安？何不早用智士邪？」和士開亦以珽有膽略，欲引為謀主，乃棄舊怨，虛心待之，與陸媼言於帝曰：「襄、宣、昭三帝[98]之子，皆不得立。今至尊獨在帝位者，祖孝徵之力也。人有功，不可不報。孝徵心行[99]雖薄，奇略出人，緩急[100]可使。且其人已盲，必無反心。請呼取，問以籌策[101]。」齊主從之，召入，為祕書監，加開府儀同三司。

士開譖尚書令隴東王胡長仁驕恣[102]，出為齊州[103]刺史。長仁怨憤，謀遣刺客殺士開。事覺，士開與珽謀之，珽引漢文帝誅薄昭故事[104]，遂遣使就州賜死。

五月庚戌[105]，周主如醴泉宮。〇丁巳[106]，以吏部尚書徐陵為左僕射。

秋，七月辛卯[107]，皇太子納妃沈氏，吏部尚書君理[108]之女也。〇辛亥[109]，周主還長安。

八月庚辰[110]，盜殺周孔城[111]防主，以其地入齊。

九月辛卯[112]，周遣齊公憲與柱國李穆[113]將兵趣宜陽[114]，築崇德等五城。

歐陽紇[115]在廣州十餘年，威惠著於百越[116]。自華皎之叛，帝心疑之，徵為左衛將軍[117]。紇恐懼，其部[5]下多勸之反，遂舉兵攻衡州[118]刺史錢道戢[119]。帝遣中書侍郎徐儉[120]持節諭旨。紇初見儉，盛仗衛，言辭不恭。儉曰：「呂嘉[121]之事，誠當已遠，將軍獨不見周迪、陳寶應乎？轉禍為福，未為晚也。」紇默然不應，置儉於孤園寺，累旬不得還。紇嘗出見儉，儉謂之曰：「將軍業已舉事，儉須還報天子。儉之性命，雖在將軍，將軍成敗，不在於儉，幸不見留。」紇乃遣儉還。儉，陵之子也。

冬，十月辛未[122]，詔車騎將軍章昭達[123]討紇。〇壬午[124]，上享太廟。

十一月辛亥[125]，周鄭文公長孫儉[126]卒。

辛丑[127]，齊以斛律光為太傅，馮翊王潤為太保，琅邪王儼為大司馬。十二月庚午[128]，以蘭陵王長恭[129]為尚書令。庚辰[130]，以中書監魏收為左僕射。

周齊公憲等圍齊宜陽，絕其糧道。

自華皎之亂，與周人絕，至是周遣御正大夫[131]杜杲來聘，請復修舊好。上許之，遣使如周。

【章　旨】以上為第三段，寫北齊國主高緯當國，受制於胡太后，政事仍由奸佞把持。陳朝與北周復修舊好。

【注　釋】❶高宗宣皇帝　陳朝第四代皇帝陳頊，陳高祖兄陳道譚第二子，西元五六九—五八二年在位。❷辛卯朔　正月初一日。❸朝會　諸侯或臣屬會集朝見君主。❹弔賻　弔喪並帶財物以助喪事。賻，以財物助喪事。❺甲午　正月初四日。❻改元　改年號，即由光大三年改為太建元年。❼太皇太后　即武帝皇后章氏，廢帝尊為太皇太后，宣帝復為皇太后。事見《陳書》卷七、《南史》卷十二。❽世子　帝王或諸侯正妻所生的長子。❾叔陵　即陳宣帝第二子陳叔陵，封始興王。傳見《陳書》卷三十六、《南史》卷六十五。❿奉昭烈王祀　文帝以子伯茂奉始興昭烈王祀，宣帝殺伯茂後，以叔陵奉祀。⓫乙未　正月初五日。⓬丁酉　正月初七日。⓭尚書僕射　《陳書》卷七〈沈皇后傳〉作「尚書右僕射」，疑此處脫「右」字。⓮度支尚書　官名，掌管全國財賦的統計和調支。⓯王勱　（西元五〇六—五七二年）字公濟，琅邪臨沂（今山東臨沂）人，歷仕梁、陳，官至中書令。傳見《陳書》卷十七、《南史》卷二十三。⓰辛丑　正月十一日。⓱壬寅　正月十二日。⓲叔英　陳宣帝第三子。⓳叔堅　陳宣帝第四子。與叔英二人傳皆見《陳書》卷二十八、《南史》卷六十五。⓴戊午　正月二十八日。㉑博陵文簡王濟　即高歡第十二子高濟（？—西元五六九年）。傳見《北齊書》卷十、《北史》卷五十一。㉒定州　州名，治所戶奴縣，在今河北定州。㉓次敘當至我矣　言以兄弟之次，也當該我做天子。㉔陰　暗中。㉕乙亥　二月十五日。㉖甲申　二月二十四日。㉗廟號　帝王死後，在太廟立室奉祀，並追以某祖某宗的名號。㉘己丑　二月二十九日。㉙叱列長叉　封新寧王，入隋為上柱國。叱列，複姓，出自拓跋氏西部。傳附《北齊書》卷二十與《北史》卷五十三〈叱列平傳〉。㉚親狎　親近而不嚴肅。㉛期度　限度。㉜得幸　得上之寵信，多指受帝王后妃的恩幸。㉝綦連猛　（？—西元五七七年）仕北齊，官至尚書令、領軍大將軍。傳見《北齊書》卷四十一、《北史》卷五十三。綦連，其祖先為姬姓，六國末，避亂出塞，保祁連山，因以山為姓，北人語訛，故曰綦連。㉞高阿那肱　（？—西元五七七年）仕北齊，官至右丞相。傳見《北齊書》卷五十、《北史》卷九十二。㉟觴　此指置酒宴飲。㊱弄臣　為帝王所親近狎玩之臣。㊲城狐社鼠　城牆上的狐狸，土地廟裡的老鼠，比喻仗勢作惡的人。㊳宮掖　掖，掖庭，宮內的旁舍，是妃嬪居住的地方，因稱皇宮為宮掖。㊴杜口　閉口不言。㊵孤寡　孤兒寡婦。此指北齊後主與太后。㊶安吐根　（？—西元五七七年）仕北齊，官至涼州刺史。傳見《北史》卷九十二。㊷商胡　安吐根本安息胡人，後歸高歡。㊸行末　序列最末。㊹拂衣　提衣；振衣。表示高叡等王的憤慨。㊺梓宮　帝后所用以梓木製的棺材。㊻成妹　成全妹妹事。胡長粲乃太后之兄。㊼覬覦　非分的冀望和希圖。㊽翦　同「剪」。㊾出納如舊　尚書出納帝命，令暫且如過去那樣兼領此職。㊿山陵　帝王的墳墓。此指安葬上皇事。51西兗州　州名，治所滑臺，在今河南衛輝東北。52就路　上道。此指讓和士開往兗州赴任。53百日　古代安葬後，每日仍要拜祭，至一百日方停。54數以為言　謂胡太后屢次說解此事。55嗣主幼沖　初即位的君主年幼。幼沖，幼小。56守之以死　即以死守之。此指恪守諾言，保護嗣主。57何面戴天　何面目生活在世間。戴天，頂天。58酌酒　斟酒。59正色　表情端莊嚴肅。60卮酒　一杯酒。卮，酒杯之類的器皿。61王力　武成帝封婁定遠為臨淮郡王，故以此稱定遠。62方伯　指刺史、太守一類的地方官。63不　同「否」。64辭覲二宮　指臨別時的進見，向太后、齊主辭行。覲，古代諸侯朝見天子稱覲。二宮，此指太后與齊主。65登遐　又稱「升遐」，升到高遠的地方。古時皇帝死的諱稱。66乾明　乾明乃北齊廢帝（濟南王）年號。廢帝即位，尚書令楊愔等輔政，常山王高演等發動政變誅殺楊愔等，總攬朝政。事見本書卷一百七十〈陳紀〉四文帝天嘉元年。67正須數行詔書耳　只需要幾行字的詔書罷了。正，僅。須，通「需」。68青州　州名，治所臨菑縣，在今山東淄博。69不臣　不忠於君主或背叛君主。70顛沛　傾覆；仆倒。71恨　遺憾；憾恨。72彌固　更加固執己見。彌，更加。73雀離佛院　龜茲國（在今新疆庫車一帶）北面山上有寺，名叫雀離，很清靜，因仿此建佛院。74劉桃枝　本為蒼頭，北齊天保、大寧間貴盛。傳附《北齊書》卷五十與《北史》卷九十二〈恩幸傳〉。75叡久典朝政　文宣帝時，濟南王以太子監國，立大都督府，與尚書省分理庶務，以高叡代理大都督府長史。至武成帝時拜尚書令，又進攝錄尚書事，後進為太尉。76甲子　四月五日。77晉祠　祠名，故址在今山西太原西南。78乙丑　四月初六日。79嬖寵　寵愛的人。80諂佞　獻媚討好。81都督二十人　齊左、右衛府領左、右府，其御仗屬官，各有正、副都督。82韓長鸞　名鳳，歷仕齊、隋，官至隴州刺史。傳見《北齊書》卷五十、《北史》卷九十二。83內省　即內侍省。官署名，掌宮廷內事務。84陸令萱　（？—西元五七七年）穆提婆之母，齊主高緯保姆，善權術，成為齊宮中女嬖權奸，外結大臣，干預齊政。傳附《北齊書》卷五十與《北史》卷九十二〈恩幸傳〉。85提婆　即穆提婆。仕北齊，官至錄尚書事，封城陽王，著名權奸。傳見《北齊書》卷五十與《北史》卷九十二〈恩幸傳〉。86郡君　婦女的封號。87女侍中　官名，北魏孝文帝改定內官，左右昭儀、三夫人、九嬪、世婦、御女之外，又置內職，典內司，同尚書令、僕；作司、大監、女侍中三官，視同二品監。88武衛大將軍　武官名，掌禁衛軍，位比三公。89弘德夫人　女官名。據胡三省注，北齊《河清新令》有弘德、崇德、正德三夫人，位比三公。90幸臣　為君主所寵幸的臣子。91齊主思祖珽　齊主受內禪，祖珽有贊助之功，故思念此人。92流囚　流放的囚徒。93海州　州名，治所朐縣，在今江蘇連雲港市西南。94陸媼　即陸令萱。95陰沈　深含不露。沈，也作「沉」。96行伊霍事　伊，指伊尹，商初輔政大臣，曾將商王太甲放逐，太甲改過，伊尹迎之復位，商朝中興。霍，指霍光，受漢武帝遺詔輔佐漢昭帝，秉政二十年。此指趙彥深欲專擅朝政。97儀同姊弟　指儀同三司陸悉達與其姐陸令萱。98襄宣昭三帝　即齊文襄、文宣、孝昭三帝。99心行　道德品行。100緩急　危急之事。緩字無實意。101籌策　謀劃。102驕恣　驕傲放縱。103齊州　州名，治所歷城縣，在今山東濟南市。104漢文帝誅薄昭故事　將軍薄昭殺漢使者，罪當死，文帝不忍誅殺，讓公卿隨從飲酒，欲令他自殺，薄昭不肯；文帝又使群臣穿喪服去哭他，才自殺。事見本書〈漢紀〉六文帝前十年。105庚戌　五月二十二日。106丁巳　五月二十九日。107辛卯　七月初四日。108君理　即沈君理（西元五二五—五七三年），仕陳，官至尚書右僕射。傳見《陳書》卷二十三、《南史》卷六十八。109辛亥　七月二十四日。110庚辰　八月二十三日。111孔城　城防名，故址在今河南伊川縣西南。112辛卯　九月初五日。113李穆　（西元五一〇—五八六年）歷仕周、隋，官至太師。傳見《周書》卷三十、《隋書》卷三十七、《北史》卷五十九。114宜陽　郡名，治所宜陽縣，在今河南宜陽西。115歐陽紇　（西元五三七—五六九年）仕陳，官至廣州刺史。傳附《陳書》卷九與《南史》卷六十六〈歐陽頠傳〉。116百越　泛指生活在今福建、廣東、廣西一帶的諸越族。117左衛將軍　武官名，掌禁衛軍。118衡州　州名，治所含洭縣，在今廣東英德西北浛洸。119錢道戢　（西元五〇八—五七〇年）仕陳，官至郢州刺史。傳見《陳書》卷二十二、《南史》卷六十七。120徐儉　（？—西元五八八年）仕陳，官至御史中丞。傳附《陳書》卷二十六與《南史》卷六十二〈徐陵傳〉。121呂嘉　西漢時南越相，叛漢，被漢兵擒殺。事見《史記》卷一百十三〈南越列傳〉。122辛未　十月十五日。123章昭達　（西元五一八—五七一年）仕陳，官至侍中。傳見《陳書》卷十一、《南史》卷六十六。124壬午　十月二十六日。125辛亥　十一月二十六日。126鄫文公長孫儉　（?—西元五六九年）本姓拓拔氏，改姓長孫。仕周，官至大將軍。《周書》卷二十六本傳云「追封鄫公」，〈拓拔儉碑〉同。《北史》卷二十二本傳云「追封鄫國公，謚曰文」。127辛丑　十一月十六日。按，辛丑當在「辛亥」前，疑此處干支錯亂。128庚午　十二月十五日。129蘭陵王長恭　即高長恭（?—西元五七三年），一名孝瓘，北齊文襄帝第四子。傳見《北齊書》卷十一、《北史》卷五十二。130庚辰　十二月二十五日。131御正大夫　官名，掌記錄王言，在皇帝左右，位上大夫。

【校　記】1己丑　原作「乙丑」。據章鈺校，十二行本、乙十一行本、孔天胤本皆作「己丑」，張敦仁《通鑑刊本識誤》同，今據改。按，《北齊書・後主紀》、《北史・後主紀》皆作「己丑」。2詞　原作「辭」。據章鈺校，十二行本、乙十一行本、孔天胤本皆作「詞」，今據改。按，《北齊書・恩倖・和士開傳》、《北史・恩倖・和士開傳》皆作「詞」。3等　原無此字。據章鈺校，十二行本、乙十一行本、孔天胤本皆有此字，今據補。按，《北齊書・恩倖・和士開傳》、《北史・恩倖・和士開傳》皆有此字。4陰　原作「深」。據章鈺校，十二行本、乙十一行本、孔天胤本皆作「陰」，今據改。《北史・祖瑩傳附祖珽傳》、《通鑑紀事本末》卷二四、《通鑑綱目》卷三四皆作「陰」。5部　原無此字。據章鈺校，乙十一行本有此字，張敦仁《通鑑刊本識誤》同，今據補。按，《陳書・歐陽頠傳附歐陽紇傳》、《南史・歐陽頠傳附歐陽紇傳》皆有此字。

【語　譯】高宗宣皇帝上之上

太建元年（己丑　西元五六九年）

春，正月初一日辛卯，北周國主宇文邕因北齊太上皇高湛去世而停止朝會，派司會李綸前去弔唁並贈送財物助喪，還參加了葬禮。

正月初四日甲午，陳朝安成王陳頊即皇帝位，改年號為太建，大赦天下。恢復太皇太后為皇太后，皇太后為文皇后。立妃子柳氏為皇后，立世子陳叔寶為皇太子。封皇子陳叔陵為始興王，奉祀昭烈王陳道譚。初五日乙未，陳宣帝陳頊晉謁太廟。初七日丁酉，任命尚書僕射沈欽為左僕射，度支尚書王勱為右僕射。王勱，是王份的孫子。

正月十一日辛丑，陳宣帝在南郊祭天。〇十二日壬寅，封皇子陳叔英為豫章王，陳叔堅為長沙王。〇二十八日戊午，陳宣帝在太廟祭祀祖先。

北齊博陵文簡王高濟，是世祖高湛的同母弟，擔任定州刺史，他對人說：「依次也該輪到我即皇帝位了。」北齊國主高緯聽說了，暗中派人到定州殺了他，然後按照王禮安葬了高濟，並贈予謚號。

二月十五日乙亥，陳宣帝舉行親耕藉田典禮。〇二十四日甲申，北齊在永平陵安葬武成帝，廟號世祖。〇二十九日己丑，北齊改封東平王高儼為琅邪王。〇北齊派侍中叱列長叉到北周通問修好。〇北齊任命司空徐顯秀為太尉，并省尚書令婁定遠為司空。

當初，侍中、尚書右僕射和士開為齊世祖高湛所親近，乃至可以出入世祖的臥室，不受限制，因而得到胡皇后的寵幸。等到世祖死後，北齊國主高緯因和士開受有世祖臨終時的囑託，非常信任他，和士開的威勢和權力更加顯赫，與婁定遠及錄尚書事趙彥深、侍中・尚書左僕射元文遙、開府儀同三司唐邕、領軍綦連猛、高阿那肱、度支尚書胡長粲共掌朝政，當時人稱為「八貴」。太尉趙郡王高叡、大司馬馮翊王高潤、安德王高延宗與婁定遠、元文遙都向北齊國主高緯進言，請求外放和士開到地方任職。適逢胡太后在前殿宴請朝中權貴，高叡當面陳述和士開的罪行和過失說：「和士開是先帝的弄臣，好比是城牆洞裡的狐狸，土地廟裡的老鼠，有所憑依而為非作歹，他收受賄賂，淫亂宮中。臣等為維護大義不能閉口不言，所以冒死陳述。」胡太后說：「先帝在時，王等為何不說？今天想要欺負我們孤兒寡母嗎？各位只管飲酒，不要多說了！」高叡等言詞和神色更加嚴厲。儀同三司安吐根說：「臣本是一個經商的胡人，幸得陪伴在諸位貴臣的末位，既然受到了朝廷的厚恩，豈敢顧惜一死？不外放和士開，朝廷內外不得安定。」胡太后說：「改天再討論，王等暫且散了吧。」高叡等氣憤得有的把帽子扔在地上，有的把衣服一甩站起來走了。第二天，高叡等又到雲龍門，讓元文遙入宮啟奏，進出三次，胡太后仍然不聽。左丞相段韶派胡長粲傳達胡太后的話說：「先皇靈柩還沒有安葬，你們啟奏的事來得太倉促，希望王等再考慮一下。」高叡等於是都拜謝離去。胡長粲回宮覆命，胡太后說：「成全妹妹我母子一家的，都是哥哥之力。」厚賞高叡等人，事情暫且擱置。

胡太后和北齊國主召見和士開詢問對策，和士開回答說：「先帝在群臣之中，對待臣恩情最厚。陛下居喪才剛剛開始，大臣們都有非分之想。今天如果讓臣外放，正是在翦除陛下的羽翼。應當對高叡等人這樣說：『元文遙與和士開，都受先帝任用，怎可以一個離開，一個留下呢？可以一起任命兩人為州刺史，但暫且留京像過去那樣兼領此職。等待安葬了先帝，然後派他們外出赴任。』高叡等人認為我真要外出任職，心裡一定高興。」皇上和胡太后贊同這個辦法，就按和士開說的答覆了高叡等人。於是任命和士開為兗州刺史，元文遙為西兗州刺史。大行皇帝安葬完畢，高叡等人催促和士開上路。胡太后要留下和士開，等過了一百天再走，高叡不同意。幾天之內，胡太后為此幾次發話。有一個知道胡太后密旨的太監對高叡說：「太后的意思既然這樣，殿下怎麼能一再違拗？」高叡說：「我受先帝顧託責任重大，如今嗣主年幼，怎麼能讓奸邪之臣留在身旁？我如果不能拼死保護嗣主，有什麼臉面活在世上？」於是再次朝見太后，苦苦勸諫。胡太后命人斟酒賜給高叡，高叡神色莊嚴地說：「今天來是討論朝廷大事，不是為了討一杯酒喝！」說完，轉身就出了宮。

和士開用車裝著美女和珠簾到婁定遠家，向他道謝，說：「那些權貴想殺士開，承蒙大王您的幫助，才保全了我的性命，任用我為主管一方的刺史。現在該來向您告別了，鄭重地送上兩名女子，一捲珠簾。」婁定遠很高興，對和士開說：「你還想回來再入朝廷嗎？」和士開說：「我在朝廷內久了，心裡不安，如今得以外放，其實是成全了我的本願，不想再回到朝廷。只請求大王您能給予保護，讓我能長久地做一個大州刺史就足夠了。」婁定遠相信了，送和士開到門口，和士開說：「如今要遠出了，希望能得到一次晉見皇太后、皇上向他們辭行的機會。」婁定遠答應了。和士開因此得以見到胡太后和皇上高緯，進言說：「先帝一朝仙逝，臣很慚愧沒能自己結束生命。從朝廷權貴們的意圖和趨勢來看，是想把陛下當做乾明年間的廢帝那樣來對待。臣出都之後，一定會有大變故，我還有什麼臉面到地下去見先帝呢？」於是痛哭不已。皇上、胡太后也都哭了起來，並問和士開：「你想出對策了嗎？」和士開說：「臣已得入宮面見皇上、太后，又有什麼可顧慮的，臣只需要皇上幾行字的詔書而已。」於是皇上高緯寫下詔書，命令婁定遠外出擔任青州刺史，同時斥責趙郡王高叡不守為臣之道之罪。

第二天，高叡打算再次進宮勸諫，妻子兒女全都阻止他。高叡說：「國家的事情重大，我寧可以死來侍奉先皇，也不忍心看到朝廷傾覆。」高叡到了殿門，又有人勸他說：「殿下不要進宮，恐怕會有變故。」高叡說：「我上不負天，即使死了也沒什麼可遺憾的。」高叡入宮見了胡太后，胡太后重複過去的說法，高叡則更加固執己見。高叡出殿，到了永巷，遇到來抓他的士兵，士兵把他押送到華林園雀離佛院，命令劉桃枝打死了他。高叡久掌朝政，清廉正直，有操守，朝廷內外的人認為他蒙冤而死，深感痛惜。皇上高緯重又任命和士開為侍中、尚書左僕射。婁定遠歸還了和士開送他的東西，還增加了好多其他的珍寶討好和士開。

三月，北齊國主高緯前往晉陽。夏，四月初五日甲子，北齊把并州尚書省改為大基聖寺，把晉祠改為大崇皇寺。初六日乙丑，北齊國主高緯回到鄴城。

北齊國主高緯年紀輕，有許多受他寵愛的人。武衛將軍高阿那肱，一向以花言巧語善於巴結逢迎而受到世祖高湛及和士開的厚待。世祖多次讓他在東宮侍奉高緯，因此又受到高緯寵愛，一路升遷擔任了并省尚書令，封為淮陰王。

世祖高湛選拔都督二十人，派他們侍衛東宮，昌黎人韓長鸞是其中之一。北齊國主高緯獨獨對韓長鸞格外親近喜愛。韓長鸞名鳳，通常用表字，一路升遷到侍中、領軍，總管內省機密。

宮婢陸令萱，她的丈夫是漢陽人駱超，因圖謀叛逆獲罪被誅殺，陸令萱被發配到宮中掖庭做奴婢，她的兒子陸提婆也沒入官府為奴。北齊國主高緯還是嬰兒的時候，陸令萱當他的保姆。陸令萱乖巧狡猾，很會巴結討好，受到胡太后的寵愛，在宮掖中，只有她隨意作威作福，還被封為郡君。和士開、高阿那肱都成為她的養子。北齊國主高緯任用陸令萱為女侍中。陸令萱把她的兒子陸提婆也帶入宮中侍奉北齊國主，早晚在一起戲耍，一路升遷到開府儀同三司、武衛大將軍。宮人中有個叫穆舍利的人，是斛律后的隨從奴婢，也受到北齊國主的寵愛，陸令萱想依附她，於是給她當乾媽，推薦她做弘德夫人，還讓兒子陸提婆冒姓穆氏。然而由於和士開掌權的時間最久，那些受寵的大臣都依附於他，藉以鞏固皇上對自己的寵愛。

北齊國主高緯思念祖珽，到祖珽做流放囚徒的地方任命他為海州刺史。祖珽便送信給陸令萱的弟弟儀同三司陸悉達說：「趙彥深心思深含不露，想效法伊尹、霍光那樣行事，你們姐弟怎麼能得到平安？為什麼不早早起用智謀之士呢？」和士開也認為祖珽有膽識謀略，想拉他做出謀劃策的主要人物，於是捐棄舊日的仇怨，虛心待他，便與陸令萱一起對北齊國主高緯說：「文襄、文宣、孝昭三帝的兒子，都沒能繼位。如今皇上獨獨能夠繼承帝位，是祖孝徵出的力啊。人家有功，不可以不回報。祖孝徵品行雖然輕薄，但是奇謀過人，在緊急的時候是一個可用的人。況且這人眼睛已經失明，一定不會有反叛之心。請求把他召來，讓他出謀劃策。」北齊國主高緯聽從了，召祖珽入京，擔任祕書監，加封開府儀同三司。

和士開向皇上高緯誣陷尚書令隴東王胡長仁驕橫放肆，把他外放為齊州刺史。胡長仁怨恨氣憤，謀劃派刺客刺殺和士開。事情被發覺，和士開與祖珽商議，祖珽引用西漢文帝誅殺薄昭的前朝先例，於是派使者到齊州去賜死胡長仁。

五月二十二日庚戌，北周國主宇文邕前往醴泉宮。○二十九日丁巳，陳朝任命吏部尚書徐陵為左僕射。

秋，七月初四日辛卯，陳朝皇太子陳叔寶娶沈氏為妃子，她是吏部尚書沈君理的女兒。○二十四日辛亥，北周國主宇文邕回到長安。

八月二十三日庚辰，強盜殺死了北周鎮守孔城的防主，把孔城獻給了北齊。

九月初五日辛卯，北周派齊國公宇文憲與柱國李穆領兵奔赴宜陽，在那裡修築了崇德等五座城。

歐陽紇駐守廣州十多年，聲威和恩惠在百越地區廣泛傳播。自從華皎反叛，陳宣帝對歐陽紇有了猜疑，徵召他為左衛將軍。歐陽紇心生恐懼，他的部下大多勸他造反，於是他起兵攻擊衡州刺史錢道戢。

陳宣帝派中書侍郎徐儉持節前往，宣諭朝廷旨意。歐陽紇剛見徐儉時，布置了很多儀仗衛士，言辭很不恭敬。徐儉說：「呂嘉背叛漢朝這樣的事確實已經很久遠了，但將軍難道沒有看到周迪和陳寶應的下場嗎？轉禍為福，現在來做還不算晚。」歐陽紇沉默沒有回答，把徐儉安置在孤園寺，過了幾十天徐儉仍不能回朝。歐陽紇曾出來見徐儉，徐儉對歐陽紇說：「將軍已經起兵，徐儉必須回朝廷向天子覆命。徐儉的性命，雖然取決於將軍，但將軍的成敗，並不取決於徐儉，希望將軍不要把我扣留在這裡。」歐陽紇於是釋放徐儉回朝廷。徐儉，是徐陵的兒子。

冬，十月十五日辛未，陳宣帝下詔命車騎將軍章昭達征討歐陽紇。〇二十六日壬午，陳宣帝到太廟祭祀祖先。

十一月二十六日辛亥，北周鄫文公長孫儉去世。

十一月十六日辛丑，北齊任命斛律光為太傅，馮翊王高潤為太保，琅邪王高儼為大司馬。十二月十五日庚午，任命蘭陵王高長恭為尚書令。二十五日庚辰，任命中書監魏收為尚書左僕射。

北周齊國公宇文憲等圍攻北齊宜陽城，切斷了宜陽的運糧通道。

自華皎叛亂後，陳朝與北周中斷了友好往來，這時北周派御正大夫杜杲出使陳朝，請求恢復兩國間舊日的友好關係。陳宣帝答應了，派遣使臣前往北周。

二年（庚寅　西元五七〇年）

春，正月乙酉朔❶，齊改元武平❷。〇齊東安王婁叡❸卒。〇丙午❹，上享太廟。〇戊申❺，齊使兼散騎常侍裴讞之❻來聘。

齊太傅斛律光，將步騎三萬救宜陽，屢破周軍，築統關、豐化二城❼，以通宜陽糧道[1]而還。周軍追之，光縱擊，又破之，獲其開府儀同三司宇文英、梁景興。二月己巳❽，齊以斛律光為右丞相、并州刺史，又以任城王湝❾為太師，賀拔仁錄尚書事。

歐陽紇召陽春⑩太守馮僕至南海⑪，誘與同反。僕遣使告其母冼夫人⑫。夫人曰：「我為忠貞，經今兩世⑬，不能惜汝負國。」遂發兵拒境，帥諸酋長迎章昭達。

昭達倍道兼行，至始興⑭。紇聞昭達奄至，恇擾⑮不知所為，出頓洭口⑯，多聚沙石，盛以竹籠，置于水柵之外，用遏舟艦。昭達居上流，裝艦造拍⑰，令軍人銜刀潛行⑱水中，以斫籠，篾皆解，因縱大艦隨流突之。紇眾大敗，生擒紇，送之。癸未⑲，斬於建康市。

紇之反也，士人流寓⑳在嶺南者皆惶駭。前著作佐郎蕭引㉑獨恬然㉒，曰：「管幼安㉓、袁曜卿㉔，亦但安坐耳。君子直己以行義，何憂懼乎？」紇平，上徵為金部侍郎㉕。引，允之弟也。

馮僕以其母功，封信都侯，遷石龍㉖太守，遣使者[2]持節冊命㉗冼氏為石龍太夫人，賜繡幰㉘油絡駟馬安車一乘，給鼓吹㉙一部，并麾幢㉚旌節，其鹵簿一如刺史之儀。

三月丙申㉛，皇太后章氏㉜殂。○戊戌㉝，齊安定武王賀拔仁卒。○丁未㉞，大赦。

夏，四月甲寅[35]，周以柱國宇文盛為大宗伯[36]。○周主如醴泉宮。○辛酉[37]，齊以開府儀同三司徐之才為尚書左僕射。○戊寅[38]，葬武宣皇后[39]於萬安陵。

閏月戊申[40]，上謁太廟。

五月壬午[41]，齊遣使來弔。

六月乙酉[42]，齊以廣寧王孝珩為司空。

甲辰[43]，齊穆夫人[44]生子恆[45]。齊主時未有男，為之大赦。陸令萱欲以恆為太子，恐斛律后恨怒，乃白齊主，使斛律后母養之。

己丑[46]，齊以開府儀同三司唐邕為尚書右僕射。

秋，七月癸丑[47][3]，齊立肅宗子彥基[48]為城陽王，彥忠為梁郡王[49]。甲寅[50]，以尚書令蘭陵王長恭為錄尚書事，中領軍和士開為尚書令，賜爵淮陽王。

士開威權日盛，朝士不知廉恥者，或為之假子[51]，與富商大賈同在伯仲之列[52]。嘗有一人士參士開疾，值醫云：「王傷寒極重，佗藥無効[4]，應服黃龍湯[53]。」士開有難色。人士曰：「此物甚易服，王不須疑，請為王先嘗之。」一舉而盡。士開感其意，為之強服，遂得愈。

乙卯[54]，周主還長安。○癸酉[55]，齊以華山王凝[56]為太傅。

司空章昭達攻梁，梁主與周總管陸騰[57]拒之。周人於峽口[58]南岸築安蜀城[59]，橫引大索於江上，編葦為橋，以度軍糧。昭達命軍士為長戟，施於樓船上，仰割其索。索斷，糧絕，因縱兵攻安蜀城，下之。

梁主告急于周襄州總管衛公直，直遣大將軍李遷哲[60]將兵救之。遷哲以其所部守江陵外城，自帥騎兵出南門，使步[61]出北門，首尾邀擊陳兵，陳兵多死。夜，陳兵竊於城西以梯登城，登者已數百人，遷哲與陸騰力戰拒之，乃退。

昭達又決龍川寧朔隄，引水灌江陵。騰出戰於西隄，昭達兵不利，乃引還。

八月辛卯[62]，齊主如晉陽。

九月乙巳[63]，齊立皇子恆為太子。

冬，十月辛巳朔[64]，日有食之。

齊以廣寧王孝珩為司徒，上洛王思宗[65]為司空。復以梁永嘉王莊[66]為開府儀同三司、梁王，許以興復，竟不果。及齊亡，莊憤邑，卒於鄴。

乙酉[67]，上享太廟。○己丑[68]，齊復威宗謚曰文宣皇帝，廟號顯祖[69]。○丁酉[70]，周鄭桓公[71]達奚武卒。

十二月丁亥[72]，齊主還鄴。○周大將軍鄭恪將兵平越嶲[73]，置西寧州[74]。

周、齊爭宜陽，久不決[5]。勳州[75]刺史韋孝寬謂其下曰：「宜陽一城之地，不足損益[76]，兩國爭之，勞師彌年[77]。彼豈無智謀之士？若棄崤東[78]，來圖汾北[79]，我必失地。今宜速於華谷及長秋[80]築城以杜其意。脫其先我[81]，圖之實難。」乃畫地形，具陳其狀。晉公護謂使者曰：「韋公[82]子孫雖多，數不滿百，汾北築城，遣誰守之？」事遂不行。

齊斛律光果出晉州[83]道，於汾北築華谷、龍門[84]二城。光至汾東，與孝寬相見，光曰：「宜陽小[6]城，久勞爭戰。今已舍彼，欲於汾北取償，幸勿怪也。」孝寬曰：「宜陽，彼之要衝，汾北，我之所棄。我棄彼取，其償安在？君輔翼幼主，位望隆重，不撫循百姓而極武窮兵，苟貪尋常之地，塗炭疲弊之民，竊為君不取也！」

光進圍定陽[85]，築南汾城以逼之。周人釋[86]宜陽之圍以救汾北。晉公護問計於齊公憲，憲曰：「兄宜暫出同州[87]以為聲勢[88]，憲請以精兵居前，隨機攻取。」護從之。

【章　旨】以上為第四段，寫陳朝平定廣州歐陽紇之亂，全境恢復平靜。北周、北齊爭奪宜陽與汾北之戰，北周晉國公宇文護不納韋孝寬之策，陷入被動。

【注釋】❶乙酉朔　正月初一日。❷改元武平　北齊年號由天統六年改為武平元年。❸婁叡　（？－西元五六九年）仕北齊，官至太尉，封東安王。傳附《北齊書》卷十五〈婁昭傳〉、《北史》卷五十四〈婁昭傳〉。❹丙午　正月二十二日。❺戊申　正月二十四日。❻裴讞之　仕北齊，為永昌太守。齊亡仕周，為伊川太守。傳附《北齊書》卷三十五〈裴讓之傳〉、《北史》卷三十八〈裴讓之傳〉。❼統關豐化二城　統關、豐化二城均在今河南宜陽西。❽己巳　二月十五日。❾任城王湝　即高湝（？－西元五七七年），高歡第十子，封任城王。傳見《北齊書》卷十、《北史》卷五十一。❿陽春　郡名，治所陽春縣，在今廣東陽春。⓫南海　郡名，治所番禺縣，在今廣東廣州。⓬冼夫人　高涼（今廣東陽江縣西）人，南朝陳與隋初嶺南少數民族女領袖，封譙國夫人。傳見《隋書》卷八十、《北史》卷十一。⓭兩世　指馮僕及其父馮融兩世。⓮始興　郡名，治所曲江縣，在今廣東韶關市南。⓯恇擾　恐懼慌張。⓰洭口　地名，即今廣東英德連江口。⓱拍　即拍竿，用槓桿原理裝置於船上的打擊武器。⓲潛行　謂人潛隱水底而行。⓳癸未　二月二十九日。⓴流寓　寄居他鄉。㉑蕭引　（西元五二七－五八四年）仕陳，官至建康令。傳附《陳書》卷二十一〈蕭允傳〉、《南史》卷十八〈蕭允傳〉。㉒恬然　安閒的樣子。㉓管幼安　管寧字幼安，三國時人。曾依附公孫度，廬於山谷。魏文帝初，歸還鄉里。傳見《三國志》卷十一。㉔袁曜卿　袁渙字曜卿。東漢末，被呂布拘留但不受脅迫。呂布失敗後，歸附曹操，為梁相。人清政緩。傳見《三國志》卷十一。㉕金部侍郎　官名，掌管財帛、賦稅。㉖石龍　郡名，治所石龍縣，在今廣東化州。㉗冊命　古代帝王封立太子、后妃、夫人時的命令。㉘繡幰　加於安車蓋上的刺繡帷幔。幰，車前的帷幔。安車，坐乘的小車。多用一馬，禮尊者用四馬。㉙鼓吹　樂名，主要樂器有鼓鉦簫笳。或列於殿廷，享宴用之；或列於鹵簿之間，大駕出巡時用之；或用以賞賜功臣。㉚麾幢　古代作儀仗用的以羽毛為飾的一種旗幟。㉛丙申　三月十三日。㉜皇太后章氏　即陳武帝皇后（西元五〇六－五七〇年）。傳見《陳書》卷七。㉝戊戌　三月十五日。㉞丁未　三月二十四日。㉟甲寅　四月初一日。㊱大宗伯　官名，六卿之一，掌邦國祭祀典禮。㊲辛酉　四月八日。㊳戊寅　四月二十五日。㊴武宣皇后　即陳武帝章皇后，謚曰武宣。㊵戊申　閏四月二十五日。㊶壬午　五月三十日。㊷乙酉　六月初三日。㊸甲辰　六月二十二日。㊹穆夫人　即北齊後主穆皇后。傳見《北齊書》卷九。㊺恆　即北齊幼主高恆，後主之子，西元五七七年在位。傳見《北齊書》卷八、《北史》卷八。㊻己丑　六月癸未朔，己丑當在「甲辰」之前。按，《北齊書》卷八〈後主紀〉云武平元年六月「己酉，詔以開府儀同三司唐邕為尚書右僕射」。據此，己丑當為「己酉」之誤。己酉，六月二十七日。㊼癸丑　七月初二日。㊽彥基　北齊孝昭帝之子，諸姬所生。傳見《北齊書》卷十二、《北史》卷五十二。㊾彥忠為梁郡王　彥忠為北齊孝昭帝之子，諸姬所生。傳見《北齊書》卷十二、《北史》卷五十二。《北齊書》載彥忠為汝陽王，《北史》舊刻本載為汝南王，今通行本校改為汝陽王。(50)甲寅　七月初三日。(51)假子　即養子。(52)伯仲之列　兄弟之列。古代以伯、仲、叔、季表示兄弟之間的順序。(53)黃龍湯　糞便之汁。古代佛寺中和尚將糞便久儲空罐中，分解出黑色糞汁，稱黃龍湯，用以治瘟病，騙人賺錢。(54)乙卯　七月初四日。(55)癸酉　七月二十二日。(56)華山王凝　即高歡第十三子高凝。傳見《北齊書》卷十、《北史》卷五十一。(57)陸騰　（?—西元五七八年）仕北周，官至大司空。傳見《周書》卷二十八、《北史》卷二十八。(58)峽口　地名，即西陵峽口，在今湖北宜昌西。(59)安蜀城　城名，故址在今湖北宜昌西北。(60)李遷哲　（西元五一一—五七四年）歷仕西魏。傳見《周書》卷四十四、《北史》卷六十六。(61)使步　胡三省注認為「步」下有「兵」字，文意較明。(62)辛卯　八月十日。(63)乙巳　九月辛亥朔，無乙巳日。疑記載有誤。(64)辛巳朔　十月初一日。(65)上洛王思宗　即高歡從子高思宗。傳見《魏書》卷三十二、《北齊書》卷十四、《北史》卷五十一。(66)永嘉王莊　即梁元帝之孫、武烈世子蕭方等之子。傳見《南史》卷五十四。(67)乙酉　十月初五日。(68)己丑　十月初九日。(69)廟號顯祖　西元五六五年，齊改諡文宣皇帝為景烈皇帝，廟號威宗，今又改回。(70)丁酉　十月十七日。(71)桓公　《諡法》：闢土服遠曰桓。(72)丁亥　十二月八日。(73)越巂　郡名，治所邛都縣，在今四川西昌東南。(74)西寧州　州名，治所與越巂郡同為一地。(75)勳州　州名，治所玉壁，在今山西臨汾西南。(76)損益　增減。此指利害關係。(77)彌年　經年。(78)崤東　指宜陽一帶。宜陽在三崤之東。(79)汾北　地區名，汾水自臨汾西向，汾北指臨汾以西、汾水以北一帶。(80)華谷及長秋　皆地名，華谷在今山西稷山縣西北，長秋在今山西新絳西北。(81)脫其先我　倘若他們趕在我們前面。脫，倘或。(82)韋公　此指韋孝寬。(83)晉州　州名，治所白馬城，在今山西臨汾。(84)龍門　地名，故址在今山西河津市西北黃河兩岸。(85)定陽　郡名，治所定陽，在今山西吉縣。(86)釋　解除；放棄。(87)同州　州名，治所武鄉縣，在今陝西大荔。(88)聲勢　聲威和氣勢。

【校　記】[1]以通宜陽糧道　原無此六字。據章鈺校，十二行本、乙十一行本、孔天胤本皆有此六字，張敦仁《通鑑刊本識誤》同，今據補。按，《通鑑紀事本末》卷二四有此六字。[2]者　原無此字。據章鈺校，十二行本、乙十一行本、孔天胤本皆有此字，今據補。[3]癸丑　原無此二字。據章鈺校，十二行本、乙十一行本、孔天胤本皆有此二字，張敦仁《通鑑刊本識誤》同，今據補。按，《北齊書‧後主紀》、《北史‧後主紀》皆有此二字。[4]佗藥無効　原無此四字。據章鈺校，十二行本、乙十一行本、孔天胤本皆有此四字，張敦仁《通鑑刊本識誤》同，今據補。[5]久不決　原作「久而不決」。據章鈺校，乙十一行本無「而」字，今據刪。按，《通鑑紀事本末》卷二四、《通鑑綱目》卷三四皆無「而」字。[6]小　原作「一」。據章鈺校，十二行本、乙十一行本、孔天胤本皆作「小」，張敦仁《通鑑刊本識誤》同，今據改。按，《周書・韋孝寬傳》、《北史・韋孝寬傳》皆作「小」。

【語譯】二年（庚寅　西元五七〇年）

春，正月初一日乙酉，北齊改年號為武平。○北齊東安王婁叡去世。○二十二日丙午，陳宣帝到太廟祭祀祖先。○二十四日戊申，北齊派兼散騎常侍裴讞之到陳朝來通問修好。

北齊太傅斛律光率步騎三萬援救宜陽，多次打敗周軍，修築了統關、豐化兩座城，打通了運糧至宜陽的道路後，收兵回去。北周軍隊追擊，斛律光猛烈反擊，又大敗北周軍，俘獲北周開府儀同三司宇文英、梁景興。○二月十五日己巳，北齊任命斛律光為右丞相、并州刺史，又任命任城王高湝為太師，賀拔仁錄尚書事。

歐陽紇召陽春太守馮僕到南海，誘勸他一起謀反。馮僕派使者稟告其母洗夫人，洗夫人說：「我們對國家忠誠堅貞，已歷兩代，不能因為愛惜你而對不起國家。」於是發兵在轄境內抵抗，率領各位酋長迎接章昭達的大軍。

章昭達倍道兼程，進軍到始興。歐陽紇聽到章昭達突然到來，恐懼慌張不知怎麼辦，只得出兵屯駐洭口，積聚了大量的沙子石塊，裝在竹簍裡，放置在水軍柵欄外，用來阻擋舟艦。章昭達軍隊位居上游，命人製造拍竿裝在船上，派軍中士兵口裡叼著刀子潛沒在水中前行，揮刀擊砍竹簍，竹簍的篾片都被砍散，隨即放出大艦順流而下，突入歐陽紇的營柵。歐陽紇軍眾大敗，歐陽紇被活捉，押送到建康。二月二十九日癸未，歐陽紇在建康鬧市上被斬殺。

歐陽紇造反時，寄居在嶺南的士大夫們都很驚慌害怕。前著作佐郎蕭引獨獨安然自處，他說：「從前的管寧、袁渙，遇到變亂，也只是安坐而已。君子為人正直而行為合於道義，有什麼好憂慮害怕的呢？」歐陽紇被平定後，陳宣帝徵召蕭引為金部侍郎。蕭引，是蕭允的弟弟。

馮僕由於母親洗夫人的功績，得封信都侯，升遷為石龍太守，陳宣帝派使者持符節冊封洗夫人為石龍太夫人，賜給配有刺繡帷幔和絲質網狀車飾，用四匹馬拉的安車一輛，配備有鼓鉦簫笳等樂器的樂隊一支，還有用羽毛裝飾的儀仗旗幟及旌節，她外出時的儀仗隊伍一如刺史的儀制。

三月十三日丙申，陳朝皇太后章氏去世。〇十五日戊戌，北齊安定武王賀拔仁去世。〇二十四日丁未，陳朝大赦天下。

夏，四月初一日甲寅，北周任命柱國宇文盛為大宗伯。〇北周國主宇文邕前往醴泉宮。〇初八日辛酉，北齊任命開府儀同三司徐之才為尚書左僕射。〇二十五日戊寅，陳朝安葬武宣皇后章氏於萬安陵。

閏四月二十五日戊申，陳宣帝到太廟謁告祖先。

五月三十日壬午，北齊派使臣到陳朝弔唁武宣皇后。

六月初三日乙酉，北齊任命廣寧王高孝珩為司空。

六月二十二日甲辰，北齊國主的穆夫人生下皇子高恆。北齊國主高緯當時沒有男孩，為皇子誕生而特別實行大赦。陸令萱想立高恆為太子，擔心斛律皇后怨恨惱怒，就稟告北齊國主高緯，讓斛律皇后為嫡母養育高恆。

己丑日，北齊任命開府儀同三司唐邕為尚書右僕射。

秋，七月初二日癸丑，北齊立肅宗高演的兒子高彥基為城陽王，高彥忠為梁郡王。初三日甲寅，任命尚書令蘭陵王高長恭為錄尚書事，中領軍和士開為尚書令，賜爵淮陽王。

和士開聲威權勢日益盛大，朝廷官員中不知廉恥的人，有的當上了和士開的乾兒子，與那些富商大賈成了兄弟。曾經有一個人去探問和士開的病情，遇上醫生正在說：「淮陽王的傷寒症極重，別的藥都無效，應當服用糞汁黃龍湯。」和士開面有難色。這個人說：「黃龍湯很容易喝下去的，大王不必疑慮，我請求替大王先嘗一下。」舉杯一飲而盡。和士開很感激他的心意，也勉強喝了下去，還真把病治好了。

七月初四日乙卯，北周國主宇文邕回到長安。〇二十二日癸酉，北齊任命華山王高凝為太傅。

陳朝司空章昭達進攻後梁，後梁國主蕭巋與北周總管陸騰抵抗。北周軍人在西陵峽口長江南岸修築安蜀城，在長江上橫跨拉了幾道大繩索，在繩索上編織葦草作為索橋，用來運送軍糧。章昭達命令士兵打造長戟，安裝在樓船上，駛到橋下仰割繩索，索斷橋毀，軍糧運送斷絕，然後大舉進攻安蜀城，攻下了這座城。

後梁國主蕭巋向北周襄州總管衛國公宇文直告急，宇文直派大將軍李遷哲率軍救援。李遷哲派他的下屬部隊守衛江陵外城，親率騎兵出江陵南門，又派步兵出江陵北門，一頭一尾截擊陳軍，陳軍死了很多人。夜晚，陳軍在江陵城西側偷偷用雲梯登城，登上城牆的已達幾百人，李遷哲與陸騰奮力死戰抵禦，陳軍這才退走。

章昭達又挖開龍川寧朔的堤壩，引水灌江陵城，陸騰出兵在西堤與陳軍交戰，章昭達戰敗，這才率軍撤回。

八月初十日辛卯，北齊國主高緯前往晉陽。

九月乙巳日，北齊立皇子高恆為太子。

冬，十月初一日辛巳，發生日蝕。

北齊任命廣寧王高孝珩為司徒，上洛王高思宗為司空。又任命梁朝的永嘉王蕭莊為開府儀同三司、梁王，承諾為梁王恢復梁朝大業，但始終沒有成功。等到北齊滅亡，蕭莊憤懣憂鬱，死在鄴城。

十月初五日乙酉，陳宣帝到太廟祭祀祖先。〇初九日己丑，北齊恢復威宗高洋的謚號為文宣皇帝，廟號顯祖。〇十七日丁酉，北周鄭桓公達奚武去世。

十二月初八日丁亥，北齊國主高緯回到鄴城。〇北周大將軍鄭恪率軍平定越巂，設置西寧州。

北周、北齊爭奪宜陽城，爭了很久也沒有決出勝負。北周勳州刺史韋孝寬對部下說：「宜陽不過是一城之地，對大局沒有多大影響，兩國爭奪，興師動眾已有一年。對方難道沒有足智多謀的人士嗎？如果他們放棄崤東的宜陽，轉而來謀取我們汾北地區，我們一定會失去這些地方。如今應當盡快在華谷及長秋一帶修築城堡來打消對方進犯的念頭。假如他們搶先行動，再來對付就困難了。」於是畫出地形，詳細陳述相關狀況上奏朝廷。晉國公宇文護對使者說：「韋公子孫雖然眾多，人數也不滿一百，在汾北築城，派誰去守衛？」

在汾北築城的事就這樣沒有進行下去。

北齊斛律光果然從晉州道出兵，在汾水北岸修築了華谷、龍門兩座城堡。斛律光來到汾水東，與韋孝寬相見，斛律光說：「小小一座宜陽城，害得兩國長久爭奪交戰。如今我們已經放棄了那裡，想在汾北取得補償，請不要見怪。」韋孝寬說：「宜陽城是你們的要衝，汾北是我們丟棄的地方。我們丟棄的地方你們要拿過去，所謂的補償又在哪裡？你輔佐北齊幼主，地位和聲望都很高，不去安撫百姓而要窮兵黷武，為了貪求一處尋常的土地，不惜使疲困不堪的百姓陷於更為困苦的境地，我私下為您想想這實在不值得去做！」

斛律光進兵圍攻定陽，修築南汾城來威逼定陽。北周軍隊解除了對宜陽的包圍來救援汾北。晉國公宇文護向齊國公宇文憲詢問用兵方略，宇文憲說：「兄長可暫時從同州出兵以造成聲威氣勢，我請求率領精兵為前鋒，尋機攻取城池。」宇文護採納了這一方略。

三年（辛卯　西元五七一年）

春，正月癸丑❶[1]，以尚書右僕射徐陵為左僕射。○丁巳❷，齊使兼散騎常侍劉環儁來聘。○辛酉❸，上祀南郊。辛未❹，祀北郊❺。

齊斛律光築十三城於西境❻，馬上以鞭指畫而成❼，拓地❽五百里，而未嘗伐功❾。又與周韋孝寬戰於汾北，破之。齊公憲督諸將東拒齊師。

二月辛巳❿，上祀明堂⓫。丁酉⓬，耕藉田。

壬寅⓭，齊以蘭陵王長恭為太尉，趙彥深為司空，和士開錄尚書事，徐之才為尚書令，唐邕為左僕射，吏部尚書馮子琮為右僕射，仍攝選⑭。

子琮素諂附士開，至是，自以太后親屬，且典選⑮，頗擅引用人，不復啟稟，由是與士開有隙。

三月丁丑⑯，大赦。

周齊公憲自龍門度河⑰，斛律光退保華谷，憲攻拔其新築五城。齊太宰段韶、蘭陵王長恭將兵禦周師，攻柏谷城⑱，拔之而還。夏，四月戊寅朔⑲，日有食之。○壬午⑳，齊以琅邪王儼為太保。○壬辰㉑，齊遣使來聘。

周陳公純㉒等[2]取齊宜陽等九城，齊斛律光將步騎五萬赴之㉓。

五月癸亥㉔，周使納言㉕鄭詡㉖來聘。

周晉公護使中外府㉗參軍郭榮㉘城於姚襄城㉙南、定陽城西，齊段韶引兵襲周師，破之。六月，韶圍定陽城，周汾州㉚刺史楊敷固守不下。韶急攻之，屠其外城㉛。時韶臥病，謂蘭陵王長恭曰：「此城三面重澗㉜，皆無走路，唯慮東南一道耳，賊必從此出。宜簡精兵專守之，此必成擒㉝。」長恭乃令壯士千餘人伏於東南澗口。城中糧盡，齊公憲總兵㉞救之，憚韶，不敢進。敷帥見兵突圍夜走，伏兵擊擒之，盡俘其眾。乙巳㉟，齊取周汾州及姚襄城，唯郭榮所築城獨存。敷，愔之族子也。

敷子素㊱，少多才藝，有大志，不拘小節，以其父守節陷齊，未蒙贈諡㊲，上表申理。周主不許，至於再三，帝大怒，命左右斬之。素大言曰：「臣事無道㊳天子，死其分㊴也！」帝壯其言㊵，贈敷大將軍，諡曰忠壯㊶，以素為儀同三司，漸見禮遇。帝命素為詔書，下筆立成㊷，詞義兼美，帝曰：「勉之㊸，勿憂不富貴。」素曰：「但恐富貴來逼臣，臣無心圖富貴也。」

齊斛律光與周師戰於宜陽城下，取周建安等四戍㊹，捕虜千餘人而還。軍未至鄴，齊主敕使散兵㊺，光以軍士多有功者，未得慰勞，乃密通表，請遣使宣旨㊻，軍仍且進。齊朝發使遲留，軍還，將至紫陌㊼，光乃駐營待使。帝聞光軍已逼㊽，心甚惡之，亟令舍人召光入見，然後宣勞散兵。

【章旨】以上為第五段，寫北周與北齊汾北爭奪戰，以北齊獲勝而告終。

【注釋】❶癸丑　正月初五日。❷丁巳　正月初九日。❸辛酉　正月十三日。❹辛未　正月二十三日。❺祀北郊　每年正月，皇帝於都城北郊設方壇，祀后土之神。北郊常與南郊隔年相祀。❻西境　指汾北之地。汾北與鄴城相比為西。❼馬上以鞭指畫而成　斛律光在馬上用馬鞭比劃城的建築樣式，即照此造成。❽拓地　擴張領土。❾伐功　誇耀自己的功勞。❿辛巳　二月初三日。⓫明堂　古代帝王宣明政教的地方。凡朝會、祭祀、慶賞、選士、養老、教學等大典，均在此舉行。⓬丁酉二月十九日。⑬王寅　二月二十四日。⑭攝選　兼任吏部選舉事。⑮典選　掌管選舉。⑯丁丑　三月三十日。⑰河　指黃河。⑱柏谷城　城名，故址在今河南宜陽南。⑲戊寅朔　四月初一日。⑳壬午　四月初五日。㉑壬辰　四月十五日。㉒陳公純　即宇文泰之子宇文純（?—西元五八〇年），傳見《周書》卷十三、《北史》卷五十八。㉓赴之　奔赴宜陽救援。㉔癸亥　五月十七日。㉕納言　官名，即納言中大夫，北周天官府納言司長官，掌出納君命，天子出入則侍從左右。㉖鄭詡　仕北周，官至邵州刺史。傳附《周書》卷三十五〈鄭孝穆傳〉、《北史》卷三十五〈鄭道邕傳〉。㉗中外府　周晉公宇文護府邸。因其都督中外諸軍事，故有此名。㉘郭榮　（西元五四七—六一四年）歷仕周、隋，官至右候衛大將軍。傳見《隋書》卷五十、《北史》卷七十五。胡三省注云「郭榮」下有「築」字，文意乃明。㉙姚襄城　城名，在今山西吉縣西北黃河東岸。㉚汾州　州名，治所定陽城，在今山西吉縣。㉛屠其外城　攻陷了定陽外城，屠殺其軍民。㉜重澗　山澗重疊。㉝成擒　一定能捉住。㉞總兵　統領軍隊。㉟乙巳　六月二十九日。㊱敷子素　即楊敷之子楊素（?—西元六〇六年），字道虛，弘農華陰（今陝西華陰）人，歷仕周、隋，官至尚書令。傳見《隋書》卷四十八、《北史》卷四十一。㊲贈諡　古代對有功或有地位的人死後所贈予官號和諡號。㊳無道　無德政。㊴死其分　謂死是其本分，應該的。㊵壯其言　謂所言正大。壯，大。㊶忠壯　《諡法解》：危身奉上曰忠，武而不遂曰壯。㊷立成　即刻成稿。㊸勉之　努力；盡力。㊹戍　古代邊防區域的營壘、城堡。㊺散兵　將原來因戰爭徵調的兵士遣還原地。㊻宣旨　宣布慰勞之旨。㊼紫陌　地名，在今河北臨漳西南故鄴縣城西北。㊽逼　逼近。

【校　記】①癸丑　原作「乙丑」。據章鈺校，十二行本、乙十一行本、孔天胤本皆作「癸丑」，今據改。按，《陳書・宣帝紀》、《南史・宣帝紀》作「癸丑」。②等　原無此字。據章鈺校，十二行本、乙十一行本、孔天胤本皆有此字，今據補。

【語　譯】三年（辛卯　西元五七一年）

春，正月初五日癸丑，陳朝任命尚書右僕射徐陵為左僕射。〇初九日丁巳，北齊派兼散騎常侍劉環儁到陳朝來通問修好。〇十三日辛酉，陳宣帝在南郊祭天。二十三日辛未，在北郊祭地。

北齊斛律光在西部邊境汾北地區修築了十三座城堡，這些城堡都是斛律光在馬背上用鞭子指劃其規模形制而修起來的，一下子開拓土地五百里，卻未曾誇耀過自己的功勞。他還與北周韋孝寬在汾北交戰，打敗了韋孝寬。北周齊國公宇文憲督率眾將東出抵禦北齊軍隊。

二月初三日辛巳，陳宣帝到明堂祭祀。十九日丁酉，陳宣帝舉行親耕藉田典禮。

二月二十四日壬寅，北齊任命蘭陵王高長恭為太尉，趙彥深為司空，和士開錄尚書事，徐之才為尚書令，唐邕為左僕射，吏部尚書馮子琮為右僕射，仍然兼管吏部選舉事務。

馮子琮一向逢迎趨附和士開，這時，自以為是太后的親戚，並且掌管選舉事務，便擅自引進任用官吏，不再向和士開稟告，從此與和士開有了嫌隙。

三月三十日丁丑，陳朝大赦天下。

北周齊國公宇文憲從龍門渡過黃河，斛律光退守華谷城，宇文憲攻克了斛律光新築的五座城堡。北齊太宰段韶、蘭陵王高長恭領兵抵禦周軍，攻打柏谷城，把它攻下後才回師。

夏，四月初一日戊寅，發生日蝕。○初五日壬午，北齊任命琅邪王高儼為太保。○十五日壬辰，北齊派使臣到陳朝來通問修好。

北周陳國公宇文純等人攻取了北齊宜陽等九座城，北齊斛律光率步騎五萬趕往宜陽。

五月十七日癸亥，北周派納言鄭詡到陳朝來通問修好。

北周晉國公宇文護派中外府參軍郭榮在姚襄城南邊、定陽城西邊修築城堡，北齊段韶領兵襲擊北周軍隊，打敗了他們。六月，段韶圍攻定陽城，北周汾州刺史楊敷堅守，沒有攻下，段韶繼續猛攻，攻破定陽外城進行了屠殺。當時段韶臥病在床，他對蘭陵王高長恭說：「這座城的三面有重重溪澗，都沒有適合逃跑的路，我所憂慮的只有東南一條路而已，敵人一定會從這裡突圍出來，我們應當挑選精兵專門守候在這裡，這樣一定能抓獲他們。」高長恭於是命令一千多名壯士埋伏在東南的澗水渡口。城中糧食吃完了，北周齊國公宇文憲統領軍隊來救，因為害怕段韶，不敢進兵逼近。楊敷率領城中現存的殘餘士兵乘夜突圍逃走，北齊的伏兵截擊並擒獲了他們，這些人全都當了俘虜。二十九日乙巳，北齊攻佔了北周汾州及姚襄城，只有郭榮所築的那一座城堡獨獨沒有被攻破。楊敷，是北齊楊愔的族子。

楊敷的兒子楊素，年少時就多才多藝，胸有大志，不拘小節，認為自己的父親堅守節操而被北齊抓獲，卻沒有蒙受朝廷的贈官加諡，於是呈上表文申訴。北周國主宇文邕沒有答應他的請求，楊素就一而再、再而三地上表，周帝大怒，命令身邊的侍從斬殺楊素。楊素提高聲音說：「臣侍奉無道天子，死是我的本分！」周帝覺得他的話說得很有氣勢，於是給楊敷贈官大將軍，贈諡號為忠壯，任命楊素為儀同三司，此後逐漸受到禮遇。周帝命令楊素草擬詔書，下筆即刻成文，文辭內容都很出色。周帝說：「好好努力，不要擔心沒有富貴。」楊素說：「只怕富貴來逼臣，臣倒無心圖富貴。」

北齊斛律光與北周軍隊在宜陽城下交戰，奪取了北周建安等四座戍軍的城堡，俘獲了一千多名周兵後退回。北齊軍還沒到達鄴城，北齊國主高緯便敕令遣散軍隊，斛律光認為軍士立功的人很多，他們還沒有受到慰勞，便祕密上表，請求皇上派使臣宣布旨意進行慰勞，軍隊則繼續前進。北齊朝廷派遣使者行動緩慢，軍隊快要到鄴城附近的紫陌了，斛律光便紮營等待使者。皇上高緯聽到斛律光率軍逼近都城，心裡非常厭惡斛律光的這種做法，趕快派舍人宣召斛律光入宮覲見，然後宣旨慰勞，遣散軍隊。

齊琅邪王儼以和士開、穆提婆等專橫奢縱，意甚不平。二人相謂曰：「琅邪王眼光奕奕❶，數步射人❷，向者暫對❸，不覺汗出，吾輩見天子奏事尚不然。」由是忌之，乃出儼居北宮❹，五日一朝，不得無時見太后。

儼之除太保也，餘官悉解，猶帶中丞及京畿❺。士開等以北城有武庫，欲移儼於外，然後奪其兵權。治書侍御史❻王子宜，與儼所親開府儀同三司高舍洛❼、中常侍❽劉辟彊說儼曰：「殿下被疏，正由士開間搆❾，何可出北宮入民間❿也？」儼謂侍中馮子琮曰：「士開罪重，兒⓫欲殺之，何如？」子琮心欲廢帝而立儼，因勸成之。

儼令子宜表彈士開罪，請付[1]禁推⑫。子琮雜⑬佗文書奏之，齊[2]主不審省而可之⑭。儼誑領軍⑮庫狄伏連⑯曰：「奉敕，令領軍收士開。」伏連以告子琮，且請覆奏⑰，子琮曰：「琅邪⑱受敕，何必更奏？」伏連信之，發京畿軍士，伏於神虎門⑲外，并戒門者不聽⑳士開入。秋，七月庚午旦㉑，士開依常早參㉒，伏連前執士開手曰：「今有一大好事。」王子宜授以一函㉓，云：「有敕，令王向臺㉔。」因遣軍士護送。儼遣都督馮永洛就臺斬之。

儼本意唯殺士開，其黨因逼儼曰：「事既然，不可中止。」儼遂帥京畿軍士三千餘人屯千秋門。帝使劉桃枝將禁兵八十人召儼，桃枝遙拜，儼命反縛㉕，將斬之，禁兵散走。帝又使馮子琮召儼，儼辭曰：「士開昔來實合㉖萬死，謀廢至尊，剃家家㉗髮為尼，臣為是矯詔㉘誅之。尊兄若欲殺臣，不敢逃罪。若赦臣，願遣姊姊㉙來迎，臣即入見。」姊姊，謂陸令萱也，儼欲誘出殺之。令萱執刀在帝後，聞之，戰栗㉚。

帝又使韓長鸞召儼，儼將入，劉辟彊牽衣諫曰：「若不斬穆提婆母子，殿下無由得入。」廣寧王孝珩、安德王延宗自西來，曰：「何不入？」辟彊曰：「兵少。」延宗顧眾而言曰：「孝昭帝殺楊遵彥㉛，止㉜八十人。今有數千，何謂少？」帝泣啓太后曰：「有緣，復見家家；無緣，永別！」乃急召斛律光，儼亦召之。

光聞儼殺士開，撫掌㉝大笑曰：「龍子㉞所為，固㉟自不似凡人！」入，見帝於永巷。帝帥宿衛者步騎四百，授甲，將出戰，光曰：「小兒輩弄兵，與交手即亂。鄙諺㊱云：『奴見大家㊲心死。』至尊宜自至千秋門，琅邪必不敢動。」帝從之。

光步道㊳，使人走出，曰：「大家來。」儼徒駭散㊴。帝駐馬㊵橋上遙呼之，儼猶立不進，光就謂曰：「天子弟殺一夫，何所苦？」執其手，強引以前㊶，請於帝曰：「琅邪王年少，腸肥腦滿㊷，輕為舉措㊸，稍長自不復然㊹，願寬其罪。」帝拔儼所帶刀鐶，亂築辮頭㊺，良久，乃釋之。

收庫狄伏連、高舍洛、王子宜、劉辟彊、都督翟顯貴，於後園支解㊻，暴之都街㊼。帝欲盡殺儼府文武職吏，光曰：「此皆勳貴子弟，誅之，恐人心不安。」趙彥深亦曰：「春秋責帥㊽。」於是罪之各有差㊾。

太后責問儼，儼曰：「馮子琮教兒。」太后怒，遣使就內省以弓絃絞殺㊿子琮，使內參51以庫車載尸歸其家。自是太后常置儼於宮中，每食必自嘗之。

【章 旨】以上為第六段，寫北齊琅邪王高儼誅殺奸邪權佞之臣和士開，引發一場未遂政變，一批忠良之臣遭殺害。

【注 釋】❶奕奕　光亮閃動貌。❷數步射人　指眼光逼人，令人畏懼。❸暫對　短時間的面談。❹北宮　在鄴都的北城。❺京畿　指高儼兼任京畿大都督，總京畿兵。❻治書侍御史　官名，為御史中丞副貳，監察較高級別官員，北齊從五品。❼高舍洛　為北齊寵幸之臣，天保、大寧間得以貴盛，後主武平時開府儀同三司。傳見《北史》卷九十二〈恩幸傳〉。❽中常侍　官名，內侍之職，掌在內侍奉，出入宮掖，宣傳制令。❾間搆　離間中傷之意。❿入民間　被罷官為民。⓫兒　馮子琮為胡太后之妹夫，高儼之姨父，故儼自稱兒。⓬禁推　收禁而加以審問。⓭雜　摻在；夾雜。⓮不審省而可之　沒有仔細審查而批准了王子宜的上表。⓯領軍　指領軍大將軍。⓰庫狄伏連　仕北齊。初為武衛將軍、鄭州刺史，武平間封宜都郡王，除領軍大將軍。傳附《北齊書》卷二十與《北史》卷五十三〈慕容儼傳〉。⓱覆奏　詳審事情，重行上奏。⓲琅邪　指琅邪王高儼。⓳神虎門　即神武門。南、北朝四史成於唐人之手，避唐諱，凡「虎」字皆改為「武」字，此獨存舊。⓴不聽　不允許。㉑庚午旦　七月二十五日天亮。㉒依常早參　遵照平日慣例，早晨入宮中朝參。㉓一函　一封信。㉔臺　御史臺。㉕反縛　反綁起來。㉖實合　應該。㉗家家　北齊諸王對嫡母皆稱為家家。㉘矯詔　假稱詔命。㉙姊姊　北齊諸王皆稱其乳母（奶媽）為姊姊。㉚戰栗　嚇得發抖。㉛楊遵彥　楊愔字遵彥。孝昭帝殺楊愔事見本書卷一百六十八〈陳紀〉二文帝天嘉元年。㉜止　只；僅。㉝撫掌　拍手。表示高興。㉞龍子　指高儼。因高儼為皇帝之子，故稱其為龍子。㉟固　本來。㊱鄙諺　諺語。㊲大家　君主。一般臣妾稱天子為大家。㊳步道　謂斛律光步行，做齊後主前導。道，同「導」。㊴駭散　驚駭而走散。㊵駐馬　停馬。㊶強引以前　指斛律光勉強把高儼拉到齊後主面前。㊷腸肥腦滿　生活優裕而不用心，不明事理。㊸輕為舉措　舉止輕率。㊹稍長自不復然　年長以後自然就不這樣了。稍，漸漸。㊺築辮頭　築，擊打。辮頭，辮髮，表示將要斬首。㊻支解　分解四肢。古時酷刑之一。㊼暴之都街　把庫狄伏連等人的屍體暴露在鄴城的街道上。㊽春秋責帥　《左傳》宣公十二年云：「彘子以偏師陷，子罪大矣。子為元帥，師不用命，誰之罪也！」趙彥深所述即本此。此指應懲治主要當事人，脅從者不問。㊾罪之各有差　分別輕重，加以治罪。㊿絞殺　勒死。51內參　指宦官。

【校　記】①付　原無此字。據章鈺校，乙十一行本有此字，今據補。按，《北齊書・琅邪王儼傳》、《北史・琅邪王儼傳》、《通鑑紀事本末》卷二五皆有此字。②齊　原作「帝」。據章鈺校，十二行本、乙十一行本、孔天胤本皆作「齊」，張敦仁《通鑑刊本識誤》同，今據改。

【語　譯】北齊琅邪王高儼認為和士開、穆提婆等專橫跋扈，奢侈驕縱，心裡感到不平。和士開與穆提婆兩人商量說：「琅邪王目光炯炯，幾步之外都感到逼人，不久前和他短暫交談，不知不覺出了一身冷汗，我們朝見天子奏事尚且不會這樣。」因此忌恨高儼，便把高儼調出去居住在北宮，五天才朝見一次，不能隨時去見胡太后。

高儼升任太保時，其他官職全都解除，仍然兼任御史中丞和京畿大都督兩職。和士開等認為北城有武庫，想把高儼調到外面去，然後削奪他的兵權。治書侍御史王子宜，與高儼所親近的開府儀同三司高舍洛、中常侍劉辟彊勸說高儼說：「殿下被疏遠，正是由於和士開離間誣陷造成的，你怎麼可以離開北宮到民間去呢？」高儼對侍中馮子琮說：「和士開罪孽深重，兒想殺掉他，姨父意下如何？」馮子琮心裡想要廢了皇上擁立高儼為帝，於是勸說高儼辦成這件事。

高儼讓王子宜上表彈劾和士開罪惡，請求收押審問他。馮子琮把這份奏表混雜在其他的文書中一起上奏，北齊國主高緯沒有仔細審閱就批准了。高儼欺騙領軍庫狄伏連說：「奉皇上敕令，命令領軍抓捕和士開。」庫狄伏連向馮子琮報告，並且請求再行上奏覆核，馮子琮說：「琅邪王接受的皇帝敕令，何必再奏？」庫狄伏連相信了，調發戍守京畿的軍士埋伏在神虎門外，並且告誡守門衛士，不許放和士開進入宮門。秋，七月二十五日庚午清早，和士開依照常例一早入宮朝參，庫狄伏連上前握住和士開的手說：「今天有一件大好事。」王子宜交給和士開一封信，說：「有皇帝敕令，請淮陽王到御史臺去。」庫狄伏連派軍士護送。高儼派都督馮永洛在御史臺斬殺了和士開。

高儼的本意是只殺和士開一個人，他的黨羽便逼他說：「事情已經這樣了，不可半途而廢。」高儼於是率領京畿軍士三千多人屯駐在千秋門。皇上高緯派劉桃枝帶領八十名禁軍去宣召高儼，劉桃枝遠遠看到高儼就下拜行禮，高儼命令把劉桃枝兩手反綁，準備斬殺他，禁軍們嚇得四散退走。高緯又派馮子琮宣召高儼，高儼推辭說：「和士開早就罪該萬死，他企圖廢黜皇上，讓我嫡母削髮為尼，臣因此假稱詔命把他殺了。皇上兄長如果想要殺臣，臣不敢逃避罪責，如果赦免臣的罪過，請求派姊姊來迎接，臣立即入宮參見皇上。」姊姊，說的就是陸令萱。高儼想把陸令萱騙出來殺掉。陸令萱提著刀站在皇上背後，聽到這番話，嚇得直打哆嗦。

皇上又派韓長鸞去宣召高儼，高儼打算入宮，劉辟彊拉著高儼的衣服勸阻說：「如果不殺掉穆提婆母子，殿下不能入宮。」廣寧王高孝珩、安德王高延宗從西邊走來，說：「為何不入宮？」劉辟彊說：「兵員少。」高延宗回頭看了看周圍軍士，說：「孝昭帝殺楊遵彥時，只有八十個人，如今你們有數千人，怎麼能說少？」

皇上哭著啟奏胡太后說：「如果有緣分，還會見到母親，如果沒有緣分，就和母親永別了！」便緊急宣召斛律光，高儼也宣召斛律光。

斛律光聽說高儼殺了和士開，拍手大笑說：「龍子做的事，原本就不同凡人！」斛律光入宮，在永巷見到皇上高緯。高緯率領在宮中值宿警衛的步騎軍士四百人，給他們發了甲胄，準備出戰，斛律光說：「小孩子們玩弄兵仗，與他們一交戰就亂了。俗語說：『奴僕一見皇上，內心就崩潰了。』皇上應該親自到千秋門，琅邪王一定不敢行動。」皇上高緯聽從了。

斛律光步行給皇上做前導，派人走出宮門說：「皇上來了。」高儼的黨徒都驚駭而四散。皇上高緯在宮門外護城河橋上停住馬，遠遠地呼喊高儼，高儼仍然站在那裡不向皇上走來，斛律光走近高儼對他說：「天子的弟弟殺了一個人，有什麼可困擾的？」斛律光抓著高儼的手，硬拉著他走到皇上面前，向皇上求情說：「琅邪王年輕，生活太優裕了而無所用心，不明事理，做事輕率，慢慢長大後自然就不會這樣了，希望能寬恕他的罪過。」皇上拔出高儼帶的佩刀，用刀把亂打他的頭，過了好一陣，才放了他。

皇上高緯下令，抓捕庫狄伏連、高舍洛、王子宜、劉辟彊、都督翟顯貴，在宮中後花園將他們肢解處死，扔到都城大街上示眾。皇上想把高儼府中的文武下屬全部殺光，斛律光說：「這些人都是勳貴人家的子弟，殺了，恐怕人心不安。」趙彥深也說：「《春秋》裡寫了，將士不服從命令，責任在主帥。」於是對他們治罪而輕重各有不同。

胡太后責問高儼，高儼說：「是馮子琮教唆孩兒這樣做的。」胡太后大怒，派人在宮中用弓弦勒死了馮子琮，讓宦官用庫車裝著馮子琮的屍體送回家。從此，胡太后經常把高儼安置在宮中，每次吃東西一定要自己先嘗一下。

八月己亥❶，齊主如晉陽。

九月辛亥❷，齊以任城王湝為太宰，馮翊王潤為太師。

己未❸，齊平原忠武王段韶卒。韶有謀略，得將士死力，出總軍旅❹，入參幃幄❺，功高望重，而雅性❻溫慎，得宰相體❼。事後母孝，閨門❽雍肅❾，齊勳貴之家，無能及者。

齊祖珽說陸令萱，出趙彥深為兗州刺史。齊主以珽為侍中。

陸令萱說帝曰：「人稱琅邪王聰明雄勇，當今無敵。觀其相表，殆非人臣。自專殺以來，常懷恐懼，宜早為之計。」幸臣何洪珍等亦請殺之。帝未決，以食轝❿密迎珽，問之。珽稱「周公誅管叔⓫，季友酖慶父⓬。」帝乃攜儼之晉陽，使右衛大將軍趙元侃誘儼執之，元侃曰：「臣昔事先帝，見先帝愛王。今寧就死，不忍行此。」帝出元侃為豫州⑬刺史。

庚午⑭，帝啓太后曰：「明旦欲與仁威⑮早出獵。」夜四鼓⑯，帝召儼，儼疑之。陸令萱曰：「兄呼，兒何為不去？」儼出，至永巷，劉桃枝反接其手。儼呼曰：「乞見家家、尊兄。」桃枝以袖塞其口，反袍蒙頭負出，至大明宮，鼻血滿面，拉殺之，時年十四，裹之以席，埋於室內。帝使啓太后，太后臨哭，十餘聲，即擁入殿。遺腹⑰四男，皆幽死⑱。

冬，十月，罷京畿府，入領軍⑲。○壬午⑳，周冀公通㉑卒。○甲申㉒，上享太廟[1]。○乙未㉓，周遣右武伯㉔谷會琨㉕等聘於齊。

齊胡太后出入不節㉖，與沙門統曇獻通，諸僧至有戲呼曇獻為太上皇者。齊主聞太后不謹而未之信，後朝太后，見二尼，悅而召之，乃男子也。於是曇獻事亦發，皆伏誅。

己亥㉗，帝自晉陽奉太后還鄴，至紫陌，遇大風。舍人魏僧伽習風角㉘，奏言：「即時當有暴逆㉙事。」帝詐云鄴中有變，彎弓纏弰㉚，馳入南城㉛，遣宦者鄧長顒幽㉜太后於北宮，仍敕內外諸親皆不得與胡太后相見。太后或為帝設食㉝，帝亦不敢嘗。

庚戌㉞，齊遣侍中赫連子悅聘于周。

十一月丁巳㉟，周主如散關㊱。

丙寅㊲，齊以徐州行臺㊳廣寧王孝珩錄尚書事，庚午㊴，又以為司徒。癸酉㊵，以斛律光為左丞相。

十二月己丑㊶，周主還長安。○壬辰㊷，邵陵公章昭達卒。

是歲，梁華皎將如周，過襄陽㊸，說衛公直曰：「梁主既失江南諸郡，民少國貧。朝廷興亡繼絕㊹，理宜資贍㊺，望借數州以資梁國。」直然之㊻，遣使言狀，周主詔以基、平、鄀㊼三州與之。

【章旨】以上為第七段，寫北齊國主高緯殺害弟弟琅邪王高儼，幽閉太后。

【注釋】❶己亥　八月二十四日。❷辛亥　九月初六日。❸己未　九月十四日。❹出總軍旅　出外則統率軍隊打仗。❺入參幃幄　回朝則參與軍國大事。幃幄，設於內室的帷幕。❻雅性　美好的秉性。❼得宰相體　調處事得體，符合宰相章法。❽閨門　內室之門。多指婦女住所。❾雍肅　和諧而莊重。❿食轝　專給大官運送粱肉的車。⓫周公誅管叔　周武王滅商，仍封紂王子武庚於商都，統治商舊地，並以管叔等人監視。武王死，子成王即位，周公輔政。管叔同武庚叛亂，周公東征，殺管叔。事見《史記》卷三十五〈管蔡世家〉。⓬季友酖慶父　春秋時魯莊公有病，安排後事。問叔牙，叔牙說慶父有才幹。又問季友，季友說以死擁戴世子般。莊公於是鴆殺叔牙而立般。慶父使人殺般，季友立閔公，慶父又使人殺閔公而逃到莒國。季友從邾國迎立僖公，並賄賂莒國，遣送慶父。慶父到了密地，季友讓公子奚斯去殺他。左右讓慶父自殺，他不肯。奚斯哭著去見慶父，慶父聽到奚斯哭聲，才自縊而死。後常以慶父比喻禍根。事見《史記》卷三十三〈魯周公世家〉。⓭豫州　州名，治所上蔡縣，在今河南汝南縣。⑭庚午　九月二十五日。⑮仁威　高儼字仁威。⑯四鼓　四更，黎明前。古代以鼓聲報時。⑰遺腹　婦孕夫死，兒稱為遺腹。⑱幽死　囚禁而死。⑲罷京畿府二句　指撤銷京畿大都督府，將其軍併入領軍。⑳壬午　十月八日。㉑冀公通　即宇文泰之子宇文通（？—西元五七一年），封冀公。傳見《周書》卷十三、《北史》卷五十八。㉒甲申　十月初十日。㉓乙未　十月二十一日。㉔右武伯　官名。北周置左、右武伯，掌內、外衛之禁令，兼六率之士。以左、右小武伯各二人為副。㉕谷會琨　人名。谷會，代北人複姓。據《周書》卷五〈武帝紀〉，谷會琨出使北齊，同行者還有御正蔡斌。㉖不節　不守貞節。㉗己亥　十月二十五日。㉘風角　古占候之術。謂候四方四隅之風，以占吉凶。㉙暴逆　兇惡的叛逆。㉚弰　弓的末端。㉛南城　鄴都的南城。鄴都有南、北二城。㉜幽　禁閉。㉝設食　陳設食品，請人食用。㉞庚戌　十月乙亥朔，無庚戌。按，《北齊書》卷八〈後主紀〉云：武平「二年十一月，庚戌」。據此，庚戌日在十一月，下行「十一月」三字應移至「庚戌」二字前。庚戌，十一月六日。㉟丁巳　十一月十三日。㊱散關　關名，故址在今陝西寶雞西南。㊲丙寅　十一月二十二日。㊳行臺　設在地方而代表朝廷行尚書省事的機構。㊴庚午　十一月二十六日。㊵癸酉　十一月二十九日。㊶己丑　十二月十六日。㊷壬辰　十二月十九日。㊸襄陽　郡名，治所襄陽，在今湖北襄樊。㊹興亡繼絕　古代指復興衰敗滅亡的諸侯國。㊺資贍　資助；供給。㊻然之　表示肯定的意思。㊼基平鄀　三州名。基州，治所豐鄉縣，在今湖北鍾祥南。平州，治所當陽縣，在今湖北當陽。鄀州，治所樂鄉縣，在今湖北宜城市。

【校　記】①壬午周冀公通卒甲申上享太廟　原無此十三字。據章鈺校，十二行本、乙十一行本、孔天胤本皆有此十三字，今據補。

【語　譯】八月二十四日己亥，北齊國主高緯前往晉陽。

九月初六日辛亥，北齊任命任城王高湝為太宰、馮翊王高潤為太師。

九月十四日己未，北齊平原忠武王段韶去世。段韶富有謀略，將士願為他拼死效力，出朝則統率軍隊征戰，入朝則參與軍國大事決策，功勞高聲望重，而且品性溫和謹慎，很有宰相的處事章法。侍奉後母盡孝，家裡的人相處和諧而莊重，北齊的勳貴之家，沒有人能及得上段韶的。

北齊祖珽勸說陸令萱，讓她勸說皇上外放趙彥深為兗州刺史。北齊國主高緯任命祖珽為侍中。

陸令萱勸說皇上高緯，說：「人們都說琅邪王高儼聰明而且勇猛威武，當今無人可比。看他的相貌，恐怕也不是甘為人臣的人。自從他擅自殺了和士開以後，內心常懷恐懼，陛下應該及早想出對付他的辦法。」寵臣何洪珍等也請求皇上殺高儼。皇上還沒最終決定，派人用裝運食物的車子把祖珽祕密迎進宮來，詢問他的意見。祖珽說：「周公誅殺了弟弟管叔，魯國季友用鴆酒毒死了慶父。」皇上於是帶高儼到晉陽，派右衛大將軍趙元侃去誘捕高儼，趙元侃說：「臣早先侍奉先帝，見先帝很愛琅邪王。如今我寧願去死，也不忍心幹這種事。」皇上把趙元侃外放為豫州刺史。

九月二十五日庚午，皇上高緯稟告胡太后說：「明天天亮我想與仁威一早出去打獵。」夜裡四更時分，皇上宣召高儼，高儼起了疑心。陸令萱說：「兄長叫你，兒為何不去？」高儼出宮，走到永巷，劉桃枝反綁了高儼雙手。高儼喊道：「請讓我去見母親和兄長。」劉桃枝用衣袖塞住高儼的嘴，把高儼的衣服翻轉到頭上把頭蒙住，把他背了出去，走到大明宮，高儼的鼻血流得滿面都是，劉桃枝把他擊打至死，當時高儼只有十四歲。屍體用草席裹了，埋在宮中室內。皇上派人稟告胡太后，胡太后臨喪哭弔，只哭了十幾聲，就被人簇擁著回到殿內。高儼有四個遺腹兒子，後來都被禁閉而死。

冬，十月，北齊裁撤京畿大都督府，併入領軍府。○初八日壬午，北周冀國公宇文通去世。○初十日甲申，陳宣帝到太廟祭祀祖先。○二十一日乙未，北周派右武伯谷會琨等到北齊通問修好。

北齊胡太后在宮內宮外都不守貞節，與和尚曇獻私通，眾和尚中甚至有人戲稱曇獻為太上皇的。北齊國主高緯聽說胡太后生活不檢點，起初不相信。後來高緯朝見胡太后，見到兩個尼姑，很喜愛就宣召她們，結果發現都是男人，於是曇獻的事敗露，這些人全都被處死。

十月二十五日己亥，皇上高緯從晉陽侍奉胡太后回鄴城，到達紫陌時，遭遇大風。舍人魏僧伽通曉候風預測吉凶的方術，上奏說：「立即會有兇暴叛逆之事發生。」皇上高緯謊稱鄴城中有變故，於是拉緊弓弦纏好弓梢，馳馬進入鄴城的南城，同時派太監鄧長顒把太后幽禁在北宮，還下達敕令，內外所有親戚都不得與胡太后相見。有時胡太后為皇上準備好食物，皇上也不敢吃。

庚戌日，北齊派侍中赫連子悅到北周通問修好。

十一月十三日丁巳，北周國主宇文邕前往散關。

十一月二十二日丙寅，北齊任命徐州行臺廣寧王高孝珩錄尚書事，二十六日庚午，又任命高孝珩為司徒。二十九日癸酉，任命斛律光為左丞相。

十二月十六日己丑，北周國主宇文邕返回長安。○十九日壬辰，陳朝邵陵公章昭達去世。

這一年，後梁華皎要到北周，路過襄陽，勸說衛國公宇文直說：「梁國國主失去長江南岸各郡後，百姓少，國家貧。北周志在復興已經亡了的國家，接續已經斷了的世系，理應對梁國有所資助，希望貴國能借幾個州的土地資助梁國。」宇文直認為他說得對，派使者向北周朝廷報告詳情，北周國主宇文邕下詔把基州、平州、鄀州三個州的土地交給了梁國。

【研　析】本卷所記西元五六七至五七一年間北齊、北周、陳三國政權內政與外交。下面我們就陳朝內部政治鬥爭所反映的南朝政治文化變遷，作一些分析。

陳朝經歷了武帝陳霸先、文帝陳蒨兩代人近十年的努力，才得以削平梁朝殘餘勢力及割據一地的江南豪族，實現對南方的穩定控制。陳文帝去世，太子陳伯宗繼位，年僅十四歲。陳伯宗不僅年少，無政治歷練，且性格懦弱。《陳書·廢帝紀》說：「帝仁弱無人君之器，世祖（武帝）每慮不堪繼業，既居冢嫡，廢立事重，是以依違積載。及疾將大漸，召高宗謂曰『吾欲遵太伯之事』，高宗（宣帝）初未達旨，後寤，乃拜伏涕泣，固辭。其後宣太后依詔廢帝焉。」所謂「太伯之事」，是指傳說中周太王有三子，太伯、仲雍、季歷，而「季歷賢」，且季歷之子姬昌，更是聰明仁厚，太伯欲使周族復興，有意讓姬昌獲得王位。但按嫡長子繼承原則，太伯居長，理當繼位，輪不到姬昌。太伯、仲雍為使太王不致為難，均出逃讓位，於是季歷得繼太王之位，姬昌按嫡長子繼承制順理成章地成為繼承人，即後來的周文王。陳武帝的「遵太伯之事」的意思即是傳位給弟弟陳頊而不是太子陳伯宗。

陳頊「少寬大，多智略」，長相也俊，梁末與陳霸先之子陳昌一道入江陵，在梁元帝蕭繹朝任職，至中書侍郎，在某種程度上也是梁元帝控制陳霸先的人質。西魏攻佔江陵，陳頊與陳昌一道被俘入長安，陳霸先死後，姪兒陳蒨為諸將擁立，即文帝，西魏遣陳昌返國，欲影響陳朝政局，在返國途中被殺，其事已見於卷一百六十八及相關分析。文帝即位時，身在長安的陳頊被遙封為安成王，陳天嘉三年（西元五六二年），從長安歸國，文帝委以重任，先後任命他為侍中、中書監、中衛將軍，不久又任命他為使持節、都督揚南徐東揚南豫北江五州諸軍事、揚州刺史。武帝死前，又讓其兼任尚書令。陳伯宗即位後，陳頊以錄尚書事、都督中外諸軍事掌握軍政大權，與中書舍人劉師知、尚書僕射到仲舉輔政。「師知、仲舉恆居禁中，參決眾事，項與左右三百人入居尚書省」。也就是說，劉師知、到仲舉二人常在皇宮中小皇帝身邊參與決策，而陳頊則用自己的親信全面控制了尚書省這一行政中心。劉、到二人顯然與「地望權勢為朝野所屬」的陳頊相比，為了保護自己的利益，他們試圖利用接近皇帝、掌握詔令的便利，「矯太后令遣高宗還東府，當時疑懼，無敢措言。」讓陳頊離開尚書省，回到他的揚州刺史府，也就是將陳頊排擠出權力中樞。陳頊採用毛喜的意見，將劉師知騙出皇宮，「留之與語」，而毛喜則入宮面見沈太后與小皇帝。皇太后沈氏表示：「今伯宗幼弱，政事並委二郎。此非我意。」皇帝亦說：「此自師知等所為，朕不知也。」陳頊遂入宮親自擬定詔令，讓皇帝簽字蓋印，將劉師知處死，讓到仲舉賦閒，「自是國政盡歸於頊」。隨後，陳頊處死到仲舉，派兵鎮壓華皎在湘州、歐陽紇在廣州的叛亂，通過陳霸先皇后章氏即慈訓太后下令的形式，合法地取陳伯宗而代之，即陳宣帝。

陳宣帝在位十多年間，政局穩定，「江東狹小，遂稱全盛」，其奪取帝位，未曾受到傳統史家的指責，我們也不必對其行為給予道義上的評判。值得注意的是，宗王奪取帝位，只是南朝歷史上常見的現象，與所謂「遵太伯之事」而讓賢並無關係。魏晉而後，政治、經濟以及文化共同作用的結果，士族特權階層形成，他們按新的制度設計、憑父祖官爵，擁有當官的特權，且晉升迅捷，皇權受到抑制，以至於日本學者以「貴族政治」概括魏晉南朝政治的特徵。而皇權應對這種特殊的政治形勢，從西晉開始，放棄漢代以來一直奉行的削弱宗室封王政治權力的做法，讓宗室子弟特別是皇帝的親子弟出任中央權力機構長官、特別是地方軍政首腦，以保證皇室對於政權的有效控制。東晉時，皇室力量弱小，王、庾、桓、謝幾大家族遂輪流掌握政權的實際權力，與司馬氏共治天下。南朝時，皇權復興，採用的主要辦法便是強化皇帝子弟對於中央與地方軍政權力的控制、以底層寒人擔任的低級官吏掌控中央權力機構的實際運作，剝奪門閥士族的政治軍事實權。陳文帝死時安排輔政的中書舍人劉師知，只是個七品小官，但從劉宋開始，皇帝們正是利用這個中書省的低級小官，掌握中書省撰寫詔令的權力，讓門閥士族擔任的五品的中書侍郎及三品的中書監、中書令失去實權，所謂「寒人掌機要」。這種辦法一定程度上保證了皇權的行使，但皇帝子弟手握政治軍事權力，使皇位的嫡長子繼承制受到嚴重的挑戰，皇室內部的皇位爭奪史不絕書。陳宣帝奪取姪兒陳伯宗的皇位，正是南朝政治文化現象中的一個個案。

皇帝以子弟掌握軍事權力的辦法，還造成了另一種政治現象，兩漢時期時常操縱皇權、影響皇位更替的外戚勢力，在南朝不見蹤跡，宋、齊、梁、陳相關史書，也都沒有設立〈外戚傳〉。據《陳書》卷七，陳頊殺劉師知，盡掌國政之後，皇太后沈氏「憂悶計無所出，乃密賂宦者蔣裕，令誘建安人張安國，使據郡反，冀因此以圖高宗。」事無所成。吳興沈氏本是東晉南朝江東大族，而沈氏之兄沈欽其時任尚書左僕射，陳文帝臨死並沒安排其為輔政大臣以抑制陳頊，陳頊即帝位後，也沒有處理沈欽，只是讓他離開朝廷，出任陳氏家鄉義興郡的太守。陳頊以太皇太后章氏下令的方式即位，而章氏「親屬無在朝者」，章氏以太后的名義發號施令，也只不過走一個合法程序，並不意味她對朝政有何實質性的影響。

南朝皇室普遍與門閥士族通婚，借重其社會影響，但門閥士族並不需要通過與皇室通婚在政治上晉升，並不以外戚為榮，皇權也盡可能地防範門閥士族利用其社會地位干預皇權，在輔政大臣安排上，皇后、皇太后的親屬基本上被排除在外。這是南朝時門閥士族未能藉通婚皇室影響政局的緣由。

卷第一百七十一

陳紀五

起玄黓執徐（壬辰 西元五七二年），盡閼逢敦牂（甲午 西元五七四年），凡三年。

【題解】本卷載述西元五七二—五七四年南北朝三年史事。當陳宣帝太建四年、五年、六年，北周武帝建德元年、二年、三年，北齊後主武平三年、四年、五年。陳宣帝內清叛逆，外伐北齊，恢復江北淮南之地，使南朝一度出現中興之象，陳朝達於鼎盛。北周武帝親政，滅佛。北齊國主高緯親小人，遠賢臣，國勢日衰。

高宗宣皇帝上之下

太建四年（壬辰 西元五七二年）

春，正月丙午❶，以尚書僕射❷徐陵為左僕射，中書監王勱為右僕射。○己巳❸，齊主祀南郊❹。○庚午❺，上享太廟。

辛未❻，齊主贈❼琅邪王儼為楚恭哀帝，以慰太后心，又以儼妃李氏為楚帝后。

二月癸酉❽，周遣大將軍昌城公深❾聘於突厥，司賓李除、小賓部賀遂禮聘於齊。深，護之子也。

己卯[10]，齊以衛菩薩為太尉。辛巳[11]，以并省[12]吏部尚書高元海為尚書左僕射。

乙酉[13]，封皇子叔卿為建安王。

庚寅[14]，齊以尚書左僕射唐邕為尚書令，侍中祖珽為左僕射。初，胡太后既幽於北宮，珽欲以陸令萱為太后，為令萱言魏保太后故事[15]。且謂人曰：「陸雖婦人，然實雄傑，自女媧[16]以來，未之有也。」令萱亦謂珽為「國師[17]」、「國寶[18]」，由是得僕射。

三月癸卯朔[19]，日有食之。

初，周太祖為魏相，立左右十二軍[20]，總屬相府。太祖殂，皆受晉公護處分，凡所徵發，非護書[21]不行。護第屯兵侍衛，盛於宮闕[22]。諸子、僚屬皆貪殘恣橫，士民患之。周主深自晦匿[23]，無所關預，人不測其淺深。

護問稍伯大夫庾季才[24]曰：「比日天道何如？」季才對曰：「荷恩[25]深厚，敢不盡言。頃上台[26]有變，公宜歸政天子，請老私門[27]。此則享期頤[28]之壽，受旦、奭之美[29]，子孫常為藩屏。不然，非復所知。」護沈吟[30]久之，曰：「吾本志如此，但辭未獲免耳。公既[1]王官，可依朝例，無煩別參[31]寡人也。」自是疏之。

衛公直，帝之母弟[32]也，深昵於護。及沌口之敗，坐免官，由是怨護，勸帝誅之，冀得其位。帝乃密與直及右宮伯中大夫宇文神舉[33]、內史下大夫太原王軌[34]、右侍上士宇文孝伯[35]謀之。神舉，顯和之子。孝伯，安化公深[36]之子也。帝每於禁中見護，常行家人禮[37]，太后賜護坐，帝立侍於旁。丙辰[38]，護自同州還長安，帝御文安殿見之。因引護入含仁殿謁太后，且謂之曰：「太后春秋高，頗好飲酒，雖屢諫，未蒙垂納[39]。兄今入朝，願更啓請。」因出懷中酒誥[40]授之，曰：「以此諫太后。」護既入，如帝所戒讀酒誥，未畢，帝以玉珽[41]自後擊之，護踣[42]於地。帝令宦者何泉以御刀斫之，泉惶懼，斫不能傷。衛公直匿於戶內，躍出，斬之。時神舉等皆在外，更無知者。

帝召宮伯長孫覽[43]等，告以護已誅，令收護子柱國譚公會、大將軍莒公至[44]、崇業公靜、正平公乾嘉及其弟乾基、乾光、乾蔚、乾祖、乾威并柱國北地侯龍恩、龍恩弟大將軍萬壽、大將軍劉勇、中外府司錄尹公正、袁傑、膳部下大夫李安等，於殿中殺之。覽，稚之孫也。

初，護既殺趙貴等[45]，諸將多不自安[2]。侯龍恩為護所親，其從弟開府儀同三司植謂龍恩曰：「主上春秋既富，安危繫於數公。若多所誅戮以自立威權，豈唯社稷有累卵(46)之危？恐吾宗(47)亦緣此而敗。兄安得知而不言？」龍恩不能從。植又承間(48)言於護曰：「公以骨肉之親(49)，當社稷之寄(50)，願推誠王室，擬迹伊、周(51)，則率土幸甚！」護曰：「我誓以身報國，卿豈謂吾有佗志邪？」又聞其先與龍恩言，陰忌之，植以憂卒。及護敗，龍恩兄弟皆死，高祖以植為忠，特免其子孫。

大司馬兼小冢宰、雍州牧齊公憲，素為護所親任，賞罰之際，皆得參預，權勢頗盛。護欲有所陳(52)，多令憲聞奏，其間或有可不(53)，憲慮主相嫌隙(54)，每曲而暢之，帝亦察其心。及護死，召憲入，憲免冠拜謝，帝慰勉之。使詣護第收兵符及諸文籍。衛公直素忌憲，固請誅之，帝不許。

護世子訓為蒲州(55)刺史，是夜，帝遣柱國越公盛(56)乘傳徵訓，至同州，賜死。昌城公深使突厥未還，遣開府儀同三司宇文德齎(57)璽書就殺之。護長史代郡叱羅協(58)、司錄弘農馮遷(59)及所親任者，皆除名。

丁巳(60)，大赦，改元(61)。

以宇文孝伯為車騎大將軍，與王軌並加開府儀同三司。初，孝伯與帝同日生，太祖愛之，養於第中，幼與帝同學。及即位，欲引致左右，託言欲與孝伯講習舊經，故護弗(62)之疑也，以為右侍上士(63)，出入臥內，預聞機務。孝伯為人，沈正(64)忠諒，朝政得失，外間細事，無不使帝聞之。

帝閱護書記(65)，有假託符命(66)妄造異謀者，皆坐誅。唯得庾季才書兩紙，盛言緯候(67)災祥，宜返政歸權，帝賜季才粟三百石，帛二百段(68)，遷太中大夫(69)。

癸亥(70)，以尉遲迥為太師，柱國竇熾為太傅，李穆為太保，齊公憲為大冢宰，衛公直為大司徒，陸通為大司馬，柱國辛威為大司寇(71)，趙公招為大司空。

時帝始親覽朝政，頗事威刑，雖骨肉無所寬借(72)。齊公憲雖遷冢宰，實奪之權。又謂憲侍讀裴文舉(73)曰：「昔魏末不綱(74)，太祖輔政。及周室受命，晉公復執大權。積習生常，愚者謂法應如是。豈有年三十天子(75)而可為人所制乎？詩云：『夙夜(76)匪懈，以事一人。』一人，謂天子耳。卿雖陪侍齊公，不得遽同為臣，欲死於所事。宜輔以正道，勸以義方(77)，輯睦(78)我君臣，協和我兄弟，勿令自致嫌疑。」文舉咸以白憲，憲指心撫几(79)曰：「吾之夙心，公寧(80)不知？但當盡忠竭節耳，知復何言。」

衛公直，性浮詭(81)貪狠，意望大冢宰，既不得，殊怏怏(82)。更請為大司馬，欲據兵權。帝揣知(83)其意，曰：「汝兄弟長幼有序，豈可返居下列？」由是用為大司徒。

夏，四月，周遣工部成公建、小禮部辛彥之84聘於齊。

庚寅85，周追尊略陽公為孝閔皇帝86。〇癸巳87，周立皇子魯公贇88為太子，大赦。

【章旨】以上為第一段，寫北周權臣晉國公宇文護被殺，周武帝宇文邕親政。

【注釋】❶丙午　正月初三日。❷尚書僕射　尚書省置二僕射，分為左、右；若省一僕射，則只稱僕射。❸己巳　正月二十六日。❹祀南郊　北齊制：南、北郊每年一祀，皆以正月上辛日。今以己巳日祀，當以致齋之日為始。南郊，設壇於國都之南祀天。❺庚午　正月二十七日。❻辛未　正月二十八日。❼贈　舊時帝王對已死者所追封的官爵稱為贈。❽癸酉　二月初一日。❾昌城公深　即宇文深（？—西元五七二年），宇文護之子，封昌城公。事附《周書》卷十一〈宇文護傳〉、《北史》卷五十七〈宇文護傳〉。❿己卯　二月初七日。⓫辛巳　二月初九日。⓬并省　自北魏置諸道行臺，各置令、僕、尚書等官。北齊高歡破爾朱兆，佔據晉陽，於此建大丞相府居之。文宣帝受禪，遂置尚書省。⓭乙酉　二月十三日。⓮庚寅　二月十八日。⓯魏保太后故事　北魏太武帝母后死，保姆竇后盡心撫育，為感謝其養育之恩，太武帝特給予保太后的尊號。事見本書卷一百二十〈宋紀〉二文帝元嘉二年。⓰女媧　神話中的古帝名，傳說古時出現天崩地裂，女媧乃煉五彩石以補天，斷鰲足以支撐四極。⓱國師　輔佐皇帝的官職，王莽所置，與太師、太傅、國將並稱為四輔。⓲國寶　國家的寶器，此指傑出的人才。⓳癸卯朔　三月初一日。⓴立左右十二軍　西魏丞相宇文泰改革軍制，設八柱國、十二大將軍、二十四開府，組成府兵系統。事見本書卷一百六十三〈梁紀〉十九簡文帝大寶元年。㉑護書　指宇文護簽發的文書。㉒宮闕　古時帝王所居宮門有雙闕，故稱宮殿為宮闕。㉓晦匿　韜光養晦。㉔庾季才　（？—西元六〇三年）原為南朝梁人，後歷仕後梁、北周、隋，官至太史中大夫。傳見《梁書》卷五十一、《隋書》卷七十八、《北史》卷八十九。㉕荷恩　蒙受恩惠。㉖上台　天上星座名。據《隋書》卷十九〈天文志〉上，三台六星，兩兩而居，起文昌，列招搖。西近文昌二星稱上台，為三公之位。㉗請老私門請告老還家。㉘期頤　百年。期，百歲。頤，養護。㉙旦奭之美　指周公旦、召公奭輔佐周成王的美名。㉚沈吟　深深體味其言，輕微發聲而猶豫不決的樣子。㉛別參　特別參見，言非朝例參見。㉜母弟　同母之弟。㉝宇文神舉　（西元五三二－五七八年）仕北周，官至并州總管，封東平公。傳見《周書》卷四十、《北史》卷五十七。㉞王軌　（？－西元五七九年）仕北周，官至柱國、徐州總管，封郯國公。傳見《周書》卷四十、《北史》卷七十三。㉟宇文孝伯　（西元五四四－五七九年）仕北周，官至小冢宰。傳見《周書》卷四十、《北史》卷五十七。㊱安化公深　即宇文深（？－西元五六八年），字奴干，仕北周，官至吏部中大夫，封安化公。傳見《周書》卷二十七、《北史》卷五十七。㊲行家人禮　遵行家裡兄弟長幼之禮。㊳丙辰　三月十四日。㊴垂納　垂意聽取。用於上對下。㊵酒誥　《尚書・周書》中的一篇。康叔封於殷之故都，周公以成王之命戒酒，是為〈酒誥〉。㊶玉珽　玉笏。或指大圭，長三尺。隋制：珽長一尺二寸，方而不折，以球玉製成。㊷踣　僵仆。㊸長孫覽　歷仕北周、隋，官至大司徒，封薛國公。傳見《隋書》卷五十一、《北史》卷二十二。㊹護子柱國譚公會大將軍莒公至　譚公會、莒公至，即宇文護子宇文會（？－西元五七二年）、宇文至（？－西元五七二年）。事附《周書》卷十〈邵惠公顥傳〉、〈莒莊公洛生傳〉與《北史》卷五十七〈邵惠公顥傳〉、〈莒莊公洛生傳〉。㊺殺趙貴等　殺趙貴等事見本書卷一百六十七〈陳紀〉一武帝永定元年。㊻累卵　堆疊起來的蛋，極易傾倒打碎，比喻非常危險。㊼宗　宗族。㊽間　空隙。㊾骨肉之親　比喻至親。㊿社稷之寄　指受國家重託。社稷，指國家。51擬迹伊周　仿效伊尹、周公行事。伊，伊尹，曾輔佐商湯滅桀。湯卒，歷佐卜丙、仲壬二王。仲壬卒，太甲即位，不理國政，被伊尹放逐，三年後太甲悔過，被伊尹接回復位。歷代均把伊尹視為輔弼之臣的典範。周，周公旦，周武王之弟，曾助武王滅商。武王卒，成王年幼即位，周公攝政，平定管叔、蔡叔之亂。成王成年後，周公返政於成王。52陳　述事。53不　同「否」。54主相嫌隙　君臣相疑。主相，指君主與輔相。嫌隙，由猜疑而形成仇怨。55蒲州　州名，治所蒲阪縣，在今山西永濟西。56越公盛　即宇文盛（？－西元五八〇年），宇文泰之子，封越國公。傳見《周書》卷十三〈文閔明武宣諸子傳〉、《北史》卷五十八〈周室諸王傳〉。57齎　拿著。58叱羅協　（西元四九八－五七三年）歷仕西魏、北周，官至柱國，封南陽郡公。叱羅，複姓。傳附《周書》卷十一〈晉蕩公護傳〉、《北史》卷五十七〈周宗室傳〉。59馮遷　歷仕西魏、北周，官至驃騎大將軍、開府儀同三司。傳附《周書》卷十一〈晉蕩公護傳〉、《北史》卷五十七〈周宗室傳〉。60丁巳　三月十五日。61改元　北周由天和七年改為建德元年。62弗　不。63右侍上士　官名，主侍從左右。64沈正　沉靜正直。65書記　指記事之文。66符命　古代謂天賜祥瑞與人君，以為受命的根據。67緯候　緯指七緯日月五行之行，失行則災。候指月令七十二候，失節則為災。緯，行星的古稱，對經星而言。恆星稱經星。68段　古時布帛等之一截稱段。69太中大夫　官名，掌論議。70癸亥　三月二十一日。71大司寇　官名，主管刑獄。72寬借　寬容。73裴文舉　（？—西元五七八年）歷仕西魏、北周，官至司憲中大夫。傳見《周書》卷三十七、《北史》卷三十八。74不綱　謂人君不能操持大綱，致朝政紊亂。75年三十天子　謂三十歲的天子。76夙夜　早晚；朝夕。77義方　做人的正道。78輯睦　和睦。79指心撫几　指著心，撫摸著几，此在表白心跡。几，古時小桌。80寧　豈；難道。81浮詭　輕浮狡詐。82怏怏　不樂意；不服氣。83揣知　料知；料想到。84辛彥之　（？—西元五九一年）隴西狄道（今甘肅臨洮）人，歷仕北周與隋，官至太常少卿。著有《墳典》、《禮要》等書。傳見《隋書》卷七十五、《北史》卷八十二。85庚寅　四月十九日。86孝閔皇帝　北周第一代皇帝宇文覺，宇文泰第三子。因忌宇文護專權，被廢為略陽公。事見《周書》卷三、《北史》卷九、本書卷一百六十七〈陳紀〉一武帝永定元年。87癸巳　四月二十二日。88魯公贇　即宇文贇，周武帝長子，時封魯國公，即後來的周宣帝。事見《周書》卷七、《北史》卷十。

【校　記】1既　原作「既為」。據章鈺校，十二行本、乙十一行本皆無「為」字，張敦仁《通鑑刊本識誤》同，今據刪。按，《隋書·藝術·庾季才傳》、《通鑑紀事本末》卷二四皆無「為」字。2諸將多不自安　原無此六字。據章鈺校，十二行本、乙十一行本、孔天胤本皆有此六字，張敦仁《通鑑刊本識誤》同，今據補。按，《通鑑紀事本末》卷二四、《通鑑綱目》卷三五皆有此六字。

【語　譯】高宗宣皇帝上之下

太建四年（壬辰　西元五七二年）

春，正月初三日丙午，陳朝任命尚書僕射徐陵為左僕射，中書監王勱為右僕射。〇二十六日己巳，北齊國主高緯在南郊祭天。〇二十七日庚午，陳宣帝到太廟祭祀祖先。

正月二十八日辛未，北齊國主高緯追贈琅邪王高儼為楚恭哀帝，以安慰胡太后的心，又封高儼妃李氏為楚帝皇后。

二月初一日癸酉，北周派大將軍昌城公宇文深到突厥通問修好，派司賓李除、小賓部賀遂禮到北齊通問修好。宇文深，是宇文護的兒子。

二月初七日己卯，北齊任命衛菩薩為太尉。初九日辛巳，任命并省吏部尚書高元海為尚書左僕射。

二月十三日乙酉，陳朝封皇子陳叔卿為建安王。

二月十八日庚寅，北齊任命尚書左僕射唐邕為尚書令，侍中祖珽為左僕射。當初，胡太后被幽閉在北宮後，祖珽想讓陸令萱當太后，就替陸令萱在北齊國主高緯面前講說北魏太武帝拓跋燾尊立保姆竇氏為保太后的先例。並且對人說：「陸令萱雖是婦人，但實際上才智出眾，自女媧以來，還從來沒有過。」陸令萱也稱祖珽為「國師」、「國寶」，因此祖珽才得到僕射的職位。

三月初一日癸卯，發生日蝕。

當初，北周太祖宇文泰為西魏丞相，設立左右十二軍，統屬相府管理。宇文泰死後，十二軍都受晉國公宇文護調度指揮，凡是軍隊的徵發，沒有宇文護簽發的文書不得行動。宇文護的府第駐兵護衛，人數比皇宮還多。宇文護的幾個兒子、僚屬都貪婪殘暴，恣意橫行，士民都覺得是個禍害。北周國主宇文邕的心思卻深藏不露，對宇文護的所作所為不加干預，人們都猜測不出周主的深淺。

宇文護詢問稍伯大夫庾季才，說：「近來天象怎麼樣？」庾季才回答說：「我受您的恩惠深厚，怎敢不毫無保留地相告。最近上台兩星有變異，晉國公您應當還政給天子，請求告老回家。這樣您就能安享百年壽考，得到周公旦、召公奭那樣的美名，子子孫孫也都能長久享有封邑為國藩屏。不這樣，其後果就不是我所知道的了。」宇文護沉思了許久，說：「我的本意也是這樣，只是辭任沒有得到恩准。公既然是朝廷的官員，可以按照朝廷的常例相處，不麻煩你特別來參見寡人了。」從此，宇文護疏遠了庾季才。

衛國公宇文直，是北周武帝宇文邕的同母弟弟，與宇文護的關係非常親密。等到沌口戰敗，他獲罪免官，由此怨恨宇文護，甚至勸北周武帝殺了宇文護，企圖讓自己得到宇文護的職位。北周武帝於是祕密與宇文直，以及右宮伯中大夫宇文神舉、內史下大夫太原人王軌、右侍上士宇文孝伯等人謀劃。宇文神舉，是宇文顯和的兒子。宇文孝伯，是安化公宇文深的兒子。

北周武帝宇文邕每次在皇宮中見到宇文護，常常按照家庭尊卑長幼的禮節相待，太后給宇文護賜坐，周武帝就站立在旁邊。三月十四日丙辰，宇文護從同州回到長安，周武帝在文安殿召見宇文護。隨後周武帝帶宇文護進含仁殿謁見太后，並且對宇文護說：「太后年事已高，很愛飲酒，雖然多次勸諫，還是未蒙採納。兄長今天入宮朝見，希望你再勸一勸。」說著便從懷中取出〈酒誥〉交給宇文護，說：「拿這篇誥文勸諫太后。」宇文護進入含仁殿後，按照周武帝的囑咐向太后讀〈酒誥〉，還沒有讀完，周武帝用玉笏從宇文護的身後擊打他，宇文護仆倒在地。周武帝命令宦官何泉拿著自己的佩刀砍殺宇文護，何泉恐懼，沒能砍傷宇文護。衛國公宇文直躲在門內，突然跳出，砍了宇文護的頭。這時宇文神舉等都在宮門外，再無人知道發生的事。

周武帝宣召宮伯長孫覽等，告訴他們宇文護已被誅殺，下令抓捕宇文護的兒子柱國譚國公宇文會、大將軍莒國公宇文至、崇業公宇文靜、正平公宇文乾嘉，以及其弟弟宇文乾基、宇文乾光、宇文乾蔚、宇文乾祖、宇文乾威，還有柱國北地人侯龍恩、侯龍恩弟大將軍侯萬壽、大將軍劉勇、中外府司錄尹公正、袁傑、膳部下大夫李安等，在殿中把這些人都殺了。長孫覽，是長孫稚的孫子。

當初，宇文護殺了趙貴等人之後，一些將領內心多不安定。侯龍恩被宇文護親近信任，他的堂弟開府儀同三司侯植對侯龍恩說：「皇上十分年輕，社稷安危全靠幾位王公大臣維繫，如果用誅殺一個又一個人來確立自己的聲威權勢，豈止是社稷有累卵那樣的危險？恐怕我們宗族也會因此而敗亡。堂兄您怎麼可以明知這個道理而不去勸諫晉國公呢？」侯龍恩沒能聽從這個建議。侯植又找機會對宇文護說：「晉國公您以皇上骨肉之親的身分，擔當國家的重託，希望您忠誠王室，仿效伊尹、周公行事，那麼全國人士都將十分慶幸！」宇文護說：「我發誓以身報國，你難道覺得我另有打算嗎？」宇文護又聽說侯植早先勸說過侯龍恩，便暗中忌恨侯植，侯植憂慮而死。等到宇文護敗亡，侯龍恩兄弟都被殺，高祖宇文邕認為侯植是忠臣，特別赦免了他的子孫。

大司馬兼小冢宰、雍州牧齊國公宇文憲，一向受到宇文護的親近信任，當宇文護決定賞罰的時候，宇文憲都能參與，他的權勢也很重。宇文護想要向皇上陳說什麼事，往往是讓宇文憲來上奏，其中皇上有的同意有的不同意，宇文憲擔心皇上與丞相間發生矛盾，常常想方設法婉轉地加以協調疏通，周武帝也看出了他的良苦用心。等到宇文護死後，周武帝召宇文憲入宮，宇文憲摘下官帽，磕頭謝罪，周武帝安慰勉勵他。派他到宇文護家中收繳調兵的符節以及其他各種文書。衛國公宇文直一向忌恨宇文憲，一再請求殺了他，但周武帝不允許。

宇文護的世子宇文訓為蒲州刺史，當夜周武帝派柱國越國公宇文盛乘驛車徵召宇文訓，宇文訓到了同州，被賜死。昌城公宇文深出使突厥還沒有回來，周武帝派開府儀同三司宇文德拿著詔書前去將他就地處決。宇文護的長史代郡人叱羅協、司錄弘農人馮遷，以及其他親信，全部罷官。

三月十五日丁巳，北周實行大赦，改年號為建德。

北周任命宇文孝伯為車騎大將軍，與王軌一起加封開府儀同三司。當初，宇文孝伯與周武帝宇文邕同日降生，北周太祖宇文泰十分喜愛他，把他養在自己的府第裡，他幼時與周武帝一起學習。等到周武帝宇文邕即帝位，想把他放到自己的身邊，便假稱自己要與宇文孝伯一起討論研習舊經，所以宇文護沒有懷疑，任命宇文孝伯為右侍上士，可以出入周武帝的臥室，參與機密事務。宇文孝伯為人沉靜正直而又忠信，凡是朝政的得失，乃至外間的小事，無不讓周武帝知曉。

周武帝翻閱宇文護的文書記錄，發現有假託符命製造不軌陰謀的人，全都獲罪誅殺。只有庾季才寫給宇文護的一封信，有兩頁紙，信上極力申說讖緯星象暗示的災祥，勸宇文護應該把處理政務的大權交回給皇上，周武帝下令賜給庾季才粟三百石，帛二百段，升遷庾季才為太中大夫。

三月二十一日癸亥，北周任命尉遲迥為太師，柱國竇熾為太傅，李穆為太保，齊國公宇文憲為大冢宰，衛國公宇文直為大司徒，陸通為大司馬，柱國辛威為大司寇，趙國公宇文招為大司空。

當時，周武帝宇文邕剛開始親理朝政，多用嚴厲的刑法，即使是骨肉至親也不加寬容。齊國公宇文憲雖然升為冢宰，實際上是奪了他的權。周武帝又對宇文憲的侍讀裴文舉說：「先前魏朝末年，國君不能掌握朝綱，所以太祖宇文泰才來輔政。等到周朝建立，晉國公宇文護又執掌大權。積習成了常規，愚蠢的人認為國家的法制就應當是這樣。哪有年已三十的天子可以受人控制的呢？《詩經》裡說：『白天黑夜都不懈怠，以侍奉一個人。』這一個人，指的就是天子。你雖然陪侍齊國公，不能就把自己等同於做他的臣屬，只想為他拼死盡力。應當用正道去輔佐他，用大義去勸導他，讓我們君臣和睦，兄弟融洽，不要讓他自招嫌疑。」裴文舉把這番話全都轉告了宇文憲，宇文憲指著自己的心窩，拍著几案說：「我平素的心願，你難道還不知道？我只會竭盡忠誠和氣節報效國家而已，知道了我的心跡又有什麼可說的呢。」

衛國公宇文直，生性輕浮詭詐，又貪婪狠毒，一心希望得到大冢宰一職，可是沒有得到，心裡特別不痛快。他便請求擔任大司馬，想要掌握兵權。周武帝揣摩到他的心意，就說：「你們兄弟長幼有序，怎麼哥哥反而在弟弟的下位呢？」因此任用宇文直為大司徒。

夏，四月，北周派工部成國公宇文建、小禮部辛彥之到北齊通問修好。

四月十九日庚寅，北周追尊略陽公宇文覺為孝閔皇帝。○二十二日癸巳，北周立皇子魯國公宇文贇為皇太子，實行大赦。

五月癸卯❶，王勱卒。

齊尚書右僕射祖珽，勢傾朝野，左丞相咸陽王斛律光惡之，遙見，輒罵曰：「多事乞索❷小人，欲行何計！」又嘗謂諸將曰：「邊境消息[1]，兵馬處分，趙令❸恆與吾輩參論。盲人❹掌機密以來，全不與吾輩❺語，正恐誤國家事耳。」光嘗在朝堂垂簾坐，珽不知，乘馬過其前，光怒曰：「小人乃敢爾！」後珽在內省❻，言聲高慢，光適過，聞之，又怒。珽覺之，私賂光從奴問之，奴曰：「自公用事，相王❼每夜抱膝歎曰：『盲人入，國必破矣。』」

穆提婆求娶光庶女❽，不許。齊王賜提婆晉陽田，光言於朝曰：「此田，神武帝以來常種禾，飼馬數千匹，以擬寇敵❾。今賜提婆，無乃闕❿軍務也？」由是祖、穆皆怨之。

斛律后無寵，珽因而間之。光弟羨⓫，為都督、幽州刺史、行臺尚書令，亦善治兵，士馬精彊，鄣候⓬嚴整，突厥畏之，謂之「南可汗」。光長子武都⓭，為開府儀同三司、梁⓮、兗二州刺史。

光雖貴極人臣，性節儉，不好聲色，罕接賓客，杜絕饋餉⓯，不貪權勢。每朝廷會議⓰，常獨後言，言輒合理。或有表疏，令人執筆，口占⓱之，務從省實⓲。行兵倣其父金之法，營舍未定，終不入幕。或竟日不坐，身不脫介冑⓳，常為士卒先。士卒有罪，唯大杖撾⓴背，未嘗妄殺，眾皆爭為之死。自結髮㉑從軍，未嘗敗北㉒，深為鄰敵所憚㉓。周勳州㉔刺史韋孝寬密為謠言曰：「百升飛上天，明月照長安。」又曰：「高山不推自崩，槲木㉕不扶自舉。」令諜人傳之於鄴，鄴中小兒歌之於路。珽因續之曰：「盲老公背受大斧，饒舌㉖老母不得語。」使其妻兄鄭道蓋奏之。帝以問珽，珽與陸令萱皆曰：「實聞有之。」珽因解之曰：「百升者，斛也。盲老公，謂臣也，與國同憂。饒舌老母，似謂女侍中陸氏也。且斛律累世大將，明月㉗聲震關西，豐樂㉘威行突厥，女為皇后，男尚公主，謠言甚可畏也。」帝以問韓長鸞，長鸞以為不可，事遂寢㉙。

珽又見帝，請間，唯何洪珍㉚在側，帝曰：「前得公啟㉛，即欲施行，長鸞以為無此理。」珽未對，洪珍進曰：「若本無意則可，既有此意而不決行，萬一泄露，如何？」帝曰：「洪珍言是也。」然猶未決。會丞相府佐封士讓密啟云：「光前西討還，敕令散兵，光引兵逼帝城㉜，將行不軌㉝，事不果而止。家藏弩甲，奴僮㉞[2]千數，每遣使往豐樂、武都所，陰謀往來。若不早圖，恐事不可測。」帝遂信之，謂何洪珍曰：「人心亦大靈，我前疑其欲反，果然。」帝性怯，恐即有變，令洪珍馳召祖珽告之：「欲召光，恐其不從命。」珽請：「遣使賜以駿馬，語云：『明日將遊東山，王可乘此同行。』光必入謝，因而執之。」帝如其言。

六月戊辰㉟，光入，至涼風堂，劉桃枝自後撲之，不仆。顧曰：「桃枝常為如此事。我不負國家。」桃枝與三力士以弓弦罥㊱其頸，拉而殺之，血流於地，剗㊲之，迹終不滅。於是下詔稱其謀[3]反，并殺其子開府儀同三司㊳世雄、儀同三司恆伽。

祖珽使二千石郎㊴邢祖信簿錄㊵光家。珽於都省㊶問所得物，祖信曰：「得弓十五，宴射[42]箭百，刀七，賜矟[43]二。」珽厲聲[44]曰：「更得何物？」曰：「得束杖[45]二十束，擬奴僕與人鬭者，不問曲直，即杖之一百。」珽大慚，乃下聲[46]曰：「朝廷已加重刑，郎中[47]何宜為雪？」及出，人尤[48]其抗直，祖信慨然曰：「賢宰相尚死，我何惜餘生？」

齊主遣使就州斬斛律武都，又遣中領軍賀拔伏恩乘驛捕斛律羨，仍以洛州行臺僕射中山獨孤永業[49]代羨，與大將軍鮮于桃枝發定州[50]騎卒續進。伏恩等至幽州，門者白：「使人衷甲[51]，馬有汗，宜閉城門。」羨曰：「敕使[52]豈可疑拒？」出見之。伏恩執而殺之。初，羨常以盛滿為懼，表解所職，不許。臨刑，歎曰：「富貴如此，女為皇后，公主滿家，常使三百兵[53]，何得不敗？」及其五子伏護、世達、世遷、世辨、世酉皆死。

周主聞光死，為之大赦[54]。

祖珽與侍中高元海共執齊政。元海妻，陸令萱之甥也，元海數以令萱密語告珽。珽求為領軍[55]，齊主許之，元海密言於帝曰：「孝徵[56]漢人，兩目又盲，豈可為領軍？」因言珽與廣寧王孝珩交結[57]，由是中止。珽求見，自辨，且言：「臣與元海素嫌，必元海譖臣。」帝弱顏[58]，不能諱，以實告之，珽因言元海與司農卿尹子華等結為朋黨59。又以元海所泄密語告令萱，令萱怒，出元海為鄭州60刺史。子華等皆被黜。

珽自是專主機衡61，總知騎兵、外兵62事，內外親戚，皆得顯位。帝常令中要人63扶侍出入，直至永巷，每同御榻論決政事，委任之重，羣臣莫比。

【章旨】以上為第二段，寫北齊奸佞祖珽得勢，權傾中外，讒害忠良，國主高緯殺死功臣斛律光滿門，自毀長城。

【注釋】❶癸卯　五月二日。❷乞索　求取。❸趙令　指趙彥深，時為中書令，以其官稱之。❹盲人　祖珽雙目失明，故詆稱盲人。❺吾輩　我們。❻內省　北齊稱門下省為內省。❼相王　時斛律光為左丞相，又封咸陽王，故以相王稱之。❽庶女　庶出之女。❾擬寇敵　準備抵禦敵人。❿闕　損傷。⓫羨　指斛律羨（？—西元五七二年），北齊人，官至幽州刺史、行臺尚書令。傳附《北齊書》卷十七〈斛律金傳〉、《北史》卷五十四〈斛律金傳〉。⓬鄣候　障蔽。鄣，障的本字。候，土堡。邊境用以伺望偵察。⓭武都　即斛律武都（？—西元五七二年），斛律光長子，官至開府儀同三司。傳附《北齊書》卷十七〈斛律金傳〉、《北史》卷五十四〈斛律金傳〉。⓮梁　州名，治所浚義縣，在今河南開封西北。⓯饋餉　贈送。⓰朝廷會議　朝廷百官會集議事。⓱口占　口授。⓲省實　語省事實。⓳介冑　盔甲。⓴撾　擊打。㉑結髮　古代男子自成童開始束髮，因謂童年或年輕時為結髮。㉒敗北　失敗；敗逃。㉓憚　畏懼。㉔勳州　高歡與宇文泰相爭，泰使韋孝寬守玉壁（在今山西稷山縣西南），高歡力攻不克，返回後死去。泰於此立勳州，以旌其功。㉕槲木　樹木名，意指斛律光。㉖饒舌　多嘴多舌。㉗明月　斛律光字明月。㉘豐樂　斛律羨字豐樂。㉙寢　本意為睡，引申為停息、擱置。㉚何洪珍　仕北齊，受恩幸，封王。傳見《北齊書》卷五十〈恩幸傳〉、《北史》卷九十二〈恩幸傳〉。㉛啓　書函。㉜帝城　指北齊國都鄴城（在今河北臨漳西南）。㉝不軌　越出常軌，謂謀反。㉞奴僮　奴僕。㉟戊辰　六月辛未朔，無戊辰。按，《北齊書》卷八〈後主紀〉：「武平三年，七月，戊辰，誅左丞相、咸陽王斛律光」，《北史》卷八〈後主紀〉同。《通鑑》作六月，誤。㊱罥　掛；纏繞。㊲剗　削。㊳開

府儀同三司　北齊制，開府儀同三司從一品，下句儀同三司第二品。㊴二千石郎　官名，掌畿外得失等事。㊵簿錄　指沒收斛律光家財，登記造冊。㊶都省　即尚書都省。《隋書》卷二十六〈百官志〉上載：北齊制，錄、令、僕射總理六尚書事，謂之都省。㊷宴射　聚宴習射。古代射禮之一。㊸矟　同「槊」。矛之類的兵器。㊹厲聲　聲色嚴厲。㊺棗杖　棗木杖。棗木堅而細密，可以做杖。㊻下聲　低聲。㊼郎中　指兩千石郎邢祖信。㊽尤　責怪。㊾獨孤永業　（？—西元五八〇年）本姓劉。仕北齊，官至洛州道行臺僕射、洛州刺史，封臨川王。傳見《北齊書》卷四十一、《北史》卷五十三。㊿定州　州名，治所安喜縣，在今河北定州。(51)衷甲　衣服裡穿有鎧甲。(52)敕使　奉敕使者。至唐率稱宦者。(53)使三百兵　指准許其私人役使三百名兵士。(54)大赦　周主慶幸斛律光父子之死，故大赦天下。(55)領軍　官名，主管禁衛軍，設有領軍府。(56)孝徵　祖珽字孝徵。(57)交結　互相勾結。(58)弱顏　臉皮薄，見人則羞怯。(59)朋黨　為私利而勾結同類、排除異己的宗派集團。(60)鄭州　州名，治所潁陰縣，在今河南許昌。(61)機衡　比喻政權的樞要機關。一般特指機密事務與銓選。(62)外兵　北齊制：尚書郎有中兵、外兵，各分左、右。左外兵掌河南及潼關以東諸州，右外兵掌河北及潼關以西諸州丁帳及發召徵兵等事。(63)中要人　指宦官中的親要者。

【校　記】[1]邊境消息　原無此四字。據章鈺校，十二行本、乙十一行本、孔天胤本皆有此四字，張敦仁《通鑑刊本識誤》同，今據補。按，《北齊書・祖珽傳》、《北史・祖瑩傳附祖珽傳》皆有此四字。[2]奴僮　原作「僮奴」。據章鈺校，十二行本、乙十一行本、孔天胤本二字皆互乙，今據改。按，《北齊書・斛律金傳附斛律光傳》、《北史・斛律金傳附斛律光傳》皆作「奴僮」。[3]謀　原作「欲」。據章鈺校，十二行本、乙十一行本、孔天胤本皆作「謀」，今據改。

【語　譯】五月初二日癸卯，陳朝尚書右僕射王勱去世。

北齊尚書右僕射祖珽，權勢壓倒朝廷內外所有的人，左丞相咸陽王斛律光十分厭惡他，遠遠看見，就罵他說：「使得朝廷多事，貪得無厭的小人，又在玩弄什麼計謀！」又曾經對各位將領說：「邊境的消息，軍事兵馬調動安排，中書令趙彥深常會與我們討論，自從瞎子執掌機密以後，全都不告訴我們，只怕這樣會誤了朝廷的大事罷了。」斛律光曾經在朝堂上垂下簾子坐在簾後，祖珽不知道他在，乘馬從他前面經過，斛律光大怒說：「這小人竟敢這樣！」後來祖珽在門下省，說話聲音高，顯得很傲慢，斛律光恰好路過，聽見了，又大怒。祖珽也察覺了，私下賄賂斛律光的隨從奴僕，詢問情況，奴僕說：「自從您當權，丞相王爺每天夜裡抱膝長歎，說：『瞎子進來了，朝廷一定要完了。』」

穆提婆請求娶斛律光小妾生的女兒，斛律光沒有許可。北齊國主高緯把晉陽田地賜給穆提婆，斛律光在朝堂上說：「這些田地，從神武帝高歡以來一直在種莊稼，用以養馬數千匹，準備抵禦入侵的敵人。如今賜給穆提婆，恐怕要損傷軍務吧？」因此祖珽、穆提婆都怨恨斛律光。

斛律皇后失去了寵愛，祖珽乘機離間北齊國主與斛律光的關係。斛律光的弟弟斛律羨，任都督、幽州刺史、行臺尚書令，也善於治軍，戰士精良，馬匹強壯，邊塞警戒防禦的亭障土堡完善嚴整，突厥人怕他，稱他為「南可汗」。斛律光長子斛律武都，任職開府儀同三司、梁州、兗州兩州刺史。

斛律光雖然地位之尊貴在朝臣中無人可及，但生性節儉，不喜好聲色，也很少結交賓客，拒絕別人的饋贈，不貪圖權勢。每次朝廷會集百官議事，斛律光常常自己最後發言，說的話往往合理。有時有表疏上奏，令人執筆，他口授，務必簡潔實在。用兵做效父親斛律金的做法，將士的營舍沒有安定，他始終不入帳幕。有時一整天不坐下來，盔甲不離身，經常衝殺在士兵的前面。士兵犯了罪，只用大木棒打他後背，從來不胡亂殺人，士兵們都爭相替他拼命作戰。斛律光自結髮的年齡從軍，從沒有打過敗仗，深深地讓鄰國敵人感到害怕。北周勳州刺史韋孝寬祕密編造歌謠說：「百升飛上天，明月照長安。」又說：「高山不推自崩，槲木不扶自舉。」派間諜到鄴城散布，鄴城中的小孩子們都在路上傳唱。祖珽又接續了一段，說：「盲老公背受大斧，饒舌老母不得語。」讓他妻子的哥哥鄭道蓋把歌謠的事上奏北齊國主高緯。高緯詢問祖珽，祖珽與陸令萱都說：「確實聽到了，有這些歌謠。」祖珽乘機解釋這些歌謠說：「百升，就是斛字。盲老公，說的是臣，與國家同憂。饒舌老母，好像是說女侍中陸氏。況且斛律氏接連幾代擔任大將，斛律明月聲震關西，斛律豐樂威震突厥，女兒為皇后，兒子娶公主，這些歌謠所說的還是十分令人畏懼的。」高緯又去問韓長鸞，韓長鸞認為不必追究，這事就擱了下來。

祖珽又朝見皇上高緯，請求單獨說話，只有何洪珍在旁邊。皇上說：「先前收到你的奏啟，就想去施行，但韓長鸞認為沒有這個道理。」祖珽還沒有回答，何洪珍上前說：「如果本來沒有處置的意思也就算了，既然有了這個意思，而不去果斷施行，萬一洩露了，怎麼辦？」皇上說：「何洪珍的話說得很有道理。」但還是沒有下定決心。適逢丞相府佐封士讓送來密奏，說：「斛律光先前西征回來，皇上敕令散兵，斛律光卻領兵逼近京城，圖謀不軌，只是事情沒有辦成而終止了。斛律光家裡藏著弓弩鎧甲，奴僕上千，常常派人到斛律豐樂、斛律武都那裡，醞釀陰謀，進行聯絡，如果不及早設法對付，恐怕事情難以預測。」皇上於是相信斛律光要造反，對何洪珍說：「人心真是非常靈驗，我先前懷疑斛律光要謀反，果然是這樣。」皇上生性怯懦，擔心立即會有事變，派何洪珍馳馬召來祖珽，告訴他說：「我要召見斛律光，擔心他不聽從命令。」祖珽請求說：「派使者賜給斛律光一匹駿馬，告訴他說：『明天皇上要遊東山，相王就乘這匹駿馬陪同前往。』斛律光一定會入朝謝恩，乘此機會把他抓起來。」皇上高緯按照他的話去做了。

六月戊辰日，斛律光入宮，走到涼風堂，劉桃枝從背後撲上去，斛律光沒有跌倒，回頭說：「劉桃枝你經常幹這種事。我沒有辜負皇上。」劉桃枝和三個力士用弓弦纏住斛律光的脖子，把他勒死了，血流滿地，削掉了這層地皮，血跡卻始終留在地上。於是頒下詔書說斛律光謀反，並殺掉他的兒子開府儀同三司斛律世雄、儀同三司斛律恆伽。

祖珽派二千石郎邢祖信查抄斛律光的家產登記造冊。祖珽在尚書省問查抄所得的東西，邢祖信說：「得到弓十五張，聚宴習射的箭一百支，刀七把，皇上所賜長矛兩根。」祖珽又聲音嚴厲地問道：「還得到了什麼東西？」回答說：「還得到棗木杖二十束，準備如果出現奴僕與人鬥毆的情況，不問是非曲直，用棗木杖責打奴僕一百下。」祖珽非常慚愧，便低聲說：「朝廷已經對斛律光處了重刑，邢郎中你又何必替他申雪呢？」等到邢祖信從尚書省出來，有人責備他太剛直，邢祖信感慨地說：「賢宰相尚且被處死，我為什麼還要愛惜餘生？」

北齊國主高緯派使者到州裡就地殺了斛律武都，又派中領軍賀拔伏恩乘驛車前去抓捕斛律羨，並任命洛州行臺僕射中山人獨孤永業去代替斛律羨，與大將軍鮮于桃枝調發定州騎兵緊隨賀拔伏恩進發。賀拔伏恩等到達幽州，守門人向斛律羨報告說：「使者在衣服裡穿有鎧甲，驛馬全身有汗，應當關閉城門。」斛律羨說：「奉敕而來的使者怎麼可以猜疑拒絕？」便出城見使者。賀拔伏恩抓住斛律羨把他殺了。當初，斛律羨常常因為一門貴盛已極而憂慮，上表請求解除所擔任的職務，沒被批准。臨刑時他長歎說：「富貴到如此程度，女兒為皇后，公主娶進家，日常使用三百名士兵，怎麼能不敗亡？」他的五個兒子斛律伏護、斛律世達、斛律世遷、斛律世辨、斛律世酋全被處死。

北周國主宇文邕聽到斛律光死了，為此特地實行大赦。

祖珽與侍中高元海共同執掌北齊政務。高元海的妻子，是陸令萱的外甥女，高元海多次把陸令萱祕密說的話告訴祖珽。祖珽請求當領軍，北齊國主高緯答應了，高元海暗中對皇上高緯說：「祖孝徵是漢人，兩目失明，怎麼可以做領軍？」同時還說了祖珽與廣寧王高孝珩勾結的事，因此對祖珽新的任命被中止了。祖珽請求參見皇上，自我辯解，並且說：「臣與高元海平素就有嫌隙，一定是高元海在中傷我。」皇上高緯臉皮薄，無法隱瞞，就把實際情況告訴了祖珽，祖珽於是說了高元海與司農卿尹子華等結為朋黨的事，又把高元海所洩露的陸令萱祕密說的話告訴了陸令萱，陸令萱大怒，便外放高元海為鄭州刺史，尹子華等人也被罷了官。

祖珽從此獨掌朝廷樞要機密，統領騎兵、外兵軍務，他的內親外親都獲得顯要職位。皇上高緯經常讓親信宦官攙扶侍候祖珽出入皇宮，直到永巷，還時常與祖珽同坐在御床上討論決定朝政。對祖珽信任之深，群臣無人能比。

秋，七月，遣使如周。

八月庚午❶，齊廢皇后斛律氏為庶人❷。以任城王湝為右丞相，馮翊王潤為太尉，蘭陵王長恭為大司馬，廣寧王孝珩為大將軍，安德王延宗為大司徒。

齊使領軍封輔相❸聘于周。

辛未❹，周使司城中大夫杜杲來聘。上謂之曰：「若欲合從❺圖齊，宜以樊、鄧❻見與。」對曰：「合從圖齊，豈弊邑❼之利？必須城鎮，宜待得之於齊，先索漢南❽，使臣不敢聞命。」

初，齊胡太后自愧失德，欲求悅❾於齊主，乃飾其兄長仁之女置宮中，令帝見之，帝果悅，納為昭儀❿。及斛律后廢，陸令萱欲立穆夫人⓫，太后欲立胡昭儀，力不能遂，乃卑辭厚禮以求令萱，結為姊妹。令萱亦以胡昭儀寵幸方隆，不得已，與祖珽白帝立之。戊子⓬，立皇后胡氏。

己丑⓭，齊以北平王仁堅⓮為尚書令，特進許季良為左僕射，彭城王寶德⓯為右僕射。

癸巳⓰，齊主如晉陽。

九月庚子朔⓱，日有食之。○辛亥⓲，大赦。

冬，十月庚午⓳，周詔：「江陵所虜充官口⓴者，悉免為民。」

辛未㉑，周遣小匠師楊勰等來聘。○周綏德公陸通㉒卒。○乙酉㉓，上享太廟㉔。

齊陸令萱欲立穆昭儀為皇后，每[1]私謂齊主曰：「豈有男為皇太子而身為婢妾者乎[2]？」胡后有寵於帝，不可離間，令萱乃使人行厭蠱之術㉕，旬朔㉖之間，胡后精神恍惚㉗，言笑無恒㉘，帝漸畏而惡之。令萱一日忽以皇后服御衣被㉙穆[3]昭儀，又別造寶帳㉚，爰㉛及枕席器玩，莫非珍奇。坐昭儀於帳中，謂帝曰：「有一聖女㉜出，將大家㉝看之。」及見昭儀，令萱乃曰：「如此人不作皇后，遣何物人作？」帝納其言。

甲午㉞，立穆氏為右皇后㉟，以胡氏為左皇后。

十一月庚戌㊱，周主行如羌橋㊲，集長安以東諸軍都督以上，頒賜有差。乙卯㊳，還宮。以趙公招㊴為大司馬。壬申㊵，周主如斜谷，集長安已西諸軍[4]都督已上，頒賜有差。丙戌㊶，還宮。

庚寅㊷，周主遊道會苑，以上善殿壯麗，焚之。

十二月辛巳㊸，周主祀南郊。

齊胡后之立，非陸令萱意，令萱一日於太后前作色㊹而言曰：「何物㊺親姪？作如此語！」太后問其故，令萱曰：「不可道。」固問之，乃曰：「語大家云：『太后行多非法，不可以訓。』」太后大怒，呼后出，立剃其髮，送還家。辛丑㊻，廢胡后為庶人。然齊主猶思之，每㊼致物以通意。

自是令萱與其子侍中穆提婆勢傾內外，賣官鬻獄，聚斂㊽無厭。每一賜與，動傾府藏㊾。令萱則自太后以下，皆受其指麾㊿。提婆則唐邕之徒，皆重足(51)屏氣(52)。殺生(53)予奪，唯意所欲。

乙巳(54)，周以柱國田弘(55)為大司空。○乙卯(56)，周主享太廟。

是歲，突厥木杆可汗卒，復捨其子大邏便而立其弟，是為佗鉢可汗(57)。佗鉢以攝圖(58)為爾伏可汗，統其東面；又以其弟褥但可汗之子為步離可汗，居西面。周人與之和親，歲給繒(59)絮錦綵(60)十萬段。突厥在長安者，衣錦食肉，常以千數。齊人亦畏其為寇，爭厚賂之。佗鉢益驕，謂其下曰：「但使我在南兩兒(61)常孝，何憂於貧？」

阿史那后(62)無寵於周主，神武公竇毅(63)尚襄陽公主，生女尚幼，密言於帝曰：「今齊、陳鼎峙(64)，突厥方彊，願舅抑情慰撫，以生民(65)為念！」帝深納之。

【章　旨】以上為第三段，寫北周武帝宇文邕，對內循撫軍人，對外聯絡陳國和突厥，志在吞齊；而北齊國主高緯仍內惑於女寵，荒怠政事。

【注　釋】❶庚午　八月初一日。❷庶人　指無官爵的平民百姓。❸封輔相　歷仕北齊、北周，官至朔州總管。傳附《北齊書》卷十九〈張保洛傳〉、《北史》卷五十三〈張保洛傳〉。❹辛未　八月初二日。❺合從　指北周與陳朝南北聯合攻齊。❻樊鄧　皆地名。樊指樊城，在今湖北襄樊。鄧指鄧城，在今湖北襄樊西北。❼弊邑　指北周，杜杲謙稱。❽漢南　泛指今漢水以南地區。樊、鄧二地大致在漢水以南。❾求悅　取得歡心。❿昭儀　宮中女官名，地位僅次於皇后。⓫穆夫人　名邪利，北齊後主先立為夫人，後立為皇后。傳見《北齊書》卷九、《北史》卷十四。⓬戊子　八月十九日。⓭己丑　八月二十日。⓮北平王仁堅　即北平王高貞，字仁堅，武成帝第七子，官至尚書令、錄尚書事，封北平王。傳見《北齊書》卷十二、《北史》卷五十二下。⓯彭城王寶德　北齊彭城景思王高浟之子，嗣爵。官至尚書左僕射。傳附《北史》卷五十一〈彭城王浟傳〉。⓰癸巳　八月二十四日。⓱庚子朔　九月初一日。⓲辛亥　九月十二日。⓳庚午　十月初二日。⓴官口　奴婢。㉑辛未　十月初三日。㉒陸通　（？—西元五七二年）歷仕北魏、北周，官至大司寇，封綏德郡公。傳見《周書》卷三十二、《北史》卷六十九。㉓乙酉　十月十七日。㉔享太廟　《隋書》卷七〈禮儀志〉二載：陳立七廟，每年五祀，謂春、夏、秋、冬、臘。每祭，供以一太牢，始祖以三牲首，餘唯骨體而已。㉕厭蠱之術　古代用咒詛等邪術加害他人的方法。㉖旬朔　十天或一月。㉗恍惚　神志不清。㉘無恆　無常。㉙被　同「披」。㉚寶帳　華美的帳子。㉛爰　語首助詞，無實義。㉜聖女　聖德的女子。㉝大家　宮中近臣或后妃對皇帝的稱呼。㉞甲午　十月二十六日。㉟右皇后　北齊後主同時立皇后二人，分為左、右。㊱庚戌　十一月十二日。㊲羌橋　地名，在今陝西西安西北漢長安城東。以村氏、姚氏諸羌而得名。㊳乙卯　十一月十七日。㊴趙公招　即宇文招（？—西元五八〇年），宇文泰之子，官至太師。封趙國公，後進爵為王。事見《周書》卷十三、《北史》卷五十八。㊵壬申　十一月己亥朔，無壬申。按，《周書》卷五〈武帝紀〉上，「壬申」在十二月，《北史》同。《通鑑》誤將十二月事記入十一月。壬申，十二月四日。「壬申」前應補「十二月」三字。㊶丙戌　十二月十八日。㊷庚寅　十二月二十二日。㊸十二月辛巳　《周書》卷五〈武帝紀〉作「正月辛丑，祀南郊」，《北史》同。「辛巳」應作「辛丑」。辛丑，陳曆閏十二月四日。「十二月」前應加「閏」字。陳朝閏十二月，恰為周一月，二者相符。㊹作色　改變臉色，指生氣。㊺何物　什麼東西。㊻辛丑　十二月己巳朔，無辛丑。按，《北齊書》卷八〈後主紀〉作「十二月辛丑」，《北史》同。此辛丑亦為閏十二月四日。㊼每　常常。㊽聚斂　搜刮財物。㊾府藏　官府儲存貨物之所。㊿指麾　指揮。麾，旌旗之類，作指揮用。(51)重足　迭足而立，甚為懼怕，不敢稍有移動。(52)屏氣　抑制呼吸，不敢出聲，形容恭謹畏懼的神態。(53)殺生　或殺或生。(54)乙巳　閏十二月八日。(55)田弘　（？—西元五七四年）歷仕西魏、北周，官至大司空。傳見《周書》卷二十七、《北史》卷六十五。(56)乙卯　閏十二月十八日。(57)佗鉢可汗　或作他鉢可汗。突厥人，木杆可汗弟，西元五七二年繼木杆可汗立為突厥可汗。事見《周書》

卷五十〈突厥傳〉、《隋書》卷八十四〈突厥傳〉、《北史》卷九十九〈突厥傳〉。58 攝圖　突厥乙息記可汗之子，佗鉢立為爾伏可汗。又號沙鉢略。事見《隋書》卷八十四〈突厥傳〉、《北史》卷九十九〈突厥傳〉。59 繒　絲織物的總稱，古謂之帛。60 綵　彩色絲織物。61 在南兩兒　戲指周、齊二主。62 阿史那后　來自突厥，周武帝皇后。63 竇毅　（西元五一九—五八二年）字天武，歷仕西魏、北周與隋，官至大司馬，封神武郡公。傳見《周書》卷三十、《北史》卷六十一。64 鼎峙　時北齊、周與陳三國鼎足而立。65 生民　人民。

【校記】[1]每　原無此字。據章鈺校，十二行本、乙十一行本、孔天胤本皆有此字，今據補。按，《北史・恩倖・穆提婆傳附陸令萱傳》、《通鑑紀事本末》卷二五皆有此字。[2]乎　原無此字。據章鈺校，十二行本、乙十一行本、孔天胤本皆有此字，今據補。[3]穆　原無此字。據章鈺校，十二行本、乙十一行本、孔天胤本皆有此字，張敦仁《通鑑刊本識誤》同，今據補。按，《北史・恩倖・穆提婆傳附陸令萱傳》、《通鑑紀事本末》卷二五皆有此字。[4]諸軍　原無此二字。據章鈺校，十二行本、乙十一行本、孔天胤本皆有此二字，今據補。按，《周書・武帝紀上》、《北史・高祖武帝紀》皆有此二字。

【語譯】秋，七月，陳宣帝派使臣前往北周。

八月初一日庚午，北齊廢斛律皇后為庶人。任命任城王高湝為右丞相，馮翊王高潤為太尉，蘭陵王高長恭為大司馬，廣寧王高孝珩為大將軍，安德王高延宗為大司徒。

北齊派領軍封輔相到北周通問修好。

八月初二日辛未，北周派司城中大夫杜杲到陳朝來通問修好。陳宣帝對他說：「如果要聯合攻打齊國，應當把樊城、鄧縣讓給陳朝。」杜杲回答說：「聯合攻打齊國，難道只是對我國有利？如果一定要有城鎮的回報，那也應當等從齊國手裡奪得之後，事先就索要漢南地區，我作為使臣可不敢領受這個要求。」

當初，北齊胡太后因為自己不守貞節而感到羞愧，想求得北齊國主高緯的歡心，就把自己哥哥胡長仁的女兒妝飾一番後安置在宮中，讓高緯看見，高緯果然很喜歡，納入後宮成為昭儀。等到斛律皇后被廢，陸令萱想立穆夫人為皇后，胡太后想立胡昭儀為皇后，但力不從心，於是就言辭謙恭地去求陸令萱，送上厚禮，願結為姐妹。陸令萱也因為胡昭儀受皇上寵幸正隆，不得已而與祖珽一同向皇上高緯建議立胡昭儀為皇后。

八月十九日戊子，正式冊立胡昭儀為皇后。

八月二十日己丑，北齊任命北平王高仁堅為尚書令，特進許季良為左僕射，彭城王高寶德為右僕射。

八月二十四日癸巳，北齊國主前往晉陽。

九月初一日庚子，發生日蝕。〇十二日辛亥，陳朝大赦天下。

冬，十月初二日庚午，北周下詔：「先前攻陷江陵被俘虜而發配為官奴婢的，全部釋放為平民。」

十月初三日辛未，北周派小匠師楊勰等到陳朝來通問修好。〇北周綏德公陸通去世。〇十七日乙酉，陳宣帝到太廟祭祀祖先。

北齊陸令萱想立穆昭儀為皇后，常私下對北齊國主高緯說：「哪有兒子當了皇太子而母親自己還是婢妾的道理？」胡皇后受到高緯寵愛，無法離間，陸令萱就派人施行咒人的巫術，不過十來天個把月的時間，胡皇后精神恍惚，言笑無常，皇上高緯逐漸害怕而對她厭惡起來。有一天陸令萱突然用胡皇后的衣飾披在穆昭儀身上，又另外置辦了華麗的帳子，以及一整套床上用品和供賞玩的器物，都是珍奇之品。陸令萱讓穆昭儀坐在寶帳中，對皇上高緯說：「有一位有聖德的女子出現，請陛下去看一看。」等到高緯見到了穆昭儀，陸令萱說：「這樣的人不做皇后，還讓什麼人做皇后呢？」皇上接受了陸令萱的話。

十月二十六日甲午，北齊冊立穆昭儀為右皇后，讓胡昭儀做左皇后。

十一月十二日庚戌，北周國主宇文邕前往羌橋，召集長安以東各軍都督以上官員，按等級給予不同賞賜。十七日乙卯，回到長安宮中。任命趙國公宇文招為大司馬。壬申日，北周國主宇文邕前往斜谷，召集長安以西各軍都督以上官員，按等級給予不同賞賜。十二月十八日丙戌，回到長安宮中。

十二月二十二日庚寅，北周國主宇文邕到道會苑遊玩，看到上善殿過於壯麗，下令燒毀。

十二月辛巳日，北周國主宇文邕在南郊祭天。

北齊冊立胡皇后，不是陸令萱的本意，陸令萱有一天在胡太后面前顯出一副生氣的臉色說：「這個親姪女是什麼樣的人？竟說出這種話來！」胡太后問其中的緣故，陸令萱說：「不能說。」胡太后一再問，陸令萱才說：「胡皇后對皇上說：『太后行為大多不規矩，不足為訓。』」胡太后大怒，把胡皇后叫出來，立即剃了她的頭髮，送她回家。辛丑日，廢胡皇后為庶人。但是北齊國主高緯依然思念她，常常送東西給她以表達心意。

從此，陸令萱和她的兒子侍中穆提婆權勢壓倒朝廷內外，他們收受財物賣官枉法，聚斂沒有滿足的時候。皇上每次對他們賞賜，差不多要搬空府庫。陸令萱在宮內，胡太后以下的人，都得接受她的指使安排。穆提婆在朝堂上，連尚書令唐邕這類人都心生畏懼，不敢出大氣。生殺予奪，全憑他們母子的心意。

閏十二月初八日乙巳，北周任命柱國田弘為大司空。〇十八日乙卯，北周國主宇文邕到太廟祭祀祖先。

這一年，突厥木杆可汗去世，不立他的兒子大邏便而立他的弟弟，這就是佗鉢可汗。佗鉢任命攝圖為爾伏可汗，統領東部突厥；又任命他的弟弟褥但可汗的兒子為步離可汗，統領西部突厥。北周與佗鉢可汗和親，每年送給十萬段絲綢錦緞。住在長安的突厥人，穿著錦繡衣裳，吃著粱肉，經常有上千人。北齊也害怕突厥侵犯，爭著送厚禮給突厥。佗鉢可汗更加驕橫，對他的臣下說：「只要讓我在南邊的兩個兒子經常孝順我，哪裡還用擔心貧困呢？」

阿史那皇后得不到北周國主宇文邕的寵愛，神武公竇毅娶襄陽公主為妻，生了一個女兒還幼小，這個小女兒偷偷地對周武帝說：「如今齊、陳兩國和我國三足鼎立對峙，突厥勢力正強，希望舅舅抑制個人感情，對阿史那舅媽多加撫慰，以國家百姓為念！」周武帝認為她的話說得很對，應該接受。

五年（癸巳　西元五七三年）

春，正月癸酉❶，以吏部尚書沈君理❷為右僕射。

戊寅❸，齊以并省尚書令高阿那肱❹錄尚書事，總知外兵及內省機密，與侍中城陽王穆提婆、領軍大將軍昌黎王韓長鸞共處衡軸❺，號曰「三貴」，蠹國❻害民，日月滋甚❼。

長鸞弟萬歲，子寶行、寶信，並開府儀同三司，萬歲仍兼侍中，寶行、寶信皆尚公主。每羣臣旦參❽，帝常先引長鸞顧訪❾，出後，方引奏事官❿。若不視事，內省有急事[1]，皆附長鸞奏聞，軍國要密，無不經手。尤疾士人，朝夕宴私，唯事譖訴⓫。常帶刀走馬，未嘗安行，瞋目⓬張拳，有啗人之勢。朝士咨事⓭，莫敢仰視，動致呵叱。每罵云：「漢狗⓮大不可耐⓯，唯須殺之！」

庚辰⓰，齊遣崔象來聘。

辛巳⓱，上祀[2]南郊。甲午⓲，享太廟。二月辛丑⓳，祀明堂⓴。

乙巳㉑，齊立右皇后穆氏為皇后。穆后母名輕霄，本穆氏之婢也，面[3]有黥字㉒。后既以陸令萱為母，穆提婆為外家㉓，號令萱曰「太姬」。太姬者，齊皇后母號也，視一品，班在長公主上㉔。由是不復問輕霄。輕霄自療面，欲求見后，太姬使禁掌之，竟不得見。

齊主頗好文學。丙午㉕，祖珽奏置文林館㉖，多引文學之士以充之，謂之待詔㉗。以中書侍郎博陵李德林㉘、黃門侍郎琅邪顏之推㉙同判館事，又命共撰修文殿御覽㉚。

甲寅㉛，周太子贇巡省西土。○乙卯㉜，齊以北平王堅㉝錄尚書事。丁巳㉞，齊主如晉陽。○壬戌㉟，周遣司會㊱侯莫陳凱㊲等聘於齊。○庚辰㊳，齊主還鄴。

三月己卯㊴，周太子於岐州㊵獲二白鹿以獻，周主詔曰：「在德不在瑞。」

帝謀伐齊，公卿各有異同，唯鎮前將軍㊶吳明徹決策請行。帝謂公卿曰：「朕意已決，卿可共舉元帥。」眾議以中權將軍㊷淳于量位重㊸，共署推之。尚書左僕射徐陵獨曰：「吳明徹家在淮左㊹，悉彼風俗，將略人才，當今亦無過者。」都官尚書㊺河東裴忌㊻曰：「臣同徐僕射。」陵應聲曰：「非但明徹良將，裴忌即良副也。」壬午㊼，分命眾軍，以明徹都督征討諸軍事，忌監軍事，統眾十萬伐齊。明徹出秦郡㊽，都督黃法𣰰出歷陽㊾。

夏，四月己亥㊿，周主享太廟。

癸卯(51)，前巴州(52)刺史魯廣達(53)與齊師戰于大峴(54)，破之。

戊申(55)，齊以蘭陵王長恭為太保，南陽王綽為大司馬，安德王延宗為太尉，武興王普為司徒，開府儀同三司宜陽王趙彥深為司空。

齊人於秦郡置秦州，州前江浦通涂水(56)，齊人以大木為柵於水中。辛亥(57)，吳明徹遣豫章(58)內史程文季(59)將驍勇拔其柵，克之。文季，靈洗之子也。

齊人議禦陳師，開府儀同三司王紘(60)曰：「官軍比屢失利，人情騷動。若復出頓江、淮，恐北狄(61)、西寇(62)，乘弊而來，則世事去矣[4]。莫若薄賦省徭，息民養士，使朝廷協[5]睦，遐邇(63)歸心。天下皆當肅清(64)，豈直陳氏而已？」不從。遣軍救歷陽，庚申(65)，黃法氍擊破之。又遣開府儀同三司尉破胡、長孫洪略救秦州。

趙彥深私問計於祕書監(66)源文宗(67)曰：「吳賊(68)侏張(69)，遂至於此。弟往為秦、涇(70)刺史，悉江、淮間情事，今何術以禦之？」文宗曰：「朝廷精兵，必不肯多付諸將，數千已下，適足為吳人之餌。尉破胡人品，王(71)之所知，敗績(72)之事，匪朝伊夕(73)。國家待遇淮南(74)，失之同於蒿箭(75)。如文宗計者，不過專委王琳，招募淮南三四萬人，風俗相通，能得死力。兼令舊將將兵屯於淮北(76)，足以固守[6]。且琳之於頊(77)，必不肯北面事之，明矣。竊謂(78)此計之上者。若不推赤心(79)於琳，更遣餘人掣肘(80)，復成速禍，彌(81)不可為。」彥深歎曰：「弟此策誠足制勝千里，但口舌爭之十日，已不見從(82)。時事至此，安可盡言？」因相顧流涕。文宗名彪，以字行，子恭之子也。

文宗子師(83)為左外兵郎中(84)，攝祠部(85)，嘗白高阿那肱：「龍見當雩(86)。」阿那肱驚曰：「何處龍見？其色如何？」師曰：「龍星[87]初見，禮當雩祭，非真龍也。」阿那肱怒曰：「漢兒多事，強知星宿[88]！」遂不祭。師出，竊歎曰：「禮既廢矣，齊能久乎？」

齊師選長大有膂力者為前隊，號[7]蒼頭、犀角、大力[89]，其鋒甚銳。又有西域胡，善射，弦無虛發[90]，眾軍尤憚之。辛酉[91]，戰于呂梁[92]。將戰，吳明徹謂巴山太守蕭摩訶曰：「若殪[93]此胡，則彼軍奪氣[94]，君才不減關羽矣。」摩訶曰：「願示其狀，當為公取之。」明徹乃召降人有識胡者，使指示之，自酌酒以飲摩訶。摩訶飲畢，馳馬衝齊軍。胡挺身出陳[95]前十餘步，彀弓未發[96]，摩訶遙擲銑鋧[97]，正中其額，應手而仆。齊軍大力十餘人出戰，摩訶又斬之。於是齊軍大敗，尉破胡走，長孫洪略戰死。

破胡之出師也，齊人使侍中王琳與之俱[98]。琳謂破胡曰：「吳兵甚銳，宜以長策[99]制之，慎勿輕鬬！」破胡不從而敗。琳單騎僅免，還，至彭城[100]，齊人即使之赴壽陽[101]召募以拒陳師，復以盧潛[102]為揚州道[103]行臺尚書。

甲子[104]，南譙[105]太守徐槾克石梁城。五月己巳[106]，瓦梁城[107]降。癸酉[108]，陽平郡[109]降。甲戌[110]，徐槾克廬江城[111]。歷陽窘蹙[112]乞降，黃法氍緩之，則又拒守。法軞怒，帥卒急攻，丙子(113)，克之，盡殺戍卒。進軍合肥(114)，合肥望旗請降，法軞禁侵掠，撫勞(115)戍卒，與之盟而縱之。

丁丑(116)，周以柱國侯莫陳瓊(117)為大宗伯，滎陽公司馬消難為大司寇，江陵總管(118)陸騰為大司空。瓊，崇之弟也。

己卯(119)，齊北高唐郡(120)降。辛巳(121)，詔南豫州(122)刺史黃法軞徙鎮歷陽。乙酉(123)，南齊昌太守黃詠克齊昌(124)外城。丙戌(125)，廬陵(126)內史任忠(127)軍于東關(128)，克其東、西二城，進克蘄城(129)。戊子(130)，又克譙郡城(131)。秦州城降。癸巳(132)，瓜步、胡墅(133)二城降。帝以秦郡，吳明徹之鄉里，詔具太牢(134)，令拜祠上冢(135)，文武羽儀(136)甚盛，鄉人榮之。

【章　旨】以上為第四段，寫陳宣帝大舉北伐北齊，初戰告捷。

【注　釋】❶癸酉　正月初六日。❷沈君理　（西元五二五—五七三年）字仲倫，吳興（今浙江湖州）人，仕陳，官至尚書右僕射。傳見《陳書》卷二十三、《南史》卷六十八。❸戊寅　正月十一日。❹高阿那肱　仕北齊，官至并省尚書令、錄尚書事，封淮陰王。齊亡，降北周。傳見《北齊書》卷五十、《北史》卷九十二。❺衡軛　喻國家樞紐要害。衡，車轅前架在牛、馬頸上的橫木。軛，車軛。衡與軛皆為車前行的關鍵。❻蠹國　禍害國家。❼滋甚　日益嚴重。❽參　朝參。❾顧訪　猶垂訪、詢問。❿奏事官　官名，主管向皇上進奏章事宜。⓫譖訴　讒毀攻訐；講別人的壞話。⓬瞋目　怒目。瞋，張大眼睛，發怒的樣子。⓭咨事　商量事情。⓮漢狗　對漢人的賤稱。⓯耐　忍受。⓰庚辰　正月十三日。⓱辛巳　正月十四日。⓲甲午　正月二十七日。⓳辛丑　二月初五日。⓴明堂　古代帝王宣明政教的地方。凡朝會、祭祀、慶賞、養老、教學等大典，均在此舉行。㉑乙巳　二月初九日。㉒面有黥字　輕霄原本是穆子倫婢女，轉入宋欽道家，宋欽道與輕霄通姦而生穆后，宋欽道之婦嫉妒輕霄，就在輕霄的臉上黥了一個「宋」字。㉓外家　陸令萱為穆提婆母，故稱穆提婆為外家。㉔班在長公主上　指太姬陸令萱的品位在長公主之上。班，官位等級。長公主，皇帝的姐姐稱長公主。㉕丙午　二月初十日。㉖文林館　官署名，掌著作及校理典籍，兼訓生徒，置學士。㉗待詔　官名，漢代徵士，待詔金馬門以備顧問，至此，以文林館學士為待詔。㉘李德林　（西元五四〇—五九〇年）字公輔，博陵安平（今河北安平）人，歷仕北齊、北周與隋朝，歷官中書侍郎、懷州刺史等職。有文集五十卷。傳見《隋書》卷四十二、《北史》卷七十二。㉙顏之推　（西元五三一年—？）字介，琅邪臨沂（今山東臨沂北）人，歷仕北齊、北周與隋朝，官至黃門侍郎。有文集三十卷，《家訓》二十篇，並行於世。傳見《梁書》卷五十、《北齊書》卷四十五、《北史》卷八十三。㉚修文殿御覽　書名，因在修文殿所修，故名。已佚。㉛甲寅　二月十八日。㉜乙卯　二月十九日。㉝北平王堅　齊北平王高貞，字仁堅。「堅」字上逸一「仁」字。本書上年八月，齊以北平王仁堅錄尚書事，亦有「仁」字。事見《北齊書》卷十二〈武成十二王傳〉。㉞丁巳　二月二十一日。㉟壬戌　二月二十六日。㊱司會　官名，屬天官（吏部），主選舉。㊲侯莫陳凱　歷仕西魏、北周，官至禮部中大夫。傳附《周書》卷十六〈侯莫陳崇傳〉、《北史》卷六十〈侯莫陳崇傳〉。㊳庚辰　三月十四日。二月丁酉朔，無庚辰。疑庚辰上脫「三月」兩字。㊴己卯　三月十三日。㊵岐州　州名，治所雍縣，在今陝西鳳翔東南義塢堡。㊶鎮前將軍　梁武帝置八鎮將軍，東、西、南、北在外，左、右、前、後在內。陳沿梁制。㊷中權將軍　將軍名號，梁武帝天監六年（西元五〇七年）置，授予在京師任職者，地位顯要，為武職二十四班中的二十三班。㊸淳于量位重　淳于量（西元五一一—五八二年），字思明，世居京師（今江蘇南京），歷仕梁、陳，官至中軍大將軍、侍中，封始安郡公。傳見《陳書》卷十一、《南史》卷六十六。淳于量所任中權將軍班在四征將軍、八鎮將軍之上，所以說淳于量「位重」。㊹淮左　淮南。㊺都官尚書　官名，領都官諸曹，主軍事刑獄。㊻裴忌　（西元五二二—五九四年）字無畏，河東聞喜（今山西聞喜）人，歷仕梁、陳、隋朝，官至譙州刺史。傳見《陳書》卷二十五、《南史》卷五十八。㊼壬午　三月十六日。㊽秦郡　郡名，治所堂邑縣，在今江蘇六合北。㊾歷陽　郡名，治所歷陽縣，在今安徽和縣。㊿己亥　四月初四日。(51)癸卯　四月初八日。(52)巴州　州名，治巴陵縣，在今湖南岳陽。(53)魯廣達　（西元五三一—五八九年）歷仕梁、陳，官至侍中、中領軍，封綏越郡公。傳見《陳書》卷三十一、《南史》卷六十七。(54)大峴　地名，在今安徽和縣北。(55)戊申　四月十三日。(56)涂水　即滁水。流經今安徽滁州。(57)辛亥　四月十六日。(58)豫章　郡名，治所南昌縣，在今江西南昌。(59)程文季　（？—西元五七九年）字少卿，仕陳，官至安遠將軍、譙州刺史。傳附《陳書》卷十〈程靈洗傳〉、《南史》卷六十七〈程靈洗傳〉。[60]王紘　(?—西元五七三年)字師羅，仕北齊，官至侍中。傳見《北齊書》卷二十五、《北史》卷五十五。[61]北狄　指突厥。[62]西寇　指北周。[63]遐邇　遠近。[64]肅清　清平。[65]庚申　四月二十五日。[66]祕書監　官名，祕書省長官，掌禁中圖書祕記。[67]源文宗　(西元五二一—五八六年)名彪，字文宗，歷仕東魏、北齊、北周與隋，官至祕書監。傳見《魏書》卷四十一、《北齊書》卷四十三、《北史》卷二十八。[68]吳賊　指陳人。古時稱江、浙一帶為吳。[69]侏張　譸張；放肆。[70]秦涇　二州名，北齊置秦州於秦郡，在今江蘇六合北；置涇州於石梁城，在今安徽天長西北。[71]王　趙彥深封宜陽王，故稱之。[72]敗績　軍隊潰敗。[73]匪朝伊夕　不經早晚，言為時甚快。匪，同「非」。伊，語助詞。[74]淮南　泛指淮河以南長江以北地區。[75]蒿箭　用蓬蒿做的箭。此喻丟棄淮南不值得可惜。[76]淮北　泛指淮河以北，黃河以南地區。[77]頊　指陳宣帝。宣帝名頊。[78]竊謂　私下認為。[79]推赤心　即推心置腹，喻以至誠相待。[80]掣肘　比喻使人做事而故意牽制。掣，拉牽。[81]彌　益；更加。[82]見從　被採納、聽從。見，助動詞，表被動。[83]師　即源師　(?—西元六〇五年)字踐言，歷仕北齊、北周與隋，官至大理少卿。傳見《北齊書》卷四十三、《隋書》卷六十六、《北史》卷二十八。[84]左外兵郎中　官名，隸郎中令，在左外兵中做侍衛。[85]祠部　官署名，祠部郎中主祠祀、享祭。[86]雩　古祈雨之祭祀。[87]龍星　星名，指二十八宿之東方蒼龍中角、亢、房、心、尾諸宿。[88]星宿　泛指列星。古人相信「天人相應」說，認為某些星座位置的移動，是人事變化的徵兆。[89]蒼頭犀角大力　皆驍勇善戰之士。[90]弦無虛發　同「箭無虛發」。拉弦即箭出中的。[91]辛酉　四月二十六日。[92]呂梁　呂梁在彭城(今江蘇徐州)，而戰事發生在秦、涇州，即石梁城(今江蘇六合西)一帶，疑「呂梁」當作「石梁」。[93]殪　死。矢一發而死為殪。[94]奪氣　懾於聲威，喪失膽氣。[95]陳　通「陣」。[96]彀弓未發　張滿弓弩而未射。[97]銑鋧　小鐵槊或鐧。[98]與之俱　與破胡同往。[99]長策　猶言良策。[100]彭城　地名，在今江蘇徐州。[101]壽陽　地名，在今安徽壽縣。[102]盧潛　(西元五一八—五七四年)范陽涿(今河北涿州)人，仕北齊，官至五兵尚書。傳見《北齊書》卷四十二、《北史》卷三十。[103]揚州道　政區名，行臺治所壽陽，在今安徽壽縣。[104]甲子　四月二十九日。[105]南譙　僑郡名，治所渦陽縣，在今安徽蒙城縣。[106]己巳　五月初四日。[107]瓦梁城　地名，在今江蘇六合。[108]癸酉　五月初八日。[109]陽平郡　郡名，治所陽平城，在今江蘇淮陰西。[110]甲戌　五月九日。[111]盧江城　地名，在今安徽盧江縣西南。[112]窘蹙　窘迫困厄。[113]丙子　五月十一日。[114]合肥　地名，即汝陰郡城，在今安徽合肥。[115]撫勞　安撫慰勞。[116]丁丑　五月十二日。[117]侯莫陳瓊　歷仕西魏、北周，官至大宗伯，加上柱國，封武威郡公。傳見《周書》卷十六、《北史》卷六十。[118]總管　武官名，北周由都督所改，都督軍事。[119]己卯　五月十四日。[120]北高唐郡　僑郡名，治所宿松縣，在今安徽宿松。[121]辛巳　五月十六日。[122]南豫州　僑州名，治所宛陵縣，在今安徽宣城市。[123]乙酉　五月二十日。[124]齊昌　郡名，治所蘄春縣，在今湖北蘄春。[125]丙戌　五月二十一日。[126]廬陵　郡名，治所石陽縣，在今江西吉水縣東北。[127]任忠　（西元五一三—五八九年）仕陳，官至領軍將軍。傳見《陳書》卷三十一、《南史》卷六十七。[128]東關　地名，在今安徽無為東北。[129]蘄城　地名，在今安徽無為西南。[130]戊子　五月二十三日。[131]譙郡城　地名，即南譙郡城，在今安徽蒙城縣。[132]癸巳　五月二十八日。[133]瓜步胡墅　二地名，皆在今江蘇六合，臨近長江。[134]太牢　在祭祀時，牛、羊、豬三牲具備的供品稱為太牢。[135]上冢　祖墳。[136]羽儀　儀仗中以羽毛裝飾的旌旗之類。

【校　記】[1]事　原作「奏事」。據章鈺校，十二行本、乙十一行本、孔天胤本皆無「奏」字，今據刪。按，《通鑑紀事本末》卷二五無「奏」字。[2]祀　原作「幸」。據章鈺校，十二行本、乙十一行本、孔天胤本皆作「祀」，今據改。[3]面　原作「而」。據章鈺校，十二行本、乙十一行本、孔天胤本皆作「面」，熊羅宿《胡刻資治通鑑校字記》同，今據改。[4]則世事去矣　原無此五字。據章鈺校，十二行本、乙十一行本、孔天胤本皆有此五字，張敦仁《通鑑刊本識誤》同，今據補。按，《北齊書・王紘傳》有此五字。[5]協　原作「輯」。據章鈺校，十二行本、乙十一行本、孔天胤本皆作「協」，今據改。[6]足以固守　原無此四字。據章鈺校，十二行本、乙十一行本、孔天胤本皆有此四字，張敦仁《通鑑刊本識誤》同，今據補。按，《通鑑紀事本末》卷二四有此四字。[7]號　原作「又有」。據章鈺校，十二行本、乙十一行本、孔天胤本皆作「號」，張敦仁《通鑑刊本識誤》同，今據改。按，《通鑑紀事本末》卷二四、《通鑑綱目》卷三五皆作「號」。

【語　譯】五年（癸巳　西元五七三年）

春，正月初六日癸酉，陳朝任命吏部尚書沈君理為右僕射。

正月十一日戊寅，北齊任命并省尚書令高阿那肱錄尚書事，總管外兵及內省機密，與侍中城陽王穆提婆、領軍大將軍昌黎王韓長鸞一起身居中樞要職，號稱「三貴」，禍國殃民，日盛一日。

韓長鸞的弟弟韓萬歲，兒子韓寶行、韓寶信，都官封開府儀同三司，韓萬歲還兼任侍中，韓寶行、韓寶信都娶公主為妻。每逢群臣清早朝參，皇上高緯經常先宣召韓長鸞問詢，等韓長鸞離開後，才宣召主管進奏事宜的官員入內。高緯如果不臨朝，內省又有緊急的事，都由韓長鸞附帶上奏。軍國機密大事，他無不經手。

韓長鸞特別厭惡士人，他早晚閒居之時，只知道對士人讒毀攻訐。他經常帶著刀跑馬，從不曾緩步慢行，他瞪著眼睛，張牙舞爪，擺出要吃人的架勢。朝中人士與他商量事情，沒人敢抬頭看他，動輒受他呵叱。他經常罵道：「漢狗無法讓人忍受，只該殺了他們！」

正月十三日庚辰，北齊派崔象到陳朝來通問修好。

正月十四日辛巳，陳宣帝到南郊祭天。二十七日甲午，到太廟祭祀祖先。二月初五日辛丑，舉行明堂的祭典。

二月初九日乙巳，北齊冊立右皇后穆氏為皇后。穆皇后母親名叫輕霄，原本是穆氏家的奴婢，臉上有被刺的字。穆皇后既然認陸令萱為養母，就把穆提婆當做娘家人，稱陸令萱為「太姬」。太姬是北齊皇后母親的稱號，地位等同一品，等級在長公主之上。從此穆皇后不再過問生母穆輕霄。穆輕霄自己醫好臉上的疤痕，想求見穆皇后，太姬派人阻止，結果沒能見面。

北齊國主高緯十分愛好文學。二月初十日丙午，祖珽上奏請求設立文林館，多多引進文學之士來充實它，這些人稱為待詔。任命中書侍郎博陵人李德林和黃門侍郎琅邪人顏之推一同署理館中事務，又命令館內文學之士共同修撰《修文殿御覽》。

二月十八日甲寅，北周皇太子宇文贇巡視西部疆土。〇十九日乙卯，北齊任命北平王高仁堅錄尚書事。二十一日丁巳，北齊國主高緯前往晉陽。〇二十六日壬戌，北周派司會侯莫陳凱等到北齊通問修好。〇庚辰日，北齊國主高緯回到鄴城。

三月十三日己卯，北周皇太子宇文贇在岐州獵獲了兩隻白鹿獻給朝廷，北周國主宇文邕下詔說：「治理國家在於有德，不在於祥瑞。」

陳宣帝打算討伐北齊，公卿大臣有的贊同有的反對，只有鎮前將軍吳明徹堅決請求領兵北伐。陳宣帝對公卿大臣們說：「朕的主意已定，你們可以共同推舉一位元帥。」大家商議認為中權將軍淳于量班位高，就共同署名推舉他。尚書左僕射徐陵獨獨說：「吳明徹家在淮南，熟悉那裡的風土人情，個人的將略才幹，當今也沒有人能超過他。」都官尚書河東人裴忌說：「臣贊同徐僕射。」徐陵隨聲說：「不但吳明徹是良將，裴忌也是一位很好的副手。」三月十六日壬午，陳宣帝向各路兵馬下達命令，任命吳明徹為都督征討諸軍事，裴忌為監軍事，統領十萬大軍討伐北齊。吳明徹指向秦郡，都督黃法氍指向歷陽。

夏，四月初四日己亥，北周國主宇文邕到太廟祭祀祖先。

四月初八日癸卯，前巴州刺史魯廣達與北齊軍隊在大峴交戰，打敗了北齊軍。

四月十三日戊申，北齊任命蘭陵王高長恭為太保，南陽王高綽為大司馬，安德王高延宗為太尉，武興王高普為司徒，開府儀同三司宜陽王趙彥深為司空。

北齊在秦郡設置秦州，州城前的江浦直通涂水，北齊軍隊用大木料在水中設置了柵欄。四月十六日辛亥，吳明徹派豫章內史程文季率領勇猛之士拔掉柵欄，打敗了北齊軍隊。程文季，是程靈洗的兒子。

北齊群臣商議抵禦陳朝軍隊的事，開府儀同三司王紘說：「官軍近來屢屢失利，人心騷動。如果又出兵屯駐江淮，恐怕北狄突厥、西寇周師，乘虛而來，就會大事將去。不如減輕賦稅，減省勞役，讓平民士人得以休養生息，使朝廷上下和睦，遠近的人都誠心前來歸附。那麼天下都會安定太平，豈只是陳朝而已？」皇上沒有聽從。派兵救援歷陽。四月二十五日庚申，黃法氍打敗了北齊軍隊。北齊又派開府儀同三司尉破胡、長孫洪略率軍救援秦州。

趙彥深私下向祕書監源文宗詢問計策辦法，說：「陳朝敵寇囂張，竟至如此地步。弟先前出任秦州、涇州刺史，熟悉江淮間的情況，如今用什麼辦法來抵禦陳朝呢？」源文宗說：「朝廷的精兵，一定不肯多調撥給南征的諸將，只派幾千人，正好成為陳軍的餌食。尉破胡的人品，是你宜陽王所知道的，他統率的軍隊遭遇大敗，只是早晚間的事。皇上對待淮南，失去它如同丟棄蒿箭一樣。按我源文宗的應對辦法來看，只須專任王琳，由他去招募三四萬淮南人，因為風俗習慣相通，這些人能替王琳拼死效力。同時命令以前的將領率軍屯駐在淮北，足以固守。況且王琳對於陳頊，是絕對不肯俯首稱臣的，這是十分明顯的。我私下認為這是上策。如果對王琳不推誠相待，另派其他人牽制他，則只會招來禍患，那麼淮南的戰事更沒有什麼前途了。」趙彥深感歎說：「弟的這一辦法確實足以決勝千里，但我費盡口舌爭了十天，仍然沒有被採納。當今的事情已到了這個地步，哪裡還能盡情直言呢？」於是兩人相視流淚。源文宗，名彪，用字號行世，是源子恭的兒子。

源文宗的兒子源師任左外兵郎中，兼任祠部郎中，曾經對高阿那肱說：「龍出現了，應當舉行求雨的祭祀。」高阿那肱驚問：「龍在什麼地方出現了？是什麼顏色？」源師說：「是龍星剛剛出現，按照禮制應當舉行求雨的祭祀，並非真龍出現。」高阿那肱大怒說：「漢兒多事，對星宿不懂裝懂！」於是不去舉行祭祀。源師告退走出，私下感歎說：「禮制都不要了，齊國還能長久嗎？」

北齊軍隊挑選高大有體力的人為先鋒，號稱蒼頭、犀角、大力，攻擊力很強。軍隊中還有西域胡兵，善於射箭，百發百中，陳朝各支部隊對他們尤其害怕。四月二十六日辛酉，兩軍將要在呂梁交戰。開戰前，吳明徹對巴山太守蕭摩訶說：「如果你能一下子殺死胡兵，那麼敵軍就會喪失勇氣，你的才能就不亞於關羽了。」蕭摩訶說：「希望告訴我胡兵的相貌，我一定替你消滅他。」吳明徹於是召來認識胡兵的北齊降兵，讓他指點給蕭摩訶看，又親自斟酒請蕭摩訶喝，蕭摩訶喝完酒，策馬衝向北齊軍陣。胡兵挺身出陣向前十餘步，拉滿弓還沒有來得及射出箭，蕭摩訶遠遠地擲出小鐵矛正中胡兵的額頭，胡兵應聲仆倒。北齊軍大力分隊的十幾個人衝出來交戰，又被蕭摩訶斬殺，於是北齊兵大敗，尉破胡逃走，長孫洪略戰死。

尉破胡出兵的時候，北齊派侍中王琳和他同行。王琳對尉破胡說：「陳朝軍隊氣勢很盛，應當用好的計謀來取勝，千萬小心，不要輕率出戰！」尉破胡不聽而大敗。王琳單騎逃脫，回到彭城，北齊立即派他到壽陽招募士兵來抵禦陳朝軍隊，又任命盧潛為揚州道行臺尚書。

四月二十九日甲子，南譙郡太守徐槾攻佔石梁城。五月初四日己巳，瓦梁城投降陳軍。初八日癸酉，陽平郡投降陳軍。初九日甲戌，徐槾攻佔廬江城。歷陽陷入困境，要求投降，黃法氍減緩了攻勢，不料歷陽又重新抵抗堅守起來，黃法氍大怒，率兵加緊攻擊。十一日丙子，攻佔了歷陽城，殺死全部守城的北齊兵。接著，黃法氍進軍合肥，合肥守軍望見陳軍旗幟就請求投降，黃法氍禁止士兵侵犯搶掠，安撫北齊的守城士兵，同他們盟誓以後釋放了他們。

五月十二日丁丑，北周任命柱國侯莫陳瓊為大宗伯，滎陽公司馬消難為大司寇，江陵總管陸騰為大司空。侯莫陳瓊，是侯莫陳崇的弟弟。

五月十四日己卯，北齊北高唐郡投降陳軍。十六日辛巳，陳宣帝下詔命南豫州刺史黃法𣰰徙鎮歷陽。二十日乙酉，南齊昌郡太守黃詠攻佔了北齊齊昌郡城的外城。二十一日丙戌，廬陵郡內史任忠率軍抵達東關，攻佔了東西兩城，又進軍攻佔了蘄城。二十三日戊子，又攻佔了譙郡城。北齊秦州城投降。二十八日癸巳，瓜步、胡墅兩城投降。陳宣帝認為秦郡是吳明徹的家鄉，下詔備辦豬牛羊齊備的祭品，讓吳明徹去拜祭祖墳，文武羽儀非常隆盛，鄉親們感到十分榮耀。

齊自和士開用事以來，政體隳紊❶。及祖珽執政，頗收舉才望，內外稱美。珽復欲增損政務，沙汰人物，官號服章，並依故事❷。又欲黜諸閹豎❸及群小輩，為致治之方，陸令萱、穆提婆議頗同異。珽乃諷御史中丞❹麗伯律，令劾主書❺王子沖納賂。知其事連提婆，欲使贓罪相及，望因此并坐及令萱。猶恐齊主溺❻於近習❼，欲引后黨為援，乃請以胡后兄君瑜為侍中、中領軍❽，又徵君瑜兄梁州刺史君璧，欲以為御史中丞。令萱聞而懷怒，百方排毀，出❾君瑜為金紫光祿大夫❿，解中領軍，君璧還鎮梁州。胡后之廢，頗亦由此。釋王子沖不問。

珽日以益疏，諸宦者更共譖之。帝以問陸令萱，令萱憫默不對，三問，乃下牀拜曰：「老婢應死。老婢始聞和士開言孝徵多才博學，意謂善人，故舉之。比來觀之，大是姦臣。人寔難知，老婢應死。」帝令韓長鸞檢按⑪。長鸞素惡珽，得其詐出敕⑫受賜等十餘事。帝以嘗與之重誓，故不殺，解珽侍中、僕射，出為北徐州⑬刺史。珽求見帝，長鸞不許，遣人推出柏閤，珽坐，不肯行，長鸞令牽曳而出。

癸巳⑭，齊以領軍穆提婆為尚書左僕射，侍中、中書監段孝言⑮為右僕射。孝言，韶之弟也。初，祖珽執政，引孝言為助，除吏部尚書。孝言凡所進擢，非賄則舊⑯，求仕⑰者或於廣會⑱膝行跪伏，公自陳請⑲，孝言氣[1]色揚揚⑳，以為己任，隨事酬許。將作丞㉑崔成忽於眾中抗言㉒曰：「尚書㉓，天下尚書，豈獨段家尚書也？」孝言無辭以應，唯厲色遣下而已。既而與韓長鸞等[2]共構㉔祖珽，逐而代之。

齊蘭陵武王長恭貌美而勇，以邙山之捷㉕，威名大盛，武士歌之，為蘭陵王入陳曲㉖，齊主忌之。及代段韶督諸軍攻定陽，頗務聚斂，其所親尉相願㉗問之曰：「王受朝寄㉘，何得如此？」長恭未應。相願曰：「豈非以邙山之捷，欲自穢㉙乎？」長恭曰：「然。」相願曰：「朝廷若忌王，即當用此為罪，無乃㉚避禍而更速之乎？」長恭涕泣前膝㉛問計，相願曰：「王前既有功，今復告捷，威聲太重。宜屬疾㉜在家，勿預時事。」長恭然其言㉝，未能退。及江、淮用兵，恐復為將，歎曰：「我去年面腫，今何不發？」自是有疾不療。齊主遣使酖殺之。

六月庚子㉞[3]，郢州㉟刺史李綜克灄口城㊱。乙巳㊲，任忠克合州㊳外城。庚戌㊴，淮陽㊵、沭陽㊶郡并[4]棄城走。

【章旨】以上為第五段，寫北齊祖珽乃一奸佞臣，見國勢日非，尚思改革以苟延國運，而國主高緯昏然不悟，祖珽一務正事竟不能容。時值陳朝犯境，大敵當前再次自毀長城，繼斛律光之後又殺高長恭，淮南戰事，無可挽回。

【注釋】❶隳紊　敗壞紊亂。❷故事　舊日的制度。❸閹豎　太監的賤稱。男子去勢曰閹，供奔走役使的人稱豎。❹御史中丞　官名，掌督司百官。❺主書　官名，在中書省主管文書。❻溺　沉迷。❼近習　親近；親信。❽中領軍　官名，主管禁衛官。❾出　自內省出就朝列。❿金紫光祿大夫　散官名，有品秩而無職事，位在中領軍上。⓫檢按　檢查。檢，察看。按，考驗。⓬詐出敕　假稱皇帝之命而發出敕書。⓭北徐州　僑州名，治所即丘縣，在今山東臨沂。⓮癸巳　五月二十八日。⓯段孝言　歷仕北齊、北周，官至尚書右僕射。傳附《北齊書》卷十六〈段榮傳〉、《北史》卷五十四〈段榮傳〉。⓰非賄則舊　不是接受賄賂，便是故人。⓱求仕　求官。⓲會　眾人聚會。⓳公自陳請　自己公開述說請求做官。⓴揚揚　洋洋得意的樣子。㉑將作丞　官名，輔佐將作監，掌修造宗廟、宮室等土木之工。㉒抗言　高聲而言。㉓尚書　官名，此指吏部尚書，主管選舉。㉔搆　編造罪名。㉕邙山之捷　指西元五六四年周伐齊，兩軍在邙山交戰，北齊獲勝。㉖蘭陵王入陳曲　北齊蘭陵王高長恭，才武而貌美，作戰時常戴假面具。在金墉城出擊周軍時，勇冠三軍。齊人讚歎，作此舞曲，仿其指揮擊殺之狀，稱〈蘭陵王入陳曲〉。㉗尉相願　仕北齊，官至領軍大將軍。傳附《北齊書》卷十九〈張保洛傳〉、《北史》卷五十三〈張保洛傳〉。㉘朝寄　朝廷的委託。㉙自穢　自己往臉上抹黑。㉚無乃　莫非；豈不是。㉛前膝　俯身而問，膝前於坐席，故稱前膝。這是一種真誠急迫的樣態。㉜屬疾　託病。㉝然其言　同意尉相願說的話。㉞庚子　六月初六日。㉟郢州　州名，治所夏口城，在今湖北武昌。㊱灄口城　地名，在今湖北武漢東北長江北岸灄口。㊲乙巳　六月十一日。㊳合州　州名，治所合肥縣，在今安徽合肥西。㊴庚戌　六月十六日。㊵淮陽　郡名，治所淮陽縣，在今江蘇淮陰西。㊶沭陽　郡名，治所懷文縣，在今江蘇沭陽。

【校　記】①氣　原作「顏」。據章鈺校，十二行本、乙十一行本、孔天胤本皆作「氣」，今據改。②等　原無此字。據章鈺校，十二行本、乙十一行本、孔天胤本皆有此字，今據補。按，《通鑑紀事本末》卷二五有此字。③庚子　原無此二字。據章鈺校，十二行本、乙十一行本、孔天胤本皆有此二字，張敦仁《通鑑刊本識誤》同，今據補。按，《陳書・宣帝紀》有此二字。④并　原作「皆」。據章鈺校，十二行本、乙十一行本、孔天胤本皆作「并」，今據改。按，《陳書・宣帝紀》作「并」。

【語　譯】北齊自和士開當權以來，朝政體制敗壞紊亂。等到祖珽執政，網羅推舉了一批有才能聲望的人，朝廷內外都加以稱讚。祖珽還想對政務有所增減，淘汰冗官，對官名以及象徵等級的服飾，都依舊日的制度加以整頓。祖珽又想罷免一批宮中的宦官及群小，作為使國家清明安定的一個方面，但陸令萱、穆提婆在商議時意見不同。祖珽就示意御史中丞麗伯律，讓他彈劾中書省主書王子沖接受賄賂。祖珽知道這件事會牽連穆提婆，想使受賄罪也涉及到穆提婆，並希望因此而一併株連陸令萱。祖珽仍然擔心北齊國主高緯沉迷身邊親信，想拉攏胡太后的一黨作為後援，於是奏請高緯任命胡太后的哥哥胡君瑜為侍中、中領軍，又徵召胡君瑜的哥哥梁州刺史胡君璧，想讓他做御史中丞。陸令萱知道後心懷憤怒，千方百計排斥詆毀，讓胡君瑜出內省為金紫光祿大夫，解除了他的中領軍職務，讓胡君璧仍回到梁州做刺史。後來胡太后被廢，也由此而起。王子沖被釋，不再追究。

祖珽一天天被疏遠，眾宦官又一起說祖珽的壞話。皇上高緯就此詢問陸令萱，陸令萱裝出一副憂傷沉默的樣子不開口回答。高緯再三追問，陸令萱才下床叩拜說：「老奴婢該死。老奴婢一開始聽和士開說祖孝徵很有才學，覺得他是個好人，所以推舉他。近來觀察他，是一個大大的奸臣，瞭解一個人實在太難了，老奴婢該死。」皇上高緯派韓長鸞查核。韓長鸞一向厭惡祖珽，查出祖珽假傳敕令收取賄賂之事十多起。皇上高緯因曾經與祖珽發過重誓，所以不殺他，解除了他的侍中、僕射職務，外放為北徐州刺史。祖珽請求面見皇上，韓長鸞不允許，派人把祖珽推出柏閣。祖珽坐著不走，韓長鸞派人把他拖了出去。

五月二十八日癸巳，北齊任命領軍穆提婆為尚書左僕射，侍中、中書監段孝言為右僕射。段孝言，是段韶的弟弟。當初，祖珽執政，把段孝言引為自己的幫手，任命他為吏部尚書。段孝言所引進提拔的人，不是行賄的就是他的故舊，求官的人有的甚至在大庭廣眾中向段孝言磕頭，跪著行走，自己公開陳述要官，段孝言神色洋洋得意，以此作為自己應做的事，隨隨便便就答應了。將作丞崔成有一次突然在眾人面前高聲說：「吏部尚書，是國家的尚書，難道只是你段家的尚書嗎？」段孝言無辭回答，只是神色嚴厲地讓崔成退下罷了。不久，段孝言就和韓長鸞等人一起編造罪名誣陷祖珽，把祖珽逐出尚書省，取而代之。

北齊蘭陵武王高長恭相貌英俊而且十分勇敢，因在邙山一戰中戰勝北周，高長恭威名大震，兵士們歌頌他，作了〈蘭陵王入陳曲〉的歌舞曲，這使得北齊國主高緯對他心懷猜忌。等到他代替段韶督率諸軍攻打定陽，他大肆聚斂財物。高長恭的親信尉相願問他說：「大王您接受朝廷委託，怎麼能這樣做呢？」高長恭沒有回答。尉相願又說：「難道是因為有了邙山大捷，您想用貪財來給自己臉上抹黑嗎？」高長恭說：「是這個想法。」尉相願說：「朝廷如果猜忌大王，立即就會用這件事治您的罪，豈不是想逃避災禍，反而招致了災禍嗎？」高長恭流著眼淚移膝向前詢問避禍之計。尉相願說：「大王先前已經有大功，如今又打了勝仗，威望名聲太重，應該託病在家，不要參與政事。」高長恭同意尉相願的話，可惜未能引退。等到江淮地區用兵，高長恭擔心再次擔任大將，歎息說：「我去年臉面腫脹，如今為什麼不復發？」從此有了病也不醫治。北齊國主高緯還是派人用毒酒殺死了高長恭。

六月初六日庚子，陳朝郢州刺史李綜率軍攻佔灄口城。十一日乙巳，任忠又攻佔合州外城。十六日庚戌，北齊淮陽、沭陽兩郡郡守都丟棄城池逃走。

王子❶，周皇孫衍❷生。

齊主遊南苑，從官賜死❸者六十人。以高阿那肱為司徒。

癸丑❹，程文季攻齊涇州，拔之。乙卯❺，宣毅司馬❻湛陀克新蔡城❼。

丙辰❽，齊使開府儀同三司王紘聘於周。

癸亥❾，黃法𣰰克合州❿。吳明徹進攻仁州⓫，甲子⓬，克之。

治⓭明堂⓮。

秋，七月戊辰⓯，齊遣尚書左丞⓰陸騫將兵二萬救齊昌，出自巴、蘄⓱，遇西陽太守⓲汝南周炅⓳。炅留羸弱，設疑兵以當之，身帥精銳，由間道邀其後，大破之。己巳⓴，征北大將軍吳明徹軍至峽口，克其北岸城，南岸守者棄城走。周炅克巴州㉑。淮北、絳城㉒及穀陽士民，並殺其戍主，以城降。

齊巴陵王王琳與揚州刺史王貴顯保壽陽外郭，吳明徹以琳初入，眾心未固，丙戌㉓，乘夜攻之，城潰。齊兵退據相國城及金城㉔。

八月乙未㉕，山陽城㉖降。壬寅㉗，盱眙城㉘降。壬子㉙，戎昭將軍㉚徐敬辯克海安城㉛。青州東海城㉜降。戊午㉝，平固侯敬泰等克晉州㉞。九月甲子㉟，陽平城㊱降。壬申㊲，高陽太守沈善慶克馬頭城㊳。甲戌㊴，齊安城㊵降。丙子㊶，左衛將軍㊷樊毅㊸克廣陵㊹楚子城㊺。

壬午(46)，周太子贇納妃楊氏。妃，大將軍隨公堅(47)之女也。太子好昵近小人，左宮正(48)宇文孝伯言於周主曰：「皇太子四海所屬，而德聲未聞，臣忝(49)宮官，實當其責。且春秋尚少，志業未成，請妙選正人，為其師友，調護聖質(50)，猶望日就月將(51)。如或不然，悔無及矣。」帝斂容曰：「卿世載(52)鯁直，竭誠所事。觀卿此言，有家風矣。」孝伯拜謝曰：「非言之難，受之難也。」帝曰：「正人(53)豈復過卿？」於是以尉遲運(54)為右宮正(55)。運，迥之弟子也。

帝嘗問萬年縣(56)丞(57)南陽樂運(58)曰：「卿言太子何如人？」對曰：「中人。」帝顧謂齊公憲曰：「百官佞(59)我，皆稱太子聰明睿(60)智。唯運所言忠直耳。」因問運中人之狀。對曰：「如齊桓公(61)是也：管仲(62)相之則霸，豎貂(63)輔之則亂，可與為善，可與為惡。」帝曰：「我知之矣。」乃妙選宮官以輔之，仍擢運為京兆丞。太子聞之，意甚不悅。

癸未(64)，沈君理卒。

壬辰晦(65)，前鄱陽(66)內史(67)魯天念克黃城(68)。冬，十月[1]甲午(69)，郭默城(70)降。

己亥(71)，以特進(72)領國子祭酒(73)周弘正(74)為尚書右僕射。

齊國子祭酒張雕(75),以經授齊主為侍讀(76),帝甚重之。雕與寵胡何洪珍(77)相結,穆提婆、韓長鸞等惡之。洪珍薦雕為侍中,加開府儀同三司,奏度支事(78),大為帝所委信(79),常呼「博士」。雕自以出於微賤,致位大臣,欲立效以報恩,論議抑揚(80),無所回避,省宮掖(81)不急之費,禁約左右驕縱之臣,數譏切(82)寵要,獻替(83)帷幄(84),帝亦深倚仗之。雕遂以澄清為己任,意氣甚高,貴倖皆側目(85),陰謀陷之[2]。

尚書左丞封孝琰(86),隆之之弟子也[3],與侍中崔季舒(87),皆為祖珽所厚。孝琰嘗謂珽曰:「公是衣冠(88)宰相,異於餘人。」近習聞之,大以為恨。

會齊主將如晉陽,季舒與張雕議,以為壽陽被圍,大軍出拒之,信使(89)往還,須稟節度(90)。且道路小人,或相驚恐,以為大駕(91)向并州,畏避南寇(92)。若不啓諫,恐人情駭動,遂與從駕文官連名進諫。時貴臣趙彥深、唐邕、段孝言等意有異同,季舒與爭,未決。長鸞遽言於帝曰:「諸漢官連名總署,聲云諫幸并州,其實未必不反,宜加誅戮。」辛丑(93),齊主悉召已署名者集含章殿,斬季舒、雕、孝琰及散騎常侍劉逖(94)、黃門侍郎裴澤(95)、郭遵(96)於殿庭,家屬皆徙北邊,婦女配奚官(97),幼男下蠶室(98),沒入貲產。癸卯(99),遂如晉陽。

【章　旨】以上為第六段，寫北齊前線敗報頻傳，而朝內仍內訌不已，國主高緯仍然沉迷不醒，是非不辨，善惡不分，昏聵之極，兇暴之極，亡國之主，心理扭曲，大體如是。

【注　釋】❶壬子　六月十八日。❷周皇孫衍　周武帝孫宇文衍，後即位，是為周靜帝。事見《周書》卷八、《北史》卷十。❸賜死　《北齊書》卷八〈後主紀〉「賜」作「暍」，《北史》同。《通鑑》因形近致誤。暍死，中暑而死。❹癸丑　六月十九日。❺乙卯　六月二十一日。❻宣毅司馬　武官名，輔佐宣毅將軍以治軍事。❼新蔡城　地名，新蔡郡治所，在今河南固始。❽丙辰　六月二十二日。❾癸亥　六月二十九日。❿克合州　前言攻克合州外城，今才攻克合州城。⓫仁州　州名，治所赤坎城，在今安徽泗縣西南。⓬甲子　六月三十日。⓭治　整治。⓮明堂　陳制，明堂殿屋十二間，中央六間，安六座，四方帝各依其方位，黃帝居坤維（西南方）。⓯戊辰　七月初四日。⓰尚書左丞　官名，輔佐尚書僕射，掌轄吏部、戶部、禮部十二司事。⓱巴蘄　指巴水、蘄水，均在今湖北英山縣一帶。⓲西陽太守　按《陳書・周炅傳》，炅伐齊時已為安州刺史，非西陽太守。⓳周炅　（西元五一三—五七六年）字文昭，陳朝人，官至平北將軍、定州刺史。傳見《陳書》卷十三、《南史》卷六十七。⓴己巳　七月初五日。㉑巴州　州名，北齊置，治所黃岡，在今湖北新洲。㉒淮北絳城　《陳書》卷十三〈周炅傳〉云：炅「進攻巴州，克之，於是江北諸城及穀陽士民並誅渠帥，以城降。」此為《通鑑》所本，「淮北絳城」當是「江北諸城」之誤。錢大昕《通鑑注辨正》已指出其誤。㉓丙戌　七月二十二日。㉔相國城及金城　二城皆在壽陽城中。相國城，劉裕伐長安時所築，故名。金城，壽陽中城。自晉以來，率謂中城為金城。㉕乙未　八月二日。㉖山陽城　即山陽郡城，在今江蘇淮安。㉗壬寅　八月九日。㉘盱眙城　即盱眙郡城，在今江蘇盱眙東北。㉙壬子　八月十九日。㉚戎昭將軍　將軍號，品第八，秩六百石。㉛海安城　地名，即海安郡城，在今江蘇漣水縣。㉜東海城　地名，即東海郡城，在今江蘇連雲港市東南。㉝戊午　八月二十五日。㉞晉州　州名，治所懷寧縣，在今安徽潛山縣。㉟甲子　九月一日。㊱陽平城　地名，即陽平郡城，在今江蘇寶應。㊲壬申　九月初九日。㊳馬頭城　地名，在今安徽壽縣西北。㊴甲戌　九月十一日。㊵齊安城　地名，在今湖北新洲。㊶丙子　九月十三日。㊷左衛將軍　武官名，掌禁衛。㊸樊毅　（？—西元五八九年）字智烈，歷仕梁、陳，官至侍中。傳見《陳書》卷三十一、《南史》卷六十七。㊹廣陵　北魏東豫州治所，在今河南息縣。㊺楚子城　地名，即楚城，楚州治所，在今河南信陽北。㊻壬午　九月十九日。㊼隨公堅　即隨國公楊堅，後來建隋稱帝，是為文帝。㊽左宮正　官名，掌皇后、太子宮事。㊾忝　有愧於。㊿聖質　好的秉性。(51)日就月將　日有所得，月有所進。(52)世載　世代。(53)正人　品行端正之人。54尉遲運 （西元五三九—五七九年）北周人，官至上柱國，封盧國公。傳見《周書》卷四十、《北史》卷六十二。55右宮正 官名，與左宮正同掌皇后、太子宮事。56萬年縣 縣名，縣治在長安城（今陝西西安西北）中。57丞 官名，縣丞主管刑獄、囚徒。58樂運 字承業，南陽淯陽（今河南魯山縣）人，仕周、隋，官至京兆郡丞。著《諫苑》四十一卷。傳見《周書》卷四十、《北史》卷六十二。59佞 奸巧諂諛。60睿 看得深遠。61齊桓公 春秋時齊君，五霸之一。名小白。事見《史記》卷三十二〈齊太公世家〉。62管仲 名夷吾，春秋時著名政治家，輔佐齊桓公首先稱霸中原。63豎貂 即豎刁。齊桓公末年用豎刁，桓公死而作亂。事見《史記》卷三十二〈齊太公世家〉。64癸未 九月二十日。65壬辰晦 九月二十九日。每月最後一日稱晦。66鄱陽 郡名，治所鄱陽縣，在今江西鄱陽。67內史 官名，主管一郡政務。68黃城 地名，在今湖北黃陂北。69甲午 十月二日。70郭默城 地名，在今安徽壽縣西。71己亥 十月初七日。72特進 官名，無職掌，為加官。73國子祭酒 官名，掌領太學、國子監所屬各學。74周弘正 （西元四九六—五七四年）字思行，汝南安城（今河南原陽西南）人，歷仕梁、陳，官至尚書右僕射。著《周易講疏》等，有文集二十卷。傳見《陳書》卷二十四、《南史》卷三十四。75張雕 （?—西元五七三年）又作張彫武。歷仕東魏、北齊，官至侍中，加開府。傳見《北齊書》卷四十四、《北史》卷八十一。76侍讀 官名，主管給帝王講經學。77何洪珍 胡人，齊後主寵臣。封王。傳見《北齊書》卷五十、《北史》卷九十二。78奏度支事 度支為北齊六尚書之一，統度支、倉部、左戶、右戶、金部、庫部六曹。凡度支事張雕得以奏聞。79委信 託付、信任。80抑揚 褒貶。81宮掖 皇宮。掖，掖庭，宮內的旁舍，妃嬪所居。82譏切 譴責；責備。83獻替 「獻可替否」的略語，此為諍言進諫之意。84帷幄 宮中的帷幕。85側目 不敢正視的樣子。86封孝琰 （?—西元五七三年）北齊人，官至尚書左丞。傳附《北齊書》卷二十一〈封隆之傳〉、《北史》卷二十四〈封隆之傳〉。87崔季舒 （?—西元五七三年）歷仕東魏、北齊，官至侍中、監國史。傳見《北齊書》卷三十九、《北史》卷三十二。88衣冠 指士大夫的穿戴。此謂搢紳之家。89信使 使者。古代稱使者為信。90節度 部署；節制調度。91大駕 指皇帝車駕。92南寇 指南方陳兵。93辛丑 十月初九日。94劉逖 （西元五二五—五七三年）字子長，彭城叢亭里（今江蘇徐州）人，仕北齊，官至儀同三司。傳見《北齊書》卷四十五、《北史》卷四十二。95裴澤 （?—西元五七三年）仕北齊，官至中書侍郎。傳附《北史》卷三十八〈裴延儁傳〉。96郭遵 （?—西元五七三年）北齊人，官至黃門侍郎。傳見《北史》卷八十一。97奚官 官署名，掌管守宮人疾病、罪罰、喪葬等事。98蠶室 古代受宮刑者所居之室。99癸卯 十月十一日。

【校　記】①冬十月　原無此三字。據章鈺校，十二行本、乙十一行本、孔天胤本皆有此三字，今據補。按，《陳書・宣帝紀》有此三字。②陰謀陷之　原無此四字。據章鈺校，十二行本、乙十一行本、孔天胤本皆有此四字，張敦仁《通鑑刊本識誤》同，今據補。按，《通鑑紀事本末》卷二五有此四字。③也　原無此字。據章鈺校，十二行本、乙十一行本、孔天胤本皆有此字，今據補。

【語　譯】六月十八日壬子，北周皇孫宇文衍降生。

北齊國主高緯遊幸南苑，隨從官員中暑而死的達六十人。任命高阿那肱為司徒。

六月十九日癸丑，程文季攻打北齊涇州，佔領了它。二十一日乙卯，宣毅司馬湛陀攻佔了新蔡城。

六月二十二日丙辰，北齊派開府儀同三司王紘到北周通問修好。

六月二十九日癸亥，黃法氍攻佔合州。吳明徹進攻仁州，三十日甲子，佔領了仁州。

陳朝整修明堂。

秋，七月初四日戊辰，北齊派尚書左丞陸騫率軍二萬救援齊昌，從巴水、蘄水間出兵，遇到陳朝西陽太守汝南人周炅。周炅留下體弱的士兵，設置疑兵抵擋北齊軍隊，自己率領精銳部隊，從偏僻小道繞到北齊軍隊的背後發動攻擊，大敗齊兵。初五日己巳，陳朝征北大將軍吳明徹進軍到達峽口，攻佔了北岸城，南岸城守軍棄城逃走。周炅攻佔了巴州。江北諸城和穀陽等地士民殺了戍守的長官，獻城投降。

北齊巴陵王王琳與揚州刺史王貴顯守衛壽陽外城，吳明徹認為王琳初到壽陽，軍心尚未穩固，七月二十二日丙戌，乘夜攻城，壽陽外城被攻破，北齊兵退守相國城和金城。

八月初二日乙未，北齊山陽城投降。初九日壬寅，盱眙城投降。十九日壬子，陳朝戎昭將軍徐敬辯攻佔海安城。北齊青州東海城投降。二十五日戊午，平固人侯敬泰等攻佔晉州。九月初一日甲子，陽平城投降。初九日壬申，高陽太守沈善慶攻佔馬頭城。十一日甲戌，齊安城投降。十三日丙子，左衛將軍樊毅攻佔廣陵楚子城。

九月十九日壬午，北周皇太子宇文贇娶楊氏為太子妃。楊氏太子妃，是大將軍隨國公楊堅的女兒。

皇太子宇文贇喜歡親近小人，左宮正宇文孝伯對北周國主宇文邕說：「皇太子是四海所矚目的人，但他仁德的聲譽尚未廣為人知，臣愧為宮官，實在應當承擔責任。況且皇太子年紀還輕，志向和學業尚未完成，請求皇上好好挑選品行端正的人做皇太子的師友，調養皇太子優異的秉性，希望日有所得，月有所進。如果不這樣，後悔就來不及了。」北周武帝神色肅穆地說：「你家世代鯁直，對所承擔的事竭盡忠誠。聽了你這番話，可以想見你是保有你的家風的了。」宇文孝伯拜謝說：「不是說這話有多難，而是接受這些話很難。」北周武帝說：「品行端正的人難道還有超過你的嗎？」於是任命尉遲運為右宮正。尉遲運，是尉遲迥弟弟的兒子。

北周武帝曾經問萬年縣丞南陽人樂運說：「卿說說皇太子是什麼樣的人？」樂運回答說：「中等人。」北周武帝回頭對齊國公宇文憲說：「百官奉承討好我，都誇皇太子聰慧英明有遠見，只有樂運說的才是忠誠正直之言。」於是接著問樂運中等人是什麼樣子，樂運回答說：「像齊桓公就是中等人：管仲輔佐他可以稱霸，豎貂輔佐他就會發生動亂。中等人可以與他一起為善，也可以與他一起為惡。」周武帝說：「我知道了。」於是認真挑選好的宮官輔導太子，並提升樂運為京兆丞。皇太子聽說後，心裡很不高興。

九月二十日癸未，陳朝尚書右僕射沈君理去世。

九月最後一天二十九日壬辰，陳朝前鄱陽內史魯天念攻佔黃城。冬，十月初二日甲午，北齊郭默城投降。

十月初七日己亥，陳宣帝任命特進兼國子祭酒周弘正為尚書右僕射。

北齊國子祭酒張雕，為北齊國主高緯講授經書而擔任侍讀，高緯非常器重他。張雕與受寵胡人何洪珍結交，穆提婆、韓長鸞等厭惡他。何洪珍推薦張雕任職侍中，加官開府儀同三司，讓他奏報財政收支方面的事，很受國主高緯的信任，經常稱呼他「博士」。張雕覺得自己出身微賤，而職位達到大臣，想要盡快立功以報恩，所以議論政務，褒貶人物，無所迴避。他提出減省宮中不必要的開支，制止和約束皇上周圍那些驕傲放縱的大臣，多次批評受寵的權要，向皇上提出可辦與不可辦的興革建議，皇上也深深倚仗他。張雕於是把澄清政事作為己任，意氣很高昂，權貴和寵佞們對他都側目而視，陰謀陷害他。

尚書左丞封孝琰，是封隆之弟弟的兒子，與侍中崔季舒，都受到祖珽的厚待。封孝琰曾經對祖珽說：「你是由衣冠士族出任的宰相，和別的人不同。」皇上高緯身邊那些親信聽到了，深深懷恨他。

恰逢北齊國主高緯準備前往晉陽，崔季舒與張雕商議，認為壽陽被圍，大軍外出抵禦，使者的派遣返回，都要向皇上稟報，由皇上節制調度。再說，路上小民見皇上離開都城，或許會驚慌恐懼，認為皇上車駕向并州進發，是因為害怕而在躲避南方的敵寇。如果不啟奏勸諫，恐怕人心受到驚動，於是與隨從皇上車駕的文官聯名上奏勸諫。當時權貴趙彥深、唐邕、段孝言等人持有不同意見，崔季舒與他們爭論，尚未最終決定。韓長鸞突然對皇上高緯說：「眾漢官聯名共署上奏，表面上是勸諫皇上不要去并州，其實未必不是想謀反，對這些人應當加以誅殺。」十月初九日辛丑，北齊國主高緯把在奏章上已經署名的文官全部召集到含章殿，把崔季舒、張雕、封孝琰及散騎常侍劉逖、黃門侍郎裴澤、郭遵等在殿庭就地處斬，家屬全都流放到北邊，婦女發配奚官署為官奴婢，小男孩受宮刑做宦官，沒收這些人的財產。十一日癸卯，高緯啟程前往晉陽。

吳明徹攻壽陽，堰肥水❶以灌城，城中多病腫泄，死者什六七❷。齊行臺❸右僕射琅邪皮景和❹等救壽陽，以尉破胡新敗，怯懦不敢前，屯於淮口❺，敕使屢促之。然始度淮，眾數十萬，去壽陽三十里，頓軍不進。諸將皆懼，曰：「堅城未拔，大援在近，將若之何？」明徹曰：「兵貴神速，而彼結營不進，自挫其鋒，吾知其不敢戰，明矣。」乙巳❻，躬擐❼甲胄，四面疾攻，一鼓拔之，生擒王琳、王貴顯、盧潛及扶風王可朱渾孝[1]裕❽、尚書左丞李騊駼❾送建康。景和北遁，盡收其駝馬輜重。

琳體貌閑雅，喜怒不形於色。彊記內敏，軍府佐吏⑩千數，皆能識⑪其姓名。刑罰不濫，輕財愛士，得將卒心。雖失地流寓在鄴，齊人皆重其忠義。及被擒，故麾下將卒多在明徹軍中，見者皆歔欷，不能仰視，爭為之請命及致資給。明徹恐其為變，遣使追斬之於壽陽東二十里，哭者聲如雷。有一叟以酒脯⑫來祭，哭盡哀，收其血而去。田夫野老⑬，知與不知，聞者莫不流涕。

齊穆提婆、韓長鸞聞壽陽陷，握槊不輟⑭，曰：「本是彼物⑮，從⑯其取去。」齊主聞之，頗以為憂，提婆等曰：「假使國家盡失黃河以南，猶可作一龜茲國⑰。更可憐人生如寄⑱，唯當行樂，何用愁為？」左右嬖臣⑲因共贊和之，帝即大喜，酣飲鼓舞⑳，仍使於黎陽㉑臨河築城戍㉒。

丁未㉓，齊遣兵萬人至潁口㉔，樊毅擊走之。辛亥㉕，遣兵援蒼陵㉖，又破之。

齊主以皮景和全軍而還，賞之，除尚書令。

丙辰㉗，詔以壽陽復為豫州，以黃城為司州。以明徹為都督豫、合等六州諸軍事、車騎大將軍、豫州刺史，遣謁者㉘蕭淳風就壽陽冊命，於城南設壇，士卒二十萬，陳旗鼓戈甲。明徹登壇拜受，成禮而退，將卒榮之。上置酒，舉杯屬徐陵曰：「賞卿知人。」陵避席㉙曰：「定策聖衷㉚，非臣力也。」以黃法氍為征西大將軍(31)、合州刺史。

戊午(32)，湛陀克齊昌城。十一月甲戌(33)，淮陰城(34)降。庚辰(35)，威虜將軍劉桃枝(36)克朐山城(37)。辛巳(38)，樊毅克濟陰城(39)。己丑(40)，魯廣達攻濟南徐州(41)，克之，以廣達為北徐州(42)刺史，鎮其地。

齊北徐州(43)民多起兵以應陳，逼其州城，祖珽命不閉城門，禁人不得出衢路，城中寂然。反者不測其故，疑人走城空，不設備。珽忽令鼓譟震天，反者皆驚走。既而復結陳向城，珽令錄事參軍(44)王君植將兵拒之，自乘馬臨陳(45)左右射。反者先聞其盲，謂其必不能出，忽見之，大驚。穆提婆欲令城陷，不遣援兵，珽且戰且守，十餘日，反者竟散走。

詔懸王琳首於建康市。故吏梁驃騎倉曹參軍(46)朱瑒致書徐陵求其首，曰：「竊以典午(47)將滅，徐廣(48)為晉家遺老；當塗(49)已謝，馬孚(50)稱魏室忠臣。梁故建寧公琳，當離亂之辰(51)，總方伯(52)之任，天厭梁德(53)，尚思匡繼(54)，徒蘊包胥之志(55)，終遘(56)萇弘之眚(57)，至使身沒九泉，頭行千里。伏惟聖恩博厚，明詔爰(58)發，赦王經之哭(59)，許田横之葬(60)。不使壽春城下，唯傳報葛之人(61)；滄洲島上，獨有悲田之客(62)。」陵為之啓上。十二月壬辰朔(63)，并熊曇朗(64)等首皆還其親屬。瑒瘞(65)琳於八公山㊻側，義故㊼會葬者數千人。瑒間道奔齊，別議迎葬，尋㊽有壽陽人茅智勝等五人，密送其柩㊾於鄴。齊贈琳開府儀同三司、錄尚書事，諡㊿曰忠武王，給轀輬車(71)以葬之。

癸巳(72)，周主集羣臣及沙門(73)、道士，帝自升高坐，辨三教先後(74)，以儒為先，道為次，釋(75)為後。

乙未(76)，譙城(77)降。○乙巳(78)，立皇子叔明(79)為宜都王，叔獻(80)為河東王。○壬午(81)，任忠克霍州(82)。

詔徵安州(83)刺史周炅入朝。初，梁定州(84)刺史田龍升以城降，詔仍舊任。及炅入朝，龍升以江北六州、七鎮叛入于齊，齊遣歷陽王景安(85)將兵應之。詔以炅為江北道大都督，總眾軍以討龍升，斬之。景安退走，盡復江北之地。

是歲，突厥求昏於齊。

【章　旨】以上為第七段，寫陳朝大敗北齊，全部光復梁朝末年丟失的淮水以南、長江北岸的淮南地方，國勢此時達於鼎盛。

【注　釋】❶肥水　河名，在今安徽壽縣東。❷什六七　十分之六七。❸行臺　指河南行臺，治洛州，在今河南洛陽。❹皮景和　（西元五二一—五七五年）北齊人，官至尚書令，封西河郡開國公。傳見《北齊書》卷四十一、《北史》卷五十三。❺淮

口　地名，在今安徽壽縣西。❻乙巳　十月十三日。❼躬擐　親身穿著。擐，穿。❽可朱渾孝裕　可朱渾，三字姓，孝裕，名。❾李騊駼　歷仕北齊與隋，官至永安太守。傳附《北齊書》卷二十二〈李義深傳〉、《北史》卷三十三〈李義深傳〉。❿佐史　軍府中參謀議、備顧問的官員。⓫識　通「志」。記住。⓬脯　乾肉。⓭野老　農夫；鄉下人。⓮輟　停；中止。⓯本是彼物　壽陽本屬南朝領土。彼，指南朝。⓰從　任其。⓱龜茲國　古代西域城邦名，在今新疆西北部庫車一帶。此言雖盡失黃河以南國土，仍可如龜茲國一樣，偏安一隅。⓲人生如寄　人的生命短促，猶如暫時寄居人間。⓳嬖臣　寵愛的臣子。⓴鼓舞　合著鼓樂聲起舞。㉑黎陽　郡名，治所黎陽縣，在今河南浚縣東北。㉒城戍　城堡。此為北齊懼陳兵北上，欲劃河自保。㉓丁未　十月十五日。㉔潁口　潁水入淮河之口。在今安徽潁上東南。㉕辛亥　十月十九日。㉖蒼陵　在今安徽壽縣西南淮河南岸。㉗丙辰　十月二十四日。㉘謁者　陳依梁制，謁者僕射由宦官充任，掌傳達詔命。㉙避席　古時席地而坐，有所敬則離座而起，稱為避席。㉚聖衷　皇帝的心意。㉛征西大將軍　加封的將軍號，無職掌。下文「威虜將軍」同此。㉜戊午　十月二十六日。㉝甲戌　十一月十二日。㉞淮陰城　地名，即淮陰郡城，在今江蘇淮安。㉟庚辰　十一月十八日。㊱劉桃枝　《陳書》卷五〈宣帝紀〉作劉桃根。㊲朐山城　地名，即朐山郡城，在今江蘇連雲港市西南。㊳辛巳　十一月十九日。㊴濟陰城　地名，即濟陰郡，在今安徽嘉山縣東北。㊵己丑　十一月二十七日。㊶濟南徐州　胡三省注認為「濟」當作「齊」。書「齊南徐州」以與京口之南徐州相區別。南徐州，州名，治所宿預縣，在今江蘇宿遷東南。㊷北徐州　州名，當是北齊之南徐州，陳人書之如此。㊸齊北徐州　州名，治所即丘，在今山東臨沂西。㊹錄事參軍　官名，掌總錄眾官署文簿，舉彈善惡。㊺臨陳　親自到軍陣上。㊻倉曹參軍　官名，驃騎將軍府參軍之一，掌倉穀事務。梁制，將軍府有功曹、倉曹、中兵、外兵、騎兵、長流、城局等參軍。㊼典午　典，司之意。午，屬馬。故稱司馬為典午。指東晉司馬氏。㊽徐廣　東晉祕書監。晉恭帝禪位，宋武帝即皇帝位，他以晉朝遺老，悲慼流涕。事見本書卷一百十九〈宋紀〉一武帝永初元年。㊾當塗　即當塗高。東漢末年讖書有「代漢者當塗高」之語。當塗高隱喻魏。魏，象宮門外兩闕，當道而高。代漢者當塗高，即代漢者魏。㊿馬孚　即司馬孚，魏國太傅。魏帝禪位於晉，他握魏帝手說：「臣死之日，固大魏之純臣也。」詳見本書卷七十九〈晉紀〉一武帝泰始元年。(51)辰　時。(52)方伯　一方諸侯之長，後泛指地方長官。(53)天厭梁德　上天厭棄梁朝；天滅亡梁朝。(54)匡繼　匡復梁室，以繼絕世。(55)包胥之志　申包胥救楚之志。包胥，即申包胥，楚國人。吳國滅楚，他赴秦請救，以秦軍破吳復楚。(56)遘　遭遇。(57)萇弘之眚　春秋時周大夫萇弘，周靈王即位，諸侯不朝，他以鬼神之術招致諸侯，諸侯竟不朝。至周敬王時，晉人殺萇弘。眚，過錯。(58)爰　乃。(59)赦王經之哭　魏元帝景元元年，司馬昭弒高貴鄉公，並捕王經。其吏向雄，抱王經哭於東市，司馬昭赦向雄。60許田橫之葬　漢高祖滅齊，齊王田橫入居海島，高祖徵入朝，行至洛陽自殺，高祖仍以王者之禮安葬。事見本書卷十一〈漢紀〉三高帝五年。61報葛之人　葛指諸葛誕。司馬昭破壽春，諸葛誕麾下不降而死。事見本書卷七十九〈魏紀〉九高貴鄉公甘露三年。62悲田之客　田指田橫。田橫死，其客五百人，聞之皆自殺於海島之上。63壬辰朔　十二月一日。64熊曇朗　誅熊曇朗事見本書卷一百六十八〈陳紀〉二文帝天嘉元年。65瘞　埋葬。66八公山　山名，在今安徽壽縣東。67義故　義士及舊友。68尋　不久。69柩　已裝屍體的棺材。70謚　帝王、大臣、士大夫死後，依其生前事跡給予的稱號。71轀輬車　喪車。自秦漢以來，天子葬用轀輬車。72癸巳　周曆十二月癸巳朔，當陳曆十二月初二日。73沙門　僧徒。74三教先後　三教的地位高低。三教，時稱儒、佛、道為三教。先後，指政治地位的高低。75釋　即佛教。因印度人釋迦牟尼創始，故名。76乙未　十二月初四日。77譙城　地名，即譙州城，在今安徽蒙城縣北。78乙巳　十二月十四日。79叔明　陳宣帝第六子。80叔獻　宣帝第九子。與宜都王叔明二人傳均見《陳書》卷二十八、《南史》卷六十五。81壬午　十二月壬辰朔，無壬午，疑為「壬子」之誤。壬子，十二月二十一日。82霍州　州名，治所廬江郡霍山縣，在今安徽霍山縣。83安州　州名，治所安陸縣，在今湖北安陸。84定州　州名，治所信安縣，在今湖北麻城市東北。85景安　即元景安，北魏宗室後裔。歷仕北齊、北周，官至行臺尚書令，封歷陽郡王。傳見《北齊書》卷四十一、《北史》卷五十三。

【校　記】1孝　原作「道」。據章鈺校，十二行本、乙十一行本皆作「孝」，今據改。按，《陳書·吳明徹傳》、《南史·吳明徹傳》皆作「孝」。

【語　譯】吳明徹攻打壽陽，築堤蓄肥水灌城，城中很多人得了浮腫腹瀉的病，死的人佔十分之六七。北齊行臺右僕射琅邪人皮景和等救援壽陽，因為看到尉破胡新近吃了敗仗，他們心中膽怯不敢向前，屯駐在淮口，皇上的敕使多次催促他們進軍，皮景和這才渡過淮河，兵力數十萬，離壽陽城三十里，又駐紮下來不再前進。陳朝眾將都感到害怕，說：「堅城沒有攻下來，敵方大批援軍已在附近，怎麼辦呢？」吳明徹說：「用兵貴在神速，而敵方援軍駐紮不前，自己挫傷了銳氣，我知道他們不敢來交戰，這是很清楚的。」十月十三日乙巳，吳明徹親自穿上鎧甲，戴上頭盔，指揮士兵四面猛攻，一鼓作氣攻破了壽陽城，活捉了王琳、王貴顯、盧潛，以及扶風王可朱渾孝裕、尚書左丞李騊駼等人，押送建康。皮景和向北逃走，丟下駝馬輜重全被陳軍緻獲。

王琳體態容貌安詳文雅，喜怒不顯現在臉上。記憶力強而心思敏捷，軍府僚佐官員有上千人之多，他都能記住他們的姓名。不濫用刑罰，輕視錢財關愛部下，能得到將士的擁護。他雖然丟了地方流寓在鄴城，北齊人都十分敬重他的忠義。等到被吳明徹抓獲，他原來的部下將士很多在吳明徹軍中，見到他被擒無不哀傷哭泣，不能抬頭看他，他們都爭著替他講情並致送財物用品。吳明徹擔心在押送途中發生變故，派使者追上押送隊伍，在壽陽城東邊二十里處斬殺王琳，為王琳痛哭的人聲震如雷。有一位老人用酒和肉乾來祭奠王琳，哭得十分悲傷，搜集了王琳的血之後離開了。當地的農夫野老，不管認識或不認識王琳的，聽到消息沒有不流淚的。

北齊穆提婆、韓長鸞聽到壽陽失陷，仍繼續玩握槊賭博的遊戲而不停止，說：「本來就是南方朝廷的地方，任憑他取去吧。」北齊國主高緯聽到壽陽失陷，深深憂慮，穆提婆等說：「即使朝廷全部丟失黃河以南的土地，還可以像一個龜茲國那樣生存下去。最可憐的是人的一生十分短促，猶如寄居一般，只應當及時行樂，何必去憂愁呢？」高緯身邊的那些寵臣乘機一起贊同附和，高緯立即轉憂為喜，盡情飲酒，合著鼓樂之聲起舞，並讓人在黎陽沿著黃河修築城堡。

十月十五日丁未，北齊派兵一萬到潁口，陳將樊毅把他們打跑了，十九日辛亥，北齊又派兵救援蒼陵，又被打敗。北齊國主高緯認為皮景和使軍隊未受損失退回，給了他獎賞，提升為尚書令。

十月二十四日丙辰，陳宣帝下詔恢復壽陽為豫州，以黃城為司州治所。任命吳明徹為都督豫州・合州等六州諸軍事、車騎大將軍、豫州刺史，派謁者蕭淳風到壽陽去頒布冊命，在城南設壇舉行拜授儀式，士卒二十萬，披甲執戈，陳列旌旗戰鼓。吳明徹登壇拜受皇帝的冊命，儀式完成後退下，將士們都感到榮耀。京城陳宣帝設宴，親自舉杯向徐陵勸酒，說：「這杯酒賞賜卿能夠識人。」徐陵避席答禮說：「英明決策的是聖明皇上，不是臣的力量。」又任命黃法𣰰為征西大將軍、合州刺史。

十月二十六日戊午，湛陀攻佔齊昌城。十一月十二日甲戌，淮陰城投降。十八日庚辰，威虜將軍劉桃枝攻佔朐山城。十九日辛巳，樊毅攻佔濟陰城。二十七日己丑，魯廣達進攻北齊南徐州，將它攻佔，陳朝任命魯廣達為北徐州刺史，鎮守這個地方。

北齊北徐州許多民眾起兵響應陳朝軍隊，逼近州城。祖珽下令不閉城門，禁止人們不得出來到大街上行走，城中一片寂靜。造反的人不知此中緣故，懷疑是人走城空，於是不設防備。這時祖珽忽然命令擊鼓吶喊，其聲震天，造反的人都受驚退走了。不久又結成陣勢逼向州城，祖珽命令錄事參軍王君植領兵抵抗，自己乘馬到陣前命左右的人放箭。造反的人先前聽說祖珽是一個瞎子，認為他絕不會出城，現在忽然看見了他，非常驚訝！穆提婆存心要讓這座城失陷，所以不派援兵，祖珽且戰且守，堅持了十幾天，造反的人終於散走了。

陳宣帝下詔把王琳的頭懸掛在建康鬧市上示眾。王琳的舊僚屬原梁朝驃騎倉曹參軍朱瑒寫信給徐陵，要求收殮王琳的首級，說：「我私下認為，晉朝將要滅亡，徐廣成為晉室的遺老；曹魏亡國，司馬孚可稱魏室忠臣。梁朝原建寧公王琳，生當動亂的年代，擔當一方諸侯的重任，老天要梁朝滅亡，他卻仍想匡扶延續，空懷申包胥乞兵復國的志願，最終犯下了萇弘那樣的錯誤，以致身死九泉之下，頭顱卻傳送千里。拜伏念及聖主的恩德廣博深厚，祈望頒示明詔，像司馬昭那樣寬赦向雄抱哭王經，像漢高祖劉邦那樣允許禮葬田橫。不要使壽春城下，只流傳諸葛誕的部下為主而死；滄洲海島上，只有悲悼田橫的賓客。」徐陵替朱瑒把這一請求上奏陳宣帝。十二月初一日壬辰，把王琳以及熊曇朗等人的首級一起交還他們的親屬。朱瑒把王琳安葬在八公山旁，參加會葬的義士故舊有幾千人。朱瑒從小路趕往北齊，另外商議迎葬的事。不久有壽陽人茅智勝等五人，祕密送王琳的靈柩到鄴城。北齊追贈王琳開府儀同三司、錄尚書事，謚號為忠武王，特賜轀輬車安葬王琳。

十二月初二日癸巳，北周國主宇文邕召集群臣，以及沙門、道士，周武帝自己登上高座，辯論三教地位高下，論定儒教為先，道教第二，佛教第三。

十二月初四日乙未，譙城投降。〇十四日乙巳，陳朝立皇子陳叔明為宜都王，陳叔獻為河東王。〇壬午日，任忠攻佔霍州。

陳宣帝下詔徵召安州刺史周炅入朝。當初，後梁定州刺史田龍升獻城投降陳朝，陳宣帝下詔讓他仍舊擔任原職。等到周炅入朝，田龍升獻出江北六州、七鎮之地反叛投降北齊，北齊派歷陽王元景安率軍接應。陳宣帝下詔任命周炅為江北道大都督，統率眾軍征討田龍升，把他斬首。元景安退走，陳朝全部收復了江北地方。

這一年，突厥向北齊求婚。

六年（甲午　西元五七四年）

春，正月壬戌朔❶，周齊公憲等七人進爵為王。○己巳❷，周主享太廟。○乙亥❸，耕藉田。○壬午❹[1]，上享太廟。○甲申❺，廣陵❻金城降。○二月壬辰❼[2]朔，日有食之。○乙未❽，齊主還鄴。○丁酉❾，周紀國公賢❿等六人進爵為王。○辛亥⓫，上耕藉田⓬。

齊朔州⓭行臺南安王思好⓮，本高氏養子，驍勇，得邊鎮人心。齊主使嬖臣斫骨光弁⓯至州，光弁不禮於思好，思好怒，遂反，云「欲入除君側之惡」。進軍至陽曲⓰，自號大丞相。武衛將軍⓱趙海在晉陽掌兵[3]，蒼猝不暇奏，矯詔發兵拒之。帝聞變，使尚書令唐邕等馳之晉陽，辛丑⓲，帝勒兵繼進。未至，思好軍敗，投水死。其麾下二千人，劉桃枝圍之，且殺且招⓳，終不降，以至於盡。

先是有人告思好謀反，韓長鸞女適⑳思好子，奏言：「是人㉑誣告貴臣，不殺無以息後㉒。」乃斬之。思好既誅，告者弟伏訴[4]闕下㉓求贈官，長鸞不為通。丁未㉔，齊主還鄴。甲寅㉕，以唐邕為錄尚書事㉖。○乙卯㉗，周主如雲陽宮。○丙辰㉘，周大赦。

庚申㉙，周叱奴太后㉚有疾。三月辛酉㉛，周主還長安。癸酉㉜，太后殂。帝居倚廬㉝，朝夕進一溢㉞米。羣臣表請，累旬㉟乃止。命太子總釐㊱庶政。

衛王直譖齊王憲於帝曰：「憲飲酒食肉，無異平日。」帝曰：「吾與齊王異生㊲，俱非正嫡㊳，特以吾故，同袒㊴括髮㊵。汝當愧之，何論得失？汝，親太后之子，特承慈愛，但當自勉，無論它人。」

夏，四月乙卯㊶，齊遣侍中薛孤康買㊷弔於周，且會葬。

初，齊世祖為胡后造珠裙袴㊸，所費不可勝計，為火所焚。至是，齊主復為穆后營之㊹。使商胡齎錦綵三萬，與弔使㊺偕往市珠㊻。周人不與，齊主竟自造之。及穆后愛衰，其侍婢馮小憐大幸，拜為淑妃㊼，與齊主坐則同席，出則並馬，誓同生死。

五月庚申㊽，周葬文宣皇后於永固陵，周主跣行㊾至陵所。辛酉㊿，詔曰：「三年之喪，達於天子。但軍國務重，須自聽朝。衰麻[51]之節，苫廬[52]之禮，率[53]遵前典[54]，以申罔極[55]。百僚宜依遺令[56]，既葬而除[57]。」公卿固請依權制，帝不許，卒申三年之制。五服[58]之內，亦令依禮。

庚午[59]，齊大赦。

齊人恐陳師渡淮，使皮景和屯西兗州[60]以備之。

丙子[61]，周禁佛、道二教，經、像[62]悉毀，罷沙門、道士，並令還俗。并禁諸淫祀[63]，非祀典[64]所載者盡除之。

六月壬辰[65]，周弘正卒。

壬子[66]，周更鑄五行大布錢，一當十，與布泉[67]並行[68]。

戊午[69]，周立通道觀以壹[70]聖賢之教。

秋，七月庚申[71]，周主如雲陽，以右宮正尉遲運兼司武[72]，與薛公長孫覽輔太子守長安。

初，帝取衛王直第為東宮[73]，使直自擇所居。直歷觀府署[74]，無如意者，末取[75]廢陟屺寺[76]，欲居之。齊王憲謂直曰：「弟子孫多，此無乃褊小[77]？」直曰：「一身尚不自容，何論子孫？」直嘗從帝校獵而亂行[78]，帝對眾撻之，直積怨憤，因帝在外，遂作亂。乙酉[79]，帥其黨襲肅章門[80]。長孫覽懼，奔詣帝所。尉遲運偶在門中，直兵奄至，手自闔[81]門。直黨與運爭門，斫傷運指，僅而得閉。直不得入，縱火焚門。運恐火盡，直黨得進，取宮中材木及牀榻[82]以益火，膏[83]油灌之，火轉熾[84]。久之，直不得進，乃退。運帥留守兵，因其退而擊之，直大敗，帥百餘騎奔荊州[85]。戊子[86]，帝還長安。八月辛卯[87]，擒直，廢為庶人，囚於別宮，尋殺之。以尉遲運為大將軍[88]，賜賚[89]甚厚。

丙申[90]，周主復如雲陽。○癸丑[91]，齊主如晉陽。甲辰[92]，齊以高勱為尚書右僕射。

九月庚申[93]，周主如同州。

冬，十月丙申[94]，周遣御正[95]弘農楊尚希[96]、禮部[97]盧愷[98]來聘。愷，柔之子也。

甲寅[99]，周主如蒲州。丙辰[100]，如同州。十一月甲戌[101]，還長安。

十二月戊戌[102]，以吏部尚書王瑒[103]為右僕射，度支尚書[104]孔奐[105]為吏部尚書。瑒，沖之子也。

時新復淮、泗[106]，攻戰、降附，功賞紛紜。奐識鑒[107]精敏，不受請託[108]，事無凝滯(109)，人皆悅服(110)。湘州(111)刺史始興王叔陵(112)，屢諷(113)有司，求為三公(114)。奐曰：「袞章之職(115)，本以德舉，未必皇枝(116)。」因以白帝。帝曰：「始興那忽望公？且朕兒為公，須在鄱陽王(117)後。」奐曰：「臣之所見，亦如聖旨。」

齊定州(118)刺史南陽王綽(119)，喜為殘虐，嘗出行，見婦人抱兒，奪以飼狗。婦人號哭，綽怒，以兒血塗婦人，縱狗使食之。常云：「我學文宣伯(120)之為人。」齊主聞之，鎖詣行在，至而宥之。問：「在州何事最樂？」對曰：「多聚蠍於器，置狙(121)其中，觀之極樂。」帝即命夜索蠍一斗，比曉(122)，得三二升，置浴斛(123)，使人裸臥斛中，號叫宛轉。帝與綽臨觀，喜噱(124)不已。因讓(125)綽曰：「如此樂事，何不早[5]馳驛(126)奏聞？」由是大[6]有寵，拜大將軍，朝夕同戲。韓長鸞疾之，是歲，出為齊州(127)刺史。將發，使人誣告其反，奏云：「此犯國法，不可赦！」帝不忍明誅(128)，使寵胡何猥薩與之手搏(129)，搤(130)而殺之。

【章旨】以上為第八段，寫陳朝收復江北淮南之地，慶功封賞。北周武帝親政、滅佛。北齊國主高緯殘虐無道，變本加厲，國勢日衰。

【注釋】❶壬戌朔　正月初一日。❷己巳　正月初八日。❸乙亥　正月十四日。❹壬午　正月二十一日。❺甲申　正月二十三日。❻廣陵　州名，東魏分東豫州置，治所宋安縣，在今河南息縣。❼壬辰　陳曆二月初二日。周曆則為二月初一日。

❽乙未　二月初五日。❾丁酉　二月初七日。❿紀國公賢　據《周書》卷五〈武帝紀〉上，保定元年（西元五六一年）五月封康為紀國公，四年五月封賢為畢國公。卷十三〈文閔明武宣諸子傳〉亦云紀國公康、畢國公賢，《北史》同。「賢」為「康」之誤。《通鑑》誤記。⓫辛亥　二月二十一日。疑《通鑑》紀日有誤，「辛亥」當下移至「丁未」後。《陳書》卷五〈宣帝紀〉亦作「辛亥」。⓬上耕藉田　梁初，依宋、齊制，正月耕藉田。梁武帝改為二月，陳因而不改。⓭朔州　州名，治所新城縣，在今山西朔州西南。⓮思好　即高思好（？—西元五七四年），仕北齊，官至朔州刺史，封南安王。傳附《北齊書》卷十四〈上洛王思宗傳〉、《北史》卷五十一〈上洛王思宗傳〉。⓯斫骨光弁　斫骨為少數民族複姓，光弁為名。錢大昕《通鑑注辯正》引《廣韻》云：「漢複姓有斫胥氏」，「骨」為「胥」字之訛。可備一說。⓰陽曲　地名，舊稱太原郡汾陽縣為陽曲，在今山西陽曲東北。⓱武衛將軍　武官名，左右衛將軍之副將，掌宿衛營兵。⓲辛丑　二月十一日。辛丑當在「辛亥」之前，此《通鑑》排比干支時有誤。⓳招　勸降。⓴適　女子出嫁。㉑是人　這人。指告謀反者。㉒息後　使後來效法者止息。㉓伏訴闕下　拜伏於宮門下。㉔丁未　二月十七日。㉕甲寅　二月二十四日。㉖錄尚書事　官名，位在尚書令上，職掌與令同，總攬機衡。㉗乙卯　二月二十五日。㉘丙辰　二月二十六日。㉙庚申　二月三十日。周曆則為二十九日。㉚叱奴太后　宇文泰姬（？—西元五七四年），後尊為后。傳見《周書》卷九。㉛辛酉　三月初一日。㉜癸酉　三月十三日。㉝倚廬　廬舍依東牆而建，故稱「倚廬」。㉞溢　一升二十四分之一為一溢。㉟累旬　連續十來天。旬，十日。㊱釐　治理。㊲異生　謂同父異母。㊳正嫡　嫡子。㊴袒　肉袒，即脫去上衣，裸露肢體。㊵括髮　用麻束髮。此是居喪時的裝束。㊶乙卯　四月二十五日。㊷薛孤康買　薛孤，複姓。康買，名。㊸袴　即褲子。㊹營之　製作珠裙褲。㊺弔使　弔喪的使者。㊻偕往市珠　一同前往買珍珠。市，買。㊼淑妃　宮中女官名，位在貴妃之下。㊽庚申　五月一日。㊾跣行　光著腳走。古代孝行之一。㊿辛酉　五月二日。(51)衰麻　身著喪服，頭髮用麻束起。(52)苫廬　睡在苫上，住在小房內。苫，古人居喪時睡的草墊。(53)率　一律；一概。(54)前典　過去的典制。(55)以申罔極　以表示對父母無盡養育之恩的思念。罔極，無窮盡。(56)遺令　太后臨死時留下的教令。(57)除　脫下喪服。(58)五服　舊時喪服制度，以親疏為差等，有斬衰、齊衰、大功、小功、緦麻五種名稱，統稱五服。(59)庚午　五月十一日。(60)西兗州　州名，治所定陶，在今山東定陶。(61)丙子　五月十七日。(62)經像　經，指佛、道二教之經書。像，謂佛像、天尊像。(63)淫祀　指不合禮制的祭祀。(64)祀典　祭祀的禮儀和制度。(65)壬辰　六月初三日。(66)壬子　六月二十三日。(67)布泉　錢名，北周武帝保定元年（西元五六一年）七月，更鑄錢，文曰「布泉」，以一當五，與五銖錢並行。建德三年（西元五七四年）六月，更鑄五行大布錢。事載《周書》卷五〈武帝紀〉。(68)並行　一起通用。(69)戊午　六月二十九

日。[70]壹　同「一」。一致；統一。[71]庚申　七月初二日。[72]司武　官名，司馬之別稱。隸大司馬，專掌軍事。[73]為東宮　建德元年，立太子，始建東宮。[74]府署　官署或貴族住宅。[75]末取　最後選定。[76]陟屺寺　寺名，取望母為名。宇文直取該寺欲以同母感動周武帝。[77]褊小　狹小；狹隘。[78]亂行　亂了行列，亦作胡作非為解。[79]乙酉　七月二十七日。[80]肅章門　宮門名，唐長安太極宮，在太極殿後，兩儀殿前，中為朱明門，東則虔化門，西則肅章門，大概是用周遺制。[81]闔　關閉。[82]牀榻　坐臥用具。[83]膏　油脂。[84]熾　猛烈。[85]荊州　州名，治所江陵縣，在今湖北江陵。江陵時為後梁都城。[86]戊子　七月三十日。[87]辛卯　八月初三日。[88]大將軍　武官名，周十二大將軍，每一大將軍領二開府。[89]賜賚　賜予。[90]丙申　八月八日。[91]癸丑　八月二十五日。據《北齊書》卷八〈後主紀〉、《北史》卷八〈齊本紀〉下，當作「癸卯」。癸卯為八月十五日。[92]甲辰　八月十六日。[93]庚申　九月三日。[94]丙申　十月九日。[95]御正　北周官名，北周依《周禮》改官制，武成元年，增置御正四人，掌王言，在皇帝左右。[96]楊尚希　（西元五二四—五八〇年）仕北周與隋，歷官計部上大夫、禮部尚書。傳見《隋書》卷四十六、《北史》卷七十五。[97]禮部　北周官名，保定四年，改禮部為司宗，大司禮為禮部。掌禮部諸事。[98]盧愷　仕北周與隋，官至禮部尚書，攝吏部尚書事。傳見《周書》卷三十二、《隋書》卷五十六、《北史》卷三十。[99]甲寅　十月二十七日。[100]丙辰　十月二十九日。[101]甲戌　十一月十八日。周曆則為十七日。[102]戊戌　十二月十二日。[103]王瑒　（西元五二三—五七六年）陳朝人，官至中書令。傳見《陳書》卷二十三、《南史》卷二十一。[104]度支尚書　官名，領度支、金部、倉部、起部四曹。類似後世戶部尚書。[105]孔奐　（西元五一四—五八三年）歷仕梁、陳，官至中書令。傳見《陳書》卷二十一、《南史》卷二十七。[106]淮泗　當指淮水、泗水一帶地區，在今江蘇、安徽境內。[107]識鑒　能賞識人才，辨別優劣。[108]請託　私相囑託。[109]凝滯　停止流動。此指辦事不順暢。[110]悅服　心悅誠服。[111]湘州　州名，治所臨湘縣，在今湖南長沙。[112]始興王叔陵　即陳叔陵（？—西元五八二年），陳宣帝第二子，字子嵩，封始興郡王，官至揚州刺史。傳見《陳書》卷三十六、《南史》卷六十五。[113]諷　暗示；不正面說，託辭婉言勸說。[114]三公　輔佐國君掌握軍政權的最高官員。三公歷代所指不同。陳以太宰、太傅、太保為三公。[115]袞章之職　指三公職。袞章，指袞服的文采。[116]皇枝　皇帝宗室。[117]鄱陽王　即陳伯山，陳文帝第三子，封鄱陽王。傳見《陳書》卷二十八、《南史》卷六十五。[118]定州　州名，治所安喜縣，在今河北定州。[119]南陽王綽　即高綽（？—西元五七四年），武成帝長子，封南陽王。傳見《北齊書》卷十二、《北史》卷五十二。[120]文宣伯　即文宣帝高洋。[121]狙　猿猴之類的動物。[122]比曉　等到天亮。[123]浴斛　洗澡盆之類的浴器。[124]噱　大笑。[125]讓　責備。[126]馳驛　古時官員因急事入奏或外出，由沿途驛站供給伕馬糧食，兼程而行，稱馳驛。[127]齊州　州名，治所歷城縣，在今山東濟南市。

128明誅　公開處死。129手搏　徒手搏擊。130搤　通「扼」。掐住。

【校　記】①壬午　原作「壬子」。據章鈺校，十二行本、乙十一行本皆作「壬午」，張敦仁《通鑑刊本識誤》同，今據改。按，《陳書·宣帝紀》作「壬子」。②壬辰　原作「壬午」。據章鈺校，孔天胤本作「壬辰」，張敦仁《通鑑刊本識誤》同，今據改。按，《陳書·宣帝紀》、《周書·武帝紀上》皆作「壬辰」。③掌兵　原無此二字。據章鈺校，十二行本、乙十一行本、孔天胤本皆有此二字，張敦仁《通鑑刊本識誤》同，今據補。按，《北齊書·上洛王高思宗傳附高思好傳》、《北史·上洛王高思宗傳附高思好傳》皆有此二字。④訴　原無此字。據章鈺校，十二行本、乙十一行本、孔天胤本皆有此字，張敦仁《通鑑刊本識誤》同，今據補。⑤早　原無此字。據章鈺校，十二行本、乙十一行本、孔天胤本皆有此字，張敦仁《通鑑刊本識誤》同，今據補。按，《北齊書·南陽王高綽傳》、《北史·南陽王高綽傳》皆有此字。⑥大　原無此字。據章鈺校，十二行本、乙十一行本、孔天胤本皆有此字，張敦仁《通鑑刊本識誤》同，今據補。

【語　譯】六年（甲午　西元五七四年）

春，正月初一日壬戌，北周齊國公宇文憲等七人進爵為王。○初八日己巳，北周國主宇文邕到太廟祭祀祖先。十四日乙亥，舉行親耕藉田典禮。○二十一日壬午，陳宣帝到太廟祭祀祖先。○二十三日甲申，廣陵金城投降。

二月初二日壬辰，發生日蝕。○初五日乙未，北齊國主高緯回到鄴城。○初七日丁酉，北周紀國公宇文康等六人進爵為王。○二十一日辛亥，陳宣帝舉行親耕藉田典禮。

北齊朔州行臺南安王高思好，原本是高氏養子，十分驍勇，深得邊鎮民心。北齊國主高緯派寵臣斫骨光弁到朔州，斫骨光弁對高思好傲慢無禮，高思好大怒，於是造反，聲稱「要帶兵進京除掉國君身邊的壞人」。高思好進軍到達陽曲，自稱大丞相。武衛將軍趙海在晉陽掌握軍權，匆忙間來不及上奏，就假傳詔令出動軍隊去抵抗。皇上高緯聽說發生變亂，派尚書令唐邕等快馬趕到晉陽，二月十一日辛丑，高緯親自指揮軍隊隨後進發。高緯還沒到達晉陽，高思好的軍隊已戰敗，高思好也投水而死。高思好的部下兩千人被劉桃枝包圍，北齊軍一邊殺一邊招降，這些部下始終不投降，以至全部戰死。

此前，有人告發高思好謀反，因韓長鸞的女兒嫁給了高思好的兒子，韓長鸞便啟奏說：「這人誣告貴臣，不殺掉他就不能讓後來的效尤之風止息。」於是殺了告發者。高思好被誅殺後，告發人的弟弟拜伏在皇宮門前請求給他的哥哥贈官，韓長鸞不替他向皇上通報。

二月十七日丁未，北齊國主高緯回到鄴城。二十四日甲寅，任命唐邕為錄尚書事。○二十五日乙卯，北周國主宇文邕前往雲陽宮。○二十六日丙辰，北周實行大赦。

二月三十日庚申，北周叱奴太后生病。三月初一日辛酉，北周國主宇文邕回到長安。十三日癸酉，叱奴太后去世。皇上宇文邕居倚廬守喪，早晚只吃一勺米的飯。群臣上表請求皇上節哀，一連十幾天上表後才停止住在倚廬。皇上命令太子宇文贇總理各項政務。

北周衛王宇文直在皇上宇文邕面前說齊王宇文憲的壞話，說：「宇文憲飲酒吃肉，跟平日沒有不同。」皇上說：「我與齊王宇文憲同父異母，都不是嫡子。只因我是國君的緣故，他也跟我一起解衣露袒，用麻束髮，為我母服喪。你應當感到羞愧，怎麼反而去議論別人的是非？你，是太后的親生兒子，又特別受到太后的慈愛，你只該自己努力去做，不要去議論別人。」

夏，四月二十五日乙卯，北齊派侍中薛孤康買到北周弔唁，並參加太后的葬禮。

當初，北齊世祖高湛為胡皇后製作珍珠裙褲，所花費的錢財不計其數，不料失火被燒毀。這時，北齊國主高緯又想為穆皇后做一條珍珠裙褲。高緯派胡商攜帶三萬匹彩色綢緞，與弔唁使者一起到北周去購買珍珠。北周人不賣給他珍珠，高緯竟然自己設法製作了一條珍珠裙褲。等到穆皇后失寵，穆皇后的侍女馮小憐大受寵幸，被封為淑妃，與高緯坐則同席，出則並馬，發誓要同生共死。

五月初一日庚申，北周在永固陵安葬文宣皇后叱奴氏，北周國主宇文邕光著腳走到陵前。初二日辛酉，周帝下詔說：「為父母守三年之喪，從庶民直到天子都是一樣的。但是軍國事務繁重，皇上要親自臨朝聽政。至於身穿孝服，頭戴孝麻的服制，臥苫居廬的禮節，一概遵守先前的規定，以表達對母親無盡養育之恩的思念。文武百官則應遵守太后遺命，在她安葬之後，就可以除去孝服。」公卿大臣一再請求皇上依照變通的制度守喪，周帝不同意，始終遵守了守喪三年的禮制。凡五服之內的親屬，也下令依禮守喪。

五月十一日庚午，北齊實行大赦。

北齊害怕陳朝軍隊渡過淮河，派皮景和屯駐在西兗州以作防備。

五月十七日丙子，北周禁止佛教、道教，把佛道兩教的經典和偶像全部銷毀，取締和尚、道士，勒令他們還俗。並禁止一切不符合禮制的祭祀，凡不是禮儀制度規定的祭祀一律廢除。

六月初三日壬辰，陳朝周弘正去世。

六月二十三日壬子，北周改鑄五行大布錢，一個五行大布錢兌換民間私鑄的十個細錢，與布泉錢一起流通。

六月二十九日戊午，北周建立通道觀以統一聖賢的教化。

秋，七月初二日庚申，北周國主宇文邕前往雲陽，任命右宮正尉遲運兼職司武，與薛國公長孫覽輔佐太子鎮守長安。

當初，周武帝徵用衛王宇文直的府第為東宮，讓宇文直自己另外選擇一處住所。宇文直一一察看了所有的府署，沒有一處滿意的，最後選定了荒廢的陟屺寺，想居住在那裡。齊王宇文憲對宇文直說：「弟弟你子孫眾多，這地方恐怕太狹小了吧？」宇文直說：「我自己這一個身子尚且不見得能容下，哪裡還談得上子孫？」宇文直曾經隨從周武帝圍獵而亂了隊列，周武帝當眾鞭打他，宇文直便積下怨憤，趁周武帝外出，於是在長安起兵作亂。七月二十七日乙酉，他率領黨羽襲擊肅章門。長孫覽害怕，逃到周武帝的行在所。尉遲運正巧在肅章門內，宇文直領兵突然到來，尉遲運親手關門。宇文直的黨羽與尉遲運爭鬥，砍傷了尉遲運的手指，尉遲運勉強把門關上了。宇文直不能進入皇宮，就放火燒門。尉遲運擔心火滅了，宇文直的黨羽會衝進宮來，便命人搬來宮中的木材和床榻等物投入火中加大火勢，又用油脂灌澆，火勢轉大。雙方僵持了很久，宇文直一直不能進宮，這才退走。尉遲運率領留守的士兵，趁宇文直退走時追擊，宇文直大敗，率領一百餘騎逃奔荊州。三十日戊子，周武帝回到長安。八月初三日辛卯，抓獲宇文直，廢為庶人，禁閉在別宮，不久又殺了他。任命尉遲運為大將軍，賞賜非常優厚。

八月初八日丙申，北周國主宇文邕再次前往雲陽。〇二十五日癸丑，北齊國主高緯前往晉陽。十六日甲辰，北齊任命高勱為尚書右僕射。

九月初三日庚申，北周國主宇文邕前往同州。

冬，十月初九日丙申，北周派御正弘農人楊尚希、禮部盧愷到陳朝來通問修好。盧愷，是盧柔的兒子。

十月二十七日甲寅，北周國主宇文邕前往蒲州。二十九日丙辰，前往同州。十一月十八日甲戌，回到長安。

十二月十二日戊戌，陳宣帝任命吏部尚書王瑒為右僕射，度支尚書孔奐為吏部尚書。王瑒，是王沖的兒子。

這時陳朝剛剛收復淮泗地區，將士進攻交戰，敵方投降歸附，論功行賞事情紛雜。孔奐有見地，善於鑑別人，為人精細敏捷，不接受人情請託，事情辦得迅速順暢，人們心悅誠服。湘州刺史始興王陳叔陵，多次暗示主管部門，希望擔任三公之職。孔奐說：「三公的職位，本是依照德行來選拔的，未必一定是皇室宗親。」並把這事報告給陳宣帝。陳宣帝說：「始興王怎麼突然想要做三公？再說朕的兒子要做三公，也得在鄱陽王之後。」孔奐說：「臣的看法，也和皇上的意思一樣。」

北齊定州刺史南陽王高綽，喜好做殘暴狠毒的事，他曾外出，看到一個婦人抱著嬰兒，他奪過來餵狗。婦人高聲哭喊，高綽大怒，把這個嬰兒的血塗在婦人身上，放狗去咬這個婦人。他常常說：「我學文宣帝伯伯的樣子做人。」北齊國主高緯聽說了，命人把高綽鎖住押往行在所，等押送到後，又寬赦了他。高緯問高綽：「在州裡做什麼事最快樂？」高綽回答說：「把許多蠍子聚集在一個容器裡，再把一隻猴子放進去，看蠍子螫猴子最快樂。」高緯於是立即派人連夜去捉一斗蠍子，等到天亮，只捉到兩三升蠍子，然後把蠍子放進澡盆，讓一個人光著身子躺在澡盆裡，那人被蠍子螫得團團打滾，號叫不已。高緯與高綽臨盆觀看，大笑不止。高緯責備高綽說：「這麼讓人快樂的事，為什麼不早用快馬驛傳奏上？」因此高綽大受寵信，升為大將軍，兩人從早到晚在一起嬉戲。韓長鸞十分憎恨高綽。這一年，外放高綽為齊州刺史。高綽將要啟程赴任時，韓長鸞又派人誣告高綽謀反，隨即上奏說：「這是犯了國法，不能赦免！」皇上高緯不忍公開處死，讓寵胡何猥薩與高綽徒手搏鬥，扼死了高綽。

【研　析】本卷所記西元五七二—五七四三年間史事，最值得關注的是周武帝從政治、軍事與思想等方面強化皇權。

西魏北周政權相繼，政治上不斷穩定，經歷三十多年的發展，由創立時的弱小狀態，業已成當時鼎立三方中最有影響力的政權。但其政治上的缺陷仍相當明顯，那就是輔政體制造成的權力分散。北周雖與草原強大的突厥結為政治盟友，但在與齊、陳二方的角逐中，並沒有體現出絕對的優勢。

所謂「輔政體制」，緣於西魏創立。年輕的宇文泰因緣際會，為「羣公」所推，執掌西魏大政，而名義上的最高權力，仍舊在西魏皇帝手中；宇文泰死後，宇文護執政，名義上的最高權力卻是北周皇帝所有，最高權力的名義所有者與實際行使者分離。在特定的政治形勢下，這種政治體制可以使執政者在未具備絕對的統治力時，避免改朝換代可能引發的激烈政治衝突，更為靈活地籠絡各種政治勢力。但這種體制也掣肘執政者，使其一方面要盡可能遏止皇權的伸張，一方面在權力行使中又不得不考慮政治利益的平衡，而政治上的野心家、失利者，也往往利用這種體制，在皇帝與執政者必然產生的矛盾之間尋求自身的利益。這不僅是破壞政治穩定的潛在因素，也使該政權在多政權並立時，不能為實現一個特定的目標投入全部的資源。如本卷所記周武帝強化個人權力時所說：「昔魏末不綱，太祖輔政。及周室受命，晉公復執大權。積習生常，愚者謂法應如是。」所謂「法」，那就是在專制政治下，權力必須集中。我們盡可以以當代人的眼光對專制政治進行批判，但就專制政治本身來說，英明而強勢的皇帝，正是歷代「聖世」出現的前提。

在宇文泰死後，當「羣公各圖執政，莫相率服」的情況下，宇文護對西魏北周的政治穩定與宇文氏北周政權的創立，無疑立有大功。如《周書》卷十一〈宇文護傳〉史臣評論所說：「有周受命之始，宇文護寔預艱難。及太祖崩殂，諸子沖幼，羣公懷等夷之志，天下有去就之心。卒能變魏為周，俾危獲乂者，護之力也。」同卷也批評他「暗於大體。自恃建立之功，久當權軸。凡所委任，皆非其人。兼諸子貪殘，僚屬縱逸，恃護威勢，莫不蠹政害民。上下相蒙，曾無疑慮。」

周武帝宇文邕被宇文護立為皇帝後，「常自晦迹，人莫測其深淺」，他利用親情，使宇文護疏於防範，將其刺殺，並清除其黨羽。所利用的力量與過程，本卷已有詳細交代，無需細說。《周書》卷六〈武帝紀下〉評論他隨後的政治舉措說：「及誅護之後，始親萬機。克己勵精，聽覽不怠。用法嚴整，多所罪殺。號令懇惻，唯屬意於政。羣下畏服，莫不肅然。性既明察，少於恩惠。凡布懷立行，皆欲踰越古人。」

周武帝「用法嚴整，多所罪殺」，「少於恩惠」，並非對百姓實施的暴政，目的是扭轉權臣執政時期皇權不伸的弊端，使群臣聽命於己，故「頗事威刑，雖骨肉無所寬借」。其異母弟齊王宇文憲是他誅除宇文護重要的支持者，事後，周武帝對曾為齊王侍讀的裴文舉說：「卿雖陪侍齊公，不得遽同為臣，欲死於所事。」其實是意圖通過裴文舉告誡宇文憲：不得培育自己的勢力，所有臣子均得聽命於皇帝。宇文憲知曉後表示：「但當盡忠竭節耳。」周武帝同母弟宇文直，雖是誅除宇文護勢力的積極推動者，但由於認不清形勢，試圖如同宇文護一樣執政，不得志則起而反叛，結果連同其十子一併被殺。兄弟親情必須讓位於皇權至上的原則。

軍隊的忠誠，是皇帝個人專制最重要的保證。宇文泰創立的六柱國、十二大將軍為核心的指揮系統，在宇文護執政時期已發生了很大的改變，柱國大將軍已大大增加。如《周書·武帝紀上》所記：宇文護被誅的前一年，正月，王傑、宇文會、田弘、李暉等四人升任柱國；四月，司馬消難、侯莫陳瓊、閻慶、竇毅、叱羅協、侯伏侯龍恩等六人升為柱國；五月，李昞、宇文訓、宇文亮、陸騰、宇文丘、寇紹、宇文善、高琳、達奚震、楊纂、于翼等十一人又被提升為柱國。利用有影響力的政治老人逝去的有利時期，短時期內提升眾多此前作為最高軍事指揮者的柱國大將軍一職，使柱國大將軍失去了往日舉足輕重的顯赫地位，從而有利於改變以前軍隊濃重的私屬性色彩，使「羣公懷等夷之志」局面消於無形。這實際上也為周武帝強化對軍隊的直接控制創造了條件。

本卷記西元五七二年十一月庚戌，「周主行如羌橋，集長安以東諸軍都督以上，頒賜有差」，「壬申，周主如斜谷，集長安已西諸軍都督已上，頒賜有差。」都督在當時已是中下級武官，這顯示出周武帝力圖改變此前府兵制度下軍人與主將同姓氏、中下層軍事指揮人員效忠於高層武將的傳統，在中下層武官中樹立效忠皇帝的意識。而這只是一個開始。據《周書・武帝紀上》，建德二年（西元五七三年）六月，周武帝「集諸軍將，勗以戎事」；建德三年正月，「享二十四軍督將以下，試以軍旅之法，縱酒盡歡」；六月，「集諸軍將，教以戰陣之法」；十二月，「大會衛官及軍人以上，賜錢帛各有差」，同月，「改諸軍軍士並為侍官」。《周書・武帝紀下》卷末還稱：「每宴會將士，必自執杯勸酒，或手付賜物。」不斷與軍隊接觸、特別是與中下層武官甚至至兵士接觸，通過集訓、宴會、賞賜，拉近他們與皇帝的私人情感，並改軍士名為「侍官」，所有軍隊在名義上都成了皇帝的衛隊。北周軍隊的指揮權，因此真正集中到皇帝手中。在日後平齊之戰中，我們再也見不到此前將領率其所統各自為戰的情形。

本卷記西元五七四年五月，「周禁佛、道二教，經、像悉毀，罷沙門、道士，並令還俗。」是周武帝在思想文化上強化集權的重要舉措。漢代傳入中土的佛教，在魏晉南北朝動盪時期獲得了巨大的成功，以至於有學者稱之為「佛教征服中國」。秉持眾生平等、追求來生幸福的佛教，與專制權力並不發生直接衝突，但其影響擴大之後，仍與傳統的專制集權產生了矛盾。「溥天之下，莫非王土；率土之濱，莫非王臣」，原本是專制集權的一種理論支撐，但佛教僧侶，置身化外，「沙門」應否向王者致拜，在這一時期竟然成了僧俗熱烈討論的話題，無疑衝擊著專制權威；「身之髮膚，受之父母，不可毀傷」，而僧侶按宗教律法，削髮受戒，衝擊著作為專制集權傳統基礎的儒教論理；「不孝有三，無後為大」，僧侶們居處廟宇，嚮往靈魂的皈依西方極樂世界，在俗世的批評者看來，長久以往，現世將成「鬼域」。而且，寺廟在當時廣佔土地與依附人口，確實影響了國家的賦稅力役徵收。《周書・武帝紀上》載建德三年正月詔書：「自今已後，男年十五，女年十三已上，爰及鰥寡，所在軍民，以時嫁娶，務從節儉，勿為財幣稽留。」反映了北周政權擴大人口規模的急切要求，僧尼的生活方式與現實政治的要求，極不合拍。

熱愛儒學的周武帝原本希望以和平的方式，清除佛教的影響。建德二年十二月，「集羣臣及沙門、道士，帝自升高坐，辨三教先後。」從《廣弘明集》所載當時諸方辯論之語可知，擅長於理論說教的佛教僧侶顯然在口辯上佔了上風，但政治的需要壓倒一切，周武帝不得不強行斷定：「儒為先，道為次，釋為後。」而且只要第一，嚴禁第二、第三，以暴力的方式焚毀佛教寺廟經像，沒收寺院財產，嚴令僧尼還俗。與北魏太武帝、唐代武宗廢佛合稱為「三武滅佛」，在佛教界看來，是佛教中國化過程中的「三厄」，即三次災難。

周武廢佛，被僧人指責為「求兵於僧眾之間，取地於塔廟之下。」兵源、財富自然是周武帝廢佛的一個原因，但如同其他二次廢佛運動一樣，經濟問題只不過是一種表象，政治的、文化的目的才是根本。周武帝在儒學衰落、佛教昌熾的背景下大規模的廢佛活動，是非得失可以討論，但在當時來說，無疑是漢代「獨尊儒術」的歷史回響，預示著十六國北朝少數民族華夏化過程的終結，華夏文明強盛時代即將來臨。

卷第一百七十二

陳紀六

起旃蒙協洽（乙未　西元五七五年），盡柔兆涒灘（丙申　西元五七六年），凡二年。

【題解】本卷記述西元五七五—五七六年南北朝兩年史事，當陳宣帝太建七年、八年，北周武帝建德四年、五年，北齊後主高緯武平六年、隆化元年。重點記述北周武帝連年用兵討伐北齊的事件。周武帝第一次伐齊，出兵指向北齊重點防禦的洛陽，無功而返；及時總結教訓，再次伐齊，直指并州，一舉端掉高氏起家的晉陽，奠定了滅亡北齊的基礎。

高宗宣皇帝中之上

太建七年（乙未　西元五七五年）

春，正月辛未❶，上祀南郊。○癸酉❷，周主如同州。○乙亥❸，左衛將軍樊毅克潼州❹。○齊主還鄴。○辛巳❺，上祀北郊❻。

二月丙戌朔❼，日有食之。○戊申❽，樊毅克下邳❾、高柵❿等六城。

齊主言語澀吶⑪，不喜見朝士，自非寵私昵狎⑫，未嘗交語⑬。性懦，不堪人視⑭，雖三公、令、錄⑮奏事，莫得仰視，皆略陳大指⑯，驚走而出。承世祖⑰奢泰⑱之餘，以為帝王當然，後宮皆寶衣玉食⑲，一裙之費，至直⑳萬匹，競為新巧，朝衣夕弊㉑。盛修宮苑，窮極壯麗，所好不常，數毀又復。百工土木㉒，無時休息，夜則然火照作，寒則以湯㉓為泥。鑿晉陽西山為大像，一夜然油萬盆，光照宮中㉔。每有災異寇盜，不自貶損㉕，唯多設齋㉖，以為修德。好自彈琵琶，為無愁㉗之曲，近侍和之者以百數，民間謂之「無愁天子」。於華林園立貧兒村，帝自衣藍縷㉘之服，行乞其間以為樂。又寫築西鄙諸城㉙，使人衣黑衣㉚攻之，帝自帥內參㉛拒鬭。

寵任陸令萱、穆提婆、高阿那肱、韓長鸞等宰制㉜朝政，宦官鄧長顒㉝、陳德信㉞、胡兒何洪珍等並參預機權㉟，各引親黨，超居顯位㊱。官由財進，獄以賄成㊲，競為姦諂㊳，蠹政害民。舊蒼頭㊴劉桃枝等皆開府封王，其餘宦官、胡兒、歌舞人、見鬼人㊵、官奴婢等濫得富貴者，殆將萬數，庶姓封王者以百數，開府㊶千餘人，儀同㊷無數，領軍一時至二十人，侍中㊸、中常侍㊹數十人，乃至狗、馬及鷹亦有儀同、郡君㊺之號，有鬭雞號開府，皆食其幹祿㊻。諸嬖倖朝夕娛侍左右，一歲之賞[1]，動踰巨萬。既而府藏(47)空竭，乃賜二三郡或六七縣，使之賣官取直(48)。由是為守令(49)者，率(50)皆富商大賈(51)，競為貪縱，賦繁役重[2]，民不聊生。

周高祖謀伐齊，命邊鎮益儲偫(52)，加戍卒。齊人聞之，亦增修守禦(53)。柱國(54)于翼(55)諫曰：「疆埸相侵，互有勝負，徒損兵儲，無益大計。不如解嚴繼好，使彼懈而無備，然後乘間，出其不意，一舉可取也。」周主從之。

韋孝寬上疏陳三策：

其一曰：「臣在邊積年(56)，頗見間隙(57)，不因際會(58)，難以成功。是以往歲出軍(59)，徒有勞費，功績不立，由失機會。何者？長淮(60)之南，舊為沃土，陳氏以破亡餘燼(61)，猶能一舉平之(62)，齊人歷年赴救，喪敗而返。內離外叛，計盡力窮，讎敵有釁(63)，不可失也。今大軍若出軹關，方軌而進(64)，兼與陳氏共為掎角(65)，并令廣州(66)義旅出自三鵶(67)，又募山南(68)驍銳，沿河(69)而下，復遣北山稽胡(70)，絕(71)其并、晉(72)之路。凡此諸軍，仍令各募關、河之外(73)勁勇之士，厚其爵賞，使為前驅。岳動川移，雷駭電激，百道俱進，並趨虜庭。必當望旗奔潰，所向摧殄(74)，一戎大定(75)，寔在此機。」

其二曰：「若國家更為後圖(76)，未即大舉，宜與陳人分其兵勢。三鵶以北，萬春[77]以南，廣事[78]屯田[79]，預為貯積，募其驍悍[80]，立為部伍[81]。彼既東南有敵[82]，戎馬相持[83]，我出奇兵，破其疆埸[84]。彼若興師赴援，我則堅壁清野[85]，待其去遠，還復出師。常以邊外之軍，引其腹心之眾。我無宿舂[86]之費，彼有奔命之勞[87]，一二年中，必自離叛。且齊氏昏暴，政出多門[88]，鬻獄[89]賣官，唯利是視，荒淫酒色，忌害忠良，闔境嗷然[90]，不勝其弊。以此而觀，覆亡可待。然後乘間電掃[91]，事等摧枯[92]。」

其三曰：「昔句踐[93]亡吳，尚期十載。武王取紂[94]，猶煩再舉[95]。今若更存遵養[96]，且復相時，臣謂宜還崇鄰好[97]，申其盟約，安民和眾，通商惠工[98]，蓄銳養威，觀釁[99]而動。斯乃長策遠馭[100]，坐自兼并[101]也。」

書奏，周主引開府儀同三司伊婁謙[102]入內殿，從容謂曰：「朕欲用兵，何者為先？」對曰：「齊氏沈溺[103]倡優，耽昏[104]麴糵[105]。其折衝[106]之將斛律明月，已斃於讒口[107]。上下離心，道路以目[108]。此易取也。」帝大笑。三月丙辰[109]，使謙與小司寇元偉[3]聘於齊以觀釁。

丙寅[110]，周主還長安。

夏，四月甲午[111]，上享太廟。

監豫州[112]陳桃根得青牛，獻之，詔遣還民。又表上織成羅文錦被各二百首[113]，詔於雲龍門外焚之。

庚子[114]，齊以中書監[115]陽休之[116]為尚書右僕射。

六月壬辰[117]，以尚書右僕射王瑒[118]為左僕射。○甲戌[119]，齊主如晉陽。

秋，七月丙辰[120] [4]，周主如雲陽宮。

大將軍楊堅姿相奇偉[121]。畿伯下大夫[122]長安來和[123]嘗謂堅曰：「公眼如曙星[124]，無所不照，當王有天下，願忍誅殺。」

周主待堅素厚，齊王憲言於帝曰：「普六茹堅[125]，相貌非常，臣每見之，不覺自失[126]，恐非人下，請早除之！」帝亦疑之，以問來和。和詭對[127]曰：「隨公[128]止是守節[129]人，可鎮一方，若為將領，陳無不破[130]。」

丁卯[131]，周主還長安。

先是周主獨與齊王憲及內史[132]王誼[133]謀伐齊，又遣納言[134]盧韞乘馹[135]三詣安州[136]總管于翼問策，餘人皆莫之知。丙子[137]，始召大將軍以上於大德殿告之。

丁丑[138]，下詔伐齊，以柱國陳王純、滎陽公司馬消難[139]、鄭公達奚震[140]為前三軍總管，越王盛、周昌公[141]侯莫陳崇[142]、趙王招為後三軍總管。齊王憲帥眾二萬趨黎陽，隨公楊堅、廣寧公薛迥將舟師三萬自渭入河[143]，梁公侯莫陳芮[144]帥眾二萬守太行道[145]，申公李穆帥眾三萬守河陽道[146]，常山公于翼帥眾二萬出陳、汝[147]。誼，盟之兄孫。震，武之子也。

周主將出河陽[148]，內史上士[149]宇文弢[150]曰：「齊氏建國，於今累世[151]，雖曰無道，藩鎮之任，尚有其人。今之出師，要須擇地，河陽衝要[152]，精兵所聚，盡力攻圍，恐難得志。如臣所見，出於汾曲[153]，戍小山平，攻之易拔。用武之地，莫過於此。」民部中大夫[154]天水趙煚[155]曰：「河南、洛陽，四面受敵，縱得之，不可以守。請從河北[156]直指太原，傾其巢穴，可一舉而定。」遂伯下大夫[157]鮑宏[158]曰：「我彊齊弱，我治齊亂，何憂不克？但先帝[159]往日屢出洛陽，彼既有備，每用 5 不捷。如臣計者，進兵汾、潞[160]，直掩晉陽，出其不虞，似為上策。」周主皆不從。宏，泉之弟也。

壬午[161]，周主帥眾六萬，直指河陰[162]。楊素請帥其父麾下先驅，周主許之。

八月癸卯[163]，周遣使來聘。

周師入齊境，禁伐樹踐稼[164]，犯者皆斬。丁未[165]，周主攻河陰大城，拔之。齊王憲拔武濟[166]，進圍洛口[167]，拔東、西二城，縱火船 6 焚浮橋，橋絕。齊永橋[168]

大都督太安傅伏[169]，自永橋夜入中潬城[170]。周人既克南城，圍中潬，二旬不下。洛州[171]刺史獨孤永業[172]守金墉[173]，周主自攻之，不克。永業通夜辦馬槽二千，周人聞之，以為大軍且至而憚之。

九月，齊右丞相[7]高阿那肱自晉陽將兵拒周師。至河陽，會周主有疾，辛酉[174]夜，引兵還。水軍焚其舟艦。傅伏謂行臺乞伏貴和[175]曰：「周師疲弊，願得精騎二千追擊之，可破也。」貴和不許。

齊王憲、于翼、李穆，所向克捷，降拔[176]三十餘城，皆棄而不守。唯以王藥城[177]要害，令儀同三司韓正守之，正尋以城降齊。

戊寅[178]，周主還長安。○庚辰[179]，齊以趙彥深為司徒，斛阿列羅[180]為司空。

閏月[181]，車騎大將軍吳明徹將兵擊齊彭城，壬辰[182]，敗齊兵數萬於呂梁[183]。

甲午[184]，周主如[185]同州。

冬，十月己巳[186]，立皇子叔齊[187]為新蔡王，叔文[188]為晉熙王。

十二月辛亥朔[189]，日有食之。

壬戌[190]，以王瑒為尚書左僕射，太子詹事[191]吳郡陸繕[192]為右僕射。

庚午[193]，周主還長安。

【章　旨】以上為第一段，載述西元五七五年史事，北周武帝宇文邕大規模伐齊，未採納臣下正確建議，出兵洛陽而敗還。但北齊腐朽之形已現，陳朝趁機北伐，取得大勝。

【注　釋】❶辛未　正月十六日。❷癸酉　正月十八日。❸乙亥　正月二十日。❹潼州　州名，治所取慮城，在今安徽靈璧東北潼郡村。❺辛巳　正月二十六日。❻祀北郊　陳制：以間歲正月上辛日用特牛一祀天、地於都城南、北二郊。間歲，即一年祀南郊，一年祀北郊。❼丙戌朔　二月初一日。❽戊申　二月二十三日。❾下邳　郡名，治所宿豫，在今江蘇宿遷東南。❿高柵　地名，在今江蘇宿遷境。⓫澀吶　說話遲鈍不流利。吶，同「訥」。⓬昵狎　親近；親密。⓭交語　交談；說話。⓮不堪人視　經受不住別人目視。謂見人羞怯。⓯令錄　令，指尚書令。錄，指錄尚書事官。⓰略陳大指　簡要地說說大意。指，通「旨」。⓱世祖　北齊武成帝，後主之父。⓲奢泰　揮霍無度；奢靡。泰，通「汰」。⓳寶衣玉食　穿珠寶之衣，吃精美的食品。⓴直　同「值」。㉑朝衣夕弊　早晨穿的衣服，到晚上則視若破衣，不再穿用。㉒百工土木　百工，各種工匠。土木，土木建築。㉓湯　指熱開水。㉔宮中　謂晉陽宮。㉕貶損　損減；抑制。古代迷信天人相應，認為天災是上帝對帝王的某種譴告，帝王常以損減衣食住行，承認過錯。㉖設齋　施給道士僧尼以財物飯食。㉗無愁　曲名。㉘藍縷　衣服破爛。㉙寫築西鄙諸城　畫下北周邊城的形狀，仿圖形以築。㉚黑衣　北周的軍服。㉛內參　指宦官。㉜宰制　主宰。㉝鄧長顒　北齊宦官，備受後主恩幸，得以任參宰相，干預朝政。傳附《北齊書》卷五十〈韓寶業傳〉、《北史》卷九十二〈韓寶業傳〉。㉞陳德信　北齊宦官，受後主恩幸，官至開府。傳附《北齊書》卷五十〈韓寶業傳〉、《北史》卷九十二〈韓寶業傳〉。㉟機權　指政權樞要機關的大權。㊱顯位　顯要的職位。㊲獄以賄成　指獄訟的結果以受賄而定。㊳姦諂　邪詐諂媚。㊴蒼頭　奴僕。漢代奴僕常以深青色巾包頭，故稱奴僕為蒼頭。㊵見鬼人　指巫覡之類的人。㊶開府　官名，一般能開建府署，辟置僚屬。㊷儀同　官名，即儀同三司，謂儀制同於三公。㊸侍中　官名，門下省長官，掌獻納諫正等。㊹中常侍　官名，出入宮廷，侍從皇帝。㊺郡君　婦女的封號。㊻幹祿　俸祿。北齊官分九品，俸祿各以品秩為差。如官一品每年祿八百匹，從九品每年祿二十四匹。㊼府藏　官府儲藏財物之所。㊽賣官取直　謂賣官取其錢。直，通「值」。㊾守令　指地方官。守，郡守。令，縣令。㊿率　大概；一般。(51)大賈　居貨待售的坐商。(52)儲偫　存備。(53)守禦　防守；戒備。(54)柱國　武官名，周有八柱國，掌管府兵。(55)于翼　（？—西元六八三年）字文若，燕公于謹之子，歷仕西魏、北周與隋，官至太尉。傳見《周書》卷三十、《北史》卷二十三。(56)積年　謂時間長久。(57)間隙　空隙。此指可乘之機。(58)際會　時機。(59)往歲出軍　指北周攻洛陽、出軹關和爭宜陽、汾北之戰。事分見本書卷一百六十九〈陳紀〉文帝天嘉四年、五年和宣帝太建元年至三年。60長淮　長長的淮河。61破亡餘燼　指陳氏承梁元帝江陵破亡之後，收合餘燼，再於江南建立陳朝。62一舉平之　指陳攻佔淮南諸城。63有釁　有空隙可乘。釁，同「舋」。64方軌而進　謂大規模向前推進。方軌，即兩車並行。65掎角　《左傳》襄公十四年云：「譬如捕鹿，晉人角之，諸戎掎之。」謂抓角於前，拉腿於後。此指北周與陳夾擊北齊。66廣州　僑州名，治所山北縣，在今河南魯山縣東。67三鵶　此為鎮名，扼三鵶路，地當伏牛山南北交通要隘，在今河南南召縣、魯山縣交界處。68山南　地區名，周以褒、漢、荊、襄為山南。69河　指黃河。70北山稽胡　指生活在北山一帶的南匈奴餘部。北山，山名，在今山西嵐縣一帶。71絕　斷絕。72并晉　皆州名。并，指并州，治所太原，在今山西太原西南。晉，指晉州，治所白馬城，在今山西臨汾。73關河之外　指齊境而言。74摧殄　摧毀消滅。75一戎大定　如周武王伐紂，一著戎服而滅紂，天下大定。語出《尚書・武成》：「一戎衣，天下大定。」76後圖　後來的計畫。77萬春　地名，在今山西河津東北。78廣事　大規模推行。79屯田　利用軍隊或農民墾種土地，徵收地租以為軍餉。80驍悍　驍勇兇悍。81部伍　部曲行伍。82東南有敵　謂齊與東南的陳國為敵。83戎馬相持　謂軍事對立。84疆場　國界。85堅壁清野　加固壁壘不易被敵人攻破，轉移人口、物資，使敵人無所獲取。86宿舂　隔夜糧米。87奔命之勞　指來回應命奔走，疲憊不堪。88政出多門　政令不統一。89鬻獄　賣獄；刑獄用錢買賣。90闔境嗷然　全國喧鬧不平。闔，全。91電掃　迅速清除。92摧枯　摧折枯枝，不費氣力。93句踐　春秋時越王。為吳國所敗後發憤圖強，十年生聚，十年教訓，終於滅掉吳國。詳見《史記》卷四十一〈越王句踐世家〉。94武王取紂　指周武王滅商紂王事。95再舉　武王三年曾集兵孟津，欲伐紂王，認為時機不成熟而止。過了三年，見紂王更加殘暴，才再次興兵滅紂。96遵養　《詩經・酌》：「于鑠王師，遵養時晦」。朱熹集傳：「于，歎辭；鑠，盛；遵，循。此亦頌武王之詩，言其初有于鑠之師而不用，退自循養，與時皆晦。」後用為暫時隱居以待時機之意。97還崇鄰好　恢復過去鄰邦友好。98通商惠工　使商品流通，讓手工業者得到實惠。99覷釁　瞅準時機。100遠馭　遠遠地駕御形勢。101坐自兼并　謂不費舉步之勞，則輕易兼併北齊。102伊婁謙　鮮卑人，歷仕周、隋，官至左武候大將軍。傳見《隋書》卷五十四、《北史》卷七十五。伊婁，複姓。103沈溺　陷入不良的境地而不能自拔。沈，亦作「沉」。104耽昏　沉醉。105麴糵　酒。106折衝　使敵人戰車後退。此謂禦敵之將。衝，戰車的一種。107讒口　指讒言。108道路以目　言路人以目示意而不敢言。109丙辰　三月初二日。110丙寅　三月十二日。111甲午　四月初十日。112監豫州　即豫州監軍。113首　計數紡織品的量詞。114庚子　四月十六日。115中書監　官名，中書省長官，或稱中書令，掌贊詔命。116陽休之　（西元五〇九－五八二年）字子烈，歷仕北齊、北周與隋，官至中書監，封燕郡王。傳見《北齊書》卷四十二、《北史》卷四十七。117壬辰　六月初九日。118王瑒　（西元五二三—五七六年）歷仕梁、陳，官至尚書左僕射。傳見《陳書》卷二十二、《南史》卷二十一。119甲戌　六月甲申朔，無甲戌。按，《北齊書》卷八〈後主紀〉作「秋，七月，甲戌，行幸晉陽」，《北史》同。《通鑑》誤作「六月」。120丙辰　周曆七月初三日。121姿相奇偉　史載楊堅龍顏，額有五柱入頂，目光外射，手上有字曰「王」。身體上長下短，深沉嚴肅。122畿伯下大夫　官名，周地官之屬，隸大司徒，掌邦教。123來和　歷仕周、隋，官至開府。好相術，著《相經》四十卷。傳見《隋書》卷七十八、《北史》卷八十九。124曙星　向曉之星，其光閃爍。125普六茹堅　即楊堅。堅父楊忠，從周太祖屢有戰功，賜姓普六茹氏。126自失　茫然無所措。127詭對　不以實話回答。128隨公　即楊堅。楊堅襲父爵為隨國公。129守節　信守名分，保持節操。130陳無不破　猶戰無不勝。陳，通「陣」。131丁卯　七月十五日。132內史　官名，北周內史署長官。內史署屬春官府。內史掌詔書撰寫，與議刑罰爵賞及軍國要事。133王誼　（西元五四〇—五八五年）字宜君，仕北周與隋，官至大司徒，封郢國公。傳見《隋書》卷四十、《周書》卷二十、《北史》卷六十一。134納言　官名。此當指納言中大夫，為北周天官府納言司長官。掌出納帝命，陪侍皇帝左右。135馹　古代驛站專用的車，後亦指驛馬。136安州　州名，北周置安州於安陸，在今湖北安陸。137丙子　七月二十四日。138丁丑　七月二十五日。139司馬消難　（？—西元五八九年）原北齊人，後降北周與陳，官至鄖州總管。傳見《北齊書》卷十八、《周書》卷二十一、《北史》卷五十四。140達奚震　歷仕西魏、北周，官至上柱國。傳附《周書》卷十九〈達奚武傳〉、《北史》卷六十五〈達奚武傳〉。141周昌公　按《隋書・地理志》西魏北周有同昌縣，而無周昌郡，疑周作「同」是。142侯莫陳崇　侯莫陳崇已死於保定三年，崇乃「瓊」字之誤。事見《周書》卷十六、《北史》卷六十。143自渭入河　即自渭水進入黃河。渭水，河名，即今陝西西安以北的渭河。144侯莫陳芮　侯莫陳崇之子，襲爵梁國公。傳附《周書》卷十六〈侯莫陳崇傳〉、《北史》卷六十〈侯莫陳崇傳〉。145太行道　道路名，在今河南孟津以北。146河陽道　道路名，在今河南孟津西南。147陳汝　陳，指陳郡，治所陳縣，在今河南淮陽。汝，指汝南郡，治所懸瓠城，在今河南汝南縣。148河陽　縣名，縣治河陽邑，在今河南孟津西北。古軍事要衝。149內史上士　官名，北周春官府內史署屬員，秩位在內史大夫下，掌起草詔制。150宇文弼　（西元五四六—六〇七年）字公輔，歷仕周、隋，官至刑部尚書。傳見《隋書》卷五十六、《北史》卷七十五。151累世　連續幾代。152衝要　在軍事或交通等方面的要衝之地。153汾曲　地名，即汾水之曲，在今山西臨汾西南。154民部中大夫　官名，屬大司徒，掌邦教。155趙煚　（西元五三四—五九九年）字賢通，仕周、隋，官至大宗伯。傳見《隋書》卷四十六、《北史》卷七十五。156河北　郡名，治所河北縣，在今山西永濟西南。157遂伯下大夫　官名，北周地官府民部中大夫屬官，掌管日常政令事務。158鮑宏字潤身，東海郯（今江蘇連雲港市）人，歷仕梁、周、隋，官至均州刺史。修《皇室譜》一部。傳見《隋書》卷六十六、《北史》卷七十七。⑮⑨先帝　謂宇文泰。⑯⓪汾潞　地名。汾，指汾水。潞，指渭潞水。在今山西南部。⑯①壬午　七月三十日。⑯②河陰　郡名，治所河陰縣，在今河南洛陽東北。⑯③癸卯　八月二十一日。⑯④踐稼　踐踏莊稼。⑯⑤丁未　八月二十五日。⑯⑥武濟城名，周武王伐紂，由此濟河，故以名城。在今河南洛陽東北。⑯⑦洛口　城名，洛水入黃河之口，於此置城。在今河南鞏縣東北。⑯⑧永橋　城名，地近河陽。在今河南武陟西。⑯⑨傅伏　北齊人，官至上大將軍。傳見《北齊書》卷四十一、《北史》卷五十三。⑰⓪中潬城　城名，河陽三城之一。在今河南孟州西南。⑰①洛州　州名，治所洛陽，在今河南洛陽。⑰②獨孤永業　（？—西元五八〇年）本姓劉，隨母改嫁獨孤氏而改姓。歷仕北齊、北周，官至襄州總管。傳見《北齊書》卷四十一、《北史》卷五十三。⑰③金墉　城名，在今河南洛陽東北。⑰④辛酉　九月九日。⑰⑤乞伏貴和　人名，歷仕北齊、北周與隋。傳附《北齊書》卷十九〈張保洛傳〉。⑰⑥降拔　降，降服。拔，以兵攻取。⑰⑦王藥城　地名，在今河南洛陽附近。⑰⑧戊寅　九月二十六日。⑰⑨庚辰　九月二十八日。⑱⓪斛阿列羅　斛阿列為三字姓，羅為名。⑱①閏月　指閏九月。⑱②壬辰　閏九月十一日。⑱③呂梁　地名，在今江蘇徐州東南。⑱④甲午　閏九月十三日。⑱⑤如　往。⑱⑥己巳　十月十八日。⑱⑦叔齊　陳宣帝第十一子，封新蔡王，陳亡降隋。⑱⑧叔文　陳宣帝第十二子，封晉熙王，陳亡降隋。與叔齊兩人之傳均見《陳書》卷二十八、《南史》卷六十五。⑱⑨辛亥朔　十二月初一日。⑲⓪壬戌　十二月十二日。⑲①太子詹事　官名，掌太子家事。⑲②陸繕　（西元五一八—五八〇年）歷仕梁、陳，官至尚書左僕射。傳見《陳書》卷二十三、《南史》卷四十八。⑲③庚午　十二月二十日。

【校記】①賞　原作「費」。據章鈺校，十二行本、乙十一行本、孔天胤本皆作「賞」，今據改。按，《北齊書・恩倖・韓寶業傳》、《北史・恩幸・韓寶業傳》、《通鑑紀事本末》卷二五、《通鑑綱目》卷三五皆作「賞」。②賦繁役重　原無此四字。據章鈺校，十二行本、乙十一行本、孔天胤本皆有此四字，張敦仁《通鑑刊本識誤》同，今據補。按，《通鑑紀事本末》卷二五、《通鑑綱目》卷三五皆有此四字。③偉　原作「衛」。嚴衍《通鑑補》改作「偉」，今據以校正。按，《周書・武帝紀下》、《周書・韋孝寬傳》、《周書・元偉傳》皆作「偉」。④丙辰　原作「丙戌」。據章鈺校，孔天胤本作「丙辰」，今據改。按，《周書・武帝紀下》作「丙辰」。⑤用　原作「有」。據章鈺校，十二行本、乙十一行本皆作「用」，張敦仁《通鑑刊本識誤》同，今據改。⑥船　原無此字。據章鈺校，十二行本、乙十一行本、孔天胤本皆有此字，張敦仁《通鑑刊本識誤》同，今據補。按，《通鑑紀事本末》卷二五有此字。⑦相　原無此字。據章鈺校，十二行本、乙十一行本、孔天胤本皆有此字，張敦仁《通鑑刊本識誤》同，今據補。

陳朝左衛將軍樊毅攻克潼州。○北齊國主高緯回到鄴城。○二十六日辛巳，陳宣帝在北郊祭地。

【語譯】高宗宣皇帝中之上

太建七年（乙未　西元五七五年）

春，正月十六日辛未，陳宣帝在南郊祭天。○十八日癸酉，北周國主宇文邕前往同州。○二十日乙亥，

二月初一日丙戌，發生日蝕。○二十三日戊申，樊毅攻克下邳、高柵等六城。

北齊國主高緯說話遲鈍不流利，不喜歡接見朝廷官員，如果不是寵愛親近的人，從不與之交談。生性怯懦，忍受不了別人的注視，即使是朝廷三公、尚書令、錄尚書事奏事，誰也不能抬頭看他，都是簡要說個大意，便驚恐地退出。高緯承接其父世祖高湛奢靡風氣的餘緒，認為皇帝就應該這樣。後宮嬪妃都是穿珠寶縫製的衣服，吃十分精美的食物，一條裙子的費用，乃至價值萬匹錦帛，競相攀比新奇精巧，早上新穿的衣服，到了晚上就被看作破舊了。大肆修建宮室園林，雄偉華麗達到極點，他的愛好沒有常性，一次又一次地毀掉後又重新修建。從事土木建築的各種工匠，沒有一刻休息，夜晚點起火把照亮了幹活，天冷了燒熱水和泥。在晉陽西山上雕鑿大佛像，一個夜晚點燃上萬油盆照明，亮光可以照到晉陽宮中。每當有了災異或盜寇，皇上從不自我反省節制享樂，只是多設齋飯施捨，認為這樣就是修煉功德。他喜歡親自彈奏琵琶，譜了一首名叫〈無愁〉的樂曲，彈奏時要成百的近侍伴唱應和，民間戲稱他為「無愁天子」。他在華林園設立貧兒村，親自穿上破爛的衣衫，裝扮成乞丐在村中乞討並以此為樂。又仿造北齊西部的幾座邊境城市，派人穿上黑色戎裝扮做周軍進攻，北齊國主親自率領宮中太監在城上防守戰鬥。

北齊國主寵信陸令萱、穆提婆、高阿那肱、韓長鸞等主宰朝政，宦官鄧長顒、陳德信、胡人何洪珍等都參與執掌樞要大權，各自招引親戚朋黨，破格擔任顯要職位。官位由錢財決定升遷，獄訟靠賄賂判決定案，這些人競相做奸邪諂媚之事，敗壞朝政，禍害百姓。舊日不過是奴僕的劉桃枝等都位居開府，有的封王，其

他宦官、胡人、歌舞藝人、巫師、官府奴婢等濫得富貴的，大約有上萬人。平民姓氏被封王的數以百計，位居開府的有上千人，位居儀同三司的不計其數，被任職為領軍將軍的有時一次達二十人，侍中、中常侍數十人，甚至於狗、馬和鷹等禽獸也有儀同、郡君的封號，有的鬥雞封為開府，這些有職位封號的禽獸都享有相應等級的俸祿。那些受到寵幸的人從早到晚陪在北齊後主高緯的身邊娛樂，一次遊戲的賞賜，動輒數目極其巨大。不久國庫空虛了，於是賜給這些人兩三個郡或六七個縣，讓他們出賣官爵來獲取錢財。從此，擔任郡守縣令的人，大抵都是富商，他們競相貪汙放縱，百姓的稅賦繁雜，徭役沉重，民不聊生。

北周高祖宇文邕謀劃討伐北齊，命令邊鎮增加儲備，加派戍守士兵。北齊得知消息，也修繕設施，增加守衛力量。北周柱國于翼勸諫說：「兩國在邊境互相侵犯，互有勝負，白白地損耗兵力和儲備，無補於大計。不如解除邊境的戒備措施，繼續兩國的友好關係，使對方鬆懈而不設防備，然後尋找機會，出其不意，可以一舉佔領敵國。」北周國主聽從了于翼的建議。

韋孝寬上疏北周國主陳述三條計策：

第一條說：「臣在邊鎮多年，多次看到對方的空隙，若不抓住時機，仍然難以成功。所以往年出兵，白白耗費人力、物力，卻不能建立功績，都是因為失去了時機。為什麼這麼說呢？長長的淮河之南，從前是肥沃的土地，陳朝承梁朝破亡之後，整頓殘餘力量，仍能一舉討平那裡，北齊連年派兵救援，都喪師大敗而回。如今現在北齊內部離心，外有大軍壓境，計盡力竭，我們的仇敵有了這樣可利用的空隙，我們絕不可喪失。如今大軍如果從軹關出擊，兩車並行大規模推進，加上聯合陳朝兩面夾擊，並命令廣州義軍從三鵶出兵，再招募山南地區驍勇精銳之士，沿著黃河東下，同時派北山稽胡，截斷敵人并州、晉州的通道。以上各軍，還讓他們各自招募潼關、黃河之外即敵境之內的強勁勇敢之士，賜給他們優厚的官爵和獎賞，讓他們當前鋒。這樣出征，如山動川移，雷驚電閃，百路齊進，一起直指敵人都城。敵人一定會望旗奔潰，我軍則所向披靡。一旦出兵則天下大定，就在於要抓住這一良機。」

第二條說：「如果朝廷另有今後滅齊的計畫，當前還不會立即大規模出兵，那就應當與陳朝共同分散齊國的兵勢。在三鵶之北，萬春以南，大規模屯田，預先做好貯備積蓄，招募驍勇兇悍的兵士，編成部隊。齊國既然東南方向有陳朝這一個敵人，雙方軍事對峙，我軍就可以突然出奇兵，攻破齊國邊防。齊國如果派兵救援，我軍則堅壁清野，等待他們撤離遠去，我軍再重新出兵。我軍常常用邊境的守軍，牽制齊國腹心要害地區的部隊。我軍無須準備隔夜的糧米，對方卻有應命奔走的勞累。在一兩年之內，齊人自己一定會眾叛親離。況且齊主昏庸暴虐，政出多門，刑獄、官職都可以用錢買賣，唯利是圖，荒淫無度，沉迷酒色，猜忌殘害忠良，全國百姓愁苦哀號，不堪忍受這樣的弊政。由此看來，齊國的滅亡指日可待。然後我軍尋機發起閃電般的掃蕩，那就如同摧枯拉朽一樣了。」

第三條說：「從前句踐滅亡吳國，尚且等了十年。周武王奪取商紂的天下，還曾兩度用兵。如今陛下如果要順應時勢蓄養國力，等待時機再行動，臣認為那就應該恢復過去鄰邦間的友好關係，重申盟約，安定人民，和睦部眾，使商品流通，讓工匠得到實惠，養精蓄銳，培植威力，看準對方的空隙，採取行動。這樣做便是長遠謀略，不用費力而兼併齊國。」

韋孝寬的奏疏呈上以後，北周國主宇文邕召開府儀同三司伊婁謙入內殿，不慌不忙地問伊婁謙說：「朕想用兵，先打哪個國家？」伊婁謙回答說：「齊主沉湎歌舞玩樂，嗜好飲酒而終日昏昏沉沉。能夠禦敵的戰將斛律明月，已被讒言殺害。君臣上下離心，路上行人以目示意，不敢交談。這種情況最容易攻取。」宇文邕大笑。三月初二日丙辰，宇文邕派伊婁謙與小司寇元偉出使北齊瞭解虛實。

三月十二日丙寅，北周國主宇文邕回到長安。

夏，四月初十日甲午，陳宣帝到太廟祭祀祖先。

豫州監軍陳桃根得到一頭青牛，獻給朝廷，陳宣帝下詔讓他退還給百姓。陳桃根又上表進貢織成和羅紋錦被各二百件，陳宣帝下詔在雲龍門外全部燒毀。

四月十六日庚子，北齊任命中書監陽休之為尚書右僕射。

六月初九日壬辰，陳朝任命尚書右僕射王瑒為左僕射。〇甲戌日，北齊國主高緯前往晉陽。

秋，周曆七月初三日丙辰，北周國主宇文邕前往雲陽宮。

大將軍楊堅姿容相貌奇特英偉。畿伯下大夫長安人來和曾經對楊堅說：「您的眼睛如晨星閃爍，無所不照，應當稱王而領有天下，希望您能克制誅殺。」

北周國主宇文邕一向厚待楊堅，齊王宇文憲對宇文邕說：「普六茹堅，相貌非同尋常，臣每次見到他，不由得會內心茫然而無所措，他恐怕不是一個能在別人下位的人，請及早除掉他！」宇文邕對楊堅也有猜疑，就去問來和，來和詭稱：「隨公楊堅只是一個信守名節的人，可以鎮守一方，如果用他為大將，遇上敵陣攻無不克。」

七月十五日丁卯，北周國主宇文邕回到長安。

此前北周國主宇文邕只是與齊王宇文憲以及內史王誼謀劃討伐北齊，又派納言盧韞乘驛車三次到安州向總管于翼問計，其他的人都不知道。七月二十四日丙子，宇文邕第一次在大德殿召見大將軍以上大臣通告伐齊的事。

七月二十五日丁丑，北周國主宇文邕下詔討伐北齊，任命柱國陳王宇文純、滎陽公司馬消難、鄭公達奚震為前三軍總管，任命越王宇文盛、周昌公侯莫陳崇、趙王宇文招為後三軍總管。齊王宇文憲率軍兩萬直趨黎陽，隨公楊堅、廣寧公薛迴率水軍三萬從渭河進入黃河，梁公侯莫陳芮率軍兩萬扼守太行道路，申公李穆率軍三萬扼守河陽道路，常山公于翼率軍兩萬出征陳郡、汝南郡。王誼，是王盟哥哥的孫子。達奚震，是達奚武的兒子。

北周國主宇文邕打算親自出征河陽，內史上士宇文弢說：「北齊建國，至今連續幾代，雖說齊國君主無道，但在藩鎮任上的，還是有能稱職的人。如今出兵，最重要的是必須選擇合適的地方，河陽是要衝之地，敵人屯聚精兵，我軍即使盡力攻圍，恐怕也難以如願。依臣的意見，出兵汾曲，那裡戍守的城堡小，山勢平坦，進攻容易攻克。用兵的地方，沒有比這更好的了。」民部中大夫天水人趙煚說：「河南、洛陽，四面受敵，即使得到了，也守不住。請從河北直指太原，搗毀敵方的巢穴，可以一戰平定。」遂伯下大夫鮑宏說：

「周強大齊虛弱，周安定齊動亂，何愁不能攻克？只是先帝往日多次出兵洛陽，對方已經有了防備，所以常常不能取勝。依臣之計，進兵汾水、潞水地區，直接襲擊晉陽，出其不備，似乎才是上策。」北周國主宇文邕都沒有聽從。鮑宏，是鮑泉的弟弟。

七月三十日壬午，北周國主宇文邕率軍六萬，直指河陰。楊素請求率領其父原先的部眾為先鋒，周主同意了。

八月二十一日癸卯，北周派使者到陳朝來通問修好。

北周軍隊進入齊國境內，嚴禁砍伐樹木踐踏莊稼，違犯者一律殺頭。八月二十五日丁未，北周國主宇文邕進攻河陰大城，攻佔了它。齊王宇文憲攻佔了武濟城，進兵包圍洛口，攻佔了東、西二城，用火船焚燒浮橋，橋被燒斷。北齊永橋大都督太安人傅伏，從永橋乘夜進入中潬城。周軍攻克南城後，進而圍攻中潬城，二十天沒有攻下來。洛州刺史獨孤永業守衛金墉城，周主宇文邕親自率軍攻打，未能攻下。獨孤永業通宵趕製兩千個馬槽，周軍聽說後，以為北齊救援大軍即將到達，感到恐懼。

九月，北齊右丞高阿那肱從晉陽率軍抵禦周軍。到達河陽，適逢北周國主宇文邕有病，初九日辛酉夜，率軍退回。北周水軍燒毀了舟船。北齊傅伏對行臺乞伏貴和說：「周軍疲弊，我希望得到精銳騎兵兩千趕去追擊，可以打敗他們。」乞伏貴和不允許。

齊王宇文憲、于翼、李穆，所到之處都取得勝利，受降或攻佔了三十餘城，但都放棄了，並沒有留兵駐守。只有王藥城屬要害之地，派儀同三司韓正留守，但韓正不久便獻城投降了北齊。

九月二十六日戊寅，北周國主宇文邕回到長安。〇二十八日庚辰，北齊任命趙彥深為司徒，斛阿列羅為司空。

閏九月，陳朝車騎大將軍吳明徹率軍攻擊北齊的彭城，十一日壬辰，吳明徹在呂梁擊敗了幾萬齊兵。

閏九月十三日甲午，北周國主宇文邕前往同州。

冬，十月十八日己巳，陳宣帝冊立皇子陳叔齊為新蔡王，陳叔文為晉熙王。

十二月初一日辛亥，發生日蝕。

十二月十二日壬戌，陳宣帝任命王瑒為尚書左僕射，太子詹事吳郡人陸繕為尚書右僕射。

十二月二十日庚午，北周國主宇文邕回到長安。

八年（丙申　西元五七六年）

春，正月癸未❶，周主如同州。辛卯❷，如河東涑川❸。甲午❹，復還同州。

甲寅❺，齊大赦。◯乙卯❻，齊主還鄴。

二月辛酉❼，周主命太子巡撫西土❽，因伐吐谷渾❾，上開府儀同大將軍❿王軌、宮正宇文孝伯從行。軍中節度，皆委⓫二人，太子仰成⓬而已。

齊括雜戶⓭女[1]未嫁者悉集，有隱匿者，家長坐死⓮。

壬申⓯，以開府儀同三司吳明徹為司空⓰。

三月壬寅⓱，周主還長安。夏，四月乙卯⓲，復如同州。

己未⓳，上享太廟。◯尚書左僕射王瑒卒。

五月壬辰⓴，周主還長安。

六月戊申朔㉑，日有食之。

辛亥㉒，周主享太廟。

初，太子叔寶欲以左戶部㉓尚書江總㉔為詹事㉕，令管記㉖陸瑜㉗言於吏部尚書孔奐。奐謂瑜曰：「江有潘、陸㉘之華，而無園、綺㉙之實，輔弼儲宮㉚，竊有所難。」太子深以為恨，自言於帝。帝將許之，奐奏曰：「江總，文華之士。今皇太子文華不少，豈藉㉛於總？如臣愚[2]見，願選敦重㉜之才，以居輔導之職。」帝曰：「即如卿言，誰當居此？」奐曰：「都官尚書㉝王廓，世有懿德㉞，識性敦敏，可以居之。」太子時在側，乃曰：「廓，王泰之子，不宜為太子詹事。」奐曰：「宋朝范曄㉟，即范泰之子，亦為太子詹事，前代不疑。」太子固爭之，帝卒以總為詹事。總，斆㊱之曾孫也。

甲寅㊲，以尚書右僕射陸繕為左僕射。帝欲以孔奐代繕，詔已出，太子沮之㊳而止，更以晉陵㊴太守王克㊵為右僕射。

頃之㊶，總與太子為長夜之飲，養良娣㊷陳氏為女。太子亟㊸微行㊹，遊總家。上怒，免總官。

周利州㊺刺史紀王康㊻，驕矜無度，繕脩戎器㊼，陰有異謀㊽。司錄㊾裴融諫止之，康殺融。丙辰㊿，賜康死。

丁巳(51)，周主如雲陽。

庚申[52]，齊宜陽王趙彥深卒。彥深歷事累朝[53]，常參機近[54]，以溫謹著稱。既卒，朝貴典機密者，唯侍中、開府儀同三司斛律孝卿[55]一人而已，其餘皆嬖倖也。孝卿，羌舉之子，比於餘人，差[56]不貪穢。

秋，八月乙卯[57]，周主還長安。○周太子伐吐谷渾，至伏俟城[58]而還。

宮尹[59]鄭譯[60]、王端等皆有寵於太子。太子在軍中多失德，譯等皆預焉。軍還，王軌等言之於周主。周主怒，杖太子及譯等，仍除譯等名，宮臣[61]親幸者咸被譴。太子復召譯，戲狎[62]如初。譯因曰：「殿下何時可得據天下？」太子悅，益昵之[63]。譯，儼之兄孫也。

周主遇[64]太子甚嚴，每朝見，進止[65]與羣臣無異，雖隆寒[66]盛暑，不得休息。以其嗜[3]酒[67]，禁酒不得至東宮。有過，輒加捶撻。嘗謂之曰：「古來太子被廢者幾人？餘兒豈不堪立邪？」乃敕東宮官屬錄太子言語動作，每月奏聞。太子畏帝威嚴，矯情[68]修飾[69]，由是過惡不上聞。

王軌嘗與小內史[70]賀若弼[71]言：「太子必不克負荷[72]。」弼深以為然，勸軌陳之。軌後因侍坐，言於帝曰：「皇太子仁孝無聞，恐不了[73]陛下家事。愚臣短暗[74]，不足可信。陛下恆以賀若弼有文武奇才，亦常以此為憂。」帝以問弼，對曰：「皇太子養德春宮[75]，未聞有過。」既退，軌讓弼曰：「平生言論，無所不道，今者對揚[76]，何得乃爾[77]反覆？」弼曰：「此公之過也！太子，國之儲副[78]，豈易發言[79]？事有蹉跌[80]，便至滅族。本謂公密陳臧否[81]，何得遂至昌言[82]？」軌默然久之，乃曰：「吾專心國家，遂不存私計[83]。向者對眾，良實[84]非宜。」

後軌因內宴[85]上壽，捋[86]帝須曰：「可愛好老公，但恨後嗣[87]弱耳。」先是，帝問右宮伯宇文孝伯曰：「吾兒比來[88]何如？」對曰：「太子比懼天威[89]，更無過失。」罷酒，帝責孝伯曰：「公常語我[90]云：『太子無過。』今軌有此言，公為誑矣。」孝伯再拜曰：「臣聞[4]父子之際，人所難言。臣知陛下不能割慈忍愛[91]，遂爾結舌[92]。」帝知其意，默然久之，乃曰：「朕已委公矣，公其勉之[93]！」

王軌驟言[94]於帝曰：「皇太子非社稷主[95]，普六茹堅貌有反相。」帝不悅，曰：「必天命[96]有在，將若之何[97]？」楊堅聞之，甚懼，深自晦匿[98]。

帝深以軌等言為然，但漢王贊[99]次長，又不才，餘子皆幼，故得不廢。

丁卯[100]，以司空吳明徹為南兗州[101]刺史。○齊主如晉陽。營邯鄲宮[102]。

九月戊戌[103]，以皇子叔彪[104]為淮南王。

【章　旨】以上為第二段，重點載述北周武帝太子宇文贇和陳朝宣帝太子陳叔寶，均是不才儲君，相映成趣。王軌諫周武帝暗示太子不才，為後來遭殺身伏筆。

【注　釋】❶癸未　正月初四日。❷辛卯　正月十二日。❸涑川　河名，即涑水，流經今山西聞喜、臨猗、永濟，入黃河。❹甲午　正月十五日。❺甲寅　正月庚辰朔，無甲寅。二月五日為甲寅。疑此甲寅在二月，《通鑑》記載干支有誤。❻乙卯　正月庚辰朔，亦無乙卯，二月六日為乙卯。疑此乙卯在二月。❼辛酉　二月十二日。❽巡撫西土　巡撫，巡視、安撫。西土，即北周西部地區。❾吐谷渾　古代鮮卑族所建立的王朝名，疆域在今青海北部、新疆東南部一帶。❿上開府儀同大將軍　官名，周武帝建德四年，改驃騎大將軍開府儀同三司為開府儀同大將軍，仍增上開府儀同大將軍。⓫委　託付。⓬仰成　坐享其成。⓭雜戶　指俘虜後供役使的奴隸戶口。⓮坐死　處死刑。⓯壬申　二月二十三日。⓰司空　官名，三公之一。輔佐天子，治理邦國。⓱壬寅　三月二十四日。⓲乙卯　四月初七日。⓳己未　四月十一日。⓴壬辰　五月十五日。㉑戊申朔　六月初一日。㉒辛亥　六月初四日。㉓左戶部　《隋書·百官志上》：梁尚書省置吏部、祠部、度支、左戶、都官、五兵等六尚書；陳因梁制。胡三省注認為，此蓋左戶，「部」字衍。㉔江總　（西元五一九—五九四年）字總持，濟陽考城（今河南民權東）人，歷仕梁、陳與隋，官至尚書令。傳見《陳書》卷二十七、《南史》卷三十六。㉕詹事　官名，總東宮內外庶務。㉖管記　官名，東宮、相府、王府均置此職，掌文書，常以文學之士擔任，類似記室參軍。㉗陸瑜　陳朝人。傳附《陳書》卷三十四〈陸琰傳〉、《南史》卷四十八〈陸琰傳〉。㉘潘陸　指晉代潘岳、陸機，晉惠帝為太子時，皆為東宮官。㉙園綺　指漢代東園公、綺里季，曾羽翼漢太子盈，高祖遂不更易太子。㉚儲宮　儲君所居之宮，即太子東宮。㉛藉　借。㉜敦重　敦厚持重。㉝都官尚書　官名，尚書省六尚書之一，掌都官諸曹，主軍事刑獄。㉞懿德　美德。㉟范曄　（西元三九八—四四五年）南朝劉宋人，著名史學家，著有《後漢書》行世。㊱斅　即江斅，南朝齊朝人，以風流冠冕一時。傳見《南齊書》卷四十三、《南史》卷三十六。㊲甲寅　六月初七日。㊳沮之　指太子阻止宣帝欲以孔奐代陸繕事。㊴晉陵　郡名，治所晉陵縣，在今江蘇常州。㊵王克　歷仕梁、陳，官至尚書右僕射。傳附《南史》卷二十三〈王彧傳〉。㊶頃之　不久。㊷良娣　女官名，太子之妾。㊸亟　屢次；一再地。㊹微行　隱蔽自己的高貴身分，便裝出行。㊺利州　州名，治所興安縣，在今四川廣元。㊻紀王康　即宇文康（？—西元五八一年），孝閔帝長子，封紀王。傳見《周書》卷十三〈文閔明武宣諸子傳〉。㊼戎器　兵器。㊽異謀　指反叛的圖謀。㊾司錄　官名，北周大丞相府、都督中外諸軍事府、開府將軍及諸州府皆有司錄之職，位在長史、司馬之下，設於州者自六命至四命，總錄一府之事，掌總錄諸曹文簿。(50)丙辰　六月初九日。(51)丁巳　六月初十日。(52)庚申　六月十三日。(53)歷事累朝　趙彥深事高歡，至後主，歷事六主。(54)機近　謂處於機密近要的地位。(55)斛律孝卿　仕北齊、北周與隋，官至尚書令，封義寧王。傳見《北齊書》卷二十、《北史》卷五十三。(56)差　比較；略微。(57)乙卯　八月初九日。(58)伏俟城　城名，吐谷渾國都，在今青海共和西北黑馬鎮東北。(59)宮尹　官名，北周時職掌如太子詹事。(60)鄭譯　（西元五三九—五九一年）字正義，滎陽開封（今河南開封南）人，歷仕周、隋，官至內史上大夫。傳見《隋書》卷三十八、《周書》卷三十五、《北史》卷三十五。(61)宮臣　指在太子宮任職的臣子。(62)戲狎　輕浮嬉戲。(63)益昵之　更加親近他。(64)遇　待遇；對待。(65)進止　進退舉止。(66)隆寒　嚴寒。(67)嗜酒　愛好飲酒。(68)矯情　掩飾真情。(69)脩飾　搞形式；裝門面。(70)小內史　北周官名，同中書侍郎之職。佐中書令，凡邦國之庶務，朝廷大政，皆得參議。(71)賀若弼　（西元五四四—六〇七年）字輔伯，河南洛陽（今河南洛陽）人，歷仕周、隋，官至右武候大將軍，封宋國公。傳見《隋書》卷五十二、《周書》卷二十八、《北史》卷六十八。(72)不克負荷　此指不能擔負起治國大任。負荷，負擔。(73)不了　不懂。(74)短暗　短淺昏暗。(75)春宮　即東宮。因太子居東宮，東方主春，故亦稱春宮。(76)對揚　以對面奏陳為對揚。對，回答。揚，稱舉。(77)乃爾　如此。(78)儲副　指太子，君主之副，被確認為君位的繼承者。(79)發言　說話；議論。(80)蹉跌　失足。比喻失誤。(81)密陳臧否　謂祕密述說其善惡得失。臧，善。否，惡。(82)昌言　公開談論。昌，明顯。(83)私計　個人打算。(84)良實　確實。良，副詞。甚；很。(85)內宴　在宮中宴會。(86)捋　順手撫摩。(87)後嗣　後世；後代。指太子。(88)比來　近來。(89)天威　上天的威嚴。此指帝王的威嚴。(90)語我　告訴我。(91)割慈忍愛　捨棄慈愛。(92)遂爾結舌　就這樣不敢說話。(93)公其勉之　你就努力做吧。(94)驟言　屢次說。(95)社稷主　關係國家安危興衰的君主。(96)天命　古代把天當做神，稱天神的意旨為天命。(97)若之何　怎麼辦。(98)晦匿　隱匿聲跡。(99)漢王贊　即宇文贊（？—西元五八〇年），北周武帝第二子，封漢王。傳見《周書》卷十三、《北史》卷五十八。(100)丁卯　八月二十一日。(101)南兗州　梁於江都郡置南兗州，北齊改為東廣州，陳改回。治所廣陵，在今江蘇揚州西北。(102)邯鄲宮　於趙故都營造邯鄲宮，在今河北永年。(103)戊戌　九月二十三日。(104)叔彪　即陳叔彪，陳宣帝第十三子，封淮南王。傳見《陳書》卷二十八、《南史》卷六十五。

【校　記】①女　原無此字。據章鈺校，十二行本、乙十一行本、孔天胤本皆有此字，張敦仁《通鑑刊本識誤》同，今據補。按，《北齊書·後主紀》、《北史·後主紀》皆有此字。②愚　原作「所」。據章鈺校，十二行本、乙十一行本、孔天胤本皆作

「愚」，今據改。③嗜　原作「耆」。胡三省注云：「『耆』讀曰『嗜』。」據章鈺校，十二行本、乙十一行本、孔天胤本皆作「嗜」，今據改。④臣聞　原無此二字。據章鈺校，十二行本、乙十一行本、孔天胤本皆有此二字，張敦仁《通鑑刊本識誤》同，今據補。按，《周書・宇文孝伯傳》、《北史・廣傳公宇文測傳附宇文孝伯傳》皆有此二字。

【語譯】八年（丙申　西元五七六年）

春，正月初四日癸未，北周國主宇文邕前往同州。十二日辛卯，前往河東涑川。十五日甲午，又回到同州。

甲寅日，北齊實行大赦。〇乙卯日，北齊國主高緯返回鄴城。

二月十二日辛酉，北周國主宇文邕命太子宇文贇巡視安撫西部疆土，就便討伐吐谷渾，上開府儀同大將軍王軌、宮正宇文孝伯隨行。軍中的指揮調度，都託付給這兩人，太子只是依賴他人取得成功而已。

北齊查驗登記被俘供役使的官奴婢戶口中的未嫁女子，把她們全部集中起來，凡有隱匿的人家，家長獲罪處死。

二月二十三日壬申，陳宣帝任命開府儀同三司吳明徹為司空。

三月二十四日壬寅，北周國主宇文邕回到長安。夏，四月初七日乙卯，再次前往同州。

四月十一日己未，陳宣帝到太廟祭祀祖先。〇陳朝尚書左僕射王瑒去世。

五月十五日壬辰，北周國主宇文邕回到長安。

六月初一日戊申，發生日蝕。

六月初四日辛亥，北周國主宇文邕到太廟祭祀祖先。

當初，陳朝太子陳叔寶想任用左戶部尚書江總為太子詹事，讓東宮管記陸瑜告訴吏部尚書孔奐。孔奐對陸瑜說：「江總有潘岳、陸機那樣的文采，卻沒有東園公、綺里季那樣的實學，讓他來輔佐太子，我有為難之處。」太子對此很是惱火，便親自去向陳宣帝請求。陳宣帝準備答應，孔奐上奏說：「江總，是一個有文學才華的人，如今皇太子文學才華不少，難道還要借重江總嗎？依臣的愚見，希望挑選一個敦厚持重的人，來擔任輔導皇太子的職務。」陳宣帝說：「如果依照卿的意見，誰能擔任這個職務呢？」孔奐說：「都官尚書王廓，世代有美德，他識見敏捷，品性敦厚，可以擔任這個職務。」太子陳叔寶當時在旁邊，便插話說：「王廓，是王泰的兒子，不適宜擔任太子詹事。」孔奐說：「劉宋朝范曄，就是范泰的兒子，也曾擔任太子詹事，前朝並沒有疑惑。」太子一再力爭，陳宣帝最終還是任命江總為太子詹事。江總，是江斆的曾孫。

六月初七日甲寅，陳宣帝任命尚書右僕射陸繕為左僕射。陳宣帝想用孔奐接替陸繕，詔書已經發出，因太子陳叔寶的阻止而作罷，改用晉陵太守王克擔任尚書右僕射。

不久，江總和太子陳叔寶通宵達旦飲酒，收太子的良娣陳氏為養女。太子多次隱匿身分便裝出行，到江總家遊玩。陳宣帝大怒，罷免了江總的官職。

北周利州刺史紀王宇文康，驕傲自負，不守法度，修整兵器，暗中圖謀造反。司錄裴融勸阻他，宇文康殺了裴融。六月初九日丙辰，北周國主賜宇文康自盡。

六月初十日丁巳，北周國主宇文邕前往雲陽宮。

六月十三日庚申，北齊宜陽王趙彥深去世。趙彥深歷事幾代國君，經常居於機密近要位置，以溫和謹慎著稱。趙彥深去世後，掌管機密的朝中貴臣，只有侍中、開府儀同三司斛律孝卿一人而已，其餘都是受北齊國主寵幸的人。斛律孝卿，是斛律羌舉的兒子，與其他人相比，略微不那麼貪婪穢亂。

秋，八月初九日乙卯，北周國主宇文邕回到長安。○北周太子宇文贇討伐吐谷渾，到達伏俟城後退回。

北周宮尹鄭譯、王端等人都受到太子的寵幸。太子在軍中有許多失德行為，鄭譯等人都參與了。軍隊回到長安，王軌等人向北周國主宇文邕報告了這些事。宇文邕大怒，用棍棒責打了太子及鄭譯等人，並將鄭譯等革職除名，在太子宮任職的臣子和親信都受到斥責。過後太子又召回鄭譯，像先前一樣輕浮嬉戲。鄭譯於是對太子說：「殿下什麼時候能夠據有天下？」太子聽了很高興，更加親近他。鄭譯，是鄭儼哥哥的孫子。

北周國主宇文邕對待太子很嚴格，每次朝見，進退舉止的要求與群臣沒有兩樣，即便是隆冬或盛夏，也不能得到休息。因為太子愛好喝酒，宇文邕禁止送酒到東宮。太子犯了過錯，就會遭杖擊鞭打。他曾經對太子說：「自古以來被廢掉的太子有多少？別的兒子難道就不能立為太子嗎？」於是敕令東宮官員記錄太子的言語動作，每月上奏。太子畏懼周武帝的威嚴，便遮掩自己的真情，故意修飾自己的言行，從此太子的過失和惡行便沒有向上奏報過。

王軌曾經對小內史賀若弼說：「太子一定不能勝任治國重任。」賀若弼非常贊同，勸王軌向周武帝陳說。王軌其後藉陪坐在周武帝身邊的機會，對周武帝說：「皇太子並無仁愛孝順的名聲，恐怕不懂陛下的家事。愚臣見識短淺看不明白，不值得相信，陛下一向認為賀若弼有文武奇才，他也時常為這件事而憂慮。」周武帝於是詢問賀若弼，賀若弼回答說：「皇太子在東宮修養品德，沒聽說有什麼過失。」退朝以後，王軌責備賀若弼說：「你平日談論，沒有什麼不敢說的，今天面對皇上回答詢問，怎麼能這樣反覆無常？」賀若弼說：「這是你的不對啊！太子，是朝廷的儲君，怎能輕易議論？事情稍有失誤，就要滅族。原本以為你會祕密向皇上陳奏太子的善惡，怎麼能竟至於公開談論？」王軌沉默了好久，才說：「我一心為了朝廷，就沒有為個人考慮過。剛才對著眾人談論，確實不妥當。」

過後，王軌藉宮中宴會的機會，向皇上敬酒祝頌長壽，用手捋著周武帝的鬍鬚說：「可愛的好老頭，只是繼承人太弱了讓人遺憾。」此前，周武帝問右宮伯宇文孝伯說：「我兒近來怎麼樣？」回答說：「太子近來畏懼皇上的威嚴，再沒有什麼過失。」宴會過後，周武帝責備宇文孝伯說：「你曾經告訴我說：『太子沒有過失。』今天王軌有這樣的話，可見你是在騙我。」宇文孝伯拜了兩拜說：「臣聽說父子之間的事，別人難以說話。臣知道陛下不能捨棄慈愛，所以才這樣閉嘴不敢多說。」周武帝知道宇文孝伯的意思，沉默了很久，才說：「朕已經把太子託付給你了，你就努力去做吧！」

王軌屢次對周武帝說：「皇太子不適合做一國之主，普六茹堅有反叛的相貌。」周武帝很不高興，說：「如果天命在他身上，那又有什麼辦法？」楊堅聽到了這件事，非常害怕，深深地韜晦隱蔽。

周武帝深深覺得王軌等人的話有道理，只是漢王宇文贊年齡排第二，卻很不成器，其他兒子都年幼，所以宇文贇的皇太子身分才能不被廢除。

八月二十一日丁卯，陳宣帝任命司空吳明徹為南兗州刺史。〇北齊國主高緯前往晉陽。營建邯鄲宮。

九月二十三日戊戌，陳宣帝以皇子陳叔彪為淮南王。

周主謂羣臣曰：「朕去歲屬有疾疹❶，遂不得克平逋寇❷。前入齊境，備見其情，彼之行師，殆同兒戲。況其朝廷昏亂，政由羣小，百姓嗷然，朝不謀夕❸。天與不取，恐貽❹後悔。前出河外，直為拊背❺，未扼其喉❻。晉州本高歡所起之地，鎮攝❼要重，今往攻之，彼必來援，吾嚴軍以待，擊之必克。然後乘破竹之勢，鼓行而東，足以窮其巢穴，混同文軌❽。」諸將多不願行。帝曰：「機不可失。有沮吾軍者，當以軍法裁❾之！」

冬，十月己酉❿，周主自將伐齊，以越王盛⓫、杞公亮⓬、隨公楊堅為右三軍，譙王儉⓭、大將軍竇泰、廣化公丘崇為左三軍，齊王憲、陳王純為前軍。亮，導之子也。

丙辰⓮，齊主獵於祁連池⓯，癸亥⓰，還晉陽。先是，晉州行臺左丞張延雋公直勤敏，儲偫有備，百姓安業，疆埸無虞。諸嬖倖惡而代之，由是公私煩擾。

周主至晉州，軍⓱于汾曲，遣齊王憲將精騎[1]二萬守雀鼠谷⓲，陳王純步騎二萬守千里徑⑲，鄭公達奚震⑳步騎一萬守統軍川㉑，大將軍韓明㉒步騎五千守齊子嶺㉓，焉氏公尹升步騎五千守鼓鍾鎮㉔，涼城公辛韶㉕步騎五千守蒲津關，趙王招步騎一萬自華谷㉖攻齊汾州㉗諸城，柱國宇文盛㉘步騎一萬守汾水關㉙。

遣內史王誼監諸軍攻平陽城㉚，齊行臺僕射海昌王尉相貴㉛嬰城㉜拒守。相貴，相願之兄也[2]。甲子㉝，齊集兵晉祠。庚午㉞，齊主自晉陽帥諸軍趣晉州。周主日自汾曲至城下督戰，城中窘急。庚午㉟，行臺左丞侯子欽出降於周。壬申㊱，晉州刺史崔景嵩守北城，夜，遣使請降於周，王軌帥眾應之。未明，周將北海段文振，杖㊲槊與數十人先登，與景嵩同至尉相貴所，拔佩刀劫之。城上鼓譟，齊兵大潰，遂克晉州，虜相貴及甲士八千人。

齊主方與馮淑妃㊳獵於天池㊴，晉州告急者，自旦至午，驛馬三至。右丞相高阿那肱曰：「大家正為樂，邊鄙㊵小小交兵，乃是常事，何急奏聞？」至暮，使更至，云平陽已陷，乃奏之。齊主將還，淑妃請更殺一圍㊶，齊主從之。

周齊王憲攻拔㊷洪洞㊸、永安㊹二城，更圖進取。齊人焚橋守險，軍不得進，乃屯永安。使永昌公椿㊺屯雞棲原㊻，伐柏為菴㊼以立營。椿，廣之弟也。

癸酉㊽，齊主分軍萬人向千里徑，又分軍出汾水關，自帥大軍上雞棲原。宇文盛遣人告急，齊王憲自救之。齊師退，盛追擊，破之。俄而椿告齊師稍逼[49]，憲復還救之。與齊對陳，至夜不戰。會周主召憲還，憲引兵夜去。齊人見柏菴在，不之覺，明日，始知之。齊主使高阿那肱將前軍先進，仍節度諸軍。

甲戌[50]，周以上開府儀同大將軍[51]安定梁士彥[52]為晉州刺史，留精兵一萬鎮之。

十一月己卯[53]，齊主至平陽。周主以齊兵新集，聲勢甚盛，且欲西還以避其鋒。開府儀同大將軍宇文忻[54]諫曰：「以陛下之聖武[55]，乘敵人之荒縱[56]，何患不克？若使齊得今主[57]，君臣協力，雖湯、武之勢[58]，未易平也。今主暗臣愚[59]，士無鬬志，雖有百萬之眾，實為陛下奉[60]耳。」軍正[61]京兆王誼[3]曰：「齊失紀綱[62]，於茲累世。天獎周室，一戰而扼其喉。取亂侮亡[63]，正在今日。釋[64]之而去，臣所未諭[65]。」周主雖善其言，竟引軍還。忻，貴之子也。

周主留齊王憲為後拒，齊師追之，憲與宇文忻各將百騎與戰，斬其驍將賀蘭豹子等，齊師乃退。憲引軍度汾[66]，追及周主於玉壁[67]。

齊師遂圍平陽，晝夜攻之。城中危急，樓堞[68]皆盡，所存之城，尋仞[69]而已。或短兵相接，或交馬出入，外援不至，眾皆震懼。梁士彥忼慨[70]自若[71]，謂將士曰：「死在今日，吾為爾先。」於是勇烈齊奮，呼聲動地，無不一當百。齊師少卻，乃令妻妾、軍民、婦女，晝夜修城，三日而就。周主使齊王憲將兵六萬屯涑川(72)，遙為平陽聲援。齊人作地道攻平陽，城陷十餘步，將士乘勢欲入。齊主敕且止，召馮淑妃觀之。淑妃粧點(73)，不時(74)至，周人以木拒塞之，城遂不下。舊俗相傳，晉州城西石上有聖人跡，淑妃欲往觀之。齊主恐弩矢及橋，乃抽攻城木造遠橋。齊主與淑妃度橋，橋壞，至夜乃還。

癸巳(75)，周主還長安。甲午(76)，復下詔，以齊人圍晉州，更帥諸軍擊之。丙申(77)，縱(78)齊降人使還。丁酉(79)，周主發長安，壬寅(80)，濟河，與諸軍合。十二月丁未(81)，周主至高顯(82)，遣齊王憲[4]帥所部先向平陽。戊申(83)，周主至平陽。庚戌(84)，諸軍總集，凡八萬人，稍進，逼城置陳，東西二十餘里。

先是齊人恐周師猝至(85)，於城南穿塹(86)，自喬山(87)屬於汾水。齊主大出兵，陳於塹北，周主命齊王憲馳往觀之。憲復命(88)曰：「易與耳，請破之而後食。」周主悅，曰：「如汝言，吾無憂矣！」周主乘常御馬，從數人巡陳，所至輒呼主帥姓名慰勉之。將士喜於見知(89)，咸思自奮(90)。將戰，有司請換馬。周主曰：「朕獨乘良馬，欲何之？」周主欲薄(91)齊師，礙塹而止，自旦至申(92)，相持不決。

齊主謂高阿那肱曰：「戰是邪？不戰是邪？」阿那肱曰：「吾兵雖多，堪戰者[5]不過十萬，病傷及繞城樵爨(93)者復三分居一。昔攻玉壁(94)，援軍來即退。今日將士，豈勝神武(95)時邪？不如勿戰，卻守(96)高梁橋(97)。」安吐根(98)曰：「一撮許(99)賊，馬上刺取，擲著(100)汾水中耳！」齊主意未決。諸內參曰：「彼亦天子，我亦天子。彼尚能遠來，我何為守塹示弱？」齊主曰：「此言是也。」於是填塹南引(101)。周主大喜，勒(102)諸軍擊之。

兵纔合(103)，齊主與馮淑妃並騎觀戰。東偏(104)小[6]卻，淑妃怖曰：「軍敗矣！」錄尚書事城陽王穆提婆曰：「大家去！大家去！」齊主即以淑妃奔高梁橋。開府儀同三司奚長諫曰：「半進半退，戰之常體(105)。今兵眾全整，未有虧傷，陛下捨此安之？馬足一動，人情駭亂，不可復振。願速還安慰之！」武衛(106)張常山自後至，亦曰：「軍尋收訖(107)，甚完整。圍城兵亦不動。至尊(108)宜回。不信臣言，乞將(109)內參往視。」齊主將從之。穆提婆引齊主肘曰：「此言難信。」齊主遂以淑妃北走。齊師大潰，死者萬餘人，軍資器械，數百里間，委棄山積(110)。安德王延宗(111)獨全軍(112)而還。

齊主至洪洞，淑妃方以粉鏡自玩(113)，後聲亂，唱(114)賊至，於是復走。先是齊主以淑妃為有功勳，將立為左皇后[115]，遣內參詣晉陽取皇后服御褘翟[116]等。至是，遇於中塗[117]，齊主為按轡[118]，命淑妃著[119]之，然後去。

辛亥[120]，周主入平陽。梁士彥見周主，持周主鬚而泣曰：「臣幾[121]不見陛下！」周主亦為之流涕。

周主以將士疲倦[7]，欲引還[122]。士彥叩馬[123]諫曰：「今齊師遁散[124]，眾心皆動[125]，因其懼而攻之，其勢必舉[126]。」周主從之，執其手曰：「余得晉州，為平齊之基[127]，若不固守，則大事不成。朕無前憂，唯慮後變，汝善為我守之！」遂帥諸將追齊師。諸將固請西還，周主曰：「縱敵患生[128]。卿等若疑，朕將獨往。」諸將乃不敢言。癸丑[129]，至汾水關。

齊主入晉陽，憂懼不知所之[130]。甲寅[131]，齊大赦。齊主問計於朝臣，皆曰：「宜省賦息役[132]，以慰民心。收遺兵[133]，背城死戰[134]，以安社稷。」齊主欲留安德王延宗、廣寧王孝珩守晉陽，自向北朔州[135]。若晉陽不守，則奔[136]突厥。羣臣皆以為不可，帝不從。

開府儀同三司賀拔伏恩等宿衛近臣三十餘人西奔周軍，周主封賞各有差[137]。

高阿那肱所部兵尚一萬，守高壁[138]，餘眾保洛女砦[139]。周主引軍向高壁，阿那肱望風退走。齊王憲攻洛女砦，拔之。有軍士告稱[8]：「阿那肱遣臣[9]招引西軍[140]。」齊主令侍中斛律孝卿[141]檢校[142]，孝卿以為妄。還，至晉陽，阿那肱腹心復告阿那肱謀反，又以為妄，斬之。

乙卯[143]，齊主詔安德王延宗、廣寧王孝珩募兵。延宗入見，齊主告以欲向北朔州，延宗泣諫[144]，不從，密遣左右先送皇太后、太子於北朔州。

丙辰[145]，周主與齊王憲會於介休[146]。齊開府儀同三司韓建業[147]舉城降，以為上柱國[148]，封郇[149]公。

是夜[150]，齊主欲遁去，諸將不從。丁巳[151]，周師至晉陽。齊主復大赦，改元隆化[152]。以安德王延宗為相國[153]、并州刺史，總山西[154]兵，謂曰：「并州兄自取之[155]，兒[156]今去矣！」延宗曰：「陛下為社稷勿動。臣為陛下出死力戰，必能破之。」穆提婆曰：「至尊計已成，王不得輒[157]沮。」齊主乃夜斬五龍門而出，欲奔突厥，從官多散。領軍梅勝郎[158]叩馬諫，乃回向鄴。時唯高阿那肱等十餘騎從，廣寧王孝珩、襄城王彥道繼至，得數十人與俱。

穆提婆西奔周軍，陸令萱自殺，家屬皆誅沒[159]。周主以提婆為柱國、宜州[160]刺史。下詔諭齊羣臣曰：「若妙盡人謀[161]，深達[162]天命，官榮爵賞，各有加隆。

或我之將卒，逃逸彼朝[163]，無問貴賤，皆從蕩滌[164]。」自是齊臣降者相繼。

初，齊高祖[165]為魏丞相，以唐邕典外兵曹[166]，太原白建[167]典騎兵曹，皆以善書計[168]、工[169]簿帳受委任。及齊受禪[170]，諸司咸歸尚書，唯二曹不廢，更名二省。邕官至錄尚書事，建官至中書令，常典二省，世稱「唐、白」。邕兼領度支，與高阿那肱有隙，阿那肱譖之，齊主敕侍中斛律孝卿總知騎兵、度支。孝卿事多專決，不復詢稟[171]。邕自以宿舊習[10]事，為孝卿所輕，意甚鬱鬱[172]。及齊主還鄴，邕遂留晉陽。并州將帥請於安德王延宗曰：「王不為天子，諸人實不能為王出死力。」延宗不得已，戊午[173]，即皇帝位。下詔曰：「武平[174]孱弱，政由宦[11]豎，斬關夜遁，莫知所之。王公卿士，猥見推逼[175]，今祗承寶位[176]。」大赦，改元德昌。以晉昌王唐邕為宰相，齊昌王莫多婁敬顯[177]、沭陽王和阿干子[12]、右衛大將軍段暢、開府儀同三司韓骨胡等為將帥。敬顯，貸文之子也。眾聞之，不召而至者，前後相屬[178]。延宗發[179]府藏及後宮美女以賜將士，籍沒[180]內參十餘家。齊主聞之，謂近臣曰：「我寧使周得并州，不欲安德[181]得之。」左右曰：「理然[182]。」延宗見士卒，皆親執手稱名，流涕嗚咽[183]，眾爭為死。童兒女子，亦乘[184]屋攘袂[185]，投甎石以禦敵。

己未[186]，周主至晉陽。庚申[187]，齊主入鄴。周軍[13]圍晉陽，四合如黑雲[188]。安德王延宗命莫多婁敬顯、韓骨胡拒城南，和阿干子、段暢拒城東，自帥眾拒齊王憲於城北。延宗素肥，前如偃，後如伏[189]，人常笑之。至是，奮大矟往來督戰，勁捷若飛，所向無前[190]。和阿干子、段暢以千騎奔周軍。周主攻東門，際昏[191]，遂入之，進焚佛寺。延宗、敬顯自門入，夾擊之，周師大亂，爭門，相填壓[192]，塞路不得進。齊人從後斫[193]刺，死者二千餘人。周主左右略盡，自拔[194]無路。承御上士[195]張壽牽馬首，賀拔伏恩以鞭拂其後，崎嶇得出[196]。齊人奮擊，幾中之。城東道阨曲[197]，伏恩及降者皮子信[198]導之，僅得免，時已四更[199]。延宗謂[200]周主為亂兵所殺，使於積尸中求長鬣[201]者，不得。時齊人既捷，入坊[202]飲酒，盡醉臥，延宗不復能整。

周主出城，飢甚，欲遁去，諸將亦多勸之還。宇文忻勃然[203]進曰：「陛下自克晉州，乘勝至此。今偽主[204]奔波，關東[205]響振[14]，自古行兵，未有若斯之盛。昨日破城，將士輕敵，微有不利，何足為懷？丈夫當死中求生，敗中取勝。今破竹之勢已成，柰何棄之而去？」齊王憲、柱國王誼亦以為去必不免[206]，段暢等又盛言[207]城內空虛。周主乃駐馬，鳴角收兵，俄頃[208]復振[209]。辛酉[210]，旦，還攻東門，克之。延宗戰力屈，走至城北，周人擒之。周主下馬執其手，延宗辭曰：「死人手[211]，何敢迫[212]至尊？」周主曰：「兩國天子，非有怨惡，直為百姓來耳。終不相害，勿怖也。」使復衣帽而禮之[213]。唐邕等皆降於周。獨莫多婁敬顯奔鄴，齊主以為司徒。

延宗初稱尊號[214]，遣使修啓[215]於瀛州[216]刺史任城王湝，曰：「至尊出奔，宗廟[217]事重，羣公勸迫，權主[218]號令。事寧，終歸叔父。」湝曰：「我人臣，何容受此啓？」執使者送鄴。

壬戌[219]，周主大赦。削除齊制。收禮[220]文武之士。

初[15]，伊婁謙聘於齊，其參軍[221]高遵以情輸於齊[222]，齊人拘之於晉陽。周主既克晉陽，召謙，勞之。執遵付謙，任其報復。謙頓首[223]，請赦之，周主曰：「卿可聚眾唾面，使其知愧。」謙曰：「以遵之罪，又非唾面可責。」帝善其言而止。謙待遵如初。

臣光曰：「賞有功，誅有罪，此人君之任也。高遵奉使異國，漏泄大謀，斯叛臣也。周高祖不自行戮[224]，乃以賜謙，使之復怨，失政刑[225]矣！孔子謂以德報怨[226]者，何以報德？為謙者，宜辭而不受，歸諸有司[227]，以正典刑[228]。乃請而赦之以成其私名，美則美矣，亦非公義也。」

齊主命立重賞以募戰士，而竟不出物。廣寧王孝珩請「使任城王湝將幽州道[229]兵入土門[230]，揚聲[231]趣并州，獨孤永業將洛州道[232]兵入潼關[233]，揚聲趣長安，臣請將京畿[234]兵出滏口[235]，鼓行逆戰。敵聞南北有兵，自然逃潰。」又請出宮人珍寶賞將士。齊主不悅。斛律孝卿請齊主親勞將士，為之撰辭[236]，且曰：「宜忼慨流涕，以感激人心。」齊主既出，臨眾[237]，將令之，不復記所受言，遂大笑，左右亦笑。將士怒曰：「身尚如此，吾輩何急？」皆無戰心。於是自大丞相[238]已下，太宰、三師[239]、大司馬、大將軍、三公[240]等官，並增員而授，或三或四，不可勝數[241]。

朔州[242]行臺僕射高勱將兵侍衛太后、太子，自土門道還鄴。時宦官儀同三司苟子溢[243]猶恃寵縱暴[244]，民間雞彘，縱鷹犬搏噬[245]取之。勱執以徇[246]，將斬之，太后救之，得免。或謂勱曰：「子溢之徒，言成禍福[247]，獨不慮後患邪？」勱攘袂曰：「今西寇[248]已據并州，達官[249]率皆委叛[250]，正坐[251]此輩濁亂朝廷。若得今日斬之，明日受誅，亦無所恨[252]！」勱，岳之子也。甲子[253]，齊太后至鄴。

丙寅[254]，周主出齊宮中珍寶服玩及宮女二千人，班賜[255]將士，加立功者官爵各有差。周主問高延宗以取鄴之策，辭曰：「此非亡國之臣所及。」強問之，乃曰：「若任城王據鄴，臣不能知。若今主自守，陛下兵不血刃[256]。」癸酉[257]，周師趣鄴，命齊王憲先驅，以上柱國陳王純為并州總管。

齊主引諸貴臣入朱雀門[258]，賜酒食，問以禦周之策，人人異議，齊主不知所從。是時人情恟懼[259]，莫有鬬心，朝士[260]出降，晝夜相屬[261]。高勱曰：「今之叛者，多是貴人，至於卒伍[262]，猶未離心。請追五品已上[263]家屬，置之三臺[264]，因脅之[265]以戰，若不捷，則焚臺[266]。此曹顧惜[267]妻子，必當死戰。且王師頻北[268]，賊徒輕我，今背城一決，理必破之。」齊主不能用。望氣[269]者言，當有革易[270]。齊主引尚書令高元海等議，依天統故事[271]，禪位皇太子。

【章　旨】以上為第三段，記述西元五七六年北周武帝第二次大舉討伐北齊，奪取晉州平陽和晉陽的決定性勝利。

【注　釋】❶疾疹　患病。❷逋寇　逃亡的賊寇。此指北齊。❸朝不謀夕　即朝不慮夕。指時間緊迫，情況危急。❹貽　遺留。❺拊背　拍打脊背。拊，拍；輕擊。❻未扼其喉　未能控制其要害之地。❼攝　總持。❽混同文軌　指一統天下。文，文字。軌，車道。❾裁　裁定；制裁。❿己酉　十月初四日。⓫越王盛　即宇文盛（？—西元五八〇年），宇文泰之子。傳見《周書》卷十三、《北史》卷五十八。⓬杞公亮　即宇文亮（？—西元五八〇年）。傳附《周書》卷十〈邵惠公顥傳〉、《北史》卷五十七〈周宗室傳〉。⓭譙王儉　即宇文儉（？—西元五八一年），宇文泰之子。傳見《周書》卷十三、《北史》卷五十八。⑭丙辰　十月十一日。⑮祁連池　地名，一名天池（北方少數民族稱天為祁連）。在今山西寧武西南管涔山上。⑯癸亥　十月十八日。⑰軍　駐紮。⑱雀鼠谷　地名，汾水南過冠爵津，在介休縣西南，俗謂之雀鼠谷，數十里間，道路險隘。在今山西介休東南。⑲千里徑　要路之一。在今山西臨汾北。⑳達奚震　字猛略，歷仕西魏、北周，官至上柱國。傳附《周書》卷十九〈達奚武傳〉、《北史》卷六十五〈達奚武傳〉。㉑統軍川　河名，一名統軍水。即今山西洪洞南汾水東岸支流。㉒韓明（？—西元五八〇年）韓果子，大象末年，位至大將軍、黎州刺史，與尉遲迥同謀被誅。傳附《周書》卷二十七〈韓果傳〉、《北史》卷六十五〈韓果傳〉。㉓齊子嶺　地名，一名秦嶺。在今河南濟源西北。㉔鼓鍾鎮　地名，在今甘肅永昌西。㉕辛韶　官至柱國，對隋文帝有佐命之功。傳附《隋書》卷五十四〈田仁恭傳〉、《北史》卷六十五〈田仁恭傳〉。㉖華谷　地名，涑水出河東聞喜東山黍葭谷，俗謂之華谷，在今山西聞喜東。㉗汾州　州名，治所蒲子城，在今山西汾陽。㉘宇文盛　（？—西元五八〇年）字保興，代（今山西代縣）人，歷仕西魏、北周，官至上柱國。傳見《周書》卷二十九。㉙汾水關　關名，一名陰地關。在今山西靈石西南汾河東岸。㉚平陽城　地名，平陽郡治所，在今山西臨汾。㉛尉相貴　（？—西元五七六年）仕北齊。傳附《北齊書》卷十九〈張保洛傳〉、《北史》卷五十三〈張保洛傳〉。㉜嬰城　環城固守。嬰，環繞。㉝甲子　十月十九日。㉞庚午　十月二十五日。㉟庚午　前庚午事抄錄《北齊書》，後庚午事抄錄《周書》，故重複。㊱壬申　十月二十七日。㊲杖　通「仗」。手持。㊳馮淑妃　名小憐，深得齊後主寵幸。傳見《北史》卷十四。㊴天池　地名，在今山西靜樂境。按，天池在晉陽北一百七十餘里，晉州在晉陽南五百餘里，時齊主已率軍往晉州，不再北往。疑天池即祁連池，因北方人謂天為祁連。㊵邊鄙　近邊界的地方。㊶一圍　古代圍獵人把獸類圍在圈內射殺，殺盡為止，一次稱為一圍。㊷攻拔　攻克。㊸洪洞　城名，取城北洪洞嶺為名。在今山西洪洞北。㊹永安　城名，永安郡治所，在今山西霍州。㊺永昌公椿　即宇文椿（？—西元五八一年）。傳附《周書》卷十〈邵惠公顥傳〉、《北史》卷五十七〈周宗室傳〉。㊻雞栖原　地名，在今山西霍州北。㊼菴　圓形草屋。㊽癸酉　十月二十八日。㊾稍逼　漸漸逼近。㊿甲戌　十月二十九日。(51)上開府儀同大將軍　文散官名號，無職掌。(52)梁士彥　（西元五一五—五八六年）歷仕西魏、北周與隋，官至上柱國，封郕國公。傳見《周書》卷三十一、《隋書》卷四十、《北史》卷七十三。(53)己卯　十一月初四日。(54)宇文忻　（西元五二三—五八六年）字仲樂，京兆（今陝西西安）人，歷仕周、隋，官至右領軍大將軍，封杞國公。傳見《周書》卷十九、《隋書》卷四十、《北史》卷六十。(55)聖武　聖明英武。(56)荒縱　迷亂放縱。(57)令主　賢明的君主。(58)湯武之勢　謂商湯滅夏桀、周武王伐商紂王之優勢。(59)主暗臣愚　君主昏暗，臣下愚昧。(60)奉　奉送。(61)軍正　官名，軍中執法之官。(62)紀綱　法度；法紀。(63)取亂侮亡　亂則取之，有亡形則侮之。侮，欺陵。(64)釋　放棄。(65)諭　同「喻」。明白；理解。(66)汾　汾水，即今汾河。黃河支流，源出於山西寧武，南流經河津縣入黃河。(67)玉壁　城名，勳州治所，在今山西稷山縣西南。(68)樓堞　樓，城上敵樓。堞，城上矮牆。(69)尋仞　古代六尺為尋，七尺為仞。(70)忼慨　意氣昂揚。(71)自若　和往常一樣。(72)涑川　河名，即今山西西南部黃河支流涑水河。(73)粧點　化妝。(74)不時　沒按時；不及時。(75)癸巳　十一月十八日。(76)甲午　十一月十九日。(77)丙申　十一月二十一日。(78)縱釋放。(79)丁酉　十一月二十二日。(80)壬寅　十一月二十七日。(81)丁未　十二月初三日。(82)高顯　地名，在今山西曲沃西北高顯鎮。(83)戊申　十二月初四日。(84)庚戌　十二月初六日。(85)猝至　突然而至。(86)穿塹　挖壕溝。(87)喬山　地名，一作橋山，在今山西襄汾東南。(88)復命　謂完成使命後回報。(89)見知　為人所知；被人瞭解。(90)自奮　自我奮發。(91)薄　逼近。(92)自旦至申　從早晨到傍晚。旦，天明；早晨。申，申時，指每天下午三時至五時。(93)樵爨　打柴做飯。爨，燒火做飯。(94)昔攻玉壁　事見本書卷一百五十九〈梁紀〉十三武帝大同元年。(95)神武　指高歡。高歡謚神武皇帝。(96)卻守　退守。(97)高梁橋　地名，晉州平陽縣有高梁城，故址在今山西臨汾東北。(98)安吐根　（？—西元五七七年）安西胡人，官至儀同三司。傳見《北史》卷九十二。(99)一撮許　一小撮。言其少。許，約計的數量，大約之意。(100)擲著　投到。(101)南引　率兵南下。(102)勒　統率。(103)纔合　剛開始交戰。(104)東偏　謂作戰的北齊東翼軍隊。(105)常體　常態；正常的情況。(106)武衛　官名，屬左、右武衛將軍。(107)收訖　集中完畢。(108)至尊　極其尊貴。對帝王的稱呼。(109)乞將　乞請帶領。將，領著；偕同。(110)委棄山積　扔掉的軍器物資堆積如山。(111)安德王延宗　即高延宗（？—西元五七七年），文襄帝第五子，封安德王。傳見《北齊書》卷十一、《北史》卷五十二。(112)全軍　謂全軍完整無損。(113)以粉鏡自玩　施粉添妝，臨鏡自賞。(114)唱　長聲高呼。(115)左皇后　齊後主立右皇后與左皇后二后，時有穆皇后，故欲立馮淑妃為左皇后。(116)皇后服御褘翟　服御，指衣服車馬之類。褘翟，皇后所穿禮服。此服深青，上繪五彩長尾山雉。褘，褘衣，皇后之祭服。翟，山雉之尾長者。(117)中塗　半道。塗，通「途」。(118)按轡　扣緊馬韁，使馬緩步而行或停下。(119)著　穿著。(120)辛亥　十二月七日。(121)幾　幾乎。(122)引還　率軍回歸。(123)叩馬　勒住馬。(124)遁散　逃散。遁，逃亡。(125)眾心皆動　大家心裡都發生動搖。(126)舉　成功。(127)基　基地。(128)縱敵患生　放跑敵人，就要產生禍患。(129)癸丑　十二月九日。(130)所之　往哪裡去。(131)甲寅　十二月十日。(132)省賦息役　謂減少賦稅，停止徭役。(133)遺兵　殘存的士兵。(134)背城死戰　背靠城池與敵決一死戰。(135)北朔州　州名，治所古馬邑城，在今山西朔州。(136)奔　前往投赴。(137)各有差　多少不等。(138)高壁　嶺名，即高壁嶺，又名韓壁嶺。在今山西靈石南。(139)洛女砦　寨柵名，即洛水寨，在今山西靈石境。(140)招引西軍　勾結敵軍。招引，招致；勾搭。西軍，指北周軍。(141)斛律孝卿　北齊人，後降北周，官至侍中，封義寧王。傳附《北齊書》卷二十〈斛律羌舉傳〉、《北史》卷五十三〈斛律羌舉傳〉。142檢校　查核。143乙卯　十二月十一日。144泣諫　哭泣著勸說。145丙辰　十二月十二日。146介休　縣名，在今山西介休東南。147韓建業　歷仕齊、周與隋，官至上柱國，封郇公。傳附《北齊書》卷十九〈張保洛傳〉、《北史》卷五十三〈張保洛傳〉。148上柱國　官名，北周武官勳級中的最高級，無職掌。149郇　古國名，西周封置。在今山西臨猗西南。150是夜　這一夜，即十二日夜。是，此。151丁巳　十二月十三日。152改元隆化　將武平七年改為隆化元年。153相國　官名，即宰相，全國最高行政長官，輔助天子處理軍國大政。154山西　鄴都稱并州之地為山西。155并州兄自取之　齊後主謂延宗自取并州，為并州之主。156兒　齊後主自稱。157輒　每；總是。158梅勝郎　人名，領軍將軍。傳見《北史》卷九十二〈恩幸傳〉。159誅沒　誅殺或沒為官府奴婢。160宜州　州名，治所華原縣，在今陝西耀州。161妙盡人謀　人們中最好的計謀。162深達　十分通知。163彼朝　指北齊朝。164蕩滌　消除淨盡。165齊高祖　齊尊高歡廟號為高祖。166曹　古代分職治事的官署或部門。167白建　（？—西元五七六年）仕北齊，官至中書令。傳見《北齊書》卷四十、《北史》卷五十五。168書計　文字與籌算。169工　擅長。170受禪　王朝更替，新皇帝接受舊皇帝讓給的帝位。171詢稟　詢問和稟告。172鬱鬱　因受抑制而氣不得舒展。173戊午　十二月十四日。174武平　齊後主年號，此指後主。175猥見推逼　被眾人推舉逼迫。176寶位　皇帝之位。177莫多婁敬顯　（？—西元五七七年）仕北齊，官至司徒。傳附《北齊書》卷十九〈莫多婁貸文傳〉、《北史》卷五十三〈莫多婁貸文傳〉。莫多婁，三字姓。178屬　跟隨。179發　打開。180籍沒　沒收財物入官。181安德　指安德王高延宗。182理然　理所當然。183嗚咽　悲泣聲。184乘　登。185攘袂　挽袖捋臂，奮起之狀。186己未　十二月十五日。187庚申　十二月十六日。188如黑雲　周戎裝及旗幟皆黑色，故如黑雲。189前如偃二句　因高延宗過於肥大，從前面看他，如仰倒；從後看，又如伏倒之狀。偃，仰倒。190無前　莫能居其前；無敵。191際昏　接近黃昏時。192填壓　一個又一個地堆壓在一起。填，加入。193斫　用刀斧砍。194自拔　脫身。195承御上士　官名，侍衛左右之官。196崎嶇得出　比喻歷盡困難艱險，才得以出城。197阨曲　狹窄曲折。阨，通「隘」。198皮子信　即皮信，皮景和之子。降北周，官至上開府、軍正大夫。傳附《北齊書》卷四十一〈皮景和傳〉、《北史》卷五十三〈皮景和傳〉。《北齊書》與《北史》中，或作「皮信」，或作「皮子信」。199四更　古時每夜分為五更。四更當在淩晨三至四時。200謂　以為。201長鬣　長鬍鬚。鬣，鬍鬚。202坊　店鋪。203勃然　發怒變色。204偽主　指齊主。周將以北周為正統，以北齊為偽。205關東　古代泛指函谷關以東地區。206不免　指將被齊軍捉住，不免於死。207盛言　極言。盛，極點。208俄頃　不一會兒。209復振　散兵復聚，士氣重又振作起來。210辛酉　十二月十七日。211死人手　謂死罪之人的手。212迫　接近。213禮之　謂以禮相待高延宗。214尊號　謂皇帝的稱號。215修啓　寫書信。啓，書函。

216瀛州　州名，治所趙都軍城，在今河北河間。217宗廟　謂國家。218權主　暫且主持。219壬戌　十二月十八日。220收禮　招集文武之士，並以禮相待。221參軍　官名，掌參議軍事。222以情輸於齊　指把周將伐齊，使伊婁謙前來觀察情況事洩漏給北齊。223頓首　頭叩地而拜。224不自行戮　不自行殺戮。225失政刑　有失於政令與刑法。226以德報怨　用恩德來回報怨恨的人。227有司　主管官吏。古代設官分職，事各有專司，故稱有司。228典刑　常刑。229幽州道　指從幽州（治所今北京市）出發的進軍路線。道，行軍路線。230土門　關口名，是當時由幽州道進入太行山的關口之一。故址在今河北井陘西南。231揚聲　猶揚言。232洛州道　指從洛州（治所在今河南洛陽）出發的進軍路線。233潼關　關名，是軍事上的要衝之地。故址在今陝西潼關縣吳村東北黃河南岸。234京畿　北齊國都鄴城。235滏口　地名，古「太行八陘」之一，在今河北磁縣西北鼓山。236撰辭　撰寫慰勞將士時應講的話。237臨眾　到了眾將士面前。238大丞相　官名，北齊承北魏官制，位望最崇重者任此官。239三師　官名，包括太師、太傅、太保。位尊而無實權。240三公　官名，包括太尉、司徒、司空。輔助國君掌握軍政大權。241勝數　盡數。勝，盡。242朔州　州名，治所招遠縣，在今山西朔州。243宦官儀同三司苟子溢　後主之朝，宦官苟子溢等奸佞敗政，多開府封王，授儀同三司，亦有加光祿大夫，金章紫綬者，又多帶中侍中、中常侍，橫虐一時。傳見《北史》卷九十二〈恩幸傳〉。244縱暴　放縱暴虐。245噬　咬。246徇　向眾宣示。247言成禍福　謂權勢之大，說一句話就能造成別人的禍或福。248西寇　指北周軍隊。周在齊之西，故稱西寇。249達官　有職任而顯耀於當時的高官。250委叛　言棄官而叛去。委，棄。251坐　因為。252恨　後悔；遺憾。253甲子　十二月二十日。254丙寅　十二月二十二日。255班賜　頒賜。班，分發。256兵不血刃　不經過戰爭就能取得勝利。257癸酉　十二月二十九日。258朱雀門　鄴宮城正南門。259恟懼　震動恐懼。260朝士　泛指中央的官吏。261相屬　相連不斷。屬，相連接。262卒伍　泛指軍隊。263五品已上　齊制，五品以上官謂自尚書郎、中書侍郎、諫議大夫、九寺少卿、給事黃門侍郎、通直散騎常侍、尚書左、右丞、三公府長史、諮議參軍、太子三卿、直閣將軍、東宮正都督以上。264三臺　曹操修築的三座臺榭的合稱。在今河北臨漳西南、鄴縣城西北隅，南為金雀臺，北為冰井臺，中為銅雀臺。265脅之　脅迫五品以上官將。266焚臺　焚燒三臺，將置於三臺內五品以上官將家屬燒死。267顧惜　眷念。268頻北　頻頻敗北；接連失敗。269望氣　古代迷信占卜法，望雲氣附會人事，預言凶吉。270革易　指朝代更替。271天統故事　指北齊天統元年武成帝禪位太子（後主）之事。

【校　記】 1精騎　原作「兵」。據章鈺校，十二行本、乙十一行本、孔天胤本皆作「精騎」，張敦仁《通鑑刊本識誤》同，今據改。按，《周書・武帝紀下》、《北史・高祖武帝紀》皆作「精騎」。②相貴相顧之兄也　原無此七字。據章鈺校，十二行本、乙十一行本、孔天胤本皆有此七字，張敦仁《通鑑刊本識誤》同，今據補。按，《通鑑紀事本末》卷二五有此七字。③王韶　原作「王紘」。據章鈺校，十二行本、乙十一行本、孔天胤本皆作「王韶」，今據改。按，《隋書・王韶傳》作「王韶」。④憲　原無此字。據章鈺校，十二行本、乙十一行本、孔天胤本皆有此字，張敦仁《通鑑刊本識誤》同，今據補。⑤者　原無此字。據章鈺校，十二行本、乙十一行本、孔天胤本皆有此字，張敦仁《通鑑刊本識誤》同，今據補。⑥小　原作「少」。據章鈺校，十二行本、乙十一行本皆作「小」，今據改。按，《通鑑紀事本末》卷二五、《通鑑綱目》皆作「小」。⑦倦　原作「弊」。據章鈺校，十二行本、乙十一行本、孔天胤本皆作「倦」，今據改。按，《隋書・梁士彥傳》作「倦」。⑧稱　原無此字。據章鈺校，十二行本、乙十一行本、孔天胤本皆有此字，張敦仁《通鑑刊本識誤》同，今據補。⑨遣臣　原無此二字。據章鈺校，十二行本、乙十一行本、孔天胤本皆有此二字，張敦仁《通鑑刊本識誤》同，今據補。按，《北齊書・恩倖・高阿那肱傳》、《北史・恩倖・高阿那肱傳》皆有此二字。⑩舊習　原作「習舊」。據章鈺校，十二行本、乙十一行本、孔天胤本二字皆互乙，今據改。按，《通鑑紀事本末》卷二五作「舊習」。⑪宦　原作「官」。章鈺校云：「十二行本『宮』作『宦』，乙十一行本同。」是章鈺所據胡克家刻本作「宮」，與校者所見不同。按，《北齊書・安德王高延宗傳》、《北史・安德王高延宗傳》皆作「宦」，《通鑑紀事本末》卷二五作「官」，此處作「宦」字義長，今據改。⑫和阿干子　原無此四字。據章鈺校，十二行本、乙十一行本、孔天胤本皆有此四字，張敦仁《通鑑刊本識誤》同，今據補。⑬軍　原作「師」。據章鈺校，十二行本、乙十一行本、孔天胤本皆作「軍」，張敦仁《通鑑刊本識誤》同，今據改。⑭振　原作「震」。據章鈺校，十二行本、乙十一行本、孔天胤本皆作「振」，今據改。按，《隋書・宇文忻傳》作「振」。⑮初　原作「鄴」。胡三省注云：「周遣伊婁謙聘齊，事見去年二月。此上不應有『鄴』字，蓋『初』字之誤也。」據章鈺校，十二行本、乙十一行本、孔天胤本皆作「初」，張敦仁《通鑑刊本識誤》同，今據改。

【語　譯】北周國主宇文邕對群臣說：「朕去年出征，適逢有病，於是沒能蕩平逃亡的敵寇。不過上次進入齊境，詳細瞭解了敵情，他們用兵打仗，幾乎如同兒戲。何況他們朝廷昏亂，政令出自一幫小人，百姓痛苦哀號，早上不知道晚上又會怎樣，境況十分窘迫。上天賜給了機會卻不去取過來，恐怕要留下後悔。上次出兵河外，只是拍了他的後背，沒能扼住他的咽喉。晉州原本是高歡興起的地方，居於統攝地位十分重要，如今我們去攻擊晉州，他們一定會派兵前來救援，我軍嚴陣以待，攻擊一定會取勝。然後乘破竹之勢，一路向東擊鼓進軍，完全可以直搗巢穴，一統天下。」諸將都不願出征。周武帝說：「機不可失。如有阻止進軍的人，當以軍法制裁！」

冬，十月初四日己酉，北周國主宇文邕親自率軍討伐北齊，任命越王宇文盛、杞公宇文亮、隨公楊堅為右三軍，譙王宇文儉、大將軍竇泰、廣化公丘崇為左三軍，齊王宇文憲、陳王宇文純為前鋒。宇文亮，是宇文導的兒子。

十月十一日丙辰，北齊國主高緯在祁連池圍獵，十八日癸亥，回到晉陽。此前，晉州行臺左丞張延雋公正勤敏，儲存了充足的物資作好了戰備，百姓安居樂業，邊境無憂。但是高緯身邊那些受寵幸的人厭惡他，取代了他的職務，從此官家百姓深受攪擾，不得安寧。

北周國主宇文邕到達晉州，駐紮在汾曲，派齊王宇文憲率精騎二萬守衛雀鼠谷，陳王宇文純率步騎二萬守衛千里徑，鄭公達奚震率步騎一萬守衛統軍川，大將軍韓明率步騎五千守衛齊子嶺，焉氏公尹升率步騎五千守衛鼓鍾鎮，涼城公辛韶率步騎五千守衛蒲津關，趙王宇文招率步騎一萬從華谷出兵攻擊北齊汾州諸城，柱國宇文盛率步騎一萬守衛汾水關。

宇文邕派內史王誼監督諸軍攻打平陽城，北齊行臺僕射海昌王尉相貴據城抵抗。尉相貴，是尉相願的哥哥。十月十九日甲子，北齊調兵集結晉祠。二十五日庚午，北齊國主高緯從晉陽率諸軍向晉州進發。北周國主宇文邕天天從汾曲趕到晉州城下督戰，城內情況窘迫危急。同一天，晉州行臺左丞侯子欽出城向周軍投降。二十七日壬申，晉州刺史崔景嵩守衛北城，入夜，派使者向周軍請求投降，王軌領兵接應。天還沒亮，北周將領北海人段文振，手持長矛與幾十個人率先登上城頭，與崔景嵩一同來到尉相貴處，拔出佩刀劫持了尉相貴。城上吶喊殺敵，北齊兵大敗潰散，於是攻克了晉州，俘虜了尉相貴及其部下士兵八千人。

北齊國主高緯正與馮淑妃在天池圍獵，從晉州來告急的人，從早晨到中午，乘驛站快馬來了三批。右丞相高阿那肱說：「皇上正在遊樂，邊境地區小小的交戰，是常有的事，何必急著奏報？」到了晚上，又一批使者到達，說平陽已經失陷，這才上奏。北齊國主打算回去，馮淑妃請求再圍獵一場，北齊國主依從了她。

北周齊王宇文憲攻佔了洪洞、永安兩城，還想繼續進軍攻城略地。北齊軍隊燒毀橋樑，扼守險要，宇文憲的部隊不能前進，就屯駐在永安。派永昌公宇文椿屯駐雞栖原，砍伐柏樹造庵屋建立軍營。宇文椿，是宇文廣的弟弟。

十月二十八日癸酉，齊主分軍一萬人向千里徑進發，又分軍向汾水關出兵，自己率領大軍登上雞栖原。宇文盛派人告急，齊王宇文憲親自率軍救援。北齊軍隊後退，宇文盛追擊，打敗了北齊軍隊。不久，宇文椿通報北齊軍隊漸漸逼近雞栖原，宇文憲又回軍救援。宇文憲列陣與北齊軍相對，直到天黑也不交戰。適逢北周國主宇文邕召宇文憲回軍，宇文憲率軍乘夜色離去。北齊軍隊看見柏樹建造的庵屋還在，沒有發覺周軍撤退。第二天天亮後，才知道這件事。北齊國主派高阿那肱率前軍先行進發，仍由自己調度指揮諸軍。

十月二十九日甲戌，北周任命上開府儀同大將軍安定人梁士彥為晉州刺史，留下精兵一萬鎮守。

十一月初四日己卯，北齊國主高緯進軍到達平陽，北周國主宇文邕認為北齊軍隊重新集結，聲勢很盛，打算向西撤退以避開鋒芒。開府儀同大將軍宇文忻進諫說：「憑著陛下的聖明英武，利用敵人的荒淫放縱，何愁不能戰勝？如果讓北齊得到一位賢明的君主，君臣同心協力，即使有商湯王、周武王那樣的威勢，也不容易平定。如今北齊君主昏聵，臣下愚昧，兵士沒有鬥志，即使有百萬之眾，實際上都是奉送給陛下的禮物。」軍正京兆人王韶說：「北齊喪失法紀政綱，至今已連續幾代。這是上天在扶助周室，可以一戰就扼住敵人的咽喉。攻取昏亂衰亡的國家，正在今日，放棄這個良機離開，臣實在無法理解。」北周國主宇文邕雖然認為他們說得對，但最終還是率軍退還。宇文忻，是宇文貴的兒子。

北周國主留齊王宇文憲斷後，北齊軍隊追擊，宇文憲與宇文忻各自率領百名騎兵與追兵交戰，殺死北齊驍將賀蘭豹子等人，北齊軍隊才退走。宇文憲領兵渡過汾河，在玉壁追上了周主。

北齊軍隊於是包圍平陽，晝夜攻城。城內形勢危急，城牆上的敵樓和矮垣都被毀壞，殘存的城牆只有七八尺高。雙方有時短兵相接，有時馳馬交戰，互有出入，城外的援兵不來，守城的軍眾都驚慌恐懼。梁士彥意氣昂揚，就像平日一樣，他對將士們說：「如果今天就戰死，我一定死在你們的前頭。」於是勇猛剛烈的氣概一齊奮發出來，喊聲動地，無不以一當百。北齊軍隊稍微後退後，梁士彥便令妻妾、軍民、婦女，晝夜修城，三天修復了城牆。北周國主派齊王宇文憲率軍六萬屯駐在涑川，遠遠地聲援平陽。北齊軍隊挖地道攻城，城牆倒坍了十多步寬，將士乘勢將要攻入，北齊國主高緯下令暫且中止攻城，宣召馮淑妃前來觀看。馮淑妃梳妝打扮，沒有及時到來，周軍用木頭阻塞缺口，平陽城便沒有攻下來。舊時民間相傳，晉州城西的石頭上有聖人足跡，馮淑妃想去觀看。齊主擔心敵人的弓箭會射到橋上，於是抽走攻城的木料在離城較遠的地方造橋。齊主與馮淑妃過橋，木橋損壞，到天黑時才回營。

十一月十八日癸巳，北周國主宇文邕回到長安。十九日甲午，周主重又下詔，因為北齊軍隊圍攻晉州，再次親率諸軍進擊北齊。二十一日丙申，釋放北齊投降的人讓他們回去。二十二日丁酉，周主從長安出發，二十七日壬寅，渡過黃河，與各軍會合。十二月初三日丁未，周主到達高顯，派齊王宇文憲率領所部先行向平陽進發。初四日戊申，周主也到達平陽。初六日庚戌，各軍完成集結，總計八萬人，逐漸向前推進，逼近晉州城列成陣勢，東西長達二十餘里。

此前，北齊軍隊擔心北周軍隊突然殺來，在晉州城南挖下深溝，從喬山一直通到汾水。齊主派出大批軍隊，在深溝的北面列陣，周主派齊王宇文憲馳馬前往觀察。宇文憲返回報告說：「容易對付，請允許我打敗了敵人再吃飯。」周主非常高興，說：「真像你說的，我就沒有什麼可憂慮的了！」周主騎上他平時騎的那匹馬，帶了幾個隨從巡視陣地，所到之處都能叫出主帥姓名並加以撫慰勉勵。將士因受到皇上知遇而非常高興，都想著自己一定要奮勇殺敵。即將交戰，有關官員請求給周主換一匹馬。周主說：「朕獨自騎一匹好馬，想到哪裡去呢？」周主想親自逼近北齊軍隊，被深溝擋住了去路才停止。從早晨直到傍晚，兩軍相持，沒有決出勝負。

北齊國主高緯對高阿那肱說：「是戰好呢，還是不戰好？」高阿那肱說：「我軍人數雖多，能夠戰鬥的也只不過十萬人，傷病人員以及在城四周打柴做飯的人又佔去三分之一。從前攻打玉壁時，敵方援軍一到我軍就撤退。今天的將士，難道能比神武時期強嗎？不如不戰，退守高梁橋。」安吐根說：「不過一小撮賊兵，待我上馬刺取過來，丟到汾水裡去罷了！」齊主仍猶豫不決。一些太監們說：「他是天子，我也是天子。他尚且能遠道而來，我為什麼要守著深溝示弱？」齊主說：「此話說得對。」於是填塞了深溝，向南進發。北周國主十分高興，部署各路兵馬發動攻擊。

雙方軍隊剛開始交戰，北齊國主高緯與馮淑妃並排騎著馬觀戰。東側部隊稍稍後退，馮淑妃就驚恐地說：「軍隊敗了！」錄尚書事城陽王穆提婆說：「皇上快離開，皇上快離開！」齊主立即帶著馮淑妃逃向高梁橋。開府儀同三司奚長進諫說：「進一點退一點，是交戰中很正常的現象。如今我軍人員完整，沒有損傷，陛下丟下他們要到哪裡去呢？陛下馬足一動，人心驚恐慌亂，士氣難以再提振起來。希望陛下趕快回到軍中安慰士眾！」武衛張常山從後趕到，也說：「軍隊很快集中完畢，人員裝備很完整，圍城部隊也沒有移動。皇上應當趕快回去。如不信臣的話，請允許我帶太監前去察看。」齊主準備聽從。穆提婆拉著齊主的胳膊說：「這種話難以相信。」齊主於是帶著馮淑妃向北逃跑。北齊軍隊大敗，死了一萬多人，逃跑中丟棄的軍資器械，在幾百里間堆積如山，只有安德王高延宗所部獨獨能全軍完整無損地退回。

北齊國主逃到洪洞，馮淑妃正在對鏡施粉梳妝自我欣賞，突然後面聲音雜亂，有人大喊敵人來了，齊主與馮淑妃於是又繼續往北跑。此前齊主認為馮淑妃有功，打算冊立她為左皇后，派太監到晉陽取皇后服飾車馬等。這時，在中途相遇，齊主拉緊馬韁繩停住了馬，讓馮淑妃穿好皇后服飾，然後才離開。

十二月初七日辛亥，北周國主進入平陽。梁士彥參見周主，用手拉著周主的鬍鬚哭著說：「臣差點見不著陛下了！」周主也為之流下了眼淚。

周主認為將士非常疲憊，打算率軍回去。梁士彥拉著馬勸諫說：「現今北齊軍隊逃散，眾心動搖，趁敵方恐懼之際攻擊他，勢必能夠成功。」周主聽從了，拉著梁士彥的手說：「我得到晉州，作為平定北齊的基地，如果不能固守，那麼大事不能成功。朕不擔憂前方的戰事，只擔心後方可能發生的變化，你要好好替我守住啊！」於是率領眾將追擊北齊軍隊。眾將一再請求向西回到長安去，周主說：「放跑了敵人要生後患。

卿等如果有疑慮，朕準備獨自前往。」眾將這才不敢說話。十二月初九日癸丑，進軍到汾水關。

北齊國主進入晉陽，憂愁恐懼不知怎麼是好。十二月初十日甲寅，北齊大赦。齊主向朝臣詢問應當採取什麼辦法，朝臣們都說：「應當減少賦稅，停止徭役，以安慰民心。收合殘存的兵力，背城決一死戰，以安定國家。」齊主想留下安德王高延宗、廣寧王高孝珩守晉陽，自己逃往北朔州。如果晉陽守不住，他就逃往突厥。群臣都認為不可以，齊主卻不聽從。

開府儀同三司賀拔伏恩等宿衛近臣三十多人向西投奔周軍，周主對他們加以封賞，多少不等。

高阿那肱所統率的兵力還有一萬人，守衛高壁，其餘部隊退守洛女砦。北周國主領兵向高壁進發，高阿那肱聽到風聲就退走了。齊王宇文憲攻打洛女砦，把他攻了下來。有軍士控告說：「高阿那肱派臣去勾結周軍。」齊主派侍中斛律孝卿查核，斛律孝卿認為虛妄不實。高阿那肱回到晉陽，他的親信部屬又控告他謀反，斛律孝卿仍認為虛妄不實，把控告的人殺了。

十二月十一日乙卯，北齊國主下詔安德王高延宗、廣寧王高孝珩招募士兵。高延宗進宮拜見齊主，齊主告訴高延宗想逃往北朔州，高延宗哭著苦諫，齊主不聽，祕密派親信先送皇太后、太子到北朔州。

十二月十二日丙辰，北周國主與齊王宇文憲會師介休。北齊開府儀同三司韓建業舉城投降北周，被任命為上柱國，封為郇公。

此日夜裡，北齊國主想要逃走，眾將領不肯服從。十二月十三日丁巳，北周軍隊到達晉陽。齊主再次大赦，改年號為隆化。齊主任命安德王高延宗為相國、并州刺史，總領山西兵馬。齊主對高延宗說：「并州請自己去經營，我現今要離開了！」高延宗說：「陛下為了社稷不要動身，臣替陛下拼死奮戰，一定能夠打敗敵人。」穆提婆說：「皇上計畫已定，安德王不得總是阻止。」齊主於是當夜砍開五龍門逃出，想逃奔突厥，隨從官員大多四散。領軍梅勝郎拉住齊主的馬韁勸諫，這才回頭轉向鄴城。當時只有高阿那肱等十幾個人騎馬隨從，廣寧王高孝珩、襄城王高彥道相繼來到，合在一起有幾十個人同行。

穆提婆西逃投降周軍，陸令萱自殺，家屬全被誅殺或沒為官府奴婢。周主任命穆提婆為柱國、宜州刺史。

周主下詔勸諭北齊群臣說：「如能獻出人間最好的計謀，深明天命，那麼官祿爵賞，各有增加。如有我國的將士，逃奔北齊，那麼不論貴賤，一律清除。」從此北齊官吏投降周朝的接連不斷。

當初，北齊高祖高歡擔任東魏丞相，任用唐邕掌管外兵曹，太原人白建掌管騎兵曹，兩個人都因精通文字與籌算，擅長管理帳目簿冊而受到信任。等到北齊受禪，丞相府各司都歸併到尚書省，只有外兵曹和騎兵曹沒有裁撤，改名為外兵省和騎兵省。唐邕官至錄尚書事，白建官至中書令，兩人長期掌管這兩個省，世人並稱「唐、白」。唐邕兼管度支省，與高阿那肱有嫌隙，高阿那肱中傷唐邕，齊主敕令侍中斛律孝卿主持騎兵省和度支省。斛律孝卿辦事常常專斷，不再向唐邕詢問通報。唐邕自認為自己是舊臣且熟習政務，現在卻被斛律孝卿看不起，心中非常鬱悶。等到齊主要回鄴城，唐邕便留在了晉陽。并州將帥向安德王高延宗請求說：「大王不當天子，眾人實在不能再為大王出死力。」高延宗迫不得已，十二月十四日戊午，即位為皇帝，下詔書說：「武平皇帝軟弱無能，朝政被宦官小人把持，夜晚砍開門閂逃跑，不知道到了哪裡。我被王公卿士推舉逼迫，如今只好恭恭敬敬地繼承皇位。」於是實行大赦，改年號為德昌。任命晉昌王唐邕為宰相，齊昌王莫多婁敬顯、沭陽王和阿干子、右衛大將軍段暢、開府儀同三司韓骨胡等為將帥。莫多婁敬顯，是莫多婁貸文的兒子。大眾聽到消息，不召而來的人，前後相繼不斷。高延宗打開府庫，把財物和後宮美女賞賜給將士，抄沒了十幾家宦官的家產。齊主聽到消息，對親近的臣下說：「我寧肯讓北周得到并州，也不想讓安德王得到。」左右親信說：「理所當然。」高延宗見到士兵，都親自拉著他的手稱呼他姓名，眾人感動得流淚抽泣，爭相出死力。兒童婦女，也都登上屋頂捲起衣袖，投擲磚頭石塊打擊敵人。

十二月十五日己未，北周國主到達晉陽。十六日庚申，齊主進入鄴城。北周軍隊包圍晉陽，身穿黑色戎裝的周軍如同黑雲四面聚合。安德王高延宗命令莫多婁敬顯、韓骨胡在南城拒敵，和阿干子、段暢在東城拒敵，他自己率領兵眾在北城抗擊北周齊王宇文憲。高延宗素來肥胖，前面看像仰面朝天，後面看像俯伏在地，人們常常笑話他。而今，他奮力揮舞長矛，往來督戰，強勁敏捷，行走如飛，所向無敵。和阿干子、段暢率領一千騎兵逃向周軍。北周國主攻打東門，接近黃昏時分，便攻入東城，放火焚燒了佛寺。高延宗、莫多婁敬顯從東門外進入，夾擊周軍，周軍大亂，紛紛奪門逃跑，互相堆壓在一起，堵住了道路，無法前進。北齊軍士從後砍殺，周軍死了兩千多人。北周國主身邊的人差不多死光了，他自己也無路脫身。幸虧承御上士張壽牽著馬頭，賀拔伏恩用鞭子從馬後抽打，歷盡艱險才出了城。北齊軍士奮勇追擊，差點擊中北周國主。城東的道路狹窄曲折，由於有了賀拔伏恩和投降周軍的皮信的引導，這才能幸免於難，當時已到四更天了。高延宗以為周主已被亂兵所殺，派人在堆積的屍體中找長鬍鬚的人，沒有找到。當時北齊軍隊打了勝仗，紛紛進入店鋪飲酒，全都醉倒，高延宗也不再能整頓此時的部隊了。

北周國主出城以後，十分飢餓，想要撤退離開，眾將領也大多勸北周國主回軍。宇文忻勃然變色進諫說：「陛下自攻佔晉州後，乘勝到達這裡。如今偽齊之主奔逃，關東震驚，自古用兵，沒有像這樣的盛大勝利。昨日攻破城池，將士輕敵，稍有不利，何必放在心上？大丈夫理當在死中求生，敗中取勝。如今勢如破竹的狀態已經形成，為什麼要丟下它離開呢？」齊王宇文憲、柱國王誼也認為如果離開一定難以脫身，而降將段暢等又極力陳說城內已經空虛。周主這才停住馬，下令吹響號角收攏部隊，不久士氣重又振作起來。十二月十七日辛酉，清晨，北周軍隊返回攻打東門，終於攻下東門。高延宗苦戰力竭，逃到北城，被周軍擒獲。周主下馬握住他的手，高延宗推辭說：「死罪之人的手，哪敢接近天子？」周主說：「兩國天子，並沒有個人間的怨恨憎惡，我只是為百姓才來的。我終究不會加害於你，請不要害怕。」他讓高延宗重新穿戴好衣帽而以禮相待。唐邕等都投降周軍。只有莫多婁敬顯逃回鄴城，齊主任命他為司徒。

高延宗剛稱皇帝之號時，寫了一封信派使者帶給瀛州刺史任城王高湝，信中說：「皇上出逃，宗廟之事關係重大，群臣強行勸進，我暫且主持國政。等戰事結束，我終究會將皇位歸還叔父的。」高湝說：「我是臣子，怎麼可以接受這樣的信？」把使者抓起來送到鄴城。

十二月十八日壬戌，北周國主實行大赦。取消北齊的制度。網羅文武賢才，並以禮相待。

當初，北周的伊婁謙到北齊通問修好，他的參軍高遵把北周準備伐齊的情報洩露給了北齊，北齊把伊婁謙扣留在晉陽。周主攻克晉陽後，召見伊婁謙，並慰勞他。周主逮捕了高遵交給伊婁謙，聽憑他進行報復。

伊婁謙磕頭，請求赦免高遵。周主說：「卿可以召集眾人，向他臉上吐口水，讓他知道羞愧。」伊婁謙說：「高遵所犯的罪行，又不是向臉上吐口水可以責罰的。」周主認為伊婁謙說得好，便不再懲罰高遵。伊婁謙對待高遵和從前一樣。

臣司馬光說：「獎賞有功的人，懲罰有罪的人，這是人君的責任。高遵奉命出使他國，洩漏重大謀略，他就是一個叛臣。北周高祖不自己下令處死高遵，卻把他賜給伊婁謙，讓他去報復，這就有失於政令和刑法了。孔子說如果以德報怨，那麼又用什麼來報德呢？作為伊婁謙，理當推辭而不接受，把高遵送回主管部門定罪，依法懲處。但伊婁謙卻請求周主赦免高遵，以成就個人的美名，名聲美倒是美，但這也不是公正的義理啊。」

北齊國主命令設立重賞來招募戰士，而最終卻不拿出財物來。廣寧王高孝珩請求：「派任城王高湝率幽州道兵馬進入土門關，揚言進襲并州，派獨孤永業率洛州道兵馬進入潼關，揚言進襲長安，臣請求率京畿的兵馬出滏口，擊鼓行軍前往迎戰。敵人聽說南北有兵，自然逃走。」又請求放出宮女，拿出珍寶來賞賜將士。齊主很不高興。斛律孝卿請求齊主親自慰勞將士，還替齊主寫了慰勞時該說的話，並且說：「說的時候應當慷慨激昂，動情流淚，用以感動激勵人心。」齊主出宮後，面對眾將士，準備講話，卻不記得斛律孝卿寫的文辭，於是大笑，身邊的親信也大笑。將士們憤怒地說：「皇上自己尚且如此，我們急什麼？」於是全無鬥志。這時，從大丞相以下，太宰、三師、大司馬、大將軍、三公等官，都增加員額封授，一個職位有的有三人有的有四人，多得不可勝數。

朔州行臺僕射高勱率軍護送太后、太子，從土門道回鄴城。當時宦官儀同三司苟子溢仍仗著齊主的寵幸放縱暴虐行為，百姓養的雞、豬，他放出獵鷹猛犬去搏殺撕咬，取為己有。高勱把他抓起來審問，公布了他的罪狀，準備處死他，太后出面救他，使他得以免死。有人對高勱說：「苟子溢這幫人，一句話就能成為你的禍福，你難道不考慮後患嗎？」高勱挽起衣袖激奮地說：「如今西邊的敵寇已經佔領并州，達官顯宦都棄官反叛，正是因為這幫傢伙把朝廷搞得汙濁混亂不堪。如果今天能殺掉他們，明天我就被處死，我也沒有什麼可遺憾的！」高勱，是高岳的兒子。十二月二十日甲子，北齊太后回到鄴城。

十二月二十二日丙寅，北周國主拿出北齊晉陽宮中的珍寶、服飾、各種玩賞器物，以及兩千名宮女，分賜將士，立功的人加官晉爵各有等差。北周國主向高延宗詢問攻取鄴城的計策，高延宗推辭說：「這不是亡國之臣該說的話。」周主再三詢問，高延宗才說：「如果任城王據守鄴城，我無法知道。如果是如今的齊主自己守衛，陛下不用攻打就可拿下。」二十九日癸酉，北周軍隊奔赴鄴城，命齊王宇文憲為前鋒，任命上柱國陳王宇文純為并州總管。

北齊國主召聚那些朝臣顯貴進入朱雀門，賞賜酒食，詢問抵禦北周軍隊的計策，各人說法不同，齊主不知依從誰的好。這時人們驚慌恐懼，毫無鬥志，朝廷官員出城投降的日夜不斷。高勱說：「如今背叛的人，多是顯貴，至於部隊，還沒有離心。請求拘押五品以上官員的家屬，安置在三臺，以此脅迫他們出戰，如果不能取勝，就焚燒三臺。這些官員顧全愛惜自己的老婆孩子，一定會拼死作戰。況且王師多次打了敗仗，敵人輕視我軍，如今背靠鄴城與敵決一死戰，理應取勝。」北齊國主沒能採納。觀察雲氣預卜吉凶的人說，朝廷將會有變革改易。齊主召集尚書令高元海等人商議，決定依照天統元年武成帝高湛禪位的舊例，把皇位禪讓給皇太子高恆。

【研　析】本卷以北周全面進攻北齊以及晉陽攻防戰為主要內容。本卷對於齊後主高緯的劣行與北齊朝廷中的亂象，有較多的交代，北齊境內「賦繁役重，民不聊生」的總結，意在尋求北周滅北齊的原因與發起戰爭的正義性，總結歷史上的治國經驗。周武帝勵精圖治，志在滅齊，北齊後主高緯則沉迷於享樂，人稱「無愁天子」，自然是戰爭尚未開始而勝負已分的重要原因。但就本卷所述相關戰爭過程中的史事來看，北周軍隊遠非前歌後舞的正義之師，晉陽之戰也絕非摧枯拉朽，北齊軍隊陣前倒戈以「迎接解放」的情形並沒有發生。具體到戰爭本身，北周之所以獲勝，還在於外交上的成功運作與戰爭的突然性。下面予以分析。

戰爭是政治的延續，面對軍事仍然強大、經濟力量雄厚的北齊，北周方面並沒有必勝的把握，外交活動也就尤其重要。滅齊之戰的外交準備，主要表現在南與陳朝修好，「合縱圖齊」，北方則盡力籠絡突厥，掩蓋戰爭意圖。

西魏北周長期庇護與陳朝敵對的梁殘餘勢力於江陵，在宇文護執政時期，曾在陳天嘉二年（西元五六一年）、光大元年（西元五六七年）利用陳朝內亂，兩次派兵進入陳境，試圖佔據湘江流域，均被陳朝軍隊驅逐，陳軍甚至進而在三峽一帶對北周軍隊堡壘展開過攻擊行動。這些事件表明，周、陳關係並不友好，而陳朝勢力不可小覷。北齊與陳之間除陳朝建立之初外，並沒發生過軍事衝突。如果不處理好周、陳關係，陳趁北周進攻北齊之機，進攻後梁，甚至進兵襄漢地區，並非不可能的事情。

如《通鑑》上卷所記，西元五七二年，即周武帝親政的當年，便派出杜杲出使陳朝，表示願與陳修好，陳朝要求「以樊、鄧見與」，即要求北周將漢水中游一帶讓給陳朝，這也表明了陳朝保持中上游境土安全的急切要求。杜杲稱：「合從圖齊，豈弊邑之利？必須城鎮，宜待得之於齊，先索漢南，使臣不敢聞命。」說明杜杲此次出使，負有與陳「合縱圖齊」的使命，具體盟約已無從考知，但次年三月，陳將吳明徹統軍十萬，渡江北上，屢敗齊軍，攻戰淮南重鎮壽陽，淮河以南盡為陳土，在淮北地區也頗有斬獲。

陳朝主動進攻北齊，鏖兵淮河南北，無疑因有「合縱圖齊」盟約的保障，無需過分擔心北周趁機進攻中上游境土；對北周來說，陳朝在淮河流域對北齊展開軍事行動，既消解了滅齊之戰時陳朝來攻的可能性，又使周滅齊之戰展開時，北齊因兩面對敵，難以全力應對周軍。陳朝對北齊的軍事行動，也為北周提供了觀察北齊應對能力的極好機會。本卷所載韋孝寬「平齊三策」中說，北齊面對陳朝進攻，竟然束手無策：「長淮之南，舊為沃土，陳氏以破亡餘燼，猶能一舉平之，齊人歷年赴救，喪敗而返。」從而使北周堅定了滅齊的決心。當然，北周一旦滅齊成功，從陳朝手中奪取淮河流域，輕而易舉。對於陳朝來說，要在江南地區長期圖存，最佳的選擇是使北方的周、齊兩國長期對峙，而不是北方統一於同一個政權之下。從這一角度來看，陳朝進行的淮南之戰，看似極大的勝利，實際上只不過是在北周外交政策操縱下的輕舉盲動。

前面幾卷我們曾分析過，與突厥成功結盟，是西魏北周逐漸擺脫北齊威脅的重要原因。突厥完全控制草原後，對於北周的態度顯然也有了很大改變。北周軍隊曾數次迫於柔然的要求，勉強出擊北齊，以配合柔然南下劫掠行動，突厥也曾有與北齊「和親」的打算。《周書》卷九〈武帝阿史那皇后傳〉說，突厥木杆可汗俟斤曾許嫁女於周武帝，北周派出以陳國公宇文純為代表的堪稱豪華的迎親隊伍前往迎娶，「俟斤又許齊人以婚，將有異志。純等在彼累載，不得反命。雖諭之以信義，俟斤不從。」只因後來發生了連續十來天的震雷大風，所居「穹廬」毀壞，俟斤認為這是對自己違背盟國意圖的「天譴」，才允許嫁女與周。傳稱：「后有姿貌，善容止，高祖深敬焉。」《通鑑》上卷卻稱：「阿史那后無寵於周主，神武公竇毅尚襄陽公主，生女尚幼，密言於帝曰：『今齊、陳鼎峙，突厥方彊，願舅抑情慰撫，以生民為念！』帝深納之。」看來周武帝強壓厭惡之情，示好於阿史那氏，實因不願得罪突厥人。

《通鑑》上卷還記俟斤之弟突厥佗鉢可汗的驕橫之態：「周人與之和親，歲給繒絮錦綵十萬段。突厥在長安者，衣錦食肉，常以千數。齊人亦畏其為寇，爭厚賂之。佗鉢益驕，謂其下曰：『但使我在南兩兒常孝，何憂於貧？』」周、齊二方爭逐於黃河流域，正是突厥得以坐享中原農耕地區豐厚贈給的原因，北周如若消滅北齊，勢必力量強大，且無後顧之憂，對於突厥來說，並非是一件好事。事後，突厥庇護北齊殘餘勢力，騷動北境，迫使周武帝欲大舉進攻草原，也就可以理解了。因此，如本卷所記，北周發動滅齊戰爭時，我們未見到突厥方面有任何配合行動，顯然北周並沒有將這一重大軍事行動知會突厥。

陳朝對淮河流域的進攻，北齊並沒有投入主力力爭，正是因為「恐北狄、西寇乘弊而來」。無論是防止北齊預做準備，還是防範突厥橫加干預，滅齊之戰的準備都必須祕密進行。「周主獨與齊王憲及內史王誼謀伐齊，又遣納言盧韞乘馹三詣安州總管于翼問策，餘人皆莫之知。」滅齊之戰雖密鑼緊鼓地準備著，卻如韋孝寬建議的那樣，向北齊派出使節，「還崇鄰好，申其盟約，安民和眾，通商惠工。」齊後主甚至毫無警覺地派胡商帶三萬匹錦彩到長安，欲購買珍珠為寵妃製作所謂「七寶車」。

滅齊之戰發起後，首次出兵，周武帝不顧眾人直指晉州與北齊主力決戰的意見，而是如以前西魏、北周軍事行動一樣，率大軍進攻洛陽外圍，隨即又主動退軍，「降拔三十餘城，皆棄而不守。」回軍之後，又讓太子率兵西擊吐谷渾。這些應該都是有計畫的行動，意在示敵以弱，掩飾決戰的意圖與作戰方向，麻痺敵方，同時也更為有效地偵知了北齊方面的應變能力，所謂「前入齊境，備見其情，彼之行師，殆同兒戲。」一年之後，周武帝再次舉軍，以晉陽為主攻方向，並以「軍法裁之」督促不願意出征的將領，晉陽攻防戰因而爆發。

具體的戰爭過程，本卷已有詳細敘述。值得注意的是，領袖或主帥的人格魅力往往能激發士氣，成為決定戰役勝負的重要因素。周、齊大軍決戰之際，周武帝「乘常御馬，從數人巡陣，所至輒呼主帥姓名慰勉之。將士喜於見知，咸思自奮。」齊高延宗守晉陽，「見士卒，皆親執手稱名，流涕嗚咽，眾爭為死。童兒女子，亦乘屋攘袂，投磚石以禦敵」，幾乎讓周武帝「出師未捷身先死」。齊後主面淺，又不善言辭，對當眾訓話有嚴重的心理障礙。當其在鄴城「親勞將士」時，本應「忼慨流涕，以感激人心」，卻因記不得講稿，臨陣大笑，結果適得其反：「將士怒曰：『身尚如此，吾輩何急？』皆無戰心。」

卷第一百七十三

陳紀七

起彊圉作噩（丁酉 西元五七七年），盡屠維大淵獻（己亥 西元五七九年），凡三年。

【題解】本卷記述西元五七七—五七九年南北朝三年史事。時當陳宣帝太建九年至十一年，北周武帝建德六年至周宣帝大成元年，北齊後主隆化元年，二年國滅。重點載述北周滅北齊，周武帝在凱歌聲中不幸早逝，宣帝繼位，驕恣放縱，政治急劇衰落，已露敗亡之徵。陳朝宣帝昏庸，政治腐敗，是一個衰世之君。

高宗宣皇帝中之下

太建九年（丁酉 西元五七七年）

春，正月乙亥朔❶，齊太子恆即皇帝位❷，生八年矣。改元承光❸，大赦。尊齊主為太上皇帝，皇太后為太皇太后，皇后為太上皇后。以廣寧王孝珩為太宰。

司徒莫多婁敬顯、領軍大將軍尉相願❹謀伏兵千秋門❺，斬高阿那肱，立廣寧王孝珩，會阿那肱自它路入朝，不果。孝珩求拒周師，謂阿那肱等曰：「朝廷不賜遣擊賊，豈不畏孝珩反邪？孝珩若破宇文邕❻，遂至長安，反亦何預國家事？以今日之急，猶如此猜忌邪！」高、韓❼恐其為變，出孝珩為滄州❽刺史。相願拔佩刀斫柱，歎曰：「大事去矣，知復何言？」

齊主使長樂王尉世辯❾帥千餘騎覘❿周師，出滏口，登高阜⓫西望，遙見群烏飛起，謂是西軍旗幟，即馳還，比至紫陌橋⓬，不敢回顧⓭。世辯，粲之子也。於是黃門侍郎顏之推、中書侍郎薛道衡、侍中陳德信⓮等勸上皇⓯往河外⓰募兵，更為經略⓱。若不濟⓲，南投陳國。從之。道衡，孝通之子也。丁丑⓳，太皇太后、太上皇后自鄴先趣濟州⓴，癸未㉑，幼主亦自鄴東行。己丑㉒，周師至紫陌橋。

辛卯㉓，上祭北郊。

壬辰㉔，周師至鄴城下，癸巳㉕，圍之，燒城西門。齊人出戰，周師奮擊，大破之。

齊上皇從百騎東走，使武衛大將軍㉖慕容三藏㉗守鄴宮。周師入鄴，齊王、公以下皆降。三藏猶拒戰，周主引見，禮之，拜儀同大將軍。三藏，紹宗之子也。領軍大將軍漁陽鮮于世榮㉘，齊高祖舊將也。周主先以馬腦㉙酒鍾遺之，世榮得即碎之。周師入鄴，世榮在三臺前鳴鼓不輟，周人執之，世榮不屈，乃殺之。周主執莫多婁敬顯，數之㉚曰：「汝有死罪三：前自晉陽走鄴，攜妾棄母，不孝也；外為偽朝㉛戮力㉜，內實通啓㉝於朕，不忠也；送款㉞之後，猶持兩端，不信㉟也。用心如此，不死何待？」遂斬之。

使將軍尉遲勤㊱追齊主。

甲午㊲，周主入鄴。齊國子博士㊳長樂熊安生㊴，博通五經，聞周主入鄴，遽㊵令掃門。家人怪而問之，安生曰：「周帝重道尊儒，必將見我。」俄而周主幸其家，不聽拜，親執其手，引與同坐，賞賜甚厚，給安車駟馬㊶以自隨。又遣小司馬唐道和就中書侍郎李德林宅宣旨慰諭，曰：「平齊之利，唯在於爾㊷。」引入宮，使內史宇文昂訪問齊朝風俗政教，人物善惡。即留內省㊸，三宿乃歸。

乙未㊹，齊上皇度河入濟州。是日，幼主禪位於大丞相任城王湝。又為湝詔：尊上皇為無上皇，幼主為宋國㊺天王。令侍中斛律孝卿送禪文㊻及璽紱㊼於瀛州，孝卿即詣鄴㊽。

周主詔：「去年大赦所未及之處㊾，皆從赦例。」

齊洛州刺史獨孤永業，有甲士三萬，聞晉州敗[1]，請出兵擊周，奏寢不報㊿。

永業憤慨。又聞并州陷，乃遣子須達請降於周，周以永業為上柱國，封應公。

丙申[51]，周以越王盛為相州[52]總管。

齊上皇留胡太后於濟州，使高阿那肱守濟州關[53]，覘候[54]周師，自與穆后、馮淑妃、幼主、韓長鸞、鄧長顒等數十人奔青州[55]。使內參[56]田鵬鸞西出，參伺[57]動靜，周師獲之，問齊主何在，紿[58]云：「已去，計當出境[59]。」周人疑其不信[60]，捶之。每折一支[61]，辭色[62]愈厲，竟折四支而死。

上皇至青州，即欲入陳。而高阿那肱密召周師，約[63]生致[64]齊主，屢啟云：「周師尚遠，已令燒斷橋路。」上皇由是淹留[65]自寬。周師至關，阿那肱即降之。周師奄至青州，上皇囊金[66]，繫於鞍後[2]，與后、妃、幼主等十餘騎南走，己亥[67]，至南鄧村[68]，尉遲勤追及，盡擒之，并胡太后送鄴[69]。

庚子[70]，周主詔：「故斛律光、崔季舒等，宜追加贈謚[71]，并為改葬，子孫各隨蔭敘錄[72]，家口[73]田宅沒官者[74]，並還之。」周主指斛律光名曰：「此人在，朕安得至鄴？」辛丑[75]，詔：「齊之東山、南園、三臺[76]，並可毀撤。瓦木諸物，可用者悉以賜民。山園之田，各還其主。」

二月壬午[77]，上耕藉田。

丙午(78)，周主宴從官將士於齊太極殿，頒賞有差。

丁未(79)，高緯(80)至鄴，周主降階(81)，以賓禮(82)見之。

齊廣寧王孝珩至滄州，以五千人會任城王湝於信都(83)，共謀匡復(84)，召募得四萬餘人。周主使齊王憲、柱國楊堅擊之。令高緯為手書招湝，湝不從。憲軍至趙州(85)，湝遣二諜覘之，候騎(86)執以白憲。憲集齊舊將，遍示之，謂曰：「吾所爭者大，不在汝曹(87)。今縱汝還，仍充吾使。」乃與湝書曰：「足下諜者為候騎所拘，軍中情實(88)，具諸(89)執事(90)。戰非上計，無待卜疑，守乃下策，或未相許。已勒諸軍分道並進，相望非遠，憑軾有期(91)。『不俟終日(92)』，所望知機(93)也。」

憲至信都，湝陳於城南以拒之。湝所署領軍尉相願詐出略陳(94)，遂以眾降。相願，湝心腹也，眾皆駭懼。湝殺相願妻子。明日，復戰，憲擊破之，俘斬三萬人，執湝及廣寧王孝珩。憲謂湝曰：「任城王何苦至此？」湝曰：「下官神武皇帝(95)之子，兄弟十五人，幸而獨存。逢宗社(96)顛覆，今日得死[3]，無愧墳陵(97)。」憲壯之，命歸其妻子。又親為孝珩洗瘡傅藥，禮遇甚厚。孝珩歎曰：「自神武皇帝以外，吾諸父兄弟，無一人至四十者(98)，命也。嗣君無獨見(99)之明，宰相非柱石(100)之寄，恨不得握兵符(101)，受斧鉞(102)，展(103)我心力耳！」

齊王憲善用兵，多謀略，得將士心。齊人憚其威聲，皆[4]望風沮潰(104)。芻牧(105)不擾，軍無私焉。

周主以齊降將封輔相為北朔州總管。北朔州，齊之重鎮(106)，士卒驍勇。前長史趙穆等謀執輔相迎任城王湝於瀛州，不果[5]，乃迎定州刺史范陽王紹義(107)。紹義至馬邑(108)，自肆州(109)以北二百八十餘城皆應之。紹義與靈州(110)刺史袁洪猛引兵南出，欲取并州。至新興(111)，而肆州已為周守，前隊二儀同(112)以所部降周。周兵擊顯州(113)，執刺史陸瓊，復攻拔諸城。紹義還保北朔州。周東平公神舉(114)將兵逼馬邑，紹義戰敗，北奔突厥，猶有眾三千人。紹義令曰：「欲還者從其意。」於是辭去者太半(115)。突厥佗鉢可汗常謂齊顯祖(116)為英雄天子，以紹義重踝(117)，似之，甚見愛重，凡齊人在北者，悉以隸之(118)。

於是齊之行臺、州、鎮(119)，唯東雍州(120)行臺傅伏(121)、營州(122)刺史高寶寧(123)不下，其餘皆入於周。凡得州五十，郡一百六十二，縣三百八十，戶三百三萬二千五百。高寶寧者，齊之疏屬，有勇略，久鎮和龍，甚得夷(124)、夏之心。周主於河陽、幽、青、南兗(125)、豫(126)、徐(127)、北朔、定置總管府(128)，相、并二州各置宮及六府官(129)。

【章　旨】以上為第一段，寫北周滅北齊的戰鬥過程。

【注　釋】❶乙亥朔　正月初一日。❷齊太子恆即皇帝位　高恆，北齊第六代皇帝，史稱幼主，後主長子。在位僅二十一天。詳見《北齊書》卷八、《北史》卷八〈齊本紀〉。❸改元承光　即由隆化二年改為承光元年。❹尉相願　代（今山西代縣）人。仕北齊，官至領軍大將軍。傳附《北齊書》卷十九、《北史》卷五十三〈張保洛傳〉。❺千秋門　鄴宮西門。❻宇文邕　周武帝名。❼高韓　高，指高阿那肱。韓，指韓長鸞。❽滄州　州名，治所饒安縣，在今河北鹽山縣西南。❾尉世辯　善無（今山西右玉南）人。歷仕齊、周與隋，官至淅州刺史，襲爵長樂王。傳附《北史》卷五十四〈尉景傳〉。❿覘　窺視；偵察。⓫阜　土山；丘陵。⓬紫陌橋　地名，在齊都鄴城西郊外。⓭回顧　回頭看。⓮陳德信　北齊宦官，官至侍中。傳附《北齊書》卷五十、《北史》卷九十二〈恩倖・韓寶業傳〉。⓯上皇　指太上皇高緯。⓰河外　古地區名，指黃河南岸洛陽、開封一帶。⓱經略　籌劃；治理。⓲不濟　不能成事。⓳丁丑　正月初三日。⓴濟州　州名，治所碻磝城，在今山東茌平西南。㉑癸未　正月初九日。㉒己丑　正月十五日。㉓辛卯　正月十七日。㉔壬辰　正月十八日。㉕癸巳　正月十九日。㉖武衛大將軍　武官名，本武衛將軍，掌禁衛，階從三品，加「大」者，更進一等。㉗慕容三藏　（？—西元六一一年）燕（今河北北部）人。歷仕齊、周與隋，官至和州刺史，封河內縣男。傳見《隋書》卷六十五、《北史》卷五十三。㉘鮮于世榮　（？—西元五七七年）漁陽（今北京市懷柔東）人。仕北齊，官至領軍大將軍、太子太傅。傳見《北齊書》卷四十一、《北史》卷五十三。㉙馬腦　即瑪瑙石，似玉。㉚數之　責備莫多婁敬顯。㉛偽朝　指北齊朝。周以自己為正統，故稱北齊為偽朝。㉜戮力　勉力；盡力。㉝通啓　通書函。㉞送款　表示忠誠。款，真誠；誠摯。㉟不信　不守信用。㊱尉遲勤　代人。北周大象末官青州總管。傳附《周書》卷二十、《北史》卷六十二〈尉遲綱傳〉。㊲甲午　正月二十日。㊳國子博士　官名，掌通古今，以《五經》教授子弟。㊴熊安生　（？—西元五七八年）字植之，長樂阜城（河北阜城）人，北齊儒學之宗，降北周，官至露門學博士、下大夫。撰有《周禮義疏》、《禮記義疏》等多卷。傳見《周書》卷四十五、《北史》卷八十二。㊵遽　速。㊶駟馬　四馬駕的車。高官所乘。㊷平齊之利二句　此暗用典。《世說新語・言語》「陸機詣王武子」條劉注引《晉陽秋》：晉平吳，陸機兄弟入洛，「張華見而說之，曰：『平吳之利，在獲二俊。』」㊸內省　即北齊之門下省。㊹乙未　正月二十一日。㊺宋國　《北齊書》卷八〈幼主紀〉「宋」作「守」，《北史》同。據此，《通鑑》作「宋」誤，當改。㊻禪文　禪讓帝位的文書。㊼璽紱　天子印綬。天子六璽，受命璽在六璽之外。紱，繫璽的絲帶。㊽孝卿即詣鄴　斛律孝卿未遵幼主之命，反往鄴城將璽紱送於周。(49)去年大赦所未及之處　去年，指周克晉陽之年，發布大赦令。當時北齊的山東、河北、河南等地尚未被周師攻克，故赦令未及。(50)奏寢不報　將奏章擱置起來而未作答覆。(51)丙申　正月二十二日。(52)相州　州名，治所鄴縣。北魏置相州於鄴，東魏、北齊以鄴為都城，仿漢、晉之制而置司州。周既平齊，復為相州。故址在今河北臨漳西南鄴鎮。(53)濟州關　關名，在濟州城（今山東茌平）北。(54)覘候　偵伺；偵察。(55)青州　州名，治所益都縣，在今山東青州。(56)內參　宦官的別稱。(57)參伺　等候並觀察周軍動向。(58)紿　欺騙。(59)出境　謂出北齊國境。(60)不信　不誠實。(61)一支　四肢之一。支，通「肢」。(62)辭色　言語和神態。(63)約　約定。(64)生致　生擒齊主而獻予北周。(65)淹留　滯留；停留。(66)囊金　把金寶裝在口袋裡。(67)己亥　正月二十五日。(68)南鄧村　地名，因周兵突然而至，上皇及幼主等倉皇而逃，距青州城不遠，當在茌平境內。(69)并胡太后送鄴　先已擒胡太后於濟州，今併齊主等送鄴。(70)庚子　正月二十六日。(71)贈謚　贈官與謚號。(72)隨蔭敘錄　按照門蔭制度的規定分別錄用任官。蔭，蔭官。自漢以來，將相公卿之子，以及兄弟，或孫子均可受恩蔭敘錄為官，稱為門蔭。(73)家口　家中人口。(74)沒官者　沒入官府為奴婢者。(75)辛丑　正月二十七日。(76)東山南園三臺　皆齊主遊宴之地。(77)壬午　本年二月甲辰朔，無壬午。《南史》卷十〈宣帝紀〉作「壬子」，是。《通鑑》蓋承《陳書》之誤。壬子，二月初九日。又「壬子」當在「丙午」、「丁未」之後，此處干支記錄錯亂。(78)丙午　二月初三日。(79)丁未　二月初四日。(80)高緯　即原齊後主，今已為俘囚，故不復書其主。(81)降階　走下臺階。(82)賓禮　接待賓客之禮。(83)信都　地名，冀州治所，在今河北冀州。(84)匡復　挽救將亡之國，使轉危為安。(85)趙州　州名，治所廣阿縣，在今河北隆堯東。(86)候騎　巡邏偵察的騎兵。(87)汝曹　你們。曹，輩。(88)情實　實情；真相。(89)具諸　謂牒者當能盡言之。(90)執事　各部門的專職官員。此處乃對高湝的敬稱。唐趙璘《因話錄》卷五有云：「與宰相大僚書，往往呼執事，言閤下之執事人耳。」(91)憑軾有期　《左傳》：城濮之戰時，楚子玉遣使請戰於晉文公說：「請與君之士戲，君憑軾而望之。」謂迅即交戰。軾，戰車前的橫木，站立時扶著。(92)不俟終日　見機而作，不終日等待。俟，等待。(93)知機　善於把握時機。(94)略陳　巡視陣地。陳，通「陣」。(95)神武皇帝　高歡死後謚號為神武皇帝。(96)宗社　宗廟和社稷。古代作為國家的代稱。(97)墳陵　祖墳。此代指祖宗。(98)至四十者　活到四十歲的。(99)獨見　非同一般的見地。(100)柱石　比喻承擔國家重任的人。謂其如柱支樑，如石承柱。(101)握兵符　掌兵權。兵符，調遣軍隊的符節憑證。(102)受斧鉞　接受刑罰與殺戮之權。斧鉞，本指兩種兵器。北齊命將出征，皇帝親授斧鉞，使有專制之權。(103)展　施展。(104)沮潰　崩潰。(105)芻牧　放牧牛羊。(106)齊之重鎮　北朔州控禦突厥，齊以為重鎮。(107)范陽王紹義　即高紹義，文宣帝第三子，封爵號范陽王。傳見《北齊書》卷十二、《北史》卷五十二。(108)馬邑　城名，北朔州治所，在今山西朔州。(109)肆州　州名，治所九原縣，在今山西忻州。[110]靈州　州名，此為北靈州，治所繁峙縣，在今山西繁峙西。[111]新興　郡名，治所九原縣，在今山西忻州。[112]二儀同　前隊之將二人，官皆儀同。[113]顯州　州名，治所石城縣，在今山西原平北崞陽鎮。[114]神舉　即宇文神舉。[115]太半　過半數。[116]齊顯祖　即北齊文宣帝高洋，其廟號為顯祖。[117]重踝　大踝骨。重，厚。踝，小腿與腳相連接而突起的部分。[118]悉以隸之　全都隸屬於他。[119]鎮　軍事據點，大的稱軍，稍小的稱鎮。[120]東雍州　州名，治所正平縣，在今山西新絳。[121]傅伏　太安（今山西壽縣）人。歷仕北齊與北周，官至岷州刺史。傳見《北齊書》卷四十一、《北史》卷五十三。[122]營州　州名，治所龍城縣，在今遼寧朝陽。[123]高寶寧　代（今山西代縣）人。仕北齊，官至營州刺史。傳見《北齊書》卷四十一、《北史》卷五十三。[124]夷　指營州周邊少數民族。[125]南兗　即南兗州，州名，治所譙縣，在今安徽亳州。[126]豫　即豫州，州名，治所上蔡縣，在今河南汝南縣。[127]徐　即徐州，治所彭城縣，在今江蘇徐州。[128]總管府　軍事官署。主都督軍事。[129]六府官　蓋仿北周長安六官之府。六官，為天、地、春、夏、秋、冬等六官。

【校　記】[1]敗　原作「陷」。據章鈺校，十二行本、乙十一行本皆作「敗」，今據改。按，《北齊書・獨孤永業傳》、《北史・獨孤永業傳》作「敗」。[2]後　原無此字。據章鈺校，十二行本、乙十一行本、孔天胤本皆有此字，今據補。按，《北齊書・後主紀》、《北史・後主紀》皆有此字。[3]今日得死　原無此四字。據章鈺校，十二行本、乙十一行本、孔天胤本皆有此四字，張敦仁《通鑑刊本識誤》同，今據補。按，《北齊書・任城王湝傳》、《北史・任城王高湝傳》皆有此四字。[4]皆　原作「多」。據章鈺校，十二行本、乙十一行本、孔天胤本皆作「皆」，今據改。按，《通鑑紀事本末》卷二五作「皆」。[5]不果　嚴衍《通鑑補》改作「既而聞潰敗」，其義長。

【語　譯】高宗宣皇帝中之下

太建九年（丁酉　西元五七七年）

春，正月初一日乙亥，北齊太子高恆即皇帝位，出生八年了。改元承光，大赦天下。尊齊主高緯為太上皇帝，皇太后為太皇太后，皇后為太上皇后。任命廣寧王高孝珩為太宰。

司徒莫多婁敬顯、領軍大將軍尉相願策劃在千秋門埋伏武士，殺掉高阿那肱，立廣寧王高孝珩為帝，趕巧高阿那肱從另一道門入朝，沒能除掉他。高孝珩請求抵抗北周軍隊，對高阿那肱等說：「朝廷不派我去迎擊敵人，難道不是怕我反叛嗎？我高孝珩如果打敗了宇文邕，就可以到達長安，反叛又與朝廷有什麼相干？現今形勢這麼危急，還這樣猜忌呀！」高阿那肱、韓長鸞害怕高孝珩發動政變，便派他出京去任滄州刺史。尉相願抽出佩刀砍屋柱子，歎息說：「大勢已去，還有什麼好說的？」

齊主高緯派長樂王尉世辯率領一千多騎兵偵察北周軍情，出了滏口，登上高的土山向西瞭望，遠遠看見一群鳥飛起，認為是北周軍隊的旗幟，立即飛奔回來，到了紫陌橋，也沒敢回頭瞭望。尉世辯，是尉粲的兒子。於是黃門侍郎顏之推、中書侍郎薛道衡、侍中陳德信等勸太上皇高緯到黃河以南地區去招募士兵，再作謀劃。如果不成功，就南去投靠陳朝。高緯聽從了。薛道衡，是薛孝通的兒子。正月初三日丁丑，太皇太后、太上皇后從鄴先行前往濟州，初九日癸未，北齊幼主高恒也從鄴城東行。十五日己丑，北周軍隊到達紫陌橋。

正月十七日辛卯，陳宣帝到北郊祭地。

正月十八日壬辰，北周軍隊到達鄴都城下，十九日癸巳，包圍鄴城，火燒鄴城西門。北齊軍隊出城迎戰，北周軍隊奮力攻擊，大敗北齊軍隊。

北齊太上皇高緯帶領百名騎兵向東逃跑，派武衛大將軍慕容三藏守衛鄴宮。北周軍隊進入鄴城，北齊王、公以下官員都投降了。慕容三藏仍堅持抵抗，北周國主宇文邕召見慕容三藏，以禮接待他，授予他儀同大將軍。慕容三藏，是慕容紹宗的兒子。北齊領軍大將軍漁陽人鮮于世榮，是北齊高祖高歡的老將。北周國主先把瑪瑙石酒杯贈送給他，鮮于世榮拿到後立即打碎了它。北周軍隊進入了鄴城，鮮于世榮仍在三臺前不停地敲鼓，被北周軍隊抓住，鮮于世榮不屈服，於是被處死。

北周國主抓獲了莫多婁敬顯，數落他說：「你有三大死罪：先前從晉陽逃回鄴城，帶走小老婆而丟棄母親，這是不孝；表面上替偽齊賣力，暗中與朕通書信，這是不忠；向朕表示了忠心以後，仍然腳踏兩條船，這是不誠信。用心如此，不處死你還等待什麼？」於是殺了莫多婁敬顯。

北周國主派將軍尉遲勤追趕北齊國主高緯。

正月二十日甲午，北周國主進入鄴城。北齊國子博士長樂人熊安生博通《五經》，聽到北周國主進入鄴城，立即讓家人打掃門庭。家人感到奇怪詢問他，熊安生說：「周皇帝看重道德，尊崇儒學，一定要來看我。」不一會兒北周國主親自來到熊家，不讓熊安生跪拜，親自握住他的手，招呼他一同坐下，還賞賜了很多貴重的禮物，並供給安車駟馬，讓他坐著隨同自己入朝。又派小司馬唐道和到北齊中書侍郎李德林家宣讀聖旨慰勞告諭，說：「平定齊國之利，就在於得到你。」帶領李德林入宮，北周國主派內史宇文昂向他詢問齊國風俗、政令、教化，以及先前執政人物的好與壞。隨後留李德林在門下省住了三夜才讓他回家。

正月二十一日乙未，北齊太上皇高緯渡過黃河進入濟州城。這一天，北齊幼主高恆把皇位禪讓給大丞相任城王高湝。又替高湝發布詔令，尊崇太上皇為無上皇帝，幼主為宋國天王。命令侍中斛律孝卿送禪讓文書和繫有絲帶的受命玉璽給瀛州任城王高湝，斛律孝卿卻立即趕往鄴城把玉璽獻給北周國主宇文邕。

北周國主下詔說：「去年大赦令未能到達的地方，現在一律按大赦令例規執行。」

北齊洛州刺史獨孤永業有帶甲之士三萬，聽說晉州敗亡，請求出兵攻打周軍，奏章被擱置沒有回覆。獨孤永業非常憤慨。又聽說并州陷落，就派兒子獨孤須達向北周請求投降，北周任命獨孤永業為上柱國，封應公。

正月二十二日丙申，北周任命越王宇文盛為相州總管。

北齊太上皇高緯將胡太后留在濟州，派高阿那肱守衛濟州關，偵察北周軍情，自己與穆后、馮淑妃、幼主、韓長鸞、鄧長顒等數十人逃往青州。派宦官田鵬鸞去西部打探動靜，周軍抓獲了他，問他北齊國主在哪裡，田鵬鸞欺騙周軍說：「已經離去，估計該出了北齊國境。」周軍懷疑田鵬鸞不誠實，拷打他。每當打斷他一根肢體，他的言辭和臉色更加嚴厲而憤怒，直到四肢都被打斷而死。

北齊太上皇到達青州，立即想進入陳朝國境。然而高阿那肱暗中招引周軍，相約生擒北齊國主，又一再啟奏北齊太上皇，說：「周軍還很遠，已經下令燒毀橋樑，切斷道路。」太上皇因此滯留下來，自我寬慰。北周軍隊到了濟州關，高阿那肱就立刻投降了周軍。北周軍隊突然到達青州，北齊太上皇用口袋裝了金子，繫在馬鞍後，和皇后、妃子、幼主等十多個騎馬的人向南逃走。正月二十五日己亥，到達南鄧村，尉遲勤追上了，把他們全部擒獲，連同胡太后一起送回鄴城。

正月二十六日庚子，北周國主下詔說：「已故的斛律光、崔季舒等，應當追加封贈和諡號，並重新安葬，他們的子孫按照各自門蔭的規定予以錄用，家屬奴婢田地房屋被官家沒收的，一律發還。」北周國主指著斛律光的名字說：「這個人如果還在，朕怎能到達鄴城呢？」二十七日辛丑，又下詔說：「齊國的東山、南園、三臺，都可以拆毀撤除，屋瓦木材等物，可以利用的全部賞賜給平民。東山、南園所佔的土地，各自歸還其主。」

二月壬午日，陳宣帝到藉田舉行耕種典禮。

二月初三日丙午，北周國主在北齊太極殿宴請隨從官員和從征將士，按不同等級給予賞賜。

二月初四日丁未，高緯被押送到鄴城，北周國國主走下臺階，用對待賓客之禮接見他。

北齊廣寧王高孝珩到達滄州，帶領五千人在信都與任城王高湝相會，共同商議復國大計，招募得到了四萬多人。北周國主派齊王宇文憲、柱國楊堅攻打他們。命令高緯寫親筆信招降高湝，高湝沒有聽從。宇文憲的軍隊到達趙州，高湝派兩名間諜前去偵察，卻被周軍的偵察騎兵抓獲並報告宇文憲。宇文憲集合歸降的北齊將領，一一指示給這兩個間諜看，並對他們說：「我們所要爭取的目標宏大，不在乎你們。現在放你們回去，就充當我們的使者。」於是給高湝寫信，說：「足下派的間諜被我方偵察騎兵抓獲，我軍的真實情況，你的間諜會向你做詳細的報告。足下出戰，絕不是好辦法，用不著占卜，防守更是下策，你或許不同意我的看法。我已指揮各路大軍分道並進，我與你相望的距離已經不遠，我扶著戰車的橫木見你指日可待。『君子要見機而作，不須等到天黑』，希望你能把握好時機。」

宇文憲到了信都，高湝在城南擺開陣勢拒敵。高湝任命的領軍尉相願假裝到陣前巡察，於是帶領他的部屬投降。尉相願是高湝的心腹，因此大家很驚懼。高湝殺了尉相願的妻兒。第二天，再戰，宇文憲打敗了高湝，俘虜和殺死的有三萬人，抓獲了高湝和廣寧王高孝珩。宇文憲對高湝說：「任城王何苦要到這地步？」高湝說：「下官是神武皇帝的兒子，兄弟十五人，幸而只有我還在世。趕上宗廟社稷傾覆，今日能死，無愧於祖宗。」宇文憲敬重他的豪壯，下令歸還他的妻兒。宇文憲又親自替高孝珩洗傷口敷藥，禮遇很重。高孝珩感歎地說：「除神武皇帝以外，我的父輩和兄弟，沒有一個人活到四十歲，這是命中註定的。繼位的國君缺乏遠見，宰相又不是能寄託治理國家重任的人，我遺憾的是沒握有兵權，擔當征伐之任，施展我的謀略和勇力！」

齊王宇文憲善於用兵，頗多謀略，得到將士的擁戴。北齊人害怕他的威名，聽到風聲就都潰散了。齊王宇文憲的軍隊，秋毫無犯，軍隊中也沒有人勒索老百姓。

北周國主宇文邕任用北齊降將封輔相為北朔州總管。北朔州是北齊的重鎮，士兵驍勇。前長史趙穆等人密謀抓捕封輔相，從瀛州迎請任城王高湝為軍主，沒有成功，就改迎定州刺史范陽王高紹義。高紹義到達馬邑，從肆州以北二百八十餘城都起來響應他。高紹義與靈州刺史袁洪猛領兵向南進擊，打算奪取并州。到達新興郡時，肆州已被北周佔領，前鋒兩儀同帶領所部投降了北周。周兵攻打顯州，抓獲了刺史陸瓊，又攻佔了幾座城。高紹義回軍退守北朔州。北周東平公宇文神舉率軍逼近馬邑，高紹義戰敗，向北逃往突厥，還有部眾三千多人。高紹義下令說：「想回去的人聽從自己的想法。」於是告辭離開的人有一大半，突厥佗鉢可汗常說北齊顯祖高洋是一位英雄天子，因為高紹義大踝骨，很像高洋，甚被佗鉢可汗親愛敬重，凡是在突厥的北齊人，全都隸屬於高紹義統管。

於是整個北齊的行臺、州、鎮，只有東雍州行臺傅伏、營州刺史高寶寧沒有攻下來，其他全部併入北周。總計獲得五十個州、一百六十二個郡、三百八十個縣，三百零三萬二千五百戶。高寶寧是北齊皇室的遠枝，有勇有謀，長久鎮守和龍，頗受夷人、漢人的擁護。北周國主在河陽、幽、青、南兗、豫、徐、北朔、定等州設置總管府，相、并兩州分別設置行宮和六府官。

周師之克晉陽也，齊使開府儀同三司紇奚永安❶求救於突厥，比❷至，齊已亡。佗鉢可汗處永安於吐谷渾使者之下，永安言於佗鉢曰：「今齊國既[1]亡，永安何用餘生？欲閉氣自絕，恐天下謂大齊無死節❸之臣。乞賜一刀，以顯示遠近。」佗鉢嘉之，贈馬七十匹而歸之。

梁主入朝于鄴❹。自秦兼❺天下，無朝覲❻之禮，至是始命有司草具❼其事：致積❽，致餼❾，設九儐❿、九介⓫，受享⓬於廟，三公、三孤⓭、六卿⓮致食，勞賓，還贄⓯，致享，皆如古禮。

周主與梁主宴，酒酣，周主自彈琵琶。梁主起舞，曰：「陛下既親撫五絃，臣何敢不同百獸⓰？」周主大悅，賜賚甚厚。

乙卯⓱，周主自鄴西還。

三月壬午⓲，周詔：「山東諸軍⓳，各舉明經幹治者⓴二人。若奇才異術，卓爾不羣㉑者，不拘此數。」

周主之擒尉相貴也，招齊東雍州刺史傅伏，伏不從。齊人以伏為行臺右僕射。周主既克并州，復遣韋孝寬招之㉒，令其子以上大將軍、武鄉公告身㉓及金、馬腦二酒鍾賜伏為信㉔。伏不受，謂孝寬曰：「事君有死無貳㉕。此兒為臣不能竭忠，為子不能盡孝，人所讎疾㉖，願速斬之以令天下！」周主自鄴還，至晉州，遣高阿那肱等百餘人臨汾水召伏。伏出軍，隔水㉗見之，問：「至尊今何在？」阿那肱曰：「已被擒矣。」伏仰天大哭，帥眾入城，於聽事㉘前北面哀號良久，然後降。周主見之曰：「何不早下？」伏流涕對曰：「臣三世為齊臣，食齊祿，不能自死㉙，羞見天地！」周主執其手曰：「為臣當如此。」乃以所食羊肋骨㉚賜伏曰：「骨親㉛肉疏，所以相付。」遂引使宿衛，授上儀同大將軍㉜。敕之曰：「若亟與公高官，恐歸附者心動。努力事朕，勿憂富貴。」佗日，又問：「前救河陰得何賞？」對曰：「蒙一轉㉝，授特進㉞、永昌郡公。」周主謂高緯曰：「朕三年教戰，決取河陰。正為傅伏善守，城不可動，遂斂軍㉟而退。公當時賞功，何其薄也？」

夏，四月乙巳㊱，周主至長安，置高緯於前，列其王公於後，車輿、旗幟、器物㊲，以次陳之。備大駕㊳，布六軍㊴，奏凱樂㊵，獻俘於太廟。觀者皆稱萬歲。戊申㊶，封高緯為溫公，齊之諸王三十餘人，皆受封爵。周主與齊君臣飲酒，令溫公起舞。高延宗悲不自持㊷，屢欲仰藥㊸，其傅婢禁止之。

周主以李德林為內史上士，自是詔誥㊹格式㊺及用山東人物，並以委之。帝從容謂群臣曰：「我常日唯聞李德林名，復見其為齊朝作詔書㊻移檄，正謂是天上人，豈言今日得其驅使？」神武公紇豆陵[47]毅對曰：「臣聞麒麟鳳皇，為王者瑞[48]，可以德感[49]，不可力致。麒麟鳳皇，得之無用，豈如德林為瑞且有用哉？」帝大笑曰：「誠如公言。」

己巳[50]，周主享太廟。

五月丁丑[51]，周以譙王儉為大冢宰。庚辰[52]，以杞公亮為大司徒，鄭公達奚震為大宗伯，梁公侯莫陳芮[53]為大司馬，應公獨孤永業為大司寇，鄭公韋孝寬為大司空。

己丑[54]，周主祭方丘[55]。詔以：「路寢[56]會義、崇信、含仁、雲和、思齊諸殿，皆晉公護專政時所為，事窮壯麗，有踰清廟[57]，悉可毀撤。彫斲[58]之物，並賜貧民。繕造之宜，務從卑朴[59]。」戊戌[60]〔2〕，又詔并、鄴諸堂殿壯麗者準此。

臣光曰：「周高祖可謂善處勝[61]矣！佗人勝則益奢，高祖勝而愈儉。」

六月丁卯[62]，周主東巡。秋，七月丙戌[63]，幸洛州。八月壬寅[64]，議定權衡[65]度量[66]，頒於〔3〕四方。

初，魏虜西涼[67]之人，沒為隸戶[68]，齊氏因之，仍供廝役[69]。周主滅齊，欲施寬惠，詔曰：「罪不及嗣[70]，古有定科[71]。雜役之徒，獨異常憲[72]，一從罪配，百代不免，罰既無窮，刑何以措[73]？凡諸雜戶[74]，悉放為民。」自是無復雜戶。

甲子[75]，鄭州[76]獲九尾狐[77]，已死，獻其骨。周主曰：「瑞應之來，必彰有德。若五品[78]時敘[79]，四海和平，乃能致此。今無其時，恐非實錄[80]。」命焚之。

九月戊寅[81]，周制：「庶人已上，唯聽[82]衣綢、綿綢、絲布、圓綾[83]、紗、絹、綃[84]、葛[85]、布等九種，餘悉禁之。朝祭之服[86]，不拘此制。」

冬，十月戊申[87]，周主如鄴。

上[88]聞周人滅齊，欲爭徐、兗[89]，詔南兗州[90]刺史、司空吳明徹督諸軍伐之，以其世子戎昭將軍[91]惠覺[92]攝行[93]州事。明徹軍至呂梁，周徐州總管梁士彥帥眾拒戰，戊午[94]，明徹擊破之。士彥嬰城自守，明徹圍之。

帝銳意以為河南指麾可定。中書通事舍人[95]蔡景歷[96]諫曰：「師老將驕，不宜過窮遠略。」帝怒，以為沮眾[97]，出為豫章[98]內史。未行，有飛章[99]劾景歷在省贓汙狼籍[100]，坐免官，削爵土[101]。

周改葬德皇帝[102]於冀州，周主服緦[103]，哭於太極殿。百官素服。

周人誣溫公高緯與宜州[104]刺史穆提婆謀反，并其宗族皆賜死。眾人多自陳無之，高延宗獨攘袂泣而不言，以椒[105]塞口而死。唯緯弟仁英以清狂[106]，仁雅以瘖疾[107]得免，徙於蜀。其餘親屬，不殺者散配西土[108]，皆死於邊裔[109]。

周主以高湝妻盧氏賜其將斛斯徵[110]。盧氏蓬首垢面[111]，長齋[112]，不言笑。徵放之，乃為尼。齊后、妃貧者，至以賣燭為業。

十一月壬申[113]，周立皇子衍為道王[114]，兌為蔡王。

癸酉[115]，周遣上大將軍[116]王軌將兵救徐州。

初，周人敗齊師於晉州，乘勝逐北[117]，齊人所棄甲仗[118]，未暇收斂，稽胡[119]乘間竊出，並盜而有之。仍立劉蠡升[120]之孫沒鐸[121]為主，號聖武皇帝，改元石平。

周人既克關東[122]，將討稽胡，議欲窮其巢穴，齊王憲曰：「步落稽種類既多，又山谷險絕，王師一舉，未可盡除。且當翦其魁首，餘加慰撫。」周主從之，以憲為行軍元帥[123]，督諸軍討之。至馬邑，分道俱進。沒鐸分遣其黨天柱守河東[124]，穆支守河西[125]，據險以拒之。憲命譙王儉擊天柱，滕王逌擊穆支，並破之，斬首萬餘級。趙王招擊沒鐸，禽之[126]，餘眾皆降。

周詔：「自永熙三年[127]以來，東土[128]之民掠為奴婢，及克江陵之日，良人沒為奴婢者，並放為良。」又詔：「後宮唯置妃二人，世婦[129]三人，御妻[130]三人，此外皆減之。」

周主性節儉，常服布袍，寢布被，後宮不過十餘人。每行兵，親在行陳[131]，步涉山谷，人所不堪。撫將士有恩，而明察果斷，用法嚴峻。由是將士畏威而樂為之死。

己亥[132]晦，日有食之。

周初行刑書要制[133]，羣盜贓一匹，及正、長[134]隱五丁若地頃[135]以上，皆死。

十二月戊申[136]，新作東宮成，太子徙居之。

庚申[137]，周主如并州，徙并州軍民四萬戶於關中。戊辰[138]，廢并州宮及六府。

高寶寧自黃龍[139]上表勸進於高紹義，紹義遂稱皇帝，改元武平[140]，以寶寧為丞相。突厥佗鉢可汗舉兵助之。

【章旨】以上為第二段，寫周武帝滅北齊後勝不驕，更加崇尚節儉，妥善安置降臣，錄用北齊人才，而對北齊皇族大加殺戮，毫不手軟。

【注釋】❶紇奚永安　仕北齊，官至開府儀同三司。事見《北齊書》卷四十一、《北史》卷五十三〈傅伏傳〉。紇奚，北方少數民族的複姓。❷比　及；等到。❸死節　為守節而死。❹梁主入朝于鄴　後梁臣於北周，今北周滅北齊，故來朝賀。❺兼併吞；兼併。❻朝覲　古代諸侯定期朝見天子，並述職。❼草具　起草擬定朝覲之禮的條文。❽積　指諸侯朝覲時所用的米禾芻薪等物。❾餼　牲畜。❿儐　引導。即引導主人行禮之人。⓫介　引導賓客行禮之人。⓬享　供獻。指把祭品獻給祖先。⓭三孤　官名。周制：少師、少傅、少保稱為三孤，其位卑於公，尊於卿。⓮六卿　周代六卿，指冢宰、司徒、宗伯、司馬、司寇、司空。⑮還贅　朝聘時回贈接待大臣的禮物。⑯陛下既親撫五絃二句　典出《尚書・舜典》。舜彈五絃琴，夔說：「予擊石拊石，百獸率舞。」梁主以舜比況周主。⑰乙卯　二月十二日。⑱壬午　三月九日。⑲諸軍　時周分置諸州總管以撫鎮山東，治軍政，故稱諸軍。⑳明經幹治者　通曉經術辦事幹練的人。㉑卓爾不羣　超出眾人。㉒韋孝寬招之　時韋孝寬鎮勳州，與東雍州接境，故使他招降。㉓告身　古代凡授官爵，皆給符，以為憑證，謂之告身。㉔為信　作為信物。信，憑據。㉕貳　變節；背叛。㉖讎疾　仇視疾恨。㉗隔水　汾水流經晉、絳二州之間，東雍州在絳州界，故隔汾水。㉘聽事　即廳事。官府辦事處。㉙自死　指自己為齊而捐身。㉚肋骨　動物胸膛兩側的長形骨。㉛骨親　肋骨相連接。親，近；接近。㉜上儀同大將軍　官名，北周最高文散官，無職掌。㉝一轉　遷一級。轉，品官級別。㉞特進　勳官名，原以朝廷所敬異者，賜位特進，北齊以舊德就閒者居任此官。㉟斂軍　收軍。㊱乙巳　四月初三日。㊲器物　古代標誌名位、爵號的器具。㊳大駕　帝王出行時的車駕。隋開皇中，大駕屬車十二乘，蓋北周與此相當。㊴六軍　周制，天子有六軍。㊵奏凱樂　周制：王師向祖廟獻捷，則令奏凱樂。凱樂，獻功之樂。㊶戊申　四月初六日。㊷悲不自持　因悲憤不能自我控制。㊸仰藥　服毒藥自殺。㊹詔誥　皇帝頒下的詔書和誥命。㊺格式　法律文書中的兩種形式。格指官吏處事的規則，式指則例。㊻詔書　皇帝發布的命令文告。㊼紇豆陵　三字姓，本姓竇，東漢竇融之後，因竇武之難，亡入鮮卑拓跋部，號沒鹿回部，世為部落大人。北魏穆帝命其為紇豆陵氏。後孝文帝改制，復為竇氏。北周又改為紇豆陵氏。㊽王者瑞　帝王的吉祥物。㊾德感　謂修德感動上天而降吉祥之物。㊿己巳　四月二十七日。(51)丁丑　五月初五日。(52)庚辰　五月初八日。(53)侯莫陳芮　代郡武川（今內蒙古武川）人。北周侯莫陳崇之子。傳附《周書》卷十六、《北史》卷六十〈侯莫陳崇傳〉。(54)己丑　五月十七日。(55)方丘　周制：方丘在都城北六里之郊，以其祖先炎帝神農氏配享。(56)路寢　天子、諸侯的正室。(57)清廟　宗廟的通稱。清，肅穆清靜。(58)彫斲　雕飾。(59)卑朴　低矮而樸素。(60)戊戌　五月二十六日。(61)處勝　善於處理大戰勝利後的善後工作。(62)丁卯　六月二十六日。(63)丙戌　七月十五日。(64)壬寅　八月二日。(65)權衡　稱量物體輕重的器具。權，秤錘。衡，秤桿。(66)度量　測量長短多少的器具。(67)西涼　渭河西。自沮渠氏佔據河西，稱涼王；宋文帝元嘉十六年（西元四三九年），為魏太武帝所俘虜。(68)隸戶　沒入為奴隸之戶。(69)廝役　役使。(70)罪不及嗣　治罪不牽連子嗣，即父子罪不相及。《尚書・大禹謨》：皋陶曰：「罰弗及嗣。」孔《傳》云：「父子罪不相及。」(71)定科　定法。科，法令；條律。(72)常憲　常法。憲，法。(73)措　通「錯」。安放。(74)雜戶　因犯罪連坐而沒入官為奴婢之戶。(75)甲子　八月二十四日。(76)鄭州　州名，治所潁陰縣，在今河南許昌。(77)九尾狐　傳說中的獸名。古代多以九尾狐為瑞獸。(78)五品　謂五常。指父義、母慈、兄友、弟恭、子孝五倫之德。(79)時敘　時間的先後，季節的次序。敘，同「序」。(80)實錄　此謂瑞應之來，與事實相符。(81)戊寅　九月初八日。(82)唯聽　只允許。(83)圓綾　絲織品名，即土綾，也稱之為花綾。(84)綃　絲織品名，生絲織成的薄紗、薄絹。(85)葛　用葛的纖維織成的布，宜做夏服。(86)朝祭之服　朝會與祭祀時所用的服裝。(87)戊申　十月初九日。(88)上　指陳宣帝。(89)徐兗　此言禹跡徐、兗二州之地，大致包括江蘇淮河以北、安徽東北部及山東大部。(90)南兗州　僑州名，治所廣陵縣，在今江蘇揚州西北蜀岡上。(91)戎昭將軍　將軍名號，南朝陳置，擬八品。(92)惠覺　陳將吳明徹之子，官至豐州刺史。傳附《陳書》卷九〈吳明徹傳〉。(93)攝行　代理。(94)戊午　十月十九日。(95)中書通事舍人　官名，南朝令舍人通事謂之通事舍人。陳朝稱中書舍人。掌呈奏案，又掌詔命。(96)蔡景歷（西元五一九—五七八年）字茂世，歷仕梁、陳，官至員外散騎常侍，並御史中丞。傳見《陳書》卷十六、《南史》卷六十八。(97)沮眾　敗壞了士眾的鬥志。(98)豫章　郡名，治所南昌縣，在今江西南昌。(99)飛章　匿名誣告的文書。(100)贓汙狼籍　大肆貪汙。狼籍，散亂不整的樣子。後常比喻行為或名聲不檢。(101)爵土　爵位和封地。(102)德皇帝　即宇文肱，宇文泰之父，戰死於唐河。武成初，追諡為德皇帝。其地在齊，未能改葬，平齊之後，乃得改葬。(103)服縗　穿喪服。縗，披於胸前的麻布條。(104)宜州　州名，治所華原縣，在今陝西耀州。(105)椒　植物名。(106)清狂　猶白痴。(107)瘖疾　啞病。瘖，通「喑」。(108)西土　謂西部遠方州郡。(109)邊裔　邊遠的地方。(110)斛斯徵　字士亮，河南洛陽（今河南洛陽）人，歷仕西魏、北周與隋，官至上大將軍、大宗伯。傳見《周書》卷二十六、《北史》卷四十九。(111)蓬首垢面　謂不事修飾。蓬，亂草。垢，汙穢。(112)長齋　依佛教吃蔬素，不食葷肉。(113)壬申　十一月三日。(114)立皇子衍為道王　《周書》卷六〈武帝紀〉作「封皇子充為道王」，《北史》同。據此，作「衍」誤。(115)癸酉　十一月初四日。(116)上大將軍　武官名，北周武帝建德五年（西元五七六年）置，位高權重，受非常之任，為正九命。(117)逐北　追逐敗走敵兵。(118)甲仗　兵器。(119)稽胡　少數民族名，又稱步落稽，匈奴族中的一支，生活在今山西離石以西。(120)劉蠡升　稽胡首領，曾自稱天子，為高歡所殺。傳見《周書》卷四十九〈異域傳上〉、《北史》卷九十六〈稽胡傳〉。(121)沒鐸　傳見《周書》卷四十九〈異域傳上〉、《北史》卷九十六〈稽胡傳〉。(122)克關東　謂克北齊，因北齊在函谷關以東。(123)行軍元帥　出征作戰的最高統帥。(124)河東　此指西河離石（今山西離石）附近黃河以東。(125)河西　此指西河離石（今山西離石）附近黃河以西。(126)禽之　捉住沒鐸。禽，通「擒」。(127)永熙三年　即西元五三四年。這年，魏孝武帝西入關中，自是宇文泰與高歡各擁其主，連年交戰，得其人口，變為奴婢。永熙，魏孝武帝年號。(128)東土　指北齊。北齊在北周東，故稱其為東土。(129)世婦　宮中女官，相當於妃嬪之類。(130)御妻　宮中女官，位在世婦以下。(131)行陳　軍隊行列。陳，通「陣」。(132)己亥　十一月三十日。此處所據為周曆，陳曆則為十二月初一日。(133)刑書要制　刑法名，北周武帝於建德六年（西元五七七年）制定。134正長　北周基層設五家為保，保設長；五保為閭，四閭為族，皆設正。正謂閭正、族正，長謂保長。135隱五丁若地頃　《周書》卷六〈武帝紀〉作「隱五戶及十丁以上，隱地三頃」，《北史》及《隋書》卷二十五〈刑法志〉皆同，此處當脫「戶及十」及「三」四字。若，或。136戊申　十二月初十日。137庚申　十二月二十二日。138戊辰　十二月三十日。139黃龍　地名，一名和龍。在今遼寧朝陽。140改元武平　齊幼主曾改元為承光，今高紹義又由承光改為武平，恢復了齊後主年號。

【校　記】1既　原作「已」。據章鈺校，十二行本、乙十一行本、孔天胤本皆作「既」，今據改。2戊戌　原無此二字。據章鈺校，十二行本、乙十一行本、孔天胤本皆有此二字，今據補。按，《周書・武帝紀下》、《北史・高祖武帝紀》皆有此二字。3於　原作「之於」。據章鈺校，十二行本、乙十一行本、孔天胤本皆無「之」字，今據刪。

【語　譯】北周軍隊攻克晉陽時，北齊派開府儀同三司紇奚永安向突厥求救，等他到達了突厥，北齊已經亡國。佗鉢可汗把紇奚永安安置在吐谷渾使者之下，紇奚永安對佗鉢可汗說：「如今齊國已經滅亡，我永安還要生命做什麼？想要閉氣自殺，怕全天下的人說大齊國沒有一個死節的臣子。我請求你給我一刀，藉此傳示四方。」佗鉢可汗讚賞他，贈送他七十匹馬讓他回去。

後梁國主蕭巋到鄴城朝見北周國主。自從秦始皇兼併天下後，沒有諸侯朝見天子的禮儀。到這時，北周國主才命令有關部門起草諸侯朝覲的禮儀條文，包括諸侯朝覲時所用的米糧芻薪標準，所用的牲牢標準，設九儐導引主人禮儀，設九介引導賓客行禮，在宗廟中進獻貢禮，三公、三孤、六卿餽送食品、慰勞賓客、還禮、宴請等一系列禮儀，都一如古禮。

北周國主宇文邕和後梁國主蕭巋宴飲，酒喝到酣暢時，北周國主親自彈起琵琶。後梁國主起身跳舞，說：「陛下既然親自彈奏琵琶，臣子蕭巋怎敢不像百獸一樣跳舞？」北周國主大為高興，贈賜的禮物很豐厚。

二月十二日乙卯，北周國主從鄴城西行返回長安。

三月初九日壬午，北周下詔說：「山東各總管，分別推薦兩名通曉經學能幹的人。如果有奇才異術，卓然出眾的，不限於這個數額。」

北周國主擒獲尉相貴時，曾經招降齊國東雍州刺史傅伏，傅伏不聽從。北齊任命傅伏為行臺右僕射。北周國主攻下并州後，又派韋孝寬去招降傅伏，讓傅伏的兒子用大將軍、武鄉公的委任狀，以及兩個鑲金瑪瑙酒杯作為信物。傅伏沒有接受，對韋孝寬說：「人臣事君，臨難只能死節，不能有二心。我這個兒子為臣不能盡忠，為子不能盡孝，是人人痛恨仇視的人，希望盡快殺了他以號令天下！」北周國主從鄴城返回，到達晉州，派高阿那肱等一百多人到汾水邊招降傅伏。傅伏率軍出城，隔著汾水看著高阿那肱等人，問：「皇上現今在哪裡？」高阿那肱說：「已被抓獲了。」傅伏仰天大哭，率領部眾進城，在辦公大廳前向北放聲痛哭了很久，然後投降。北周國主見了他說：「為何不早來投降？」傅伏流淚回答說：「臣家三代為齊臣，食用齊國的俸祿，不能為國捐軀，愧見天地！」北周國主握住傅伏的手說：「為臣子的應當這樣。」於是把自己食用的羊排骨賜給傅伏，說：「骨頭親近，肌肉疏遠，所以把骨頭賜給你。」於是派他宿衛宮廷，授予上儀同大將軍，勉勵他說：「如果立刻給你高官，恐怕歸附的人心中不平。你努力事朕，莫愁富貴。」另有一天，北周國主又問傅伏：「先前你救援河陰，得了什麼賞賜？」傅伏回答說：「升遷一級，任命特進，封永昌郡公。」北周國主對高緯說：「朕三年練兵備戰，決心攻下河陰。只因傅伏善於防守，城堅不可撼動，於是收兵退回。你當時對傅伏功勞的賞賜，怎麼那樣微薄啊？」

夏，四月初三日乙巳，北周國主到達長安，把高緯安排在隊伍的前列，將北齊的王公臣子排列在後邊，車輛、旗幟、器物，依次陳列。備好天子出行車駕，排列六軍隊伍，奏上得勝音樂，在太廟舉行獻俘儀式。圍觀的人高呼萬歲。初六日戊申，封高緯為溫公，北齊諸王三十多人都得到封爵。北周國主與北齊君臣飲酒，命令溫公高緯起身跳舞。高延宗悲傷得不能控制自己，多次要吞藥自殺，被他的侍婢勸止了。

北周國主委任北齊舊臣李德林為內史上士，從此，詔誥文書和政府各部門的規章，以及任用山東北齊舊境的人士，全都託付李德林。周武帝閒談時對群臣說：「我平日只聽到過李德林的名字，又見過他替齊朝寫的詔書移檄，僅認為他是天上的人才，哪裡想到他今天為我效力呢？」神武公紇豆陵毅回答說：「臣聽說麒麟鳳凰，是王者的祥瑞，可以用聖德感召，不能用強力獲取。麒麟鳳凰，得到了也沒有用處，哪裡比得上李德林，既是祥瑞又有用處啊？」周武帝大笑，說：「確實像你說的那樣。」

四月二十七日己巳，北周國主享祭太廟。

五月初五日丁丑，北周任命譙王宇文儉為大冢宰。初八日庚辰，任命杞公宇文亮為大司徒，鄭公達奚震為大宗伯，梁公侯莫陳芮為大司馬，應公獨孤永業為大司寇，鄭公韋孝寬為大司空。

五月十七日己丑，北周國主到方丘祭祀。下詔認為：「天子的正室會義、崇信、含仁、雲和、思齊幾個宮殿，都是晉公宇文護專權時興建的，竭力營造，非常壯麗，規格超過了宗廟，要全部拆除。拆下來的雕飾物件，全部賞賜給貧民。修繕建造事宜，一定要低矮樸素。」二十六日戊戌，又下詔書說并州、鄴城的各個壯麗宮殿，照此辦理。

臣司馬光說：「北周高祖宇文邕，可以說是善於處理大戰勝利後事的高手！別的人勝利了會更加奢侈，周高祖勝利了更加節儉。」

六月二十六日丁卯，北周國主到東方巡視。秋，七月十五日丙戌，巡幸洛州。八月初二日壬寅，審議度量衡制度，頒行全國。

當初，北魏俘獲西涼的人，沒入為奴隸戶籍，北齊沿襲這一制度，奴隸戶仍然替官府服勞役。北周國主滅了北齊，想施行寬大恩惠的政策，下詔說：「判罪不應當牽連子孫，古代有法律規定。從事雜役的犯人，卻獨與常法不同，一旦犯罪發配，百代都得不到赦免，懲罰沒完沒了，怎能做到刑措而不用呢？所有各類雜戶，全部釋放為良民。」從此，不再有雜戶。

八月二十四日甲子，鄭州獵獲到一隻九尾狐，已經死了，便把骨頭獻給北周國主。周主說：「祥瑞到來，一定是彰顯君主有德。如果五常和順，四海昇平，才能導致祥瑞降臨。如今沒有這樣的時候，恐怕不符合實際。」下令燒毀九尾狐骨頭。

九月初八日戊寅，北周規定：「庶民以上，可以穿綢、綿綢、絲布、圓綾、紗、絹、綃、葛、麻布等九種質料的衣服，其餘的一律禁止。上朝、祭祀時的服裝，不受這項規定的限制。」

冬，十月初九日戊申，北周國主前往鄴城。

陳朝皇上聽到北周滅了北齊，想和北周爭奪徐州、兗州，下詔南兗州刺史、司空吳明徹總督各路軍隊討伐北周，任命他的大兒子戎昭將軍吳惠覺代理南兗州行政事務。吳明徹的軍隊到達呂梁，北周徐州總管梁士彥領兵抗拒。十月十九日戊午，吳明徹打敗了梁士彥。梁士彥環城自守，吳明徹把呂梁城包圍了起來。

陳宣帝一心認為黃河以南揮手之間就可以平定。中書通事舍人蔡景歷諫阻說：「軍隊疲憊，將帥驕矜，不宜窮兵遠攻。」陳宣帝大怒，認為他敗壞了士眾的鬥志，外放為豫章內史。還沒有出發，有匿名信彈劾蔡景歷在中書省大肆貪汙，判處免去官職，削除了爵位和封邑。

北周把德皇帝宇文肱改葬到冀州，北周國主穿了喪服，在太極殿上大哭。百官也都穿白色的喪服。

北周人誣告溫公高緯與宜州刺史穆提婆謀反，包括他的宗族全都賜死。大家紛紛申辯沒這回事，高延宗獨自挽起衣袖哭泣不說話，用花椒堵住嘴死了。只有高緯的弟弟高仁英因為是白痴，高仁雅因為是啞巴，才得免死，遷徙到蜀地。其他親眷，沒被殺的都分散流放到西部州郡，全死在邊遠的地方。

北周國主把高湝的妻子盧氏賜給他的將領斛斯徵。盧氏蓬頭垢面，長期吃素，不說不笑。斛斯徵釋放了她，盧氏於是出家為尼姑。北齊皇后、嬪妃貧困的人，甚至以賣燭為生。

十一月初三日壬申，北周冊立皇子宇文充為道王，宇文兌為蔡王。

十一月初四日癸酉，北周派上大將軍王軌率軍救援徐州。

當初，北周軍隊在晉州打敗北齊軍隊，乘勝追擊敗敵，北齊軍隊丟棄的盔甲兵器，北周軍隊無暇收拾，稽胡趁機暗暗地出來，偷盜佔有了這些軍備器械。稽胡人便擁立劉蠡升的孫子劉沒鐸為國主，稱聖武皇帝，改元年號為石平。

北周平定關東後，將要討伐稽胡，商議要深入稽胡的巢穴。齊王宇文憲說：「步落稽種姓很多，又所居山谷險阻，朝廷軍隊一次興師，不可能全部消滅。而應當除掉他們的首領，其餘的人加以安撫。」北周國主聽從了這個意見，任命齊王宇文憲為行軍元帥，總督各軍征討。大軍到達馬邑，分道並進。劉沒鐸分派其黨羽天柱守衛河東，穆支守衛河西，依靠險阻抵抗北周軍隊。宇文憲命譙王宇文儉攻擊天柱，滕王宇文逌攻擊穆支。宇文儉和宇文逌都打敗了敵軍，殺敵一萬多人。趙王宇文招攻打劉沒鐸，活捉了他，其餘稽胡全部投降。

北周下詔說：「自從北魏永熙三年以後，東部被擄掠為奴婢的百姓，以及攻克梁朝江陵時，平民沒入為奴婢的人，全都釋放為平民。」又下詔書說：「後宮只設置嬪妃兩人，世婦三人，御妻三人，此外，全部裁減。」

北周國主生性節儉，經常穿麻布衣袍，蓋麻布被褥，後宮不過十多個人。每次出兵，親自在士兵隊列中，步行山谷，一般人都受不了。他安撫將士，施給恩惠，明察果斷，用法嚴峻，因此，將士敬畏他的威嚴而又願意為他獻身。

十一月最後一天三十日己亥，發生日蝕。

北周開始推行《刑書要制》，偷盜帛一匹，以及閭正、里正、族正、保長、黨長隱瞞五個丁口或土地一百畝以上的，都要處死。

十二月初十日戊申，新建的東宮落成，皇太子遷居在那裡。

十二月二十二日庚申，北周國主前往并州，遷移并州軍民四萬戶到關中。三十日戊辰，裁撤并州行宮以及六府。

高寶寧從黃龍上表勸高紹義登基，高紹義於是稱皇帝，改元年號武平，任命高寶寧為丞相。突厥佗鉢可汗領兵援助他。

十年（戊戌　西元五七八年）

春，正月壬午❶，周主幸鄴。辛卯❷，幸懷州❸。癸巳❹，幸洛州。置懷州宮。

二月甲辰❺，周譙孝王儉卒。○丁巳❻，周主還長安。

吳明徹圍周彭城，環列舟艦於城下，攻之甚急。王軌引兵輕行❼，據淮口❽，結長圍，以鐵鎖貫車輪數百，沈之清水❾，以遏❿陳船歸路。軍中恟懼⓫。譙州⓬刺史蕭摩訶⓭言於明徹曰：「聞王軌始鎖下流，其兩端築城，今尚未立，公若見遣擊之，彼必不敢相拒。水路未斷，賊勢不堅。彼城若立，則吾屬⓮必為虜矣。」明徹奮髯⓯曰：「搴旗陷陳⓰，將軍事也。長筭遠略，老夫事也。」摩訶失色⓱而退。一旬之間，水路遂斷。

周兵益至⓲，諸將議破堰拔軍⓳，以舫⓴載馬而去，馬主㉑裴子烈㉒曰：「若決[1]堰下船，船必傾倒，不如前[2]遣馬出。」時明徹苦背疾甚篤㉓，蕭摩訶復請曰：「今求戰不得，進退無路。若潛軍突圍，未足為恥。願公帥步卒、乘馬輿㉔徐行，摩訶領鐵騎數千驅馳前後，必當使公安達京邑㉕。」明徹曰：「弟之此策，乃良圖也。然步軍既多，吾為總督，必須身居其後，相帥兼行。弟馬軍宜須[3]在前，不可遲緩。」摩訶因帥馬軍夜發。甲子㉖，明徹決堰，乘水勢退軍，冀以入淮。至清口㉗，水勢漸微，舟艦並礙車輪，不復得過。王軌引兵圍而蹙㉘之，眾潰。明徹為周人所執，將士三萬并器械輜重皆沒於周。蕭摩訶以精騎八十居前突圍，眾騎繼之，比旦㉙，達淮南㉚，與將軍任忠、周羅睺㉛獨全軍得還。

初，帝謀取彭、汴㉜，以問五兵尚書㉝毛喜㉞，對曰：「淮左㉟新平，邊民未輯。周氏始吞齊國，難與爭鋒。且棄舟檝之工㊱，踐車騎之地，去長就短，非吳人所便。臣愚以為不若安民保境，寢兵㊲結好，斯久長之術也。」及明徹敗，帝謂喜曰：「卿言驗於今矣。」即日，召蔡景歷，復以為征南諮議參軍㊳。

周主封吳明徹為懷德公，位大將軍㊴。明徹憂憤而卒。

【章旨】以上為第三段，寫陳朝與北周爭彭城，陳軍主將不明而遭慘敗。

【注釋】❶壬午　正月十四日。❷辛卯　正月二十三日。❸懷州　州名，治野王縣，在今河南沁陽。❹癸巳　正月二十五日。❺甲辰　二月初七日。❻丁巳　二月二十日。❼輕行　輕裝行進。❽淮口　地名，即泗水入淮河之口，在今江蘇淮陰西南。❾清水　河名，即泗水之別名。發源於今山東泗水縣，南流經江蘇徐州，至淮陰西南入淮河。❿遏　阻止。⓫恟懼　震動恐懼。⓬譙州　州名，此指南譙州，治所全椒縣，在今安徽滁州西南。⓭蕭摩訶　（西元五三二—六〇四年）字元胤，祖籍蘭陵（今山東棗莊），陳朝著名大將，官至車騎將軍、南徐州刺史。入周授開府儀同三司，追隨漢王楊諒叛亂，伏誅。傳見《陳書》卷三十一、《南史》卷六十七。⓮吾屬　我們。⓯奮髯　揚起鬍鬚。⓰搴旗陷陳　拔取敵旗，攻陷敵陣。搴，拔取。陳，同「陣」。⓱失色　驚恐變色。⓲益至　到來的越來越多。⓳拔軍　起軍。⓴舫　兩船相併。㉑馬主　謂馬軍之主。㉒裴子烈　（？—西元五八六年）字大士，祖籍河東聞喜（今山西聞喜），仕陳，官至北譙州太守。傳附《陳書》卷九、《南史》卷六十六〈吳明徹傳〉。㉓篤　病情沉重。㉔馬轝　馬車。轝，車。㉕京邑　指陳都建康（今江蘇南京）。㉖甲子　二月二十七日。㉗清口　地名，即淮口，在今江蘇淮陰西南。㉘蹙　逼近。㉙比旦　及至天亮。㉚淮南　淮水南岸。㉛周羅睺　（西元五四一—六〇四年）字公布，九江尋陽（今江西九江市西南）人，歷仕陳、隋，官至右武候大將軍。傳見《隋書》卷六十

五、《南史》卷七十六。㉜彭汴　彭，指彭城。汴，指汴水。泛指淮北與河南。㉝五兵尚書　官名，尚書省列曹尚書之一。以掌中兵、外兵、別兵、都兵、騎兵而名官。㉞毛喜　（西元五一六—五八七年）字伯武，祖籍滎陽陽武（今河南滎陽），歷仕梁、陳，官至吏部尚書。傳見《陳書》卷二十九、《南史》卷六十八。㉟淮左　指淮南之地。㊱舟艥之工　陳兵擅長乘舟艦水戰。艥，同「楫」。工，擅長。㊲寢兵　休兵。㊳諮議參軍　官名，備詢問商議。㊴位大將軍　朝會時列座於大將軍位，無職事。

【校　記】①決　原作「破」。據章鈺校，十二行本、乙十一行本、孔天胤本皆作「決」，今據改。按，《陳書・吳明徹傳》、《南史・吳明徹傳》皆作「決」。②前　原作「先」。據章鈺校，十二行本、乙十一行本、孔天胤本皆作「前」，今據改。按，《陳書・吳明徹傳》、《南史・吳明徹傳》皆作「前」。③須　原作「速」。據章鈺校，十二行本、乙十一行本、孔天胤本皆作「須」，今據改。按，《陳書・蕭摩訶傳》作「須」。

【語　譯】十年（戊戌　西元五七八年）

春，正月十四日壬午，北周國主巡幸鄴城。二十三日辛卯，巡幸懷州。二十五日癸巳，巡幸洛州。建置懷州宮。

二月初七日甲辰，北周譙孝王宇文儉去世。〇二十日丁巳，北周國主返回長安。

陳將吳明徹包圍北周彭城，把戰船環繞城下，進攻十分猛烈。北周王軌領兵輕裝行進，佔據淮口，結成長圍，使用鐵鏈連接幾百個車輪，沉在清水河裡，用來切斷陳朝戰船的歸路。陳朝軍隊驚恐萬分。譙州刺史蕭摩訶對吳明徹說：「聽說王軌剛封鎖下游，在河的兩岸築城，現在還沒有完成，您如果派我去攻擊他，他一定不敢抵抗。水路還沒有斷絕，敵人陣勢還不堅固。如果敵人築城完成，那麼我們一定成為俘虜了。」吳明徹氣得鬍子都翹起來，說：「拔取敵人的旗幟，攻陷敵人陣地，是將軍你的事。長遠戰略，深謀遠慮，是老夫我的事。」蕭摩訶臉色大變，退出。十天內，水路便切斷了。

北周援兵到來的日益增多，諸將商議掘堤拔營突圍，用船載馬撤離，騎兵軍主裴子烈說：「如果掘堤下船，船定會傾倒，不如先派騎兵突圍。」當時吳明徹苦於脊背生瘡，十分嚴重，蕭摩訶再次請求說：「如今求戰不得，進退無路。如果暗中派兵突圍，並不是羞恥。希望元帥您率領步兵，乘坐馬車慢慢走，我蕭摩訶率領數千騎兵奔馳在前後，一定讓您安全抵達京都。」吳明徹說：「將軍的這個計策，是好辦法。但是我軍步兵多，我是全軍的總督，一定要親自斷後，率領步兵一起行動。將軍率領騎兵應該走在前面，不可遲緩。」蕭摩訶於是率領騎兵夜裡出發。二月二十七日甲子，吳明徹挖開堤壩，乘著水勢撤軍，希望進入淮河。到達清水入淮河口，水勢漸小，舟船被水下車輪阻礙，過不了河口。王軌率軍圍攻，逼近對方，陳朝軍隊潰散。吳明徹被北周軍隊俘虜，將士三萬連同軍資器械，全部陷落周軍之手。蕭摩訶率領八十名騎兵在前面突圍，其餘騎兵緊隨其後，到了天亮，到達淮水南岸，與將軍任忠、周羅睺全軍返回。

當初，陳宣帝圖謀奪取彭州、汴州，詢問五兵尚書毛喜，毛喜回答說：「淮南剛剛平定，邊地百姓還沒有安定。周朝剛剛吞併了齊國，難以和他爭勝負。何況放棄船艦水戰的長處，到車馬奔馳的平地打仗，去長就短，對我軍不利。臣的愚見不如安境保民，停止用兵，與周交善，這才是長久之策。」等到吳明徹戰敗，陳宣帝對毛喜說：「卿說的話今天應驗了。」當天，陳宣帝召回蔡景歷，又起用他為征南諮議參軍。

北周國主封吳明徹為懷德公，位大將軍。吳明徹憂愁悲憤而死。

乙丑[1]，周以越王盛為大冢宰。

三月戊辰[2]，周於蒲州置宮，廢同州及長春二宮[3]。

甲戌[4]，周主初服常冠，以皁紗全幅向後襆髮[5]，仍裁為四腳[6]。

丙子[7]，命中軍大將軍[8]、開府儀同三司淳于量為大都督，總水陸諸軍事，鎮西將軍[9]孫瑒[10]都督荊、郢[11]諸軍，平北將軍[12]樊毅都督清口上至荊山[13]緣淮諸軍，寧遠將軍[14]任忠都督壽陽、新蔡[15]、霍州[16]諸軍，以備周。

乙酉[17]，大赦。○壬辰[18]，周改元宣政[19]。夏，四月庚申[20]，突厥寇周幽州，殺掠吏民。

戊午[21]，樊毅遣軍度淮北，對清口築城。壬戌[22]，清口城[23]不守。

五月己丑[24]，周高祖帥諸軍伐突厥，遣柱國原公姬願、東平公神舉等將兵五道俱入。

癸巳[25]，帝不豫[26]，留止雲陽宮[27]。丙申[28]，詔停諸軍。驛召宗師[29]宇文孝伯赴行在所[30]，帝執其手曰：「吾自量必無濟理[31]，以後事付君。」是夜，授孝伯司衛上大夫[32]，總宿衛兵。又令馳驛入京鎮守，以備非常。六月丁酉朔[33]，帝疾甚，還長安，是夕殂[34]，年三十六。

戊戌[35]，太子即位。尊皇后阿史那氏[36]為皇太后。宣帝始[1]立[37]，即逞奢欲。大行在殯，曾無戚容[38]，捫[39]其杖痕[40]，大罵曰：「死晚矣！」閱視高祖[41]宮人，逼為淫欲。超拜吏部下大夫[42]鄭譯為開府儀同大將軍、內史中大夫[43]，委以朝政。

己未[44]，葬武皇帝於孝陵，廟號高祖。既葬，詔內外公除[45]，帝及六宮皆議即吉[46]。京兆郡丞[47]樂運上疏，以為「葬期既促，事訖即除，太為汲汲[48]。」帝不從。

帝以齊煬王憲屬尊(49)望重(50)，忌之。謂宇文孝伯曰：「公能為朕圖(51)齊王，當以其官相授。」孝伯叩頭曰：「先帝遺詔，不許濫誅(52)骨肉。齊王，陛下之叔父，功高德茂(53)，社稷重臣。陛下若無故害之，臣又順旨曲從[2]，則臣為不忠之臣，陛下為不孝之子矣。」帝不懌(54)，由是疏之。乃與開府儀同大將軍于智(55)、鄭譯等密謀之，使智就宅候憲，因告憲有異謀。

甲子(56)，帝遣宇文孝伯語(57)憲，欲以憲為太師，憲辭讓。又使孝伯召憲，曰：「晚與諸王俱入。」既至殿門，憲獨被引進。帝先伏壯士於別室，至，即執之。憲自辯理，帝使于智證憲，憲目光如炬，與智相質(58)。或謂憲曰：「以王今日事勢(59)，何用多言？」憲曰：「死生有命，寧復圖存？但老母在堂，恐留茲恨耳！」因擲笏(60)於地。遂縊(61)之。

帝召憲僚屬，使證成憲罪。參軍(62)勃海李綱，誓之以死，終無橈辭(63)。有司以露車(64)載憲尸而出，故吏皆散，唯李綱撫棺號慟，躬自瘞之，哭拜而去。

又殺上大將軍王興，上開府儀同大將軍獨孤熊，開府儀同大將軍豆盧紹(65)，皆素與憲親善者也。帝既誅憲而無名(66)，乃云與興等謀反，時人謂之「伴死」。

以于智為柱國，封齊公，以賞之。閏月[67]乙亥[68]，周主立妃楊氏[69]為皇后。○辛巳[70]，周以趙王招為太師，陳王純為太傅。

齊范陽王紹義聞周高祖殂，以為得天助。幽州人盧昌期，起兵據范陽[71]，迎紹義，紹義引突厥兵赴之。周遣柱國東平公神舉將兵討昌期。紹義聞幽州總管出兵在外，欲乘虛襲薊[72]，神舉遣大將軍宇文恩將四千人救之，半為紹義所殺。會神舉克范陽，擒昌期，紹義聞之，素衣舉哀，還入突厥。高寶寧帥夷、夏數萬騎救范陽，至潞水[73]，聞昌期死，還據和龍。

秋，七月，周主享[74]太廟。丙午[75]，祀圜丘。

庚戌[76]，周以小宗伯[77]斛斯徵為大宗伯[78]。壬戌[79]，以亳州[80]總管楊堅為上柱國、大司馬[81]。

癸亥[82]，周主尊所生母李氏為帝太后[83]。

八月丙寅[84]，周主祀西郊[85]。壬申[86]，如同州。以大司徒杞公亮為安州總管，上柱國長孫覽為大司徒，楊公王誼為大司空。

丙戌[87]，以柱國[3]、永昌公椿為大司寇[88]。

九月乙巳[89]，立方明壇[90]於婁湖[91]。戊申[92]，以揚州刺史始興王叔陵為王官伯[93]，臨盟百官。

庚戌[94]，周主封其弟元[95]為荊王。○周主詔：「諸應拜者，皆以三拜成禮。」

甲寅[96]，上幸婁湖誓眾。乙卯[97]，分遣大使以盟誓班[98]下四方，上下相警戒。

冬，十月癸酉[99] [4]，周主還長安。以大司空王誼為襄州[100]總管。○戊子[101]，以尚書左僕射陸繕為尚書僕射。

十一月，突厥寇周邊，圍酒泉[102]，殺掠吏民。

十二月甲子[103]，周以畢王賢為大司空。

己丑[104]，周以河陽總管滕王逌為行軍元帥，帥眾入寇[105]。

【章旨】以上為第四段，寫周武帝勤勞國事，英年早逝。周宣帝在北周強盛時繼位，上任伊始就猜忌大開殺戒，又驕恣荒淫，為北周速亡伏筆。

【注釋】❶乙丑　二月二十八日。❷戊辰　三月初一日。❸同州及長春二宮　宇文泰輔政時多居同州（治今陝西大荔），遂在同州置別宮。長春宮在朝邑縣，即今陝西大荔東南朝邑鎮。❹甲戌　三月初七日。❺襆髮　用幅巾從前往後把頭髮包起。襆，同「幞」。❻四腳　幞頭的別名。又稱頭巾。周武帝把幅巾裁為四腳，兩腳結在腦後，兩腳結在頷下，使之牢固不脫掉。❼丙子　三月初九日。❽中軍大將軍　武官名，官品第二。❾鎮西將軍　將軍號。陳前後左右東西南北八鎮將軍之一。擬二品。❿孫瑒　（西元五一六—五八七年）字德璉，吳郡吳縣（今江蘇蘇州）人，歷仕梁、陳，官至侍中、五兵尚書。傳見《陳書》卷二十五、《南史》卷六十七。⑪郢　郢州，州名，治所夏口城，在今湖北武昌。⑫平北將軍　將軍號。陳東西南北四平將軍之一，擬三品。⑬荊山　郡名，治所馬頭縣，在今安徽懷遠南。⑭寧遠將軍　將軍號。陳擬五品。⑮新蔡　郡名，治所固始縣，在今河南固始東。⑯霍州　州名，治所霍山縣，在今安徽霍山縣。⑰乙酉　三月十八日。⑱壬辰　三月二十五日。⑲改元宣政　即由建德七年改為宣政元年。⑳庚申　四月二十三日。㉑戊午　四月二十一日。按，「戊午」當在「庚申」前，《周書》、《北史》不誤，《通鑑》誤。㉒壬戌　四月二十五日。㉓清口城　即樊毅新在淮河北岸清口所築之城，故址在今江蘇淮陰西南。㉔己丑　五月二十三日。㉕癸巳　五月二十七日。㉖不豫　天子有病的諱稱。㉗雲陽宮　行宮名，在京兆郡雲陽縣，故址在今陝西淳化西甘泉山上。㉘丙申　五月三十日。㉙宗師　北周官名，掌宗室事宜。㉚行在所　天子所在的地方。㉛濟理　成活之理。濟，成。㉜司衛上大夫　官名，《周禮》官職，掌宿衛。㉝丁酉朔　六月初一日。以下干支所據為周曆，與陳曆略有不同。㉞殂　帝王之死曰崩，亦曰殂。㉟戊戌　六月初二日。㊱阿史那氏　周武帝皇后，天和三年（西元五六八年）娶於突厥。傳見《周書》卷九〈皇后傳〉、《北史》卷十四〈后妃傳〉。㊲宣帝始立　即新即位的太子宇文贇。㊳戚容　悲哀難過的面容。㊴捫　用手撫摸。㊵杖痕　做太子時受杖打的傷痕。㊶高祖　即周武帝，廟號高祖。㊷吏部下大夫　北周官名，吏部副長官，掌選舉。㊸內史中大夫　北周官名，協助天子管理爵、祿、廢、置等。㊹己未　六月二十三日。㊺公除　帝王葬後百官除去喪服，稱為公除。㊻即吉　除喪服，改吉服。㊼郡丞　官名，輔佐郡守，治理郡之政事。㊽汲汲　形容急切、匆忙。㊾屬尊　行輩高。齊煬王乃周宣帝叔父，故屬尊。㊿望重　齊煬王出將入相，屢建大功，故望重。(51)圖　謀害。(52)濫誅　不守法律而隨意殺人。(53)德茂　道德美好。茂，美好。(54)懌　歡喜；快樂。(55)于智　河南洛陽（今河南洛陽）人，北周燕國公于謹之子。仕北周，官至大司空。傳附《周書》卷十五、《北史》卷二十三〈于謹傳〉。(56)甲子　六月二十八日。(57)語　告訴；轉告。(58)相質　互相對證。質，驗證。(59)事勢　事情的趨勢。(60)笏　古代朝會時官員所執的手板，有事則書於上，以備遺忘。按官位的高下有玉與竹木之分。(61)縊　勒頸氣絕而死。(62)參軍　官名，齊王府僚屬，參議軍事。(63)橈辭　屈從的言辭。橈，彎曲；屈從。(64)露車　車無帷蓋者。(65)豆盧紹　本姓慕容，燕北地王精之後裔，中山敗，歸北魏。北人謂歸義為豆盧，遂因以為姓。(66)無名　無罪以加之。即無正當的理由。(67)閏月　此指北周閏六月。(68)乙亥　周閏六月初十日。(69)楊氏　即楊堅之女。(70)辛巳　六月十六日。(71)范陽　郡名，治所涿縣，在今河北涿州。(72)薊　即薊城，幽州治所，在今北京市西南。(73)潞水　河名，一作潞河。大榆河流經潞縣的一段稱潞水，在今北京市通州東南。(74)享　祭祀。(75)丙午　七月十一日。(76)庚戌　七月十五日。(77)小宗伯　官名，《周禮》春官之屬，為大宗伯的副職，掌宗廟祭祀等禮儀。(78)大宗伯　官名，古代六卿之一，《周禮》春官，掌邦國祭祀典禮。(79)壬戌　七月二十七日。(80)亳州　州名，治所小黃縣，在今安徽亳州。(81)大司馬　官名，《周禮》夏官有大司馬，掌國政。(82)癸亥　七月二十八日。(83)帝太后　與皇太后同義。因嫡母阿史那氏既尊為皇太后，故尊生母為帝太后，以示區別。(84)丙寅　八月初二日。(85)祀西郊　古代帝祀五郊之一。立秋之日，迎秋於西郊。(86)壬申　八月初八日。(87)丙戌　八月二十二日。(88)大司寇　官名，《周禮·秋官》大司寇主管刑獄，為六卿之一。(89)乙巳　九月十一日。(90)方明壇　古代諸侯朝見天子，會盟或天子祭祀時所置祭祀壇。方明指上下四方神明之像。《儀禮·覲禮》云：「諸侯覲於天子，為宮方三百步，四門，壇十有二尋，深四尺，加方明於其上。方明者，木也，方四尺，設六色；東方青，南方赤，西方白，北方黑，上玄，下黃。」(91)婁湖　湖名，在今江蘇南京東南。(92)戊申　九月十四日。(93)王官伯　王官指天子之官，與諸侯之官相對。伯是最大的。王官伯是朝宮中官位最顯要的。(94)庚戌　九月十六日。(95)元　宇文元（？—西元五八〇年），周武帝之子。傳見《周書》卷十三〈文閔明武宣諸子傳〉、《北史》卷五十八〈周室諸王傳〉。(96)甲寅　九月二十日。(97)乙卯　九月二十一日。(98)班　頒布。(99)癸酉　十月初九日。(100)襄州　州名，治所襄陽縣，在今湖北襄樊。(101)戊子　十月二十五日。(102)酒泉　郡名，治所祿福縣，在今甘肅酒泉。(103)甲子　十二月初二日。(104)己丑　十二月二十七日。(105)入寇　進攻陳朝。

【校　記】[1]始　原作「初」。據章鈺校，十二行本、乙十一行本、孔天胤本皆作「始」，今據改。[2]臣又順旨曲從　原無此六字。據章鈺校，十二行本、乙十一行本、孔天胤本皆有此六字，張敦仁《通鑑刊本識誤》、張瑛《通鑑校勘記》同，今據補。按，《周書·宇文孝伯傳》有此六字。[3]柱國　原無此二字。據章鈺校，十二行本、乙十一行本、孔天胤本皆有此二字，今據補。按，《周書·宣帝紀》、《北史·宣帝紀》皆有此二字。[4]十月癸酉　原無此四字。據章鈺校，十二行本、乙十一行本、孔天胤本皆有此四字，張敦仁《通鑑刊本識誤》同，今據補。按，《周書·宣帝紀》、《北史·宣帝紀》皆有此四字。

【語　譯】二月二十八日乙丑，北周任命越王宇文盛為大冢宰。

三月初一日戊辰，北周在蒲州建造行宮，廢除同州和長春二宮。

三月初七日甲戌，北周國主初次戴普通的帽子，用整幅黑色紗巾從前向後纏頭束髮，裁剪四個帽腳。

三月初九日丙子，陳宣帝命令中軍大將軍、開府儀同三司淳于量為大都督，總領水陸諸軍事，鎮西將軍孫瑒都督荊州、郢州各軍，平北將軍樊毅都督清口以上至荊山緣淮各軍，寧遠將軍任忠都督壽陽、新蔡、霍州諸軍，用以防備北周。

三月十八日乙酉，陳朝大赦天下。○二十五日壬辰，北周改年號為宣政。

夏，四月二十三日庚申，突厥進犯北周的幽州，殺害劫掠官吏和百姓。

四月二十一日戊午，樊毅派兵渡過淮水到北岸，在清口築城。二十五日壬戌，清口城失守。

五月二十三日己丑，北周高祖宇文邕率領各軍討伐突厥，派柱國原公宇文姬願、東平公宇文神舉等率領五路兵馬同時進入突厥。

五月二十七日癸巳，周武帝生病，停留雲陽宮。三十日丙申，下詔北伐各路兵馬停止前進。用驛馬宣召宗師宇文孝伯趕往行在所，周武帝握住他的手說：「我自己估量一定沒有疾癒之道，把後事託付給你。」當夜，任命宇文孝伯為司衛上大夫，總領宿衛兵。又命令宇文孝伯乘驛站快馬入京師長安鎮守，防備意外事件。

六月初一日丁酉，周武帝病情加重，返回長安，當夜崩殂，享年三十六歲。

六月初二日戊戌，北周皇太子宇文贇即皇帝位。尊皇后阿史那氏為皇太后。周宣帝剛即位，便奢侈縱慾。大行皇帝靈柩還沒下葬，周宣帝竟沒有傷心的表情，他摸著身上被杖責的傷疤，大罵道：「死得太晚了！」巡視高祖後宮的嬪妃，逼迫淫慾。越級提拔吏部下大夫鄭譯為開府儀同大將軍、內史中大夫，把朝政委託給他。

六月二十三日己未，安葬周武帝於孝陵，廟號高祖。安葬完畢，下詔朝廷內外都除去喪服，宣帝和六宮也都議論改穿吉服。京兆郡丞樂運上疏，認為「下葬期已經短促，葬完就除去喪服，太匆忙了。」周宣帝不聽。

周宣帝因齊煬王宇文憲輩分高名望重，便猜忌他。對宇文孝伯說：「你能替朕除掉齊王，他的職位就授給你。」宇文孝伯磕頭委曲說：「先帝遺詔，不得濫殺骨肉親族。齊王是陛下的叔父，功勞大德行好，國家的重臣。陛下如果無故殺害他，臣又順從您的旨意，那麼我就是不忠的臣子，陛下就是不孝的兒子了。」周宣帝很不高興，從此疏遠了宇文孝伯。周宣帝就與開府儀同大將軍于智、鄭譯等密謀除掉宇文憲，派于智去刺探宇文憲的動靜，于智趁機誣告宇文憲圖謀不軌。

六月二十八日甲子，周宣帝派宇文孝伯告知宇文憲，想任用他為太師，宇文憲推辭不受，又派宇文孝伯宣召宇文憲，說：「晚間與諸王一同進宮。」到了殿門，宇文憲被單獨引進宮內。周宣帝事先在另一房間埋伏壯士，宇文憲到了，立即被抓獲。宇文憲自己申辯說理，周宣帝讓于智作證，宇文憲目光像火炬，與于智當面對質。有人對宇文憲說：「按大王今天的情勢，還有什麼說頭？」宇文憲說：「死生有命，我難道還想求活嗎？只是老母還健在，恐怕要留下遺憾！」便把手板扔在地上。周宣帝於是將宇文憲絞死了。

周宣帝召見宇文憲的僚屬，讓他們證成宇文憲的罪行。參軍勃海人李綱，以死起誓，始終沒有說一句違心的話。主管部門用平板車拉著宇文憲的屍體出宮，宇文憲的舊部屬全都散走，只有李綱摸著棺材號哭，親自掩埋了宇文憲，然後哭拜一陣才離去。

周宣帝又殺上大將軍王興、上開府儀同大將軍獨孤熊、開府儀同大將軍豆盧紹，這幾個都一向是宇文憲親近的人。周宣帝已經殺害了宇文憲，卻找不到什麼罪名，便說與王興等人謀反，當時的人稱為「伴死」。

周宣帝任命于智為柱國，封齊公，用以獎賞他。

閏六月初十日乙亥，周宣帝冊立楊氏妃為皇后。〇十六日辛巳，周宣帝任命趙王宇文招為太師，陳王宇文純為太傅。

北齊范陽王高紹義聽到周高祖死了，認為得到了天助。幽州人盧昌期起兵佔據了范陽，迎接高紹義。高紹義帶領突厥兵趕往范陽。北周派遣柱國東平公宇文神舉率軍討伐盧昌期。高紹義聽到幽州總管出兵在外，想乘機襲擊薊城，宇文神舉派大將軍宇文恩率領四千人救援，半數被高紹義殺死。適逢宇文神舉攻克范陽，抓獲了盧昌期，高紹義得知消息，穿白色喪服舉行哀悼，退還突厥。高寶寧率領夷漢數萬名騎兵救援范陽，到達潞水，聽到盧昌期已死，就退守和龍。

秋，七月，北周國主宇文贇到太廟祭祀祖先。十一日丙午，到圜丘祭天。

七月十五日庚戌，周宣帝任命小宗伯斛斯徵為大宗伯。二十七日壬戌，任命亳州總管楊堅為上柱國、大司馬。

七月二十八日癸亥，北周國主尊崇生母李氏為帝太后。

八月初二日丙寅，北周國主到西郊祭祀。初八日壬申，前往同州。任命大司徒杞公宇文亮為安州總管，上柱國長孫覽為大司徒，楊公王誼為大司空。

八月二十二日丙戌，任命柱國、永昌公宇文椿為大司寇。

九月十一日乙巳，陳朝在婁湖建造方明壇。十四日戊申，任命揚州刺史始興王陳叔陵為王官伯，與百官盟誓。

九月十六日庚戌，北周國主冊封弟弟宇文元為荊王。○北周國主下詔：「凡應行跪拜禮的，一律以三拜成禮。」

九月二十日甲寅，陳宣帝巡幸婁湖誓師。二十一日乙卯，分派特命大使將盟誓頒布全國，讓上下互相警惕戒備。

冬，十月初九日癸酉，北周國主返回長安。任命大司空王誼為襄州總管。○二十五日戊子，陳宣帝任命尚書左僕射陸繕為尚書僕射。

十一月，突厥侵犯北周邊境，包圍酒泉，斬殺搶掠官吏和百姓。

十二月初二日甲子，北周任命畢王宇文賢為大司空。

十二月二十七日己丑，北周任命河陽總管滕王宇文逌為行軍元帥，率領軍隊侵入陳朝境內。

十一年（己亥　西元五七九年）

春，正月癸巳❶，周主受朝於露門❷，始與羣臣服漢、魏衣冠❸。大赦，改元大成❹。置四輔❺官：以大冢宰越王盛為大前疑，相州總管蜀公尉遲迥為大右弼，申公李穆為大左輔，大司馬隨公楊堅為大後承。

周主之初立也，以高祖刑書要制為太重而除之，又數行赦宥⑥。京兆⑦郡丞樂運上疏，以為：「虞書⑧所稱『眚災⑨肆赦⑩』，謂過誤為害，當緩赦之。呂刑⑪云：『五刑⑫之疑有赦』，謂刑疑從罰⑬，罰疑從免也。謹尋經典，未有罪無輕重，溥⑭天大赦之文。大尊⑮豈可數施非常之惠，以肆姦宄⑯之惡乎？」帝不納。既而民輕犯法⑰，又自以奢淫多過失，惡人規諫，欲為威虐，懾服⑱羣下。乃更為刑經聖制⑲，用法益深，大醮⑳於正武殿，告天而行之。密令左右伺察羣臣，小有過失，輒行誅譴。

又，居喪纔踰年，即[1]恣聲樂，魚龍百戲㉑，常陳殿前，累日繼夜，不知休息。多聚美女以實後宮，增置位號㉒，不可詳錄。遊宴沈湎㉓，或旬日不出，羣臣請事者，皆因宦者奏之。於是樂運輿櫬㉔詣朝堂，陳帝八失㉕：其一，以為「大尊比來事多獨斷，不參諸宰輔，與眾共之。」其二，「搜美女以實後宮，儀同以上女不許輒嫁㉖，貴賤同怨。」其三，「大尊一入後宮，數日不出，所須聞奏，多附宦者[2]。」其四，「下詔寬刑，未及半年，更嚴前制。」其五，「高祖斲雕為朴㉗，崩未踰年㉘，而遽窮奢麗。」其六，「徭賦下民，以奉俳優㉙角抵㉚。」其七，「上書字誤者，即治其罪，杜獻書之路。」其八，「玄象㉛垂誡，不能諮諏㉜善道，脩布㉝德政。」「若不革茲八事，臣見周廟不血食㉞矣。」帝大怒，將殺之。朝臣恐懼，莫有救者。內史中大夫洛陽元巖㉟歎曰：「臧洪同死㊱，人猶願之，況比干㊲乎？若樂運不免，吾將與之俱斃。」乃詣閤請見，曰：「樂運不顧其死，欲以求名。陛下不如勞而遣之，以廣聖度㊳。」帝頗感悟㊴。明日，召運，謂曰：「朕昨夜思卿所奏，實為忠臣。」賜御食而罷之。

癸卯㊵，周立皇子闡㊶為魯王。

甲辰㊷，周主東巡。丙午㊸[3]，以許公宇文善㊹為大宗伯。戊午㊺，周主至洛陽。立魯王闡為皇太子。

二月癸亥㊻，上耕藉田。

周下詔，以洛陽為東京。發山東諸州兵治洛陽宮，常役四萬人。徙相州六府於洛陽。

周徐州總管王軌，聞鄭譯用事，自知及禍，謂所親曰：「吾昔在先朝，實申㊼社稷至計㊽。今日之事，斷可知矣。此州控帶㊾淮南，鄰接[4]彊寇，欲為身計㊿，易如反掌。但忠義之節，不可虧違，況荷(51)先帝厚恩，豈可以獲罪於[5]嗣主，遽忘之邪？正可於此待死，冀千載之後，知吾此心耳！」

周主從容問譯曰：「我腳杖痕，誰所為也？」對曰：「事由烏丸軌[52]、宇文孝伯。」因言軌捋須事。帝使內史杜慶信就州殺軌，元巖不肯署詔[53]。御正中大夫[54]顏之儀[55]切諫，帝不聽，巖進繼之，脫巾頓顙[56]，三拜三進。帝曰：「汝欲黨[57]烏丸軌邪？」巖曰：「臣非黨軌，正恐濫誅失天下之望。」帝怒，使閹豎[58]搏其面。軌遂死，巖亦廢于家[59]。遠近知與不知，皆為軌流涕。之儀，之推之弟也。

周主之為太子也，上柱國尉遲運為宮正[60]，數進諫，不用。又與王軌、宇文孝伯、宇文神舉皆為高祖所親待，太子疑其同毀己。及軌死，運懼，私謂孝伯曰：「吾徒[61]必不免禍，為之柰何？」孝伯曰：「今堂上有老母，地下有武帝[62]，為臣為子，知欲何之[63]。且委質[64]事人，本狥[65]名義，諫而不入，死焉可逃？足下若為身計，宜且遠之。」於是運求出為秦州[66]總管。

它日，帝託以齊王憲事讓[67]孝伯曰：「公知齊王謀反，何以不言？」對曰：「臣知齊王忠於社稷，為羣小所譖，言必不用，所以不言。且先帝付囑[68]微臣，唯令輔導陛下。今諫而不從，實負顧託[69]。以此為罪，是所甘心。」帝大慚，俛首[70]不語，命將[71]出，賜死于家。

時宇文神舉為并州刺史，帝遣使[72]就州酖殺[73]之。尉遲運至秦州，亦以憂死[74]。

周罷南伐諸軍。

突厥佗鉢可汗請和於周，周主以趙王招女為千金公主，妻之[75]，且命執送高紹義，佗鉢不從。

辛巳[76]，周宣帝傳位於太子闡，大赦，改元大象[77]，自稱天元皇帝，所居稱「天臺」，冕[78]二十四旒，車服旂[79]鼓皆倍於前王之數。皇帝稱正陽宮，置納言[80]、御正、諸衛等官[81]，皆準天臺[82]。尊皇太后為天元皇太后。

天元既傳位，驕侈彌[83]甚，務自尊大，無所顧憚[84]，國之儀典[85]，率情[86]變更。每對臣下自稱為天，用樽、彝、珪、瓚以飲食[87]。令羣臣朝天臺者，致齋[88]三日，清身一日。既自比上帝，不欲羣臣同己，常自帶綬[89]及[6]冠通天冠[90]，加金附蟬[91]，顧見侍臣弁上有金蟬及王公有綬者，並令去之。不聽人有「天」、「高」、「上」、「大」之稱，官名有犯，皆改之。改姓高者為「姜」，九族稱高祖者為「長祖」。又令天下車皆以渾木[92]為輪。禁天下婦人不得施粉黛[93]，自非宮人，皆黃眉墨妝[94]。

每召侍臣論議，唯欲興造[95]變革，未嘗言及政事。遊戲無常，出入不節[96]，羽儀仗衛[97]，晨出夜還，陪侍之官，皆不堪命。自公卿以下，常被楚撻[98]。每捶人，皆以百二十為度[99]，謂之「天杖」，其後又加至二百四十。宮人內職[100]亦如之，后、妃、嬪、御[101]，雖被寵幸，亦多杖背。於是內外恐怖，人不自安，皆求苟免，莫有固志，重足[102]累息[103]，以逮[104]於終。

戊子[105]，周以越王盛為太保，尉遲迥為大前疑，代王達為大右弼。

辛卯[106]，徙鄴城石經[107]於洛陽。詔：「河陽、幽、相、豫、亳、青、徐七總管，並受東京六府[108]處分[109]。」

三月庚申[110]，天元還長安，大陳軍伍，親擐[111]甲冑，入自青門[112]，靜帝備法駕[113]以從。

夏，四月壬戌朔[114]，立妃朱氏為天元帝后[115]。后，吳人，本出寒微[116]，生靜帝，長於天元十餘歲。疏賤無寵，以靜帝故，特尊之。

乙巳[117]，周主祠太廟。壬午[118]，大醮於正武殿。

五月辛亥[119][7]，以襄國郡[120]為趙國，濟南郡為陳國，武當、安富[121]二郡為越國，上黨郡[122]為代國，新野郡[123]為滕國，邑各萬戶，令趙王招、陳王純、越王盛、代王達、滕王逌並之國。

隨公楊堅私謂大將軍汝南公慶[124]曰：「天元實無積德。視其相貌，壽亦不長。

又，諸藩微弱，各令就國，曾無深根固本[125]之計。羽翮[126]既翦，何能及遠哉？」慶，神舉之弟也。

突厥寇周并州。六月，周發山東諸民修長城[127]。秋，七月庚寅[128]，周以楊堅為大前疑，柱國司馬消難為大後承。○辛卯[129]，初用大貨[130]六銖錢[131]。○丙申[132]，周納司馬消難女為正陽宮皇后[133]。

己酉[134]，周尊天元帝太后李氏為天皇太后。壬子[135]，改天元皇后朱氏為天皇后，立妃元氏[136]為天右皇后，陳氏[137]為天左皇后，凡四后云。元氏，開府儀同大將軍晟之女。陳氏，大將軍山提[138]之女也。

八月庚申[139]，天元如同州。

丁卯[140]，上閱武[141]於大壯觀。命都督任忠帥步騎十萬陳於玄武湖，都督陳景帥樓艦[142]五百出瓜步江[143]，振旅[144]而還。

壬申[145]，周天元還長安。甲戌[146]，以陳山提、元晟並為上柱國。

戊寅[147]，上還宮。

豫章內史南康王方泰[148]，在郡秩滿[149]，縱火延燒邑居，因行暴掠，驅錄[150]富人，徵求財賄。上閱武，方泰當從，啓稱母疾不行，而微服往民間淫人妻，為州所錄。

又帥人仗[151]抗拒，傷禁司[152]，為有司所奏。上大怒，下方泰獄，免官，削爵土[153]，尋而復舊。

壬午[154]，周以上柱國畢王賢為太師，郇公韓業為大左輔。九月乙卯[155]，以酆王貞[156]為大冢宰。以鄖公韋孝寬[8]為行軍元帥，帥行軍總管杞公亮、郕[157]公梁士彥寇淮南。仍遣御正杜杲、禮部薛舒[158]來聘。

冬，十月壬戌[159]，周天元幸道會苑，大醮，以高祖配醮[160]。初復佛像及天尊[161]像，天元與二像俱南面坐[162]，大陳雜戲，令長安士民縱觀[163]。

甲戌[164]，以尚書僕射陸繕為尚書左僕射。

十一月辛卯[165]，大赦。

周韋孝寬分遣杞公亮自安陸攻黃城[166]，梁士彥攻廣陵[167]。甲午[168]，士彥至肥口[169]。

乙未[170]，周天元如溫湯[171]。○戊戌[172]，周軍進圍壽陽。○周天元如同州。

詔開府儀同三司、南兗州刺史淳于量為上流[173]水軍都督，中領軍[174]樊毅都督北討諸軍事，左衛將軍[175]任忠都督北討前軍事，前豐州[176]刺史皋文奏帥步騎三千趣陽平郡[177]。

壬寅[178]，周天元還長安。

癸卯[179]，任忠帥步騎七千趣秦郡。丙午[180]，仁威將軍[181]魯廣達帥眾入淮。是日，樊毅將水軍二萬自東關[182]入焦湖[183]，武毅將軍[184]蕭摩訶帥步騎趣歷陽[185]。戊申[186]，韋孝寬拔壽陽，杞公亮拔黃城，梁士彥拔廣陵，辛亥[187]，又取霍州[188]。癸丑[189]，以揚州刺史始興王叔陵為大都督，總水步眾軍。

丁巳[190]，周鑄永通萬國錢[191]，一當千，與五行大布並行。

十二月戊午[192]，周天元以災異屢見，舍仗衛，如天興宮。百官上表，勸復寢膳。甲子[193]，還宮，御正武殿，集百官及宮人、外命婦[194]，大列伎樂，初作乞寒[195]胡戲。

乙丑[196]，南・北兗[197]、晉[198]三州及盱眙[199]、山陽[200]、陽平[201]、馬頭[202]、秦、歷陽、沛[203]、北譙[204]、南梁[205]等九郡民並自拔還江南。周又取譙[206]、北徐州[207]。自是江北之地盡沒于周。

周天元如洛陽，親御驛馬[208]，日行三百里，四皇后及文武侍衛數百人並乘馹[209]以從。仍令四后方駕[210]齊驅，或有先後，輒加譴責，人馬頓仆[211]，相及於道。

癸酉[212]，遣平北將軍[213]沈恪[214]、電威將軍[215]裴子烈鎮南徐州，開遠將軍徐道奴鎮柵口216，前信州217刺史楊寶安鎮白下218。戊寅219，以中領軍樊毅都督荊、郢、巴、武220四州水陸諸軍事。

己卯221，周天元還長安。

貞毅將軍222汝南周法尚223，與長沙王叔堅不相能224，叔堅譖之於上，云其欲反。上執其兄定州225刺史法僧，發兵將擊法尚。法尚奔周，周天元以為開府9儀同大將軍、順州226刺史，上遣將軍樊猛227濟江擊之。法尚遣部曲督228韓朗229詐降於猛，曰：「法尚部兵不願降北，人皆竊議，欲叛還。若得軍來，自當倒戈。」猛以為然，引兵急趨之。法尚陽230為畏懼，自保江曲231，戰而偽走，伏兵邀之，猛僅以身免，沒者幾八千人。

【章旨】以上為第五段，寫北周宣帝治國如同兒戲，行法反覆無常，又異想天開稱天元皇帝，禪位太子，更加放肆縱慾。即使如此，北周兵一出，盡陷陳朝江北之地，因陳宣帝政治腐敗，既姑息權貴，又用人不明，也是一個衰世之君。

【注釋】❶癸巳　正月初一日。❷露門　據胡三省注，當作「路門」，為北周外朝。路，大的意思。❸漢魏衣冠　即漢服，此前周主與群臣皆服「胡服」（鮮卑族服裝）。❹改元大成　即由宣政二年改為大成元年。❺四輔　官名，《禮記・文王世子》孔穎達《疏》引《尚書大傳》，認為天子必有四鄰，前曰疑，後曰承，左曰輔，右曰弼。四鄰即四輔。賈誼《新書》則以道、弼、輔、承為四輔。輔即輔佐天子。❻赦宥　有罪而赦免。❼京兆　郡名，治所長安縣，在今陝西西安西北。❽虞書　《尚書》的一部分，包括〈堯典〉、〈皋陶謨〉等篇。❾眚災　因過失而造成災害。眚，通「省」。❿肆赦　寬赦罪人。⓫呂刑　《尚書》中的一篇，是周穆王採納其臣呂侯（一作甫侯）的言論作刑，布告四方，即〈呂刑〉篇。⓬五刑　古代的五種刑罰，以墨、劓、剕、宮、大辟為五刑。唐以笞、杖、徒、流、死為五刑。⓭罰　古代刑罰有別，刑指肉刑、死刑，罰指以金錢贖罪。⓮溥　普遍。⓯大尊　猶至尊。⓰姦宄　竊盜或作亂的壞人。⓱輕犯法　看輕犯法。⓲慴服　畏懼威勢而屈服。⓳刑經聖制　刑法名。⓴醮　祭祀的一種形式。夜間於星辰之下，陳設酒脯等物，歷祀天皇、太一、祀五星、列宿。作書，燒香陳讀，云奏上天曹，名之為醮。㉑百戲　北齊後主時，有魚龍爛漫，俳優朱儒，山車、巨象、拔井、種瓜、殺馬、剝驢等奇怪異端一百多種，名為百戲。㉒位號　官位和名號。㉓沈湎　沉迷於飲酒。㉔輿櫬　載棺以隨，表示誓死。櫬，空棺。㉕陳帝八失　陳述了周宣帝的八條過失。㉖輒嫁　及時出嫁。輒，及時。㉗斲雕為朴　去浮華，崇質樸。㉘踰年　超過一年。踰，超越；跳過。㉙俳優　古代以樂舞作諧戲的藝人。㉚角抵　古代的一種技藝表演，類似今日摔跤。㉛玄象　天象。日月星辰，在天成象。㉜諮諏　諮詢；訪問。㉝布　頒行。㉞血食　古時殺牲取血，用以祭祀，故稱血食。周室宗廟不血食，意謂周王朝滅亡。㉟元巖　（？—西元五九三年）字君山，河南洛陽（今河南洛陽）人。歷仕周、隋，官至兵部尚書，封平昌郡公。傳見《隋書》卷六十二、《北史》卷七十五。㊱臧洪同死　臧洪為袁紹所殺，陳容激於義憤，願與臧洪同死，亦被殺。事見本書卷六十一〈漢紀〉五十三獻帝興平二年。㊲比干　商末大臣，因忠諫為紂王所殺。事見《史記》卷三十八〈宋微子世家〉。㊳聖度　皇帝的寬弘大度。㊴感悟　有所感而覺悟。㊵癸卯　正月十一日。㊶皇子闡　即宇文闡，宣帝長子，先名衍，後改為闡，即位後史稱靜帝。事見《周書》卷八、《北史》卷十。㊷甲辰　正月十二日。㊸丙午　正月十四日。按，此段《周書・宣帝紀》作「甲辰，東巡狩。丙午，日有背。以柱國、常山公于翼為大司徒。辛亥，以柱國、許國公宇文善為大宗伯。」《北史・宣帝紀》作「甲辰，東巡。丙午，以柱國、常山公于翼為大司徒。辛亥，以柱國、許公宇文善為大宗伯。」則《通鑑》漏載「以柱國、常山公于翼為大司徒」，且以其日誤載於「以柱國、許公宇文善為大宗伯」前。《通鑑》此處「丙午」誤，當作「辛亥」。㊹許公宇文善　（？—西元五八六年）本朔方（今陝西清澗）人，徙京兆。北周大司馬宇文貴之子。歷仕周、隋，官至上柱國、大宗伯，封許國公。傳見《周書》卷十九、《隋書》卷四十、《北史》卷六十。㊺戊午　正月二十六日。㊻癸亥　二月二日。㊼申　申述；表明。㊽社稷至計　事關國家存亡的大計，指向周武帝進言太子過失，非社稷之主一事。㊾控帶　控制。㊿身計　自身安全之計。(51)荷　承受。(52)烏丸軌　即王軌。王軌曾被賜姓烏丸氏。(53)署詔　在詔書上簽名。因元巖時為內史中大夫，參與機密，當在詔書上簽名後發出。(54)御正中大夫　官名，北周武成元年，置御正四人，掌王言，在皇帝左右。55顏之儀　（西元五二三—五九一年）字子升，祖籍琅邪臨沂（今山東臨沂北）。歷仕後梁、周與隋，官至集州刺史，封新野郡公。傳見《周書》卷四十、《北史》卷八十三。56頓顙　屈膝下拜，以額觸地。顙，額。57黨　偏私；袒護。58閹豎　太監；宦者。59廢于家　指罷官並遣還於家。60宮正　官名，此指太子宮正，掌皇后及太子家事。61吾徒　我們。徒，同類之人。62武帝　即周武帝。63之　往。64委質　古者開始做事，必先書其名於策，委身於君，然後為臣，表示必為君主以盡死節。質，身體。65狥　「徇」的俗字。通「殉」。為達某種目的而犧牲生命。66秦州　州名，治所上邽縣，在今甘肅天水縣西南。67讓　責備。68付囑　託付。囑，託。69顧託　指武帝臨終前的託付。70俛首　低頭。71將　引；領。72遣使　派遣使者。73酖殺　以毒酒毒死。74憂死　憂懼而死。75妻之　為之妻。此指以千金公主做佗鉢可汗的妻子。76辛巳　二月二十日。77改元大象　即由大成元年改為大象元年。78冕　皇冠。79旂　上畫龍形，竿頭繫鈴的旗。後作為旗幟的總稱。80納言　官名，由侍中改稱。掌出納王言。81諸衛等官　指左、右宮伯，小宮伯，左、右中侍，左、右侍，左、右前侍，左、右後侍，左、右騎侍，左、右宗侍，左、右庶侍，左、右勳侍，左、右武伯，小武伯，左、右武賁，左、右旅賁，左、右射聲，左、右驍騎，左、右羽林，左、右游擊。82準天臺　意謂官員設置以天臺為準則。83彌　更加。84顧憚　顧慮和懼怕。85儀典　儀禮法典。86率情　隨意；任意。87用樽彝珪瓚以飲食　指周宣帝驕淫，把樽、彝、珪、瓚等祭祀用的禮器作為飲食器具。88致齋　即吃素而不吃葷。89綬　古代常用不同顏色的絲帶，標識官吏的身分和等級。周制：皇帝組綬，以蒼、青、朱、黃、白、玄、纁、紅、紫、緅、碧、綠，十二色。90通天冠　皇帝之冠。凡郊祀、朝賀、宴會，皆戴此冠。冠之形制，歷代大同小異。古制高九寸，正豎立，頂少傾斜，乃直下，以鐵為捲梁，前有展筩，冠前如山形。91金附蟬　即金蟬，侍中、常侍所冠武弁。92渾木　全用木頭。93粉黛　婦女化妝用品，以粉傅面，以黛描眉。94墨妝　妝飾用物及服裝皆用黑色。95興造　指從事土木建築。96不節　沒有節制。97仗衛　儀仗侍衛。98楚撻　拷打。99度　限度。100內職　宮廷中由婦女擔任的職務。101御　女官；侍從的近臣。102重足　疊足而立，因恐懼而不敢稍作移動。103累息　屏住呼吸，不敢出氣。比喻極為恐懼。104逮　至。105戊子　二月二十七日。106辛卯　二月三十日。107石經　古代刻石的儒家經典。東漢靈帝時，蔡邕立石經於洛陽太學講堂前。三國魏齊王芳正始年間又立古、篆、隸三種文字書寫的《三體石經》，東魏末高澄將洛陽石經遷到鄴城，北周末又遷回洛陽。108東京六府　指設在洛陽的六個官署。六府官包括天官冢宰、地官司徒、春官宗伯、夏官司馬、秋官司寇、冬官司空。109處分　處置；安排。110庚申　三月二十九日。111擐　穿；貫。112青門　長安城東三門，靠北第一門。門青色，故稱青門。113法駕　皇帝的車駕，也稱法車。114壬戌朔　周曆四月一日，陳曆則四月二日。115天元帝后　即朱滿月（西元五四七—五八六年），宣帝皇后，宣帝死，出家為尼。傳見《周書》卷九、《北史》卷十四。(116)寒微　貧寒低賤。(117)乙巳　周曆四月壬戌朔，無「乙巳」。《周書》卷七〈宣帝紀〉作「己巳」，《北史》同。「乙」當為「己」之誤。己巳，四月初八日。(118)壬午　周曆四月二十一日，陳曆則四月二十二日。(119)辛亥　五月二十一日。(120)襄國郡　郡名，治所襄國縣，在今河北邢臺。(121)武當安富　均郡名。武當郡治所武當縣，在今湖北丹江口市西北。安富郡，胡三省注認為「富」當作「福」。治所安福縣，在今湖北鄖縣東南。(122)上黨郡　郡名，治所壺關縣，在今山西長治北。(123)新野郡　郡名，治所新野縣，在今河南新野。(124)汝南公慶　即宇文神慶，北周太祖之族子。歷仕周、隋，封汝南郡公。傳見《周書》卷四十、《北史》卷五十七。(125)深根固本　使基礎牢固。(126)羽翮　羽翼。翮，羽莖。(127)修長城　此指修復北齊時所築長城。齊築長城事見本書卷一百六十六〈梁紀〉二十二敬帝太平元年。(128)庚寅　七月初一日。(129)辛卯　七月初二日。(130)大貨　大的貨幣。貨，錢幣。(131)六銖錢　貨幣名，以每枚錢重六銖而得名。銖，古衡制單位。一兩（古代一斤為十六兩）的二十四分之一為一銖。(132)丙申　七月初七日。(133)正陽宮皇后　周靜帝皇后。傳見《周書》卷九、《北史》卷十四。(134)己酉　七月二十日。(135)壬子　七月二十三日。(136)元氏　名樂尚，河南洛陽（今河南洛陽）人。先為貴妃，後立為天右皇后。傳見《周書》卷九、《北史》卷十四。(137)陳氏　名月儀，自云潁川（今山西霍山西北）人。先為德妃，後立為天左皇后。傳見《周書》卷九、《北史》卷十四。(138)山提　即陳山提，原為爾朱兆蒼頭，後封淅陽郡公，官至大將軍。傳附《周書》卷九〈陳皇后傳〉、《北史》卷九十二〈韓寶業傳〉。(139)庚申　八月初一日。(140)丁卯　八月初八日。(141)閱武　檢閱軍隊。(142)樓艦　即樓船，兩面置重板，列戰格，故謂之樓艦。(143)瓜步江　江名，即瓜步一段的長江，在今江蘇六合東南。(144)振旅　整頓部隊。(145)壬申　八月十三日。(146)甲戌　八月十五日。(147)戊寅　八月十九日。(148)南康王方泰　即陳方泰，陳南康愍王曇朗之子，襲父爵。傳見《陳書》卷十四、《南史》卷六十五。(149)秩滿　任官期滿。(150)驅錄　驅趕、逮捕。(151)人仗　人和兵杖。仗，通「杖」。(152)禁司　掌禁防奸詐為非作歹者。(153)削爵土　削掉封爵與土地。(154)壬午　八月二十三日。(155)乙卯　九月二十七日。(156)酆王貞　字乾雅，周明帝之子，封爵號酆王。傳見《周書》卷十三、《北史》卷五十八。酆，古地名，在今陝西戶縣東。(157)郕　古諸侯國名，故址在今山東寧陽。(158)薛舒　河東汾陰（今山西萬榮西南）人。薛憕之子。仕北周，官至禮部下大夫、儀同大將軍。傳附《北史》卷三十六〈薛憕傳〉。(159)壬戌　十月四日。(160)配醮　在大醮祭祀時配享。(161)天尊　道家對所奉神仙的尊稱。佛教亦稱佛為天尊。(162)南面坐　坐北面南，古代帝王傳統坐法。(163)縱觀　任意觀看。(164)甲戌　十月十六日。(165)辛卯　十一月初四日。(166)黃城　郡名，治所黃岡縣，在今湖北新洲。(167)廣陵　郡名，東魏僑置。治所宋安縣，在今河南息縣。(168)甲午　十一月初七日。(169)肥口　地名，即肥水入淮水之處，在今安徽壽縣北。(170)乙未　十一月初八日。(171)溫

湯　溫泉洗浴處。在今陝西臨潼驪山西北。[172]戊戌　十一月十一日。[173]上流　此當指淮水上流。[174]中領軍　武官名，掌禁衛。[175]左衛將軍　武官名，與右衛將軍同掌禁衛。[176]豐州　州名，治所侯官縣，在今福建福州。[177]陽平郡　郡名，治所安宜縣，在今江蘇寶應西南。[178]壬寅　十一月十五日。[179]癸卯　十一月十六日。[180]丙午　十一月十九日。[181]仁威將軍　將軍號，陳五威將軍之一，擬四品。[182]東關　城名，故址在今安徽無為北。[183]焦湖　湖名，又名漅湖，即今安徽巢湖。[184]武毅將軍　將軍號，梁置，雜號將軍之一，陳六品。[185]歷陽　郡名，治所歷陽縣，在今安徽和縣。[186]戊申　十一月二十一日。[187]辛亥　十一月二十四日。[188]霍州　州名，治所霍山縣，在今安徽霍山縣。[189]癸丑　十一月二十六日。[190]丁巳　十一月三十日。[191]永通萬國錢　北周貨幣名，以一當千（或作十），與五行大布錢、五銖錢三品並用。[192]戊午　十二月初一日。[193]甲子　十二月初七日。[194]外命婦　五命以上官之妻。因夫或子而得封號的婦女，都稱外命婦。[195]乞寒　古代雜戲名，又叫「乞寒胡」、「潑寒胡」。本康國之俗，鼓舞乞寒，以水交潑為樂，其戲傳入中國。[196]乙丑　十二月初八日。[197]北兗　州名，南朝齊僑置。治所淮陰縣，在今江蘇淮陰西南。[198]晉　州名，梁置豫州於同安郡，後改曰晉州，北齊改為江州，陳稱晉州。治所懷寧縣，在今安徽潛山縣。[199]盱眙　郡名，治所盱眙縣，在今江蘇盱眙東北。[200]山陽　郡名，治所山陽縣，在今江蘇淮安。[201]陽平　郡名，治所高平縣，在今江蘇盱眙西北。[202]馬頭　郡名，治所馬頭縣，在今安徽懷遠南淮河南岸馬頭城。[203]沛　郡名，治所蕭縣，在今安徽蕭縣西北。[204]北譙　郡名，梁僑置。治所全椒縣，在今安徽全椒。[205]南梁　郡名，治所睢陽縣，在今安徽壽縣。[206]譙　州名，治所渦陽縣，在今安徽蒙城縣。[207]北徐州　僑州名，治所鍾離縣，在今安徽鳳陽東北。[208]驛馬　驛站的馬，供載人或傳郵之用。[209]馹　古代驛傳，以車稱傳，即驛車；以馬稱馹，即驛馬。[210]方駕　並駕。[211]頓仆　跌倒。[212]癸酉　十二月十六日。[213]平北將軍　將軍號，東西南北四平將軍之一，陳擬三品。[214]沈恪　（西元五一〇—五八三年）字子恭，吳興武康（今浙江德清）人，歷仕梁、陳，官至擴軍將軍。傳見《陳書》卷十二、《南史》卷六十七。[215]電威將軍　將軍號，南朝梁置。陳沿置，擬七品。[216]柵口　地名，即柵江口。柵江入長江之口，故址在今安徽無為東南。[217]信州　州名，治所魚復縣，在今重慶市奉節東白帝。[218]白下　縣名，縣治白下城，在今江蘇南京北。[219]戊寅　十二月二十一日。[220]武　武州，州名，治所武陵縣，在今湖南常德。[221]己卯　十二月二十二日。[222]貞毅將軍　將軍號，南朝梁置。陳沿置，擬五品。[223]周法尚　（西元五五四—六一二年）字德邁，汝南安城（今河南原陽）人，歷仕陳、周與隋，官至雲州刺史，封歸義縣公。傳見《隋書》卷六十五、《北史》卷七十六。[224]不相能　不和睦。[225]定州　州名，治所麻城縣，在今湖北麻城市東北。[226]順州　州名，治所順義縣，在今湖北隨州北。[227]樊猛　字智武，南陽湖陽（今河南唐河湖陽鎮）人。仕陳，官至侍中、護軍將軍，封逍遙郡公。後降隋。傳見《陳書》卷三十一、《南史》卷六十七。㉘部曲督　部曲中的頭目。部曲，古代軍隊的編制單位。又，豪門的私人軍隊亦稱部曲。㉙韓朗　《隋書》卷六十五〈周法尚傳〉作「韓明」，《北史》作「韓朗」。其中必有一誤，未知孰是。㉚陽　假裝。㉛江曲　胡三省注云：「江水之曲。」不詳所在。從周法尚任順州（治今湖北隨州）來看，江曲當在今湖北武漢附近。

【校　記】①即　原作「輒」。據章鈺校，十二行本、乙十一行本、孔天胤本皆作「即」，今據改。②者　原作「官」。據章鈺校，十二行本、乙十一行本皆作「者」，今據改。按，《周書・顏之儀傳附樂運傳》、《北史・王軌傳附樂運傳》皆作「者」。③丙午　原無此二字。據章鈺校，十二行本、乙十一行本、孔天胤本皆有此二字，今據補。④接　原作「近」。據章鈺校，十二行本、乙十一行本、孔天胤本皆作「接」，張敦仁《通鑑刊本識誤》同，今據改。⑤於　原無此字。據章鈺校，十二行本、乙十一行本、孔天胤本皆有此字，今據補。⑥及　原無此字。據章鈺校，十二行本、乙十一行本、孔天胤本皆有此字，今據補。⑦辛亥　原無此二字。據章鈺校，十二行本、乙十一行本、孔天胤本皆有此二字，張敦仁《通鑑刊本識誤》同，今據補。按，《周書・宣帝紀》、《北史・宣帝紀》皆有此二字。⑧韋孝寬　原作「孝寬」。據章鈺校，十二行本、乙十一行本、孔天胤本皆有「韋」字，今據補。⑨開府　原無此二字。據章鈺校，十二行本、乙十一行本、孔天胤本皆有此二字，張敦仁《通鑑刊本識誤》同，今據補。

【語　譯】十一年（己亥　西元五七九年）

春，正月初一日癸巳，北周國主在露門接受百官朝拜，開始和群臣穿戴漢、魏時的衣冠。大赦天下，改年號為大成。設置四輔官；任命大冢宰越王宇文盛為大前疑，相州總管蜀公尉遲迥為大右弼，申公李穆為大左輔，大司馬隨公楊堅為大後承。

北周國主剛即位時，認為周高祖推行的《刑書要制》太苛重而廢除了，又多次發布大赦令。京兆郡丞樂運上疏，認為：「〈虞書〉中所說『眚災肆赦』，指的是沒有主觀動機而不幸因過失犯罪，應當寬恕赦免。〈呂刑〉上說：『犯五刑之罪證據不足的應予赦免』，指的是有懷疑的刑罪從輕改為罰罪，罰罪有懷疑的就赦免。認真地考查了經典，沒有不論罪輕罪重，全天下一律赦免的條文。皇上豈能多次施行非常的恩惠，以放縱奸詐之徒作惡呢？」周宣帝不予採納。不久，百姓就把犯法看得很輕，周宣帝自己又因奢侈淫亂有許多過失，討厭大臣規諫他，想用威嚴酷虐的刑法來威懾壓服臣民。於是另外制定《刑經聖制》，用刑更加嚴厲，並在正武殿設壇齋戒，進行祈禱儀式，祭告上天而後推行。密令自己身邊的人監視群臣，小有過失，就進行誅殺或流放。

又，居喪才滿一年，就恣意縱情於聲色歌舞，在殿前觀賞魚龍變化等成百種的新奇雜技，夜以繼日，不知休息。聚集很多美女充實後宮，增加爵位名號，多得沒法詳細記錄。遊玩宴飲，沉迷於酒色，有時一連十天也不出宮，群臣奏事的，都經太監轉奏。於是樂運拉了棺木到朝廷的議事堂，條陳周宣帝的八大過失：其一，以為「皇上近來凡事專斷，不讓宰輔參與共同商議。」其二，「搜索美女充實後宮，儀同以上官員的女兒不准及時出嫁，高官與百姓都十分怨恨。」其三，「皇上一入後宮，幾天不出宮，必須及時上奏的奏章，大多依賴宦官。」其四，「下詔減輕刑罰，不到半年，比原先制度更加嚴厲。」其五，「周高祖革除雕飾奢靡，提倡簡樸，周高祖崩殂不到一年，就馬上窮極奢侈華麗。」其六，「徵收老百姓的徭役賦稅，用來供養雜耍摔跤藝人。」其七，「給朝廷上奏寫錯了字要辦罪，堵塞了上書的途徑。」其八，「上天星象提出了警告，卻仍然不能徵詢為善之道，改行德政。」又說：「如果不革除這八件過失，臣將看到周朝的宗廟沒有犧牲祭祀了。」周宣帝大怒，打算殺死樂運。朝臣驚恐，沒有出來援救的。內史中大夫洛陽人元巖歎息說：「袁紹殺臧洪，有人願意一同受死，何況比干呢？如果樂運不免一死，我將陪他一同死。」於是到閤中求見，對宣帝說：「樂運不顧自己身死，想以此求得名譽。陛下不如慰勞一番打發他走，以此擴大陛下的器度。」周宣帝頗有所悟。第二天，召見樂運，對他說：「朕昨夜思考了你的奏本，你實在是一個忠臣。」賜給他飲食，然後放他出宮。

正月十一日癸卯，北周冊立皇子宇文闡為魯王。

正月十二日甲辰，北周國主東巡。十四日丙午，任命許公宇文善為大宗伯。二十六日戊午，北周國主到達洛陽；冊立魯王宇文闡為皇太子。

二月初二日癸亥，陳宣帝舉行親耕藉田典禮。

北周下詔，以洛陽為東京。徵調山東各地的士兵興建洛陽宮，平常有工役四萬人。遷移相州的六府到洛陽。

北周徐州總管王軌，聽到鄭譯掌權，自知陷於災禍，對親近的人說：「我過去在先帝朝，確實說過為了國家另立儲君的大計。今天的事，是絕然可知的。這個州控制淮南，鄰近強敵，我想要為個人考慮，易如反掌。但是忠義的節操，不能違背，何況我蒙受先帝厚恩，豈能因為得罪了繼位的君主，就馬上忘了先帝的恩德呢？只可留在這裡等死，希望千載之後，人們知道我的忠心而已！」

北周國主閒談時詢問鄭譯，說：「我腳上的杖擊傷疤，是誰弄的？」鄭譯回答說：「事情的起因是烏丸軌、宇文孝伯。」便講了王軌在宮中宴會時捋先帝鬍鬚的事。周宣帝派內史杜慶信到徐州就地處死王軌，元巖不肯在詔書上簽字。御正中大夫顏之儀極力諫阻，周宣帝不聽，元巖接著諫阻，脫下頭巾磕頭請求，三拜三進。周宣帝說：「你想偏袒烏丸軌嗎？」元巖說：「臣不是袒護王軌，只是擔心濫殺會失掉天下人心。」周宣帝大怒，讓宦官打元巖的耳光。王軌於是被處死，元巖也失官在家。遠近認識和不認識王軌的人，都為他流淚。顏之儀，是顏之推的弟弟。

北周國主宇文贇為太子時，上柱國尉遲運為太子宮正，多次進諫，不被採用。尉遲運又與王軌、宇文孝伯、宇文神舉都受到高祖的親近厚待，太子懷疑他們一同詆毀自己。等到王軌死後，尉遲運害怕了，私下對宇文孝伯說：「我們肯定避免不了禍患，怎麼辦呢？」宇文孝伯說：「如今堂上有老母，地下有周武帝，為臣為子，知道該怎麼做。況且作為人臣奉侍君主，本有為名節而死的義務，諫阻而君主聽不進去，面對死亡怎能逃避？您如果替自己考慮，應當離得遠遠的。」於是尉遲運請求外出任秦州總管。

有一天，周宣帝又藉口齊王宇文憲的事責備宇文孝伯說：「你知道齊王宇文憲謀反，為什麼不說？」宇文孝伯回答說：「臣知道齊王宇文憲忠於國家，被一群小人讒害，我說了一定不會被採用，所以不說話。何況先帝託付小臣，只是讓我輔導陛下。如今諫阻不被聽從，實在有負先帝的顧託。陛下如果拿這個作為罪名，臣死了也心甘情願。」周宣帝大為慚愧，低頭不語，命人帶他出去，賜他在家自盡。

當時宇文神舉擔任并州刺史，周宣帝派使者到州用毒酒把他殺害。尉遲運到了秦州，也因憂憤而死。

北周撤回了南討陳朝的各路軍隊。

突厥佗鉢可汗向北周請求和好，北周國主以趙王宇文招的女兒為千金公主，出嫁佗鉢可汗，並要求佗鉢可汗捉住高紹義送給周國，佗鉢可汗不聽從。

二月二十日辛巳，周宣帝傳位給太子宇文闡，大赦天下，改年號為大象，自稱天元皇帝，所居住的地方稱為「天臺」，所戴的皇冠，冕旒二十四串，車駕、服飾、旗鼓的數量都比以前的皇帝增加一倍。皇帝宇文闡居住的宮殿稱正陽宮，設置納言、御正、諸衛等官，都比照天臺。尊崇皇太后為天元皇太后。

天元皇帝傳位之後，驕縱奢侈更加厲害，專心於妄自尊大，無所顧忌，國家的禮儀典制，任情變更。每每對著臣下自稱為天，用樽、彝、珪、瓚等禮器作為日常飲食用具。命令到天臺見他的臣子，先要齋戒三天，潔身一天。既然自比天帝，就不想讓群臣與自己相同，常常在自己衣服上配有綬帶以及戴通天冠，冠上附有金蟬的裝飾物，他只要看到侍臣的帽子上有金蟬的裝飾物，王公大臣的衣服上配有綬帶，就叫他們去掉。不允許人們有「天」、「高」、「上」、「大」的稱呼，官名犯了禁，都要改名。改姓高的人姓「姜」，九族中稱「高祖」的，改稱「長祖」。又命令全國的車輛，一律用整塊的圓木做輪子。禁止全國婦女塗脂抹粉，因此，除了宮女以外，全都黃眉墨妝。

天元皇帝每次召見侍臣商議事情，只想營造宮室變改車服等事，未嘗談及政事。遊戲無常，出入沒有節制，儀仗侍衛，早晨出去，晚上回來，近侍之臣，都忍受不了這樣的勞苦奔波。自公卿以下的官員，經常遭到杖責。每次打人，都要到一百二十下為限，稱為「天杖」，後來又加到了二百四十下。宮女和在宮內任職的女官也一樣。皇后、貴妃、嬪嬙、御女，雖然被寵幸，也多在背上受杖責。於是朝廷內外恐怖，人人心裡不安穩，都想求得免禍，沒有一個有堅定的忠心盡職，大家重足而立，屏住呼吸不敢出大氣，以至於死。

二月二十七日戊子，北周任命越王宇文盛為太保，尉遲迥為大前疑，代王宇文達為大右弼。

二月三十日辛卯，遷移鄴城的石經到洛陽。下詔說：「河陽、幽州、相州、豫州、亳州、青州、徐州等七總管，都要接受東京六府的處置管理。」

三月二十九日庚申，天元皇帝返回長安，排列盛大的軍人隊伍。天元皇帝親自穿戴鎧甲頭盔，從長安的青門進城，周靜帝自備車駕隨從。

夏，四月初一日壬戌，冊立皇妃朱氏為天元帝后。天元帝后是吳郡人，原本出身寒微，生了靜帝宇文闡，年長天元皇帝十多歲。因卑微疏遠不受寵愛，由於靜帝的原因，特別賜給尊號。

乙巳日，北周國主宇文闡祭祀太廟。四月二十二日壬午，在正武殿舉行禱告神靈除災的典禮。

五月二十一日辛亥，北周以襄國郡為趙國，濟南郡為陳國，武當、安富兩郡為越國，上黨郡為代國，新野郡為滕國，邑各萬戶，命令趙王宇文招、陳王宇文純、越王宇文盛、代王宇文達、滕王宇文逌都回各自的封國。

隨公楊堅私下對大將軍汝南公宇文慶說：「天元皇帝實在沒有積下美德。看他的相貌，壽命也不長。另外，各個藩王勢力很小，讓他們各自回到封國，竟然沒有深根固本的計畫。羽翼剪除後，國家怎能長久呢？」宇文慶，是宇文神舉的弟弟。

突厥侵擾北周的并州。六月，北周徵發山東各郡的百姓修築長城。

秋，七月初一日庚寅，北周任命楊堅為大前疑，柱國司馬消難為大後承。○初二日辛卯，陳朝開始使用大的貨幣六銖錢。○初七日丙申，北周靜帝納司馬消難之女為正陽宮皇后。

七月二十日己酉，北周尊崇天元帝后李氏為天皇太后。二十三日壬子，改天元皇后朱氏為天皇后，冊立貴妃元氏為天右皇后，陳氏為天左皇后，共四個皇后。元氏，是開府儀同大將軍元晟的女兒。陳氏，是大將軍陳山提的女兒。

八月初一日庚申，天元皇帝前往同州。

八月初八日丁卯，陳宣帝在大壯觀檢閱軍隊。命令都督任忠率領步兵、騎兵十萬列陣於玄武湖，都督陳景率領樓船五百艘出瓜步江，然後整軍而回。

八月十三日壬申，北周天元皇帝返回長安。十五日甲戌，任命陳山提、元晟兩人同為上柱國。

八月十九日戊寅，陳宣帝回宮。

豫章內史南康王陳方泰在郡任職期滿，放火焚燒民居，趁火大肆搶劫，抓捕富人，勒索錢財。陳宣帝閱兵，陳方泰應當隨從，他上奏說母親有病不能前往，卻穿了便服到民間去姦淫別人的妻子，被州官抓獲。他又率領徒眾手持兵器拒捕，打傷執法人員，被主管部門彈劾上奏。陳宣帝大怒，把陳方泰打入大牢，免去官職，削除爵位和封邑，沒多久就恢復原來的官爵。

八月二十三日壬午，北周任命上柱國畢王宇文賢為太師，郇公韓業為大左輔。九月二十七日乙卯，任命酆王宇文貞為大冢宰。任命鄖公韋孝寬為行軍元帥，率領行軍總管杞公宇文亮、郕公梁士彥入侵陳朝淮南。還派遣御正杜杲、禮部薛舒出使陳朝。

冬，十月初四日壬戌，北周天元皇帝巡幸道會苑，舉行禱告消災的祭祀，以北周高祖為配享。開始恢復佛祖像和道教天尊像。天元皇帝與佛祖像、天尊像一同南面而坐，大規模演奏雜戲，讓長安的士民任意觀賞。

十月十六日甲戌，陳宣帝任命尚書僕射陸繕為尚書左僕射。

十一月初四日辛卯，陳朝大赦天下。

北周韋孝寬分派杞公宇文亮從安陸攻打黃城，梁士彥攻打廣陵。十一月初七日甲午，梁士彥到達肥口。

十一月初八日乙未，北周天元皇帝前往驪山溫泉。〇十一日戊戌，北周進兵圍攻壽陽。〇北周天元皇帝前往同州。

陳宣帝下詔，開府儀同三司、南兗州刺史淳于量為上游水軍都督，中領軍樊毅都督北討諸軍事，左衛將軍任忠都督北討前鋒軍事，前豐州刺史皐文奏率領步騎兵三千名趕赴陽平郡。

十一月十五日壬寅，北周天元皇帝返回長安。

十一月十六日癸卯，陳朝任忠率領步騎七千趕赴秦郡。十九日丙午，仁威將軍魯廣達率領軍隊進入淮河。這一天，樊毅率領水軍二萬從東關進入焦湖，武毅將軍蕭摩訶率領步騎趕赴歷陽。二十一日戊申，韋孝寬攻佔了壽陽，杞公宇文亮攻佔了黃城，梁士彥攻佔了廣陵，二十四日辛亥，周軍又奪取了霍州。二十六日癸丑，陳朝任命揚州刺史始興王陳叔陵為大都督，統率水步各軍。

十一月三十日丁巳，北周鑄造永通萬國錢，以一當千，與五行大布錢一起流通。

十二月初一日戊午，北周天元皇帝因災異多次出現，撤去儀仗和護衛，到天興宮齋戒。百官上表，勸天元皇帝恢復正常起居飲食。初七日甲子，天元皇帝返回正宮，在正武殿召集百官和宮人、外命婦，盛陳優伶樂舞，首次表演西域胡人的乞寒戲。

十二月初八日乙丑，南兗州、北兗州、晉州等三州，以及盱眙、山陽、陽平、馬頭、秦、歷陽、沛、北譙、南梁等九郡的百姓自發地從江北撤回江南。北周又攻佔了譙州、北徐州。從此，江北之地全部淪沒於北周。

北周天元皇帝前往洛陽，親自駕御驛馬，一天行三百里，四皇后和文武侍衛幾百人也都乘驛馬隨從。還命令四皇后並駕齊驅，有時有了先後，就要遭到斥責，人馬困頓跌倒，沿路到處都是。

十二月十六日癸酉，陳宣帝派平北將軍沈恪、電威將軍裴子烈鎮守南徐州，開遠將軍徐道奴鎮守柵口，前信州刺史楊寶安鎮守白下。二十一日戊寅，陳宣帝任命中領軍樊毅都督荊州、郢州、巴州、武州等四州的水陸諸軍事。

十二月二十二日己卯，北周天元皇帝返回長安。

陳朝貞毅將軍汝南人周法尚與長沙王陳叔堅不和睦，陳叔堅在陳宣帝面前說周法尚的壞話，說他想謀反。陳宣帝便逮捕周法尚的兄長定州刺史周法僧，派兵準備攻打周法尚。周法尚投奔北周，北周天元皇帝任用為開府儀同大將軍、順州刺史。陳宣帝派將軍樊猛渡江攻打周法尚。周法尚派部曲督韓朗向樊猛假投降，說：「周法尚所部的兵眾都不願投降北周，人人都在背後議論，想背叛周法尚回來。如果有軍隊去接應，他們就在陣前倒戈。」樊猛信以為真，領兵緊急前進。周法尚假裝害怕，退守江曲，交戰時假裝敗逃，埋伏軍隊截擊樊猛軍，樊猛隻身逃脫，死亡的有將近八千人。

【研 析】本卷記西元五七七—五七九三年史事，主要內容為周武帝滅齊之後的處置、周武帝子宣帝宇文贇繼任後北周政亂。下面就其中問題加以梳理。

東魏北齊都城在鄴，晉陽則為軍事重鎮，晉陽被攻克，北齊軍事上基本瓦解，再也無力組織有效的抵抗，以至於從鄴城而來偵察周軍動向的軍人，「遙見羣烏飛起，謂是西軍旗幟，即馳還，比至紫陌橋，不敢回顧。」鄴城被圍，不到一日便被攻下，高緯在逃跑中被俘獲，北齊滅亡。北周實現北方統一，獲得三百多萬戶，據記載，原北周境內不過六十萬戶。北周以弱勝強，是宇文泰以來關隴統治集團不斷努力的結果，而如何正確對待這一勝利，對周武帝的心態以及所推行的政策措施，都是一種考量。

北周滅齊過程中，「周師入齊境，禁伐樹踐稼，犯者皆斬」，見於上卷。周武帝入鄴城，首先作的一件事是親自拜訪大儒、博通《五經》的齊國子博士熊安生，「不聽拜，親執其手，引與同坐，賞賜甚厚，給安車駟馬以自隨。」同時派人慰問齊中書侍郎、北齊境內文壇領袖李德林，表示「平齊之利，唯在於爾」；不久又任以為內史上士，委以選拔北齊舊境人才的重任。武帝公開處死齊將莫多婁敬顯，責以「死罪三」：不孝、不忠、不信，又給北齊時因政治迫害致死的斛律光、崔季舒等人平反，予以褒獎、改葬。這些都旨在彰顯自己「弔民伐罪」的形象，以及以德服人、文以治國的意圖。戰爭不再如十六國北朝以來那樣，以人口、土地、財物為爭奪目的，而是為了行王道、施仁政，實現道合風同的天下一統，周武帝滅齊後的相關處置，預示數百年的分裂動盪過程行將結束。

滅齊之後，北周雖將原北齊并州四萬戶軍民遷至關中，防止北齊殘餘勢力藉以生事，但並沒有按照十六國北朝以來敵國作戰的一貫做法，將戰俘甚至擄獲平民以為奴婢，或驅使共服賤役，反而下令放免北齊境內身分低賤的雜戶，同時還將北周歷次戰爭中擄掠的奴婢予以放免。滅齊後頒布的簡明扼要的法律文本《刑書要制》，其中規定：「羣盜贓一匹，及正、長隱五丁若地頃以上，皆死。」這當然是針對新統治地區北齊而頒布的，以強烈的手段，清除北齊境內原貴族豪門蔭庇依附人口、廣佔土地而脫逃賦役的弊端，本意並非是在新統治地區實施嚴刑峻法。高緯、穆提婆等原北齊皇帝及其族人，以「謀反」罪被誅殺，考慮到北齊殘餘勢力在突厥支持下的騷擾行為，這也是不得不進行的處置。

周武帝「性節儉，常服布袍，寢布被」。難能可貴的是，取得消滅北齊這一偉大勝利之後，仍能保持一貫的作風，「勝而愈儉」，撤毀原齊朝修築的東山、南園、三臺等豪華建築，「瓦木諸物，可用者悉以賜民。山園之田，各還其主」。後來又因長安城中的一些殿宇過於奢華，下令「悉可毀撤。彫斲之物，並賜貧民。繕造之宜，務從卑朴」。不僅率先垂範，還以法令的形式禁止整個社會追求奢侈：「庶人已上，唯聽衣綢、綿綢、絲布、圓綾、紗、絹、綃、葛、布等九種，餘悉禁之。朝祭之服，不拘此制。」當有人獻九尾狐骨，以示聖君在位，天降祥瑞時，周武帝拒絕這種拍馬屁的行為，下令加以焚毀，表示：「瑞應之來，必彰有德。若五品時敘，四海和平，乃能致此。今無其時，恐非實錄」。臥薪嘗膽以奪勝利不難，大勝之後仍能保持清醒的頭腦，戒驕戒躁，夕惕自處，實難。

滅齊之後，北周還面臨兩場戰爭。其一是陳朝「上聞周人滅齊，欲爭徐、兗」，試圖全據淮河流域，這應該是當初兩國「合縱圖齊」時達成的約定。滅齊之後的北周政權，自然不可能再執行這一約定，在北周軍隊反擊下，吳明徹率領的陳朝「北伐」大軍全軍覆沒，主帥被俘，一二年間，「江北之地盡沒于周」。另一場針對突厥的決戰，因行軍途中周武帝病重戛然中止，突厥問題不解決，便不大可能舉軍滅陳，華夏文明就難以實現真正的復興。周武帝英年早逝，雄圖大業留待後人，只是這位後人並非周武帝的兒子，而是取宇文氏政權而代之的隋文帝楊堅。

周武帝宇文邕卒年三十六歲，二十歲的太子宇文贇繼位。北朝時，皇帝年少得子並不少見，十二三歲而有子也多有其人。從周武帝曾令百姓男子十五、女子十三必須嫁娶看，年少有子，並非草原少數民族的習俗，而是時代風氣使然。

宇文贇為太子時，即以惡行表明他並不勝任國家繼承人的職責，亦有直臣向武帝進言，忠臣王軌甚至在宴會之時，「捋帝須」稱：「可愛好老公，但恨後嗣弱耳。」雖然武帝深知太子「非社稷主」，有過失「輒加捶撻」，並曾對宇文贇說：「古來太子被廢者幾人？餘兒豈不堪立邪？」但周武帝第二子漢王宇文贊「又不才」，

「餘子皆幼，故得不廢。」這些史實見於《通鑑》上卷。《周書》史臣評論周武帝「雄圖遠略，足方駕於前王」，而宣帝宇文贇則「善無小而必棄，惡無大而弗為。窮南山之簡，未足書其過。盡東觀之筆，不能記其罪。」這是武帝的悲劇。專制政體下官員以才德而選，政治領袖卻以嫡長子繼承為原則，此種悲劇也就代代難免。

本卷所記宣帝當上皇帝後的惡行，主要是濫殺無辜、耽於享樂、妄改制度等幾個方面。他即位當月，周武帝最為信重的弟弟齊王宇文憲便因為聲望太高而被處死，當初曾對周武帝彙報太子劣行的王軌、宇文孝伯、宇文神舉等人也相繼被殺。他「游戲無常，出入不節，羽儀仗衛，晨出夜還」；「魚龍百戲，常陳殿前，累日繼夜，不知休息。」自稱天皇，立五皇后，自「高」自「大」，甚至官名中有「高」、「大」之字者，一律改名，姓高者改姓姜，高祖改稱長祖。在史臣看來，其壽不長，真乃國家之幸。

不過，周宣帝在位一年多時間中，確曾做過一些事情。周軍將陳朝軍隊趕至江南，是在他統治時期完成的；與突厥的外交談判雖然艱難，仍在努力；以洛陽為「東都」，作為統治原北齊地區的中心，所建宮殿雖未承武帝節儉之志，但修建東都一事不僅是對先秦傳統的繼承，而且開隋唐兩京制的先河；他即位的次年正月，「始與羣臣服漢、魏衣冠」，至少在廟堂之上拋棄了此前朝廷習慣的源自草原的皮袍、尖頂帽，為隋初全面承襲漢魏傳統的先聲；他將佛像、天尊像與自己的畫像掛於一處，「俱南面坐」，實際上認可了佛、道二教的合法性，也為隋文帝全面廢除周武帝廢佛禁令作了準備。如此種種，均不得視作為惡之舉。

與其父周武帝相比較而言，生命短暫如斯的周宣帝確實不是一個好皇帝，但似乎也算不上是大惡之人。樂運抬著棺材到朝堂上當眾指責他犯有「八失」，他初雖大怒，終究聽人勸說，隔日召見，「賜御食」，且稱「朕昨夜思卿所奏，實為忠臣。」為善之心仍存。《周書》指責他的罪惡罄竹難書，看來隋代修史之時，需要為楊氏取代宇文氏的正當性曲加辯護，不免言過其實。

卷第一百七十四

陳紀八 上章困敦（庚子 西元五八〇年），一年。

【題解】本卷記述西元五八〇年南北朝一年史事，當陳宣帝太建十二年，北周靜帝大象元年。本卷集中載述北周一年間發生的政局大變動，周宣帝英年辭世，嗣君周靜帝孤弱，大行皇帝還未下葬，外戚權臣楊堅就輕而易舉地發動了宮廷政變，奪取了輔孤大權，隨後又迅速地平定了尉遲迥等人的護周叛亂，奠定了禪代的基礎。

高宗宣皇帝下之上

太建十二年（庚子 西元五八〇年）

春，正月癸巳❶，周天元祠太廟❷。

戊戌❸，以左衛將軍任忠為南豫州刺史，督緣江軍防事。

乙卯❹，周稅入市❺者人一錢。

二月丁巳❻，周天元幸露門學❼，釋奠❽。○戊午❾，突厥入貢于周，且迎千金公主。

乙丑❿，周天元改制為天制⓫，敕⓬為天敕。壬午⓭，尊天元皇太后為天元上皇太后，天皇太后為天元聖皇太后。癸未⓮，詔楊后與三后⓯皆稱太皇后，司馬后⓰直稱皇后。

行軍總管杞公亮，天元之從祖兄⓱也。其子西陽公溫妻尉遲氏，蜀公迥之孫，有美色，以宗婦⓲入朝，天元飲之酒⓳，逼而淫之。亮聞之，懼。三月，軍還⓴，至豫州，密謀襲韋孝寬，并其眾，推諸父㉑為主，鼓行而西。亮國官㉒茹寬㉓知其謀，先告孝寬，孝寬潛設備。亮夜將數百騎襲孝寬營，不克而走。戊子㉔，孝寬追斬之，溫亦坐誅。天元即召其妻入宮，拜長貴妃。辛卯㉕，立亮弟永昌公椿㉖為杞公。

周天元如同州，增候正㉗、前驅、式道㉘[1]為三百六十重，自應門㉙至於赤岸澤㉚，數十里間，幡旗相蔽，音樂俱作。又令虎賁㉛持鈒㉜馬上，稱警蹕㉝。乙未㉞，改同州宮為成天宮。庚子㉟，還長安。詔天臺侍衛之官，皆著㊱五色及紅、紫、綠衣，以雜色為緣，名曰「品色衣」，有大事，與公服㊲間服之。壬寅㊳，詔內外命婦㊴皆執笏，其拜宗廟及天臺，皆俛伏如男子。天元將立五皇后，以問小宗伯狄道辛彥之㊵。對曰：「皇后與天子敵體㊶，不宜有五。」太學博士㊷西城何妥㊸曰：「昔帝嚳㊹四妃，虞舜二妃。先代之數，何常之有？」帝大悅，免彥之官。甲辰㊺，詔曰：「坤儀㊻比德，土數惟五㊼，四太皇后外，可增置天中太皇后一人。」於是以陳氏㊽為天中太皇后，尉遲妃㊾為天左太皇后。又造下帳㊿五，使五后[2]各居其一，實宗廟祭器於前，自讀祝版(51)而祭之。又以五輅(52)載婦人，自帥左右步從。又好倒懸雞及碎瓦於車上，觀其號呼以為樂。

夏，四月癸亥(53)，尚書左僕射陸繕卒。己巳(54)，周天元祠太廟。己卯(55)，大雩(56)。壬午(57)，幸仲山(58)祈雨。甲申(59)，還宮，令京城士女於衢巷(60)作樂迎候。

五月癸巳(61)，以尚書右僕射晉安王伯恭為僕射。

周楊后性柔婉(62)，不妬忌(63)，四皇后及嬪、御等，咸愛而仰之(64)。天元昏暴滋甚，喜怒乖度(65)，嘗譴后，欲加之罪。后進止詳閑(66)，辭色不撓(67)，天元大怒，遂賜后死，逼令引訣(68)。后母獨孤氏詣閤陳謝(69)，叩頭流血，然後得免。

后父前大[3]疑(70)堅，位望隆重(71)，天元忌之，嘗因忿謂后曰：「必族滅爾(72)家！」因召堅，謂左右曰：「色動(73)，即殺之。」堅至，神色自若(74)，乃止。內史上大夫鄭譯，與堅少同學，奇堅相表(75)，傾心相結。堅既為帝所忌，情不自安，嘗在永巷(76)，私(77)於譯曰：「久願出藩(78)，公所悉也，願少留意。」譯曰：「以公德望，天下歸心，欲求多福，豈敢忘也？謹即言之。」

天元將遣譯入寇(79)，譯請元帥。天元曰：「卿意如何？」對曰：「若定江東(80)，自非懿戚(81)重臣，無以鎮撫，可令隨公(82)行，且為壽陽總管以督軍事。」天元從之。己丑(83)，以堅為揚州(84)總管，使譯發兵會壽陽。將行，會堅暴(85)有足疾，不果行。

甲午(86)夜，天元備法駕，幸天興宮，乙未(87)，不豫而還。小御正博陵劉昉(88)，素以狡諂得幸於天元，與御正中大夫顏之儀並見親信。天元召昉、之儀入臥內，欲屬以後事，天元瘖(89)，不復能言。昉見靜帝幼沖(90)，以楊堅后父，有重名，遂與領內史鄭譯、御飾大夫(91)柳裘(92)、內史大夫杜陵韋謩(93)、御正下士朝那皇甫績(94)謀引堅輔政，堅固辭，不敢當。昉曰：「公若為，速為之；不為，昉自為也。」堅乃從之，稱受詔居中(95)侍疾。裘，惔之孫也。

是日，帝殂，祕不發喪。昉、譯矯詔[96]以堅總知中外兵馬事。顏之儀知非帝旨，拒而不從。昉等草詔署訖[97]，逼之儀連署[98]，之儀厲聲曰：「主上升遐[99]，嗣子沖幼，阿衡[100]之任，宜在宗英[101]。方今趙王最長，以親以德，合膺[102]重寄。公等備受朝恩，當思盡忠報國，柰何一旦欲以神器假人[103]？之儀有死而已，不能誣罔[104]先帝。」昉等知不可屈，乃代之儀署而行之。諸衛[105]既受敕，並受堅節度。

堅恐諸王在外生變，以千金公主將適[106]突厥為辭，徵趙、陳、越、代、滕五王入朝。堅索符璽[107]，顏之儀正色[108]曰：「此天子之物，自有主者，宰相何故索之？」堅大怒，命引出，將殺之，以其民望，出為西邊[109]郡守。

丁未[110]，發喪。靜帝入居天臺，罷正陽宮。大赦，停洛陽宮作[111]。庚戌[112]，尊阿史那太后為太皇太后，李太后為太帝太后[113]，楊后為皇太后，朱后為帝太后，其陳后、元后、尉遲后並為尼。以漢王贊為上柱國、右大丞相，尊以虛名，實無所綜理[114]。以楊堅為假[115]黃鉞[116]、左大丞相，秦王贄為上柱國。百官總己以聽於左丞相[117]。

堅初受顧命[118]，使邗國公楊惠[119]謂御正下大夫李德林曰：「朝廷賜令總文武事，經國[120]任重。今欲與公共事，必不得辭。」德林曰：「願以死奉公。」堅大喜。始，劉昉、鄭譯議以堅為大冢宰[121]，譯自攝大司馬，昉又求小冢宰。堅私問德林曰：「欲何以見處[122]？」德林曰：「宜作大丞相、假黃鉞、都督中外諸軍事，不爾，無以壓[123]眾心。」及發喪，即依此行之。以正陽宮為丞相府。

時眾情未壹[124]，堅引司武上士[125]盧賁[126]置左右。將之東宮[127]，百官皆不知所從。堅潛令賁部伍仗衛[128]，因召公卿，謂曰：「欲求富貴者宜相隨。」往往偶語，欲有去就[129]，賁嚴兵而至，眾莫敢動。出崇陽門[130]，至東宮，門者拒不納，賁諭之，不去，瞋目[131]叱之，門者遂卻，堅入。賁遂典[132]丞相府宿衛。賁，辯之弟子也。以鄭譯為丞相府長史[133]，劉昉為司馬，李德林為府屬[134]，二人由是怨德林。

內史下大夫勃海高熲[135]明敏有器局[136]，習兵事，多計略，堅欲引之入府，遣楊惠諭意。熲承旨，欣然曰：「願受驅馳[137]。縱令公事不成，熲亦不辭滅族。」乃以為相府司錄[138]。

時漢王贊居禁中[139]，每與靜帝同帳而坐。劉昉飾美妓進贊，贊甚悅之。昉因說[140]贊曰：「大王，先帝[141]之弟，時望所歸。孺子[142]幼沖，豈堪大事？今先帝初崩，羣[4]情尚擾[143]。王且歸第，待事寧後，入為天子，此萬全計也。」贊年少，性識[144]庸下[145]，以為信然[146]，遂從之。

堅革宣帝苛酷之政，更為寬大，刪略舊律，作刑書要制[147]，奏而行之。躬履[148]節儉，中外悅之。

堅夜召太史中大夫[149]庾季才[150]，問曰：「吾以庸虛[151]，受茲顧命。天時人事，卿以為何如？」季才曰：「天道[152]精微，難可意察。竊以人事卜之，符兆[153]已定。季才縱言不可，公豈復得為箕、潁之事[154]乎？」堅默然久之，曰：「誠如君言。」獨孤夫人[155]亦謂堅曰：「大事已然，騎虎之勢[156]，必不得下，勉之！」

堅以相州總管尉遲迥位望素重，恐有異圖，使迥子魏安公惇[157]奉詔書召之會葬。壬子[158]，以上柱國韋孝寬為相州總管，又以小司徒[159]叱列長叉[160]為相州刺史，先令赴鄴，孝寬續進。

陳王純時鎮齊州，堅使門正上士[161]崔彭[162]徵之。彭以兩騎往止傳舍[163]，遣人召純。純至，彭請屏[164]左右，密有所道[165]，遂執而鎖之，因大言[166]曰：「陳王有罪，詔徵入朝，左右不得輒動[167]！」其從者愕然[168]而去。彭，楷之孫也。

六月，五王皆至長安。

庚申[169]，周復行佛、道二教，舊沙門、道士精志[170]者，簡[171]令入道。

【章　旨】以上為第一段，寫北周宣帝宇文贇生活荒誕，壽命不永；又果於殺戮，朝野離心，他死後，權臣楊堅輕而易舉發動了宮廷政變。

【注　釋】❶癸巳　正月初七日。❷周天元祠太廟　史言周宣帝雖傳位其子，自己仍主祭祀。❸戊戌　正月十二日。❹乙卯　正月二十九日。❺市　市場。❻丁巳　二月初一日。❼露門學　古學校名，以在京師露門（外朝門）左右塾而得名。周武帝立露門學，置生七十二人。❽釋奠　古代仲春（二月）、仲秋（八月）上丁日設薦饌以祭祀先聖、先師。❾戊午　二月初二日。❿乙丑　二月初九日。⓫制　皇帝詔令之一。大賞罰、大除授、赦宥、慮囚、慰勞用制。⓬敕　皇帝詔令之一。廢置州縣、增減官吏、除免官爵、實行百官奏請皆用敕。⓭壬午　二月二十六日。⓮癸未　二月二十七日。⓯三后　指朱后、元后與陳后。⓰司馬后　即靜帝皇后。⓱從祖兄　同曾祖而不同祖父的兄弟。⓲宗婦　同姓大夫之妻。⓳飲之酒　給西陽公宇文溫妻酒喝。⓴軍還　此前杞公亮隨韋孝寬攻略淮南，現撤軍。㉑諸父　對同宗族伯叔輩的通稱。此指趙王宇文招兄弟。㉒國官　諸國公各有國官。此謂杞公國之官吏。㉓茹寬　人名。茹，姓氏。北朝柔然族有普六茹氏，魏孝文帝時改姓為茹氏。㉔戊子　三月初三日。㉕辛卯　三月初六日。㉖永昌公椿　即宇文椿（？—西元五八一年），官至大司農。傳見《周書》卷十、《北史》卷五十七。㉗候正　官名，負責警衛候望。㉘式道　官名，掌皇帝車駕出行時在前清道。㉙應門　王宮五門之一。古傳天子有五門，自內而外，為路門、應門、皋門、雉門、庫門。㉚赤岸澤　地名，在長安北、同州南。即今陝西華縣境內。㉛虎賁　勇猛之士。㉜鈒　兵器名，短小的矛。㉝警蹕　古代帝王出入稱警蹕。左右侍衛為警，止人清道為蹕。㉞乙未　三月初十日。㉟庚子　三月十五日。㊱著　「着」的本字。穿著。㊲公服　北周之制：諸命秩（即品級）之服稱公服，其餘常服稱私服。㊳壬寅　三月十七日。㊴內外命婦　指內命婦和外命婦。內命婦如皇帝的妃、嬪、世婦、女御等。外命婦則指五品以上官之妻。㊵辛彥之　（？—西元五九一年）隴西狄道（今甘肅臨洮）人。歷仕周、隋，官至禮部尚書，封任城郡公。著有《墳典》、《六官》、《禮要》、《五經異同》等書。傳見《隋書》卷七十五、《北史》卷八十二。㊶敵體　指地位相等，無上下尊卑之分。㊷太學博士　官名，在太學中教授經學。㊸何妥　字棲鳳，西城（今陝西安康）人，歷仕後梁、周、隋，官至龍州刺史。著《周易講疏》十三卷等書。傳見《隋書》卷七十五、《北史》卷八十二。㊹帝嚳　與下句虞舜，均為傳說中的上古帝王。㊺甲辰　三月十九日。㊻坤儀　大地。古以《易經》乾卦象徵天、天子，坤卦象徵地、后妃。㊼土數惟五　大地上的五種物質元素水、火、木、金、土，土排第五。㊽陳氏　陳山提之女。㊾尉遲妃　即宇文溫妻。㊿下帳　山陵中便房所用。此所說下帳，指周天元所居為上帳，五皇后所居為下帳。[51]祝版　古代祭祀用以書寫祝文之板。[52]五輅　古代帝王使用的五種車子，謂玄輅、夏篆、夏縵、墨車、輚車。[53]癸亥　四月八日。[54]己巳　四月十四日。[55]己卯　四月二十四日。[56]大雩　求雨的祭名。[57]壬午　四月二十七日。[58]仲山　山名，即九嵕山之東仲山。在今陝西禮泉北。[59]甲申　四月二十九日。[60]衢巷　大街小巷。衢，四通八達的道路。[61]癸巳　五月初九日。[62]柔婉　溫柔而和順。[63]妬忌　同「妒嫉」。見人有善而忌恨。[64]仰之　敬仰她。[65]乖度　失常。[66]詳閑　安詳閒靜。[67]不撓　不曲。[68]引訣　謂自裁，自殺。訣，也作「決」。別。[69]陳謝　上言謝罪。[70]前大疑　據《周書·宣帝紀》，其設四輔官分別為「大前疑」、「大右弼」、「大左輔」、「大後丞」，此處當作「大前疑」，《通鑑》誤。[71]隆重　貴盛。[72]爾　你。[73]色動　臉色變化。[74]自若　若無其事的樣子。[75]相表　相貌。[76]永巷　宮中長巷。[77]私　私下。因身侍奉周，不敢公開談論，故曰私。[78]出藩　謂出任外藩，到地方任職。[79]入寇　即攻略江南陳朝。[80]江東　自漢至隋、唐，習稱自安徽蕪湖以下的長江下游地區為江東。陳朝位於此，故江東指陳朝。[81]懿戚　皇帝的親族與外戚。[82]隨公　指楊堅。楊堅襲父爵隨國公。[83]己丑　五月五日。己丑當在癸巳（五月九日）前，干支錯亂。[84]揚州　此為北周所僑置。治所壽陽縣，在今安徽壽縣。[85]暴　突然。[86]甲午　五月初十日。[87]乙未　五月十一日。[88]劉昉　博陵望都（今河北望都）人，歷仕周、隋，官至上大將軍，封黃國公。傳見《隋書》卷三十八、《北史》卷七十四。[89]瘖　啞。[90]幼沖　幼小。[91]御飾大夫　官名，北周置御飾大夫，掌御飾。[92]柳裘　字茂和，河東解（今山西運城市）人，歷仕周、隋，官至內史大夫。傳見《隋書》卷三十八、《北史》卷七十四。[93]韋謩　京兆（今陝西長安）人。仕北周，為內史大夫。隋開皇初，卒於蒲州刺史。傳見《隋書》卷三十八、《北史》卷六十四。[94]皇甫績　（？—西元五九二年）字功名，安定朝那（今甘肅西涼）人。歷仕周、隋，官至都官尚書。傳見《隋書》卷三十八、《北史》卷七十四。[95]中　禁中。[96]矯詔　詐稱皇帝之詔書。[97]署詑　在詔書上簽完名。[98]連署　謂聯名簽字。[99]升遐　升天。古代謂帝王之死為升遐。[100]阿衡　商相伊尹輔太甲，稱阿衡。引申為輔導帝王、主持國政。阿，依。衡，平。[101]宗英　謂宗室中才能過人者。英，才能過人。[102]合膺　合當；應該。膺，當。[103]以神器假人　把皇位送給人。神器，帝位。假人，給人。假，授；給。[104]誣罔　以不實之辭欺騙人。誣，欺騙。罔，迷惑。[105]諸衛　各侍衛官。周自左、右宮伯，至左、右羽林、游擊，皆諸衛官。[106]適　女子出嫁。[107]符璽　符，謂兵符。璽，謂天子六璽。[108]正色　表情端莊嚴肅。[109]西邊　《周書》卷四十〈顏之儀傳〉作「西疆」，《北史》本傳同。據此，「邊」應作「疆」。西疆，郡名，治所合川縣，在今甘肅迭部西。[110]丁未　五月二十三日。[111]作　修建；營造。[112]庚戌　五月二十六日。[113]太帝太后　皇帝祖母。猶言太皇太后。[114]綜理　總攬。[115]假　給予。[116]黃鉞　以黃金為飾之鉞，天子所用。後世遂作為帝王儀仗。有時也給予重臣，以示威重。鉞，古兵器，其狀如斧。117百官總己以聽於左丞相　百官各盡其職，聽命於左（大）丞相。總己，各統己職。聽，聽命；接受指揮。118顧命　帝王臨終之命。顧命始於西周成王。119楊惠　即楊雄（西元五四二—六一二年），初名惠，後改為雄，隋高祖族子。歷仕周、隋，官至右衛大將軍，參與朝政，封觀王。傳見《隋書》卷四十三、《北史》卷六十八。120經國　治理國家。121大冢宰　周官名，六官之長，掌邦治，以建邦之六典，佐皇帝治邦國。122何以見處　怎樣安排我的職位。123壓　以權威或暴力使人屈服。124眾情未壹　此指周之朝臣未盡歸心於楊堅。壹，統一。125司武上士　官名，司馬的別稱，專管兵事。126盧賁　字子徵，涿郡范陽（今河北涿州）人，歷仕周、隋，官至太常卿。傳見《隋書》卷三十八、《北史》卷三十。127東宮　即正陽宮。正陽宮本東宮所改名。128仗衛　執杖而宿衛之兵。129欲有去就　眾官猶豫，或去或留。130崇陽門　周宮城之東門。131瞋目　怒目相視。132典　掌管。133丞相府長史　官名，掌相府政務。134府屬　丞相府幕僚。135高熲（？—西元六〇七年）名敏，字昭玄，渤海蓨（今河北景縣）人，歷仕周、隋，官至尚書左僕射，入隋掌朝政二十多年。傳見《隋書》卷四十一、《北史》卷七十二。136器局　才識及度量。137驅馳　驅逐奔馳。引申為盡力效命之意。138司錄　官名，相府屬僚，總錄一府之事。139禁中　皇帝宮中稱禁中，言門戶有禁，非侍衛及通籍之臣，不得入內。140因說　乘機勸說。141先帝　指周宣帝。142孺子　謂靜帝。143擾　混亂。144性識　思想見識。145庸下　平庸低下。146信然　誠然；確實如此。147刑書要制　刑法名，原為周武帝所制，周宣帝即位後廢，所制《刑經聖制》，比前制更嚴。楊堅輔政復用前制。148躬履　親自踐行。149太史中大夫　官名，屬春官，掌天文曆法。150庾季才　（西元五一六—六〇三年）隋朝天文學家，字叔奕，新野（今河南新野）人，歷仕後梁、周與隋，官至太史中大夫。著《靈臺祕苑》一百二十卷、《垂象志》一百四十二卷、《地形志》八十七卷。傳見《梁書》卷五十一、《隋書》卷七十八、《北史》卷八十九。151庸虛　謙詞。庸，言身無所能。虛，言胸中無所有。152天道　指天象。153符兆　徵兆。符，讖言。兆，龜坼之文，顯示人事先兆。154箕潁之事　指逃官歸隱之事。相傳堯讓天下與許由，許由逃到箕山，後耕田於潁水而不問世事。155獨孤夫人　（西元五五三—六〇二年）河南洛陽（今河南洛陽）人，隋文帝皇后。傳見《隋書》卷三十六、《北史》卷十四。156騎虎之勢　騎虎難下，下必為虎所噬。157魏安公惇　即尉遲惇（？—西元五八〇年），代（今山西代縣）人，尉遲迥之子。仕北周，官至軍正下大夫，封魏安郡公。傳附《北史》卷六十二〈尉遲迥傳〉。158壬子　五月二十八日。159小司徒　官名，《周禮》地官之屬，為大司徒的副職。160叱列長叉　代郡西部人，叱列平之子。歷仕周、隋，官至上柱國，封新寧王。傳附《北史》卷五十三〈叱列平傳〉。161門正上士　官名，掌門關啟閉之節及出入門者。162崔彭　（西元五四二—六〇四年）字子彭，博陵安平（今河北安平）人，官至左領軍大將軍。傳見《隋書》卷五

十四、《北史》卷三十二。163傳舍　古時供來往行人休止住宿的處所。164屏　摒退。165道　言；說話。166大言　高聲說話。167輒動　亂動。輒，擅自。168愕然　驚訝的樣子。169庚申　六月初六日。170精志　精誠專志。171簡　選擇；分別。

【校　記】1式道　原作「式道候」。據章鈺校，十二行本、乙十一行本、孔天胤本皆無「候」字，熊羅宿《胡刻資治通鑑校字記》同，今據刪。按，《北史·宣帝紀》無「候」字。2后　原作「皇后」。據章鈺校，十二行本、乙十一行本、孔天胤本皆無「皇」字，今據刪。3前大　原作「大前」。據章鈺校，十二行本、乙十一行本、孔天胤本二字皆互乙，今據改。《通鑑紀事本末》卷二五、《通鑑綱目》卷三五皆作「前大」。4羣　原作「人」。據章鈺校，十二行本、乙十一行本、孔天胤本皆作「羣」，今據改。

【語　譯】高宗宣皇帝下之上

太建十二年（庚子　西元五八〇年）

春，正月初七日癸巳，北周天元皇帝到太廟祭祀祖先。

正月十二日戊戌，陳宣帝任命左衛將軍任忠為南豫州刺史，總督沿江的軍事防務。

正月二十九日乙卯，北周向進入市場交易的人每人徵收稅錢一文。

二月初一日丁巳，北周天元皇帝巡幸露門學，祭奠先聖先師。〇初二日戊午，突厥向北周進貢，並迎娶千金公主。

二月初九日乙丑，北周天元皇帝把制書改稱天制，敕書改稱天敕。二十六日壬午，北周尊天元皇太后為天元上皇太后，天皇太后為天元聖皇太后。二十七日癸未，下詔楊后與三后都稱太皇后，司馬后直稱皇后。

行軍總管杞公宇文亮，是天元皇帝的同曾祖堂兄。宇文亮的兒子西陽公宇文溫的妻子尉遲氏，是蜀公尉遲迥的孫女，容貌美麗，以同姓大夫之妻的身分入朝，天元皇帝給她酒喝，逼姦了她。宇文亮聽到這事，很害怕。三月，他領兵從淮南返回，到達豫州，暗中謀劃襲擊韋孝寬，併吞他的軍隊，擁立叔父輩的人為君，擊鼓西進。宇文亮的國官茹寬知道他的計謀，事先告訴了韋孝寬，韋孝寬暗中做好了準備。宇文亮夜裡帶領幾百名騎兵襲擊韋孝寬，戰敗逃走。初三日戊子，韋孝寬追殺了宇文亮，他的兒子宇文溫也被株連而死。天元皇帝立即宣召宇文溫的妻子進宮，冊封為長貴妃。初六日辛卯，封宇文亮的弟弟永昌公宇文椿為杞公。

北周天元皇帝前往同州，增派候正、前驅、式道共為三百六十重，從皇宮應門直到赤岸澤，數十里的路上，幡旗相連，鼓樂齊鳴。又派虎賁郎持鈒騎在馬上，沿途戒嚴。三月初十日乙未，改同州宮為成天宮。十五日庚子，天元皇帝返回長安。天元皇帝下詔，命天臺侍衛官全都穿五色和紅色、紫色、綠色的衣服，用雜色為衣邊裝飾，叫做「品色衣」，遇有重大事情，可以和公服輪換穿。十七日壬寅，下詔命內外有封號的夫人都要執笏，在祭拜宗廟和天臺時，要彎腰跪拜像男子一樣。

天元皇帝打算冊立五個皇后，因此詢問小宗伯狄道人辛彥之。辛彥之回答說：「皇后與天子同樣尊貴，不應當有五個。」太學博士西城人何妥說：「從前帝嚳有四個妃子，虞舜有兩個妃子。以往朝代妃子的數量，哪有常規？」天元皇帝十分高興，罷免了辛彥之的官。三月十九日甲辰，天元皇帝下詔說：「婦人取法大地，天地元素水、火、木、金、土，土排在第五位。因此在四位太皇后之外，可再設置天中太皇后一人。」於是冊封陳氏為天中太皇后，尉遲妃為天左太皇后。又設置下帳五處，讓五位皇后各居一帳，在帳前擺下宗廟祭器，親自誦讀祝文祭拜。又造五輛大輅車載五位皇后，親自率領左右徒步隨從。天元皇帝還喜歡在車上倒掛活雞，或向車上投擲瓦片，觀看車上婦女嚇得號叫而取樂。

夏，四月初八日癸亥，陳朝尚書左僕射陸繕去世。

四月十四日己巳，北周天元皇帝到太廟祭祀祖先。二十四日己卯，舉行求雨儀式。二十七日壬午，親臨仲山求雨。二十九日甲申，天元皇帝回宮，下令京城百姓在長安街道上奏樂迎接。

五月初九日癸巳，陳朝任命尚書右僕射晉安王陳伯恭為尚書僕射。

北周楊后性情溫柔和順，不妒忌，四位皇后以及嬪妃、御女等，都愛戴敬仰她。天元皇帝昏庸暴虐越來越嚴重，喜怒無常，曾經譴責楊皇后，想要加罪於她。楊皇后舉止安詳閒靜，言辭表情沒有屈服，天元皇帝大怒，便賜楊皇后死，逼迫她自盡。楊皇后母親獨孤氏進宮向天元皇帝請罪，磕頭流血，之後楊皇后得免一死。

楊皇后的父親前大疑楊堅位高望重，天元皇帝猜忌他，曾經因一時憤怒對楊皇后說：「一定要滅你全家！」於是召見楊堅，並對身邊的人說：「如果楊堅臉色有變，立即殺了他。」楊堅到了宮中，神色鎮定自若，天元皇帝才作罷。內史上大夫鄭譯和楊堅年輕時是同窗學友，驚異於楊堅的儀表，傾心交結。楊堅已經被天元皇帝猜忌，內心很不安，曾經在宮中永巷，私下對鄭譯說：「我早想出京任職，你是知道的，希望你留心這件事。」鄭譯說：「因你德高望重，全天下的人都心向你。我想依靠你得到福佑，怎敢忘懷你的託付？我將立即鄭重地向皇上啟奏。」

天元皇帝打算派鄭譯侵犯陳朝，鄭譯要求配一個元帥。天元皇帝說：「你相中了誰呢？」鄭譯說：「如果要平定江東，當然非至親重臣就沒有威望鎮撫，可以讓隨公同行，並且任命他為壽陽總管以督征南諸軍事。」天元皇帝聽從了。五月初五日己丑，任命楊堅為揚州總管，派鄭譯發兵到壽陽會合。將要起程，恰逢楊堅腳上突然有病，沒有成行。

五月初十日甲午夜，天元皇帝備好法駕，親臨天興宮，十一日乙未，生病返回長安宮。小御正博陵人劉昉一向以狡黠獻媚得到天元皇帝寵幸，與御正中大夫顏之儀一起被天元皇帝親信。天元皇帝召劉昉、顏之儀進入臥室內，想託付後事。此時天元皇帝聲音已啞，不再能說話。劉昉看到周靜帝年幼，因楊堅是皇后的父親，又有很高的聲望，於是與領內史鄭譯、御飾大夫柳裘、內史大夫杜陵人韋謩、御正下士朝那人皇甫績合謀請楊堅輔政，楊堅堅決推辭，不敢擔當。劉昉說：「你要幹，就趕緊幹；不幹，我劉昉自己幹。」楊堅這才聽從了，稱受詔留在宮中侍奉皇上疾病。柳裘，是柳惔的孫子。

這一天，天元皇帝崩殂，祕不發喪。劉昉、鄭譯假傳詔命委任楊堅總領宮中宮外兵馬事務。顏之儀知道這不是天元皇帝的旨意，抗拒不從。劉昉等人起草好詔書並簽署完名字，逼迫顏之儀聯名簽字，顏之儀厲聲說：「皇上升天，嗣君年幼，輔政的重任應該由宗室中的英才擔任。如今趙王宇文招年齡最長，論親論德，理應由他擔當重任。你們諸位備受朝廷恩惠，應當考慮盡忠報國，怎能突然之間想把國家大權交給他人？顏之儀寧可一死，不能做欺騙先帝的事。」劉昉等人知道無法使顏之儀屈從，於是代替顏之儀簽名發下詔書。

禁衛軍各部已經接到詔命，都聽從楊堅調度。

楊堅擔心諸王在地方發生叛亂，就以千金公主將要遠嫁突厥為藉口，徵召趙王宇文招、陳王宇文純、越王宇文盛、代王宇文達、滕王宇文逌等五王入朝。楊堅索要兵符玉璽，顏之儀嚴肅地說：「這是天子之物，自有主管的人，宰相為什麼索取它？」楊堅大怒，命人拉出去，將要殺死他，因為他負有眾望，便命他出京城到西部邊地做郡守。

五月二十三日丁未，北周給天元皇帝發喪，周靜帝住進天臺，廢除正陽宮。大赦天下，停止營建洛陽宮。二十六日庚戌，尊崇阿史那太后為太皇太后，李太后為太帝太后，楊后為皇太后，朱后為帝太后，陳后、元后、尉遲后都落髮為尼。任命漢王宇文贊為上柱國、右大丞相，用虛名尊崇他，實際不管具體政務。任命楊堅為假黃鉞、左大丞相，秦王宇文贊為上柱國。百官各自盡職，聽命於左丞相。

楊堅剛接受顧命輔政時，就派邗國公楊惠對御正下大夫李德林說：「朝廷敕令我總理文武大事，治理國家任務繁重。如今想與你共同掌理國事，一定不要推辭。」李德林說：「願以死奉侍楊公。」楊堅大為高興。當初，劉昉、鄭譯共謀推楊堅為大冢宰，鄭譯自己兼理大司馬，劉昉想得到小冢宰。楊堅私下問李德林說：「怎麼安排我的職位？」李德林說：「應當做大丞相、假黃鉞、都督中外諸軍事，不這樣，就沒有威權鎮服眾心。」等到發喪，就依此行事，把正陽宮作為丞相府。

當時大家的心意沒有統一，楊堅把司武上士盧賁安置在身邊。楊堅準備去東宮，百官都不知道隨從誰。楊堅暗中派盧賁安排了宿衛武士，然後召見公卿大臣，對他們說：「想求富貴的人應該隨從我。」朝臣們往往交頭接耳，有的想要離開。這時盧賁帶著全副武裝的宿衛兵到來，眾朝官沒人敢行動。大家出了崇陽門，來到東宮，守門衛士拒絕不讓進入，盧賁上前說明，衛士仍然不撤離，盧賁瞪大眼睛呵斥，守門的衛士才退去，楊堅等人進入東宮。盧賁便留在正陽宮掌管丞相府的宿衛。盧賁，是盧辯弟弟的兒子。任命鄭譯為丞相府長史，劉昉為司馬，李德林為府屬。鄭譯、劉昉兩人因此怨恨李德林。

內史下大夫勃海人高熲聰明敏捷，有才識，有度量，熟習軍事，足智多謀，楊堅想把他引入丞相府為官屬，派楊惠去表明意思。高熲接受邀請，高興地說：「願意效命。即使辦不好國家的大事，高熲就是遭滅族之禍，也不推辭。」於是被用為丞相府司錄。

當時漢王宇文贊住在宮中，時常與周靜帝同帳並坐。劉昉打扮美貌歌女獻給宇文贊，宇文贊非常高興。劉昉趁勢遊說宇文贊，說：「大王是先帝的親弟弟，眾望所歸，幼王年齡太小，哪能料理國家大事？現在先帝剛剛去世，大家心思還很紛亂。大王暫且回到府第，等待大事安定以後，再進宮來當天子，這才是萬全之計。」宇文贊年紀輕，思想見識低下，認為事情確實如此，便聽了他的話。

楊堅革除周宣帝苛刻殘暴的政令，改行寬緩之政，簡化舊的法律條文，制作《刑書要制》，奏請周靜帝頒行。親自帶頭踐行節儉，朝內朝外的人都高興。

楊堅夜裡召見太史中大夫庾季才，詢問說：「我以平庸菲薄的資才，接受了輔佐幼主的重任，從天時人事看，你認為怎樣？」庾季才說：「天道精深細微，難以觀察臆測，我個人從人事上來預測，符命徵兆已經定下了。我庾季才即使說不可以，你難道會做許由那樣逃到箕山、潁水之間的事嗎？」楊堅沉默了好久，才說：「確實像你所說。」獨孤夫人也對楊堅說：「大事已經這樣，勢如騎虎，肯定不能下來，你就努力去做吧！」

楊堅認為相州總管尉遲迥位尊望重，擔心他有非分圖謀，讓尉遲迥的兒子魏安公尉遲惇持詔書召尉遲迥進京會葬。五月二十八日壬子，任命上柱國韋孝寬為相州總管，又任命小司徒叱列長叉為相州刺史，先讓他赴相州治所鄴城，韋孝寬後面跟進。

陳王宇文純當時鎮守齊州，楊堅派門正上士崔彭徵召宇文純。崔彭只帶了兩個騎士前往齊州住在旅舍，派人宣召宇文純。宇文純到後，崔彭請求摒退左右，說有機密事要講，於是抓捕了宇文純，把他鎖上，接著大聲說：「陳王有罪，詔書徵召他入朝，隨從的人不得輕舉妄動！」宇文純的隨從人員十分驚訝，紛紛離去。崔彭，是崔楷的孫子。

六月，北周五個藩王趙、陳、越、代、滕都到了長安。

六月初六日庚申，北周恢復了佛教、道教，原來的和尚、道士誠心修行的人，經挑選以後，讓他們重新入教。

周尉遲迥知丞相堅將不利於帝室，謀舉兵討之。韋孝寬至朝歌❶，迥遣其大都督賀蘭貴齎書❷候韋孝寬。孝寬留貴與語以審之❸，疑其有變，遂稱疾徐行。又使人至相州求醫藥，密以伺之。孝寬兄子藝❹，為魏郡❺守，迥遣藝迎孝寬，孝寬問迥所為，藝黨於迥，不以實對❻。孝寬怒，將斬之，藝懼，悉以迥謀語孝寬。孝寬攜藝西走，每至亭驛❼，盡驅傳馬❽[1]而去，謂驛司❾曰：「蜀公❿將至，宜速具⓫酒食。」迥尋遣儀同大將軍梁子康將數百騎追孝寬，追者至驛，輒逢盛饌⓬，又無馬，遂遲留不進。孝寬與藝由是得免。

堅又令候正破六韓⓭裒詣迥諭旨⓮，密與總管府長史晉昶等書，令為之備。迥聞之，殺昶及裒，集文武⓯士民，登城北樓，令之曰：「楊堅藉后父之勢，挾幼主以作威福，不臣之迹，暴於行路⓰。吾與國舅甥⓱，任兼將相。先帝處吾於此⓲，本欲寄以安危。今欲與卿等糾合⓳義勇，以匡國庇民，何如？」眾咸從命。迥乃自稱大總管，承制置官司⓴。時趙王招入朝，留少子在國㉑，迥奉以號令㉒。

甲子㉓，堅發關中兵，以韋孝寬為行軍元帥，鄖公梁士彥、樂安公元諧㉔、化政公宇文忻、濮陽公武川宇文述㉕、武鄉公崔弘度㉖、清河公楊素、隴西公李詢㉗等皆為行軍總管，以討迥。弘度，楷之孫。詢，穆之兄子也。

初，宣帝使計部中大夫㉘楊尚希㉙撫慰山東，至相州，聞宣帝殂，與尉遲迥發喪。尚希出，謂左右曰：「蜀公哭不哀而視不安，將有佗計。吾不去，懼及於難。」遂夜從捷徑而遁。遲明㉚，迥覺，追之不及，遂歸長安。堅遣尚希督宗兵㉛三千人鎮潼關。

雍州牧㉜畢剌㉝王賢，與五王謀殺堅，事洩，堅殺賢，并其三子，掩五王之謀不問。以秦王贄為大冢宰，杞公椿為大司徒。

庚子㉞，以柱國梁睿為益州㉟總管。睿，禦之子也。

周遣汝南公神慶、司衛上士㊱長孫晟㊲送千金公主於突厥。晟，幼之曾孫㊳也。

又遣建威侯賀若誼㊴賂佗鉢可汗，且說之以求高紹義。佗鉢偽與紹義獵於南境㊵，使誼執之。誼，敦之弟也。秋，七月甲申㊶，紹義至長安，徙之蜀㊷。久之，病死於蜀。

周青州總管尉遲勤，迥之弟子也。初得迥書，表送之，尋亦從迥。迥所統相、衛、黎、洛、貝、趙、冀、瀛、滄[43]，勤所統青、齊、膠、光、莒[44]等州皆從之，眾數十萬。滎州[45]刺史邵公胄[46]，申州[47]刺史李惠，東楚州[48]刺史費也利進[49]，潼州[50]刺史曹孝遠，各據本州，徐州總管司錄席毗羅[51]據兗州，前東平郡[52]守畢義緒據蘭陵[53]，皆應迥。懷縣永橋鎮[54]將紇豆陵惠以城降迥。迥使其所署大將軍石遜攻建州[55]，建州刺史宇文弁以州降之。又遣西道行臺韓長業攻拔潞州[56]，執刺史趙威，署城人郭子勝為刺史。紇豆陵惠襲陷鉅鹿[57]，遂圍恆州[58]。上大將軍宇文威攻汴州[59]，莒州刺史烏丸尼等帥青、齊之眾圍沂州[60]，大將軍檀讓攻拔曹、亳[61]二州，屯兵梁郡[62]。席毗羅眾號八萬，軍於蕃城[63]，攻陷昌慮、下邑[64]。李惠自申州攻永州[65]，拔之。

迥遣使招大左輔、并州刺史李穆，穆鎖其使，封上其書。穆子士榮，以穆所居天下精兵處[66]，陰勸穆從迥，穆深拒之。堅使內史大夫柳裘詣穆，為陳利害，又使穆子左侍上士[67]渾[68]往布腹心。穆使渾奉尉斗[69]於堅，曰：「願執威柄以尉安天下[70]。」又以十三鐶金帶[71]遺堅。十三鐶金帶者，天子之服也。堅大悅，遣渾詣韋孝寬述穆意。穆兄子崇[72]，為懷州[73]刺史，初欲應迥，後知穆附堅，慨然太息[74]曰：「闔家富貴者數十人，值[75]國有難，竟不能扶傾繼絕[76]，復何面目處天地問乎？」不得已亦附於堅。迥子誼[77]，為朔州刺史，穆執送長安。又遣兵討郭子勝，擒之。

迥招徐州總管源雄[78]，東郡[79]守于仲文[80]，皆不從。雄，賀之曾孫。仲文，謹之孫也。迥遣宇文胄[81]自石濟[82]，宇文威自白馬[83]濟河，二道攻仲文，仲文棄郡走還長安，迥殺其妻子。迥遣檀讓狥地[84]河南，丞相堅以仲文為河南道行軍總管，使詣洛陽發兵討讓，命楊素討宇文胄。

丁未[85]，周以丞相堅都督中外諸軍事。

鄖州[86]總管司馬消難亦舉兵應迥，己酉[87]，周以柱國王誼為行軍元帥，以討消難。

廣州[88]刺史于顗[89]，仲文之兄也，與總管趙文表[90]不協，詐得心疾，誘文表，手殺之，因唱言文表與尉遲迥通謀。堅以迥未平，因勞勉之，即拜吳州[91]總管。

趙僭王[92]招謀殺堅，邀堅過其第，堅齎酒殽就之。招引入寢室，招子員、貫及妃弟魯封等皆在左右，佩刀而立，又藏刃於帷席之間，伏壯士於室後。堅左右皆不得從，唯從祖弟開府儀同[2]大將軍弘[93]、大將軍元胄[94]坐於戶側。胄，順之孫也。弘、胄皆有勇力，為堅腹心。酒酣，招以佩刀刺瓜連啗堅，欲因而刺之。元胄進曰：「相府有事，不可久留。」招訶之曰：「我與丞相言，汝何為者？」叱之使卻。胄瞋目憤氣，扣刀[95]入衛。招賜之酒，曰：「吾豈有不善之意邪？卿何猜警[96]如是？」招偽吐[97]，將入後閤，胄恐其為變，扶令上坐，如此再三。招稱[3]喉乾，命胄就廚取飲，胄不動。會滕王逌後至，堅降階迎之。胄耳語[98]曰：「事勢大異，可速去！」堅曰：「彼無兵馬，何能為？」胄曰：「兵馬皆彼物，彼若先發，大事去矣。胄不辭死，恐死無益。」堅復入坐。胄聞室後有被[99]甲聲，遽請曰：「相府事殷[100]，公何得如此？」因扶堅下牀趨去。招將追之，胄以身蔽戶[101]，招不得出。堅及門，胄自後至。招恨不時發，彈指[102]出血。王子[103]，堅誣招與越野王盛[104]謀反，皆殺之，及其諸子。賞賜元胄，不可勝計。

周室諸王數欲伺隙[105]殺堅[4]，都督臨涇李圓通[106]常保護之，由是得免。

癸丑[107]，周主封其弟衍為葉王[108]，術為郢王。○周豫、荊、襄三州蠻反，攻破郡縣。

周韋孝寬軍至永橋城[109]，諸將請先攻之，孝寬曰：「城小而固，若攻而不拔，損我兵威。今破其大軍，此何能為？」於是引軍壁於武陟[110]。尉遲迥遣其子魏安公惇[111]帥眾十萬入武德[112]，軍於沁東[113]。會沁水漲，孝寬與迥隔水相持不進。

孝寬長史李詢密啓丞相堅云：「梁士彥、宇文忻、崔弘度並受尉遲迥饟[114]金，軍中慅慅[115]，人情大異。」堅深以為憂，與內史上大夫鄭譯謀代此三人者，李德林曰：「公與諸將，皆國家貴臣，未相服從，今正以挾令[116]之威控御之耳。前所遣者，疑其乖異[117]，後所遣者，安知其能盡腹心邪[5]？又，取金之事，虛實難明，今一旦代之，或懼罪逃逸，若加縻縶[118]，則自鄖公[119]以下，莫不驚疑。且臨敵易將，此燕、趙之所以敗[120]也。如愚所見，但遣公一腹心，明於智略，素為諸將所信服者，速至軍所，使觀其情偽。縱有異意，必不敢動，動亦能制之矣。」堅大悟，曰：「公不發此言，幾敗[121]大事。」乃命少內史[122]崔仲方[123]往監諸軍，為之節度。仲方，猷之子也，辭以父在山東。又命劉昉、鄭譯，昉辭以未嘗為將，譯辭以母老。堅不悅。府司錄高熲請行，堅喜，遣之。熲受命亟發，遣人辭母而已。自是堅措置[124]軍事，皆與李德林謀之。時軍書日以百數，德林口授數人，文意百端，不加治點[125]。

司馬消難以鄖、隨、溫、應、土、順、沔、儇、岳[126]九州及魯山[127]等八鎮來降，遣其子永[6]為質以求援。八月己未[128]，詔以消難為大都督、總督九州八鎮諸軍事、司空，賜爵隨公。庚申[129]，詔鎮西將軍樊毅進督沔、漢諸軍[130]事，南豫州刺史任忠帥眾趣歷陽，超武將軍[131]陳慧紀[132]為前軍都督，趣南兗州。周益州總管[133]王謙[134]亦不附丞相堅，起巴、蜀[135]之兵以攻始州[136]。梁睿至漢川[137]，不得進，堅即以睿為行軍元帥以討謙。

戊辰[138]，詔以司馬消難為大都督水陸諸軍事。庚午[139]，通直散騎常侍淳于陵克臨江郡[140]。

梁世宗[141]使中書舍人柳莊[142]奉書入周。丞相堅執莊手曰：「孤昔以[7]開府，從役江陵，深蒙梁主殊眷[143]。今主幼時艱，猥蒙顧託。梁主奕葉[144]委誠朝廷，當相與共保歲寒[145]。」時諸將競勸梁主舉兵，與尉遲迥連謀，以為進可以盡節[146]周氏，退可以席卷山南[147]。梁主疑未決。會莊至，具道堅語，且曰：「昔袁紹[148]、劉表[149]、王淩[150]、諸葛誕[151]，皆一時雄傑，據要地，擁彊兵，然功業莫就，禍不旋踵[152]者，良由魏、晉挾天子，保京都，仗大順以為名故也。今尉遲迥雖曰舊將，昏耄[153]已甚。司馬消難、王謙，常人之下者，非有匡合[154]之才。周朝將相，多為身計，競效節[155]於楊氏。以臣料之，迥等終當覆滅，隨公必移周祚[156]。未若保境息民[157]以觀其變。」梁主深然之，眾議遂止。

高熲至軍，為橋於沁水。尉遲惇於上流縱火栰[158]，熲豫為土狗[159]以禦之。惇布陳二十餘里，麾兵小[8]卻，欲待孝寬軍半度[160]而擊之，孝寬因其卻[161]，鳴鼓齊進。軍既度，熲命焚橋，以絕士卒反顧[162]之心。惇兵大敗，單騎走。孝寬乘勝進，追至鄴。

庚午[163]，迥與惇及惇弟西都公祐，悉將其卒十三萬陳於城南，迥別統萬人，皆綠巾、錦襖，號曰[9]「黃龍兵」。迥弟勤[164]帥眾五萬，自青州赴迥，以三千騎先至。迥素習軍旅，老猶被甲臨陳。其麾下兵[10]皆關中人，為之力戰，孝寬等軍不利而卻。鄴中士民觀戰者數萬人，行軍總管宇文忻曰：「事急矣！吾當以詭道[165]破之。」乃先射觀者，觀者皆走，轉相騰藉[166]，聲如雷霆。忻乃傳呼曰：「賊敗矣！」眾復振，因其擾而乘之。迥軍大敗，走保鄴城。孝寬縱兵圍之，李詢及思安伯代人賀婁子幹[167]先登。

崔弘度妹，先適迥子為妻，及鄴城破，迥窘迫升樓，弘度直上龍尾[168]追之。迥彎弓，將射弘度，弘度脫兜鍪[169]，謂迥曰：「頗相識不[170]？今日各圖國事，不得顧私。以親戚之情，謹遏亂兵，不許侵辱。事勢如此，早為身計，何所待也？」迥擲弓於地，罵左丞相[171]極口[172]而自殺。弘度顧其弟弘升[173]曰：「汝可取迥頭。」弘升斬之。軍士在小城中者，孝寬盡阬[174]之。勤、惇、祐東走青州，未至，開府儀同大將軍郭衍[175]追獲之。丞相堅以勤初有誠款[176]，特不之罪。李惠先自縛歸罪，堅復其官爵。

迥末年衰耄[177]，及起兵，以小御正崔達拏[178]為長史。達拏，暹之子也，文士，無籌略，舉措多失，凡六十八日而敗。

于仲文軍至蓼隄[179]，去梁郡七里。檀讓擁眾數萬，仲文以羸師[180]挑戰而偽北[181]，讓不設備。仲文還擊，大破之，生獲五千餘人，斬首七百級。進攻梁郡[182]，迥守將劉子寬棄城走。仲文進擊曹州，獲迥所署刺史李仲康。檀讓以餘眾屯成武[183]，仲文襲擊，破之，遂拔成武。迥將席毗羅，眾十萬，屯沛縣[184]，將攻徐州。其妻子在金鄉[185]，仲文遣人詐為毗羅使者，謂金鄉城主徐善淨曰：「檀讓明日午時至金鄉，宣蜀公令，賞賜將士。」金鄉人皆喜。仲文簡精兵，偽建迥旗幟，倍道而進。善淨望見，以為檀讓，出迎謁。仲文執之，遂取金鄉。諸將多勸屠其城，仲文曰：「此城乃毗羅起兵之所，當寬其妻子，其兵自歸。如即屠之，彼望絕矣。」眾皆稱善。於是毗羅恃眾來薄官軍，仲文設伏擊之，毗羅軍[11]大潰，爭投洙水[186]死，水為之不流。獲檀讓，檻送[187]京師[188]，斬毗羅，傳首[189]。

韋孝寬分兵討關東叛者，悉平之。堅徙相州於安陽[190]，毀鄴城及邑居[191]。分相州，置毛州[192]、魏州[193]。

梁主[194]聞迥敗，謂柳莊曰：「若從眾人之言，社稷已不守矣！」

丞相堅之初得政也，待黃公劉昉、沛公鄭譯甚厚，賞賜不可勝計，委以心膂[195]，言無不從[12]，朝野傾屬[196]，稱為「黃、沛」。二人皆恃功驕恣，溺於財利，不親職務。及辭監軍，堅始疏之，恩禮漸薄。高熲自軍所還，寵遇日隆。時王謙、司馬消難未平，堅憂之，忘寢與食。而昉逸遊縱酒，相府事多遺落。堅乃以高熲代昉為司馬，不忍廢譯，陰敕[197]官屬不得白事於譯。譯猶坐聽事[198]，無所關預[199]，惶懼頓首，求解職；堅猶以恩禮慰勉之。

癸酉[200]，智武將軍[201]魯廣達克周之郭默城[202]。丙子[203]，淳于陵克祐州城[204]。

周以漢王贊為太師，申公李穆為太傅，宋王實[205]為大前疑，秦王贄為大右弼，燕公于寔為大左輔。寔，仲文之父也。

乙卯[206]，周大赦[13]。

周王誼帥四總管至郢州，司馬消難擁其眾以魯山、甑山[207]二鎮來奔[14]。

初，消難遣上開府儀同大將軍段珣將兵圍順州，順州刺史周法尚不能拒，棄城走，消難虜其母弟[208]而南。樊毅救消難，不及，周亳州總管元景山[209]擊之，毅掠居民而去。景山與南徐州[210]刺史宇文弼追之，與毅戰於漳口[211]，一日三戰三捷。毅退保甑山鎮，城邑為消難所據者，景山皆復取之。

鄖州巴蠻[212]多叛，共推渠帥[213]蘭雒州為主，以附消難。王誼遣諸將分討之，旬月[214]皆平。陳紀[215]、蕭摩訶等[15]攻廣陵，周吳州總管于顗擊破之。沙州氐帥楊永安聚眾應王謙，大將軍樂寧公達奚儒[216]討之。楊素破宇文胄於石濟[217]，斬之。

周以神武公竇毅[218]為大司馬，齊公于智為大司空。九月，以小宗伯竟陵公楊惠為大宗伯。

丁亥[219]，周將王延貴帥眾援歷陽，任忠擊破之，生擒延貴。

壬辰[220]，周廢皇后司馬氏為庶人。庚戌[221]，以隨世子勇[222]為洛州總管、東京小冢宰，總統舊齊之地[223]。壬子[224]，以左丞相堅為大丞相，罷左、右丞相之官。

冬，十月甲寅[225]，日有食之。○周丞相堅殺陳惑王純[226]及其子。

周梁睿將步騎二十萬討王謙，謙分命諸將據險拒守，睿奮擊，屢破之，蜀人大駭。謙遣其將達奚惎[227]、高阿那肱、乙弗虔等帥眾十萬攻利州[228]，堰江水[229]以灌之。城中戰士不過二千，總管昌黎豆盧勣[230]，晝夜拒守，凡四旬，時出奇兵擊惎等，破之。會梁睿至，惎等遁去。睿自劍閣[231]入，進逼成都。謙令達奚惎、乙弗虔城守，親帥精兵五萬，背城結陳。睿擊之，謙戰敗，將入城，慧、虔以城降。謙將麾下三十騎走新都[232]，新都令王寶執之。戊寅[233]，睿斬謙及高阿那肱，劍南[234]平。

十一月甲辰[235]，周達奚儒[236]破楊永安[237]，沙州[238]平。

丁未[239]，周鄖襄公[240]韋孝寬卒。孝寬久在邊境，屢抗彊敵，所經略布置，人初莫之解，見其成事，方乃驚服。雖在軍中，篤意[241]文史。敦睦[242]宗族，所得俸祿，不及[16]私室。人以此稱之。

十二月庚辰[243]，河東康簡王叔獻卒。○癸亥[244]，周詔諸改姓者[245]，宜悉復舊。

甲子[246]，周以大丞相堅為相國，總百揆[247]，去都督中外、大冢宰之號，進爵為王[248]，以安陸等二十郡為隨國，贊拜[249]不名[250]，備九錫之禮[251]。堅受王爵、十郡而已。

辛未[252]，殺代奰王達[253]、滕聞王逌[254]及其子。○壬申[255]，以小冢宰元孝規為大司徒[256]。

是歲，周境內有州二百一十一，郡五百八。

【章　旨】以上為第二段，寫楊堅明察善斷，迅速撲滅尉遲迥的護周叛亂，並將皇室諸王誅殺殆盡，進爵隨王，加九錫，奠定了禪代的基礎。

【注　釋】❶朝歌　地名，殷都城。故址在今河南淇縣。❷賀蘭貴齎書　賀蘭貴帶著書信。賀蘭，複姓。其先與北魏拓跋氏同時興起，有紇伏者，為賀蘭莫何弗，因以為氏。齎書，拿著書信。齎，帶著。❸審之　仔細地觀察，認真地研究此事。❹藝　即韋藝（西元五三八—五九五年），字世文，歷仕周、隋，官至營州總管，封魏興郡公。傳附《隋書》卷四十七、《北史》卷六十四〈韋世康傳〉。❺魏郡　郡名，與相州同治鄴城，在今河北臨漳西。❻實對　據實回答。❼亭驛　即置驛站之所。亭，郵亭。❽傳馬　即驛馬。❾驛司　官名，掌驛站之吏。❿蜀公　尉遲迥封蜀公。⓫具　備辦。⓬盛饌　豐盛的飲食。饌，飲食；食品。⓭破六韓　又作「破落韓」，三字姓。⓮諭旨　諭，告；曉。旨，意向。指揚堅把自己的意向告訴尉遲迥。⓯文武　謂總管府及州郡文武官屬。⓰暴於行路　謂楊堅篡國之心已暴露，路人皆知。暴，顯露。⓱與國舅甥　尉遲迥是宇文泰的外甥，故言與國為舅甥之親。⓲處吾於此　把我安置在相州。⓳糾合　集結。糾，繩三股合一。⓴承制置官司　總管署置官司，而隔於權臣，未得稟報天子，故假稱承制。㉑國　封國。趙王宇文招封於襄國，屬相州總管府。㉒奉以號令　尉遲迥尊趙王招少子為主，藉以發號施令。㉓甲子　六月初十日。㉔元諧　河南洛陽（今河南洛陽）人。歷仕周、隋，官至寧州刺史，封樂安郡公。傳見《隋書》卷四十、《北史》卷七十三。㉕宇文述　（？—西元六一六年）字伯通，代郡武川（今內蒙古武川縣西）人，歷仕周、隋，官至左翊衛大將軍，北周末，曾封濮陽郡公，進爵褒國公，隋煬帝即位，改封許國公。傳見《隋書》卷六十一、《北史》卷七十九。㉖崔弘度　字摩訶衍，博陵安平（今河北安平）人。歷仕周、隋，官至檢校太府卿。北周末，封爵號武鄉郡公。傳見《隋書》卷七十四、《北史》卷三十二、《周書》卷三十五。㉗李詢　字孝詢，隴西成紀（今甘肅秦安）人，李穆兄賢之子。歷仕周、隋，官至隰州總管。北周末，封爵號隴西郡公。傳見《隋書》卷三十七、《北史》卷五十九。㉘計部中大夫　官名，北周置計部，主會計之簿書，同《周官》之司書。㉙楊尚希　（西元五三四—五九〇年）弘農（今河南靈寶）人，歷仕周、隋，官至蒲州刺史。傳見《隋書》卷四十六、《北史》卷七十五。㉚遲明　黎明。㉛宗兵　同一宗族人組成的軍隊。因楊氏自東漢至北魏為弘農名門大族，弘農又為軍事要衝，故楊氏有宗兵。㉜雍州牧　官名，雍州的最高行政長官。北周制，雍州置牧，其餘州置刺史。雍州治長安，在今陝西西安西北。㉝剌　惡諡號。《諡法》云：「愎狠遂過曰剌，暴慢無親曰剌。」楊堅加周明帝子畢王宇文賢惡諡。㉞庚子　六月乙卯朔，無庚子。《周書》卷八〈靜帝紀〉作「庚辰」，《北史》同。據此，「子」應作「辰」。庚辰，六月二十六日。㉟益州　州名，治所成都縣，在今四川成都。㊱司衛上士　官名，掌侍衛。㊲長孫晟　（西元五五二—六〇九年）字季晟，歷仕周、隋，官至上開府儀同三司。傳見《隋書》卷五十一、《北史》卷二十二。㊳晟二句　據《隋書》卷五十一〈長孫晟傳〉及《新唐書》卷七十二上〈宰相世系表〉，晟為長孫稚之五世孫，非曾孫。長孫稚，字幼卿，若書稚之字，則「幼」下闕「卿」字。㊴賀若誼　字道機，河南洛陽（今河南洛陽）人。歷仕周、隋。傳見《隋書》卷三十九、《周書》卷二十八、《北史》卷六十八。㊵南境　突厥南部邊境與周土相接。㊶甲申　七月初一日。㊷蜀　地區名，指今四川地區。㊸相衛黎洺貝趙冀瀛滄　皆州名，所轄地在今河北境內。㊹青齊膠光莒　皆州名，所轄地在今山東境內。㊺滎州　州名，治所成皋，在今河南滎陽西北汜水鎮。㊻邵公冑　即宇文冑（？—西元五八〇年），周宗室，襲爵邵公。傳見《周書》卷十、《北史》卷五十七。㊼申州　州名，治所平陽縣，在今河南信陽。㊽東楚州　州名，治所宿豫縣，在今江蘇宿遷東南。㊾費也利進　費也，複姓，即費也頭族人。㊿潼州　州名，治所取慮城，在今安徽靈璧東北潼郡村。(51)席毗羅　席姓，其先姓藉，避項羽諱，改姓席氏。(52)東平郡　郡名，治所奉城，在今河南范縣東南舊城。(53)蘭陵　郡名，治所承縣，在今山東棗莊東南。(54)懷縣永橋鎮　懷縣，縣名，縣治在今河南武陟西南。永橋鎮，地名，在今河南武陟西。(55)建州　州名，治所車箱城，在今山西絳縣東南。(56)潞州　州名，治所上黨縣，在今山西長治北古驛。(57)鉅鹿　郡名，治所鉅鹿縣，在今河北平鄉西南。(58)恆州　州名，治所真定縣，在今河北正定南。(59)汴州　州名，治所浚義縣，在今河南開封西北。(60)沂州　州名，治所即丘縣，在今山東臨沂西。(61)曹亳　兩州名。曹州，治所左城縣，在今山東曹縣西北。亳州，治所譙縣，在今安徽亳州。(62)梁郡　郡名，治所睢陽縣，在今河南商丘南。(63)蕃城　城名，蕃郡治所，在今山東滕州。(64)昌慮下邑　皆縣名。昌慮縣，縣治在今山東滕州東南。下邑縣，縣治在今河南夏邑。(65)永州　州名，治所城陽縣，故址在今河南信陽北。(66)天下精兵處　并州為河東重鎮，用武之地，士健馬多，故稱天下精兵處。(67)左侍上士　官名，諸衛官之一，侍衛皇帝。(68)渾　即李渾（？—西元六一五年），字金才，李穆第十子，歷仕周、隋，官至右驍衛將軍，封郕國公。傳見《隋書》卷三十七、《北史》卷五十九。(69)尉斗　即熨斗。(70)尉安天下　言如熨斗熨平衣服一樣平安天下。(71)十三鐶金帶　天子所服用，言李穆欲擁戴楊堅為天子。(72)崇　即李崇（西元五三六—五八三年），字永隆，歷仕周、隋，官至幽州總管，封廣宗縣公。傳見《隋書》卷三十七、《北史》卷五十九。(73)懷州　州名，治所野王縣，在今河南沁陽。(74)太息　出聲長歎。(75)值　遇到。(76)繼絕　復興滅亡的國家。此指捍衛北周政權。(77)誼　即尉遲誼（？—西元五八〇年）。傳見《北史》卷六十二。(78)源雄　字世略，西平樂都（今青海樂都）人。歷仕周、隋，官至徐州總管。傳見《隋書》卷三十九、《北史》卷二十八。(79)東郡　郡名，治所滑臺，在今河南滑縣東。[80]于仲文 （西元五四五—六一二年）字次武，河南洛陽（今河南洛陽）人。歷仕周、隋，官至右翊衛大將軍。撰《漢書刊繁》三十卷、《略覽》三十卷。傳見《隋書》卷六十、《周書》卷十五、《北史》卷二十三。[81]宇文冑 （？—西元五八〇年）傳見《周書》卷十、《北史》卷五十七。[82]石濟 津名，一名棘津、南津。故址在今河南滑縣西南黃河上。[83]白馬 津名，故址在今河南滑縣東北。[84]狗地 攻城略地。狗，俗「徇」字。[85]丁未 七月二十四日。[86]鄖州 地名，據錢大昕《通鑑注辯正》，治所疑在安陸縣，即今湖北安陸西北。[87]己酉 七月二十六日。[88]廣州 州名。據《隋書》卷六十〈于顗傳〉，時為東廣州刺史，「廣」上逸「東」字。北齊以南兗州改名，治所廣陵，在今江蘇揚州西北。[89]于顗 字元武，歷仕周、隋，官至澤州刺史。傳見《隋書》卷六十、《周書》卷十五、《北史》卷二十三。[90]趙文表 （？—西元五八〇年）其先天水西縣（今甘肅西和）人，後徙居南鄭。仕周，官至吳州總管。傳見《周書》卷三十三、《北史》卷六十九。[91]吳州 州名，治所廣陵縣，在今江蘇揚州西北。[92]趙僭王 即趙王宇文招，僭是楊堅因他謀害自己而後加的惡謚號。[93]大將軍弘 即楊弘（？—西元六〇七年），字辟惡，隋宗室，北周末遷上開府，隋初，拜大將軍，後進封河間王。傳見《隋書》卷四十三、《北史》卷七十一。[94]元冑 河南洛陽（今河南洛陽）人。歷仕周、隋，官至右衛大將軍。傳見《隋書》卷四十、《北史》卷七十三。[95]扣刀 拔刀微出鞘。[96]猜警 言因猜疑而戒備。猜，疑。警，戒備。[97]偽吐 假裝要嘔吐。吐，嘔吐。[98]耳語 附耳而語。[99]被 通「披」。[100]殷 眾多。[101]蔽戶 遮掩著門。[102]彈指 彈擊手指，表示憤怒、後悔。[103]壬子 七月二十九日。[104]越野王盛 即越王宇文盛。野是楊堅忌恨他，殺死後給他的惡謚號。[105]伺隙 尋找時機。[106]李圓通 （？—西元六〇六年）京兆涇陽（今陝西涇陽）人，歷仕周、隋，官至兵部尚書，封萬安縣公。傳見《隋書》卷六十四、《北史》卷七十五。[107]癸丑 七月三十日。[108]衍為葉王 靜帝曾名衍，其弟不應與其同名。當從《周書》卷八〈靜帝紀〉作「衎」。葉王，《周書》本紀作「鄴王」，《北史》紀傳、《冊府元龜》卷二百六十五作「萊王」。[109]永橋城 地名，故址在今河南武陟西。[110]武陟 地名，故址在今河南武陟南。[111]魏安公惇 （？—西元五八〇年）即尉遲惇。傳見《北史》卷六十二。[112]武德 郡名，治所安昌縣，在今河南沁陽東南。[113]沁東 沁水東岸。沁水，河名，發源於今山西沁源北，南流經過今河南沁陽流入黃河。[114]饟 饋送。[115]慅慅 憂愁不安。[116]挾令 謂挾天子以令諸將。[117]乖異 不一致；背離。[118]縻縶 束縛；羈縻。縻，牛鼻繩。縶，拴縛馬足。[119]鄖公 指韋孝寬。韋孝寬封鄖國公。[120]此燕趙之所以敗 戰國時，燕惠王聽信讒言，用騎劫代替名將樂毅，結果兵敗於齊將田單。趙惠文王聽信間言，用趙括代替老將廉頗，敗於秦將白起。此言臨敵易將之禍。[121]幾敗 幾乎敗壞。[122]少內史 官名，掌管宮中府藏。[123]崔仲方 字不齊，博陵安平（今河北安平）人，歷仕周、隋，官至禮部尚書。傳見《隋書》卷六十、《周書》卷

三十五、《北史》卷三十二。(124)措置 處理。(125)不加治點 不加塗改。治，修改。點，塗點。(126)郢隨溫應土順沔儇岳 皆州名。郢州，治所在今湖北安陸。隨州，治所隨縣，在今湖北隨州。溫州，治所京山縣，在今湖北京山縣。應州，治所應山縣，在今湖北廣水市。土州，治所土山縣，在今湖北隨州東北。順州，治所順義縣，在今湖北隨州北。沔州，治所沔陽縣，在今湖北仙桃西南沔城。儇（當作澴）州，治所吉陽縣，在今湖北應山縣北。岳州，治所孝昌縣，在今湖北孝感北。(127)魯山 鎮名，在今湖北武漢漢陽東北，臨江，齊梁以來為重鎮。(128)己未 八月初六日。(129)庚申 八月初七日。(130)沔漢諸軍 即沔水、漢水流域的軍隊。(131)超武將軍 將軍號，南朝梁置，陳沿置，擬八品。(132)陳慧紀 （？—西元五八九年）字元方，陳宗室。仕陳，官至征西將軍、開府儀同三司。後入隋。傳見《陳書》卷十五、《南史》卷六十五。(133)益州總管 益州總管府治成都，在今四川成都。(134)王謙 （？—西元五八〇年）字勑萬，太原（今山西太原西南）人。仕北周，官至上柱國、益州總管。傳見《周書》卷二十一、《北史》卷六十。(135)巴蜀 此謂巴郡、蜀郡一帶。(136)始州 州名，西魏以安州改名。治所普安縣，在今四川劍閣。(137)漢川 即漢中郡。隋避諱，改稱漢川。治所南鄭縣，在今陝西漢中市。(138)戊辰 八月十五日。(139)庚午 八月十七日。(140)臨江郡 郡名，治所臨江縣，在今安徽和縣西南。(141)梁世宗 （西元五四二—五八五年）即蕭巋，後梁第二代皇帝，廟號世宗。傳見《周書》卷四十八、《隋書》卷七十九、《北史》卷九十三。(142)柳莊 祖籍河東解縣（今山西解縣），陳高宗柳皇后從祖弟。仕陳，曾官中書舍人。陳亡入隋。傳附《陳書》卷七〈高宗柳皇后傳〉、《南史》卷三十八〈柳元景傳〉。(143)殊眷 特別器重。(144)奕葉 累世。奕，累。(145)歲寒 原意為歲寒眾木皆落葉而松柏卻不凋落。語出《論語·子罕》：「歲寒然後知松柏之後彫也。」後人多用以比喻在逆境艱困中能保持節操。(146)盡節 盡心竭力，保全節操。(147)山南 終南山、華山之南，指今漢水流域。(148)袁紹 漢末人，為曹操擊敗，病卒。事見本書卷六十三、六十四〈漢紀〉六十五、六十六獻帝建安四年至七年。(149)劉表 漢末人，曹操進擊劉表，表病死。事見本書卷六十五〈漢紀〉五十七獻帝建安十二、十三年。(150)王淩 曹魏太尉，反對司馬懿廢立，失敗後飲藥而死。事見本書卷七十五〈魏紀〉七邵陵厲公嘉平二、三年。(151)諸葛誕 曹魏征東大將軍，因反對司馬昭廢立，被殺。事見本書卷七十七〈魏紀〉九高貴鄉公甘露二、三年。(152)旋踵 轉足之間。形容迅速。(153)昏耄 老而昏亂。(154)匡合 春秋時，管仲相齊桓公，九合諸侯，一匡天下。此省云「匡合」。(155)效節 猶效忠。(156)祚 皇位。(157)保境息民 即保衛邊境，讓民眾休養生息。(158)火栰 縛木作筏，筏上堆柴放火。(159)土狗 堆土於水中，前尖後寬，前高後低，其狀如坐狗，分居上流以阻止火筏。(160)軍半度 軍隊一半渡過河。度，通「渡」。(161)因其卻 乘其退卻之機。卻，退後。(162)反顧 後顧。(163)庚午 八月十七日。此庚午與前重見。按，前「庚午」事取自《陳書》卷五〈宣帝紀〉，此「庚午」出於《周書》卷八〈靜帝紀〉，陳曆與周曆八月同朔，故同為十七日。[164]迥弟勤　即尉遲勤，官至青州總管。傳附《周書》卷二十、《北史》卷六十二〈尉遲綱傳〉。據《周書》尉遲勤傳，尉遲勤乃尉遲迥之從子，《北史》同。[165]詭道　詭詐之道。言不用正常的兵法。[166]騰藉　奔跑而相互踐踏。藉，踏；蹂躪。[167]賀婁子幹　（西元五三五—五九四年）字萬壽，代（今山西代縣）人，歷仕周、隋，官至工部尚書，封鉅鹿郡公。傳見《隋書》卷五十三、《北史》卷七十三。[168]龍尾　上城要築一斜坡道，其道下接地，若龍垂尾，故稱龍尾。[169]兜鍪　武士的頭盔，戰時以禦兵刃。形似鍪。鍪，鍋邊下翻之鍋。[170]不　通「否」。[171]左丞相　指楊堅。楊堅時為左丞相。[172]極口　盡力；竭力。[173]弘升　即崔弘升。字上客，歷仕周、隋，官至鄭州刺史。傳附《隋書》卷七十四、《北史》卷三十二〈崔弘度傳〉。[174]阬　活埋。[175]郭衍　（？—西元六一一年）字彥文，太原介休（今山西介休）人，歷仕周、隋，官至左武衛大將軍。傳見《隋書》卷六十一、《北史》卷七十四。[176]誠款　忠誠。指起初將尉遲迥的書信表送一事。[177]衰耄　衰老昏忘。人五十歲始衰，精力消耗。八十、九十稱耄。[178]崔達拏　（？—西元五八〇年）博陵安平（今河北安平）人，仕北齊，官至右僕射。傳附《北齊書》卷三十、《北史》卷三十二〈崔暹傳〉。[179]蓼隄　堤名，漢梁孝王所築。故址在今河南南部，西北起自杞縣境，東南抵今商丘境。[180]羸師　疲弱的軍隊。羸，瘦弱；疲病。[181]偽北　假裝失敗。北，敗北。[182]梁郡　郡名，治所睢陽，在今河南商丘南。[183]成武　城名，即成武縣城，永昌郡治所，縣治在今山東成武。[184]沛縣　縣名，縣治在今江蘇沛縣。[185]金鄉　縣名，縣治在今山東嘉祥南。[186]洙水　河名，本源出今山東新泰東北，自泗水縣北與泗水合流西下，至曲阜北又與泗水分流，洙水在北，泗水在南。[187]檻送　以檻車押送。[188]京師　謂長安。[189]傳首　將首級傳送長安。[190]安陽　城名，相州治所，故址在今河南安陽。[191]邑居　住房。[192]毛州　州名，治所館陶縣，在今河北館陶。[193]魏州　州名，治所貴鄉縣，在今河北大名。[194]梁主　即後梁世宗。[195]心膂　比喻親信應做骨幹的人。膂，脊骨。[196]朝野傾屬　內外傾心歸屬。[197]陰敕　暗中告誡。[198]聽事　丞相府長史聽事。聽，通「廳」。[199]關預　聯繫參與。關，要會之處，又有聯絡之意。預，參與；干預。[200]癸酉　八月二十日。[201]智武將軍　將軍號，南朝梁置，陳沿置，為五武將軍之一，擬四品。[202]郭默城　城名，故址在今安徽壽縣西。[203]丙子　八月二十三日。[204]祐州城　城名，錢大昕《通鑑注辯正》云當在臨江郡（今安徽和縣）附近。[205]宋王實　字乾辯，周明帝第三子，封宋王。傳見《周書》卷十三、《北史》卷五十八。[206]乙卯　八月甲寅朔，無乙卯。《周書》卷八〈靜帝紀〉作「己卯」，《北史》同。據此，「乙」應作「己」字。己卯，八月二十六日。[207]甑山　鎮名，治所甑山縣，故址在今湖北漢川縣東南甑山鎮。[208]母弟　同母弟。[209]元景山　字珤岳，河南洛陽（今河南洛陽）人，歷仕周、隋，官至上柱國。傳見《隋書》卷三十九、《北史》卷十八。[210]南徐州　據《隋書》卷五十六〈宇文弼傳〉，弼時為南司州刺史，與元景山共追樊毅。《隋書・地理志》載：安陸郡吉陽縣，梁置義陽郡，西魏改南司州。其地鄰近澴、順諸州。「南徐」當作「南司」。211漳口　地名，故址在今湖北應城市境。212巴蠻　晉、宋以來稱為山蠻，南朝諸史稱為荊、雍州蠻。因其先出於巴種，故謂之巴蠻。213渠帥　大帥。渠，大。214旬月　滿一月。215陳紀　《陳書》卷五〈宣帝紀〉作「陳慧紀」。陳慧紀，陳武帝之從孫。傳見《陳書》卷十五、《南史》卷六十五。216樂寧公達奚儒　《隋書・達奚長儒傳》「寧」作「安」，《北史》傳同。「安」字是。又「儒」上逸「長」字。達奚長儒，字富仁，歷仕周、隋，官至蘭州總管。傳見《隋書》卷五十三、《北史》卷七十三。217石濟　地名，地近黃河，有渡口。故址在今河南衛輝東。218竇毅　即前紇豆陵毅。竇氏曾為紇豆陵氏，孝文帝時復為竇氏。219丁亥　九月初五日。220壬辰　九月初十日。221庚戌　九月二十八日。222隨世子勇　即楊勇（？—西元六○四年），隋文帝長子。先立為太子，後廢，並被幽禁，隋煬帝時賜死，追封為房陵王。傳見《隋書》卷四十五、《北史》卷七十一。223舊齊之地　原北齊境內。自函谷關以東，黃河、汾河以北，皆舊齊之地。224壬子　九月三十日。225甲寅　十月初二日。226陳惑王純　即北周陳王宇文純，字堙智突，北周文帝之子。惑是丞相楊堅所加的惡謚號。227達奚惎　（？—西元五八○年）代（今山西代縣）人，北周太傅達奚武之子。傳見《周書》卷十九、《北史》卷六十四。228利州　州名，治所興安縣，在今四川廣元。229堰江水　謂在江中築堰，以提高水位。江，即嘉陵江，從利州城西流過。230豆盧勣　（西元五三六—五九○年）字定東，昌黎徒河（今遼寧錦州）人，本姓慕容，後歸北魏，北人謂歸義為豆盧，遂以豆盧為氏。歷仕周、隋，官至夏州總管，襲爵楚國公。傳見《隋書》卷三十九、《北史》卷六十八。231劍閣　即劍門關。在今四川劍閣東北。其地勢險要，為古代戍守要地。232新都　縣名，縣治在今四川新都西。233戊寅　十月二十六日。234劍南　泛指在劍閣以南的地區。235甲辰　十一月二十二日。236達奚儒　應作「達奚長儒」，「儒」上脫一「長」字，《隋書》、《北史》本傳可徵。見前注216。237楊永安　氏族首領。事見《周書》卷四十九〈異域傳上〉、《北史》卷九十六〈氐傳〉。238沙州　州名，據胡三省注，沙氏為楊永安所居之地，就置沙州以授渠首。因此，沙州與利、龍等州，當在今四川北部。239丁未　十一月二十五日。240郥襄公　郥公為爵號。襄為謚號。《謚法》：「辟地有德曰襄，又甲胄有勞也曰襄。」241篤意　專心致意。242敦睦　和睦。243庚辰　十二月二十九日。按，《陳書》、《南史》俱同，但與下干支失次，疑為「丙辰」或「庚申」之誤。244癸亥　十二月十二日。245改姓者　宇文泰以諸將補九十九姓。事見本書卷一百六十五〈梁紀〉二十一元帝承聖三年。246甲子　十二月十三日。247總百揆　總管庶政、百官。248進爵為王　即楊堅由隨國公進爵為隨國王。249贊拜　臣子朝見君王，司儀宣讀行禮的儀式。250不名　指司儀不呼朝見之臣的名字，以示禮尊。251九錫之禮　古代帝王尊禮大臣所給的九種器物。如大輅、戎輅，玄牡二駟，袞冕之服，軒懸之樂，六佾之舞，虎賁三百人，鈇鉞各一，彤弓、彤矢等物。[252]辛未　十二月二十日。[253]代奰王達　即代王宇文達。字度斤突，北周文帝之子。奰是給代王的惡謚。《謚法》：「不醉而怒曰奰。」[254]滕聞王逌　即滕王宇文逌。字爾固突，北周文帝之子。聞是給滕王的惡謚。《謚法》：「色取行違曰聞。」[255]壬申　十二月二十一日。[256]元孝規為大司徒　按，《周書》卷八〈靜帝紀〉、《北史》卷十〈靜帝紀〉「元孝規」皆作「元孝矩」，「大司徒」皆作「大司寇」。

【校　記】①傳馬　「傳」上原有「其」字。據章鈺校，十二行本、乙十一行本、孔天胤本皆無「其」字，今據刪。按，《隋書・韋世康傳附韋藝傳》、《通鑑紀事本末》卷二五皆無「其」字。②儀同　原無此二字。據章鈺校，十二行本、乙十一行本、孔天胤本皆有此二字，今據補。③稱　原作「偽稱」。據章鈺校，十二行本、乙十一行本皆無「偽」字，今據刪。按，《隋書・元冑傳》、《北史・元冑傳》、《通鑑紀事本末》卷二五皆無「偽」字。④堅　「堅」字原重。據章鈺校，十二行本、乙十一行本「堅」字皆不重，今據刪。按，《通鑑紀事本末》卷二五「堅」字不重。⑤安知其能盡腹心邪　原作「又安知能盡其腹心邪」。據章鈺校，十二行本、乙十一行本、孔天胤本皆無「又」字，「能盡其」皆作「其能盡」，張敦仁《通鑑刊本識誤》同，今據改。⑥永　原無此字。據章鈺校，十二行本、乙十一行本、孔天胤本皆有此字，張敦仁《通鑑刊本識誤》同，今據補。按，《通鑑紀事本末》卷二五有此字。⑦以　原無此字。據章鈺校，十二行本、乙十一行本、孔天胤本皆有此字，張敦仁《通鑑刊本識誤》同，今據補。⑧小　原作「少」。據章鈺校，十二行本、乙十一行本皆作「小」，今據改。按，《通鑑紀事本末》卷二五、《通鑑綱目》卷三五皆作「小」。⑨曰　原無此字。據章鈺校，十二行本、乙十一行本、孔天胤本皆有此字，今據補。⑩兵　原無此字。據章鈺校，十二行本、乙十一行本、孔天胤本皆有此字，張敦仁《通鑑刊本識誤》同，今據補。⑪軍　原作「眾」。據章鈺校，十二行本、乙十一行本、孔天胤本皆作「軍」，今據改。按，《隋書・于仲文傳》、《通鑑紀事本末》卷二五皆作「軍」。⑫言無不從　原無此四字。據章鈺校，十二行本、乙十一行本、孔天胤本皆有此四字，張敦仁《通鑑刊本識誤》同，今據補。按，《隋書・鄭譯傳》、《通鑑紀事本末》卷二五皆有此四字。⑬乙卯周大赦　原無此五字。據章鈺校，十二行本、乙十一行本、孔天胤本皆有此五字，張敦仁《通鑑刊本識誤》同，今據補。⑭奔　原作「降」。據章鈺校，十二行本、乙十一行本皆作「奔」，張敦仁《通鑑刊本識誤》同，今據改。按，《通鑑紀事本末》卷二五作「奔」。⑮等　原無此字。據章鈺校，十二行本、乙十一行本、孔天胤本皆有此字，今據補。按，《隋書・高祖紀上》有此字。⑯及　原作「入」。據章鈺校，十二行本、乙十一行本皆作「及」，今據改。按，《通鑑綱目》卷三五作「及」。

【語　譯】北周尉遲迥知道楊堅將危害帝室，謀劃起兵討伐楊堅。韋孝寬到達朝歌，尉遲迥派他的大都督賀蘭貴帶著自己的親筆信探望韋孝寬。韋孝寬留下賀蘭貴交談，察看他的意圖，疑心有變故，於是假裝生病慢慢前行。又派人到相州尋醫買藥，祕密刺探。韋孝寬哥哥的兒子韋藝為魏郡郡守，尉遲迥派韋藝迎接韋孝寬。韋孝寬詢問尉遲迥幹什麼，韋藝阿附尉遲迥，不按實情回答。韋孝寬很生氣，將要殺他，韋藝害怕了，原原本本地把尉遲迥的謀劃告訴了韋孝寬。韋孝寬帶著韋藝往西逃，每到一個驛亭，把驛站的馬全都趕走，對驛站主管說：「蜀公尉遲迥將要到，趕快備辦酒食。」尉遲迥過了一會兒派儀同大將軍梁子康帶領幾百名騎兵追趕韋孝寬，追兵每到一個驛站，都遇到豐盛的酒宴，驛站又沒有馬，於是逗留不前，韋孝寬和韋藝因此免於禍難。

楊堅又命令候正破六韓裒到尉遲迥那兒說明自己的意向，暗中遞給相州總管府長史晉昶等人信函，讓他們做好準備。尉遲迥聽到了消息，殺了晉昶和破六韓裒，召集文武士民，登上相州城的北樓，命令他們說：「楊堅憑藉皇后父親的勢力，挾持幼主作威作福，不守臣道的形跡，暴露於大街小巷。我與太祖文皇帝宇文泰是舅甥關係，兼任將相；先帝把我安排在這裡，原本就是把國家安危寄託在我身上。今天我要和大家一起集結仁義勇敢的人士，用來保國護民，怎麼樣呢？」大家全都聽從尉遲迥的號令。尉遲迥就自稱大總管，宣稱秉承皇帝旨意，設置百官。當時趙王宇文招入朝，留下小兒子在封國，尉遲迥尊奉他為主，用以號令天下。

六月初十日甲子，楊堅派遣關中的兵馬，任命韋孝寬為行軍元帥，郕公梁士彥、樂安公元諧、化政公宇文忻、濮陽公武川人宇文述、武鄉公崔弘度、清河公楊素、隴西公李詢等都為行軍總管，征討尉遲迥。崔弘度，是崔楷的孫子。李詢，是李穆哥哥的兒子。

當初，周宣帝派計部中大夫楊尚希撫慰山東，楊尚希到達相州，聽到宣帝崩殂，與尉遲迥一起穿喪服弔唁宣帝。楊尚希出了靈堂對身邊的人說：「蜀公尉遲迥哭聲不悲哀，神色也不安定，將有異謀。我不離開，害怕遭遇禍難。」於是夜裡從小路逃走。黎明，尉遲迥發覺，追趕楊尚希沒有追上，於是回到了長安。楊堅派楊尚希率領家族子弟兵三千人鎮守潼關。

北周雍州牧畢剌王宇文賢與趙、陳、越、代、滕五王圖謀殺掉楊堅，事情敗露，楊堅殺了宇文賢連同他的三個兒子，掩蓋五王參與謀劃的事不予追究。任命秦王宇文贄為大冢宰，杞公宇文椿為大司徒。

庚子日，任命柱國梁睿為益州總管。梁睿，是梁禦的兒子。

北周派汝南公宇文神慶、司衛上士長孫晟送千金公主到突厥。長孫晟，是長孫幼的曾孫。

楊堅又派建威侯賀若誼送財貨給佗鉢可汗，並勸說他交出北齊宗室高紹義。佗鉢可汗假裝和高紹義到南部邊境打獵，讓賀若誼抓獲了他。賀若誼，是賀若敦的弟弟。秋，七月初一日甲申，高紹義被押到長安，遷移到蜀地。過了很久，高紹義病死在蜀地。

北周青州總管尉遲勤是尉遲迥弟弟的兒子。最初得到尉遲迥的書信時，就上表轉呈朝廷，不久也追隨了尉遲迥。尉遲迥所統管的相州、衛州、黎州、洺州、貝州、趙州、冀州、瀛州、滄州，尉遲勤所統管的青州、齊州、膠州、光州、莒州等都響應尉遲迥，兵眾數十萬。滎州刺史邵公冑、申州刺史李惠、東楚州刺史費也利進、潼州刺史曹孝遠，各自割據本州，徐州總管司錄席毗羅佔據兗州，前東平郡守畢義緒佔據蘭陵，全都響應尉遲迥。懷縣永橋鎮將紇豆陵惠舉城投降尉遲迥。尉遲迥派他所任命的大將軍石遜攻打建州，建州刺史宇文弁舉州投降。尉遲迥又派西道行臺韓長業攻取了潞州，抓獲了刺史趙威，任用潞州城人郭子勝為刺史。紇豆陵惠偷襲攻陷了鉅鹿城，於是包圍恆州。上大將軍宇文威攻打汴州，莒州刺史烏丸尼等率領青州、齊州的軍隊包圍沂州。大將軍檀讓攻取曹州、亳州，屯兵於梁郡。席毗羅的軍隊號稱八萬人，屯駐在蕃城，攻陷了昌慮、下邑。李惠從申州攻打永州，奪取了它。

尉遲迥派人招撫大左輔、并州刺史李穆，李穆扣押使者，把尉遲迥寫給他的信加封呈奏朝廷。李穆兒子李士榮，因父親李穆鎮守的并州是天下精兵聚集的地方，私下勸他順從尉遲迥，李穆堅決拒絕。楊堅派內史大夫柳裘到李穆那裡，向他陳述利害，又派李穆的兒子左侍上士李渾到并州轉述誠心。李穆派李渾奉送熨斗給楊堅，說：「希望楊公執掌威柄，如同熨斗一樣平復安定天下。」又送給楊堅十三鐶金帶。十三鐶金帶是天子的飾物。楊堅大為高興，派李渾到韋孝寬那兒轉述李穆的心意。李穆哥哥的兒子李崇，任懷州刺史，起初想響應尉遲迥，後來得知李穆依附楊堅，慨然歎息說：「李氏一家幾十個人蒙受國恩富貴，遇到國家有難，竟然不能匡扶傾危，延續皇室，又有什麼臉面立於天地之間呢？」迫不得已也依附了楊堅。尉遲迥的兒子尉遲誼，任朔州刺史，李穆把他抓起來送到長安。又派兵征討郭子勝，活捉了他。

尉遲迥招撫徐州總管源雄、東郡太守于仲文，都不聽從。源雄，是源賀的曾孫。于仲文，是于謹的孫子。尉遲迥派遣宇文冑從石濟、宇文威從白馬渡河，兩路攻打于仲文，于仲文丟棄東郡逃回長安，尉遲迥殺了他的妻兒。尉遲迥派遣檀讓在黃河以南攻城略地，丞相楊堅任命于仲文為河南道行軍總管，讓他前往洛陽發兵討伐檀讓，命令楊素討伐宇文冑。

七月二十四日丁未，北周任命丞相楊堅都督中外諸軍事。

北周鄖州總管司馬消難也舉兵響應尉遲迥。七月二十六日己酉，北周任命柱國王誼為行軍元帥，讓他征討司馬消難。

廣州刺史于顗，是于仲文的哥哥，與總管趙文表不和，假稱得了心病，誘騙趙文表，親手殺了他，趁勢公開宣言趙文表與尉遲迥串通合謀。楊堅認為尉遲迥還沒有討平，便慰勞鼓勵他，並任命他為吳州總管。

北周趙僭王宇文招圖謀殺死楊堅，邀請楊堅到他家裡，楊堅自帶酒菜到他家。宇文招把楊堅引入自己的寢室，宇文招的兒子宇文員、宇文貫和妃子的弟弟魯封等都在旁邊，佩刀而立，又在帷席中暗藏兵器，還在後院埋伏壯士。楊堅身邊的人都不准跟隨，只有楊堅的從祖堂弟開府儀同大將軍楊弘、大將軍元冑坐在門旁。元冑是元順的孫子。楊弘、元冑都有勇力，是楊堅的心腹。酒喝到高興的時候，宇文招用佩刀刺瓜接連送給楊堅吃，想藉機刺殺他。元冑上前對楊堅說：「相府有事，不可久留。」宇文招呵斥他說：「我與丞相談話，你要幹什麼？」喝令要他退下。元冑雙目圓睜，怒氣沖沖，拔刀到楊堅身旁護衛。宇文招賜給他酒，說：「我難道會有歹意？你為何這樣猜疑戒備？」宇文招假裝嘔吐，準備進後院，元冑擔心他發生變故，扶他重新坐好，這樣反覆了好幾次。宇文招稱自己喉乾舌燥，讓元冑到廚房取水來喝，元冑不動。適逢滕王宇文逌到來，楊堅下臺階迎接他。元冑對楊堅附耳說：「情況非同尋常，應當趕快離開！」楊堅說：「他們沒有兵馬，能幹什麼？」元冑說：「兵馬就是他們家人，他們如果先下手，一切都完了。我元冑不是怕死，恐怕死得不值。」楊堅重新入座。元冑聽到房後有士兵穿甲冑的聲音，立即請求楊堅說：「相府公務繁忙，你怎能這樣？」便扶楊堅下床快步離去。宇文招想追上楊堅，元冑用身體擋住門口，宇文招出不了門。等楊堅到了大門口，元冑從後面趕到。宇文招後悔沒有及時下手，氣得彈指流血。七月二十九日壬子，楊堅誣陷宇文招與越野王宇文盛謀反，把他們及其諸子全都殺了。賞賜元冑，數量無法計算。

北周皇室諸王多次想找機會殺死楊堅，都督臨涇人李圓通常常保護他，因此得以幸免。

七月三十日癸丑，北周國主宇文衍冊封弟弟宇文衍為葉王，宇文術為郢王。〇北周的豫州、荊州、襄州等三州的蠻族反叛，攻破了一些郡縣。

北周韋孝寬的軍隊到達永橋城，眾將領請求首先攻打這座城。韋孝寬說：「城小卻堅固，如果進攻打不下來，有損我軍的兵威。如果打敗他的大軍，這座小城能幹什麼？」於是帶領軍隊駐紮在武陟。尉遲迥派他的兒子魏安公尉遲惇率領十萬人進入武德，駐軍在沁水東岸。正趕上沁水上漲，韋孝寬與尉遲迥隔水相持都不向前。

韋孝寬長史李詢向丞相楊堅祕密報告說：「梁士彥、宇文忻、崔弘度都接受了尉遲迥贈送的黃金，軍中騷動不安，人心大變。」楊堅很是憂慮，與內史上大夫鄭譯商量替代這三個人的人。李德林說：「丞相與各位大將，都是朝廷的貴臣，誰也不服誰，如今不過是利用挾天子的威權控制他們罷了。以前派的人，懷疑他們有貳心，此後派去的人，怎麼知道他們都成為你的心腹呢？又，接受黃金的事，真假難辨，如今一旦更換他們，可能畏罪潛逃，如果拘禁他們，那麼鄖公韋孝寬以下，沒有人不驚恐生疑。再說，臨敵換將，這正是戰國時燕國、趙國敗亡的原因。我的個人看法，只需派您的一個心腹，但要足智多謀，一向為眾將領信服的人，迅速到軍中，讓他觀察真假。即使他們懷有貳心，也一定不敢輕舉妄動，有異常舉動也能被制服。」楊堅大悟，說：「你不說這話，差點壞了大事。」便派少內史崔仲方前往監督諸軍，號令眾將。崔仲方，是崔猷的兒子，推辭說父親在山東。又派劉昉、鄭譯，劉昉推辭說從沒有帶過兵，鄭譯推辭說母親年老。楊堅很不高興。丞相府司錄高熲請求前往，楊堅很高興，派他前往。高熲接受任命後立即出發，派人向母親辭行而已。從此，楊堅處理軍務，都與李德林商議。當時軍令文書每天上百件，李德林一人口述給幾個人記錄，文書內容多種多樣，不用修改。

北周郢州總管司馬消難獻出郢、隨、應、土、順、沔、儇、岳九州，以及魯山等八鎮投降陳朝，派他的兒子司馬永為人質用以求援。八月初六日己未，陳宣帝下詔任命司馬消難為大都督、總督九州八鎮諸軍事、司空，賜爵隨公。初七日庚申，陳宣帝下詔鎮西將軍樊毅進督沔、漢諸軍事，南豫州刺史任忠率領軍隊進逼歷陽，超武將軍陳慧紀為前軍都督，趕赴南兗州。

北周益州總管王謙也不依附丞相楊堅，發動巴、蜀的軍隊攻打始州。梁睿到了漢川，不能前進，楊堅就任命梁睿為行軍元帥討伐王謙。

八月十五日戊辰，陳宣帝下詔任命司馬消難為大都督，總領水陸諸軍事。十七日庚午，通直散騎常侍淳于陵攻克了臨江郡。

後梁世宗蕭巋派中書舍人柳莊帶著國書到北周。丞相楊堅握著柳莊的手說：「我先前任開府儀同三司時，曾隨軍到江陵，深受梁主特別看重。現今國主年幼，時勢艱難，承蒙顧命輔佐少主。梁主累代效忠朝廷，應當相互一起堅守松柏那樣耐寒的節操。」當時眾將領都勸後梁國主舉兵，與尉遲迥合謀，認為這樣進可以為周朝盡節效忠，退可以席捲秦嶺南面的漢、沔之地。後梁國主疑慮未作決定。正好柳莊返回，一一轉告了楊堅的話，並且說：「從前袁紹、劉表、王淩、諸葛誕，都是一代豪傑，佔據了要地，擁有強兵，但是功業都沒有造就，災禍旋踵而至，原因是曹魏、晉氏挾天子，佔有京都，倚仗朝廷名正言順發號施令的緣故。現今尉遲迥雖說是老將，但衰老昏亂已很嚴重，而司馬消難、王謙都是平庸之輩，並沒有匡正天下的才幹。周朝的將相，大多只顧個人的利益，爭相效忠楊氏。依臣預料，尉遲迥等終究會被消滅，隨公楊堅肯定要奪取周朝政權。我們不如保境安民，以觀看形勢的變化。」後梁國主深表贊同，大家起兵的議論也就止息了。

高熲到了軍中，在沁水上建起了浮橋。尉遲惇從上游放出帶火木筏，高熲預先製作叫做「土狗」的土墩來阻擋火木筏。尉遲惇列陣二十餘里，指揮軍隊稍為後撤，想等到韋孝寬的軍隊渡河一半時發起攻擊，韋孝寬趁尉遲惇後退，鳴鼓齊進。周軍渡過河後，高熲下令燒了浮橋，用以斷絕士兵後退的心理。尉遲惇軍大敗，自身單騎逃脫。韋孝寬乘勝前進，追到鄴城。

八月十七日庚午，尉遲迥與尉遲惇以及尉遲惇弟弟西都公尉遲祐，率領全部士兵十三萬人列陣在鄴城南面，尉遲迥另外率領一萬人，全部是綠色頭巾，錦綢袍子，號稱為「黃龍兵」。尉遲迥的姪兒尉遲勤率領部眾五萬，從青州趕赴尉遲迥處，派三千名騎兵先到。尉遲迥一向熟悉軍事，年老還披甲臨陣。他部下的兵士都是關中人，為他拼死力戰，韋孝寬的軍隊交戰不利，後退。鄴城士民觀戰的有幾萬人。行軍總管宇文忻說：「事情緊急！我應該用詭詐的戰術打敗敵兵。」於是先向觀戰的人群射箭，觀戰的人全都逃走，轉相踐踏，聲震如雷。宇文忻大聲傳呼說：「敵人敗退了！」士兵又振作起來，趁紛亂之際攻打敵軍。尉遲迥軍隊大敗，退保鄴城。韋孝寬揮兵包圍鄴城，李詢和思安伯代郡人賀婁子幹搶先登上城頭。

崔弘度的妹妹，早先嫁給尉遲迥的兒子為妻，等到鄴城攻破，尉遲迥窘迫困急，登上城樓，崔弘度逕直從龍尾道追趕他。尉遲迥拉弓，將要射崔弘度，崔弘度脫下頭盔，對尉遲迥說：「是否還認識我？今天我們各為國事著想，不能顧及私情。看在親戚的情分，我阻止了亂兵，不許他們陵辱你。事情到了這一步，你應早為自己考慮，還等待什麼？」尉遲迥把弓箭扔在地上，竭力痛罵左丞相楊堅而後自殺。崔弘度回頭對弟弟崔弘升說：「你可以割下尉遲迥的頭。」崔弘升砍下了尉遲迥的頭顱。在小城中的尉遲迥士兵，韋孝寬全部活埋了他們。尉遲勤、尉遲惇、尉遲祐東逃青州，沒有到達，開府儀同大將軍郭衍追上抓獲了他們。丞相楊堅因當初尉遲勤送上尉遲迥的信有歸誠的心意，特地不加罪於他。李惠在尉遲迥失敗之前就束手歸降請罪，楊堅恢復了他的官爵。

尉遲迥晚年老邁昏聵，等到起兵，用小御正崔達拏為長史，崔達拏是崔暹的兒子，是個文士，沒有籌謀，舉措多有失誤，總共六十八天就失敗了。

于仲文的軍隊到達蓼隄，離梁郡七里。檀讓擁有部眾數萬，于仲文用老弱兵挑戰，假裝失敗，檀讓沒有提防。于仲文反擊，大敗檀讓，活捉了五千多人，斬首七百級。進攻梁郡，尉遲迥守將劉子寬棄城逃走。于仲文進攻曹州，抓獲尉遲迥任命的刺史李仲康。檀讓率領剩餘的部眾駐守成武，于仲文出兵襲擊，打敗了檀讓，於是攻取了成武。尉遲迥部將席毗羅有兵十萬，屯駐在沛縣，將要攻打徐州。他的妻兒在金鄉，于仲文派人假稱是席毗羅的使者，對金鄉城主徐善淨說：「檀讓明天午時到達金鄉，宣布蜀公尉遲迥的命令，賞賜將士。」金鄉人都很高興。于仲文挑選精兵，偽裝打著尉遲迥的旗幟，兼程行進。徐善淨遠遠看見，認為是檀讓，出城迎拜。于仲文抓獲了他，於是奪取了金鄉。眾將勸于仲文屠滅金鄉城，于仲文說：「這座城是席毗羅起兵的地方，應當寬大他們的妻兒，席毗羅手下的兵士就會回來，如果立刻屠城，他們就絕望了。」眾將都說好。於是席毗羅仗著人多勢眾逼近官軍，于仲文設下埋伏襲擊對方，席毗羅的軍隊潰敗，士兵爭著投入洙水，大多被淹死，洙水因此都不流動了。檀讓被抓獲，用囚車押送京師，殺了席毗羅，首級傳送到京師。

韋孝寬分兵討伐關東的叛亂州郡，全都平定了。楊堅把相州治所移到安陽，毀了鄴城及民居。分割相州，增置毛州、魏州。

後梁國主得知尉遲迥失敗，對柳莊說：「如果聽了眾人的話，梁國已經失守了！」

丞相楊堅剛剛掌權的時候，對待黃公劉昉、沛公鄭譯很優厚，賞賜無法計算，委以心腹重任，對他們的話沒有不聽從的，朝野上下都傾心歸屬，稱二人為「黃、沛」。這兩人也居功驕傲，沉迷於金錢財利，不親自處理相府事務，等到推辭做監軍，楊堅開始疏遠兩人，恩惠禮遇逐漸淡薄。高熲從軍中還京，恩寵待遇一天天隆重。當時王謙、司馬消難還未平定，楊堅憂慮，忘寢廢食。而劉昉遊樂縱酒，丞相府的事留下很多沒有處理。楊堅任命高熲代替劉昉任司馬，但不忍心罷鄭譯的官，暗中吩咐屬官不得向鄭譯稟報公事。鄭譯仍然坐在丞相府長史的位置上，但不能做什麼事。鄭譯惶恐，磕頭請罪，要求解除職務，楊堅仍然以恩惠禮遇安慰勉勵他。

八月二十日癸酉，陳朝智武將軍魯廣達攻克北周的郭默城。二十三日丙子，淳于陵攻克祐州城。

北周任命漢王宇文贊為太師，申公李穆為太傅，宋王宇文實為大前疑，秦王宇文贄為大右弼，燕公于寔為大左輔。于寔，是于仲文的父親。

乙卯日，北周大赦。

北周王誼率領四總管到達鄖州，司馬消難率領部眾獻出魯山、甑山兩鎮投奔陳朝。

當初，司馬消難派上開府儀同大將軍段珣領兵包圍順州，北周順州刺史周法尚不能抵擋，棄城逃跑，司馬消難俘獲了周法尚的同母弟弟南下。陳將樊毅率軍救援司馬消難，還沒趕到，北周亳州總管元景山截擊他，樊毅劫掠居民退走。元景山和南徐州刺史宇文弼追擊樊毅，與樊毅在漳口交戰，一天之中三戰三捷。樊毅退守甑山鎮，被司馬消難所佔有的城邑，元景山都重新奪回。

鄖州巴蠻大多反叛，共推大帥蘭雒州為首領，依附司馬消難。王誼派出眾將分路討伐，一月之內全部平定。陳紀、蕭摩訶等人攻打廣陵，北周吳州總管于顗打敗了他們。沙州氐帥楊永安聚眾響應王謙，北周大將軍樂寧公達奚儒領兵征討他。楊素在石濟打敗滎州刺史宇文胄，把他殺了。

北周任命神武公竇毅為大司馬，齊公于智為大司空。九月，任命小宗伯竟陵公楊惠為大宗伯。

九月初五日丁亥，北周將軍王延貴率軍救援歷陽，陳將任忠打敗了王延貴，活捉了他。

九月初十日壬辰，北周廢皇后司馬氏為庶民。二十八日庚戌，北周任命隨公嫡子楊勇為洛州總管、東京小冢宰，統轄原北齊地區。三十日壬子，北周任命左丞相楊堅為大丞相，廢除左、右丞相兩個官職。

冬，十月初二日甲寅，發生日蝕。○北周丞相楊堅殺死陳惑王宇文純和他的兒子。

北周梁睿率領步騎二十萬討伐王謙，王謙分派眾將據守險要，梁睿奮勇攻擊，多次打敗對方，蜀地軍民驚恐不安。王謙派部將達奚惎、高阿那肱、乙弗虔等率領部眾十萬攻打利州，築堤壩攔截嘉陵江水灌州城。守城戰士不過兩千人，總管昌黎人豆盧勣，日夜守城抵抗，總共四十天，不時出奇兵偷襲達奚惎等，打敗了他們。恰逢梁睿大軍到達，達奚惎等逃走。梁睿從劍閣進兵，進逼成都。王謙命令達奚惎、乙弗虔守城，自己親自率領精兵五萬背城擺開陣勢。梁睿進攻，王謙戰敗，將要進城，達奚惎、乙弗虔獻城投降，王謙率領部下三十騎逃向新都，新都縣令王寶抓獲了王謙。十月二十六日戊寅，梁睿殺了王謙、高阿那肱，劍南地區平定。

十一月二十二日甲辰，北周達奚長儒打敗楊永安，沙州平定。

十一月二十五日丁未，北周鄖襄公韋孝寬去世。韋孝寬長期戍守邊境，多次抵抗強敵，他的策謀部署，起初沒有人理解，看到成功以後，才驚歎佩服。雖然身在軍中，卻沉心於文史書籍。又和睦宗族，所得俸祿從不拿回自己家中，當時人因此稱讚他。

十二月二十九日庚辰，陳朝河東康簡王陳叔獻去世。○十二日癸亥，北周下詔在西魏時所有改姓鮮于氏的人，應全部恢復本姓。

十二月十三日甲子，北周任命大丞相楊堅為相國，總領百官，免去都督中外諸軍事、大冢宰的官號，進爵位為王，以安陸等二十郡為隨國，上朝時行朝禮司儀不直呼其名，並賜九錫之禮。楊堅只接受了王爵、十個郡的封邑而已。

十二月二十日辛未，楊堅殺死代奰王宇文達、滕聞王宇文逌，以及他們的兒子。○二十一日壬申，任命小冢宰元孝規為大司徒。

這一年，北周境內有州二百一十一，郡五百零八。

【研　析】本卷記西元五八○年事，集中反映的是楊堅因緣際會，執掌北周大政，削平異己，為隋政權的創立奠定基礎。按李德林的話說，楊堅「與諸將，皆國家貴臣，未相服從」，也就是說他在北周當時的政治中，並不具備獨特的地位。周宣帝突然死亡，其子靜帝宇文闡年僅八歲，誰得以輔政，便有可能執掌最高權力。楊堅得以執政，有其偶然性，而他能夠穩定局勢，取周建隋，則有一定的必然性。

一般來說，輔政大臣首選為宗室，雖不能保證輔政者忠於弱子，但至少可以保證皇室姓氏不變。宣帝死時，其弟北漢王贊侍病居於禁中，其叔父趙王招、越王盛、代王達等仍健在，他們當然都是輔政大臣的合適人選。楊堅女雖是宣帝眾皇后之一，但宇文闡生母卻為名不見經傳的朱氏，因此楊堅以后父輔政，並非名正言順，楊堅初聞自己輔政的建議，「固辭，不敢當」，也確實不是故作姿態。《隋書・高祖紀上》說楊堅生有異相，出生時「紫氣充庭」，幼年時「忽見頭上角出，徧體鱗起」，這些傳說即便果有其事，在其執政以前，亦當諱莫如深，絕不敢為外人道；至於說他「為人龍顏，額上有五柱入頂，目光外射，有文在手曰『王』」，亦不過是對似是而非的體紋作一種有利的解釋，同樣當不得真，否則早在執政之前就會被宇文氏以各種藉口處死了。不過他性格「沉深嚴重」，也就是說為人不苟言笑，喜怒不形於色，大致可信。宣帝因其「位望隆重」而「忌之」，「因召堅，謂左右曰：『色動，即殺之。』堅至，神色自若，乃止。」即很好地體現了他「沉深嚴重」的性格，不過，宣帝既深「忌之」，勢不可能安排他為輔政大臣。

宣帝病得突然，來不及交代後事，給輔政大臣的選擇留下了太多的變化空間，其身邊掌握詔書撰寫與審定的人員，即御正中大夫顏之儀、小御正劉昉、領內史鄭譯、內史大夫韋謩、御正下士皇甫績等，便有機會假託帝命，趁機選擇於己有利的人來輔政。顏之儀主張引宗室諸王輔政，而劉昉、鄭譯等人主張引楊堅入宮輔政。《隋書》卷四十〈顏之儀傳〉說，當劉昉、鄭譯引楊堅入宮時，御正中大夫顏之儀與宦官密謀，引大將軍宇文仲入宮輔政。「仲已至御坐，譯知之，遽率開府楊惠及劉昉、皇甫績、柳裘俱入。仲與之儀見譯等，愕然，逡巡欲出，高祖因執之。」可能因大將軍宇文仲其人不見記載，溫公遂不將此事錄於《通鑑》，但其時宮廷氣氛緊張，則是確定無疑的。

宣帝在位期間，因其叔父宇文憲聲望太高而加以殺害，又將叔父宇文招等逐至封地。其弟漢王宇文贊原本因「不才」不被周武帝看好。宣帝死後，宇文贊作為宗室近親以右丞相身分居禁中輔政，「每與靜帝同帳而坐」，本可有效牽制楊堅權勢過度膨脹，卻因「年少，性識庸下」，聽信劉昉一席美言，主動搬出皇宮，致使楊堅得以一手遮天。趙王招奉命返回京城，雖舉行了類似「鴻門宴」的宴會，欲誅除楊堅，結果反而給楊堅誅殺宇文氏諸王提供了藉口。

支持楊堅的劉昉「素知高祖」，說明與楊堅交情不淺；鄭譯與楊堅「有同學之舊，譯又素知高祖相表有奇，傾心相結。」與行事正直的顏之儀不同，劉昉、鄭譯當宣帝胡作非為之朝，以邪佞獲得寵信，朝廷正直之臣對其不太可能有好感，宣帝暴死，也意味他們政治前途堪憂，他們擁與自己交好的楊堅輔政，無疑是出於保護自身利益的考慮。當楊堅「固辭」時，劉昉竟稱「公若為，速為之；不為，昉自為也。」楊堅輔政之初，劉昉、鄭譯按北周制度，安排楊堅為小冢宰，他們二人掌握詔誥，鄭譯自攝大司馬，劉昉又打算自己擔任小冢宰，這實際上是要遏制楊堅的權力，以至於楊堅問李德林「欲何以見處」。李德林根據所熟悉的北齊制度，建議楊堅自任大丞相、假黃鉞、都督中外諸軍事，行政、軍事握於一人之手，「以鄭譯為丞相府長史，劉昉為司馬，李德林為府屬」，這才真正得以行使大權、鎮懾眾心。《隋書》卷三十八記後來楊堅當上皇帝以後，曾評論自己輔政實屬偶然：「微劉昉、鄭譯及賁、柳裘、皇甫績等，則我不至此。然此等皆反覆子也。當周宣帝時，以無賴得幸，及帝大漸，顏之儀等請以宗王輔政，此輩行詐，顧命於我。」對於曾阻止自己輔政的顏之儀，楊堅並沒有嚴厲處置。他當上皇帝後，朝會時，「命引（之儀）至御坐，謂之曰：『見危授命，臨大節而不可奪，古人所難，何以加卿。』」予以褒獎。

楊堅在劉昉、鄭譯等活動下成功輔政，「周朝將相，多為身計，競效節於楊氏」。專制政體為楊堅提供了威懾眾人的必要條件。可是，他並沒為北周政權立下過什麼可圈可點的貢獻，卻能在不到一年的時間內取周建隋，與歷史上的權臣苦心經營而行禪讓大相逕庭。而且我們知道，東、西魏實際的創立者高歡、宇文泰均未曾行禪位之舉。這表明，與宇文氏相比。楊氏更能代表關隴集團的整體利益，能夠獲得普遍的支持。

《隋書・高祖紀上》記楊堅為弘農華陰人，乃東漢太尉楊震之後。楊堅祖上在北魏時「代為武川鎮司馬，子孫因家焉」，其父楊忠「從周太祖起義關西，賜姓普六茹氏」。楊忠在宇文泰初創府兵制時，為十二大將軍之一，隸屬於柱國大將軍獨孤信，後升至柱國大將軍、封隨國公。「弘農華陰人」與武川鎮的家世背景，是楊堅在北周末年具備領袖群倫的一個原因。楊震在東漢中期，因與專權宦官絕不合作，被迫自殺，被追贈為烈士，成為東漢士大夫的榜樣，楊氏也號稱「四世三公」，為東漢時數一數二的名門。但魏晉時，弘農楊氏的影響力已不復存在，十六國北朝，自稱弘農人的有名的楊氏人物，基本上都是偽託名門，楊堅家族所稱弘農楊氏，當亦如是。在少數民族急劇漢化的時代背景下北朝後期，偽託漢魏名門，業已成為一種時代潮流，當時的人們並不太計較是否可以從血緣上一一追述。後來的李唐皇氏，亦出於武川，族源卻稱隴西李氏，陳寅恪先生曾著文考證其所稱隴西李氏，絕對是冒牌。

宇文泰利用「武川軍團」構建起西魏北周政治核心，恢復草原部落名號，賜將領以鮮卑姓氏，所統部下亦改從其姓氏，人為構建出一個個認同草原傳統的血緣性組織，起初確有利於統治者內部的團結。但西魏北周時代，華夏化過程並沒中止，要實現穩定統治，還必須立足於關隴地區，而不是強調武川這一鄉里認同，尤其是在消滅北齊統一北方之後，再強調武川鄉里認同，更是不合時宜。楊氏雖獲得了「普六茹氏」這一北方少數民族的姓氏，但其本姓楊，為其攀附東漢名門提供了便利。作為武川功臣之子，他得娶最初十二大將軍之一的獨孤信之女為妻，其執政自然會得到獨孤一系力量的支持，如出於獨孤氏家臣的高熲，主動請命出任監軍，討伐尉遲迥。雖然漢魏名門很有可能是偽託，但楊堅也因此能夠得到認同華夏者的支持。源出漢代京兆韋氏的韋孝寬率兵為他平定尉遲迥，而與劉昉等引楊堅入宮輔政的皇甫績，正是韋孝寬的外孫，皇甫本亦是關隴名門；以隴西李氏為門望的并州刺史李穆，亦為最初六大柱國之一李弼的後人，「所居天下精兵處」，舉足輕重，卻主動向楊堅送熨斗與十三環金帶，示意自己支持楊堅取宇文氏而君臨天下；原北齊文壇領袖李德林在楊堅向他表示「願與共事」時，傾身結附，「願以死奉公」。這些人支持楊堅，當不只是「為身計」，還有著文化心理上對楊氏的認同。除了《通鑑》記錄的這些史事外，《隋書》所見北方名門之後積極支援楊堅的事例尤多，如博陵人崔仲方，「高祖為丞相，與仲方相見，握手極歡，仲方亦歸心焉。其夜上便宜十八事，高祖並嘉納之。又見眾望有歸，陰勸高祖應天受命，高祖從之。」

可以說，本年底在楊堅主持下，「詔諸改姓者，宜悉復舊」，是一個標誌性的事件，意味著西魏北周漢化或者說華夏化過程的一個高潮，意味著楊堅即將創立的政權將全面拋棄草原文化的影響，認同於漢魏傳統。改朝換代為政策的急劇轉型提供了契機，如同我們在下卷所看到的。

卷第一百七十五

陳紀九

起重光赤奮若（辛丑　西元五八一年），盡昭陽單閼（癸卯　西元五八三年），凡三年。

【題解】本卷記述西元五八一—五八三年南北朝三年史事。時當陳宣帝太建十三、十四年、後主至德元年，北朝周隋交替，北周靜帝大定元年，隋文帝開皇元年、二年、三年。隋朝初建，隋文帝任賢納諫，約法省刑，頒布刑律，對內勵精圖治，對外堅決抗擊突厥，北朝出現了新氣象，隋朝欣欣向榮。南朝陳宣帝辭世，陳叔陵狂愚，發動了未遂政變，暴露了陳朝的腐朽。於是隋文帝有滅陳之志，北方名將賀若弼出鎮廣陵，韓擒虎出鎮廬江，南北統一，曙光初現。

高宗宣皇帝下之下

太建十三年（辛丑　西元五八一年）

春，正月壬午[1]，以晉安王伯恭為尚書左僕射，吏部尚書袁憲為右僕射。憲，樞之弟也。

周改元大定❷。

二月甲寅❸，隋王始受相國、百揆、九錫之命[1]，建臺置官❹。丙辰❺，詔進王妃獨孤氏❻為王后，世子勇為太子。

開府儀同大將軍庾季才，勸隋王宜以今月甲子應天受命❼。太傅李穆、開府儀同大將軍盧賁亦勸之。於是周主下詔，遜❽居別宮。甲子❾，命兼太傅杞公椿奉冊，大宗伯趙煚奉皇帝璽紱❿，禪位于隋。隋主冠遠遊冠⓫，受冊、璽，改服紗帽⓬、黃袍，入御臨光殿，服袞冕，如元會之儀⓭。大赦，改元開皇。命有司奉冊祀于南郊。遣少冢宰元孝矩⓮代太子勇鎮洛陽。孝矩名矩，以字行，天賜之孫⓯也。女為太子妃。

少內史崔仲方勸隋主除周六官⓰，依漢、魏之舊，從之。置三師、三公及尚書、門下、內史、祕書、內侍五省⓱，御史⓲、都水⓳二臺，太常等十一寺⓴，左右衛等十二府㉑，以分司統職。又置上柱國至都督十一等勳官㉒，以酬勤勞。特進至朝散大夫七等散官㉓，以加文武官之有德聲者。改侍中為納言㉔。以相國司馬高熲為尚書左僕射，兼納言，相國司錄京兆虞慶則㉕為內史監㉖兼吏部尚書，相國內郎㉗李德林為內史令㉘。

乙丑㉙，追尊皇考㉚為武元皇帝，廟號太祖，皇妣㉛呂氏為元明皇后。丙寅㉜，修廟社㉝。立王后獨孤氏[2]為皇后，王太子勇為皇太子。丁卯㉞，以大將軍[3]趙煚為尚書右僕射。己巳㉟，封周靜帝為介公。周氏諸王皆降爵為公。

初，劉、鄭㊱矯詔以隋主輔政，楊后㊲雖不預謀，然以嗣子幼沖㊳，恐權在佗族，聞之，甚喜。後知其父有異圖㊴，意頗不平，形於言色㊵，及禪位，憤惋㊶逾甚。隋主內甚愧之，改封樂平公主。久之，欲奪其志㊷，公主誓不許，乃止。

隋主與周載下大夫㊸北平榮建緒㊹有舊，隋主將受禪，建緒為息州㊺刺史，將之官㊻，隋主謂曰：「且躊躇㊼，當共取富貴。」建緒正色曰：「明公此旨，非僕所聞。」及即位，來朝，帝謂之曰：「卿亦悔不？」建緒稽首曰：「臣位非徐廣㊽，情類楊彪㊾。」帝笑[4]曰：「朕雖不曉書語，亦知卿此言不遜。」

上柱國竇毅之女，聞隋受禪，自投堂下，撫膺㊿太息(51)曰：「恨我不為男子，救舅氏之患！」毅及襄陽公主(52)掩其口曰：「汝勿妄言，滅吾族！」毅由是奇之。及長，以適唐公李淵(53)。淵，昞之子也。

虞慶則勸隋主盡滅宇文氏，高熲、楊惠亦依違(54)從之，李德林固爭，以為不可，隋主作色[55]曰：「君書生，不足與議此！」於是周太祖孫譙公乾惲、冀公絢，閔帝子紀公湜，明帝子酆公貞、宋公實，高祖子漢公贊、秦公贄、曹公允、道公充、蔡公兌、荊公元，宣帝子萊公衍[56]、郢公術皆死。德林由此品位不進。

乙亥[57]，上耕藉田。

隋主封其弟邵公慧[58]為滕王，安公爽為衛王，子鴈門公廣[59]為晉王，俊[60]為秦王，秀[61]為越王，諒[62]為漢王。

隋主賜李穆詔曰：「公既舊德，且又父黨[63]。敬惠來旨，義無有違。即以今月十三日恭膺[64]天命。」俄而穆入朝，帝以穆為太師，贊拜不名。子孫雖在襁褓，悉拜儀同，一門執象笏[65]者百餘人，貴盛無比。又以上柱國竇熾為太傅，幽州總管于翼為太尉。李穆上表乞骸骨[66]，詔曰：「呂尚[67]以期頤[68]佐周，張蒼[69]以華皓[70]相漢，高才命世[71]，不拘恆[5]禮。」仍以穆年耆[72]，敕蠲朝集，有大事，就第詢訪。

美陽公蘇威[73]，綽之子也，少有令名，周晉公護強以女妻之。威見護專權，恐禍及己，屏居山寺，以諷讀[74]為娛。周高祖聞其賢，除車騎大將軍、儀同三司，又除稍伯下大夫[75]，皆辭疾不拜。宣帝就除開府儀同大將軍。隋主為丞相，高熲薦之，隋主召見，與語，大悅。居月餘，聞將受禪，遁歸田里。熲請追之，隋主曰：「此不欲預吾事耳，置之。」及受禪，徵拜太子少保，追封其父為邳公，以威襲爵。

丁丑[76]，隋以晉王廣為并州總管。三月戊子[77]，以上開府儀同三司賀若弼[78]為吳州[79]總管，鎮廣陵。和州[80]刺史河南韓擒虎[81]為廬州[82]總管，鎮廬江。隋主有并吞江南之志，問將帥於高熲，熲薦弼與擒虎，故置於南邊，使潛為經略。

戊戌[83]，以太子少保蘇威兼納言、度支尚書[84]。

初，蘇綽在西魏，以國用不足，為⑥征稅法頗重，既而歎曰：「今所為者，正⑦如張弓[85]，非平世法也。後之君子，誰能弛之？」威聞其言，每以為己任。至是，奏減賦役，務從輕簡，隋主悉從之。漸見親重，與高熲參掌朝政。帝嘗怒一人，將殺之，威入閤進諫，帝不納，將自出斬之。威當帝前不去，帝避之而出，威又遮止[86]。帝拂衣而入，良久，乃召威謝曰：「公能若是，吾無憂矣。」賜馬二匹，錢十餘萬。尋復兼大理卿[87]、京兆尹[88]、御史大夫[89]，本官悉如故。治書侍御史[90]安定梁毗，以威兼領五職[91]，安繁戀劇[92]，無舉賢自代之心，抗表劾威，帝曰：「蘇威朝夕孜孜[93]，志存遠大，何遽迫之？」因謂朝臣曰：「蘇威不值[94]我，無以措[95]其言；我不得蘇威，何以行其道？楊素才辯無雙，至於斟酌古今，助我宣化[96]，非威之匹[97]也。威若逢亂世，南山四皓[98]，豈易屈哉？」威嘗言於帝曰：「臣先人每戒臣云：『唯讀孝經[99]一卷，足以立身治國，何用多為？』」帝深然之。

高熲深避權勢，上表遜位[100]，讓於蘇威，帝欲成其美[101]，聽解僕射。數日，帝曰：「蘇威高蹈[102]前朝，熲能推舉。吾聞進賢受上賞，寧可使之去官？」命熲復位。熲、威同心協贊[103]，政刑大小，帝無不與之謀議，然後行之。故革命[104]數年，天下稱平。

太子左庶子[105]盧賁，以熲、威執政，心甚不平，時柱國劉昉亦被疏忌[106]。賁因諷昉及上柱國[107]元諧、李詢、華州[108]刺史張賓[109]等謀黜熲、威，五人相與輔政。又以晉王廣有寵於帝，私謂太子曰：「賁欲數謁殿下，恐為上所譴，願察區區之心[110]。」謀泄，帝窮治其事，昉等委罪於賓、賁。公卿奏二人當死，帝以故舊，不忍誅，並除名[111]為民。

庚子[112]，隋詔前代品爵[113]，悉[8]依舊不降。○丁未[114]，梁主遣其弟太宰[115]巖入賀于隋。

夏，四月辛巳[116]，隋大赦。戊戌[117]，悉放太常[118]散樂[119]為民，仍禁雜戲。

散騎常侍[120]韋鼎[121]、兼通直散騎常侍[122]王瑳[123]聘于周。辛丑[124]，至長安，隋已受禪，隋主致之介國[125]。

隋主召汾州刺史韋沖[126]為兼散騎常侍。時發稽胡築長城，汾州胡千餘人，在塗亡叛。帝召沖問計，對曰：「夷狄[127]之性，易為反覆，皆由牧宰[128]不稱[129]之所致。臣請以理綏靜[130]，可不勞兵而定。」帝然之，命沖綏懷叛者，月餘皆至，並赴長城之役。沖，敻之子也。

五月戊午[131]，隋封邗公[9]雄[132]為廣平王，永康公弘為河間王。雄，高祖之族子也。

隋主潛害[133]周靜帝而為之舉哀，葬于恭陵，以其族人洛[134]為嗣。

【章旨】以上為第一段，寫隋文帝受禪，以及一系列人事安排，建立和鞏固了隋朝。

【注釋】❶壬午　正月初一日。❷改元大定　周改大象二年為大定元年。❸甲寅　二月初四日。❹建臺置官　謂建立官署，設置百官。臺，官署。❺丙辰　二月初六日。❻獨孤氏　（西元五五三—六〇二年）河南洛陽（今河南洛陽）人，獨孤信之女。為隋文帝皇后。事見《隋書》卷三十六〈后妃傳〉、《北史》卷十四〈后妃傳下〉。❼應天受命　謂適應天意，接受天命。❽遜　退位。❾甲子　二月十四日。❿皇帝璽紱　周制，皇帝八璽，有神璽、傳國璽。神璽，明受之於天。傳國璽，明受之於運。另有六璽：一皇帝行璽，封命諸侯及三公時用。二皇帝之璽，與諸侯及三公書時用。三皇帝信璽，調兵遣將時用。四天子行璽，封命蕃國之君時用。五天子之璽，與蕃國之君書時用。六天子信璽，徵蕃國之兵時用。⓫遠遊冠　冠名，制似通天冠，皇太子及諸王所戴。⓬紗帽　一名高頂帽。冠名，古代君主或官員所戴的一種帽子，以紗製成，故名。

⑬元會之儀　元旦大朝會的儀式。元旦大朝會時，文物充庭，百官依次而坐，再拜。上公一人，詣西階，解劍升階賀，降階，帶劍復位而拜。群官在位者又再拜，搢笏三稱萬歲。⑭元孝矩　河南洛陽人，歷仕周、隋，官至涇州刺史。傳見《隋書》卷五十。⑮天賜之孫　《魏書》卷十九上〈汝陰王天賜傳〉載第五子修義。又《隋書》卷五十〈元孝矩傳〉載孝矩祖為修義，則孝矩乃是天賜之曾孫。此處「孫」上脫一「曾」字。⑯周六官　周定六官事詳見本書卷一百六十六〈梁紀〉二十二敬帝紹泰元年。⑰五省　朝廷總樞要的五個部門，即尚書、門下、內史、祕書、內侍五省。尚書省置令、左、右僕射各一人，總吏部、禮部、兵部、都官、度支、工部六曹事。門下省置納言、給事黃門侍郎、散騎常侍、侍郎、通直、員外、諫議大夫等官。內史省即中書省，避武元皇帝楊忠諱，改稱內史。置監、令、侍郎、舍人等官。祕書省置監、丞、郎等官，領著作、太史二曹。內侍省皆宦官，置監、少監、內侍等官。⑱御史　御史臺，置大夫、治書侍御史、侍御史、殿內侍御史、監察御史等官。⑲都水　都水臺，置使者及丞、參軍、河堤謁者等官。⑳太常等十一寺　包括太常、光祿、衛尉、宗正、太僕、大理、鴻臚、司農、太府九寺，與御史、都水二臺合為十一寺。㉑左右衛等十二府　包括左右衛，左右武衛，左右武候，左右領左右，左右監門，左右領軍，各置大將軍、將軍、長史、司馬、錄事等官。㉒十一等勳官　隋沿北周之制，置上柱國、柱國、上大將軍、大將軍、上開府儀同三司、開府儀同三司、上儀同三司、儀同三司、大都督、帥都督、都督，總十一等勳官，授給有功者，但無職事。㉓七等散官　包括特進、左右光祿大夫、金紫光祿大夫、銀青光祿大夫、朝議大夫、朝散大夫凡七等。散官，無職務者為散官，但表明本官的品秩。㉔納言　即侍中，因避楊堅父諱而改。㉕虞慶則　（？—西元五九七年）本姓魚，京兆櫟陽（今陝西臨潼東北）人，歷仕周、隋，官至尚書右僕射。傳見《隋書》卷四十、《北史》卷七十三。㉖內史監　官名，內史省長官。總掌機要，輔弼天子，實為宰相。㉗內郎　官名，即從事中郎，避楊堅父諱改為內郎。掌相國府諸曹。㉘內史令　官名，職掌與內史監略同。㉙乙丑　二月十五日。㉚皇考　對亡父的尊稱。此指楊忠。㉛皇妣　對亡母的尊稱。㉜丙寅　二月十六日。㉝廟社　宗廟。㉞丁卯　二月十七日。㉟己巳　二月十九日。㊱劉鄭　指劉昉、鄭譯。㊲楊后　即周宣帝皇后，名麗華，楊堅長女。傳見《周書》卷九〈皇后傳〉。㊳幼沖　年紀小。㊴異圖　不良意圖，指楊堅有篡位意圖。㊵形於言色　不滿情緒表現在說話與臉色上。㊶憤惋　悲憤怨恨。㊷奪其志　迫使其改變本志。意為改嫁。㊸載下大夫　「載」下逸「師」字。載師下大夫，官名，《周禮》地官之屬，掌管土地之法，如園廛、郊甸、漆林之類。㊹榮建緒　北平無終（今天津市薊縣）人。仕周為載師下大夫、儀同三司。傳附《隋書》卷五十六、《北史》卷七十七〈榮毗傳〉。㊺息州　州名，北周改東豫州置。治所廣陵城，在今河南息縣。㊻之官　赴任。㊼躊躇　住足；止步。㊽徐廣　字野民，東莞姑幕（今山東諸城市）人。東晉

祕書監，晉恭帝禪位於宋王劉裕，他悲感流涕。傳見《宋書》卷五十五、《南史》卷三十三。(49)楊彪　字文先，東漢人，官至三公。曹丕篡漢，欲以他為太尉，他卻不以為榮。乃止。傳見《後漢書》卷五十四。(50)撫膺　拍胸。撫，同「拊」。拍。膺，胸。(51)太息　憤然長歎。(52)襄陽公主　宇文泰之女，下嫁竇毅。(53)唐公李淵　（西元五六六—六三五年）周唐國公李昞之子，襲爵，仕隋為太原留守，後起兵建唐，是為唐高祖。事見新、舊《唐書》卷一〈高祖紀〉。(54)依違　心裡以為不可，卻不敢明言。(55)作色　臉上變色。(56)萊公衍　《殿本考證》認為周靜帝曾名衍，兄弟不應同名，當從本紀作「衎」。(57)乙亥　二月二十五日。(58)邵公慧　即隋宗室滕穆王楊瓚。瓚字恆生，一名慧。隋文帝為周相，瓚進位上柱國、邵國公。隋文帝受禪，立之為滕王。傳附《周書》卷十九〈楊忠傳〉。(59)鴈門公廣　即楊廣（西元五六九—六一八年），楊堅次子，先封晉王，後奪宗立為太子，即位，是為隋煬帝。事見《隋書》卷三卷四〈煬帝紀〉、《北史》卷十二〈煬帝紀〉。(60)俊　即楊俊（西元五七一—六〇〇年），隋文帝第三子，封為秦王。傳見《隋書》卷四十五、《北史》卷七十一。(61)秀　即楊秀（？—西元六一八年），隋文帝第四子，封為越王。傳見《隋書》卷四十五、《北史》卷七十一。(62)諒　即楊諒（？—西元六〇四年），一名傑，隋文帝第五子，封漢王。傳見《隋書》卷四十五、《北史》卷七十一。(63)父黨　謂李穆與楊堅父楊忠共事周王室，皆為有功之臣。(64)膺受；當。(65)象笏　以象牙所製的笏。自西魏以來，五品以上官用象笏。(66)乞骸骨　謂人臣致身以事君主，身非己有，求間者自言乞骸骨。(67)呂尚　姜姓，呂氏，名尚。輔佐周武王滅商，封於齊。傳見《史記》卷三十二。(68)期頤　百歲。(69)張蒼　西漢丞相，輔佐漢文帝。以病免相，百餘歲乃卒。事見《史記》卷九十六、《漢書》卷四十二。(70)華皓　白首。(71)命世　著名於當世。後稱治世之才為命世。(72)年耆　年老。六十歲稱耆。(73)蘇威　（西元五三四—六二一年）字無畏，京兆武功（今陝西武功西北）人，歷仕周、隋與唐，官至尚書右僕射。參與制定律、令、格、式。傳見《周書》卷二十三、《隋書》卷四十一、《北史》卷六十三。(74)諷讀　誦讀。(75)稍伯下大夫　周官名。(76)丁丑　二月二十七日。(77)戊子　三月八日。(78)賀若弼　（西元五四四—六〇七年）字輔伯，河南洛陽（今河南洛陽）人，歷仕周、隋，官至右武候大將軍，封宋國公。傳見《隋書》卷五十二、《北史》卷六十八、《周書》卷二十八。(79)吳州　州名，治所吳縣，在今江蘇蘇州。(80)和州　州名，治所歷陽縣，在今安徽和縣。(81)韓擒虎　（西元五三八—五九二年）字子通，河南東垣（今河南新安東）人，歷仕周、隋，官至廬州總管。傳見《隋書》卷五十二、《北史》卷六十八。(82)廬州　州名，治所廬江，在今安徽廬江縣。(83)戊戌　三月十八日。(84)度支尚書　官名，掌管度支、戶部、金部、倉部。(85)張弓　把弓弦拉得很緊。(86)遮止　攔截阻止。(87)大理卿　官名，大理寺長官，掌刑獄。(88)京兆尹　官名，京兆府長官，掌制京師。(89)御史大夫　官名，御史臺長官，掌監察、執法。(90)治書侍御史　官名，掌御史臺簿領。(91)五職　指蘇威兼領納言、度支尚書、大理卿、京兆尹、御史大夫。(92)安繁戀劇　貪心於繁劇的職務。劇，繁重。(93)孜孜　勤奮不怠。(94)值　相遇。(95)措　施行。(96)宣化　傳布德化。(97)匹　對手；匹偶。(98)南山四皓　四皓指東園公、綺里季、夏黃公、甪里先生，遭秦末之亂，隱居商山，鬚眉皓白，故稱四皓。商山在長安南，故稱南山。因在北周時，蘇威曾隱避多年，故隋文帝這樣說。(99)孝經　書名，宣揚封建孝道和孝治思想的書。有今文和古文兩種。今文本鄭玄注，分十八章；古文本孔安國注，分二十二章。(100)遜位　退位。(101)成其美　成全其讓賢之美。(102)高蹈　謂其隱避不仕。蹈，踐；履。(103)協贊　協同贊助。(104)革命　實施變革以應天命。古代認為帝王受命於天，因稱朝代更替為革命。(105)太子左庶子　官名，東宮官，與右庶子分統門下、典書二坊事。(106)疏忌　疏遠而猜疑。(107)上柱國　勳官名，十一等勳官中的最高等。(108)華州　州名，治所鄭縣，在今陝西華縣。(109)張賓　道士。傳見《隋書》卷七十八〈藝術傳〉、《北史》卷八十九〈藝術傳上〉。(110)區區之心　赤誠之心。(111)除名　謂除去官籍。(112)庚子　三月二十日。(113)品爵　官品爵位。(114)丁未　三月二十七日。(115)太宰　官名，六卿之首，也稱冢宰。輔佐天子以治理國家。(116)辛巳　四月二日。(117)戊戌　四月十九日。(118)太常　官署名，掌禮樂郊廟社稷事宜。(119)散樂　指民間歌舞，因不在官樂之內，故稱散。(120)散騎常侍　官名，掌禁令，糾違失。(121)韋鼎　（西元五一四—五九二年）字超盛，京兆杜陵（在今陝西長安東北）人。仕陳為祕書監，陳亡歸隋，官至光州刺史。傳見《隋書》卷七十八、《北史》卷五十八。(122)通直散騎常侍　官名，因員外散騎常侍與散騎常侍通員直，故有此名。掌禁令，糾違失。(123)王瑳　傳見《南史》卷七十七〈恩幸傳〉。(124)辛丑　四月二十二日。(125)介國　周靜帝之封國。古國名，故地在今山東膠州西南。(126)韋沖　（西元五五〇—六〇五年）字世沖，京兆杜陵（在今陝西長安東北）人。歷仕周、隋，官至民部尚書。傳附《隋書》卷四十七〈韋世康傳〉、《北史》卷六十四〈韋孝寬傳〉。(127)夷狄　泛指少數民族。古代習稱北方地區少數民族為狄，東方地區的為夷。(128)牧宰　牧守縣宰，泛指州、縣地方官。(129)不稱　不相稱；不勝任。(130)綏靜　安定平服。也作「綏靖」。(131)戊午　五月初十日。(132)邗公雄　即邗公惠，後改名雄。隋文帝時封安德王，隋煬帝又進封觀王。(133)潛害　暗中殺害。(134)洛　即宇文洛，字永洛，虞國公宇文仲之孫，宇文興之子。襲爵虞國公。周靜帝死，嗣為介國公。傳附《周書》卷十〈虞國公仲傳〉、《北史》卷五十七〈周宗室傳〉。

【校　記】[1]之命　原無此二字。據章鈺校，十二行本、乙十一行本、孔天胤本皆有此二字，張敦仁《通鑑刊本識誤》同，今據補。按，《通鑑紀事本末》卷二五有此二字。[2]氏　原無此字。胡三省注云：「『獨孤』之下逸『氏』字。」據章鈺校，十二行本、乙十一行本、孔天胤本皆有此字。今據補。③大將軍 原作「太尉」。據章鈺校，十二行本、乙十一行本、孔天胤本皆作「大將軍」，張敦仁《通鑑刊本識誤》同，今據改。按，《隋書・高祖紀上》、《北史・高祖文帝紀》皆作「大將軍」。④笑 原作「怒」。據章鈺校，十二行本、乙十一行本、孔天胤本皆作「笑」，今據改。按，《隋書・榮毗傳附榮建緒傳》、《北史・榮毗傳附榮建緒傳》皆作「笑」。⑤恆 原作「常」。據章鈺校，十二行本、乙十一行本、孔天胤本皆作「恆」，今據改。⑥為 原作「制」。據章鈺校，十二行本、乙十一行本皆作「為」，今據改。按，《隋書・蘇威傳》、《北史・蘇綽傳附蘇威傳》皆作「為」。⑦正 原作「譬」。據章鈺校，十二行本、乙十一行本、孔天胤本皆作「正」，今據改。⑧悉 原作「皆」。據章鈺校，十二行本、乙十一行本、孔天胤本皆作「悉」，今據改。⑨邗公 原作「邗公」。據章鈺校，十二行本、乙十一行本、孔天胤本皆作「邗公」，今據改。按，《隋書・高祖紀上》、《北史・高祖文帝紀》皆作「邗公」。

【語譯】高宗宣皇帝下之下

太建十三年（辛丑 西元五八一年）

春，正月初一日壬午，陳宣帝任命晉安王陳伯恭為尚書左僕射，吏部尚書袁憲為右僕射。袁憲，是袁樞的弟弟。

北周改年號為大定。

二月初四日甲寅，隋王楊堅開始接受相國、百揆、九錫等任命和賞賜，隋國也開始建立官署設置百官。初六日丙辰，北周靜帝下詔進封隋王妃獨孤氏為王后，隋王嫡長子楊勇為王太子。

開府儀同大將軍庾季才，勸隋王楊堅應在本月甲子日順應天意，接受天命。太傅李穆、開府儀同大將軍盧賁也勸楊堅。於是北周國主下詔，退居別宮。二月十四日甲子，北周靜帝命令兼太傅杞公宇文椿捧持冊書，大宗伯趙煚捧持皇帝玉璽，禪位給隋主楊堅。隋主楊堅戴上遠遊冠，接受了冊書、玉璽，改著紗帽、黃袍，進入臨光殿，穿戴冠冕袞服，按照元旦皇帝朝會百官的禮儀舉行儀式。大赦天下，改年號為開皇。命令主管部門奉持冊書在南郊祭天。又派小冢宰元孝矩接替太子楊勇鎮守洛陽。元孝矩，名矩，以字號行世，是元天賜的曾孫。元孝矩之女是太子楊勇的妃子。

少內史崔仲方勸隋主楊堅廢除北周六官制度，遵循漢魏舊制，楊堅聽從了。設置三師、三公，以及尚書、門下、內史、祕書、內侍五省，御史、都水兩臺，太常等十一個寺，左右衛十二府，用以分別統領各司官職。又設置上柱國到都督十一級勳官，用以酬報建功的人。特進到朝散大夫有七等散官，用來給有德政聲望的文武官員作加官，改侍中為納言。任用相國司馬高熲為尚書左僕射兼職納言，相國司錄京兆人虞慶則為內史監，兼吏部尚書，相國內郎李德林為內史令。

二月十五日乙丑，追尊皇考楊忠為武元皇帝，廟號太祖，皇妣呂氏為元明皇后。十六日丙寅，修繕廟社。冊立王后獨孤氏為皇后，立王太子楊勇為皇太子。十七日丁卯，任命大將軍趙煚為尚書右僕射。十九日己巳，封北周靜帝宇文衍為介公，原北周宗室各位王爵都降為公。

當初，劉昉、鄭譯假稱北周天元皇帝詔書，用楊堅輔政，天元楊皇后雖然沒有參與謀劃，但由於靜帝年幼，擔心政權落入外人手中，聽說召請自己的父親輔政，非常高興。後來得知父親別有野心，內心十分氣憤，表露在言辭臉色上，等到北周靜帝禪位給楊堅，她更加悲憤怨恨。隋主楊堅內心也非常慚愧，改封她為樂平公主。過了很長時間，想逼樂平公主改嫁，樂平公主誓死不從，這才罷手。

隋主楊堅與原北周載下大夫北平人榮建緒有舊誼，楊堅準備接受禪讓，榮建緒為息州刺史，打算赴任，楊堅對他說：「請暫時留步，應與我一起獲得富貴。」榮建緒嚴肅地說：「明公想要說的話，不是我想要聽的。」等到楊堅登上帝位，榮建緒來朝，隋主對他說：「你後悔嗎？」榮建緒磕頭說：「我的地位雖然比不上晉宋禪讓時東晉臣子徐廣，心情則與漢魏禪讓時漢臣楊彪差不多。」隋主楊堅笑著說：「朕雖然不懂你引用的典據，也知道你這話很不恭敬。」

原北周上柱國竇毅的女兒聽到隋接受了北周禪讓，氣憤得倒在了堂下，拍打著胸脯歎息說：「恨我不是一個男子，沒法去拯救舅家的災難！」竇毅和襄陽公主捂住她的嘴說：「你不要亂說，當心滅門之禍！」竇毅由此看出女兒不平凡，等到長大以後，嫁給了唐公李淵。李淵，是李昞的兒子。

隋內史監虞慶則勸隋主楊堅殺盡宇文氏，高熲、楊惠也違心地贊成，內史令李德林堅決反對，認為不可以。隋主楊堅變了臉色說：「你是一個書生，不夠資格參與討論這件事！」於是周太祖宇文泰的孫子譙國公宇文乾惲、冀國公宇文絢，北周閔帝宇文覺的兒子紀國公宇文湜，北周明帝宇文毓的兒子酆國公宇文貞、宋國公宇文實，北周高祖宇文邕的兒子漢國公宇文贊、秦國公宇文贄、曹國公宇文允、道國公宇文充、蔡國公宇文兌、荊國公宇文元，北周宣帝宇文贇的兒子萊國公宇文衍、郢國公宇文術全都處死。李德林因為這事官品職位沒有升遷。

二月二十五日乙亥，陳朝宣帝舉行親耕藉田典禮。

隋主楊堅冊封弟弟邵公楊慧為滕王，安公楊爽為衛王，冊封皇子鴈門公楊廣為晉王、楊俊為秦王、楊秀為越王、楊諒為漢王。

隋主楊堅賜給并州總管李穆的詔書說：「你德高望重，又是家父的同輩好友。承蒙你來信勸我順應天命，於義於理不敢違背，就在本月十三日恭敬地接受天命。」不久，李穆入朝，隋文帝任用他為太師，特許在朝廷唱名跪拜時司儀不呼他的名字。子孫雖然在襁褓之中，一律授予儀同三司的官。李穆一族執笏封官的有一百多人，尊貴隆盛沒有人可比。又任用上柱國竇熾為太傅，幽州總管于翼為太尉。李穆上表請求退休，隋文帝下詔說：「姜太公呂尚以百歲高齡輔佐周朝，張蒼白髮老翁做了漢朝的丞相，高才偉人出現在世上，不應拘泥於常禮。」仍然因李穆年事已高，敕令他免了朝會，有軍國大事，便派人到他府第徵詢意見。

美陽公蘇威，是蘇綽的兒子，年少時就有美好的名聲，北周晉國公宇文護硬把女兒嫁給他。蘇威看到宇文護專權，害怕自己受牽連遭禍，便隱居到山林寺院中，以誦讀詩書為樂。北周高祖宇文邕聽說他賢能，任用他為車騎大將軍、儀同三司，又冊封他為稍伯下大夫，蘇威都稱病沒有接受。北周宣帝宇文贇時他才接受開府儀同大將軍。隋主楊堅當了丞相，高熲推薦蘇威，楊堅召見，與蘇威談話，大為高興。過了一個多月，他聽說楊堅要禪代周朝，就逃回故里。高熲請求追回蘇威，隋主楊堅說：「這一舉動就是不想參與我們的事，放棄他。」等到受禪以後，隋主徵拜蘇威為太子少保，追封他的父親為邳公，由蘇威承襲爵位。

二月二十七日丁丑，隋文帝任命晉王楊廣為并州總管。三月初八日戊子，任命上開府儀同三司賀若弼為吳州總管，鎮守廣陵。任命和州刺史河南人韓擒虎為廬州總管，鎮守廬江。隋文帝有吞併江南的志向，問高熲誰可擔任將帥，高熲推薦賀若弼和韓擒虎，因此安排他們兩人在南部邊境，讓他們暗中準備討伐陳朝的工作。

三月十八日戊戌，隋文帝任命太子少保蘇威兼任納言、度支尚書。

當初，蘇綽在西魏時，因為國家財政吃緊，制定了很重的徵稅法，旋即他感慨說：「我今天的所作所為，就像拉滿的弓，不是太平時代的法度。後世的君子，誰能夠放寬它呢？」蘇威聽到了這番話，時時把這件事作為自己的責任。到了這時，蘇威上奏請求減輕賦稅徭役，務求從輕從簡，隋文帝全部贊同。蘇威日益受到信任和重用，與高熲一起參掌朝政。隋文帝曾經惱怒一個人，將要殺掉他，蘇威進入殿閣諫阻，隋文帝不接受，準備親自出去監斬那個人。蘇威擋在隋文帝的前邊不離開，隋文帝避開他走過去，蘇威又去攔住。隋文帝拂衣回到宮中，過了好一陣，才召見蘇威致歉說：「你能夠這樣，我沒有什麼憂慮了。」賞賜蘇威馬兩匹，錢十餘萬。不久又任命蘇威兼大理卿、京兆尹、御史大夫，原任官職不變。

治書侍御史安定人梁毗，認為蘇威兼任五個職位，安心於繁重的事務，貪戀高官顯爵，沒有舉薦賢才替代自己的心思，於是上表彈劾蘇威，隋文帝說：「蘇威從早到晚孜孜不倦，志向遠大，你為什麼突然要逼他辭去兼職呢？」因而對當朝眾臣們說：「蘇威如果沒有遇上我，就無法說出他想說的話；我如果沒有得到蘇威，怎麼推行安邦定國的制度？楊素口才識見，天下無雙，至於斟酌古今，輔助我宣導教化，卻比不上蘇威。蘇威如果遇上亂世，如同南山四皓，難道能輕易地讓他屈身出仕嗎？」蘇威曾經對隋文帝說：「臣的父親經常告誡我說：『只要閱讀一部《孝經》，就足以立身治國，何必讀很多書？』」隋文帝深深讚同。

高熲極力避開權勢，上表請求辭職，讓位給蘇威，隋文帝想成全他讓賢的美名，允准他辭去僕射的職務。過了幾天，隋文帝說：「蘇威在前朝隱居不仕，高熲推薦了他。我聽說舉薦賢才的人應當接受最高的獎賞，怎麼能讓他離職呢？」命令高熲官復原職。高熲、蘇威同心協力輔佐，政令和案件無論大小，隋文帝沒有不先找他倆商議，然後才頒布施行的。所以，隋文帝實施變革順從天命只幾年，天下便告治平。

太子左庶子盧賁，因高熲、蘇威執掌朝政，心中深感不平。當時柱國劉昉也被疏遠和猜忌，盧賁於是暗示劉昉和上柱國元諧、李詢、華州刺史張賓等五人密謀廢黜高熲、蘇威，由他們五人共同輔政。又由於晉王楊廣受到隋文帝的寵愛，盧賁就暗地裡對太子楊勇說：「我想經常來拜謁殿下，但擔心被皇上責備，希望殿下明白我的一片誠心。」他們的密謀洩露，隋文帝徹底追查此案，劉昉等人把罪責推給張賓和盧賁。公卿大臣上奏論張賓、盧賁兩人罪當處死，隋文帝考慮到他們是故舊，不忍心誅殺，把他們都削職為民。

三月二十日庚子，隋文帝下詔，公卿百官在前朝的官品爵位，全都依舊不降低。〇二十七日丁未，後梁國主蕭巋派遣他的弟弟太宰蕭巖到隋朝祝賀隋文帝登基。

夏，四月初二日辛巳，隋朝大赦。十九日戊戌，全部釋放在太常寺演奏散樂的樂籍人為平民，並禁演雜戲。

陳朝散騎常侍韋鼎、兼通直散騎常侍王瑳出使北周。四月二十二日辛丑，到達長安，隋文帝已接受禪位，隋文帝就把他們送到周靜帝受封的介國。

隋文帝徵召汾州刺史韋沖為兼散騎常侍。當時徵發稽胡族人修築長城，汾州胡人一千多人在半途逃亡。隋文帝召見韋沖詢問辦法，韋沖回答說：「夷狄人的天性，容易反覆無常，這都是由於州縣長官不稱職造成的。臣請求前去以理招撫平服，可以不用兵鎮壓就安定下來。」隋文帝認為說得對，就命令韋沖安撫叛逃的胡人，一個多月，逃散的胡人都回來了，並且全都去修築長城。韋沖，是韋敻的兒子。

五月初十日戊午，隋朝冊封邗公楊雄為廣平王，永康公楊弘為河間王。楊雄，是隋高祖楊堅的族子。

隋主楊堅暗中殺害了周靜帝，而後為他舉行葬禮，下葬在恭陵，把他的族人宇文洛作為後嗣。

六月癸未❶，隋詔郊廟❷冕服❸必依禮經❹。其朝會之服、旗幟、犧牲❺皆尚赤，戎服以黃，在外[1]常服通用雜色。秋，七月乙卯❻，隋主始服黃，百僚畢賀。

於是百官常服，同於庶人，皆著黃袍，隋主朝服亦如之，唯以十三環帶為異。

八月壬午[7]，隋廢東京官[8]。

吐谷渾寇涼州[9]，隋主遣行軍元帥樂安公元諧等步騎數萬擊之。諧擊破吐谷渾於豐利山[10]，又敗其太子可博汗於青海[11]，俘斬萬計。吐谷渾震駭，其王侯三十人各帥所部來降。吐谷渾可汗夸呂[12]帥親兵遠遁。隋主以其高寧王移茲裒為河南王，使統降眾。以元諧為寧州[13]刺史，留行軍總管賀婁子幹鎮涼州。

九月庚午[14]，將軍周羅睺攻隋故墅[15]，拔之。蕭摩訶攻江北。

隋奉車都尉[16]于宣敏[17]奉使巴、蜀還，奏稱：「蜀土沃饒，人物殷阜[18]，周德之衰，遂成戎首[19]。宜樹建藩屏[20]，封殖[21]子孫。」隋主善之。辛未[22]，以越王秀為益州總管，改封蜀王。宣敏，謹之孫也。

壬申[23][2]，隋以上柱國長孫覽、元景山並為行軍元帥，發兵入寇，命尚書左僕射高熲節度諸軍。

初，周、齊所鑄錢凡四等，及民間私錢，名品甚眾[24]，輕重不等。隋主患之，更鑄五銖錢，背、面、肉、好[25]皆有周郭[26]，每一千重四斤二兩。悉禁古錢及私錢。置樣於關[27]，不如樣者，沒官銷毀之。自是錢幣始壹[28]，民間便之。

隋鄭譯以上柱國歸第，賞賜豐厚。譯自以被疏，陰[3]呼道士醮章㉙祈福，為婢所告，以為巫蠱㉚。譯又與母別居，為憲司㉛所劾，由是除名。隋主下詔曰：「譯若留之於世，在人為不道之臣；戮之於朝，入地為不孝之鬼。有累幽顯㉜，無所置之。宜賜以孝經，令其熟讀。」仍遣與母共居。

初，周法比於齊律，煩而不要，隋主命高熲、鄭譯及上柱國楊素、率更令㉝裴政㉞等更加修定。政練習㉟典故㊱，達於從政㊲，乃采魏、晉舊律，下至齊、梁，沿革㊳重輕，取其折衷㊴。時同修者十餘人，凡有疑滯㊵，皆取決於政。於是去前世梟㊶、轘㊷及鞭㊸法，自非謀叛以上，無收族㊹之罪。始制死刑二，絞㊺、斬；流刑㊻三，自二千里至三千里；徒刑㊼五，自一年至三年；杖刑㊽五，自六十至百；笞刑㊾五，自十至五十。又制議、請、減、贖、官㊿當之科(51)以優士大夫。除前世訊囚酷法(52)，考掠(53)不得過二百，枷(54)杖大小，咸有程式。民有枉屈(55)，縣不為理者，聽以次經郡及州、省[4]，若仍不為理，聽詣闕(56)伸訴。

冬，十月戊子(57)，始行新律。詔曰：「夫絞以致斃，斬則殊形(58)，除惡之體，於斯已極。梟首、轘身，義無所取，不益懲肅之理，徒表安忍(59)之懷。鞭之為用，殘剝膚體，徹骨(60)侵肌，酷均臠切(61)。雖云遠[5]古之式(62)，事乖(63)仁者之刑。梟、轘及鞭，並令去之。貴礪帶[64]〔6〕之書，不當徒罰，廣軒冕[65]之蔭[66]，旁及諸親。流役六年，改為五載，刑徒五歲，變從三祀[67]。其餘以輕代重，化死為生，條目甚多，備於簡策[68]。雜格、嚴科[69]，並宜除削。」自是法制遂定，後世多遵用之。

隋主嘗怒一郎[70]，於殿前笞之。諫議大夫[71]劉行本[72]進曰：「此人素清[73]，其過又小，願少寬之。」帝不顧。行本於是正當帝前曰：「陛下不以臣不肖[74]，置臣左右，臣言若是，陛下安得不聽？若非，當致之於理，豈得輕臣而不顧也〔7〕？」因置笏於地而退。帝斂容[75]謝之[76]，遂原所笞者。行本，瓚之兄子也。

獨孤皇后家世貴盛[77]而能謙恭，雅好[78]讀書，言事多與隋主意合，帝甚寵憚[79]之，宮中稱為「二聖」。帝每臨朝，后輒與帝方輦[80]而進，至閤[81]乃止。使宦官伺帝，政有所失，隨則〔8〕匡諫[82]。候帝退朝，同反燕寢[83]。有司奏稱：「周禮[84]百官之妻，命於王后，請依古制。」后曰：「婦人與政[85]，或從此為漸[86]，不可開其源也。」大都督崔長仁，后之中外兄弟[87]也，犯法當斬，帝以后故，欲免其罪。后曰：「國家之事，焉可顧私？」長仁竟坐死[88]。后性儉約，帝嘗合止利[89]藥，須胡粉[90]一兩。宮內不用，求之，竟不得。又欲賜柱國劉嵩妻織成衣領，宮內亦無之。然帝懲[91]周氏之失，不以權任假借[92]外戚，后兄弟不過將軍、刺史。

帝外家[93]呂氏，濟南[94]人，素微賤[95]，齊亡以來，帝求訪，不知所在。及即位，始求得舅子呂永吉[96]，追贈外祖雙周為太尉，封齊郡公，以永吉襲爵。永吉從父道貴[97]，性尤頑騃[98]，言詞鄙陋，帝厚加供給，而不許接對朝士。拜上儀同三司，出為濟南太守，後郡廢，終于家。

壬辰[99]，隋主如岐州[100]。

岐州刺史安定梁彥光[101]，有惠政，隋主下詔褒美，賜粟[9]帛及御傘[102]，以厲[103]天下之吏，久之，徙相州刺史。岐俗質厚[104]，彥光以靜鎮之，奏課[105]連為天下最。及居相，部如岐州法。鄴自齊亡，衣冠士人[106]多遷入關，唯工商樂戶[107]移實州郭[108]，風俗險詖[109]，好興謠訟，目彥光為「著帽餳」[110]。帝聞之，免彥光官。歲餘，拜趙州[111]刺史。彥光自請復為相州，帝許之。豪猾[112]聞彥光再來，皆嗤[113]之。彥光至，發擿姦伏[114]，有若神明，豪猾潛竄，闔境大治。於是招致名儒，每鄉立學，親臨策試[115]，褒勤黜怠[116]。及舉秀才[117]，祖道[118]於郊，以財物資之。於是風化[119]大變，吏民感悅，無復訟者。

時又有相州刺史陳留樊叔略[120]，有異政，帝以璽書褒美，班示天下，徵拜司農[121]。

新豐[122]令房恭懿[123]，政為三輔[124]之最，帝賜以粟帛。雍州諸縣令朝謁，帝見恭懿，必呼至榻前，訪[10]以治民之術。累遷德州[125]司馬。帝謂諸州朝集使[126]曰：「房恭懿志存體國[127]，愛養我民，此乃上天宗廟之所祐。朕若置而不賞，上天宗廟必當責我。卿等宜師範之。」因擢為海州刺史。由是州縣吏多稱職，百姓富庶。

十一月丁卯[128]，隋遣兼散騎侍郎[129]鄭撝來聘。

十二月庚子[130]，隋主還長安，復鄭譯官爵。

廣州[131]刺史馬靖，得嶺表[132]人心，兵甲精練，數有戰功。朝廷疑之，遣吏部侍郎[133]蕭引[134]觀靖舉措，諷令送質[135]，外託收督賧物[136]，引至番禺[137]。靖即遣子弟入質。

是歲，隋主詔境內之民任聽出家，仍令計口出錢，營造經像。於是時俗從[11]風而靡[138]，民間佛書，多於六經[139]數十百倍。

突厥佗鉢可汗病且卒[140]，謂其子菴邏[141]曰：「吾兄不立其子，委位於我。我死，汝[12]當避大邏便[142]。」及卒，國人將立大邏便。以其母賤，眾不服。菴邏實貴[143]，突厥素重之。攝圖[144]最後至，謂國人曰：「若立菴邏者，我當帥兄弟事之。若立大邏便，我必守境，利刃長矛以相待。」攝圖長，且雄勇，國人莫敢拒，竟立菴邏為嗣。大邏便不得立，心不服菴邏，每遣人詈辱[145]之。菴邏不能制，因以國讓攝圖。國中相與議曰：「四可汗[146]子，攝圖最賢。」共迎立之，號沙鉢略可汗，居都斤山[147]。菴邏降居獨洛水[148]，稱第二可汗。大邏便乃謂沙鉢略曰：「我與爾俱可汗子，各承父後。爾今極尊[149]，我獨無位，何也？」沙鉢略患之，以為阿波可汗，還領所部。又沙鉢略從父玷厥[150]，居西面，號達頭可汗。諸可汗各統部眾，分居四面。沙鉢略勇而得眾，北方皆畏附之。

隋主既立，待突厥禮薄，突厥大怨。千金公主傷其宗祀覆沒[151][13]，日夜言於沙鉢略，請為周室復讎。沙鉢略謂其臣曰：「我，周之親也。今隋公[14]自立而不能制，復何面目見可賀敦[152]乎？」乃與故齊營州刺史高寶寧合兵為寇。隋主患之，敕緣邊[153]修保障[154]，峻長城[155]，命上柱國武威陰壽[156]鎮幽州，京兆尹虞慶則鎮并州，屯兵數萬以備之。

初，奉車都尉[157]長孫晟送千金公主入突厥，突厥可汗愛其善射，留之竟歲[158]，命諸子弟貴人與之親友，冀[159]得其射法。沙鉢略弟處羅侯[160]，號突利設，尤得眾心，為沙鉢略所忌，密託心腹陰與晟盟。晟與之遊獵，因察山川形勢，部眾彊弱，靡[161]不知之。

及突厥入寇，晟上書曰：「今諸夏[162]雖安，戎虜[163]尚梗[164]，興師致討，未是其時[165]，棄於度外，又相侵擾，故宜密運籌策[166]，漸[15]以攘之[167]。玷厥之於攝圖，兵彊而位下，外名相屬，內隙已彰[168]，鼓動其情，必將自戰[169]。又，處羅侯者，攝圖之弟，姦多勢弱[170]，曲取眾心，國人愛之，因為攝圖所忌，其心殊[171]不自安，迹示彌縫[172]，實懷疑懼。又，阿波[173]首鼠[174]，介[175]在其間，頗畏攝圖，受其牽率[176]，唯彊是與，未有定心。今宜遠交而近攻，離彊而合弱。通使[177]玷厥，說合阿波，則攝圖迴兵，自防右地[178]。又引處羅，遣連[179]奚[180]、霫[181]，則攝圖分眾，還備左方[182]。首尾猜嫌，腹心離阻[183]，十數年後，乘釁[184]討之，必可一舉而空其國[185]矣。」帝省表[186]，大悅，因召與語。晟復口陳[187]形勢，手畫山川，寫其虛實，皆如指掌[188]，帝深嗟異[189]，皆納用之。遣太僕[190]元暉[191]出伊吾[192]道，詣達頭，賜以狼頭纛[193]。達頭使來，引居沙鉢略使上。以晟為車騎將軍[194]，出黃龍[195]道，齎幣賜奚、霫、契丹，遣為鄉導[196]，得至處羅侯所，深布心腹，誘之內附。反間既行，果相猜貳[197]。

始興王叔陵，太子之次弟也，與太子異母，母曰彭貴人。叔陵為江州刺史，性苛刻狡險。新安王伯固，以善諧謔[198]，有寵於上及太子，叔陵疾之，陰求其過失，欲中之以法[199]。叔陵入為揚州刺史，事務多關涉[200]省閣[201]，執事[202]承意順旨[203]，即諷上進用之，微致違忤(204)，必抵(205)以大罪，重者至殊死(206)。伯固憚之，乃諂求其意。叔陵好發古冢(207)，伯固好射雉(208)，常相從郊野，大相款狎(209)，因密圖不軌。伯固為侍中，每得密語(210)，必告叔陵。

【章旨】以上為第二段，重點寫隋文帝楊堅初即位在開皇元年約法省刑，納諫治國，贏得民心的情形。

【注釋】❶癸未　六月初五日。❷郊廟　指郊祀與廟制。❸冕服　古代統治者的禮服。舉行吉禮時都用冕服。❹禮經　書名，所指不同，一指《儀禮》，周公所制禮經，《漢書・藝文志》稱之《禮古經》；二指《周禮》，《漢書・藝文志》稱之《周官經》。❺犧牲　古代供祭祀用的純色全體牲畜。❻乙卯　七月初八日。❼壬午　八月初五日。❽東京官　指北周滅北齊後，由相州遷於東京（洛陽）的六府官。❾涼州　州名，治所姑臧縣，在今甘肅武威。❿豐利山　山名，故址在今青海湖東。⓫青海　湖名，即今青海湖，在青海西寧西。⓬夸呂　（?—西元五九一年）吐谷渾可汗，在位近百年。事見《梁書》、《魏書》、《周書》、《隋書》、《南史》、《北史》中的〈吐谷渾傳〉。⓭寧州　州名，治所安定縣，在今甘肅寧縣。⓮庚午　九月二十四日。⓯故墅　《隋書》卷一〈高祖紀上〉作「胡墅」，《北史》同。當據改。胡墅，地名，在今江蘇南京長江北岸，與江南石頭城相對。⓰奉車都尉　官名，掌御乘輿馬。⓱于宣敏　字仲達，河南洛陽（今河南洛陽）人，于義之子。歷仕周、隋，官至奉車都尉。傳附《隋書》卷三十九〈于義傳〉、《北史》卷二十三〈于栗磾傳〉。⓲殷阜　富實。⓳戎首　戰爭的主謀。此指王謙起兵。⓴藩屏　藩籬屏蔽。此處比喻藩國。㉑封殖　封立，培植。㉒辛未　九月二十五日。㉓壬申　九月二十六日。㉔名品甚眾　指錢的名稱和種類甚多。隋初，既用齊、周官制錢，又有民間私錢，混雜使用。㉕背面肉好　背，錢的背面。面，錢的正面，標明重量，如五銖。肉，錢體稱肉。好，錢孔稱好。㉖周郭　古錢的輪廓。㉗關　指各關卡。㉘始壹　才統一。㉙醮章　相傳道士有消災度厄之法，依照陰陽五行術數，推人壽命，書寫如章表儀式，並具備錢幣，燒香誦讀，說是上奏天帝，請求除厄，謂為上章。夜中於星辰之下，擺設酒果、錢幣等物，祭祀天皇、五星，書寫上章，恭敬上奏，名為醮。㉚巫蠱　古代迷信，謂巫師使用邪術加禍於人為巫蠱。蠱，毒蟲。㉛憲司　指御史臺官。㉜幽顯　指陰間與陽世。㉝率更令　官名，即太子率更令，掌伎樂漏刻。㉞裴政　字德表，河東聞喜（今山西聞喜）人，歷仕周、隋，官至襄州總管。傳見《隋書》卷

六十六、《北史》卷七十七。㉟練習　熟悉。㊱典故　常例、典制及掌故。㊲從政　為政。㊳沿革　累世循用而不變為沿，其中有變更者為革。㊴折衷　即折中。調和二者，取其中正，無所偏頗。㊵疑滯　疑難而不通曉。㊶梟　古代死刑之一，殺人而懸其頭於木竿上示眾。㊷轘　車裂人的酷刑。㊸鞭　古代的一種刑罰。鞭用皮革製成（一說竹製），其長短大小都有定制。㊹收族　拘捕同族人。古代連坐法，一人犯罪，株連家族。㊺絞　古代死刑之一，勒頸斷氣而死。㊻流刑　將犯人流放荒僻之地服勞役的一種刑罰。根據罪行輕重而流放遠近不同。㊼徒刑　有期苦刑。㊽杖刑　用木棍擊打犯人臀或腿部的一種刑罰。㊾笞刑　用竹板或荊條打犯人背或臀部的一種刑罰。㊿議請減贖官　議，《周禮》有八議之法。凡帝王親故、賢能、功臣等八議之人犯死罪，皆先奏請，議定其罪。請，凡在八議之科的則可請而減罪。減，七品以上官犯罪皆例減一等。贖，九品以上官犯罪則可交納一定數量的銅以減罪。如笞刑，交銅一斤，可免打十板；徒刑一年交銅二十斤可免刑。官，官職抵罪。(51)科　法律條款。(52)訊囚酷法　指在審訊犯人時所使用的刑罰。(53)考掠　拷打。泛指刑訊。考，通「拷」。掠，笞打。(54)枷　古代套在犯人頸上的木製刑具。(55)枉屈　冤屈。(56)詣闕　赴皇帝的殿廷。闕，宮闕，皇帝所居之處。(57)戊子　十月十二日。(58)殊形　身體變異。指身首分離。(59)安忍　安心於殘忍之事。(60)徹骨　深透入骨。(61)臠切　將魚肉切成塊狀。(62)式　法式；法令。(63)乖　違背。(64)礪帶　漢高祖分封功臣時發誓說：「使黃河如帶，泰山若礪，國以永存，爰及苗裔。」意思說即使黃河狹窄如衣帶，泰山小如礪石，國猶永存。後因以「礪帶」比喻功臣爵祿。(65)軒冕　卿大夫的軒車和冕服。此指官位爵祿。(66)蔭　古代子孫因先世有功勳而推恩得賜官爵稱蔭。(67)三祀　三年。祀，年。(68)簡策　古代以竹片為簡，數簡串連為策。此指成文的法令。(69)雜格嚴科　格，法令的一種，官吏處事的規則。科，法令；條律。(70)郎　郎官。(71)諫議大夫　官名，掌論議、規諫。(72)劉行本　沛（今江蘇沛縣）人，歷仕周、隋，官至黃門侍郎。傳見《隋書》卷六十二、《北史》卷七十。(73)素清　一向清廉。(74)不肖　不才。(75)斂容　臉色變得嚴肅。(76)謝之　向劉行本道歉。(77)貴盛　尊貴。獨孤皇后父獨孤信仕西魏及周，列於元功。姐為周明帝皇后，女兒又為周宣帝后。(78)雅好　平素愛好。雅，平常。(79)寵憚　寵愛而敬畏。(80)方輦　兩輦並排。輦，車。一般尊稱天子的車為輦。(81)閤　宮殿小門。(82)匡諫　勸諫而糾正過失。(83)同反燕寢　一同回到寢宮。反，通「返」。燕寢，周制王有六寢，一是正寢，其餘五寢在後，通稱宴寢。燕，通「宴」。(84)周禮　書名，原名《周官》，也稱《周官經》。西漢末列為經而屬於禮，故有《周禮》之名。(85)與政　參與朝政。(86)漸　漸進；逐漸。(87)中外兄弟　中表親兄弟。中指舅父子女，為內兄弟；外指姑母子女，為外兄弟。(88)坐死　判為死罪。坐，判罪。(89)止利　止泄。泄瀉不止稱利。利，通「痢」。(90)胡粉　鉛粉，一名鉛華。是一種化妝品。(91)懲　懲戒，以周氏的失敗作為教訓。(92)假借　給予。假、借，同義詞連用。(93)外

家　外祖父家。94濟南　郡名，治所歷城縣，在今山東濟南市。95微賤　卑賤。96呂永吉　隋文帝舅父之子。傳見《隋書》卷七十九〈外戚傳〉、《北史》卷八十〈外戚傳〉。97道貴　即呂道貴，呂永吉從父。傳見《隋書》卷七十九〈外戚傳〉、《北史》卷八十〈外戚傳〉。98頑騃　愚昧；呆傻。99壬辰　十月十六日。100岐州　州名，治所雍縣，在今陝西鳳翔東南義塢堡。101梁彥光　（西元五三四—五九三年）字修芝，安定烏氏（今甘肅涇川縣東）人，歷仕周、隋，官至相州刺史。傳見《隋書》卷七十三、《北史》卷八十六。102傘　用以遮光避雨的用具，古代習稱蓋，形狀類似今日的雨傘。103厲　激勵；鼓勵。104質厚　質樸忠厚。105奏課　每年上奏朝廷的本州戶口及所繳賦稅等。106衣冠士人　指士大夫。107樂戶　古時犯罪的婦女或犯人的妻女沒入官府，充當官伎，名隸樂籍，戶稱樂戶。108郭　同「廓」。外城稱郭。109險詖　奸險邪僻。110著帽錫　謂彥光軟弱如團錫，不過戴個帽子而已。錫，糖飴，軟而甜。111趙州　州名，治所大陸縣，在今河北隆堯東。112豪猾　豪強不守法度的人。113嗤　譏笑。114發擿姦伏　揭發暗藏的奸人。發擿，揭露；揭發檢舉。姦伏，潛伏的奸邪隱惡之人。115策試　古代舉士選官，出題答問，叫做對策。這種考試方法叫策試。116褒勤黜怠　褒揚勤勉，斥退怠惰之人。117秀才　才能優秀的人。隋朝每年由各州推舉，到中央參加考試。118祖道　古人在出行前祭祀路神稱祖道。後餞行也稱祖道。119風化　風俗教化。120樊叔略　（西元五三六—五九四年）陳留（今河南開封）人，歷仕周、隋，官至司農卿。傳見《隋書》卷七十三、《北史》卷八十六。121司農　樊叔略本傳作「司農卿」，官名，掌管錢、糧。122新豐　縣名，縣治在今陝西臨潼新豐鎮東南。123房恭懿　字慎言，河南洛陽（今河南洛陽）人，歷仕周、隋，官至海州刺史。傳見《隋書》卷七十三、《北史》卷七十五。124三輔　即西漢時於京畿之地所設京兆尹、左馮翊、右扶風的合稱，相當於今陝西關中地區。125德州　州名，治所平原縣，在今山東平原縣西南。126朝集使　每年元會，各州派使者赴京朝集，稱為朝集使。127體國　《周禮・天官・序官》「體國經野」的省說。意即治理國家。體國，劃分都城為若干區域，由「國人」居住。經野，丈量田野為方塊耕地，使「野人」居住。體，劃分。國，都城。經，丈量。野，田野。128丁卯　十一月二十二日。129散騎侍郎　官名，侍從皇帝，掌諷議、獻納。130庚子　十二月二十五日。131廣州　州名，治所番禺縣，在今廣東廣州。132嶺表　即嶺南。指五嶺以南之地，相當於今廣東、廣西等地。133吏部侍郎　官名，尚書省吏部副長官，協助尚書，主管選舉官吏。134蕭引　字叔休，蘭陵（今山東蒼山縣蘭陵鎮）人。歷仕梁、陳，官至吏部侍郎。傳見《陳書》卷二十一、《南史》卷十八。135送質　送子弟為人質。136賧物　蠻夷輸送中央的貨物。137番禺　城名，廣州治所，故址在今廣東廣州。138靡　倒下。139六經　儒家的六部經典著作，包括《詩經》、《尚書》、《周禮》、《樂經》、《周易》、《春秋》。140且卒　將要死。141菴邏　突厥佗鉢可汗之子，稱第二可汗。事見《隋書》卷八十四〈突厥傳〉、《北史》卷九十九〈突厥傳〉。(142)大邏便　突厥木杆可汗之子，後為阿波可汗。事見《隋書》卷八十四〈突厥傳〉、《北史》卷九十九〈突厥傳〉。(143)實貴　《隋書》卷八十四〈突厥傳〉作「母貴」，當是。(144)攝圖　突厥逸可汗之子，後為沙鉢略可汗。事見《隋書》卷八十四〈突厥傳〉、《北史》卷九十九〈突厥傳〉。(145)詈辱　辱罵。(146)四可汗　謂逸可汗及木杆可汗、褥但可汗、佗鉢可汗。(147)都斤山　地名，或名于都斤山、郁督軍山、乞督軍山、尉都犍山、烏德鞬山、烏德健山、烏都鞬山、烏羅德健山。即今蒙古人民共和國境內的杭愛山。(148)獨洛水　又作獨洛河，即今蒙古人民共和國境內土拉河。(149)極尊　至尊，指突厥可汗之位。(150)玷厥　木杆可汗兄弟，號達頭可汗。事見《隋書》卷八十四〈突厥傳〉、《北史》卷九十九〈突厥傳〉。(151)宗祀覆沒　國破家亡。(152)可賀敦　突厥的君長稱可汗，其妻稱可賀敦。(153)緣邊　沿著邊疆。(154)保障　保護障蔽。(155)峻長城　把長城加高。(156)陰壽　字羅雲，武威（今甘肅民勤）人。歷仕周、隋，官至幽州總管，封趙國公。傳見《隋書》卷三十九、《北史》卷七十三。(157)奉車都尉　官名，掌御乘車馬。(158)竟歲　終年。竟，終；盡。(159)冀　希望。(160)處羅侯　攝圖之弟，後立為葉護可汗。事見《隋書》卷八十四〈突厥傳〉、《北史》卷九十九〈突厥傳〉。(161)靡　無。(162)諸夏　指華夏各族。(163)戎虜　泛指西北方的少數民族。此指突厥。(164)梗　為害。(165)未是其時　不是時機。(166)運籌策　運用謀劃、策略。(167)攘之　驅逐突厥人侵者。攘，排斥。(168)內隙已彰　內部嫌隙已經明顯。隙，間隙。彰，顯明。(169)自戰　謂突厥內部相互殘殺。(170)姦多勢弱　其心多奸巧，而勢力較弱。(171)殊　極；特別。(172)迹示彌縫　在行跡上顯示彌補縫合。(173)阿波　指阿波可汗大邏便。(174)首鼠　遲疑不決。(175)介　處於二者之間。(176)牽率　牽引。也作「牽帥」。(177)通使　派遣使者，溝通聯繫。(178)右地　指突厥西部地區。(179)遣連　派人去連絡。(180)奚　少數民族名，本名庫莫奚，東部胡的一支，生活在松漠（今河北、遼寧、內蒙古交界之處）之間。(181)霫　少數民族名，匈奴族中的一支，居潢水北。(182)左方　指突厥東部地區。(183)腹心離阻　內部分裂。(184)釁　縫隙；裂痕。(185)空其國　滅其國。空，罄盡。(186)省表　看了表章。(187)口陳　口頭陳述。(188)指掌　指之於掌；瞭如指掌。(189)嗟異　慨歎稱奇。(190)太僕　官名，掌皇帝輿馬和馬政。(191)元暉　字叔平，河南洛陽（今河南洛陽）人。歷仕周、隋，官至兵部尚書。傳見《隋書》卷四十六、《北史》卷十五。(192)伊吾　地名，在今新疆哈密。(193)狼頭纛　繡有狼頭的大旗。相傳突厥為狼種（疑其圖騰為狼），子孫做君長，牙門掛狼頭纛，示不忘本。纛，軍隊中的大旗。(194)車騎將軍　將軍號，隋初置為驃騎府副長官或車騎府長官，正五品。(195)黃龍　地名，即合龍，故址在今遼寧朝陽。(196)鄉導　引路人。鄉，通「嚮」。(197)猜貳　猜疑分離。(198)諧謔　詼諧逗趣，猶如現在說的開玩笑。(199)中之以法　以法制裁。中，著；擊中。(200)關涉　聯繫。(201)省閣　謂中書、尚書二省。(202)執事　各部門的專職人員；百官。(203)承意順旨　迎合順從別人的意旨。(204)違忤　違背；違反。(205)抵　抵償；當。(206)殊死　身首異處。(207)發

古冢　發掘古墳墓。208雉　野雞。209款狎　親近；親密。210密語　謂省中機密。

【校　記】1在外　原無此二字。據章鈺校，十二行本、乙十一行本、孔天胤本皆有此二字，張敦仁《通鑑刊本識誤》同，今據補。按，《隋書·禮儀志七》有此二字。2壬申　原無此二字。據章鈺校，十二行本、乙十一行本、孔天胤本皆有此二字，張敦仁《通鑑刊本識誤》同，今據補。按，《隋書·高祖紀上》、《北史·高祖文帝紀》皆有此二字。3陰　原無此字。據章鈺校，十二行本、乙十一行本、孔天胤本皆有此字，今據補。按，《隋書·鄭譯傳》、《北史·鄭義傳附鄭譯傳》皆有此字。4省　原無此字。據章鈺校，十二行本、乙十一行本、孔天胤本皆有此字，今據補。按，《隋書·刑法志》有此字。5遠　原作「往」。據章鈺校，十二行本、乙十一行本、孔天胤本皆作「遠」，今據改。按，《隋書·刑法志》作「遠」。6礪帶　原作「帶礪」。據章鈺校，十二行本、乙十一行本、孔天胤本二字皆互乙，今據改。按，《隋書·刑法志》作「礪帶」。7豈得輕臣而不顧也　原無此八字。據章鈺校，十二行本、乙十一行本、孔天胤本皆有此八字，張敦仁《通鑑刊本識誤》同。按，《隋書·劉行本傳》有此八字，今據補。8則　原作「即」。據章鈺校，十二行本、乙十一行本皆作「則」，張敦仁《通鑑刊本識誤》同，今據改。按，《隋書·后妃·文獻獨孤皇后傳》、《北史·后妃下·隋文獻獨孤皇后傳》皆作「則」。9粟　原作「束」。據章鈺校，十二行本、乙十一行本、孔天胤本皆作「粟」，張敦仁《通鑑刊本識誤》同，今據改。按，《隋書·循吏·梁彥光傳》、《北史·循吏·梁彥光傳》皆作「粟」。10訪　原作「咨」。據章鈺校，十二行本、乙十一行本、孔天胤本皆作「訪」，今據改。按，《隋書·循吏·房恭懿傳》作「訪」。11從　原作「隨」。據章鈺校，十二行本、乙十一行本、孔天胤本皆作「從」，今據改。12汝　原作「汝曹」。據章鈺校，十二行本、乙十一行本、孔天胤本皆無「曹」字，今據刪。按，《隋書·北狄·突厥傳》、《北史·突厥傳》皆無「曹」字。13沒　原作「滅」。據章鈺校，十二行本、乙十一行本、孔天胤本皆作「沒」，今據改。按，《通鑑紀事本末》卷二六、《通鑑綱目》卷三五皆作「沒」。14公　原作「主」。據章鈺校，十二行本、乙十一行本皆作「公」，張敦仁《通鑑刊本識誤》同，今據改。按，《通鑑紀事本末》卷二六、《通鑑綱目》卷三五皆作「公」。15漸　原作「有」。據章鈺校，十二行本、乙十一行本、孔天胤本皆作「漸」，張敦仁《通鑑刊本識誤》同，今據改。按，《通鑑紀事本末》卷二六、《通鑑綱目》卷三五皆作「漸」。

【語　譯】六月初五日癸未，隋主下詔：郊祀上天和祭祀祖先，冠冕服飾都必須按照《禮經》。朝會時所穿的服裝、典禮時所用的旗幟、祭祀的犧牲，一律以紅色為尊，軍服用黃色，在外平居的常服用雜色。秋，七月初八日乙卯，隋主楊堅第一次穿上黃色衣服，百官齊賀。於是百官的常服，與平民百姓相同，都穿黃袍，隋主的朝服也同大家一樣，只有隋主的衣服繫有十三環金帶這一差異。

八月初五日壬午，隋朝廢除了東京官。

吐谷渾侵犯涼州，隋主楊堅派遣行軍元帥樂安公元諧等統領步騎數萬出擊。元諧在豐利山打敗吐谷渾，又在青海打敗了吐谷渾太子可博汗，殺死和俘虜一萬多人。吐谷渾驚駭震恐，他們的王侯三十人各自帶領自己的部眾來投降。吐谷渾可汗夸呂率領親兵遠逃。隋主冊封吐谷渾的高寧王移茲裒為河南王，由他統領歸降的吐谷渾部眾。任命元諧為寧州刺史，留行軍總管賀婁子幹鎮守涼州。

九月二十四日庚午，陳朝將軍周羅睺攻打隋朝的故墅城，佔領了這座城。陳將蕭摩訶攻打江北地區。

隋朝奉車都尉于宣敏出使巴蜀返回，上奏說：「蜀地肥沃富饒，人才輩出，物產豐富，周朝德運衰弱之時，王謙得以起兵成為戰爭的主謀。陛下應當在那裡建立藩國，封立王室子孫。」隋主非常贊成。九月二十五日辛未，任命越王楊秀為益州總管，改封蜀王。于宣敏，是于謹的孫子。

九月二十六日壬申，隋朝任命上柱國長孫覽、元景山並為行軍元帥，發兵入侵陳朝，任命尚書左僕射高熲掌控各路軍隊。

起初，北周、北齊所鑄造的錢幣共有四等，以及民間私鑄的錢幣，名稱品種很多，輕重也不一樣，隋主楊堅為此憂慮，便重鑄五銖錢。所鑄錢的背面、正面、錢身、錢孔都有輪廓，每一千枚五銖錢總重四斤二兩。前代古幣和民間私鑄的錢一律禁用。在全國各個關口，放置五銖錢樣品，不合樣品的錢，一律沒收銷毀。從這以後，錢幣開始統一，百姓感到十分方便。

隋朝鄭譯以上柱國職位退休回家，賞賜豐厚。鄭譯認為自己被疏遠，偷偷叫來道士做法事求福，被奴婢告發，說他用巫蠱法術咒人。鄭譯又與母親分居，被主管御史彈劾，因此被削職為民。隋主頒下詔書說：「鄭譯如果留在人世間，做人是一個不守臣道的臣子；如果把他在朝堂上處死，到了地下是一個不孝的鬼。死活牽累陰陽兩界，沒地方安置他。應當賜給他《孝經》，使他熟讀。」並命令他與母親同住在一起。

起初，北周的刑律和北齊相比，煩瑣而不簡要，隋主楊堅命令高熲、鄭譯以及上柱國楊素、率更令裴政等人重新修定。裴政熟悉典章故事，懂得如何為政，於是採取魏、晉舊律，下至齊、梁法典，考察前後沿襲變革、寬嚴輕重，折衷取捨。當時，共同修定刑律的有十餘人，凡有疑難，皆由裴政裁定。於是廢除了前代斬首示眾、車裂，以及鞭刑等刑律。只要不是謀反以上的重罪，就沒有收捕滅族之罪。開始制定死刑兩等，一是絞，二是斬；流放刑律三等，流放二千里至三千里；徒刑五等，服刑一年到三年；杖刑五等，杖六十至一百；笞刑五等，用竹板打十至五十板。又制定了對行政官員的八議、申請減罪、官品減罪、納錢贖罪、官職抵罪等條款，用來優待士大夫。又廢除前代審訊囚徒時使用的酷刑，規定拷打不得超過二百下，刑具枷杖的大小，都做出了規定。百姓有冤屈，縣府不受理審查的，聽任百姓依次向郡、州、臺省提起上訴，如果郡、州仍不受理審查的，准許到朝廷申訴。

冬，十月十二日戊子，隋朝開始頒行新律。隋主楊堅下詔說：「絞刑能致人斃命，斬刑則使人身首分離，毀滅惡人的身體，這兩項已達到極點。斬首示眾、車裂人身，於義無取，對懲惡肅紀沒有好處，只是表現了安於殘忍的心懷。用鞭子抽打的刑法，摧殘體膚，深入骨髓，侵害肌肉，酷虐程度如同用刀切割，雖然說是古代的法令，實在違背仁者的刑法。斬首示眾、車裂，以及鞭刑，全都廢除。尊重功臣勳爵，不應對他們使用徒刑，擴大高官顯貴的蔭庇，旁及他們的宗親。前代流刑六年，改為五年，前代五年徒刑，減為三年。其他懲罰條款，都以輕代重，改變死刑為有期徒刑，條款很多，備載典策。繁瑣的法令、嚴酷的科條，都應削除。」從此刑律制度就確定下來了，後世多遵用隋律。

隋主楊堅曾經怒恨一位郎官，在殿前用竹板打他。諫議大夫劉行本上前說：「這位郎官一向清廉，犯的過失又小，希望陛下對他稍加寬宥。」隋文帝不理睬。劉行本於是站到隋文帝面前說：「陛下不認為臣沒有才能，把我安置在左右，臣說的話如果是對的，陛下怎能不聽？如果說錯了，應當交給司法審理，怎麼能輕視臣而不理會呢？」於是便將笏板丟在地上退了下去。隋文帝嚴肅地向劉行本道歉，寬赦了那位郎官。劉行本，是劉璠哥哥的兒子。

獨孤皇后家族世代顯貴而又能謙恭待人，平常喜歡讀書，議論政事多與隋文帝的心意相合，隋文帝既寵愛又敬畏她，宮中並稱帝后為「二聖」。隋文帝每次上朝，獨孤皇后都與隋文帝並輦前往，到閤門才停止。獨孤皇后還派宦官伺察文帝，朝政有所缺失，隨事諫正。等隋文帝退朝，獨孤皇后與他一起回寢宮。主管部門奏稱：「按照《周禮》，百官妻子的封號，由皇后確定，請求依照古制。」獨孤皇后說：「婦人參政，或許就會從這裡開始蔓延，我不能帶這個頭。」大都督崔長仁是獨孤皇后的表兄，犯法應當斬首，隋文帝因皇后的原因，想要赦免他的罪行。獨孤皇后說：「朝廷的事情，怎能顧念私情？」崔長仁最終判為死罪。獨孤皇后生性儉約，隋文帝曾經要配製止瀉藥，須用胡粉一兩。皇后宮中不用胡粉，尋找一番，竟然沒有找到。隋文帝又想賞賜柱國劉嵩的妻子織成的衣領，宮中也沒有。然而隋文帝吸取北周喪失天下的教訓，不把大權要職授給外戚，獨孤皇后的兄弟最高職位不超過將軍、刺史。

隋文帝的外祖家族呂氏，濟南人，向來貧寒微賤，北齊滅亡後，隋文帝多方尋找，不知道下落。等到即了皇帝位，才找到舅舅呂永吉，追贈外祖父呂雙周為太尉，封齊郡公，讓呂永吉繼承爵位。呂永吉的叔父呂道貴，生性冥頑痴呆，說話鄙陋粗俗，隋文帝給他豐厚的供給，不許他與朝士大夫接觸交友。封呂道貴為上儀同三司，外出為濟南太守，後來濟南郡撤銷，呂道貴終老於家。

十月十六日壬辰，隋主楊堅到岐州。

岐州刺史安定人梁彥光有德政，隋主下詔嘉獎他，賞賜粟帛和御傘，用以激勵全國的官員。過了很長時間，遷調梁彥光為相州刺史。岐州民俗純厚，梁彥光以清靜為治，奏課連年為全國第一。等到遷調為相州刺史，治理方法同在岐州一樣。相州治所鄴城自從北齊滅亡以後，士大夫大多遷入關中，只有手工業者、商戶、樂戶遷入充實鄴城，民俗奸險邪僻，喜歡生事訴訟，把梁彥光看成「著帽餳」。隋文帝聽說後，罷了梁彥光的官。一年多以後，任為趙州刺史。梁彥光請求再當相州刺史，隋文帝准許了。相州的豪強猾吏聽說梁彥光又來了，都嘲笑他。梁彥光到相州，揭發暗藏的奸邪，有如神明，豪強猾吏潛逃，全境大治。梁彥光於是延請名儒，在每一個鄉設立學校，親自到學校主持考試，嘉獎勤奮的學生，斥退怠惰的學生。推舉秀才進京考試，梁彥光到城郊餞行，用財物資助他們。於是相州的社會風氣大變，官吏百姓都感激心服，再沒有打官司的人。

當時，又有一個相州刺史陳留人樊叔略，政績突出，隋文帝用璽書給予表揚，頒示全國，徵召入京任命為司農。

新豐縣令房恭懿的政績在三輔地區名列第一，隋文帝賞賜給他粟米絹帛。雍州所屬各縣令朝謁皇上時，隋文帝看到房恭懿，一定召他到坐榻前，向他詢問治民的方略。房恭懿一直升遷到德州司馬。隋文帝對各州派遣到京師的朝集使說：「房恭懿一心為國，愛護我的百姓，這是上天和祖先賜下的福佑。朕如果撇下他不賞賜，上天和祖先一定責怪我。你們應該以他為榜樣。」於是升遷房恭懿為海州刺史。因此，州縣的長官大多稱職，百姓富足。

十一月二十二日丁卯，隋朝派遣兼散騎侍郎鄭撝出使陳朝。

十二月二十五日庚子，隋主楊堅返回長安，恢復鄭譯的官職和爵位。

陳朝的廣州刺史馬靖頗得嶺南地區人心，兵甲器械精良，多次立有戰功。朝廷猜忌他，派吏部侍郎蕭引察看他的動靜，暗示馬靖向朝廷送交人質。蕭引對外假託到嶺南督收蠻夷部族向朝廷送交的貢物，他到達番禺，馬靖立即送子弟到朝廷作人質。

這一年，隋主楊堅下詔全國，聽任老百姓出家為僧尼，並按人口攤派出錢營造佛經、佛像。這樣一來，民風時俗隨風轉向，民間的佛經書籍，多於《六經》數十倍到百倍。

突厥佗鉢可汗病危快要死時，對兒子菴邏說：「我的哥哥木杆可汗不立兒子大邏便，而傳位給我。我死後，你們兄弟應當避讓大邏便。」等到佗鉢可汗死後，國人將擁立大邏便為可汗，但因大邏便的母親出身微賤，眾貴臣不服。菴邏的母親出身尊貴，突厥貴臣也一向尊重他。攝圖最後一個到會，對國人說：「如果擁立菴邏的話，我帶領兄弟們服從他；如果擁立了大邏便，我一定保守我的地盤，用利刀長矛對待他。」攝圖年長，而且雄健武勇，國人沒有人敢違抗他，終於擁立了菴邏為繼承人。大邏便沒有被擁立，心中不服菴邏，常常派人去辱罵他。菴邏控制不了大邏便，因此把國家讓給了攝圖。國人互相議論說：「四位可汗的兒子，攝圖最賢明。」於是大家共同擁立攝圖，稱為沙鉢略可汗，居住在都斤山。菴邏退居到獨洛水，稱為第二可汗。大邏便對沙鉢略可汗說：「我和你都是可汗的兒子，各自繼承父業，你如今位極尊貴，我卻沒有職位，為什麼呢？」沙鉢略為此憂慮，就封大邏便為阿波可汗，讓他回去統領自己的部眾。又沙鉢略的叔父玷厥，居住在西面，稱達頭可汗。各位可汗各自統領自己的部屬，分居四面。沙鉢略勇武而深得眾心，因此北方各少數部落民族都因畏懼而依附他。

隋主楊堅即皇帝位以後，對突厥恩禮薄少，突厥人大為怨恨。北周千金公主哀痛自己宗族覆滅，日夜向沙鉢略可汗進言，請求他替北周報仇。沙鉢略對臣下說：「我是北周的親戚，如今隋主楊堅自立為帝，我若不能制止，有什麼臉面見可賀敦呢？」於是與原北齊營州刺史高寶寧合兵侵犯隋朝邊境。隋主很憂慮這事，下令沿邊修建城堡亭障，加高長城，並派上柱國武威人陰壽鎮守幽州，京兆尹虞慶則鎮守并州，屯兵數萬防禦突厥。

當初，北周奉車都尉長孫晟奉命送千金公主到突厥，突厥可汗喜愛長孫晟善於射箭，留了整整一年，命令眾子弟和部落貴人與長孫晟親近友善，希望學到他的箭法。沙鉢略可汗的弟弟處羅侯，稱為突利設，非常得民心，被沙鉢略可汗猜忌，處羅侯祕密委託心腹與長孫晟結盟。長孫晟和處羅侯遊獵，趁此考察山川形勢，各部眾的強弱，沒有不知道的。

等到突厥入侵隋朝邊境，長孫晟上書說：「如今華夏雖然安定，北方突厥還在為害，發兵征討，還不是時候，如果置之不理，又時常侵擾，因此應當暗中周密策劃，漸漸攘除外禍。突厥達頭可汗玷厥與沙鉢略可汗攝圖相比，兵馬強盛但地位低下，名義上臣屬攝圖，其實內部嫌隙已經明顯，煽動他們的仇恨情緒，他們一定會自相殘殺。另外，處羅侯是攝圖的弟弟，奸詐頗多，勢力弱小，用盡心機爭取人心，國人愛戴他，因而遭到攝圖的猜忌，使他心裡極不安定。處羅侯行跡上表示與攝圖彌合矛盾，其實內心懷有疑慮和恐懼。還有，阿波可汗大邏便搖擺不定，夾在玷厥和攝圖之間，很害怕攝圖，受攝圖控制，總是倒向勢力強大的一邊，並沒有堅定的誠心。如今我們應遠交近攻，離間強大的，聯合弱小的。派出使者聯絡玷厥，勸說玷厥與阿波可汗大邏便聯合，這樣攝圖就會撤回南下侵犯隋朝的軍隊，在本土防備西部地區。另外，再拉攏處羅侯，派出使者聯絡庫莫奚族和霫族，那麼攝圖就要分兵，防備東部。這樣，突厥首尾猜嫌，內部分裂，十多年後，再乘機征討，一定可以一舉滅掉突厥。」隋文帝看了奏章，大為高興，便召見長孫晟談話。長孫晟一邊口頭陳述形勢，一邊手畫山川，指示突厥虛實所在，瞭如指掌。隋文帝深深讚歎，全部採用長孫晟的建議。於是派出太僕元暉西出伊吾道，前往達頭可汗玷厥住所，賜給他繡有狼頭的大旗。達頭可汗的使者來隋朝，隋朝把他地位安置在沙鉢略使者的上頭。隋朝任命長孫晟為車騎將軍，經黃龍道出塞，攜帶錢財禮品賞賜庫莫奚、霫、契丹等族，還讓他們做嚮導，才得以到達處羅侯的住地。長孫晟與處羅侯推心置腹交談，勸誘他內附隋朝。長孫晟的反間計執行後，突厥各部眾之間果然互相猜疑分離。

陳朝始興王陳叔陵，是太子陳叔寶的二弟，與太子異母。陳叔陵的生母是彭貴人。陳叔陵任江州刺史，性情苛刻，狡詐陰險。新安王陳伯固，因擅長詼諧戲謔，得到陳宣帝和皇太子的寵信，陳叔陵嫉恨陳伯固，就暗中搜集他的過失，想要依法治罪。後來陳叔陵入朝為揚州刺史，州府事務很多牽涉到中書、尚書兩省，辦事官員順從陳叔陵的旨意，陳叔陵就諷諭皇上進升重用，如果稍有違背觸犯他，他一定讓這人陷於大罪，嚴重的至於身首異處。陳伯固害怕他，就對他阿諛奉承，投其所好。陳叔陵喜歡發掘古墓，陳伯固喜歡射野雞，兩人經常一起到郊外遊玩，十分親密，進而密謀叛亂。陳伯固任侍中，每當得到省中機密，一定告訴陳叔陵。

十四年（壬寅　西元五八二年）

春，正月己酉❶，上不豫，太子與始興王叔陵、長沙王叔堅並入侍疾❷。叔陵陰有異志❸，命典藥吏❹曰：「切藥刀甚鈍，可礪❺之。」甲寅❻，上殂。倉猝❼

之際，叔陵命左右於外取劍。左右弗悟，取朝服木劍❽以進，叔陵怒。叔堅在側，聞之，疑有變，伺其所為。乙卯❾，小斂❿。太子哀哭俯伏⓫。叔陵抽剉藥刀⓬斫太子，中項⓭，太子悶絕⓮于地。母柳皇后⓯走來救之，又斫后數下。乳媼⓰吳氏自後掣其肘，太子乃得起。叔陵持太子衣，太子自奮⓱得免。叔堅手搤⓲叔陵，奪去其刀，仍牽就柱，以其褶袖⓳縛之。時吳媼已扶太子避賊，叔堅求太子所在，欲受生殺之命⓴。叔陵多力，奮袖㉑得脫，突走㉒出雲龍門，馳車還東府㉓，召左右斷青溪㉔道，赦東城㉕囚以充戰士，散金帛賞賜。又遣人往新林㉖追其[1]所部兵，仍自被甲，著白布帽，登城西門招募百姓。又召諸王將帥，莫有至者，唯新安王伯固單馬赴之，助叔陵指揮。叔陵兵可千人，欲據城自守。

時眾軍並緣江防守，臺內㉗空虛。叔堅白柳后，使太子舍人㉘河內司馬申㉙，以太子命召右衛將軍蕭摩訶入見受敕，帥馬步數百趣東府，屯城西門。叔陵惶恐，遣記室㉚韋諒㉛送其鼓吹㉜與摩訶，謂之[2]曰：「事捷，必以公為台鼎㉝[3]。」摩訶紿報㉞之曰：「須王心膂節將自來，方敢從命。」叔陵遣其所親戴溫、譚騏驎詣摩訶，摩訶執以送臺㉟，斬其首，徇東城。

叔陵自知不濟㊱，入內，沈其妃張氏及寵妾七人于井，帥步騎數百自小航㊲

度，欲趣新林，乘舟奔隋。行至白楊路，為臺軍所邀㊳。伯固見兵至，旋㊴避入巷，叔陵馳騎拔刃追之，伯固復還，叔陵部下多棄甲潰去。摩訶馬容㊵陳智深㊶迎刺叔陵僵仆，陳仲華就斬其首，伯固為亂兵所殺，自寅至巳㊷乃定。叔陵諸子並賜死，伯固諸子宥為庶人。韋諒及前衡陽㊸內史彭暠㊹、諮議參軍㊺兼記室鄭信㊻、典籤㊼俞公喜並伏誅。暠，叔陵舅也。信、諒有寵於叔陵，常參謀議。諒，粲之子也。

丁巳㊽，太子即皇帝位，大赦。

【章旨】以上為第三段，寫陳宣帝病逝，陳朝發生未遂政變，陳後主即位。

【注釋】❶己酉　正月初五。❷侍疾　侍奉病人。❸異志　有叛變的意圖。❹典藥吏　官名，掌管醫藥。❺礪　磨刀。❻甲寅　正月十日。❼倉猝　匆促。❽朝服木劍　朝服的木劍，作為儀飾之用，故用木製。❾乙卯　正月十一日。❿小斂　給死者穿衣為小斂。⓫俯伏　面朝下，身體前傾。⓬剉藥刀　即切藥刀。⓭中項　砍中脖子。⓮悶絕　昏倒。⓯柳皇后　名敬言，河東解（今山西臨猗）人，陳宣帝皇后。傳見《陳書》卷七、《南史》卷十二。⓰乳媪　乳母。今稱為奶媽。⓱自奮　自己猛然用力。⓲搤　掐住；捉住。⓳褶袖　寬袖。褶，上衣。多用布做成。⓴生殺之命　指生殺的意旨。㉑奮袖　揮動袖子，盡力掙扎。㉒突走　謂衝撞奔走。㉓東府　指揚州刺史的治所，在今江蘇南京東。㉔青溪　渠名，三國時吳國在建業城（今江蘇南京）東鑿東渠，稱為青溪。六朝時為首都漕運要道。㉕東城　即東府城。㉖新林　地名，即今江蘇南京西南善橋鎮。㉗臺內　禁城內。南朝謂朝廷禁省為臺，故禁城稱臺城。㉘太子舍人　官名，掌東宮文書表啟。㉙司馬申　（？—西元五八六年）字季和，祖籍河內溫縣（今河南溫縣），歷仕梁、陳，官至右衛將軍。傳見《陳書》卷二十九、《南史》卷七十七。㉚記室　官名，掌章表、書記、文檄。㉛韋諒　祖籍京兆杜陵（今陝西長安）。事附《陳書》卷三十六〈始興王叔陵傳〉、《南史》卷五十八〈韋叡傳〉。㉜鼓吹　樂名，本為軍中之樂，將軍以上官配以鼓吹。㉝台鼎　輔相；重臣。㉞紿報　用欺騙的語言回答。㉟送臺　送往臺城。㊱不濟　不能成功。㊲小航　秦淮河上浮橋名，渡口正對建業城朱雀門的稱大航，正對東府門的稱小航。㊳為臺軍所邀　遭到官軍的截擊。邀，攔截。㊴旋　轉身；很快。㊵馬容　行軍時的前驅者。㊶陳智深　傳附《陳書》卷三十一、《南史》卷六十七〈蕭摩訶傳〉。㊷自寅至巳　從早上三時至十一時。寅，指清晨三至五時。巳，指九至十一時。㊸衡陽　郡名，治所衡山縣，在今湖南衡陽。㊹彭暠　（？—西元五八二年）叔陵之舅。傳附《陳書》卷三十六〈始興王叔陵傳〉。㊺諮議參軍　官名，王府中官，諮詢謀議軍事。㊻鄭信　（？—西元五八二年）事附《陳書》卷三十六〈始興王叔陵傳〉。㊼典籤　官名，南朝諸王任刺史的，朝廷設長史、典籤作為佐屬官，往往與長史掌握大權。㊽丁巳　正月十三日。

【校記】①其　原無此字。據章鈺校，十二行本、乙十一行本、孔天胤本皆有此字，今據補。②之　原無此字。據章鈺校，十二行本、乙十一行本、孔天胤本皆有此字，今據補。③鼎　原作「輔」。據章鈺校，十二行本、乙十一行本、孔天胤本皆作「鼎」，今據改。按，《陳書・始興王叔陵傳》作「鼎」。

【語譯】十四年（壬寅　西元五八二年）

春，正月初五日己酉，陳宣帝生病，太子陳叔寶與始興王陳叔陵、長沙王陳叔堅一起入宮侍奉皇上疾病。陳叔陵暗中有非分的圖謀，命令典藥吏說：「切藥的刀太鈍了，可以磨得鋒利一些。」初十日甲寅，陳宣帝病逝。在匆忙之中，陳叔陵命令身邊的人到室外取劍，身邊的人沒明白陳叔陵的意思，取來朝服上裝飾用的木劍送給他，陳叔陵很生氣。陳叔堅在旁邊，聽到了陳叔陵說的話，懷疑有變故，便暗中監視陳叔陵的行動。十一日乙卯，陳宣帝遺體入殮，太子陳叔寶趴在地上哀哭。陳叔陵抽出銼藥的刀子砍太子，砍中了脖子，太子昏倒在地。太子的母親柳皇后跑上來救護太子，陳叔陵向柳皇后連砍了幾刀。太子乳母吳氏從陳叔寶的後面拉他的胳膊肘，太子才得以爬起來。陳叔陵扯住太子的衣服，太子奮力掙脫幸免於難。陳叔堅用手扼住陳叔陵的脖子，奪下他手中的銼刀，並拖著陳叔陵靠向房屋柱子，用陳叔陵衣服的長袖把他捆在屋柱上。這時奶媽吳氏已把太子扶出殿外躲避賊人。陳叔堅尋找太子在哪裡，想接受太子是殺掉還是釋放陳叔陵的命令。陳叔陵力氣大，從捆綁的袖子中奮力掙脫出來，衝出雲龍門，驅車回到揚州治所東府城，召集身邊的人阻斷青溪通道，釋放東府的囚徒充當戰士，散發金帛錢財賞賜他們。又派人到新林調來屬下兵馬，親自披上鎧甲，戴上白布帽，登上東府城西門召募民兵。又召集宗室各王將領，但沒有一個來的，只有新安王陳伯固單槍匹馬趕到，協助陳叔陵指揮。陳叔陵的軍隊大約一千人，想佔據東府城自守。

當時陳朝各軍都在沿江防守，禁城空虛。陳叔堅報告了柳皇后，派太子舍人河內人司馬申，以太子的名義宣召右衛將軍蕭摩訶入宮見太子接受敕令，帶領幾百名馬步兵趕到東府城，駐屯在東府城西門。陳叔陵惶恐，派記室參軍韋諒把自己的鼓吹儀仗送給蕭摩訶，對蕭摩訶說：「大事辦成，一定任命將軍做臺閣宰輔。」蕭摩訶假意回報說：「必須等王爺的心腹持節前來，才敢聽從命令。」陳叔陵派他的親信戴溫、譚騏驎到蕭摩訶軍營，蕭摩訶將他們抓起來送到臺城，朝廷將二人斬首，在東府城示眾。

陳叔陵自知不能成功，回到府衙，把妃子張氏以及寵愛的七個小妾沉入井中，率領步兵、騎兵數百人從小航渡過秦淮河，想前往新林，乘船奔赴隋朝。走到白楊路，被臺軍截住。陳伯固看到大軍到來，轉身逃入小巷，陳叔陵馳馬抽刀追趕陳伯固，陳伯固又返回來。陳叔陵的部下大多丟掉武器逃散。蕭摩訶的馬容陳智深迎面將陳叔陵刺倒，陳仲華上前割下陳叔陵的首級。陳伯固被亂兵殺死，從寅時到巳時，這場叛亂才平定。陳叔陵的幾個兒子全部賜死，陳伯固的幾個兒子免死廢為庶民。韋諒，以及原衡陽內史彭暠、諮議參軍兼記室鄭信、典籤俞公喜等全都斬首。彭暠，是陳叔陵的舅舅。鄭信、韋諒受到陳叔陵的寵信，經常參與密謀。韋諒，是韋粲的兒子。

正月十三日丁巳，陳朝皇太子陳叔寶即皇帝位，大赦天下。

辛酉❶，隋置河北道行臺於并州❷，以晉王廣為尚書令。置西南道行臺於益州❸，以蜀王秀為尚書令。隋主懲周氏孤弱而亡，故使二子分涖❹方面❺。以二王年少，盛選貞良❻有才望者為之僚佐❼，以靈州❽刺史王韶❾為并省❿右僕射，鴻臚卿⓫趙郡李雄⓬為兵部尚書，左武衛將軍朔方李徹⓭總晉王府軍事，兵部尚書元巖⓮為益州總管府長史。王韶、李雄、元巖俱有骨鯁⓯名，李徹前朝舊將，故用之。

初，李雄家世以學業自通，雄獨習騎射。其兄子旦讓之曰：「非士大夫之素業也。」雄曰：「自古聖賢，文武不備而能成其功業者鮮矣。雄雖不敏，頗觀前志，但不守章句⓰耳。既文且武，兄何病⓱焉？」及將如并省，帝謂雄曰：「吾兒更事⓲未多，以卿兼文武才，吾無北顧之憂⓳矣。」

二王欲為奢侈非法，韶、巖輒不奉教⓴，或自鎖㉑，或排閤㉒切諫㉓。二王甚憚之，每事諮而後行，不敢違法度。帝聞而賞之。

又以秦王俊為河南道行臺尚書令、洛州㉔刺史，領㉕關東兵。

癸亥㉖，以長沙王叔堅為驃騎將軍㉗、開府儀同三司、揚州刺史。蕭摩訶為車騎將軍㉘、南徐州刺史，封綏遠公，始興王叔陵[1]家金帛累巨萬，悉以賜之。以司馬申為中書通事舍人㉙。

乙丑㉚，尊皇后為皇太后。時帝病創㉛，臥承香殿，不能聽政㉜。太后居柏梁殿，百司眾務，皆決於太后，帝創愈，乃歸政焉。

丁卯(33)，封皇弟叔重為始興王，奉昭烈王(34)祀。

隋元景山出漢口(35)，遣上開府儀同三司鄧孝儒將卒四千攻甑山(36)。鎮將軍陸綸以舟師救之，為孝儒所敗，涓口(37)、甑山、沌陽(38)守將皆棄城走。戊辰(39)，遣使請和於隋，歸其胡墅。

己巳(40)，立妃沈氏(41)為皇后。辛未(42)，立皇弟叔儼為尋陽王，叔慎為岳陽王，叔達為義陽王(43)，叔熊(44)為巴山王，叔虞(45)為武昌王。

隋高熲奏，禮不伐喪(46)，二月己丑(47)，隋主詔熲等班師。

三月己巳(48)，以尚書左僕射晉安王伯恭為湘州刺史，永陽王伯智(49)為尚書僕射。

夏，四月庚寅(50)，隋大將軍韓僧壽(51)破突厥於雞頭山(52)，上柱國李充(53)破突厥於河北山(54)。

丙申(55)，立皇子永康公胤(56)為太子。胤，孫姬之子也[2]，沈后養以為子。

五月己未(57)，高寶寧引突厥寇隋平州(58)，突厥悉發五可汗(59)控弦(60)之士四十萬入長城。

壬戌(61)，隋任穆公于翼卒。〇甲子(62)，隋更命傳國璽曰「受命璽(63)」。

六月甲申(64)，隋遣使來弔。

乙酉(65)，隋上柱國李光(66)敗突厥於馬邑。突厥又寇蘭州(67)，涼州總管賀婁子幹敗之於可洛峐(68)。

隋主嫌長安城制度狹小，又宮內多妖異。納言蘇威勸帝遷都，帝以初受命，難之，夜與威及高熲共議。明旦，通直散騎庾季才奏曰：「臣仰觀玄[3]象(69)，俯察圖記(70)，必有遷都之事。且漢營此城，將八百歲，水皆鹹鹵(71)，不甚宜人。願陛下協(72)天人之心，為遷徙之計。」帝愕然，謂熲、威曰：「是何神也！」太師李穆亦上表請遷都。帝省表曰：「天道(73)聰明(74)，已有徵應(75)，太師人望(76)，復抗(77)此請，無不可矣。」丙申(78)，詔高熲等創造新都於龍首山(79)。以太子左庶子宇文愷有巧思，領營新都副監(80)。愷，忻之弟也。

秋，七月辛未(81)，大赦。

九月丙午(82)，設無㝵(83)大會於太極殿(84)，捨身及乘輿(85)御服。大赦。〇丙午(86)，以長沙王叔堅為司空，將軍、刺史如故。

冬，十月癸酉(87)，隋太子勇屯兵咸陽(88)以備突厥。

十二月丙子[89]，隋命新都曰大興城。○乙酉[90]，隋遣沁源公虞慶則屯弘化[91]以備突厥。

行軍總管達奚長儒將兵二千，與突厥沙鉢略可汗遇於周槃[92]，沙鉢略有眾十餘萬，軍中大懼。長儒神色慷慨[93]，且戰且行，為虜所衝突[94][4]，散而復聚，四面抗拒。轉鬬三日，晝夜凡十四戰，五兵咸盡[95]，士卒以拳毆之，手皆骨見[96]，殺傷萬計。虜氣[97]稍奪[98]，於是解去[99]。長儒身被五瘡[100]，通中[101]者二。其戰士死傷[5]者什八九。詔以長儒為上柱國，餘勳回授一子。

時柱國馮昱[102]屯乙弗泊[103]，蘭州總管叱列長叉守臨洮[104]，上柱國李崇屯幽州，皆為突厥所敗。於是突厥縱兵自木硤[105]、石門[106]兩道入寇，武威[107]、天水[108]、安定[6]、金城、上郡[109]、弘化、延安[110]，六畜咸盡。

沙鉢略更欲南入，達頭不從，引兵而去。長孫晟又說沙鉢略之子染干[111]詐告沙鉢略曰：「鐵勒[112]等反，欲襲其牙[113]。」沙鉢略懼，迴兵出塞。

隋主既立，待遇梁主，恩禮彌厚。是歲，納梁主女為晉王妃，又欲以其子瑒尚蘭陵公主[114]。由是罷江陵總管[115]，梁主始得專制其國。

【章　旨】以上為第四段，寫隋朝、陳朝、突厥、後梁等四國的戰和關係，隋朝與突厥的爭戰是主線。隋朝初建，為了全力抵禦突厥，暫停南伐，高熲藉口義不伐喪，撤軍北還。

【注　釋】❶辛酉　正月十七日。❷并州　州名，治所晉陽縣，在今山西太原西南。❸益州　州名，治所成都縣，在今四川成都。❹分涖　分別到各地。涖，臨。❺方面　一個方面，東西南北中之一方。❻貞良　忠貞賢良的人。❼僚佐　諸王府幕僚，佐諸王治理政事。❽靈州　州名，治所富平縣，在今寧夏靈武西南。❾王韶　字子相，自云太原晉陽（今山西太原西南）人，世居京兆。歷仕周、隋，官至行臺右僕射。傳見《隋書》卷六十二、《北史》卷七十五。❿并省　河北道行臺并州尚書省的簡稱。⓫鴻臚卿　官名，掌外蕃朝見、吉凶弔祭。⓬李雄　字毗盧，趙郡高邑（今河北高邑）人，歷仕周、隋，官至鴻臚卿。傳見《隋書》卷四十六。⓭李徹　字廣達，朔方巖綠（今陝西靖邊）人。歷仕周、隋，官至揚州總管司馬。傳見《隋書》卷五十四、《北史》卷六十六。⓮元巖　（？—西元五九三年）字君山，河南洛陽（今河南洛陽）人。歷仕周、隋，官至兵部尚書。傳見《隋書》卷六十二、《北史》卷七十五。⓯骨鯁　比喻正直。也作「骨梗」。⓰章句　分析古書的章節句讀。⓱病　憂慮；為難。⓲更事　經歷世事。⓳北顧之憂　意謂憂慮并州失守。并州位在隋都長安以北。⓴不奉教　不遵從二王的教令。㉑自鎖　自我捆綁，以規諫二王。㉒排閤　推開門。排，推開。㉓切諫　直言極諫。切，極力。㉔洛州　州名，治所洛陽，在今河南洛陽。㉕領　統管。兼任較低的職務稱領。㉖癸亥　正月十九日。㉗驃騎將軍　將軍名號，驃騎府長官，正四品上。㉘車騎將軍　將軍名號，驃騎府副長官或車騎府長官，正五品上。㉙中書通事舍人　官名，掌詔命及呈奏案章。㉚乙丑　正月二十一日。㉛病創　指被始興王叔陵砍傷。創，創傷。㉜聽政　處理政事。㉝丁卯　正月二十三日。㉞昭烈王　即陳武帝兄道譚，仕梁，死於侯景之亂，諡昭烈，後陳武帝又改封為始興郡王。事見《陳書》卷二十八、《南史》卷六十五。㉟漢口　地名，即漢水入長江之口。在今湖北武漢漢口。㊱甑山　地名，在今湖北漢川市東南漢江南岸。㊲涓口　地名，即沮水入漢水之口。㊳沌陽　地名，在今湖北武漢漢陽東臨漳山下。㊴戊辰　正月二十四日。㊵己巳　正月二十五日。㊶沈氏　陳後主皇后，沈君理之女，名婺華。傳見《陳書》卷七、《南史》卷十二。㊷辛未　正月二十七日。㊸立皇弟叔儼為尋陽王三句　分別為陳宣帝第十五、十六、十七子。傳俱見《陳書》卷二十八、《南史》卷六十五。㊹叔熊　陳宣帝第十八子。《陳書》本傳「熊」作「雄」，《南史》同。當改作「雄」。㊺叔虞　宣帝第十九子。傳見《陳書》卷二十八、《南史》卷六十五。㊻禮不伐喪　《周禮》規定，不討伐正辦理喪事的國家。此時陳正為宣帝辦理喪事。㊼己丑　二月十五日。㊽己巳　三月二十五日。

㊾永陽王伯智　陳文帝第十二子。傳見《陳書》卷二十八、《南史》卷六十五。㊿庚寅　四月十七日。(51)韓僧壽　（西元五四八—六一二年）字玄慶，河南東垣（今河南新安）人，後家新安，韓擒虎弟。歷仕周、隋，官至蔚州刺史。傳附《隋書》卷五十二、《北史》卷六十八〈韓擒虎傳〉。(52)雞頭山　一名笄頭山、崆峒山、簿洛山。在今寧夏隆德東。(53)李充　隴西成紀（今甘肅靜寧）人。傳附《隋書》卷五十三〈劉方傳〉。(54)河北山　山名，即今內蒙古狼山與陰山的合稱。(55)丙申　四月二十三日。(56)永康公胤　字承業，陳後主長子。先立為太子，後廢為吳興王。傳見《陳書》卷二十八、《南史》卷六十五。(57)己未　五月十六日。(58)平州　州名，治所肥如縣，在今河北盧龍北。(59)五可汗　沙鉢略可汗、第二可汗、達頭可汗、阿波可汗、貪汗可汗，共五可汗。(60)控弦　拉弓。引申稱士兵。(61)壬戌　五月十九日。(62)甲子　五月二十一日。(63)受命璽　皇帝的印章。因璽上有「受命於天」四字，隋乃改為受命璽。(64)甲申　六月十二日。(65)乙酉　六月十三日。(66)李光　《隋書》卷一〈高祖紀上〉「光」作「充」，《北史》同。據此，應改作「充」。(67)蘭州　州名，治所子城縣，在今甘肅蘭州。(68)可洛峐　地名，確址不詳，疑在今甘肅境內。(69)玄象　天象。(70)圖記　指地理志。(71)鹹鹵　味鹹澀。(72)協　和合；服從。(73)天道　自然的規律。古人認為天道是支配人類命運的天神意志。(74)聰明　明智；聰察。(75)徵應　徵驗和應和。(76)人望　眾人所仰望。(77)抗　此為「抗表」的省說。上奏請求皇上重新考慮先前下達的旨意稱抗表。(78)丙申　六月二十四日。(79)龍首山　山名，在今陝西西安北部。《三秦記》載：龍首山長六十里，首入渭水，尾達樊川，頭高二十丈，尾部漸低下，可六七丈，色赤。舊時傳說有黑龍從南山出來到渭水飲水，其行道便成山，因名龍首山。(80)副監　監領營造新都的副職。(81)辛未　七月二十九日。(82)丙午　九月初五日。(83)导　佛書用字，同「礙」。今譯為「遮」。(84)太極殿　宮城正殿名。(85)乘輿　皇帝乘坐的車子。(86)丙午　與前「丙午」重複。按，《陳書》卷六〈後主紀〉「午」作「寅」，《南史》同。據此，「午」當改作「寅」。丙寅，九月二十五日。(87)癸酉　十月初三日。(88)咸陽　地名，故址在今陝西咸陽東北漢長陵。(89)丙子　十二月初七日。(90)乙酉　十二月十六日。(91)弘化　郡名，治所合水縣，在今甘肅慶陽北。(92)周槃　地名，故址在今甘肅慶陽境。(93)慷慨　意氣風發，情緒激昂。(94)衝突　衝擊突破。(95)五兵咸盡　五種兵器全都用光。五兵，習慣指矛、戟、弓、劍、戈五種兵器。(96)骨見　皮肉綻開，露出骨頭。(97)虜氣　突厥軍的氣勢。(98)稍奪　漸漸喪失。(99)解去　解圍而去。(100)瘡　創傷。(101)通中　貫通，穿透身體。(102)馮昱　不知何地人。傳附《隋書》卷五十三、《北史》卷七十三〈劉方傳〉。(103)乙弗泊　湖泊名，故址在今青海樂都西。(104)臨洮　縣名，縣治在今甘肅岷縣。(105)木硤　關名，故址在今寧夏固原西南。(106)石門　關名，亦在固原西南。(107)武威　郡名，治所姑臧縣，在今甘肅武威。(108)天水　郡名，治所上邽縣，在今甘肅天水市。(109)上郡　郡名，治所洛文縣，在今陝西富縣。(110)延安　郡名，治所膚

施縣，在今陝西延安城東延河東岸。⑪染干　沙鉢略之子，後為突利可汗。事見《隋書》卷八十四、《北史》卷九十九〈突厥傳〉。⑫鐵勒　少數民族名，本匈奴族苗裔，生活在今西起中俄交界處，東至俄蒙之間的廣大地區。⑬牙　指突厥沙鉢略可汗牙帳。⑭蘭陵公主　隋文帝第五女，字阿五。傳見《隋書》卷八十、《北史》卷九十一〈列女傳〉。⑮罷江陵總管　西魏遷後梁主蕭詧於江陵，設置助防，稱「防主」，後遂置總管，今又罷免。

【校　記】1 叔陵　原無此二字。據章鈺校，十二行本、乙十一行本、孔天胤本皆有此二字，張敦仁《通鑑刊本識誤》同，今據補。2 也　原無此字。據章鈺校，十二行本、乙十一行本、孔天胤本皆有此字，今據補。3 玄　原作「乾」。據章鈺校，十二行本、乙十一行本、孔天胤本皆作「玄」，今據改。按，《隋書・藝術・庾季才傳》、《北史・藝術・庾季才傳》皆作「玄」。4 突　原無此字。據章鈺校，十二行本、乙十一行本、孔天胤本皆有此字，張敦仁《通鑑刊本識誤》同，今據補。5 傷　原無此字。據章鈺校，十二行本、乙十一行本、孔天胤本皆有此字，今據補。6 安定　原無此二字。據章鈺校，十二行本、乙十一行本、孔天胤本皆有此二字，張敦仁《通鑑刊本識誤》同，今據補。按，《隋書・北狄・突厥傳》、《北史・突厥傳》皆有此二字。

【語　譯】正月十七日辛酉，隋朝在并州建置河北道行臺，任命晉王楊廣為尚書令。在益州建置西南道行臺，任命蜀王楊秀為尚書令。隋主楊堅吸取北周孤弱亡國的教訓，所以讓兩個兒子各自鎮守一方。由於兩王年少，便廣泛選擇忠貞賢良而又有才能名望的人為兩王的部屬，任命靈州刺史王韶為并州行臺尚書省的右僕射，鴻臚卿趙郡人李雄為兵部尚書，左武衛將軍朔方人李徹總管晉王府軍事，兵部尚書元巖為益州總管府長史。王韶、李雄、元巖都有鯁直的名聲；李徹是北周舊將，所以選用了他們。

當初，李雄家族世代以精通經學而顯達，李雄唯獨練習騎射。他的哥哥李子旦責備他說：「習武不是士大夫的常業。」李雄說：「從古以來的聖賢，不能兼備文武而能成就大功業的很少。我李雄雖然不敏捷，卻也讀了不少古書，只是不墨守章句訓詁罷了。能文能武，兄長有什麼擔心的呢？」等到李雄即將到并州上任，隋文帝對李雄說：「我的兒子楊廣經事不多，因為你文武兼備，我就沒有北顧之憂了。」

楊廣、楊秀兩王想幹奢侈違規的事，王韶、元巖總是拒絕執行兩王的命令，有時把自己銬起來請罪，有時推開閤門直諫。兩王十分敬畏他們，每件大事都先與他們商議，然後才辦，不敢違犯規章。隋文帝聽到後，下令嘉獎王韶、元巖。

隋文帝又任命秦王楊俊為河南道行臺尚書令、洛州刺史，統領關東軍隊。

正月十九日癸亥，陳後主任命長沙王陳叔堅為驃騎將軍、開府儀同三司、揚州刺史。蕭摩訶為車騎將軍、南徐州刺史，封為綏遠公，始興王陳叔陵家億萬金帛，全部用來賞賜給蕭摩訶。任命司馬申為中書通事舍人。

正月二十一日乙丑，陳後主尊崇柳皇后為皇太后。當時，陳後主傷勢很嚴重，躺在承香殿，不能處理朝政。柳太后居住在柏梁殿，各部門稟奏的眾多事務，都由太后裁決，陳後主傷勢好轉，柳太后才把政務歸還給他。

正月二十三日丁卯，陳後主冊封皇弟陳叔重為始興王，奉祠昭烈王祭祀。

隋朝元景山從漢口出兵，派上開府儀同三司鄧孝儒率領四千名士兵攻打陳朝甑山。陳朝駐鎮將軍陸綸率領水軍救援，被鄧孝儒打敗，涓口、甑山、沌陽守將都棄城逃走。正月二十四日戊辰，陳朝遣使請求隋朝講和，歸還隋朝的胡墅城。

正月二十五日己巳，陳後主冊立皇妃沈氏為皇后。二十七日辛未，冊封皇弟陳叔儼為尋陽王，陳叔慎為岳陽王，陳叔達為義陽王，陳叔熊為巴山王，陳叔虞為武昌王。

隋朝高熲上奏，按禮不討伐有喪事的國家，二月十五日己丑，隋主下詔高熲等人班師回國。

三月二十五日己巳，陳後主任命尚書左僕射晉安王陳伯恭為湘州刺史，永陽王陳伯智為尚書僕射。

夏，四月十七日庚寅，隋朝大將軍韓僧壽在雞頭山打敗突厥，上柱國李充在河北山打敗突厥。

四月二十三日丙申，陳後主冊立皇子永康公陳胤為皇太子。陳胤，是孫姬生的兒子，沈皇后養為己子。

五月十六日己未，原北齊營州刺史高寶寧引導突厥侵犯隋朝平州，突厥發動了五可汗的全部軍隊四十萬人進入長城。

五月十九日壬戌，隋朝任穆公于翼去世。〇二十一日甲子，隋朝改傳國璽名為「受命璽」。

六月十二日甲申，隋朝派遣使者到陳朝弔唁。

六月十三日乙酉，隋朝上柱國李光在馬邑打敗突厥。突厥又侵犯蘭州，隋朝涼州總管賀婁子幹在可洛峐打敗了突厥。

隋主楊堅嫌長安宮城規模狹小，宮中又多有妖異。納言蘇威勸隋文帝遷都，隋文帝因為剛即位，認為遷都困難，夜裡和隋文帝與蘇威、高熲一起商議。第二天早上，通直散騎常侍庾季才上奏說：「臣仰觀天象，俯察圖記，一定有遷都的事。況且漢朝營建此城，至今將有八百年，水質變鹹，不宜人們飲用。希望陛下上應天意，下順人心，做遷都的打算。」隋文帝很驚訝，對高熲、蘇威說：「這是何等神奇！」太師李穆也上表請求遷都。隋文帝看罷表文說：「天道神明，已經有了徵兆應驗，太師是有名望的人，也上奏了遷都的表文，沒什麼不可以了。」六月二十四日丙申，隋主下詔高熲等人在龍首山下營建新宮城。因為太子左庶子宇文愷構思巧妙，讓他擔任營造新宮城的副監。宇文愷，是宇文忻的弟弟。

秋，七月二十九日辛未，陳朝大赦天下。

九月初五日丙午，陳朝在太極殿舉行佛教無遮大法會，陳後主捨身，布施車駕衣服，大赦天下。〇丙午日，陳後主任命長沙王陳叔堅為司空，原職驃騎將軍、揚州刺史不變。

冬，十月初三日癸酉，隋朝皇太子楊勇屯兵咸陽防禦突厥。

十二月初七日丙子，隋朝命名新都為大興城。〇十六日乙酉，隋朝派遣沁源縣公虞慶則駐軍弘化防禦突厥。

隋朝行軍總管達奚長儒領兵二千，與突厥沙鉢略可汗在周槃遭遇，沙鉢略有部眾十餘萬，隋兵大懼。達奚長儒神色鎮定，慷慨激昂，邊戰邊退，遭到突厥軍隊的衝擊突破，幾度衝散又重新聚合，四面抵抗，轉戰三天三夜，交鋒十四次，各種兵器都已耗盡，士兵赤手空拳搏擊敵人，手上骨頭都露出來了，殺傷敵人一萬多。突厥士氣漸漸喪失，於是解圍而去。達奚長儒身上五處受傷，穿透身體的重傷兩處。部下士兵十分之八九或死或傷。隋文帝下詔晉升達奚長儒為上柱國，把他的餘勳轉授給他的一個兒子。

當時隋朝柱國馮昱駐兵乙弗泊，蘭州總管叱列長叉鎮守臨洮，上柱國李崇屯駐幽州，都被突厥打敗。於是突厥大肆進兵，從木硤、石門分兩路入侵，武威、天水、安定、金城、上郡、弘化、延安等郡的牲畜都被搶掠一空。

沙鉢略可汗又想南侵，達頭可汗不聽從，引本部兵馬離去。長孫晟勸說沙鉢略可汗的兒子染干向沙鉢略打假報告說：「鐵勒等部族造反，要襲擊你的牙帳。」沙鉢略可汗害怕了，於是回兵出塞。

隋文帝即位後，對待後梁國主蕭巋恩禮更厚。這一年，娶後梁國主的女兒為晉王楊廣的妃子，還想讓後梁國主的兒子蕭瑒娶自己的女兒蘭陵公主。因此隋文帝撤銷了江陵總管，後梁國主才得以全權統治梁國。

長城公❶上

至德元年（癸卯　西元五八三年）

春，正月庚子❷，隋將入新都，大赦。○壬寅❸，大赦，改元❹。

初，上病創，不能視事，政無大小，皆決於長沙王叔堅，權傾朝廷。叔堅頗驕縱，上由是忌之。都官尚書❺山陰孔範❻，中書舍人施文慶❼，皆惡叔堅而有寵於上，日夕求其短，搆❽之於上。上乃即叔堅驃騎將軍本號，用三司之儀，出為江州❾刺史。以祠部尚書❿江總⓫為吏部尚書。

癸卯⓬，立皇子深⓭為始安王。

二月己巳朔⓮，日有食之。○癸酉⓯，遣兼散騎常侍賀徹等聘于隋。○突厥寇隋北邊。○癸巳⑯，葬孝宣皇帝于顯寧陵，廟號高宗。

右衛將軍兼中書通事舍人司馬申既掌機密，頗作威福，多所譖毀⑰。能候人主顏色⑱，有忤己者，必以微言譖之⑲，附己者，因機⑳進之。是以朝廷內外，皆從風㉑而靡。

上欲用侍中、吏部尚書毛喜為僕射，申惡喜彊直㉒，言於上曰：「喜，臣之妻兄，高宗時稱陛下有酒德㉓，請逐去宮臣㉔，陛下寧忘之邪？」上乃止。

上創愈，置酒於後殿以自慶㉕，引吏部尚書江總以下展樂㉖賦詩。既醉而命毛喜。于時山陵初畢㉗，喜見之，不懌，欲諫，則上已醉。喜升階，陽為心疾㉘，仆㉙于階下，移出省中。上醒，謂江總曰：「我悔召毛喜，彼實無疾，但欲阻我歡宴，非我所為㉚耳。」乃與司馬申謀曰：「此人負氣㉛，吾欲乞㉜鄱陽兄弟㉝，聽其報讎㉞，可乎？」對曰：「彼終不為官㉟用，願如聖旨。」中書通事舍人北地傅縡㊱爭之曰：「不然。若許報讎，欲置先皇何地？」上曰：「當乞一小郡，勿令見人事耳。」乃以喜為永嘉㊲內史。

三月丙辰㊳，隋遷于新都。

初令民二十一成丁㊴，減役者每歲十二番㊵為二十日役，減調絹一匹為二丈。

周末權(41)酒坊、鹽池、鹽井，至是皆罷之。

祕書監牛弘上表，以「典籍屢經喪亂(42)，率多散逸(43)。周氏聚書，僅盈萬卷。平齊所得，除其重雜(44)，裁(45)益五千。興集之期，屬膺聖世(46)。為國之本，莫此為先。豈可使之流落私家，不歸王府(47)？必須勒之以天威(48)，引之以微利，則異典(49)必臻(50)，觀閣(51)斯積(52)。」隋主從之。丁巳(53)，詔購求遺書於天下，每獻書一卷，賚(54)縑(55)一匹。

夏，四月庚午(56)，吐谷渾寇隋臨洮。洮州(57)刺史皮子信出戰，敗死(58)，汶州(59)總管梁遠擊走之。又寇廓州(60)，州兵擊走之。

壬申(61)，隋以尚書右僕射趙煚兼內史令。

突厥數(62)為隋寇。隋主下詔曰：「往者周、齊抗衡，分割諸夏(63)，突厥之虜，俱通二國。周人東慮(64)，恐齊好之深，齊氏西虞(65)，懼周交之厚。謂虜意輕重，國遂安危(66)，蓋並有大敵之憂，思減一邊之防也。朕以為厚斂兆庶(67)，多惠豺狼(68)，未嘗感恩，資而為賊(69)。節之以禮，不為虛費，省傜薄賦(70)，國用有餘。因(71)入賊之物，加賜將士。息道路之民(72)，務為耕織。清邊制勝，成策(73)在心。凶醜(74)愚闇(75)，未知深旨，將大定之日，比戰國之時，乘昔世之驕，結今時之恨。近者，盡其巢窟(76)，俱犯北邊，蓋上天所忿，驅就齊斧(77)。諸將今行，義兼含育(78)，有降者納(79)，有違者死(80)，使其不敢南望，永服威刑。何用侍子(81)之朝？寧勞渭橋之拜(82)？」

於是命衛王爽等為行軍元帥，分八道出塞擊之。爽督總管李充等四將出朔州道(83)，己卯(84)，與沙鉢略可汗遇於白道(85)。李充言於爽曰：「突厥狃(86)於驟勝，必輕我而無備，以精兵襲之，可破也。」諸將多以為疑，唯長史李徹贊成之，遂與充帥精騎五千掩擊(87)突厥，大破之。沙鉢略棄所服金甲，潛草中而遁。其軍中無食，粉骨為糧，加以疾疫，死者甚眾。

幽州總管陰壽帥步騎數[1]萬出盧龍塞(88)，擊高寶寧。寶寧求救於突厥，突厥方禦隋師，不能救。庚辰(89)，寶寧棄城奔磧北(90)，和龍諸縣悉平。壽設重賞以購寶寧，又遣人離其腹心。寶寧奔契丹，為其麾下所殺。

己丑(91)，郢州(92)城主(93)張子譏遣使請降於隋，隋主以和好，不納(94)。

辛卯(95)，隋主遣兼散騎常侍薛舒(96)、兼通直[2]散騎常侍王劭(97)來聘。劭，松年之子也。

癸巳(98)，隋主大雩。○甲子(99)，突厥遣使入見于隋。

隋改度支尚書為民部(100)，都官尚書為刑部(101)。命左僕射判(102)吏、禮、兵三部事，右僕射判民、刑、工[103]三部事。廢光祿[104]、衛尉[105]、鴻臚寺[106]及都水臺[107]。

五月癸卯[108]，隋行軍總管李晃破突厥於摩那度口[109]。○乙巳[110]，梁太子琮[111]入朝于隋，賀遷都。○辛酉[112]，隋主祀方澤[113]。

隋秦州總管竇榮定[114]帥九總管步騎三萬出涼州，與突厥阿波可汗相拒於高越原[115]，阿波屢敗。榮定，熾之兄子也。

前上大將軍京兆史萬歲[116]，坐事配敦煌[117]為戍卒，詣榮定軍門請自効，榮定素聞其名，見而大悅。壬戌[118]，將戰，榮定遣人謂突厥曰：「士卒何罪而殺之？但當各遣一壯士決勝負耳。」突厥許諾，因遣一騎挑戰。榮定遣萬歲出應之，萬歲馳斬其首而還。突厥大驚，不敢復戰，遂請盟，引軍而去。

長孫晟時在榮定軍中為偏將[119]，使謂阿波曰：「攝圖每來，戰皆大勝。阿波纔入，遽即奔敗，此乃突厥之恥也。且攝圖之與阿波，兵勢本敵[120]。今攝圖日勝[121]，為眾所崇[122]，阿波不利，為國生辱[123]。攝圖必當以罪歸阿波，成其宿計[124]，滅北牙[125]矣。願自量度[126]，能禦之乎？」阿波使至，晟又謂之曰：「今達頭與隋連和，而攝圖不能制，可汗何不依附天子，連結達頭？相合為彊，此萬全計也。豈若喪兵負罪，歸就攝圖，受其戮辱[127]邪？」阿波然之，遣使隨晟入朝。

沙鉢略素忌阿波驍悍[128]，自白道敗歸，又聞阿波貳於隋[129]，因先歸，襲擊北牙，大破之，殺阿波之母。阿波還，無所歸[130]，西奔達頭。達頭大怒，遣阿波帥兵而東，其部落歸之者將十萬騎，遂與沙鉢略相攻，屢破之，復得故地，兵勢益彊。貪汗可汗[131]素睦於阿波，沙鉢略奪其眾而廢之，貪汗亡奔達頭。沙鉢略從弟地勤察，別統部落，與沙鉢略[3]有隙，復以眾叛歸阿波。連兵不已，各遣使詣長安請和求援。隋主皆不許。

六月庚辰[132]，隋行軍總管梁遠破吐谷渾於爾汗山[133]。

突厥寇幽州，隋幽州總管廣宗壯公李崇帥步騎三千拒之，轉戰十餘日，師人[134]多死，遂保砂城[135]。突厥圍之。城荒頹[136]，不可守禦，曉夕[137]力戰，又無所食，每夜出掠虜營，得六畜以繼軍糧。突厥畏之，厚為其備，每夜中結陳[138]以待之。崇軍苦飢，出輒遇敵，死亡略盡，及明，奔還城者尚百許人[139]，然多傷重[4]，不堪更戰[140]。突厥意欲降之，遣使謂崇曰：「若來降者，封為特勤[141]。」崇知不免，令其士卒曰：「崇喪師徒[142]，罪當萬死。今日效命[143]，以謝國家。汝俟[144]吾死，且可降賊，便散走，努力還鄉。若見至尊[145]，道崇此意。」乃挺刃[146]突陳，復殺二人，突厥亂射，殺之。秋，七月辛丑[147][5]，以豫州刺史代人周搖[148]為幽州總管。命李崇子敏[149]襲爵。敏娶樂平公主之女娥英，詔假一品羽儀[150]，禮如尚帝女。既而將侍宴，公主謂敏曰：「我以四海與至尊，唯一壻，當為汝[6]求柱國，若餘官，汝慎勿謝[151]。」及進見，帝授以儀同及開府，皆不謝。帝曰：「公主有大功於我，我何得於其壻而惜官乎？今授汝柱國。」敏乃拜而蹈舞[152]。

八月丁卯朔[153]，日有食之。○長沙王叔堅未之江州，復留為司空，實奪之權。

壬午[154]，隋遣尚書左僕射高熲出寧州[155]道，內史監虞慶則出原州[156]道，以擊突厥。

九月癸丑[157]，隋大赦。

冬，十月甲戌[158]，隋廢河南道行臺省，以秦王俊為秦州[159]總管，隴右[160]諸州盡隸焉。

丁酉[161]，立皇弟叔平為湘東王，叔敖為臨賀王，叔宣為陽山王，叔穆為西陽王[162]。

戊戌[163]，侍中建昌侯徐陵卒。

癸丑[164]，立皇弟叔儉為安南王，叔澄為南郡王，叔興為沅陵王，叔韶為岳山王，叔純為新興王[165]。

十一月[166]，遣散騎常侍周墳、通直散騎常侍袁彥聘于隋。帝聞隋主狀貌異人，使彥畫像而歸。帝見，大駭曰：「吾不欲見此人。」亟[167]命屏之[168]。

隋既班律令，蘇威屢欲更易事條[169]，內史令李德林曰：「修律令時，公何不言？今始頒行，且宜專守，自非大為民害，不可數更。」

河南道行臺兵部尚書楊尚希[170]曰：「竊見當今郡縣，倍多[171]於古。或地無百里，數縣並置，或戶不滿千，二郡分領。具僚[172]已眾，資費日多，吏卒增倍，租調歲減。民少官多，十羊九牧[173]。今存要去閒[174]，併小為大，國家則不虧粟帛，選舉則易得賢良。」蘇威亦請廢郡。帝從之。甲午[175]，悉罷諸郡為州。

十二月乙卯[176]，隋遣兼散騎常侍曹令則、通直散騎常侍魏澹[177]來聘[178]。澹，收之族也。

丙辰[179]，司空長沙王叔堅免。叔堅既失恩，心不自安，乃為厭媚[180]，醮日月[181]以求福。或上書告其事，帝召叔堅，囚于西省，將殺之，令近侍宣敕數之。叔堅對曰：「臣之本心，非有佗故，但欲求親媚耳。臣既犯天憲[182]，罪當萬死。臣死之日，必見叔陵，願宣明詔，責之於九泉[183]之下。」帝乃赦之，免官而已。

隋以上柱國竇榮定為右武衛大將軍。榮定妻，隋主姊安成公主也。隋主欲以榮定為三公，辭曰：「衛、霍、梁、鄧(184)，若少自貶損(185)，不至覆宗(186)。」帝乃止。

帝以李穆功大，詔曰：「法備小人，不防君子。太師申公，自今雖有罪，但非謀逆(187)，縱有百死，終不推問(188)。」

禮部尚書牛弘請立明堂，帝以時事草創(189)，不許。

帝覽刑部奏，斷獄(190)數猶至萬，以為律尚嚴密，故人多陷罪(191)。又敕蘇威、牛弘等更定(192)新律，除死罪八十一條，流罪一百五十四條，徒杖等千餘條，唯定留五百條，凡十二卷(193)。自是刑網簡要，疏而不失(194)。仍置律博士弟子員(195)。

隋主以長安倉廩尚虛，是歲，詔西自蒲、陝(196)，東至衛、汴(197)，水次(198)十三州(199)，募丁運米。又於衛州置黎陽倉(200)，陝州置常平倉(201)，華州置廣通倉(202)，轉相灌輸(203)。漕(204)關東及汾、晉之粟以給長安。

時刺史多任武將，類(205)不稱職。治書侍御史柳彧(206)上表曰：「昔漢光武(207)與二十八將(208)，披荊棘，定天下，及功成之後，無所任職。伏見詔書，以上柱國和千子為杞州(209)刺史。千子前任趙州，百姓歌之曰：『老禾不早殺(210)，餘種穢良田。』千子，弓馬武用，是其所長，治民涖職(211) [7]，非其所解。如謂優老尚年(212)，自可厚賜金帛，若今刺舉[213]，所損殊大。」帝善之。千子竟免。

或見上勤於聽受，百僚奏請，多有煩碎，上疏諫曰：「臣聞自[8]古聖帝，莫過唐、虞[214]，不為叢脞[215]，是謂欽明[216]。舜任五臣[217]，堯咨四岳[218]，垂拱[219]無為，天下以治。所謂勞於求賢，逸於任使。比見陛下留心治道，無憚疲勞，亦由羣官懼罪，不能自決，取判天旨[220]，聞奏過多。乃至營造細小之事，出給輕微之物，一日之內，酬答百司[221]。至乃日旰[222]忘食，夜分[223]未寢，動以文簿憂勞聖躬[224]。伏願察臣至言[225]，少減煩務，若經國[226]大事，非臣下裁斷者，伏願詳決。自餘細務，責成所司[227]。則聖體盡無疆之壽，臣下蒙覆育[228]之賜。」上覽而嘉之，因曰：「柳彧直士[229]，國之寶也。」

彧以近世風俗，每正月十五日[9]，然燈游戲[230]，奏請禁之，曰：「竊見京邑[231]，爰[232]及外州，每以正月望夜[233]，充街塞陌[234]，聚戲朋遊[235]，鳴鼓聒天[236]，燎炬[237]照地，竭貲[238]破產，競此一時。盡室并孥[239]，無問貴賤，男女混雜，緇素[240]不分。穢行[241]因此而成，盜賊由斯而起。因循弊風，曾無先覺[242]。無益於化，實損於民，請頒天下，並即禁斷。」詔從之。

【章 旨】以上為第五段，寫南朝陳後主昏庸，任用親信小人，賢才遭忌，恰與北朝隋文帝親賢遠佞，造成鮮明對比。隋文帝納諫，識才，對外打擊突厥，對內約法省刑，勵精圖治，號稱聖明。

【注 釋】❶長城公　陳朝末代皇帝陳叔寶，宣帝嫡長子。字元秀，小字黃奴。史稱後主。長城公是他死後隋文帝所追封的爵號。見《陳書》卷六〈後主本紀〉、《南史》卷十〈陳本紀下〉。❷庚子　正月初一日。❸壬寅　正月初三。❹改元　由太建十五年改為至德元年。❺都官尚書　官名，尚書省列曹尚書之一，後改為刑部尚書，掌刑法。❻孔範　字法言，會稽山陰（今浙江紹興）人。仕陳，官至都官尚書。傳見《南史》卷七十七。❼施文慶　（？—西元五八九年）吳興烏程（今浙江吳興）人。陳朝權奸。傳附《陳書》卷三十一〈任忠傳〉、《南史》卷七十七〈恩幸傳〉。❽搆　設計陷害。❾江州　州名，治所湓口城，在今江西九江市。❿祠部尚書　官名，尚書省祠部曹長官，掌宗廟祭祀之禮。⓫江總　（西元五一九—五九四年）字總持，濟陽考城（今河南民權東北）人，歷仕梁、陳，官至尚書令。傳見《陳書》卷二十七、《南史》卷三十六。⓬癸卯　正月初四日。⓭皇子深　陳後主第四子。傳見《陳書》卷二十八、《南史》卷六十五。⓮己巳朔　二月初一日。⓯癸酉　二月初五日。⓰癸巳　二月二十五日。⓱譖毀　誣陷詆毀。⓲候人主顏色　看君主臉色行事。⓳以微言譖之　指司馬申向皇帝打小報告，陷害違忤自己的大臣。微言，打小報告。⓴因機　乘機。㉑從風　即跟風。比喻跟隨得迅速。㉒彊直　固執而正直。㉓酒德　以酗酒為德。周公曾告誡成王說：「無若殷王受之迷亂，酗於酒德哉！」㉔宮臣　指太子東宮臣僚。㉕自慶　為自己創傷癒合而慶祝。㉖展樂　陳設樂舞。㉗山陵初畢　調料理宣帝喪事剛剛完畢。㉘陽為心疾　假裝心臟病發作。陽，通「佯」。假裝。㉙仆　跌倒。㉚非我所為　言毛喜以後主所為為非。㉛負氣　調恃其意氣，不肯屈服於人。㉜乞　給與。㉝鄱陽兄弟　鄱陽王陳伯山，陳文帝第三子。鄱陽兄弟指陳文帝諸子。㉞聽其報讎　因宣帝篡位時，殺劉師知、到仲舉父子、始興王伯茂皆由毛喜謀劃，故讓鄱陽兄弟殺毛喜以報仇。㉟官　陳朝臣子多稱其君為官。㊱傅縡　字宜事，北地靈州（治所在今寧夏靈武）人。仕陳，官至祕書監。傳見《陳書》卷三十、《南史》卷六十九。㊲永嘉　郡名，治所永寧縣，在今浙江溫州。㊳丙辰　三月十八日。㊴二十一成丁　即二十一歲成為丁壯勞力。古代規定成丁後即向國家納稅服役。㊵十二番　每年十二番，則服役三十六日。番，古代農民要輪番向國家服役。每月三日，稱為一番。㊶榷　專利；專賣。周末，官府置酒坊收利，鹽池、鹽井皆禁百姓採用。㊷喪亂　死喪禍亂。多指戰亂。㊸散逸　閒散；散失。㊹重雜　重複雜蕪。㊺裁　同「才」。㊻屬膺聖世　降臨在太平盛世。屬，託付。膺，受；當。㊼王府　官府；國家。㊽天威　天帝的威嚴。後也指帝王的威嚴。

(49)異典　珍貴的典籍。(50)臻　至；來到。(51)觀閣　藏書之所。漢代有東觀、石渠閣等藏書之所。(52)斯積　堆滿。斯，皆；盡。(53)丁巳　三月十九日。(54)賚　賜予。(55)縑　雙絲織的微帶黃色的細絹。(56)庚午　四月初三日。(57)洮州　州名，治所美相縣，故址在今甘肅臨潭西南。(58)敗死　調兵敗而死。(59)汶州　州名，治所廣陽縣，在今四川茂縣西北。(60)廓州　州名，治所澆河城，在今青海貴德。(61)壬申　四月初五日。(62)數　屢次；多次。(63)諸夏　古代漢族自稱為夏，如諸夏、華夏等。(64)東虜　齊國在東，故周擔心齊入侵為東虜。(65)西虜　周國在西，故齊對周的戒備為西虜。虜，憂慮；戒備。(66)虜意輕重二句　意謂突厥的意向，決定了周與齊國的安危。虜，指突厥。(67)厚斂兆庶　向老百姓增加賦稅。兆庶，即兆民、萬民。(68)豺狼　此指突厥族。(69)賊　盜賊。此指突厥攻掠邊民。(70)省傜薄賦　減省傜役，少徵賦稅。(71)因　用。(72)息道路之民　停息奔走於道路上的民伕。(73)成策　已定的策略。(74)凶醜　此指突厥。(75)愚闇　愚昧。(76)盡其巢窟　謂傾國而來。(77)齊斧　用於征伐之斧。凡出師必齋戒入祖廟受斧，故曰齊斧。齊，通「齋」。一說，利斧。(78)含育　上天含生之德。此指安撫。(79)有降者納　有來降的突厥人應當接納。(80)有違者死　敢於抗拒官軍的突厥，堅決消滅。(81)侍子　古代諸侯或屬國的王遣子入侍皇帝，稱侍子。(82)渭橋之拜　漢宣帝時，匈奴呼韓邪單于率眾降漢，宣帝登渭橋，單于及諸少數族君長、王侯迎拜於渭橋下，呼喊萬歲。事見《漢書》卷八〈宣帝紀〉。渭橋，渭水之上的橋，故址在陝西咸陽東北。(83)朔州道　地名，自馬邑出塞。馬邑在今山西朔州。(84)己卯　四月十二日。(85)白道　地名，在今內蒙古呼和浩特西北。是河套東北地區通往陰山以北的交通要道。(86)狃　習慣。(87)掩擊　乘人不備，突然襲擊。(88)盧龍塞　關塞名，故址在今河北喜峰口附近。古有塞道，是河北平原通往東北的交通要道。(89)庚辰　四月十三日。(90)磧北　地區名，大漠以北，指今蒙古人民共和國東部一帶。(91)己丑　四月二十二日。(92)郢州　州名，治所江夏縣，在今湖北武昌。(93)城主　一城之主。(94)不納　沒有接受郢州城主的投降。納，受。(95)辛卯　四月二十四日。(96)薛舒　河東汾陰（今山西萬榮）人。傳見《北史》卷三十六。(97)王劭　字君懋，太原晉陽（今山西太原西南）人，歷仕北齊、周與隋，隋煬帝時官至祕書少監。前後任史官二十多年，著有《齊志》、《齊書》、《隋書》等。傳見《隋書》卷六十九、《北史》卷三十五。(98)癸巳　四月二十六日。(99)甲子　隋曆四月己巳朔，無甲子。《隋書》卷一〈高祖紀上〉「甲子」作「甲午」，《北史》作「甲申」。按，「子」、「午」形近，作「甲午」是。甲午，四月二十七日。(100)民部　此當作民部尚書，官名，職掌同度支尚書。(101)刑部　此亦當作刑部尚書，官名，掌刑法。(102)判　古代官制，以高官兼任低職稱判。(103)工　即工部，官署名，尚書省六部之一，掌百工之事。(104)光祿　光祿寺，官署名，掌宮殿門戶。(105)衛尉　衛尉寺，掌門衛屯兵。(106)鴻臚寺　掌賓客禮儀。(107)都水臺　官署名，掌山澤、水利。(108)癸卯　五月初六日。(109)摩那度口　地名，今地不詳。《隋書》卷一〈高祖紀上〉

「度」作「渡」。(110)乙巳　五月初八日。(111)梁太子琮　即蕭琮，蕭巋之子，字仁遠。梁國廢後，封梁公，官至內史令。傳附《周書》卷四十八、《隋書》卷七十九〈蕭巋傳〉、《北史》卷九十三〈蕭巋傳〉。(112)辛酉　五月二十四日。(113)祀方澤　古代夏至日祭地之處。掘地為方池，貯水而祭，故稱方澤。(114)竇榮定　（西元五三〇—五八六年）扶風平陵（今陝西咸陽西北）人，歷仕周、隋，官至左武衛大將軍。傳見《周書》卷三十、《隋書》卷三十九、《北史》卷六十一。(115)高越原　地名，故址在今內蒙古阿拉善右旗和甘肅民勤西北一帶。(116)史萬歲　（？—西元六〇〇年）京兆杜陵（今陝西西安東南）人，歷仕周、隋，官至河州刺史。傳見《隋書》卷五十三、《北史》卷七十三。(117)敦煌　郡名，治所敦煌縣，故址在今甘肅敦煌西。(118)壬戌　五月二十五日。(119)偏將　非主力軍之將，即偏裨。(120)本敵　本來勢均力敵。(121)日勝　一天天取勝。(122)崇　尊敬；崇拜。(123)生辱　造成了恥辱。(124)宿計　一向就有的計謀。(125)北牙　指阿波可汗。阿波可汗建牙帳在攝圖之北。(126)量度　審察；考量。(127)戮辱　刑辱。(128)驍悍　勇捷而兇悍。(129)貳於隋　指阿波可汗背叛沙鉢略可汗，依附隋朝。(130)無所歸　回去後無落腳的地方。(131)貪汗可汗　隋時突厥可汗之一。事見《隋書》卷八十四、《北史》卷九十九〈突厥傳〉。(132)庚辰　六月十四日。(133)爾汗山　地名，今地不詳。(134)師人　兵士。(135)砂城　地名，故址在今河北懷來。(136)荒穨　荒廢坍塌。(137)曉夕　早晚。(138)結陳　排成陣列。陳，通「陣」。(139)百許人　一百多人。(140)不堪更戰　不能再戰。(141)特勒　突厥族對可汗子弟的稱呼。按，特勒，據錢大昕《十駕齋養新錄》六〈特勤當從石刻〉，在蒙古發現唐人契苾明碑、闕特勤碑，碑文及碑額皆作「特勤」。據此，「特勒」應作「特勤」。(142)師徒　兵士。(143)効命　捨命報效。(144)俟　等待。(145)至尊　極其尊貴。指天子。(146)挺刃　拔刀。(147)辛丑　七月初五日。(148)周搖　字世安，其先與北魏拓拔氏同源，初以普乃氏為姓，後改為周氏。居洛陽。歷仕周、隋，官至幽州總管。傳見《隋書》卷五十五、《北史》卷七十三。(149)子敏　即李崇之子李敏（西元五七九—六一五年），字樹生。仕隋，官至將作監。傳見《隋書》卷三十七、《北史》卷五十九。(150)假一品羽儀　儀仗隊規制同一品官。(151)謝　道謝。(152)蹈舞　臣下朝賀時對皇帝表示敬意的一種儀節。(153)丁卯朔　八月初一日。(154)壬午　八月十六日。(155)寧州　州名，治所安定縣，在今甘肅寧縣。(156)原州　州名，治所高平縣，在今寧夏固原。(157)癸丑　九月十八日。(158)甲戌　十月九日。(159)秦州　州名，治所上邽縣，在今甘肅天水市。(160)隴右　舊指隴山以西至黃河以東之地。(161)丁酉　十月丙寅朔，無丁酉。按，《南史》卷十〈陳後主紀〉作「十一月，丁酉」，是。丁酉，十一月三日。(162)立皇弟叔平為湘東王四句　叔平，陳宣帝第二十子。叔敖，宣帝第二十一子。叔宣，宣帝第二十二子。叔穆，宣帝第二十三子。傳俱見《陳書》卷二十八、《南史》卷六十五。(163)戊戌　十一月四日。(164)癸丑　十一月十九日。(165)立皇弟叔儉為安南王五句　叔儉，陳宣帝第二十四子。叔澄，宣帝第二十五子。叔興，宣帝第二十六子。叔韶，宣帝第二十七子。叔純，宣帝第二十八子。傳俱見《陳書》卷二十八、《南史》卷六十五。(166)十一月　「十一月」三字當上移至「丁酉」之前。(167)亟　時間副詞。急；速。(168)屏之　除去隋主畫像。(169)更易事條　更改其中某些條款。(170)楊尚希　（西元五三四—五九〇年）弘農（今河南靈寶）人。歷仕周、隋，官至蒲州刺史。傳見《隋書》卷四十六、《北史》卷七十五。(171)倍多　數量多。倍，多。(172)具僚　配備應有的僚佐。此指官僚。(173)十羊九牧　羊比喻民，牧比喻官。意思是民少官多，賦斂剝削較重。(174)存要去閒　謂精減官員。閒，因官多民少，致使無事可做。(175)甲午　《隋書》本紀同，《北史》同。然十一月丙申朔，無甲午，疑「甲午」前脫「十二月」三字。甲午，隋曆十二月三十日。(176)乙卯　十二月乙丑朔，無乙卯。按，《隋書》卷一〈高祖紀上〉作「閏十二月，乙卯」，蓋「十」前脫一「閏」字，當補。乙卯，閏十二月二十一日。(177)魏澹　字彥深，鉅鹿下曲陽（今河北晉州西）人，歷仕北齊、周與隋，官至行臺禮部侍郎。曾撰《後魏書》九十二卷，以糾正魏收所著《魏書》中的謬誤。傳見《隋書》卷五十八、《北齊書》卷二十三、《北史》卷五十六。(178)來聘　來到陳朝訪問。即出使。(179)丙辰　閏十二月二十二日。(180)厭媚　用迷信的方法，祈禱鬼神或詛咒。媚，通「魅」。(181)醮日月　設壇祭祀日月。(182)天憲　朝廷的法令。(183)九泉　地下深處。指人死後埋葬的地方。(184)衛霍梁鄧　衛、霍兩姓為西漢外戚，衛氏被誅於武帝末年，霍氏被誅於宣帝時；梁、鄧兩姓為東漢外戚，因專權，桓帝誅滅梁氏，安帝廢棄鄧氏。(185)貶損　抑制；壓低。(186)覆宗　覆滅宗族。(187)謀逆　陰謀反叛朝廷。(188)推問　指犯罪後推究審問。(189)草創　凡事初設均稱草創。(190)斷獄　審理和判斷案件。(191)陷罪　本不至於犯罪而判定有罪。(192)更定　修改審定。(193)凡十二卷　一名例，二衛禁，三職制，四戶婚，五廄庫，六擅興，七賊盜，八鬥訟，九詐偽，十雜律，十一捕亡，十二斷獄，計為十二卷。(194)疏而不失　刑法寬大，犯法的仍得以治罪。(195)律博士弟子員　律博士，法律博士。弟子員，學生，從律博士學習法律。(196)蒲陝　皆州名。蒲州，治所蒲阪縣，在今山西永濟西南。陝州，治所陝縣，在今河南三門峽市西。(197)衛汴　皆州名。衛州，治所汲縣，在今河南衛輝。汴州，治所浚儀，在今河南開封。(198)水次　水邊。(199)十三州　指華、陝、谷、洛、管、汴、汾、晉、蒲、絳、懷、衛、相，凡十三州。(200)黎陽倉　倉名，故址在今河南浚縣西南。(201)常平倉　倉名，故址在今河南靈寶北。(202)廣通倉　倉名，又名永豐倉。故址在今陝西華陰東北。渭河入黃河口處。(203)灌輸　灌注輸送。(204)漕　水運稱漕。(205)類　大抵；一般。(206)柳彧　字幼文，河東解（今山西運城市）人，歷仕周、隋，官至儀同三司，加員外散騎常侍。傳見《隋書》卷六十二、《北史》卷七十七。(207)漢光武　即光武帝劉秀，東漢開國皇帝，西元二五—五七年在位。(208)二十八將　中興二十八將，俱東漢開國功臣。詳《後漢書》卷一〈光武帝紀〉。(209)杞州　州名，治所雍丘縣，在今河南杞縣。(210)殺　收割。(211)治民涖職　治理百姓。涖，臨視。(212)優老尚年　優待尊重老年人。(213)刺舉　漢置刺史，掌刺舉郡縣吏。剌舉原有偵察檢舉之意。214唐虞　即唐堯、虞舜，傳說中的上古聖王。215叢脞　煩瑣；細碎。216欽明　欽，敬。《書·堯典》：「欽明文思安安。」217舜任五臣　舜任用五臣而天下大治。見《論語·泰伯》。五臣指禹、稷、契、皋陶、伯益。218四岳　相傳為唐堯臣子羲和的四個兒子，分掌四岳之諸侯。見《尚書·堯典》孔傳。219垂拱　垂衣拱手。形容無為而治。220取判天旨　取決於皇帝旨意。判，決。221酬答百司　應答各有關部門。222日旰　日已晚。223夜分　半夜。224聖躬　聖體，指皇帝的身體。225至言　至理之言。226經國　治國。227所司　事情所屬的部門。228覆育　庇護化育。229直士　正直之士。230然燈游戲　然，通「燃」。點燃。游戲，指正月十五鬧元宵之遊戲。231京邑　京城。232爰　語首助語，無實意。233望夜　每月十五日夜。農曆每月十五日以日月相望，稱為望。234充街塞陌　塞滿了大街小巷。陌，街道。235朋遊　朋友舊交。236聒天　聲音震天。聒，聲音嘈雜。237燎炬　火把；火炬。238貲　同「資」。239孥　此指奴婢。240緇素　僧徒、百姓。緇，僧徒所穿的衣服。素，指俗眾。241穢行　鄙賤、不正經的行為。242先覺　預先認識省察。

【校記】 1數　原作「十」。據章鈺校，十二行本、乙十一行本、孔天胤本皆作「數」，今據改。按，《隋書·陰壽傳》作「數」。2通直　原無此二字。據章鈺校，十二行本、乙十一行本、孔天胤本皆有此二字，今據補。按，《隋書·高祖紀上》有此二字。3略　原無此字。據章鈺校，十二行本、乙十一行本、孔天胤本皆有此字，張敦仁《通鑑刊本識誤》同，今據補。4傷重　原作「重傷」。據章鈺校，乙十一行本二字互乙，今據改。按，《隋書·李崇傳》作「傷重」。5辛丑　原無此二字。據章鈺校，十二行本、乙十一行本、孔天胤本皆有此二字，張敦仁《通鑑刊本識誤》同，今據補。按，《隋書·高祖紀上》有此二字。6汝　原作「爾」。據章鈺校，十二行本、乙十一行本、孔天胤本皆作「汝」，今據改。按，《隋書·李崇傳附李敏傳》作「汝」。7職　原作「眾」。據章鈺校，十二行本、乙十一行本、孔天胤本皆作「職」，張敦仁《通鑑刊本識誤》同，今據改。按，《隋書·柳彧傳》、《北史·柳彧傳》皆作「眾」。8自　原作「上」。據章鈺校，十二行本、乙十一行本、孔天胤本皆作「自」，今據改。按，《隋書·柳彧傳》作「自」。9日　原作「夜」。據章鈺校，十二行本、乙十一行本、孔天胤本皆作「日」，今據改。按，《隋書·柳彧傳》、《北史·柳彧傳》作「日」。

【語譯】 長城公上

至德元年（癸卯　西元五八三年）

春，正月初一日庚子，隋朝即將遷入新都大興城，大赦天下。〇初三日壬寅，陳朝大赦，改易年號。

當初，陳後主受傷，不能理政，政事無論大小，都由長沙王陳叔堅決斷，權傾朝廷。陳叔堅頗為驕縱，陳後主因此猜忌他。都官尚書山陰人孔範、中書舍人施文慶，都討厭陳叔堅而受到陳後主寵幸。兩人日夜尋找陳叔堅的短處，向陳後主上言設計陷害。陳後主就讓陳叔堅以驃騎將軍的稱號，用儀同三司的儀仗，外放為江州刺史，任命祠部尚書江總為吏部尚書。

正月初四日癸卯，陳後主冊立皇子陳深為始安王。

二月初一日己巳，發生日蝕。○初五日癸酉，陳朝派兼散騎常侍賀徹等出使隋朝。○突厥侵犯隋朝北方邊境。○二十五日癸巳，陳朝安葬陳宣帝於顯寧陵，廟號高宗。

陳朝右衛將軍兼中書通事舍人司馬申掌管機密後，頗為威福，誣陷了很多人。司馬申善於看陳後主的臉色行事，凡是冒犯了自己的人，一定在陳後主面前打小報告誣陷，依附自己的人，乘機向陳後主推薦提升。因此，朝廷內外，很多人巴結他成為一時風氣。

陳後主想用侍中、吏部尚書毛喜為尚書僕射，司馬申厭惡毛喜剛強正直，於是對陳後主說：「毛喜，是臣的內兄，他在高宗時曾說過陛下以酗酒為德，請求高宗皇帝逐走東宮的侍臣，陛下難道忘了嗎？」陳後主於是打消了用毛喜為尚書僕射的念頭。

陳後主傷勢痊癒，在後殿擺下酒宴慶賀，請來吏部尚書江總以下的公卿大臣奏樂賦詩。陳後主醉酒以後，命令毛喜賦詩。當時，陳宣帝剛剛下葬，毛喜看到陳後主如此作樂，很不高興，想要進諫，而陳後主已經喝醉。毛喜登上臺階，假裝心病發作，仆倒在臺下，被人抬出宮中。陳後主酒醒，對江總說：「我後悔召來毛喜，他根本沒有病，只是想阻止我辦宴會，不贊成我的做法。」於是與司馬申商議，說：「這個人太高傲，我想將他交給鄱陽王兄弟，聽任鄱陽王兄弟找毛喜報仇，可以嗎？」司馬申回答說：「他終究不為陛下所用，願按皇上的意思辦。」中書通事舍人北地人傅縡爭辯說：「不能這樣，如果讓鄱陽王兄弟報仇，把先皇宣帝置於何地？」陳後主說：「那就給予毛喜一個小郡，不要讓他看到朝廷的事。」於是任命毛喜為永嘉內史。

三月十八日丙辰，隋朝遷都到大興城。

隋朝開始規定平民男丁二十一歲為成年人，由北周成年男子每月服徭役三天，一年十二輪總計服役三十六天，減為二十天；不服役交納絹一匹四丈，減為兩丈。北周末由官府專營的酒坊、鹽池、鹽井，這時也都撤銷。

隋朝祕書監牛弘上表，認為「國家收藏的典籍，屢經戰亂，大多散失。北周積聚的藏書，僅足萬卷。平定北齊得到的典籍，除去重複雜蕪，只增加了五千卷。大規模收藏典籍，只有在聖明的太平盛世才能做到。治國的根本，沒有比這更重要的了。怎能讓典籍流落私人手中，而不集中於國家呢？必須運用皇上的天威來強制私人獻書，用微小的報酬來誘導私人獻書，那麼，奇書珍籍一定會到來，國家書庫就會積滿圖書。」隋主聽從了牛弘的建議。三月十九日丁巳，隋朝下詔向全國徵集失散的典籍，每獻書一卷，賞絹一匹。

夏，四月初三日庚午，吐谷渾侵犯隋朝臨洮郡。洮州刺史皮子信出戰，兵敗戰死，汶州總管梁遠出擊趕走了吐谷渾。吐谷渾又侵犯廓州，州兵打跑了敵人。

四月初五日壬申，隋朝任命尚書右僕射趙煚兼內史令。

突厥多次侵犯隋朝。隋主楊堅下詔說：「先前北周、北齊對抗，分裂華夏，突厥與兩國都通使交好。周人憂慮東邊，害怕北齊與突厥深為友善，北齊憂慮西邊，害怕北周與突厥交誼深厚。兩國都認為突厥的動向，關係本國的安危，這是因為大敵當前，雙方都想減輕一方邊境的防備。朕認為加重百姓的賦稅，厚賜豺狼，突厥未曾感恩，反而資助了突厥為賊寇。朕認為用禮來節制突厥，不再浪費財物，輕徭薄賦，國家的用度也有盈餘。用送給賊人突厥的財物來賞賜給將士。停息奔走於路途運送物資的民伕，讓他們專心耕織。清除邊患，克敵制勝，心中已有成功的算計。突厥兇頑愚蠢，不懂這些深刻的道理，把當前天下太平的好日子，視如戰國之世，憑藉前代的驕橫，結下今日的仇恨。近來，突厥傾巢出動，都來侵犯北方邊境，這是上天所憤，驅使他們來遭受斧斤。各位將帥，今日出征，兼有討伐與安撫的目的，凡是來投降的要接納，負隅頑抗的就處死，讓突厥不敢向南張望，永遠服從我大隋朝的威刑，何必等待沙鉢略送質子入朝？難道要他像匈奴單于一樣在渭橋之下跪拜？」

於是命令衛王楊爽等人為行軍元帥，分兵八路出塞反擊突厥。楊爽命令行軍總管李充等四位將領由朔州道出塞。四月十二日己卯，隋朝大軍在白道與沙鉢略軍隊遭遇。李充對楊爽說：「近來突厥多次獲勝，一定輕視我軍而沒有防備，我們用精兵襲擊他們，可以打敗他們。」眾將官大多數有疑慮，只有元帥府長史李徹贊成，於是李徹和李充率領精騎五千人突擊突厥，大獲全勝。沙鉢略丟棄了身穿的金甲，潛伏在深草中才得以逃脫。突厥軍隊沒有糧食，粉碎屍骨為糧，加上疾病，死亡的人非常多。

幽州總管陰壽率領步騎數萬從盧龍塞出擊，進攻高寶寧。高寶寧向突厥求救，突厥正在抵禦隋軍，不能救援。四月十三日庚辰，高寶寧丟棄和龍城，逃奔大漠以北，和龍所屬各縣全部被平定。陰壽懸重賞購高寶寧的人頭，又派人離間他的心腹。高寶寧逃奔契丹，被他的部下殺死。

四月二十二日己丑，陳朝郢州城主張子譏派使者向隋朝請求投降，隋主因為隋陳兩國和好，不肯接納。

四月二十四日辛卯，隋主派遣兼散騎常侍薛舒、兼通直散騎常侍王劭出使陳朝。王劭，是王松年的兒子。

四月二十六日癸巳，隋主舉行祈雨典禮。○甲子日，突厥派出使者朝見隋主。

隋朝改度支尚書為民部，都官尚書為刑部，又命令尚書左僕射兼管吏、禮、兵三部事務，尚書右僕射兼掌民、刑、工三部事務。裁撤光祿寺、衛尉寺、鴻臚寺以及都水臺。

五月初六日癸卯，隋朝行軍總管李晃在摩那度口擊破突厥軍隊。○初八日乙巳，後梁國太子蕭琮入隋朝見隋文帝，祝賀隋朝遷都。○二十四日辛酉，隋主祭祀方澤。

隋朝秦州總管竇榮定率領九位總管步騎三萬從涼州西出，在高越原與突厥阿波可汗對抗，阿波可汗多次戰敗。竇榮定，是太傅竇熾哥哥的兒子。

前上大將軍京兆人史萬歲因犯罪被發配到敦煌為戍卒，他來到竇榮定軍營門口請求立功贖罪，竇榮定平常就聽說史萬歲的大名，見面後很高興。五月二十五日壬戌，兩軍將要交戰，竇榮定派人對突厥說：「士兵們有什麼罪過而要讓他們戰死？只應當兩軍各派一個壯士來決勝負罷了。」突厥答應了，便派出一員騎將挑戰，竇榮定派史萬歲出陣應戰，史萬歲馳馬斬敵首級而還。突厥大驚，不敢再戰，於是請求議和，率軍離去。

長孫晟當時在竇榮定軍中當偏將，他派人對阿波可汗說：「沙鉢略可汗攝圖每次入塞，打仗都獲大勝。你阿波可汗剛一入塞，立即敗逃，這是突厥的恥辱。況且攝圖與你，兵力勢均力敵。如今攝圖天天打勝仗，為眾人推崇，你一敗再敗，為國家蒙羞。攝圖一定會把罪名加在你頭上，成就他向來的心願，滅掉北邊的牙帳。希望你自己考量一下，能夠抵擋攝圖嗎？」阿波可汗的使者來到隋營，長孫晟又對他說：「如今達頭可汗玷厥與隋朝連和，而攝圖不能控制他，阿波可汗何不依附大隋天子，連結達頭可汗？合起來勢力強大，這才是萬全的計畫。難道不比喪師負罪，回去依附攝圖，遭到他的羞辱殺戮強嗎？」阿波可汗認為長孫晟說得對，派使者隨從長孫晟入隋朝見天子。

沙鉢略可汗一向猜忌阿波可汗驍勇強悍，沙鉢略從白道戰敗回來，又聽說阿波可汗背叛自己倒向隋朝，於是搶先回國，襲擊北邊阿波可汗的牙帳，大敗阿波可汗軍隊，殺了他的母親。阿波可汗回去後，沒了立足之處，只得西奔達頭可汗。達頭可汗大怒，便派阿波可汗率軍向東進發，阿波可汗失散的部落前來歸附的將近十萬騎。於是阿波可汗就與沙鉢略可汗交戰，屢次大捷，收復了失地，兵勢更加強盛。貪汗可汗一向與阿波可汗友好和睦，沙鉢略可汗兼併了貪汗可汗的部眾並廢黜了他，貪汗可汗逃往達頭可汗。沙鉢略可汗的從弟地勤察另外統有部落，地勤察與沙鉢略可汗有嫌隙，也率領部落叛歸阿波可汗。雙方交戰不已，阿波可汗、沙鉢略可汗各自派使者到長安向隋朝請和求援，隋主均未答應。

六月十四日庚辰，隋朝行軍總管梁遠在爾汗山打敗了吐谷渾。

突厥侵犯幽州，隋朝幽州總管廣宗壯公李崇率領三千名步騎抵抗，轉戰十多天，士兵傷亡慘重，於是退守砂城。突厥軍包圍砂城。砂城荒廢坍塌，無法守禦，士兵早晚苦戰，又沒有吃的，每夜去搶掠突厥軍營，奪取牛羊等六畜充作軍糧。突厥軍隊害怕，就嚴加戒備，每夜集結戰陣等待隋軍。李崇軍隊苦於飢餓，一出兵就遭遇敵人，死亡殆盡，天明時，逃回城來的雖有一百多人，但大多身負重傷，不能再作戰。突厥想使隋軍投降就派遣使者對李崇說：「如果來投降，就封你為特勒。」李崇知道難逃一死，就對部下士卒說：「我李崇損兵折將，罪該萬死。今天犧牲性命，用以報效朝廷。你們等我死後，可暫時投降敵軍，然後分散逃走，努力回鄉。如能見到皇上，要奏報我李崇已為國捐軀。」於是拔刀衝入敵陣，連殺二人，突厥軍隊亂箭齊發，射死了他。秋，七月初五日辛丑，隋朝任命豫州刺史代郡人周搖為幽州總管。又任命李崇的兒子李敏繼承父爵為廣宗公。

李敏娶樂平公主的女兒娥英為妻，隋文帝下詔賜給一品羽儀，禮儀依照娶皇帝之女。禮畢，李敏將入宮侍宴隋文帝，樂平公主對李敏說：「我把天下都讓給了皇上，現在僅有你一個女婿，將為你求柱國高官，如果皇上授予你別的官，你千萬不要拜謝。」等到李敏進宮見了隋文帝，隋文帝授給李敏儀同三司，接著又授給開府儀同三司，李敏都不拜謝。隋文帝說：「樂平公主對我有大功，我怎麼能對她的女婿吝惜高官呢？現在就授給你柱國。」李敏這才跪拜舞蹈。

八月初一日丁卯，發生日蝕。〇陳朝長沙王陳叔堅還沒有到江州，陳後主又留下他在京師擔任司空，實際上是剝奪他的實權。

八月十六日壬午，隋朝派尚書左僕射高熲從寧州道出發，內史監虞慶則從原州道出發，攻打突厥。

九月十八日癸丑，隋朝大赦天下。

冬，十月初九日甲戌，隋朝廢除河南道行臺省，任命秦王楊俊為秦州總管，隴右各州都隸屬秦王管轄。

丁酉日，陳後主封皇弟陳叔平為湘東王，陳叔敖為臨賀王，陳叔宣為陽山王，陳叔穆為西陽王。

十一月初四日戊戌，陳朝侍中建昌侯徐陵去世。

十一月十九日癸丑，陳後主封皇弟陳叔儉為安南王，陳叔澄為南郡王，陳叔興為沅陵王，陳叔韶為岳山王，陳叔純為新興王。

十一月，陳朝派遣散騎常侍周墳、通直散騎常侍袁彥出使隋朝。陳後主聽說隋主相貌不同於常人，就讓袁彥畫下隋主的像帶回來。陳後主見了畫像，大為驚駭，說：「我不想看到這個人。」急忙命人把畫像拿走。

隋朝頒布新律令以後，納言蘇威多次想修改其中某些條款，內史令李德林說：「修訂律令時，您為什麼不說？現在剛剛頒行新律令，就應該嚴格遵守，除非是對平民有嚴重傷害，否則不能馬上更改。」

隋朝河南道行臺兵部尚書楊尚希說：「臣看到如今的郡縣，比古代多了一倍。有的地方不到百里，卻同時設置數縣，有的地方居民不足千戶，兩郡分管。配置的官吏太多，資財費用的開支日益增加，差役吏卒成倍增加，租調收入逐年減少。人民少，官吏多，十隻羊卻有九個牧人。目前應該保留重要的官職而裁減多餘的冗員，合併小的郡縣為大的郡縣。這樣，朝廷就不會虧損粟帛，選拔官吏也容易得到賢才。」蘇威也請求廢郡。隋文帝聽從了他們的建議。甲午日，隋朝全部廢除諸郡併為州。

十二月乙卯日，隋朝派遣兼散騎常侍曹令則、通直散騎常侍魏澹出使陳朝。魏澹是魏收同族的人。

閏十二月二十二日丙辰，陳朝司空、長沙王陳叔堅被免職。陳叔堅喪失恩寵後，心中不安定，便搞厭魅邪術，祭祀日月以祈求福祐。有人上書告發他所做的事情，陳後主就召來陳叔堅，把他囚禁在中書省，打算處死他，命令侍衛近臣宣讀敕書，列舉他的罪過。陳叔堅回答說：「我的初衷，非有他意，只是想陛下親近而已。我既然犯了國法，罪該萬死。我死的那一天，一定見到陳叔陵，我希望向他宣讀聖明的詔書，在陰間去譴責他。」陳後主於是赦免了他，只免其官職而已。

隋朝任命上柱國竇榮定為右武衛大將軍。竇榮定的妻子是隋文帝的姐姐安成公主。隋文帝想封竇榮定為三公，他推辭說：「漢代衛氏、霍氏、梁氏、鄧氏四姓外戚，如果能稍微抑制自己，也不至於覆宗滅族。」隋文帝於是作罷。

隋文帝認為太師李穆功勞大，下詔書說：「法律防備小人，不防備君子。太師申公李穆，從今以後即使有罪，只要不是謀反，縱然有百死之罪，始終不推究審問。」

禮部尚書牛弘請求建立明堂，隋文帝認為許多事都在草創之中，沒有允許。

隋文帝閱覽刑部奏章，發現斷獄結案多達上萬件，認為律令還是太嚴密，所以人們多觸犯律令而獲罪。於是又敕令蘇威、牛弘等人修改律令，刪除死罪八十一條，流刑一百五十四條，徒刑、杖刑等一千餘條，只保留五百條，共計十二卷。隋朝刑法簡要，疏而不漏。仍設置律博士弟子員。

隋文帝因京師長安倉庫還空虛，這年，下詔令西起蒲州、陝州，東至衛州、汴州，沿河流域十三州招募丁壯運米。又在衛州設置黎陽倉，在陝州設置常平倉，在華州設置廣通倉，由水陸依次轉運充實各倉。漕運潼關以東地區和汾州、晉州的粟米供給長安。

當時州刺史多任用武將，大多不稱職。治書侍御史柳彧上表說：「從前漢光武帝與二十八將披荊斬棘，平定天下，等到功成之後，二十八將都未任職。臣拜讀陛下詔書，任命上柱國和千子為杞州刺史。和千子以前任趙州刺史，老百姓歌唱他說：『老禾不早割除，落種荒蕪良田。』和千子，騎馬射箭、帶兵打仗，是他的長處，至於治理民眾，不是他所明白的。陛下如果說要優禮年老功臣可多賜給他金帛，如果讓他擔任州刺史，那麼損失很大。」隋文帝認為他說得好。和千子終於被免除刺史職務。

柳彧看到皇上辛勤地接受群臣的奏請，而百官奏請的事情，大多煩碎，便上疏勸諫說：「我聽說自古聖明帝王，沒有誰比得上唐堯、虞舜。唐堯、虞舜從不過問瑣碎小事，所以稱為聖明。虞舜任用五位臣子，唐堯向掌管四方的諸侯諮詢，拱手垂袖，無所作為，天下大治。這就是所謂勞於求賢，而逸於任使。近來見陛下留心治國安民之道，不怕辛勞，這也是由於群臣擔心獲罪，遇事不敢自斷，都要取決於陛下聖斷，因此奏請過多。甚至像建築這樣的小事，調撥供給細小物品，在一日之內，陛下要親自答覆許多部門的奏請，以致常常天晚忘食，夜半未寢，動不動就因文書簿籍勞神陛下。希望陛下體察微臣的一番至誠之言，稍減煩瑣事務。如果是經國安邦的大事，不是百官大臣能裁斷的，請陛下詳察明斷。此外一切細碎事務，責成主管部門長官處理。那麼聖體可享無量之壽，臣也可蒙受陛下覆庇養育之恩。」皇上看了柳彧的奏疏後大加稱讚，因而說：「柳彧是正直之士，是國家之寶。」

柳彧因近世民間風俗，在每年正月十五日，人們都要點燃燈籠，遊戲玩耍，於是上奏請求禁止，說：「臣見京師以及外州，每年在正月十五日夜裡，滿街滿巷，聚集嬉戲，成群遊蕩，鑼鼓喧天，火炬照地，傾家蕩產，一時爭強比勝。全家老幼，不論貴賤，男女混雜，僧俗不分。淫穢之事由此而成，盜賊因此而起。沿襲這一弊風陋習，竟然沒有人事先看到它的危害性。這無益於教化，對黎民百姓實在有很大損害。請求陛下頒詔書普告天下，馬上禁止這種不良風俗。」隋文帝聽從了這一建議。

【研　析】本卷記西元五八一—五八三年事，集中反映的是隋初制度建設及對突厥的全面反擊。

隋朝的歷史地位，有如秦朝，雖然短暫，制度建設卻頗有成就，如同秦朝制度為其後的漢朝所繼承，隋朝的制度亦被唐代承襲。隋朝制度建設的核心原則，是廢除、改革西魏、北周實行的制度，「依漢、魏之舊」，如陳寅恪先生在《隋唐制度淵源略論稿》一書中所分析的，實際上就是全面採用原東魏、北齊所使用的北魏孝文帝漢化改革後的一系列制度，並進一步吸收南朝制度的長處。

在隋朝建立前夕，楊堅採用崔仲方的建議，「除周六官，依漢、魏之舊，從之。置三師、三公及尚書、門下、內史、祕書、內侍五省，御史、都水二臺，太常等十一寺，左右衛等十二府，以分司統職。」北周按《周禮》設置天官大冢宰、地官大司徒等六個中央機構，分掌眾事，一來試圖在文化原本落後的關隴地區獨樹一幟，以華夏正宗自居，一來合乎西魏時「諸公等夷」的政治背景，這種制度並不完全符合皇帝專制的需要。新的制度即是西晉以來不斷發展成熟的「三省六部制」。

上述「五省」中最重要的是尚書、門下、中書（隋代因諱楊堅父名「忠」音而改名「內史」）三省。尚書省為最高行政主管機構，下分吏、民、禮、兵、刑、工等六部（唐改民部為戶部），部下分數曹（唐改稱「司」，每部定為四司），掌管政令下達；門下省、中書省置於皇宮中，中書省主撰詔誥，為皇帝「喉舌」，門下省負責詔誥的審核與批覆。三省長官均是宰相，參與最高決策，共同向皇帝負責。這種設計，既有利於集思廣益，理性行政，又使三省中任何一機構的長官難以獨行權力，有利於皇帝集權。祕書省主管圖書檔案的編寫存檔，內侍省則統領宦官，負責皇宮內的日常生活，在政治中的重要性，遠不能與三省相比，後來內侍省又改名長秋監，去「省」名，以示這純是一個工作執行部門。御史臺獨立於宰相機構之外，掌管紀律監察，有利於保持官員隊伍的純潔與工作效率。都水臺則是負責水利工程的專門機構，在農業時代，這一機構雖然重要，但在政治上並沒有什麼影響力。至於「太常等十一寺」，由漢代「九卿」發展而來，現在已是聽命於尚書省、各司其職的政務部門，重要性已遠不如漢代。至於置於「五省」之首的「三師」、「三公」，只是用來安排給一些德高望重的政治老人，雖地位尊崇，政治上的發言權極其有限。

除了中央行政機構的定型外，對地方行政制度也進行了大規模的整頓。「海內為郡縣，法令由一統」，為秦漢時期地方行政制度的基本特徵。魏晉南北朝時期，漢代監察地方的「州」成為一級行政機構，州、郡、縣三級制度為基本狀態，分裂時代的各政權為了籠絡邊地勢力、為了表明自己對敵方境土也有統治的責任，紛紛廣設地方行政機構，有時一個同名的州、郡，多達數個，於是加上東、西、南、北加以區別，地方行政機構越來越多，區域越來越小，所謂「或地無百里，數縣並置，或戶不滿千，二郡分領。具僚已眾，資費日多，吏卒增培，租調歲減。民少官多，十羊九牧」。針對這種情況，隋初進行了重大改革，一是以「存要去閒，併小為大」的原則，合併相關行政區；一是將郡一級行政區，徹底廢除，在地方實行兩級行政。既有利於中央政令上傳下達，亦減輕了財政負擔。

法律制度的改變遵循了同樣的原則，隋文帝下令廢除西魏北周實行的「雜格、嚴科」，以及梟、轘、族誅等嚴刑，初命高熲、鄭譯、楊素、裴政等人「采魏、晉舊律，下至齊、梁，沿革重輕，取其折衷」，以死刑、流放刑、徒刑、杖刑、笞刑處理不同程度的罪行。以輕刑為目標：「除前世訊囚酷法，考掠不得過二百，枷杖大小，咸有程式。民有枉屈，縣不為理者，聽以次經郡及州、省，若仍不為理，聽詣闕伸訴。」雖說此次修訂法律成就很大，「法制遂定，後世多遵用之。」但隋文帝見刑部彙報上來的案件仍有上萬，認為是「律尚嚴密，故人多陷罪」，又命蘇威、牛弘對新律加以清理，「除死罪八十一條，流罪一百五十四條，徒杖等千餘條，唯定留五百條，凡十二卷。」保留的刑事處置條款，不到原來的三分之一，「自是刑網簡要，疏而不失。」

隋朝繼續實施北魏孝文帝以來的均田制，關於其變化我們將在下卷相關內容中予以討論，而隋初經濟政策上最值得注意的變化，是「更鑄五銖錢」。十六國北朝時期，以絲絹作為主要貨幣，這種貨幣形態，利於奢侈品交易與大規模的財政收支撥付，並不利於民間小型商業的發展。錢幣流通極為有限，「周、齊所鑄錢凡四等，及民間私錢，名品甚眾，輕重不等」，至於東晉南朝，民間商業繁榮，貨幣形式更是五花八門，甚至鑄鐵錢以充用。漢武帝時鑄造的五銖錢，一直是民間最為信賴的貨幣，但因新鑄品種多以偷工減料為手段，五銖錢被剪鑿利用，喪失了其流通功能。隋文帝下令新鑄五銖錢，「每一千重四斤二兩。悉禁古錢及私錢。置樣於關，不如樣者，沒官銷毀之。自是錢幣始壹，民間便之。」恢復了五銖錢的法定貨幣地位。又減輕百姓負擔，將百姓承擔勞役的初始年齡延至二十一歲，將每年一個月無償服勞役時間從一個月減為二十日，減調絹一匹為二丈。這些都減輕了百姓負擔，有利於社會經濟的發展。

以上我們根據本卷相關內容，做了一定的梳理。隋朝建立，制度上「依漢、魏之舊」，這是一個極有歷史意義的現象。我們知道隋朝建立，除了皇室由宇文氏變為楊氏外，「詔前代品爵，悉依舊不降」，統治集團並沒有實質的變化，卻能拋棄本集團得以成功的制度，轉而採用被自己消滅的政權的制度，並以此接上漢魏歷史傳統，這種政治魄力，是關隴集團得以構建隋唐統一歷史的重要原因。隋文帝「革命數年，天下稱平」，宰相稱職、官吏清廉，本卷中多有反映，而根本上卻有賴於這一系列制度建設。文帝本人「不曉書語」，也就是說並沒有多少傳統學術上的修養，卻能順從歷史趨勢，在制度上進行大規模的調整，亦難能可貴。

對於隋政權來說，要遠承漢魏，實現華夏文明的「偉大復興」，還必須解決草原突厥人的威脅這一歷史遺留問題。「周、齊抗衡，分割諸夏，突厥之虜，俱通二國。周人東慮，恐齊好之深，齊氏西虞，懼周交之厚。謂虜意輕重，國遂安危，蓋並有大敵之憂，思減一邊之防」，遂「厚斂兆庶，多惠豺狼」。隋朝建立，迅速實現制度更張與政治穩定，國家財力大幅上升，不再可能「量中華之物力」，結突厥之歡心。突厥人昧於形勢，「將大定之日，比戰國之時」，支持北齊殘餘勢力，又號稱為周室報仇，沿邊侵擾。西元五八二年末的入侵，致使「武威、天水、安定、金城、上郡、弘化、延安，六畜咸盡。」

隋朝國力上升，不可能再委曲求全，突厥內部政治形勢的變化，也為隋朝提供了全面反擊的機會。由於草原部族「兄終弟及」的傳統，隋初，出現了四可汗並立的局面，沙鉢略可汗攝圖名義上是大可汗，但對各有部眾的阿波可汗大邏便、達頭可汗玷厥及號稱第二可汗的庵邏，並沒有絕對的指揮權，攝圖之弟處羅侯亦試圖發展自己的勢力。被突厥人統治的其他草原部族奚、契丹等，也試圖擺脫突厥人的控制。北周以長期負責與突厥外交聯繫的長孫晟，對此突厥內部情況有透徹的瞭解，而且長期在草原活動，「手畫山川，寫其虛實，皆如指掌」，向隋文帝提出「遠交而近攻，離彊而合弱」以解決突厥的策略。這一策略的運用，使突厥內部矛盾加深，然後隋軍在西元五八三年四月，選擇一年中草原人開始分散放牧的有利時機，分八路向突厥發起進攻，取得擊敗沙鉢略可汗所部的重大勝利。此後，直至隋末，突厥雖一直是隋朝防範的主要對象，但已不能對隋朝構成致命的威脅。

卷第一百七十六

陳紀十

起閼逢執徐（甲辰　西元五八四年），盡著雍涒灘（戊申　西元五八八年），凡五年。

【題解】本卷載述西元五八四—五八八年南北朝五年史事，當陳後主至德二年至禎明二年，隋文帝開皇四年至八年。五年之間，南北朝形勢發生巨大變化。北朝隋文帝代周，建立新朝，帶來新氣象。隋文帝治國，對內約法省禁，頒布新曆新律，休養生息，築長城於農閒，二旬即止，國力大增。對外恩威並施，臣服了突厥，招徠吐谷渾內附。隋朝欣欣向榮，全力備戰南伐而外示友好。南朝陳後主君臣奢靡，君子退，小人進，國勢日非而狂傲驕矜，納後梁之降，犯大國之忌，既不設防，又觸犯天威，陳朝滅亡，必然之勢。北強南弱，統一大勢不可逆轉，於是隋朝大舉南伐。

長城公下

至德二年（甲辰　西元五八四年）

春，正月甲子❶，日有食之。○己巳❷，隋主享太廟。辛未❸，祀南郊。

壬申❹，梁主入朝于隋，服通天冠、絳紗袍，北面❺受郊勞❻。及入見於大興殿⑦，隋主服通天冠、絳紗袍，梁主服遠遊冠、朝服，君臣並拜。賜縑萬匹，珍玩稱是⑧。

隋前華州刺史張賓、儀同三司劉暉等造甲子元曆⑨成，奏之。壬辰⑩，詔頒新曆。

癸巳⑪，大赦。

二月乙巳⑫，隋主餞⑬梁主於灞上⑭。○突厥蘇尼部男女萬餘口降隋。○庚戌⑮，隋主如隴州⑯。○突厥達頭可汗請降於隋。

夏，四月庚子⑰，隋以吏部尚書虞慶則為右僕射。

隋上大將軍賀婁子幹發五州兵⑱擊吐谷渾，殺男女萬餘口，二旬而還。

帝以隴西⑲頻被寇掠，而俗不設村塢⑳，命子幹勒民㉑為堡，仍營田㉒積穀。子幹上書曰：「隴西、河右㉓[1]，土曠民稀，邊境未寧，不可廣佃㉔。比見屯田之所，獲少費多，虛役人功㉕，卒逢踐暴，屯田疏遠者請皆廢省。但隴右之民[2]以畜牧為事，若更屯聚㉖，彌不自安。但使鎮戍㉗連接，烽堠㉘相望，民雖散居，必謂無慮。」帝從之。以子幹曉習㉙邊事，丁巳㉚，以為榆關㉛總管。

五月，以吏部尚書江總為僕射㉜。

隋主以渭水[33]多沙，深淺不常，漕者[34]苦之，六月壬子[35]，詔太子左庶子宇文愷帥水工鑿渠，引渭水，自大興城[36]東至潼關三百餘里，名曰廣通渠。漕運通利，關內賴之。

秋，七月丙寅[37]，遣兼散騎常侍謝泉等聘于隋。

八月壬寅[38]，隋鄧恭公竇熾卒。

乙卯[39]，將軍夏侯苗請降于隋，隋主以通和[40]，不納。

九月甲戌[41]，隋主以關中饑，行如洛陽。

隋主不喜辭〔3〕華[42]，詔天下公私文翰[43]並宜實錄。泗州刺史司馬幼之[44]文表華豔[45]，付所司[46]治罪。治書侍御史趙郡李諤[47]亦以當時屬文[48]，體尚[49]輕薄[50]，上書曰：「魏之三祖[51]，崇尚文詞，忽君人[52]之大道[53]，好雕蟲之小藝[54]。下之從上，遂成風俗。江左[55]、齊、梁，其弊彌甚：競一韻之奇，爭一字之巧。連篇累牘[56]，不出月露之形，積案[57]盈箱，唯是風雲之狀。世俗以此相高，朝廷據茲[58]擢士。祿利[59]之路既開，愛尚[60]之情愈篤[61]。於是閭里童昏[62]，貴遊[63]總丱[64]，未窺六甲[65]，先製五言，至如羲皇[66]、舜、禹之典[67]，伊、傅[68]、周、孔[69]之說，不復關心，何嘗入耳。以傲誕[70]為清虛，以緣情[71]為勳績，指儒素[72]為古拙，用詞賦為君子。故文筆日繁，其政日亂，良由棄大聖之軌模(73)，構無用以為用也。今朝廷雖有是詔(74)，如聞外州遠縣，仍踵(75)弊風：躬仁孝之行(76)者，擯落(77)私門，不加收齒(78)。工輕薄之藝者，選充吏職，舉送天朝(79)。蓋由縣令、刺史[4]未遵風教(80)。請普加采察(81)，送臺(82)推劾(83)。」又上言：「士大夫矜伐(84)干進(85)，無復廉恥，乞明加罪黜(86)，以懲風軌(87)。」詔以諤前後所奏頒示四方。

突厥沙鉢略可汗數為隋所敗，乃請和親(88)。千金公主自請改姓楊氏(89)，為隋主女。隋主遣開府儀同三司徐平和使於沙鉢略，更封千金公主為大義公主(90)。晉王廣請因釁乘之(91)，隋主不許。

沙鉢略遣使致書曰：「從天生大突厥天下賢聖天子伊利俱[5]盧設莫何沙鉢略可汗(92)致書大隋皇帝：皇帝，婦父，乃是翁比(93)。此(94)為女夫，乃是兒例(95)。兩境雖殊，情義如一。自今子子孫孫，乃至萬世，親好不絕。上天為證，終不違負。此國(96)羊馬，皆皇帝之畜。彼(97)之繒綵，皆此國之物。」

帝復書曰：「大隋天子貽(98)書大突厥沙鉢略可汗：得書，知大有善意。既為沙鉢略婦翁(99)，今日視沙鉢略與兒子不異。時遣大臣往彼省(100)女，復省沙鉢略也。」

於是遣尚書右僕射虞慶則使(101)於沙鉢略，車騎將軍長孫晟副之(102)。

沙鉢略陳兵列其珍寶，坐見慶則，稱病不能起，且曰：「我諸父以來，不向人拜。」慶則責而諭之。千金公主私謂慶則曰：「可汗豺狼性，過與爭(103)，將齧(104)人。」長孫晟謂沙鉢略曰：「突厥與隋俱大國天子，可汗不起，安敢違意？但可賀敦(105)為帝女，則可汗是大隋女壻，柰何不敬婦翁？」沙鉢略笑謂其達官(106)曰：「須拜婦翁。」乃起拜頓顙(107)，跪受璽書，以戴於首。既而大慙(108)，與羣下相聚慟哭(109)。慶則又遣稱臣，沙鉢略謂左右曰：「何謂臣？」左右曰：「隋言臣，猶此云奴耳。」沙鉢略曰：「得為大隋天子奴，虞僕射之力也。」贈慶則馬千匹，并以從妹(110)妻之(111)。

【章旨】以上為第一段，寫隋文帝提倡質樸文風，懲治浮華，和好突厥，安定邊境。

【注釋】❶甲子　正月初一日。❷己巳　正月初六日。❸辛未　正月初八日。❹壬申　正月初九日。❺北面　古代君主見臣，尊長見卑幼，面南而坐，而臣子則面朝北，故以北面指向人稱臣。❻受郊勞　在長安郊外接受隋朝使者的迎接慰勞。❼大興殿　宮殿名，是隋新都正殿。❽稱是　此謂珍玩價值與萬匹縑相稱。❾甲子元曆　張賓等人依南朝劉宋何承天所撰曆法稍加增刪而成，以上元甲子己巳以來，至開皇四年歲在甲辰積算起。詳見《隋書·律曆志中》。❿壬辰　正月二十九日。⓫癸巳　《陳書·後主紀》云：「癸巳，大赦天下。」癸巳前脫「二月」兩字，《通鑑》沿其誤。癸巳當是二月初一。⓬乙巳　二月十三日。⓭餞　以酒食送行。⓮灞上　地名，故址在今陝西西安東。⓯庚戌　二月十八日。⓰隴州　州名，治所汧源縣，在今陝西隴縣。⓱庚子　四月初九日。⓲發五州兵　調動河西五州兵。五州，指涼州、甘州、瓜州、鄯州、廓州。⓳隴西　郡名，治所襄武縣，在今甘肅隴西縣東南。⓴村塢　建有壁壘土堡之類的村莊。塢，土堡；小城。㉑勒民　強制民眾。㉒營田　屯田。㉓河右　北朝時泛指今山西呂梁山以西黃河西岸的地區。㉔廣佃　大量地耕作。㉕虛役人功　白白浪費人力。㉖屯聚　把散居游牧的人聚集起來。㉗鎮戍　鎮守之所。㉘烽堠　即烽火臺。堠，古代瞭望敵情的土堡。㉙曉習　通曉、熟習。㉚丁巳　四月二十六日。㉛榆關　關名，一作渝關，又名臨榆關。故址在今內蒙古準噶爾旗黃河東岸托克托、和林格爾一帶。㉜僕射　官名，即尚書僕射，尚書省長官，輔佐皇帝治理朝政，實際上的宰相。一般設左、右僕射，不說左、右，即設僕射一人，總攬尚書省事。㉝渭水　即今渭河，黃河主要支流之一。發源於甘肅渭源西北，流經陝西境，至潼關，入黃河。㉞漕者　即漕運者，指在河上運輸的人。㉟壬子　六月二十二日。㊱大興城　即隋新都城。故址在今陝西西安。㊲丙寅　七月初六日。㊳壬寅　八月十三日。㊴乙卯　八月二十六日。㊵通和　互通友好。㊶甲戌　九月十五日。㊷辭華　文辭華麗。㊸公私文翰　指公文和私人信札。㊹司馬幼之　原籍河內溫縣（今河南溫縣），後徙居雲中（今山西大同），北齊司馬子如之姪。仕隋，卒於眉州刺史。傳附《北齊書・司馬子如傳》、《北史・司馬子如傳》。㊺華豔　辭采豔麗。㊻所司　主管部門或主管官吏。㊼李諤　字士恢，趙郡（治所在今河北趙縣）人。歷仕北齊、周與隋，卒官通州刺史。傳見《隋書》卷六十六、《北史》卷七十七。㊽屬文　寫作。謂連綴字句而成文章。㊾尚　推崇；崇尚。㊿輕薄　輕浮；不切實際。(51)魏之三祖　指曹魏太祖武皇帝曹操、高祖文皇帝曹丕和烈祖明皇帝曹叡三人。(52)君人　指皇帝或國君。(53)大道　大道理，也指常理正道。(54)雕蟲之小藝　指作辭賦愛雕章琢句，也比喻小技、末道。雕，刻符。蟲，蟲書。西漢兒童學習秦書八體，蟲書、刻符為其中兩體，纖巧難工。(55)江左　長江下游以東地區。古人敘地理以東為左，故江東稱江左。此指東晉王朝。(56)連篇累牘　形容文詞冗長。牘，古代寫字的木簡。(57)積案　堆滿几案。(58)茲　此。代詞。(59)祿利　指官職之利。(60)愛尚　愛好崇尚。(61)篤　真誠；純一。(62)童昏　指幼童。言兒童年幼無知。(63)貴遊　指王公子弟。遊，無官職。(64)總丱　也稱「總角」，指兒童。古代兒童把頭髮束成兩角的樣子。(65)六甲　古代八歲入小學，學六甲五方書計之事。六甲是用天干地支相配計算時日，其中有甲子、甲戌、甲申、甲午、甲辰、甲寅，稱六甲。(66)羲皇　即伏羲氏。傳說中太古時的聖人。(67)典　記載法則、典章制度的重要典籍。(68)伊傅　伊尹、傅說。兩人均商朝賢臣。伊尹，商朝開國大臣，又佐太丁、外丙、中壬、太甲四任國君。傅說，商王武丁任以為相，使殷中興。(69)周孔　周公旦、孔子兩位先賢。(70)傲誕　驕傲虛妄。(71)緣情　抒發感情。《文選》卷十七陸士衡〈文賦〉：「詩緣情而綺靡，賦體物而瀏亮。」(72)儒素　儒者的品德操行。(73)軌模　猶法式、楷模。(74)是詔　此詔。指禁浮華之詔。(75)踵　追逐；跟隨。(76)躬仁孝之行　身體力行仁孝。(77)擯落　排斥。(78)收齒　錄用。(79)天朝　朝廷。(80)風教　風俗教化。(81)采察　理會、察看。(82)臺　指御史臺。(83)推劾　追究其罪狀。(84)矜伐　居功自誇。矜，崇尚。(85)干進　謀求進身為官。(86)罷黜　定罪罷免。

黜，貶；廢免。87風軌　風紀軌範。88和親　和睦相親。一般多為與敵議和，結為姻親。89改姓楊氏　千金公主本周宗室女，姓宇文，曾請沙鉢略為其復仇，因突厥內外交困，故請改姓楊氏以和親。90大義公主　千金公主釋前仇以言和，大義滅親，故改封大義公主。91因釁乘之　乘突厥內部分裂、屢戰失利之機，出兵攻打突厥。92伊利俱盧設莫何沙鉢略可汗　這是沙鉢略可汗的另一稱號。93翁比　與父親相同。94此　這。沙鉢略自稱。95兒例　例同兒子、兒輩。96此國　指突厥國。97彼　隋朝。98貽　贈送。99婦翁　妻父。100省　探望。101使　出使。102副之　作為虞慶則的副手。103過與爭　過分地與沙鉢略爭執。104齧　咬；啃。105可賀敦　突厥可汗之妻稱可賀敦。106達官　顯要之官。突厥子弟特勒、大臣葉護、屈律啜、阿波、俟利發、吐屯、俟斤、閻洪達、頡利發、達干皆是達官。107頓顙　屈膝下拜，以額觸地。顙，額。108大慙　十分羞愧。109慟哭　痛哭。110從妹　同一祖父的妹妹。111妻之　嫁與他為妻。

【校　記】1隴西河右　原作「隴右河西」。據章鈺校，十二行本、乙十一行本、孔天胤本皆作「隴西河右」，今據改。按，《隋書・賀婁子干傳》作「隴西河右」。2民　原作「人」。據章鈺校，十二行本、乙十一行本、孔天胤本皆作「民」，今據改。3辭　原作「詞」。據章鈺校，十二行本、乙十一行本、孔天胤本皆作「辭」，今據改。4縣令刺史　原作「刺史縣令」。據章鈺校，十二行本、乙十一行本、孔天胤本二詞皆互乙，今據改。按，《隋書・李萼傳》、《北史・李萼傳》皆作「縣令刺史」。5俱　原作「居」。據章鈺校，十二行本、乙十一行本、孔天胤本皆作「俱」，今據改。按，《北史・突厥傳》作「俱」。

【語　譯】長城公下

至德二年（甲辰　西元五八四年）

春，正月初一日甲子，發生日蝕。〇初六日己巳，隋主祭祀太廟。初八日辛未，到南郊祭天。

正月初九日壬申，後梁國主蕭巋到長安朝見隋主，戴通天冠，穿深紅色紗袍，在長安郊外面朝北接受隋朝使者的迎接慰勞。等到進入大興殿朝見隋主，隋主楊堅戴通天冠，穿深紅色紗袍，後梁國主戴遠遊冠，穿朝服，君臣互相跪拜。隋主賞賜後梁國主絹一萬匹，以及與萬匹絹價值相稱的珍玩器物。

隋朝前華州刺史張賓、儀同三司劉暉等修造《甲子元曆》完成，上奏隋主。正月二十九日壬辰，隋主下詔頒行新曆。

癸巳日，陳朝大赦。

二月十三日乙巳，隋主在灞上設宴為後梁國主餞行。〇突厥蘇尼部男女萬餘口投降隋朝。〇十八日庚戌，隋主前往隴州。〇突厥達頭可汗請求降附隋朝。

夏，四月初九日庚子，隋朝任命吏部尚書虞慶則為尚書右僕射。

隋朝上大將軍賀婁子幹調發河西五州的軍隊出擊吐谷渾，殺死男女一萬多人，歷時二十天返回。

隋文帝因為隴西一帶經常遭受戎狄侵掠，而當地民俗不建立村莊塢壁，於是命令賀婁子幹強制百姓建造城堡，並屯田積糧。賀婁子幹上書說：「隴西、河右地區地廣人稀，邊境尚未安寧，還不能大量耕作。我近來發現一些屯田地區，收穫少而費力多，白白浪費了人力，最終還遭到敵人的踐踏破壞，偏遠的屯田據點請全部撤除。但凡隴右地區的老百姓一向從事畜牧業，如果強迫他們集中定居，會更加驚恐不安。只要多建立鎮守哨所和烽火臺，使其彼此連接，烽火臺互相呼應，老百姓即使分散居住，也可無憂。」隋文帝採納了他的建議。由於賀婁子幹熟悉邊疆情況，四月二十六日丁巳，隋文帝任命他為榆關總管。

五月，陳朝任命吏部尚書江總為尚書僕射。

隋文帝因為渭河多沙，河水深淺不定，漕運糧食的人頗為苦惱，六月二十二日壬子，詔令太子左庶子宇文愷率領水利工程人員開鑿渠道，導引渭水，從新都大興城向東直到潼關，長三百多里，名叫廣通渠。漕運通暢，關內物資運輸都依賴這條水渠。

秋，七月初六日丙寅，陳朝派遣兼散騎常侍謝泉等人出使隋朝。

八月十三日壬寅，隋朝鄧恭公竇熾逝世。

八月二十六日乙卯，陳朝將軍夏侯苗請求投降隋朝，隋主因陳、隋兩國通使和好，沒有接受。

九月十五日甲戌，隋主因為關內發生饑荒，視察到洛陽。

隋主不喜歡辭章華麗，詔令天下公私文書都應實話實說。泗州刺史司馬幼之上奏的表章浮華豔麗，隋主把他交給主管部門治罪。治書侍御史趙郡人李諤也認為當時流行的文章崇尚輕薄浮豔，於是上書說：「曹魏太祖曹操、高祖曹丕、烈祖曹叡，崇尚文詞，忽略國君治理萬民的大道，喜歡雕蟲小技，上行下效，於是形成一種社會風習。東晉、齊、梁時代，此風習積弊更深：競逐一韻之新奇，爭比一字之巧妙。連篇累牘，不外乎月華初露之形，積案滿箱，只是風起雲湧之狀。世俗以此競爭高下，朝廷據此選拔官吏。獲取功名利祿的道路既然開通，人們崇尚華麗輕浮的情緒更加純一。因此，鄉閭孩童，王公貴族子弟，還未習見六十甲子，便先作五言詩；至於伏羲、虞舜、夏禹的典籍，伊尹、傅說、周公、孔子的學說，不再關心，哪裡聽到過！把傲慢怪誕當做清靜玄雅，把抒發情感當做豐功偉績，把儒者的道德品行看作古板迂拙，把擅長詞賦之士當成君子。所以文翰日益繁盛，政治卻日益紊亂。這都是因為人們長久以來拋棄了上古聖賢制定的法則，撰寫無用之文當做有用。如今朝廷儘管有了禁絕浮華文風的詔令，而我聽說一些邊遠州縣，依然沿襲舊日衰弊的風氣：躬行仁義孝悌的人，被權勢之家排斥，不加錄用。擅長寫作輕薄浮華文辭的人，被選任為官，薦舉到朝廷。其原因是縣令、刺史沒有遵行風俗教化。請求陛下派人普遍察訪，違詔者送交御史臺追究問罪。」又上書說：「士大夫居功自誇，以謀求進身做官，不再有羞愧廉恥之心，請求陛下公開加以治罪貶黜，以正社會風範。」隋主詔令將李諤前後奏言頒示天下四方。

突厥沙鉢略可汗多次被隋朝擊敗，便請求和親。千金公主宇文氏也自動請求改姓楊，做隋主的女兒。隋主派遣開府儀同三司徐平和出使突厥沙鉢略可汗，改封千金公主為大義公主。晉王楊廣請求乘突厥內外交困的機會派兵討伐，隋主沒有答應。

沙鉢略可汗遣使向隋主遞交國書說：「從天生大突厥天下賢聖天子伊利俱盧設莫何沙鉢略可汗致書大隋皇帝：皇帝陛下，您是我夫人的父親，也就是我的岳父。我是您的女婿，也就如同您的兒子。我們兩國雖然不同，但人的情義卻是一樣的。從今以後，子子孫孫以至千秋萬世，親善友好永不斷絕。上天作見證，始終不會背離。我國的羊馬，都是皇帝陛下的牲畜。貴國的繒綵，也都是我國的財物。」

隋文帝回信沙鉢略可汗說：「大隋天子致書大突厥沙鉢略可汗：收到來書，知你很有和好的善意。朕既然是沙鉢略可汗的岳父，如今當然看待沙鉢略可汗與兒子一樣。朕按時派遣大臣到突厥看望女兒，也看望沙鉢略可汗。」於是派遣尚書右僕射虞慶則出使突厥沙鉢略可汗，車騎將軍長孫晟作為副使。

突厥沙鉢略可汗擺下軍陣，陳列珍寶，坐著接見虞慶則，假裝身體有病而不能起立，並且說：「自我父輩以來，從不向人下拜。」虞慶則責備他，曉以道理。千金公主私下對虞慶則說：「沙鉢略可汗豺狼本性，過分與他爭執，他會吞噬人。」長孫晟對沙鉢略可汗說：「突厥可汗和隋朝皇帝都是大國天子，可汗不肯起身，我們豈敢違背您的意思？不過可賀敦是大隋皇帝的女兒，可汗就是大隋皇帝的女婿，女婿怎麼能不尊敬岳父？」沙鉢略可汗笑著對手下顯要的官員說：「是應該跪拜岳父。」於是起身下拜磕頭，跪著接受了隋文帝的璽書，頂在頭上。很快又感到大為羞慚，與部下相聚痛哭。虞慶則又要求突厥對隋稱臣，沙鉢略可汗問身邊的人說：「什麼叫臣？」身邊的人說：「隋朝所說的臣，就如同我們所說的奴。」沙鉢略可汗說：「能夠做大隋天子的奴，是虞僕射的功勞。」於是贈給虞慶則馬一千匹，並將堂妹許配給他為妻。

冬，十一月壬戌❶，隋主遣兼散騎常侍薛道衡等來聘，戒道衡「當識朕意，勿以言辭相折❷。」

是歲，上於光昭殿前起臨春、結綺、望仙三閣，各高數十丈，連延❸數十間，其牕、牖、壁帶、縣楣、欄、檻❹皆以沈、檀❺為之，飾以金玉❻，間以珠翠❼，外施珠簾，內有寶牀、寶帳，其服玩瑰麗❽，近古所未有。每微風暫至❾，香聞數里。其下積石為山❿，引水為池，雜植奇花異卉。

上自居臨春閣，張貴妃⓫居結綺閣，龔、孔二貴嬪⓬居望仙閣，並複道⓭交相往來。又有王、李二美人⑭，張、薛二淑媛，袁昭儀、何婕妤、江脩容⑮，並有寵，迭遊⑯其上。以宮人有文學者袁大捨等為女學士。僕射江總雖為宰輔，不親政務，日與都官尚書孔範、散騎常侍王瑳⑰等文士十餘人，侍上遊宴後庭，無復尊卑之序⑱，謂之「狎客⑲」。上每飲酒，使諸妃、嬪及女學士與狎客共賦詩，互相贈答，采其尤艷麗者，被以新聲⑳，選宮女千餘人習而歌之，分部迭進㉑。其曲有玉樹後庭花㉒、臨春樂㉓等，大略皆美諸妃嬪之容色。君臣酣歌㉔，自夕達旦㉕，以此為常。

張貴妃名麗華，本兵家女，為龔貴嬪侍兒，上見而悅之，得幸，生太子深。貴妃髮長七尺，其光可鑑㉖。性敏慧㉗，有神彩，進止閑[1]華㉘，每瞻視眄睞㉙，光采溢目㉚，照映左右。善候人主顏色，引薦諸宮女，後宮咸德之㉛，競言其善。又有厭魅之術，常置淫祀㉜於宮中，聚女巫㉝鼓舞。上怠於政事，百司啓奏，並因宦者蔡脫兒、李善度進請。上倚隱囊㉞，置張貴妃於膝上，共決之㉟。李、蔡所不能記者，貴妃並為條疏㊱，無所遺脫。因參訪外事㊲，人間有一言一事，貴妃必先知白之，由是益加寵異㊳，冠絕㊴後庭。宦官近習㊵，內外連結，援引宗戚㊶，縱橫不法，賣官鬻獄，貨賂公行㊷，賞罰之命，不出于外㊸。大臣有不從者，因而譖之。於是孔、張之權熏灼(44)四方，大臣執政皆從風諂附。

孔範與孔貴嬪結為兄妹。上惡聞過失，每有惡事，孔範必曲為文飾(45)，稱揚(46)贊美，由是寵遇優渥(47)，言聽計從。羣臣有諫者，輒以罪斥之(48)。中書舍人施文慶(49)，頗涉書史(50)，嘗事上於東宮，聰敏彊記，明閑(51)吏職，心筭口占(52)，應時條理，由是大被親幸。又薦所善吳興沈客卿(53)、陽惠朗、徐哲、暨慧景等，云有吏能，上皆擢用之，以客卿為中書舍人。客卿有口辯(54)，頗知朝廷典故(55)，兼掌金帛局(56)。舊制：軍人、士人並無關市之稅(57)。上盛脩宮室，窮極耳目(58)，府庫空虛，有所興造，恆苦不給(59)。客卿奏請不問士庶，並責(60)關市之征，而又增重其舊。於是以陽惠朗為太市令(61)，暨慧景為尚書金、倉都令史(62)。二人家本小吏，考校(63)簿領(64)，豪釐[2]不差，然皆不達大體，督責(65)苛碎(66)，聚斂(67)無厭，士民嗟怨(68)。客卿總督之，每歲所入，過於常格(69)數十倍。上大悅，益以施文慶為知人，尤加[3]親重(70)，小大眾事，無不委任。轉相汲引(71)，珥貂蟬者(72)五十人。

孔範自謂文武才能，舉朝莫及，從容白上曰：「外間諸將，起自行伍(73)，匹夫(74)敵耳。深見遠慮(75)，豈其所知？」上以問施文慶，文慶畏範，亦以為然，司馬申復贊之(76)。自是將帥微有過失，即奪其兵，分配(77)文吏，奪任忠部曲以配範及蔡徵(78)。由是文武解體(79)，以至覆滅。

【章旨】以上為第二段，寫陳後主親信群小，主荒政謬，與隋文帝的勵精治國形成鮮明對比。

【注釋】❶壬戌 十一月初四日。❷相折 頂撞、傷害對方。❸連延 連續的樣子。❹牕牖壁帶縣楣欄檻 牕，窗戶。牖，也是窗戶。壁帶，牆壁中露出像帶一樣的橫木。縣楣，橫木，用於連接兩柱，又稱掛楣。欄，安裝在房簷下臺階兩側的稱欄。檻，安裝在窗戶之間的稱檻。欄、檻皆供人手扶用。❺沈檀 皆香木。❻飾以金玉 用金或玉裝飾。❼間以珠翠 用珠翠間隔。❽瑰麗 珍奇、華麗。❾暫至 一時而來，此為微風一吹之意。❿積石為山 堆積石頭，做成假山。⓫張貴妃 （？—西元五八九年）名麗華，本兵家女，後主為太子，選入宮，後為陳後主貴妃。傳見《陳書》卷七、《南史》卷十二。⓬貴嬪 皇帝後宮女官名，與貴妃、貴姬稱為三夫人。⓭複道 樓閣間上下有重通道，而架空者稱複道。俗稱天橋。⓮美人 皇帝後宮女官名，位於妃嬪之下。⓯張薛二淑媛二句 淑媛、昭儀、婕妤、脩容，皆女官名，各為九嬪之一，位在后妃之下。⓰迭遊 輪流、更替地遊玩。⓱王瑳 人名，祖籍琅邪（今山東膠南市）。仕陳，官至散騎常侍。傳見《南史》卷七十七。⓲尊卑之序 貴賤之別。序，秩序。⓳狎客 指與主人親昵接近常共嬉遊飲宴之人。⓴被以新聲 為詩歌譜上新曲。㉑分部迭進 分為若干部，依次演唱。㉒玉樹後庭花 樂府吳聲歌曲。陳後主與幸臣製其歌詞，歌詞豔麗，男女唱和，其音悲哀。㉓臨春樂 言臨春閣之樂，以閣命名。㉔酣歌 盡興高歌。㉕自夕達旦 從天黑到天亮。㉖其光可鑑 其光亮可以照見人。㉗敏慧 聰慧伶俐。㉘閑華 謂進止安閒華麗。㉙眄睞 顧盼。斜看稱眄，旁視稱睞。㉚溢目 滿目。㉛德之 感激她。㉜淫祀 不合禮制的祭祀。㉝女巫 用歌舞接神的女子。㉞隱囊 猶如靠枕。把細而柔軟的東西裝在口袋裡，放在座旁，坐倦了則側身曲腿依靠它。㉟共決之 指後主與張貴妃共同批答百官的奏請。㊱條疏 分條疏理。㊲外事 指宮廷以外的事。㊳寵異 寵愛優待，不同於眾人。㊴冠絕 遠遠超過。㊵近習 指皇帝身邊親幸的人。㊶宗戚 同宗的親屬。㊷貨賂公行 公開以財貨賄賂人。㊸不出于外 言賞罰之命不由中書，而出於宮掖。㊹熏灼 比喻氣焰逼人。㊺曲為文飾 委婉地文過飾非，掩蓋錯誤。㊻稱揚 宣揚。稱，聲言；說。㊼優渥 本指雨水充足，後來泛指豐厚優裕為優渥。㊽以罪斥之 加以罪名，貶斥而去。㊾施文慶 （？—西元五八九年）吳興烏程（今浙江吳興）人。仕陳，官至中書舍人。傳附《陳書·任忠傳》、《南史·恩幸傳》。㊿書史 典籍。(51)明閑 通曉熟習。(52)口占 不用起草而隨口成文。(53)沈客卿 （？—西元五八九年）吳興武康（今浙江德清)人。仕陳,官至中書舍人。傳附《陳書·任忠傳》、《南史·恩幸傳》。54口辯　能言善辯。55典故　常例、典制和掌故。56金帛局　官署名,陳制中書舍人分掌中書二十一局事。金帛局蓋掌錢物。57關市之稅　進入關、市所交之稅。58窮極耳目　極盡所見所聞。59恆苦不給　常常苦於供給不足。不給,不足。60責　求;索取。61太市令　官名,隸屬太府卿,掌徵收關市稅。62金倉都令史　官名,金部、倉部都令史掌庫藏金寶貨物、度量衡和倉廩之事。63考校　核查。64簿領　登記的文簿。65督責　督察責罰。66苛碎　嚴峻繁瑣。67聚斂　搜刮財貨。68嗟怨　慨歎怨恨。69常格　平時法令所規定的。格,律令的一種,官吏處事的規則。70尤加親重　特別親近重視。71轉相汲引　互相提拔。汲引,用繩桶提取水。72珥貂蟬者　泛指貴近之臣。珥,耳飾。貂,貂尾,漢中常侍、侍中之冠插貂尾。蟬,頭上的一種裝飾品。73行伍　古代軍隊編制,五人為伍,二十五人為行,故以「行伍」作為軍隊代稱。74匹夫　獨夫,帶有輕蔑的意思。75深見遠慮　見識深遠,考慮周密。76贊之　幫助施文慶。贊,助。77配　配給。78蔡徵　字希祥,濟陽考城(今河南民權)人。歷仕梁、陳,官至吏部尚書。傳見《陳書》卷二十九、《南史》卷六十八。79解體　肢體解散,比喻人心離叛。

【校　記】①閑　原作「詳」。據章鈺校,十二行本、乙十一行本皆作「閑」,今據改。按,《陳書·後主沈皇后傳附張貴妃傳》、《南史·后妃下·後主沈皇后傳附張貴妃傳》皆作「閑」。②豪釐　原作「纖毫」。據章鈺校,十二行本、乙十一行本、孔天胤本皆作「豪釐」,今據改。按,《通鑑紀事本末》卷二五作「豪釐」。③加　原作「見」。據章鈺校,十二行本、乙十一行本、孔天胤本皆作「加」,張敦仁《通鑑刊本識誤》同,今據改。

【語　譯】冬,十一月初四日壬戌,隋主派遣兼散騎常侍薛道衡等人出使陳朝,告誡薛道衡「應當明白朕的意思,不要以言辭傷害對方。」

這一年,陳後主在光昭殿前建造臨春、結綺、望仙三座樓閣,各高數十丈,連綿幾十間,它的窗、門、壁帶、懸楣、欄杆等都用沉香木和檀香木製成,裝飾黃金、玉石,鑲嵌珍珠、翡翠,室外門窗懸掛珠簾,室內陳設寶床、寶帳,一切服飾玩賞之物瑰麗堂皇,近古以來不曾有過。每當微風吹拂,香飄數里。樓閣下面地上積石為假山,引水為池,間雜栽種奇花異草。

陳後主自己居住臨春閣,張貴妃居住在結綺閣,龔氏、孔氏兩貴妃居住在望仙閣,都用複道交通往來。

還有王氏、李氏兩個美人，張氏、薛氏兩個淑媛，袁昭儀、何婕妤、江脩容，都受到陳後主的寵愛，輪番到三座樓閣上遊玩。陳後主又任命有文才的宮女袁大捨等人為女學士。尚書僕射江總儘管位為宰輔，卻不親理政務，每天與都官尚書孔範、散騎常侍王瑳等文士十餘人，陪侍皇上在後庭遊樂宴飲，不再有尊卑次序，稱之為「狎客」。陳後主每次飲酒，便讓眾妃、嬪以及女學士們跟狎客一起賦詩，互相贈答，挑選其中特別華麗的，譜上新曲，挑選宮女千餘人練習歌唱，分為若干部，依次給陳後主演唱。其中樂曲名有〈玉樹後庭花〉、〈臨春樂〉等，大多是讚美各位妃、嬪的美麗容貌。君臣酣飲歌唱，通宵達旦，習以為常。

張貴妃名叫麗華，原本是一個武將的女兒，做龔貴嬪的侍女，陳後主一見就喜歡上她，得到寵幸，生下了皇太子陳深。張貴妃的頭髮長七尺，光澤照人。她生性聰慧伶俐，有神采，舉止安閒華麗，雙眸顧盼，光彩滿目，映照左右。張貴妃善於從陳後主的神色中體察他的心意，向後主引薦了很多宮女，後宮妃嬪宮女都感激她，競相在後主面前說她的好話。張麗華還擅長祈禱鬼神的厭魅方術，經常在後宮中設不合禮制的祭祀，聚集女巫擊鼓跳舞。陳後主怠於理政，朝中百官的啟奏，都經過宦官蔡脫兒、李善度轉呈請示。陳後主側身躺在靠墊上，讓張貴妃坐在他的膝蓋上，一起裁決批答。李善度、蔡脫兒兩人沒有記全陳後主的批示，張貴妃都分條疏理，沒有什麼遺漏。張貴妃藉機參與探訪宮外之事，世間的一言一行，她一定首先知道並轉告陳後主，因此她更受寵愛，超過後宮所有人。後宮宦官與陳後主近侍內外勾結，拉攏家屬親戚，橫行霸道，賣官鬻獄，公然行賄，升遷賞罰的命令，不發自外朝中書，而出於宮掖。外朝大臣有不順從的，就找機會讒毀。因此孔貴嬪、張貴妃的權勢逼人，執政大臣也都見風轉舵，諂媚附從。

都官尚書孔範與孔貴嬪結拜為兄妹。陳後主厭惡聽到別人批評他的過失，每當有了過失，孔範必定婉曲地替陳後主文過飾非，頌揚讚美他。因此陳後主對孔範禮遇優厚，言聽計從。百官大臣有敢於直言進諫的人，就亂加罪名，驅逐出朝。中書舍人施文慶涉獵典籍頗多，陳後主做太子時曾在東宮供職，他聰明敏慧，記憶力強，通曉熟習為吏的職事，心謀口講，能及時處理得井井有條，因此大受陳後主的寵幸。施文慶又向陳後主推薦了他所親信的吳興人沈客卿、陽惠朗、徐哲、暨慧景等人，說他們有辦事才能，陳後主全都提拔重用，還任用沈客卿為中書舍人。沈客卿能言善辯，十分熟知朝廷典章制度，兼掌中書省金帛局。舊制規定：軍人、士人都不繳關市之稅。陳後主大修宮室，極盡聲色之樂，府庫空虛，再要有所興造，總苦於財用不足。沈客卿上奏請求無論士人或百姓，都要交納關市稅，並且還在原有的數量上加重徵收。陳後主於是任命陽惠朗為太市令，暨慧景為尚書金部、倉部都令史。陽、暨二人本是小吏出身，查核文簿，一絲不苟，但是不識為政大體，督責苛刻繁碎，搜刮聚斂，不知滿足，士大夫和百姓非常怨恨。沈客卿總領此事，每年徵稅收入，超過正常數額幾十倍。陳後主大為高興，更加認為起用施文慶有知人之明，尤其親近重用，大小政務都交給他處理。施文慶一伙人相互提拔親信，成為貴臣近侍的有五十人。

孔範自以為有文武全才，滿朝沒有人能比得上他，曾閒談時對後主說：「朝外那些將帥，都是行伍出身，只有匹夫之勇。深謀遠慮，他們豈能知道？」陳後主以此詢問施文慶，施文慶懼怕孔範，也就認為孔範說得對，中書通事舍人司馬申也在一邊幫腔。自此以後，將帥稍有過失，就被剝奪兵權，交給文職官吏，奪取任忠的部眾分配給孔範和蔡徵。由此陳朝文臣武將人心離散，以至於覆滅。

三年（乙巳　西元五八五年）

春，正月戊午朔❶，日有食之。

隋主命禮部尚書牛弘脩五禮❷，勒❸成百卷。戊辰❹，詔行新禮。

三月戊午❺，隋以尚書左僕射高熲為左領軍大將軍❻。

豐州❼刺史章大寶❽，昭達之子也，在州貪縱，朝廷以太僕卿李暈代之。暈將至，辛酉❾，大寶襲殺暈，舉兵反。

隋大司徒郢公王誼與隋主有舊，其子尚帝女蘭陵公主。帝待之恩禮稍薄，誼頗怨望。或告誼自言名應圖讖⑩，相表⑪當王，公卿奏誼大逆不道。壬寅⑫，賜誼死。

戊申⑬，隋主還長安。

章大寶遣其將楊通攻建安⑭，不克。臺軍⑮將至，大寶眾潰，逃入山，為追兵所擒，夷三族⑯。

隋度支尚書長孫平⑰奏「令民間每秋家出粟麥一石以下，貧富為差，儲之當社⑱，委社司⑲檢校⑳，以備凶年㉑，名曰『義倉』」，隋主從之。五月甲申㉒，初詔郡、縣置義倉。平，儉之子也[1]。時民間多妄稱老、小㉓以免賦役，山東承北齊之弊政，戶口租調㉔，姦偽尤多。隋主命州縣大索貌閱㉕，戶口不實者，里正、黨長㉖遠配㉗。大功㉘以下，皆令析籍㉙，以防容隱㉚。於是計帳㉛得新附一百六十四萬餘口。高熲又言民間課輸無定簿，難以推校[2]。請為輸籍法㉜，徧下諸州，帝從之，自是姦無所容矣。

諸州調物，每歲河南自潼關，河北自蒲坂㉝，輸長安者相屬於路，晝夜不絕者數月。

梁主殂，諡曰孝明皇帝，廟號世宗。世宗孝慈儉約，境內安之。太子琮㉞嗣位。

初，突厥阿波可汗既與沙鉢略有隙，分而為二[3]，阿波浸㉟彊。東距都斤，西越金山㊱，龜茲㊲、鐵勒㊳、伊吾㊴及西域㊵諸胡悉附之，號西突厥㊶。隋主亦遣上大將軍元契使于阿波以撫之。

秋，七月庚申㊷，遣散騎常侍王話等聘于隋。

突厥沙鉢略既為達頭所困，又畏契丹，遣使告急於隋，請將部落度漠南，寄居白道川㊸。隋主許之，命晉王廣以兵援之，給以衣食，賜之車服㊹鼓吹㊺。沙鉢略因西擊阿波，破之。而阿拔國㊻乘虛掠其妻子，官軍為擊阿拔，敗之，所獲悉與沙鉢略。沙鉢略大喜，乃立約，以磧㊼為界，因上表曰：「天無二日，土無二王，大隋皇帝真皇帝也，豈敢阻兵㊽恃險，偷竊名號？今感慕淳風㊾，歸心有道㊿，屈膝稽顙，永為藩附。」遣其子庫合真入朝。

八月丙戌(51)，庫合真至長安。隋主下詔曰：「沙鉢略[4]往(52)雖與和，猶是二國，今作君臣，便成一體。」因命肅告(53)郊廟(54)，普頒遠近。凡賜沙鉢略詔，不稱其名。宴庫合真於內殿，引見皇后，賞勞甚厚。沙鉢略大悅，自是歲時(55)貢獻不絕。

九月，將軍湛文徹侵隋和州[56]，隋儀同三司費寶首擊擒之。

丙子[57]，隋使李若[58]等來聘。

冬，十月壬辰[59]，隋以上柱國楊素為信州[60]總管。

初，北地傅縡以庶子[61]事上於東宮，及即位，遷祕書監、右衛將軍兼中書通事舍人，負才[62]使氣，人多怨之。施文慶、沈客卿共譖縡受高麗[63]使金，上收縡下獄。

縡於獄中上書曰：「夫君人[64]者，恭事上帝，子愛下民[65]，省嗜欲，遠諂佞[66]，未明求衣[67]，日旰忘食，是以澤被區宇[68]，慶[69]流子孫。陛下頃來[70]酒色過度，不虔[71]郊廟大神，專媚淫昏之鬼[72]。小人在側，宦豎弄權，惡忠直若仇讎[73]，視生民如草芥。後宮曳綺繡，廄[74]馬餘菽[75]粟，百姓流離，殭[76]尸蔽野。貨賄公行，帑藏[77]損耗，神怒民怨，眾叛親離。臣恐東南王氣[78]自斯[79]而盡。」書奏，上大怒。頃之，意稍解[80]，遣使謂縡曰：「我欲赦卿，卿能改過不[81]？」對曰：「臣心如面[82]，臣面可改，則臣心可改。」上益怒，令宦者李善慶窮治[83]其事，遂賜死獄中。上每當郊祀，常稱疾[84]不行，故縡言及之。

是歲，梁大將軍戚昕以舟師[85]襲公安[86]，不克而還。

隋主徵梁主叔父太尉吳王岑入朝，拜大將軍，封懷義公，因留不遣。復置江陵總管以監之。

梁大將軍許世武密以城召荊州刺史宜黃侯慧紀，謀泄，梁主殺之。慧紀，高祖之從孫[87]也。

隋主使司農少卿[88]崔仲方發丁[89]三萬，於朔方[90]、靈武[91]築長城，東距河，西至綏州[92]，綿歷[93]七百里，以遏胡寇。

【章　旨】以上為第三段，寫隋文帝普查戶口，外和突厥，國勢日盛；而陳朝後主沉湎酒色，排斥忠良，國勢日衰。

【注　釋】❶戊午朔　正月初一日。❷五禮　指吉禮、凶禮、軍禮、賓禮、嘉禮。❸勒　治；整理。❹戊辰　正月十一日。❺戊午　三月初二日。❻左領軍大將軍　武官名，設有領軍府，與右領軍大將軍並掌禁衛官。❼豐州　州名，治所侯官，在今福建福州。❽章大寶　吳興武康（今浙江德清）人，章昭達之子，襲封邵陵郡公，仕陳，官至豐州刺史。傳附《陳書・章昭達傳》、《南史・章昭達傳》。❾辛酉　三月初五日。❿圖讖　是一種預言，它借用神靈名義，向人們預告吉凶禍福、治亂興衰。因為往往附有圖，故稱圖讖。⓫相表　觀察其外貌。⓬壬寅　三月丁巳朔，無壬寅。按，《隋書・高祖紀》壬寅在四月，《北史》同。蓋壬寅前脫「四月」二字。壬寅，四月十六日。⓭戊申　四月二十二日。⓮建安　郡名，治所建安縣，在今福建建甌南。⓯臺軍　官軍。⓰夷三族　夷滅三族。三族，說法不一，一說指父族、母族與妻族；二說指父昆弟、己昆弟和子昆弟；三說指父、子、孫三族。⓱長孫平　字處均，河南洛陽（今河南洛陽）人。歷仕周、隋，官至工部尚書。傳見《隋書》卷四十六、《北史・長孫道生傳》。⓲社　古代地方基層行政單位，一般以二十五家為社。⓳社司　社的主持人。⓴檢校　查核。㉑凶年　指災荒之年。㉒甲申　五月二十九日。㉓老小　隋承周制，男女三歲以下為黃，十歲以下為小，六十歲者為老。

老、小俱免賦役。㉔租調　指地租與戶調。地租收粟，戶調徵絹（或布）。㉕大索貌閱　普查人口。大索，普遍檢查。貌閱，檢視相貌以驗正老小，看是否屬實。㉖里正黨長　俱地方基層組織負責人。隋制：每五家為保，保有長；五保為閭，四閭為族，皆有正。畿外置里正，同閭正。黨長，同族正。㉗遠配　發配遠方，以服勞役。㉘大功　喪服五服之一，堂兄弟，其服大功，服期九月。㉙析籍　分家另居。㉚容隱　隱瞞包庇。㉛計帳　猶計簿，全國的戶籍冊。㉜輸籍法　是由中央政府先劃定國家編戶的等級，各縣再按中央的規定確定每一戶納稅等級的高下，然後照此納稅。㉝蒲坂　地名，河東郡治所，故址在今山西永濟西南蒲州鎮。㉞太子琮　即蕭琮，後梁明帝之子，嗣位二年國廢。在位二年，是後梁第三任皇帝。傳見《隋書》卷七十九、《北史》卷九十三。㉟浸　逐漸。㊱金山　山名，即今阿爾泰山，位於新疆西北部。㊲龜茲　西域城國，位於天山南麓。㊳鐵勒　匈奴之後裔，建國於今新疆西北部。㊴伊吾　地名，故址在今新疆哈密。㊵西域　地區名，狹義指今玉門關和陽關以西、葱嶺以東的新疆地區，廣義則包括中亞乃至更遠的地方。㊶號西突厥　據岑仲勉考證，西突厥是室點密之後，於時其子達頭可汗方在位，阿波則是木杆可汗之子大邏便，屬東突厥。詳見《通鑑隋唐紀比事質疑》。㊷庚申　七月初六日。㊸白道川　地名，故址在今內蒙古呼和浩特北。㊹車服　車駕和章服。㊺鼓吹　本為軍中之樂，出自北方民族，具有一定地位的官將才得以具備鼓吹。㊻阿拔國　國名，不詳，大概是突厥中的一部。㊼磧　地名，故址在今內蒙古蘇尼特右旗西。㊽阻兵　擁兵。阻，恃；依仗。㊾淳風　敦厚樸實的風俗。㊿有道　有道之君。(51)丙戌　八月初二日。(52)往　過去。(53)肅告　敬告。肅，恭敬。(54)郊廟　天地和祖廟。(55)歲時　歲，指年。時，指春夏秋冬四時。(56)和州　州名，治所歷陽縣，在今安徽和縣。(57)丙子　九月二十三日。(58)李若　頓丘（今河南浚縣）人。歷仕北齊、周、隋，官至儀同三司。傳附《北史·李崇傳》。(59)壬辰　十月初九日。(60)信州　州名，治所魚復縣，在今重慶市奉節東白帝。(61)庶子　官名，為東宮官，掌門下、典書二坊事。(62)負才　仗恃才能。負，仗恃。(63)高麗　國名，當時朝鮮半島有高麗、百濟、新羅三國鼎立，高麗居其北，與隋相鄰。(64)君人　指皇帝或國君。(65)子愛下民　愛護平民像愛護自己的兒子一樣。子愛，愛之如子。下民，指平民百姓。(66)遠諂佞　遠離奸佞的人。遠，遠離；疏遠。(67)未明求衣　指天未亮則穿衣起床。形容勤奮。(68)澤被區宇　恩澤普施天下。澤，恩澤；恩惠。被，及。區宇，疆土境域。此指全國、全天下。區，指疆域。宇，指上下四方。(69)慶　幸福。(70)頃來　近來。(71)不虔　不尊敬。虔，恭敬。(72)專媚淫昏之鬼　謂寵張貴妃，使女巫在宮中鼓舞、淫祀等。(73)仇讎　仇敵。(74)廄　馬棚。(75)菽　豆類。(76)殭　同「僵」。死。(77)帑藏　國庫。帑，庫，此指庫藏的金帛。(78)王氣　舊指象徵帝王運數的祥瑞之氣。(79)自斯　從此。(80)稍解　稍微消散。(81)不　通「否」。(82)面　顏面；臉。(83)窮治　徹底追查。窮，終極。(84)稱疾　本無疾病，卻聲稱有疾病。

稱，聲言；說。85舟師　指水軍。86公安　縣名，縣治在今湖北公安西北。87從孫　兄弟的孫子。從，同一宗族次於至親者。88司農少卿　官名，為司農寺副官，與司農卿共掌倉市薪米、園池果實。89丁　壯丁。隋以男子十八歲（後改為二十一歲）為丁，六十歲為老。90朔方　郡名，治所岩綠縣，在今陝西靖邊東北白城子。91靈武　郡名，治所靈武縣，在今寧夏靈武西南。92綏州　州名，治所上縣，在今陝西綏德。93綿歷　綿延。

【校記】1平儉之子也　原無此五字。據章鈺校，十二行本、乙十一行本、孔天胤本皆有此五字，今據補。2又言民間課輸無定簿難以推校　原無此十三字。據章鈺校，十二行本、乙十一行本、孔天胤本皆有此十三字，張敦仁《通鑑刊本識誤》同，今據補。3分而為二　原無此四字。據章鈺校，十二行本、乙十一行本、孔天胤本皆有此四字，張敦仁《通鑑刊本識誤》同，今據補。按，《通鑑綱目》卷三六有此四字。4略　原無此字。據章鈺校，十二行本、乙十一行本、孔天胤本皆有此字，今據補。

【語　譯】三年（乙巳　西元五八五年）

春，正月初一日戊午，發生日蝕。

隋主命禮部尚書牛弘纂修五禮，編成一百卷。正月十一日戊辰，隋文帝下詔頒行新禮。

三月初二日戊午，隋朝任命尚書左僕射高熲為左領軍大將軍。

陳朝豐州刺史章大寶，是章昭達的兒子，在豐州貪贓放縱，朝廷派太僕卿李暈去替換他。李暈即將到達，三月初五日辛酉，章大寶襲殺李暈，起兵造反。

隋朝大司徒郢公王誼與隋文帝是故交，他的兒子娶文帝的女兒蘭陵公主為妻。隋文帝對他的恩寵禮遇漸漸淡薄，王誼非常怨恨。有人告發王誼說他自言名應圖讖，相貌儀表應該稱王，公卿大臣上奏王誼犯了大逆不道之罪。壬寅日，隋文帝賜王誼自殺。

戊申日，隋主從洛陽回到長安。

陳朝叛將章大寶派遣部將楊通攻打建安，沒有攻克。官軍將要到達豐州，章大寶部眾潰散，章大寶逃入山中，被追兵擒獲，滅除三族。

隋朝度支尚書長孫平上奏「請下令民間，每年秋收後每家交納粟麥一石以下，按貧富狀況等差交納，將交納的糧食都儲存在自己所居的社內，委派社中員吏查驗，以備災年賑濟之用，稱為『義倉』」，隋主聽從了他的建議。五月二十九日甲申，開始下詔令各郡、縣都設置義倉。長孫平，是長孫儉的兒子。當時很多百姓向官府謊報年老、年幼，以此來逃避賦稅徭役，山東地區承襲北齊的弊政，在戶口登記和租調徵收方面，弄虛作假的特別多。隋主下令各州縣一人一人核對，戶口有假的，里正、黨長發配遠方。堂兄弟以下仍舊同居的大家庭，都命令他們分家，各立門戶，以防止隱瞞人丁戶口。這次人口普查，全國統計的戶籍簿新增加了一百六十四萬多人口。高熲又說民間的賦稅徵收沒有固定的簿籍，難以審核。奏請制定輸籍法，頒行各州，隋文帝聽從了他的建議，此後弄虛作假逃避賦稅的人無法藏身了。

隋朝各州上調給中央的各種物資，每年黃河以南的經由潼關，黃河以北的經由蒲坂，分道輸往長安，晝夜不停，長達數月之久。

後梁國主蕭巋逝世，諡號孝明皇帝，廟號世宗。梁世宗孝悌仁慈，勤儉節約，境內安定太平。太子蕭琮繼位。

當初，突厥阿波可汗與沙鉢略可汗有了嫌隙，部落一分為二，阿波可汗逐漸強盛。他的勢力東抵都斤山，西越金山，西域龜茲、鐵勒、伊吾諸部，以及諸胡各小國都依附了他，稱為西突厥。隋主也派遣上大將軍元契出使西突厥，以安撫阿波可汗。

秋，七月初六日庚申，陳朝派遣散騎常侍王話等人出使隋朝。

突厥沙鉢略可汗遭到達頭可汗侵逼後，又害怕契丹，便派使者到隋朝告急，請求允許他率領所屬部落遷徙到大漠以南，寄居在白道川。隋主答應了他的請求，命晉王楊廣率軍支援，並供給他衣服食物，賜給他車駕服飾及鼓吹。沙鉢略可汗乘機西擊阿波可汗，打敗了他。但阿拔國卻乘虛而入劫掠沙鉢略的妻兒家小；隋朝軍隊替沙鉢略打敗了阿拔軍隊，並把所繳獲的物品全部給予了沙鉢略可汗。沙鉢略可汗大喜，於是與隋朝締約，以沙磧為兩國邊界，並上表說：「天無二日，地無二王，大隋皇帝是真正的皇帝，我怎敢擁兵恃險，竊取帝王名號？如今感慕南國淳樸風俗，歸心有道之君，屈膝叩拜，永為大隋藩屬。」沙鉢略派遣他的兒子庫合真入隋朝見皇帝。

八月初二日丙戌，庫合真到達長安。隋主下詔說：「突厥沙鉢略可汗以前雖然與隋朝和親友好，但還是兩個國家，現在成為君臣關係，便成一體。」於是下令到南郊天壇和太廟去敬告天地和祖先，廣頒詔書布告遠近臣民。凡是賜給沙鉢略可汗的詔書，不直接稱呼他的名。隋主還在內殿宴請庫合真，並帶他拜見獨孤皇后，賞賜慰勞的東西極為豐盛。沙鉢略可汗很高興，自此，一年四季都向隋朝進貢物品。

九月，陳朝將軍湛文徹侵犯隋朝的和州，隋朝儀同三司費寶首率軍反擊，活捉了湛文徹。

九月二十三日丙子，隋朝派遣李若等人出使陳朝。

冬，十月初九日壬辰，隋朝任命上柱國楊素為信州總管。

當初，北地人傅縡曾在陳朝東宮任太子庶子侍奉陳後主，等到太子即位後，傅縡晉升為祕書監、右衛將軍兼中書通事舍人，他自恃有才，盛氣陵人，人們大多怨恨他。施文慶與沈客卿一同誣告傅縡收受了高麗國使者的黃金，陳後主將傅縡拘捕下獄。

傅縡在獄中上書說：「君臨百姓的人，應該恭敬地侍奉上帝，愛民如子，減少嗜欲，疏遠諂媚奸佞的臣子，天未明就穿衣起床，時已晚忘了吃飯，因此能恩澤普施於天下，福慶流傳給子孫。陛下近來縱酒好色過度，祭奉天地宗廟之神不虔誠，而專心媚事淫昏之鬼。小人在身邊，宦官專權，討厭忠直之士如同仇敵，把生民視如草芥。後宮妃嬪服飾綺繡錦緞拖長及地，御用廄馬餵食菽粟常有剩餘，而天下百姓卻流離失所，僵屍遍野。官吏公然收受賄賂，國庫虧空，神怒人怨，眾叛親離。臣擔心江南王氣從此喪盡。」傅縡上書呈進，陳後主大怒。過了一會，稍微消了氣，派人對傅縡說：「我想赦免你，你能改正錯誤嗎？」傅縡回答說：「臣的心性如同臣的面貌，假如面貌能夠改變，那麼臣的心性才能改變。」陳後主更加發怒，命令宦官李善慶追根究柢審理傅縡的罪案，最終賜死獄中。陳後主每當舉行郊祀，經常稱病不去，所以傅縡提及這件事。

這一年，後梁大將軍戚昕率水軍襲擊陳朝公安城，沒有攻下，軍隊撤回。

隋主徵召梁主的叔父太尉吳王蕭岑入朝，拜授大將軍，封懷義公，藉機將他扣留不送他回國。又重新設置江陵總管來監管後梁。

後梁大將軍許世武打算獻城投降陳朝，暗中派人去召引陳朝荊州刺史宜黃侯陳慧紀，事情敗露，後梁國主殺了許世武。陳慧紀，是陳高祖兄弟的孫子。

隋主派遣司農少卿崔仲方徵調壯丁三萬人，在朔方、靈武修築長城，東起黃河，西抵綏州，綿延七百里，以抵禦胡人入侵。

四年（丙午　西元五八六年）

春，正月[1]，梁改元廣運❶。○甲子❷，党項羌❸請降於隋。○庚午❹，隋頒曆於突厥。

二月，隋始令刺史上佐❺每歲暮❻更入朝，上考課❼。

丁亥❽，隋復令崔仲方發丁十五萬，於朔方以東，緣邊險要，築數十城。

丙申❾，立皇弟叔謨為巴東王，叔顯為臨江王，叔坦為新會王，叔隆為新寧王❿。

庚子⓫，隋大赦。

三月己未⓬，洛陽男子高德上書，請隋主為太上皇，傳位皇太子。帝曰：「朕承天命，撫育蒼生⑬，日旰孜孜⑭，猶恐不逮。豈效近代帝王，傳位於子，自求逸樂者哉？」

夏，四月己亥⑮，遣周磻等聘于隋。

五月丁巳⑯，立皇子莊⑰為會稽王。

秋，八月，隋遣散騎常侍裴豪等來聘。○戊申⑱，隋申明公⑲李穆卒，葬以殊禮。

閏月丁卯⑳，隋太子勇鎮洛陽。

隋上柱國郕公梁士彥討尉遲迥，所當必破，代迥為相州刺史。隋主忌之，召還長安。上柱國杞公宇文忻與隋主少相厚㉑，善用兵，有威名，隋主亦忌之，以譴㉒去官。與[2]柱國舒公劉昉皆被疏遠，閒居無事，頗懷怨望，數相往來，陰謀不軌。

忻欲使士彥於蒲州起兵，己為內應，士彥之甥裴通預其謀而告之。帝隱其事，以士彥為晉州㉓刺史，欲觀其意。士彥忻然㉔謂昉等曰：「天也！」又請儀同三司薛摩兒為長史㉕，帝亦許之。後與公卿朝謁㉖，帝令左右執士彥、忻、昉等[3]於行間㉗。詰㉘之，初猶不伏㉙，捕薛摩兒適至，命之庭對㉚，摩兒具論始末㉛，士彥失色，顧謂摩兒曰：「汝殺我！」丙子㉜，士彥、忻、昉等皆伏誅，叔姪、兄弟免死除名。

九月辛巳㉝，隋主素服㉞臨射㉟殿，命百官射三家資物以為誡。

冬，十月己酉㊱，隋以兵部尚書楊尚希為禮部尚書。隋主每旦臨朝，日昃不倦，尚希諫曰：「周文王㊲以憂勤損壽，武王㊳以安樂延年。願陛下舉大綱㊴，責成宰輔。繁碎之務，非人主所宜親也。」帝善之而不能從。

癸丑㊵，隋置山南道行臺㊶於襄州㊷，以秦王俊為尚書令。俊妃崔氏生男，隋主喜，頒賜羣官。

直祕書內省㊸博陵㊹李文博㊺，家素貧，人往賀之，文博曰：「賞罰之設，功過所存。今王妃生男，於羣官何事，乃妄受賞也？」聞者愧之。

癸亥㊻，以尚書僕射江總為尚書令，吏部尚書謝伷為僕射。

十一月己卯㊼，大赦。

吐谷渾可汗夸呂㊽在位百年，屢因喜怒廢殺太子。後太子懼，謀執夸呂而降，請兵於隋邊吏㊾，秦州總管河間王弘㊿請以兵應之，隋主不許。

太子謀洩，為夸呂所殺，復立其少子嵬王訶為太子。疊州(51)刺史杜粲請因其釁而討之，隋主又不許。

是歲，嵬王訶復懼誅，謀帥部落萬五千戶降隋，遣使詣闕㊿②，請兵迎之。隋主曰：「渾賊㊿③風俗，特異人倫㊿④，父既不慈，子復不孝。朕以德訓人，何有成其惡逆㊿⑤乎？」乃謂使者曰：「父有過失，子當諫爭㊿⑥，豈可潛謀㊿⑦非法，受不孝之名？溥天㊿⑧之下皆朕臣妾㊿⑨，各為善事，即稱朕心。嵬王既欲歸朕，唯教嵬王為臣子之法，不可遠遣兵馬，助為惡事。」嵬王訶乃止。

【章　旨】以上為第四段，寫隋文帝以仁德慈孝治理國家，和睦周邊，不貪小利，布教四方。

【注　釋】❶改元廣運　後梁改天保二十五年為廣運元年。❷甲子　正月十三日。❸党項羌　少數民族國。為三苗之後裔，生活在今甘肅境內。❹庚午　正月十九日。❺上佐　刺史所屬的高級佐史，如長史、司馬等。上佐輔助刺史以治理州行政與軍事。❻歲暮　年終。❼考課　考查官吏政績。❽丁亥　二月初六日。❾丙申　二月十五日。❿立皇弟叔謨為巴東王四句　叔謨、叔顯、叔坦、叔隆，分別為陳宣帝第二十九子、三十子、三十一子、三十二子。傳均見《陳書》卷二十八、《南史》卷六十五。⓫庚子　二月十九日。⓬己未　三月初八日。⓭蒼生　指百姓。⓮孜孜　勤勉不倦的樣子。⓯己亥　四月十九日。⓰丁巳　五月初七日。⓱皇子莊　字承肅，陳後主第八子。傳見《陳書》卷二十八、《南史》卷六十五。⓲戊申　隋曆八月三十日，陳曆則閏七月三十日。⓳申明公　李穆生前封爵為申國公，死後諡號為明，因李穆生前能知機保身，故諡曰明。⓴丁卯　閏八月十九日。㉑少相厚　小時候友情深厚。㉒譴　官吏謫降。㉓晉州　州名，治所平陽縣，在今山西臨汾。㉔忻然　欣喜得意的樣子。忻，通「欣」。㉕長史　官名，刺史僚佐，掌兵馬。㉖朝謁　朝見。謁，晉見。㉗行間　指百官隊列中。㉘詰　責問；審訊。㉙不伏　不伏罪。㉚庭對　在殿庭當面對質。㉛始末　始終。㉜丙子　閏八月二十八日。㉝辛巳　九月四日。㉞隋主素服　梁士彥、宇文忻、劉昉等三人雖以叛國罪被誅，但三人均為隋文帝舊臣，又有擁戴之功，故隋文帝穿素服致哀。㉟射　猜賭。此句指隋文帝沒收梁士彥等三家的財產，用猜賭形式分賜百官，並藉以為鑑戒。㊱己酉　十月初二日。㊲周文王　姓姬名昌。殷時西方諸侯，曾極力準備滅殷。見《史記》卷四〈周本紀〉。㊳武王　即周武王，文王之子，名發，起兵伐紂，建立周王朝。㊴大綱　指治國的重要綱領。㊵癸丑　十月初六日。㊶行臺　在地方代表朝廷行使尚書省職權的機構。㊷襄州　州名，治所襄陽縣，在今湖北襄樊。㊸直祕書內省　官名，掌典校祕書省內外閣之藏書。㊹博陵　縣名，在今甘肅臨潭。㊺李文博　仕隋，官至校書郎。傳見《隋書》卷五十八、《北史》卷八十三。㊻癸亥　十月十六日。㊼己卯　十一月初三日。㊽夸呂　吐谷渾首領伏連籌之子，即位後始稱可汗。按，「夸呂」諸史記載不同，《隋書・吐谷渾傳》作「呂夸」，《梁書・河南王傳》又作「呵羅真」。蓋夸呂（或呂夸）是其稱號，呵羅真是其名。夸呂與呂夸疑有一誤。㊾邊吏　邊疆的官將。㊿河間王弘　即隋文帝從祖弟楊弘（？—西元六〇七年），字辟惡，官至蒲州刺史，封河間王。傳見《隋書》卷四十三、《北史》卷七十一。(51)疊州　州名，治所疊川縣，在今甘肅迭部境。(52)詣闕　赴皇帝的殿廷。闕，皇帝的住所。(53)渾賊　對吐谷渾的蔑稱。(54)特異人倫　謂吐谷渾沒有正常的人倫關係，與中原不同。(55)成其惡逆　成，助成；成全。惡逆，叛逆；反叛。(56)諫爭　直言規諫，止人過失。爭，同「諍」。(57)潛謀　暗中密謀。(58)溥天　普天。溥，普遍。(59)臣妾　本指奴隸，男為臣，女為妾。此指臣子。

【校　記】①春正月　原無此三字。據章鈺校，十二行本、乙十一行本、孔天胤本皆有此三字，張敦仁《通鑑刊本識誤》同，今據補。②與　原作「以」。胡三省注云：「『以』當作『與』。」據章鈺校，十二行本、乙十一行本、孔天胤本皆作「與」，張敦仁《通鑑刊本識誤》同，今據改。③等　原無此字。據章鈺校，十二行本、乙十一行本、孔天胤本皆有此字，今據補。下同。

【語　譯】四年（丙午　西元五八六年）

春，正月，後梁改年號為廣運。〇十三日甲子，党項羌請求歸降隋朝。〇十九日庚午，隋朝向突厥頒授曆法。

二月，隋朝初次下令每年歲末各州刺史高級佐吏輪流入朝，呈奏本州官吏當年的考績簿書。

二月初六日丁亥，隋朝再次命令崔仲方徵調壯丁十五萬人，在朔方以東，沿邊境險要地方，修築幾十座城堡。

二月十五日丙申，陳後主冊封皇弟陳叔謨為巴東王，陳叔顯為臨江王，陳叔坦為新會王，陳叔隆為新寧王。

二月十九日庚子，隋朝大赦。

三月初八日己未，洛陽男子高德上書，請求隋文帝做太上皇，傳皇位給皇太子。隋文帝說：「朕奉承天命，撫育百姓，從早到晚孜孜不倦，仍然擔心不能治理好天下。怎敢效法近代那些帝王，傳位給太子，而自求安逸享樂呢？」

夏，四月十九日己亥，陳朝派遣周磻等人出使隋朝。

五月初七日丁巳，陳後主冊封皇子陳莊為會稽王。

秋，八月，隋朝派遣散騎常侍裴豪等人出使陳朝。〇三十日戊申，隋朝申明公李穆去世，隋文帝用特殊的禮遇將其安葬。

閏八月十九日丁卯，隋朝皇太子楊勇出鎮洛陽。

隋朝上柱國郕公梁士彥討伐尉遲迥，所遇敵人一定打敗，取代尉遲迥為相州刺史。隋主猜忌他，將他召回長安。上柱國杞公宇文忻與隋主少年時友情深厚，善於用兵，有很高的威望，隋主也猜忌他，因此被貶謫離職。梁士彥、宇文忻與柱國舒公劉昉都被疏遠，閒居無事，滿腹怨恨，多次互相往來，暗中圖謀造反。

宇文忻要梁士彥在蒲州起兵，自己在長安作內應，梁士彥的外甥裴通參與陰謀，卻告發了他們。隋文帝將此事隱蔽起來，任命梁士彥為晉州刺史，想觀察他的動靜。梁士彥非常高興地對劉昉等人說：「這是天意啊！」他又奏請朝廷任命儀同三司薛摩兒為晉州長史，隋文帝也答應他。不久梁士彥等人與公卿大臣一起上朝見皇上，隋文帝命左右侍衛在朝列中拘捕梁士彥、宇文忻、劉昉等人。責問他們為何造反，起初他們還不認罪，正好薛摩兒被捕獲帶到，隋文帝命他在殿堂上與梁士彥等人當面對質，薛摩兒詳細供出了梁士彥等人謀反的經過，梁士彥變了臉色，回頭對薛摩兒說：「是你殺了我！」閏八月二十八日丙子，梁士彥、宇文忻、劉昉三人都被處死，他們的叔姪、兄弟免除死罪，被削職為民。

九月初四日辛巳，隋主身穿喪服親臨射殿，命令百官射取梁士彥等三家財物，以為鑑戒。

冬，十月初二日己酉，隋朝任命兵部尚書楊尚希為禮部尚書。隋主每日清早就臨朝聽政，到太陽偏西還不疲倦，楊尚希進諫說：「周文王由於憂勤而折壽，周武王因為安樂而延年。希望陛下抓舉大綱，責成宰相處理政務。繁碎細事，不是人主宜於親自處理的。」隋文帝很贊同他的意見，但卻不能聽從。

十月初六日癸丑，隋朝在襄州設置山南道行臺，任命秦王楊俊為行臺尚書令。楊俊妃崔氏生了男孩，隋主很高興，下令賞賜百官。

直祕書內省博陵人李文博，家道素來貧寒，而今蒙隋文帝賜物，人們前往祝賀他，李文博說：「賞罰的設立，本是為了賞功罰罪。如今王妃生了男孩，與群臣百官有什麼關係，卻濫受賞賜？」聽到這話的人都感到慚愧。

十月十六日癸亥，陳朝任命尚書僕射江總為尚書令，吏部尚書謝伷為尚書僕射。

十一月初三日己卯，陳朝大赦。

吐谷渾可汗夸呂在位百年，多次因為喜怒無常而廢黜或誅殺太子。後來所立的太子害怕，密謀劫持夸呂可汗投降隋朝，向隋朝邊防官吏請求派兵援助，秦州總管河間王楊弘奏請朝廷派兵去接應，隋主不同意。

吐谷渾太子密謀敗露，被夸呂可汗殺掉，夸呂又立他的小兒子嵬王訶為太子。隋朝疊州刺史杜粲又向朝廷請求乘機討伐吐谷渾，隋主又沒有同意。

這一年，吐谷渾太子嵬王訶也擔心被殺，密謀率領部落一萬五千戶投降隋朝，派遣使者到隋朝朝廷，請求隋朝派兵迎接。隋文帝說：「吐谷渾風俗，人倫關係與中原很不相同，做父親的既不慈愛自己的兒子，做兒子的也不孝順自己的父親。朕以仁德教化百姓，哪有助成嵬王訶叛逆作惡的道理？」於是對嵬王訶的使者說：「父親有了過失，兒子應當諫爭，豈能陰謀反叛，落個不孝之名？普天之下，都是朕的臣民，各自都做善事，即可使朕稱心如意。嵬王訶既然想歸附於朕，朕只教嵬王訶做忠臣孝子的方法，不能遠派軍隊，幫助嵬王訶做惡事。」嵬王訶於是作罷。

禎明元年（丁未　西元五八七年）

春，正月戊寅❶，大赦，改元❷。○癸巳❸，隋主享太廟。○乙未❹，隋制諸州歲貢士❺三人。

二月丁巳❻，隋主朝日于東郊❼。○遣兼散騎常侍王亨等聘于隋。○隋發丁男十萬餘人修長城，二旬而罷。

夏，四月，於揚州❽開山陽瀆❾以通運。

突厥沙鉢略可汗遣其子入貢于隋，因請獵於恆、代❿之間，隋主許之，仍遣人賜以酒食。沙鉢略帥部落再拜受賜。

沙鉢略尋卒，隋為之廢朝⓫三日，遣太常弔祭。

初，沙鉢略以其子雍虞閭懦弱，遺令立其弟葉護⓬處羅侯⓭。雍虞閭遣使迎處羅侯，將立之，處羅侯曰：「我突厥自木杆可汗以來，多以弟代兄，以庶奪嫡⓮，失先祖之法，不相敬畏。汝當嗣位，我不憚拜汝。」雍虞閭曰：「叔與我父，共根連體⓯。我，枝葉也，豈可使根本反從枝葉，叔父屈於卑幼乎？且亡父之命，何可廢也？願叔勿疑。」遣使相讓者五六，處羅侯竟立，是為莫何可汗。以雍虞閭為葉護。遣使上表言狀⓰。

隋使車騎將軍長孫晟持節⑰拜之⑱，賜以鼓吹、幡旗⑲。莫何勇而有謀，以隋所賜旗鼓西擊阿波。阿波之眾以為得隋兵助之，多望風降附。遂生擒阿波，上書請其死生之命⑳。

隋主下其議㉑，樂安公元諧請就彼梟首。武陽公李充請生取入朝，顯戮㉒以示百姓。隋主謂長孫晟：「於卿何如？」晟對曰：「若突厥背誕㉓，須齊之以刑㉔。今其昆弟自相夷滅㉕，阿波之惡非負國家㉖。因其困窮，取而為戮，恐非招遠㉗之道。不如兩存之。」左僕射高熲曰：「骨肉相殘，教之蠹㉘也，宜存養㉙以示寬大。」隋主從之。

甲戌㉚，隋遣兼散騎常侍楊同等來聘。

五月乙亥朔㉛，日有食之。

秋，七月己丑㉜，隋衛昭王爽㉝卒。

八月，隋[1]徵梁主入朝。梁主帥其羣臣二百餘人發江陵，庚申㉞，至長安。

隋主以梁主在外，遣武鄉公崔弘度將兵戍江陵。軍至都州㉟，梁主叔父太傅安平王巖㊱、弟荊州刺史義興王瓛㊲等恐弘度襲之，乙丑㊳，遣其[2]都官尚書沈君公㊴詣荊州刺史宜黃侯慧紀請降。九月庚寅㊵，慧紀引兵至江陵城下。辛卯㊶，巖等驅文、武、男、女十萬口來奔。

隋主聞之，廢梁國[42]。遣尚書左僕射高熲安集遺民，梁中宗、世宗[43]各給守冢[44]十戶。拜梁主琮柱國[3]，賜爵莒公。

甲午[45]，大赦。

冬，十月，隋主如同州。癸亥[46]，如蒲州。

十一月丙子[47]，以蕭巖為開府儀同三司、東揚州[48]刺史，蕭瓛為吳州刺史。

○丁亥[49]，以豫章王叔英[50]兼司徒。

甲午[51]，隋主如馮翊[52]，親祠故社[53]。戊戌[54]，還長安。

是行也，內史令李德林以疾不從，隋主自同州敕書追之[55]，與議伐陳之計。及還，帝馬上舉鞭南指曰：「待平陳之日，以七寶[56]裝嚴公，使自山[57]以東無及公者。」

初，隋主受禪以來，與陳鄰好甚篤，每獲陳諜，皆給衣馬禮遣之，而高宗[58]猶不禁侵掠。故太建[59]之末，隋師入寇。會高宗殂，隋主即命班師[60]，遣使赴弔，書稱姓名[61]頓首。帝答之益驕，書末云：「想彼統內[62]如宜，此宇宙清泰[63]。」隋主不悅，以示朝臣，上柱國楊素以為主辱臣死[64]，再拜請罪。

隋主問取陳之策於高熲，對曰：「江北地寒，田收差[65]晚，江南水田早熟。量[66]彼收穫之際，微徵士馬[67]，聲言掩襲[68]，彼必屯兵守禦，足得廢其農時[69]。彼既聚兵，我便解甲[70]，再三若此，彼以為常。後更集兵，彼必不信，猶豫之頃，我乃濟師[71]，登陸而戰，兵氣益倍[72]。又，江南土薄，舍多茅竹，所有儲積皆非地窖。密〔4〕遣行人因風縱火，待彼脩立[73]，復更燒之，不出數年，自可財力俱盡。」隋主用其策，陳人始困。

於是楊素、賀若弼及光州[74]刺史高勱[75]、虢州[76]刺史崔仲方等爭獻平江南之策。仲方上書曰：「今唯須武昌[77]以下，蘄、和、滁、方、吳、海[78]等州，更帖[79]精兵，密營度計[80]。益、信、襄、荊、基、郢[81]等州，速造舟楫[82]，多張形勢[83]，為水戰之具。蜀[84]、漢二江是其上流，水路衝要[85]，必爭之所。賊雖於〔5〕流頭[86]、荊門[87]、延洲[88]、公安[89]、巴陵[90]、隱磯[91]、夏首[92]、蘄口[93]、湓城[94]置船，然終聚漢口[95]、峽口[96]，以水戰大決[97]。若賊必以上流有軍，令精兵赴援者，下流諸將即須擇便橫度；如擁眾自衛，上江水〔6〕軍[98]鼓行以前。彼雖恃九江[99]、五湖[100]之險，非德無以為固；徒有三吳[101]、百越[102]之兵，無〔7〕恩不能自立矣。」隋主以仲方為基州刺史。

及受蕭巖等降，隋主益忿，謂高熲曰：「我為民父母，豈可限一衣帶水(103)不拯之乎？」命大作戰船。人請密之(104)，隋主曰：「吾將顯行天誅，何密之有？」使投其柿(105)於江，曰：「若彼懼而能改，吾復何求？」

楊素在永安(106)，造大艦，名曰「五牙」，上起樓五層，高百餘尺，左右前後置六拍竿(107)，並高五十尺，容戰士八百人。次曰「黃龍」，置兵百人。自餘平乘、舴艋(108)等[8]各有等差。

晉州刺史皇甫績(109)[9]將之官，稽首言陳有三可滅。帝問其狀，對[10]曰：「大吞小，一也。以有道伐無道，二也。納叛臣蕭巖，於我有詞，三也。陛下若命將出師，臣願展絲髮(110)之效。」隋主勞而遣之。

時江南妖異特眾，臨平湖(111)草久塞，忽然自開。帝惡之(112)，乃自賣於佛寺為奴以厭之(113)。又於建康(114)造大皇寺，起七級浮圖(115)，未畢，火從中起而焚之。

吳興章華(116)，好學，善屬文，朝臣以華素無伐閱(117)，競排詆之，除太市令(118)。華鬱鬱不得志，上書極諫，略曰：「昔高祖(119)南平百越，北誅逆虜(120)，世祖(121)東定吳會(122)，西破王琳(123)，高宗克復淮南，辟地千里，三祖之功勤(124)亦至矣。陛下即位，于今五年，不思先帝之艱難，不知天命之可畏。溺於嬖寵，惑於酒色。祠七廟(125)

而不出，拜三妃[126]而臨軒[127]。老臣宿將[128]，棄之草莽[129]，諂佞讒邪，升之朝廷。今疆埸[130]日蹙[131]，隋軍壓境，陛下如不改絃易張[132]，臣見麋鹿復遊於姑蘇[133]矣！」帝大怒，即日斬之。

【章旨】以上為第五段，寫隋文帝吞併後梁，籌謀平陳；而陳後主仍然醉生夢死，不思更張，不聽勸諫，滅亡指日可待。

【注釋】❶戊寅　正月初三日。❷改元　陳改至德五年為禎明元年。❸癸巳　正月十八日。❹乙未　正月二十日。❺貢士　舉薦人才。❻丁巳　二月十二日。❼朝日于東郊　隋開皇初年，於都城長安東春明門外設壇，每年在春分朝日祀天。❽揚州　州名，治所廣陵，在今江蘇揚州西北。❾山陽瀆　古運河名，因北起山陽縣境而有此名。它北起山陽縣（今江蘇淮安），南至廣陵郡（今揚州西北），溝通了長江與淮河兩大水系，方便了水路運輸。❿恆代　地名，北魏起初以平城（故址在今山西大同）為都，建為代都，設置司州及代都尹，後遷都洛陽，改司州為恆州，故稱此地為恆、代。⓫廢朝　停止朝見，以表示對沙鉢略死之哀悼。⓬葉護　突厥官名，百宮中的顯要官職。⓭處羅侯　沙鉢略之弟，繼沙鉢略為可汗，史稱葉護可汗。事見《隋書》卷八十四、《北史》卷九十九。⓮奪嫡　以庶子奪取嫡子的地位。封建時代，凡以庶子嗣位而廢嫡子，都稱奪嫡。⓯共根連體　謂同父母所生。⓰言狀　說明情況。狀，情狀。⓱持節　古代使臣出使，必持節以作憑證。節，符節。⓲拜之　拜處羅侯為可汗。⓳幡旗　旗幟。⓴請其死生之命　莫何可汗不敢專殺阿波而向隋廷請示。㉑下其議　隋文帝將莫何請命之事下到百官中討論。㉒顯戮　明正典刑，處決示眾。㉓背誕　違命放縱，不受節制而妄為。㉔齊之以刑　謂用刑法整治。齊，整治。㉕夷滅　消滅。㉖非負國家　指阿波兄弟自相殘殺，並未辜負隋朝。負，辜負。㉗招遠　招引遠方國家或民族。㉘蠹　敗壞；損壞；蛀蝕。㉙存養　保全、撫養。㉚甲戌　隋曆四月三十日，陳曆則五月初一日。㉛乙亥朔　五月初一日。㉜己丑　七月十六日。㉝衛昭王爽　即楊爽（西元五六三—五八七年），隋文帝異母弟，小字明達，封衛王。傳見《周書》卷十九、《隋書》卷四十四、《北史》卷七十一。㉞庚申　八月十八日。㉟都州　隋無都州。按，《隋書・蕭琮傳》作「鄀州」，《北史》同。據此「都州」當是「鄀州」之訛。鄀州，州名，治所在今湖北荊門西北。㊱安平王巖　即蕭巖，字義遠，後梁宣帝蕭詧第五子，官至太傅。後降陳。傳附《周書・蕭詧傳》、《北史・僭偽附庸傳》。㊲義興王瓛　字欽文，後梁明帝蕭巋第三子，後降陳。傳附《周書・蕭巋傳》、《隋書・蕭巋傳》、《北史・僭偽附庸傳》。㊳乙丑　八月二十三日。㊴沈君公　（?—西元五八九年）吳興（郡治在今浙江吳興）人。陳後主沈皇后叔父。傳附《陳書・後主沈皇后傳》、《周書・蕭詧傳》、《南史・沈君理傳》。㊵庚寅　九月十八日。㊶辛卯　九月十九日。㊷廢梁國　後梁自中宗即位，歷三帝，三十三年。㊸梁中宗世宗　中宗指後梁開國皇帝宣帝蕭詧廟號，世宗是後梁第二代皇帝明帝蕭巋廟號。㊹守冢　守護墳墓的人。㊺甲午　九月二十二日。㊻癸亥　十月二十二日。㊼丙子　十一月五日。㊽東揚州　州名，治所山陰縣，在今浙江紹興。㊾丁亥　十一月十六日。㊿豫章王叔英　陳宣帝第三子，字子烈。傳見《陳書》卷二十八、《南史》卷六十五。(51)甲午　十一月二十三日。(52)馮翊　郡名，治所高陸縣，在今陝西高陵。(53)祠故社　隋文帝生於馮翊，故去祭祀社廟。(54)戊戌　十一月二十七日。(55)追之　指追召李德林。(56)七寶　用多種寶物裝飾的器物，泛稱七寶。(57)山　此指太行山。(58)高宗　陳宣帝廟號。(59)太建　陳宣帝年號（西元五六九—五八二年）。(60)班師　軍隊出征回來。此指中途撤軍。(61)書稱姓名　信函中稱自己姓名，不稱隋帝，以示謙遜。(62)統內　統轄之內。(63)清泰　清靜安泰。(64)主辱臣死　君主受到侮辱，臣子該為之死。(65)差　略微。(66)量　衡量；估計。(67)士馬　兵馬。(68)掩襲　乘人不備，突然襲擊。(69)農時　指春耕、夏耘、秋收，農事之三時。此指秋收時。(70)解甲　脫下戰衣，引申為罷軍休兵。(71)濟師　調舉兵渡江。(72)兵氣益倍　謂士氣倍增。因隋兵登岸，後有大江，兵士無反顧之心，敗則必死，故士氣倍增。(73)脩立　修葺完好。(74)光州　州名，梁置，治所光城縣，在今河南光山縣。(75)高勱　字敬德，河北蓨（今河北景縣）人，歷仕北齊、周、隋，官至洮州刺史。傳見《北齊書》卷十三、《隋書》卷五十五、《北史》卷五十一。(76)虢州　州名，隋置，治所盧氏縣，在今河南盧氏。(77)武昌　郡名，治所武昌縣，在今湖北鄂城。(78)蘄和滁方吳海　皆州名，當今武漢以東沿長江北岸地區，跨湖北、安徽、江蘇三省。(79)帖　同「貼」。增加。(80)密營度計　暗中經營籌劃。(81)益信襄荊基郢　皆州名，長江上游沿江地區，跨四川、湖北兩省。(82)楫　船槳。短的稱楫，長的稱棹。(83)形勢　軍事陣勢。(84)蜀　江名，胡三省注：蜀江出三峽，過南郡（今湖北江陵）。據此，蜀江當指長江流經四川東部及湖北西部的一段。(85)衝要　在軍事或交通等方面有重要作用的地方。(86)流頭　地名，即流頭灘，在今湖北宜昌與秭歸之間的長江中。(87)荊門　山名，在今湖北宜都西北長江兩岸。(88)延洲　洲名，在今湖北宜都附近長江中。(89)公安　縣名，在今湖北公安東北。(90)巴陵　郡名，治所巴陵縣，在今湖南岳陽。(91)隱磯　地名，故址在今湖南岳陽東北。(92)夏首　地名，即夏口，以夏水入江而得名。故址在今湖北武漢。(93)蘄口　地名，以蘄水入江而得名。故址在今湖北蘄春西南長江北岸蘄州鎮。(94)湓城　地名，江州治所，在今江西九江市。皆沿長江要害之地。(95)漢口　即夏口。以漢水入江而得名，在今湖北武漢。(96)峽口　即西陵峽口。故址在今湖北宜昌西。(97)大決　重大決定。此指決戰。(98)上江水軍　謂蜀江、漢江順流東下之水軍。(99)九江　長江水系的九條河，各說不一。(100)五湖　說法不一。有以太湖及附近四湖為五湖。(101)三吳　地區名，說法不一，一般指吳興、吳郡、會稽為三吳。(102)百越　古代越族生活在東南沿海一帶，江浙閩粵之地，皆為越族所居，故稱百越。(103)一衣帶水　像一條衣帶那樣寬度的河流，形容極其狹窄。此指長江。(104)密之　謂暗中造戰船，不張揚出去。(105)柹　砍下的木片。(106)永安　郡名，治所魚復縣，在今重慶市奉節東白帝城故址。(107)拍竿　戰艦上用以拍擊敵船的裝置。(108)平乘舴艋　俱船名，小船。(109)皇甫績　字功明，安定朝那（今甘肅靈臺西北朝那鎮）人。歷仕周、隋，官至信州總管。《隋書》、《北史》俱有傳。(110)絲髮　蠶絲和頭髮。比喻細微。(111)臨平湖　湖名，故址在今浙江餘杭臨平鎮南。(112)惡之　厭惡臨平湖草塞自開一事。(113)自賣於佛寺為奴以厭之　用賣身為奴以積善積德的方法來消除與壓服將來可能出現的災殃。(114)建康　地名，即陳都城，在今江蘇南京。(115)七級浮圖　七層佛塔。浮圖，塔。(116)章華　（？—西元五八七年）字仲宗，吳興（今福建浦城縣）人。家世農夫，仕陳，官至太市令。傳附《陳書・傅縡傳》、《南史・傅縡傳》。(117)伐閱　功勞和閱歷。積累功勞稱伐，經歷稱閱。(118)太市令　官名，掌市場稅收。(119)高祖　指陳朝開國皇帝陳霸先。西元五五七—五五九年在位。(120)逆虜　指侯景。(121)世祖　指陳朝第二代皇帝陳蒨。西元五六〇—五六六年在位。(122)東定吳會　指擊殺杜龕、張彪事。(123)王琳　原為梁將帥，梁亡，立永嘉王梁莊於荊州，被陳文帝擊敗，投降北齊。《南史》卷六十四有傳。(124)功勤　功勞、勤勞。(125)七廟　古代天子七廟，三昭、三穆（左右排列順序）與太祖之廟，共七廟。(126)三妃　指龔、孔、張妃三人。(127)臨軒　殿前堂陛之間，近簷處兩邊有檻欄，如車之軒（車前橫木），故皇帝至殿前稱臨軒。此指後主不去祀祖廟，卻親自冊拜三妃。(128)宿將　老將。(129)草莽　草野。莽，泛指荒野。(130)疆埸　國界。(131)日蹙　天天縮減。(132)改絃易張　調整樂器之絃，使聲音和諧。比喻改變法度和做法。(133)麋鹿復遊於姑蘇　春秋時伍子胥規諫吳王滅越，而吳王不聽，說：「臣見麋鹿遊於姑蘇矣。」吳國終於為越所滅。此警告陳後主國將滅亡。姑蘇，地名，春秋時吳國都城，即今江蘇蘇州。

【校　記】[1]隋　原作「隋主」。據章鈺校，十二行本、乙十一行本、孔天胤本皆無「主」字，張敦仁《通鑑刊本識誤》同，今據刪。[2]其　原無此字。據章鈺校，十二行本、乙十一行本、孔天胤本皆有此字，今據補。[3]柱國　原作「上柱國」。據章鈺校，十二行本、乙十一行本、孔天胤本皆無「上」字，今據刪。按，《隋書・外戚・蕭巋傳附子琮傳》、《北史・僭偽附庸傳・後梁蕭氏傳・蕭巋傳附袁敞傳》皆無「上」字。[4]密　原「密」上有「若」字。據章鈺校，十二行本、乙十一行本、孔天胤本皆無「若」字，今據刪。按，《隋書・高熲傳》、《北史・高熲傳》皆無「若」字。5於　原無此字。據章鈺校，十二行本、乙十一行本、孔天胤本皆有此字，今據補。6水　原作「諸」。據章鈺校，十二行本、乙十一行本、孔天胤本皆作「水」，今據改。按，《隋書・崔仲方傳》、《北史・崔挺傳附崔仲方傳》皆作「水」。7無　原作「非」。據章鈺校，十二行本、乙十一行本、孔天胤本皆作「無」，張敦仁《通鑑刊本識誤》同，今據改。8等　原無此字。據章鈺校，十二行本、乙十一行本、孔天胤本皆有此字，張敦仁《通鑑刊本識誤》同，今據補。9績　原作「續」。據章鈺校，十二行本、乙十一行本、孔天胤本皆作「績」，今據改。按，《隋書・皇甫績傳》、《北史・皇甫績傳》皆作「績」。10對　原無此字。據章鈺校，十二行本、乙十一行本、孔天胤本皆有此字，張敦仁《通鑑刊本識誤》同，今據補。

【語　譯】禎明元年（丁未　西元五八七年）

春，正月初三日戊寅，陳朝大赦，改易年號。〇十八日癸巳，隋主到太廟祭祀祖先。〇二十日乙未，隋朝規定各州每年向朝廷薦舉三個士人。

二月十二日丁巳，隋主在東郊舉行迎拜太陽的典禮。〇陳朝派遣兼散騎常侍王亨等人出使隋朝。〇隋朝徵調男丁十萬餘人修築長城，二十天就停工了。

夏，四月，隋朝在揚州開鑿山陽瀆，用來溝通江、淮運輸。

突厥沙鉢略可汗派遣他的兒子入隋朝貢，藉機請求朝廷允許突厥在恆州、代州之間打獵，隋主答應了突厥的請求，並派人賜給酒食。沙鉢略可汗率領突厥部落再拜接受賞賜。

沙鉢略可汗不久就去世了，隋朝為他停止朝會三日，派遣太常寺卿前往弔祭。

當初，沙鉢略可汗認為兒子雍虞閭懦弱，臨終遺命立弟弟葉護處羅侯為可汗。雍虞閭派遣使者迎接處羅侯，將擁立他為可汗。處羅侯說：「我突厥國自木杆可汗以來，多是以弟代兄繼位，以庶奪嫡，失去了祖宗之法，不相敬懼。你應該繼位，我不怕對你下拜。」雍虞閭說：「叔父與我父親是共根連體的同胞兄弟。我是枝葉，豈能使根本反而服從枝葉，叔父屈居於姪兒之下呢？況且先父的遺命，怎麼能違背呢？希望叔父不要疑慮。」雙方派遣使者相互推讓了五六次，最後處羅侯即位，就是莫何可汗。莫何可汗任命雍虞閭為葉護。

並派遣使者向隋朝呈上表章，說明即位情況。

隋朝派遣車騎將軍長孫晟持節冊拜莫何為突厥可汗，並賞賜給他鼓吹、幡旗。莫何可汗有勇有謀，他打著隋朝所賜旗鼓向西進攻西突厥阿波可汗。阿波可汗的部下以為獲得隋軍對他的援助，大多望風降附。莫何可汗於是活捉阿波可汗，上書隋主請示，是生是死，如何處置。

隋主把此事下到群臣中商議，樂安公元諧提議將阿波可汗就地斬首示眾。武陽公李充建議將阿波可汗活捉回朝廷，公開殺掉以昭示天下百姓。隋主詢問長孫晟：「你的意見怎樣？」長孫晟回答說：「若阿波可汗是違命放縱，就應當將他用刑法整治。如今他們兄弟之間自相殘殺，阿波可汗的罪惡並不是辜負我朝。我們趁他困窮之時，將他押來處死，恐怕不是招徠荒遠之民所應採取的辦法。不如讓阿波可汗和莫何可汗兩人並存。」尚書左僕射高熲說：「骨肉自相殘殺，敗壞倫常教化，應該赦免阿波可汗，以示朝廷寬大。」隋主聽從了他們的建議。

四月三十日甲戌，隋朝派遣兼散騎常侍楊同等出使陳朝。

五月初一日乙亥，發生日蝕。

秋，七月十六日己丑，隋朝衛昭王楊爽去世。

八月，隋徵召後梁國主蕭琮入朝。蕭琮率領群臣二百餘人從江陵起程，十八日庚申，到達長安。

隋主因為後梁國主蕭琮獨立在外，便派武鄉公崔弘度率軍戍守江陵。大軍行至都州，後梁國主的叔父太傅安平王蕭巖、蕭琮弟荊州刺史義興王蕭瓛等人擔心崔弘度襲擊江陵，八月二十三日乙丑，蕭巖、蕭瓛派遣後梁都官尚書沈君公到陳朝荊州刺史宜黃侯陳慧紀那裡請求投降。九月十八日庚寅，陳慧紀率軍到達江陵城下。十九日辛卯，蕭巖等人帶領後梁國文武官吏、平民男女共十萬人投降陳朝。

隋主得知消息，下令廢掉梁國。派遣尚書左僕射高熲前去安置留在江陵沒有投降陳朝的百姓，並下令給梁中宗、梁世宗各十戶人家守護陵墓。任命後梁國主蕭琮為柱國，賜爵莒公。

九月二十二日甲午，陳朝大赦。

冬，十月，隋主前往同州。二十二日癸亥，隋主前往蒲州。

十一月初五日丙子，陳朝任命蕭巖為開府儀同三司、東揚州刺史，蕭瓛為吳州刺史。〇十六日丁亥，陳朝任命豫章王陳叔英兼任司徒。

十一月二十三日甲午，隋主前往馮翊，親自祭祀故鄉社廟。二十七日戊戌，隋主回到長安。

隋主這次出巡，內史令李德林因病未能隨從，隋主從同州下敕書催李德林前去，與他商議伐陳的計畫。等到他們回京時，文帝在馬上舉鞭指著南方說：「等平定陳朝的那一天，要用七種珍寶之物裝扮你，使太行山以東的士大夫，沒有人能比得上你。」

起初，隋主自受禪即位以來，與鄰邦陳朝和睦友好，每次抓到陳朝的間諜，都贈送衣服、馬匹，禮貌地將他們遣返。但陳高宗仍不禁止陳朝邊將侵擾隋境。所以太建末年，隋朝軍隊進攻陳朝。適逢陳高宗逝世，隋主立即下令班師，派遣使者前往弔唁，在給陳後主的信中自稱姓名云「楊堅頓首」。而陳後主的回信卻更加自高自大，信末說：「想必你統治的境內還算可以，我國的天下清靜安泰。」隋主很不高興，並把它傳示朝臣，上柱國楊素認為君主受到羞辱，為臣的該死，一再跪拜請罪。

隋主向高熲詢問取陳之計，高熲回答說：「長江以北天氣寒冷，田裡莊稼收穫略晚，而江南地區水田裡莊稼成熟較早。估量在他們收穫的時候，我們稍微徵集兵馬，揚言突襲江南，他們一定屯兵守衛，這樣足以讓他們荒廢農時。在他們聚集兵馬之後，我們就解甲休兵，這樣一而再，再而三，他們就會習以為常。然後我們再集合兵馬，他們一定不信，趁他們片刻猶豫之際，我們就渡江，登陸而戰，我軍士氣倍增。再說江南土地瘠薄，房舍多用茅草竹片搭成，所有的儲積都不是藏在地窖裡。我們祕密派人借風放火，燒毀他們的糧倉，等他們重新建好，我們再去焚燒，不出數年，自可使他們力竭財盡。」隋主接受了高熲的計策，陳人開始陷入困境。

於是楊素、賀若弼以及光州刺史高勱、虢州刺史崔仲方等人都爭獻平陳計策。崔仲方上書說：「如今只須自武昌以下，在蘄、和、滁、方、吳、海等州增加精兵，祕密進行渡江籌劃。在益、信、襄、荊、基、郢等州迅速建造舟船，多方大造聲勢，作水戰的準備。蜀、漢二江在長江的上流，是水陸要衝，為必爭之地。敵人儘管在流頭灘、荊門、延洲、公安、巴陵、隱磯、夏首、蘄口、湓城等地置備船隻，但最後還是要在漢口、西陵峽口聚集，以水戰與我們決戰。如果敵人認為我們在上游部署有重兵，因而命令精銳部隊趕赴上游增援，我們在下游的眾將領即可選擇有利時機橫渡長江；如果敵人集中兵力堅守下游，我方上游水軍即可順流鼓行而前。他們雖然依仗九江、五湖的險要，但沒有道德，守不住險要；徒有三吳、百越之兵，沒有恩澤，不能自立。」於是隋主任命崔仲方為基州刺史。

等到陳朝接受後梁蕭巖等人投降，隋主更加忿怒，對高熲說：「我作為天下百姓的父母，怎麼能因為隔著一衣帶寬的江流，就不去拯救江南的百姓呢？」下令大造戰船。有人建議保密此事，隋主說：「我要公開執行上天的旨意進行誅伐，有什麼可保密的呢？」讓人把砍削下來的碎木片投進江裡，並說：「假如陳朝害怕，改過自新，我還要求什麼呢？」

楊素在永安建造大船，名叫「五牙」，上建五層樓，高一百餘尺，左右前後設置六根拍竿，均高五十尺，能乘載士兵八百人。略小的戰船名叫「黃龍」，能乘載士兵一百人。其餘「平乘」、「舴艋」等艦各有大小差別。

晉州刺史皇甫績將要赴任，向隋文帝磕頭說陳朝有三條可滅的理由，隋文帝詢問具體情況，皇甫績回答道：「大國吞併小國，這是第一條理由；以有道討伐無道，這是第二條理由；陳朝接納叛臣蕭巖，我們師出有名，這是第三條理由。陛下如果派將領出軍征討，我願意效微薄之力。」隋文帝慰勞他，讓他前去赴任。

當時江南妖異特多，臨平湖久被水草淤塞，水草突然自動散開。陳後主很厭惡這些事，便把自身賣給佛寺為奴，想以此來鎮住妖異。陳後主還下令在建康修建大皇寺，內造七層寶塔，尚未完工，佛塔中起火全部被毀。

吳興人章華，勤奮好學，善寫文章，朝廷大臣因為他一向沒有功勞資歷，競相排擠詆毀他，只任命他為太市令。章華鬱鬱不得志，上書切諫，大略說：「從前高祖南平百越，北誅叛逆侯景；世祖文皇帝東邊平定吳興、會稽，西邊打敗王琳；高宗收復了淮南，拓地千里。三祖的功勞可說是到了頂峰。陛下即位，到現在已有五年，從不考慮先帝創業的艱難，也不知天命的可畏。沉溺於嬖妾寵臣中，迷惑於酒色宴樂。祭祀太廟時藉口不出宮，冊封妃子時則親臨殿庭。老臣舊將，棄置於草莽之中，諂佞奸邪之人，晉升為朝官。如今國家疆域日漸縮小，隋朝軍隊壓境，陛下若不能改革更新，臣恐怕很快就要看到吳國滅亡麋鹿遊於姑蘇的悲劇重演了！」陳後主大怒，當天就殺了他。

二年（戊申　西元五八八年）

春，正月辛巳❶，立皇子恮❷為東陽王，恬❸為錢塘王。

遣散騎常侍袁雅等聘于隋。又遣散騎常侍九江周羅睺❹將兵屯峽口，侵隋峽州❺。

三月甲戌❻，隋遣兼散騎常侍程尚賢等來聘。

戊寅❼，隋[1]下詔曰：「陳叔寶據手掌之地❽，恣溪壑❾之險[2]，劫奪閭閻❿，資產俱竭，驅逼內外，勞役弗已⓫。窮奢極侈，俾⓬晝作夜。斬直言之客，滅無罪之家。欺天造惡，祭鬼求恩。盛粉黛⓭而執干戈⓮，曳羅綺而呼警蹕。自古昏亂，罕或能比。君子潛逃，小人得志。天災地孽⓯，物怪人妖。衣冠⓰鉗口⓱，道路以目⓲。重以背德違言，搖蕩疆埸。晝伏夜遊，鼠竊狗盜⓳。天之所覆⓴，無非朕臣㉑，每關聽覽，有懷傷惻㉒。可出師授律，應機㉓誅殄㉔，在斯[3]一舉，永清吳越㉕。」又送璽書㉖暴帝二十惡，仍散寫詔書三十萬紙㉗，遍諭江外㉘。

太子胤㉙，性聰敏，好文學，然頗有過失。詹事袁憲㉚切諫，不聽。時沈后㉛無寵，而近侍左右數於東宮往來，太子亦數使人至后所，帝疑其怨望，甚惡之。張、孔二貴妃日夜構成后及太子之短，孔範之徒又於外助之。帝欲立張貴妃子始安王深㉜為嗣，嘗從容言之。吏部尚書蔡徵順旨稱贊，袁憲厲色㉝折㉞之曰：「皇太子國家儲副㉟，億兆㊱宅心㊲，卿是何人？輕言廢立！」帝卒從徵議。夏，五月庚子㊳，廢太子胤為吳興王，立揚州刺史始安王深為太子。深，景歷之子也。深亦聰惠，有志操㊴，容止㊵儼然㊶，雖左右近侍，未嘗見其喜慍㊷。帝聞袁憲嘗諫胤，即日[4]用憲為尚書僕射。

帝遇沈后素薄，張貴妃專後宮之政，后澹然㊸，未嘗有所忌怨㊹。身居儉約，衣服無錦繡之飾，唯尋閱圖[5]史及釋典㊺為事，數上書諫爭。帝欲廢之而立張貴妃，會國亡，不果。

冬，十月己亥㊻，立皇子蕃為吳郡王。○己未㊼，隋置淮南行省㊽於壽春㊾，以晉王廣為尚書令。

帝遣兼散騎常侍王琬、兼通直散騎常侍許善心㊿聘于隋，隋人留於客館。琬等屢請還，不聽。

甲子[51]，隋以出師，有事於太廟[52]，命晉王廣、秦王俊、清河公楊素皆為行軍元帥。廣出六合[53]，俊出襄陽，素出永安，荊州刺史劉仁恩[54]出江陵，蘄州刺史王世積[55]出蘄春[56]，廬州總管韓擒虎出廬州[57]〔6〕，吳州總管賀若弼出廣陵，青州[58]總管弘農燕榮出東海[59]，凡總管九十，兵五十一萬八千，皆受晉王節度。東接滄海，西距〔7〕巴、蜀[60]，旌旗舟楫[61]，橫亙[62]數千里。以左僕射高熲為晉王元帥長史[63]，右僕射王韶為司馬，軍中事皆取決焉，區處[64]支度[65]，無所凝滯[66]。

十一月丁卯[67]，隋主親餞將士，乙亥[68]，至定城[69]，陳師誓眾。

丙子[70]，立皇弟叔榮為新昌王，叔匡為太原王[71]。

隋主如河東[72]，十二月庚子[73]，還長安。

突厥莫何可汗西擊鄰國[74]，中流矢[75]而卒。國人立雍虞閭[76]，號頡伽施多那都藍可汗。

隋軍臨江，高熲謂行臺吏部郎中薛道衡曰：「今茲大舉，江東必可克乎？」道衡曰：「克之。嘗聞郭璞[77]有言：『江東分王[78]三百年，復與中國[79]合。』今此數將周[80]，一也。主上恭儉勤勞，叔寶荒淫驕侈，二也。國之安危，在所委任，彼以江總為相，唯事詩酒，拔(81)小人施文慶，委以政事，蕭摩訶、任蠻奴(82)為大將，皆一夫之用耳，三也。我有道而大，彼無德而小，量其甲士，不過十萬，西自巫峽(83)，東至滄海，分之則勢懸而力弱，聚之則守此而失彼，四也。席卷(84)之勢，事在不疑。」頻忻然曰：「得君言成敗之理，令人豁然(85)。本以才學相期，不意(86)籌略乃爾(87)。」

秦王俊督諸軍屯漢口，為上流節度。詔以散騎常侍周羅睺都督巴峽緣江諸軍事以拒之。

楊素引舟師下三峽(88)，軍至流頭灘。將軍戚昕以青龍(89)百餘艘，兵數千人〔8〕守狼尾灘(90)，地勢險峭(91)，隋人患之(92)。素曰：「勝負大計，在此一舉。若晝日下船，彼見我虛實，灘流迅激，制不由人，則吾失其便，不如以夜掩之。」素親帥黃龍數千艘，銜枚(93)而下，遣開府儀同三司王長襲引步卒自南岸擊昕別柵，大將軍劉仁恩帥甲騎自北岸趣白沙(94)。遲明(95)而至，擊之，昕敗走，悉俘其眾，勞而遣之，秋毫不犯(96)。

素帥水軍東下，舟艫被江(97)，旌甲(98)曜日。素坐平乘大船，容貌雄偉，陳人望之，皆懼，曰：「清河公(99)即江神也！」江濱鎮戍(100)聞隋軍將至，相繼奏聞，施文慶、沈客卿並抑而不言(101)。

初，上以蕭巖、蕭瓛，梁之宗室，擁眾來奔，心忌之，故遠散其眾(102)，以巖為東揚州刺史，瓛為吳州刺史。使領軍任忠出守吳興郡(103)，以襟帶(104)二州。使南平王嶷(105)鎮江州，永嘉王彥(106)鎮南徐州。尋召二王赴明年元會(107)，命緣江諸防船艦悉從二王還都，為威勢以示梁人之來者。由是江中無一鬭船，上流諸州兵皆阻楊素軍，不得至。

湘州(108)刺史晉熙王叔文(109)，在職既久，大得人和，上以其據有上流，陰忌之。自度(110)素與羣臣少恩，恐不為用(111)，無可任者，乃擢施文慶為都督、湘州刺史，配以精兵二千，欲令西上，仍徵叔文還朝。文慶深喜其事，然懼出外之後，執事者(112)持己短長(113)，因進其黨沈客卿以自代。

未發間，二人共掌機密。護軍將軍樊毅(114)言於僕射袁憲曰：「京口(115)、采石(116)俱是要地，各須銳兵五千，并出金翅(117)二百，緣江上下，以為防備。」憲及驃騎將軍蕭摩訶皆以為然，乃與文武羣臣共議，請如毅策。施文慶恐無兵從己，廢其述職(118)，而客卿又利文慶之任(119)，己得專權，俱言於朝曰[9]：「必有論議，不假面陳(120)，但作文啓(121)，即為通奏。」憲等以為然，二人齎啓入。白帝曰：「此是常事，邊城將帥足以當之。若出人船，必恐驚擾。」

及隋軍臨江，間諜驟至[122]，憲等殷勤奏請[123]，至于再三。文慶曰：「元會將逼[124]，南郊之日[125]，太子多從。今若出兵，事便廢闕[126]。」帝曰：「今且出兵，若北邊無事，因以水軍從郊，何為不可？」又曰：「如此則聲聞鄰境，便謂國弱。」後又以貨動江總[127]，總內為之遊說[128]，帝重違其意[129]，而迫羣官之請，乃令付外[130]詳議。總又抑憲等，由是議久不決。

帝從容謂侍臣曰：「王氣在此。齊兵三來[131]，周師再來[132]，無不摧敗。彼何為者邪？」都官尚書孔範曰：「長江天塹[133]，古以為限隔南北[134]，今日虜軍豈能飛度邪？邊將欲作功勞，妄言事急。臣每患官卑，虜若度江，臣定作太尉公[135]矣。」或妄言北軍馬死，範曰：「此是我馬，何為而死？」帝笑以為然，故不為深備，奏伎[136]、縱酒、賦詩不輟。

是歲，吐谷渾裨王[137]拓跋木彌請以千餘家降隋。隋主曰：「普天之下，皆是朕臣，朕之撫育，俱存仁孝。渾賊惛狂[138]，妻子懷怖[139]，並思歸化[140]，自救危亡。然叛夫背父[141]，不可收納。又其本意正自避死，今若違拒，又復不仁。若更有音信，但宜慰撫，任其自拔，不須出兵應接。其妹夫及甥[142]欲來，亦任其意，不勞勸誘也。」

河南王移茲裒卒，隋主令其弟樹歸襲統其眾。

【章 旨】以上為第六段，寫隋文帝大舉伐陳，而陳朝君臣們仍渾然不寤，亡國之君，大抵如是。

【注 釋】❶辛巳 正月十一日。❷皇子恮 陳後主第九子。傳見《陳書》卷二十八、《北史》卷六十五。❸恬 陳後主第十一子。傳見《陳書》卷二十八、《南史》卷六十五。❹周羅睺 字公布，九江尋陽（今湖北黃梅）人。歷仕陳、隋，官至右武候大將軍。傳見《隋書》卷六十五、《北史》卷七十六。❺峽州 州名，治所夷陵縣，在今湖北宜昌東南。❻甲戌 三月初五日。❼戊寅 三月初九日。❽手掌之地 言陳朝疆域如同手掌那麼大。❾壑 水溝；山谷。❿閻閭 閻，里中門。閭，里門。此泛指民間。⓫弗已 不止。弗，不。⓬俾 使。⓭盛粉黛 謂後宮妃嬪盛多。粉黛，婦女化妝品。粉以傳面，黛以畫眉。借喻美女。⓮干戈 兵器。干，盾牌。戈，長矛。此指代武器。⓯地孽 人間的災禍。孽，災害；妖禍。⓰衣冠 指士大夫。⓱鉗口 閉口不說話。⓲道路以目 在道路上相逢，不敢交言，以目相視。形容國人懾於暴政，敢怒而不敢言。典出《國語・周語》。⓳鼠竊狗盜 比喻小竊小盜。⓴覆 遮蓋；掩蔽。㉑朕臣 我的臣民。㉒傷惻 傷痛。㉓應機 適應時機。㉔誅殄 殺絕。殄，斷絕；滅絕。㉕吳越 古代的吳國、越國，在今江浙一帶。此指陳朝統治的江南之地。㉖璽書 古代用印章封記的文書。㉗紙 量詞。一張稱作一紙。㉘江外 江南。中原人稱江南為江外。㉙太子胤 陳後主長子，後廢為吳興王。傳見《陳書》卷二十八、《南史》卷六十五。㉚袁憲（西元五二九—五九八年）字德章，祖籍陳郡陽夏（今河南太康），歷仕梁、陳、隋三朝，官至尚書右僕射。傳見《陳書》卷二十四、《南史》卷二十六。㉛沈后 吳興（今福建浦城縣）人，陳後主皇后。傳見《陳書》卷七、《南史》卷十二。㉜始安王深 陳後主第四子，封始安王，後立為太子。傳見《陳書》卷二十八、《南史》卷六十五。㉝厲色 嚴厲的面色。㉞折 指斥。㉟儲副 君主之副，即皇太子，君位的繼承者。㊱億兆 言其極多。㊲宅心 內心所繫。㊳五月庚子 五月己巳朔，無庚子。按，《陳書・後主紀》庚子在六月，《南史》同。據此，「五月」當作「六月」。庚子，六月初三日。㊴志操 志向操守。㊵容止 形貌舉動。㊶儼然 形容矜持莊重。儼，莊重。㊷喜慍 高興與惱怒。慍，惱怒。㊸澹然 恬靜，安定無事的樣子。㊹忌怨 嫉妒、怨恨。㊺釋典 佛經。㊻己亥 十月初三日。㊼己

未　十月二十三日。〔48〕行省　即行臺，是設在地方行使尚書省職權的機構。〔49〕壽春　縣名，縣治在今安徽壽縣。〔50〕許善心（西元五五八—六一八年）字務本，高陽北新城（今河北高陽）人，歷仕陳、隋，官至禮部侍郎。曾撰《梁史》七十卷，已佚失。傳見《隋書》卷五十八、《北史》卷八十三、《陳書》卷三十四。〔51〕甲子　十月二十八日。〔52〕有事於太廟　謂出征前，前往太廟祭告祖宗。〔53〕六合　縣名，隋以尉氏縣改名，縣治在今江蘇六合。〔54〕劉仁恩　籍貫不詳。仕隋，官至刑部尚書。傳附《隋書·張奭傳》、《北史·張奭傳》。〔55〕王世積　闡熙新國（今陝西靖邊西）人，歷仕周、隋，官至涼州總管。傳見《隋書》卷四十、《北史》卷六十八、《周書》卷二十九。〔56〕蘄春　縣名，蘄州治所，故址在今湖北蘄春東北。〔57〕廬州　州名，治所廬江縣，在今安徽廬江縣。〔58〕青州　州名，治所益都縣，在今山東青州。〔59〕東海　郡名，治所安流，在今江蘇連雲港市東南。〔60〕巴蜀　地區名，泛指今四川及重慶市一帶。〔61〕舟楫　船和槳。〔62〕亙　連接。〔63〕長史　官名，掌軍事。〔64〕區處　分別處置、安排。〔65〕支度　計算、支出。〔66〕凝滯　拘泥；粘滯。形容辦事不暢。〔67〕丁卯　十一月初二日。〔68〕乙亥　十一月初十日。〔69〕定城　地名，故址在今陝西華陰東。〔70〕丙子　十一月十一日。〔71〕叔榮為新昌王二句　叔榮，陳宣帝第三十三子，封新昌王。叔匡，陳宣帝第三十四子，封太原王。傳見《陳書》卷二十八、《南史》卷六十五。〔72〕河東　郡名，治所蒲坂縣，在今山西永濟西南蒲州鎮。〔73〕庚子　十二月初五日。〔74〕鄰國　據岑仲勉《通鑑隋唐紀比事質疑》，此鄰國係指波斯。〔75〕流矢　飛矢；亂箭。〔76〕雍虞閭　突厥人，繼莫何之後立為可汗，號頡伽施多那都藍可汗。事見《隋書·突厥傳》。〔77〕郭璞　字景純，河東聞喜人，晉術士。傳見《晉書》卷七十二。〔78〕分王　分立稱王。〔79〕中國　古代指中原地區。〔80〕周　滿一週期。〔81〕拔　擢用；提拔。〔82〕任蠻奴　即任忠，小名蠻奴，汝陰（今安徽阜陽）人。歷仕梁、陳，後降隋，終官開府儀同三司。傳見《陳書》卷三十一、《南史》卷六十七。〔83〕巫峽　地名，在今重慶市巫山縣東、湖北巴東縣西之間的長江兩岸。〔84〕席卷　如席捲物，謂全部佔領。〔85〕豁然　開朗的樣子。〔86〕不意　不料；沒有想到。〔87〕乃爾　猶言如此。〔88〕三峽　峽名，在重慶市奉節至湖北宜昌之間的長江兩岸。〔89〕青龍　船名，與黃龍相似，能載百餘人的較大戰艦。〔90〕狼尾灘　地名，故址在今湖北宜都境長江中。〔91〕險峭　險峻陡峭。峭，陡直。〔92〕患之　因地勢險峻而憂慮。〔93〕銜枚　枚如筷子，橫銜口中，以禁喧譁。古代夜間行軍多用此法。〔94〕白沙　地名，陳將戚昕駐地，大致在狼尾灘附近。〔95〕遲明　將近黎明。遲，未。〔96〕秋毫不犯　不取民一點一滴。形容軍紀嚴明。秋毫，鳥獸秋天新生的細毛。〔97〕舟艫被江　船隻布滿江面。舟艫，船。被江，覆蓋江面。〔98〕旌甲　旌旗和盔甲。〔99〕清河公　楊素封為清河公。〔100〕鎮戍　指鎮戍之所。〔101〕抑而不言　扣壓而不上奏。〔102〕遠散其眾　將其部眾遠遠疏散。〔103〕吳興郡　郡名，治所烏程縣，在今浙江吳興南下菰城。〔104〕襟帶　此處用為管控之義。〔105〕南平王嶷　陳後主第二子陳嶷，封南平王。傳見《陳書》卷二

十八、《南史》卷六十五。[106]永嘉王彥　陳後主第三子，封永嘉王。傳見《陳書》卷二十八、《南史》卷六十五。[107]元會　皇帝元旦朝見群臣叫元會，也叫正會。[108]湘州　州名，治所臨湘縣，在今湖南長沙。[109]晉熙王叔文　陳宣帝第十二子，封晉熙王，後降隋。傳見《陳書》卷二十八、《南史》卷六十五。[110]自度　自己估計。[111]為用　為自己所用。[112]執事者　執行政事的人。猶言百官。[113]短長　是非；優劣。[114]樊毅　（？—西元五八九年）字智烈，南陽湖陽（今河南唐河縣西南湖陽鎮）人，歷仕梁、陳，官至護軍將軍、荊州刺史。傳見《陳書》卷三十、《南史》卷六十七。[115]京口　鎮名，南徐州治所，在今江蘇鎮江市。[116]采石　鎮名，在今安徽當塗北采石。[117]金翅　船名。[118]述職　諸侯朝見天子稱為述職。此以出守藩方為述職。[119]之任　赴任就職。之，往。任，職。[120]不假面陳　不須當面陳奏。[121]文啓　成文的表啟。[122]驟至　迅速到來。[123]殷勤奏請　情意懇切地將此事奏請陳後主。殷勤，情意懇切的樣子。[124]逼　逼近；臨近。[125]南郊之日　陳承梁制，以間歲正月上辛日祀天地於南、北二郊。按例，來年正月當行此禮。[126]廢闕　因出兵禦隋而無法祭祀天地，故此禮廢而有所缺失。[127]貨動江總　即行使賄賂，使江總出面相助。[128]遊說　四處活動，勸說別人服從自己的觀點或做法。[129]重違其意　很難不同意江總的意見。重，難。[130]付外　交付外廷百官。[131]齊兵三來　北齊曾三次出兵南下，一次是梁敬帝紹泰元年（西元五五五年），徐嗣徽、任約率齊兵襲建康，佔據石頭。太平元年（西元五五六年），齊軍再次攻破采石，逼近建康。世祖天嘉元年（西元五六〇年），齊將劉伯球等助王琳下蕪湖。皆失敗。[132]周師再來　天嘉元年，周將獨孤整等攻入湘州，臨海王光大元年（西元五六七年），宇文直等助華皎作戰。皆敗。[133]天塹　天然的塹坑。塹，壕溝。[134]古以為限隔南北　典出三國。魏文帝伐吳，見江濤洶湧，歎氣說：「固天所以限南北也。」[135]太尉公　官名，即太尉。晉宋以來，習稱三公為太尉公、司徒公、司空公。[136]奏伎　演奏女樂。伎，女樂。[137]裨王　吐谷渾的小王之稱。如同裨將。[138]惛狂　昏亂而猖狂。惛，神智不清。[139]懷怖　心裡懷有恐懼之情。[140]歸化　歸順、服從。[141]叛夫背父　背叛了丈夫和父親。[142]妹夫及甥　史書不書主名。按文意當指拓跋木彌之妹夫與外甥。

【校　記】①隋　原作「隋主」。據章鈺校，十二行本、乙十一行本、孔天胤本皆無「主」字，今據刪。按，《通鑑紀事本末》卷二五無「主」字。②險　原作「欲」。據章鈺校，十二行本作「險」，今據改。按，《隋書・高祖紀下》、《通鑑紀事本末》卷二五皆作「險」。③斯　原作「期」。據章鈺校，十二行本、乙十一行本、孔天胤本皆作「斯」，張敦仁《通鑑刊本識誤》、張瑛《通鑑校勘記》同，今據改。④日　原無此字。據章鈺校，十二行本、乙十一行本、孔天胤本皆有此字，今據補。按，《陳書・袁憲傳》、《南史・袁湛傳附袁憲傳》皆有此字。⑤圖　原作「經」。據章鈺校，十二行本、乙十一行本、孔天胤本皆作「圖」，今據改。按，《陳書・後主沈皇后傳》、《南史・后妃下・後主沈皇后傳》皆作「圖」。⑥州　原作「江」。據章鈺校，十二行本、乙十一行本、孔天胤本皆作「州」，張敦仁《通鑑刊本識誤》同，今據改。按，《通鑑紀事本末》卷二五、《通鑑綱目》卷三六上皆作「州」。⑦距　原作「拒」。據章鈺校，十二行本、乙十一行本皆作「距」，張敦仁《通鑑刊本識誤》同，今據改。按，《通鑑紀事本末》卷二五作「距」。⑧兵數千人　原無此四字。據章鈺校，十二行本、乙十一行本、孔天胤本皆有此四字，張敦仁《通鑑刊本識誤》同，今據補。按，《隋書・楊素傳》有此四字。⑨曰　原無此字。據章鈺校，十二行本、乙十一行本、孔天胤本皆有此字，張敦仁《通鑑刊本識誤》同，今據補。

【語譯】二年（戊申　西元五八八年）

春，正月十一日辛巳，陳後主冊封皇子陳恮為東陽王，陳恬為錢塘王。

陳朝派遣散騎常侍袁雅等人出使隋朝。又派遣散騎常侍九江人周羅睺率兵屯駐峽口，侵犯隋朝峽州。

三月初五日甲戌，隋朝派遣兼散騎常侍程尚賢等出使陳朝。

三月初九日戊寅，隋下詔說：「陳叔寶佔據手掌大一塊土地，恣縱溝壑之險，劫奪百姓，使他們資產俱盡，驅使逼迫都城內外民眾，勞役不休。窮奢極侈，夜以繼日。誅殺直言之士，族滅無罪之家。欺瞞蒼天，無惡不作，卻去祭鬼求福。美女妃嬪成群，儀仗手執干戈為之前行，身曳羅綺，前呼後擁，清道戒嚴。自古以來昏庸腐敗的帝王，少有人能和他相比。君子潛逃，小人得志。天災地孽接連發生，物怪人妖層出迭現。士大夫閉口不言，道路之人敢怒而不敢言。加之背德違約，侵擾邊疆。白天潛伏，夜晚偷襲，如同鼠竊狗盜一般。普天之下無一人不是朕的臣民，每當聽到或審閱有關江南百姓受苦受難的奏疏，朕心中都很難過。現今可以出動師旅，頒下軍令，隨應時機，誅滅暴君，永遠掃平吳越，在此一舉。」又派遣使者致送國書給陳朝，揭露陳後主二十條罪狀，並命人抄寫了詔書三十萬份，遍諭江南。

陳朝皇太子陳胤聰明敏捷，喜愛文學，卻有很多過失。太子詹事袁憲懇切進諫，陳胤不聽。當時沈皇后失寵，身邊的近侍隨從時常往來東宮，皇太子也屢次派人到沈皇后住處，陳後主猜忌他們懷恨在心，很討厭他們。張貴妃、孔貴妃又日夜在陳後主面前捏造皇后和太子的罪狀，都官尚書孔範等人又在宮外火上加油。陳後主便想立張貴妃的兒子始安王陳深為太子，曾經從容不迫地講過這事。吏部尚書蔡徵依照陳後主的旨意，大為稱讚，袁憲非常嚴肅地當面斥責他說：「皇太子是朝廷的儲君，萬民內心所繫，你是什麼人？隨便談論廢立大事！」陳後主終於聽從了蔡徵的建議。夏，五月庚子日，陳後主廢黜皇太子陳胤，改封他為吳興王，而冊立揚州刺史始安王陳深為皇太子。蔡徵，是蔡景歷的兒子。陳深非常聰明，有志氣節操，表情舉止莊重，即便是他的近侍隨從，也從未見過他喜笑和惱怒。陳後主聽說袁憲曾經諫阻過陳胤，當日便任用他為尚書僕射。

陳後主對沈皇后向來冷淡，張貴妃專主後宮之政，沈皇后淡然處之，沒有忌妒和怨恨。她自身居處儉約，衣著樸素，不穿錦緞，只是翻閱圖畫、史書和佛經，還多次上書向陳後主進諫。陳後主想要廢掉沈皇后而另立張貴妃，適逢國亡，沒有實現。

冬，十月初三日己亥，陳後主冊封皇子陳蕃為吳郡王。〇二十三日己未，隋朝在壽春設立淮南行臺，任命晉王楊廣為行臺尚書令。

陳後主派兼散騎常侍王琬、兼通直散騎常侍許善心出使隋朝，隋朝把他們扣留在客館。王琬等人多次請求回國，隋主不允。

十月二十八日甲子，隋因出師討伐陳朝，在太廟祭告祖先，任命晉王楊廣、秦王楊俊、清河公楊素三人都為行軍元帥。楊廣從六合出兵，楊俊從襄陽出兵，楊素從永安出兵，荊州刺史劉仁恩從江陵出兵，蘄州刺史王世積從蘄春出兵，廬州總管韓擒虎從廬州出兵，吳州總管賀若弼從廣陵出兵，青州總管弘農人燕榮從東海出兵，共有行軍總管九十名，兵力五十一萬八千人，都接受晉王楊廣的調度指揮。東接滄海，西抵巴、蜀，旌旗舟楫，連綿數千里。任命尚書左僕射高熲為晉王元帥府長史，并州行臺尚書右僕射王韶為元帥府司馬，軍中事務全由他們裁斷處理，他們安排處理軍務，分配調度軍用物資，都沒有耽擱遲誤。

十一月初二日丁卯，隋主親自為將士餞行，初十日乙亥，隋主到達定城，舉行誓師大會。

十一月十一日丙子，陳後主冊封皇弟陳叔榮為新昌王，陳叔匡為太原王。

隋主前往河東，十二月初五日庚子，返回長安。

突厥莫何可汗向西攻打鄰國，中流箭去世。突厥人擁立雍虞閭，號為頡伽施多那都藍可汗。

隋軍抵達江邊，高熲對行臺吏部郎中薛道衡說：「現在這次大舉伐陳，江東地區一定能攻克嗎？」薛道衡說：「能攻克。我曾聽晉朝郭璞說：『江東分立稱王三百年，又會與中原統一。』現在三百年的週期將滿，這是一。皇上生活儉樸，勤於政事，而陳叔寶卻荒淫奢侈，驕橫放縱，這是二。國家的安危興亡，在於用人，陳朝任用江總為宰相，只從事賦詩飲酒，提拔小人施文慶，把政事交付給他，蕭摩訶、任蠻奴當大將，全是有勇無謀的一介匹夫，這是三。我隋朝政治清明，國土廣大，陳朝政治黑暗，地域狹小，估計他們的軍隊，頂多十萬人，西起巫峽，東至大海，分兵戍守則勢單力弱，集中兵力就會守住了此處而失去了彼處，這是四。所以，拿下江東，此事確定無疑。」高熲高興地說：「聽了你的成敗分析，令人豁然開朗。我原本只是寄希望於你的才學，沒想到你運籌帷幄竟如此不凡。」

秦王楊俊督率各軍屯駐漢口，節度上游諸軍。陳後主詔令散騎常侍周羅睺都督巴陵沿江諸軍事，以抵抗隋朝軍隊。

楊素率領水軍由三峽順流而下，進至流頭灘。陳朝將軍戚昕率領青龍戰船一百餘艘和數千名士兵扼守狼尾灘，這裡地勢險峻，隋朝將士十分憂慮。楊素說：「勝負關鍵，在此一舉。如果白天順江而下，敵軍就會知道我軍情況，加上灘流湍急，行船難於控制，對我軍非常不利，不如改在夜裡突然襲擊敵人。」楊素親自率領黃龍艦船數千艘，銜枚而下，派遣開府儀同三司王長襲率領步兵由南岸攻打戚昕別營，大將軍劉仁恩率領騎兵由北岸趕赴白沙。部隊在將近黎明時到達，兩岸夾擊陳軍，戚昕敗逃，隋軍俘虜了他的全部部眾，慰勞後加以遣返，秋毫無犯。

楊素率領水軍順流東下，艦船布滿江面，旌旗甲冑與日輝映。楊素坐在一條平板大船上，容貌雄偉，陳軍望見他，都很害怕，說：「清河公就是長江水神！」陳朝江濱鎮戍聽說隋軍將到，相繼上書奏報，施文慶、沈客卿將奏章全部扣壓，不向陳後主奏言。

起初，陳後主因蕭巖、蕭瓛是後梁宗室，率領了眾多江陵軍民降附陳朝，便心生疑忌，所以把他們的部眾分散到遠處，任命蕭巖為東揚州刺史，蕭瓛為吳州刺史。派遣領軍將軍任忠去鎮守吳興郡，以此來挾制二州。又派遣南平王陳嶷鎮守江州，永嘉王陳彥鎮守南徐州。不久又召回陳嶷、陳彥二王赴京城參加明年正月元旦朝會，命令沿江各防地的船艦全部隨二王返回京師，向後梁降附軍民顯示陳朝的威勢。因此中下游江面上沒有一艘戰船，而上流各州的軍隊都受到楊素軍隊的阻截，不能趕來增援。

陳朝湘州刺史晉熙王陳叔文在湘州任職時間長，官民大為和諧，陳後主因為他據有長江上流，暗暗猜忌他。陳後主意識到自己一向對待群臣缺少恩德，擔心他們不為自己所用，一時又沒有可以替換陳叔文的人，就提升施文慶為都督、湘州刺史，調給他精兵兩千人，想讓他西上就職，同時徵召陳叔文回朝。施文慶非常高興這一提升，但又害怕自己出朝外任之後，掌權的人抓住自己的短處，於是推薦他的黨羽沈客卿接替自己中書舍人的職務。

當施文慶還未出發赴任時，他與沈客卿兩人共掌朝政。護軍將軍樊毅對尚書僕射袁憲說：「京口、采石都是江防要地，兩地各需精兵五千人，並出動金翅艦船兩百艘，沿江上下巡行，以便防備。」袁憲和驃騎將軍蕭摩訶都認為樊毅說得對，便與文武群臣一起商議，請求按照樊毅的計策部署軍隊。施文慶擔心這樣一來就沒有兵員隨從自己，便停止赴任，而沈客卿又認為施文慶出朝任職對自己有利，自己可以專擅朝政大權，於是他們二人在朝中說：「若有什麼議論，不必當面向皇上陳奏，只須寫好表啟，立即轉奏。」袁憲等人信以為真，施文慶、沈客卿兩人便拿著群臣的表啟入宮。二人卻告訴陳後主說：「敵寇入侵，這是常事，邊鎮將帥足以抵擋。若從京師派人派船，必然會引起驚擾。」

待到隋軍抵達長江北岸，間諜迅速潛入，袁憲等人情意懇切地奏請陳後主。施文慶對陳後主說：「元旦朝會將臨，南郊祭天之日，太子須帶眾多隨從。現在如果調派軍隊出去，南郊祭天之事就得取消。」陳後主說：「現在暫且出兵，如果北邊戰場無事，就用水軍護從郊祀，又有什麼不可？」施文慶又說：「如果這樣，消息傳到鄰國，隋朝便會認為我們弱小。」後來施文慶又賄賂尚書令江總，江總入宮為施文慶遊說，陳後主很難不同意江總的意見，但又迫於眾官的請求，於是下令交付外廷再仔細討論。在討論中江總又多方壓制袁憲等人，所以討論了很久都無法決定下來。

陳後主閒談時對侍衛近臣說：「帝王之氣本在這個地方。齊軍三次來犯，周軍兩次來犯，無不遭到挫敗。現在隋軍又能如何？」都官尚書孔範說：「長江天塹，自古以來隔絕南北，今天敵軍難道能飛渡過來嗎？邊鎮將帥想立功勞，謊報邊事緊急。我常常憂慮自己官職卑微，如果敵軍能越過長江，我一定能成為太尉了。」有人謊報說隋軍馬匹死亡，孔範說：「這是我的馬，怎麼還沒渡江就死了呢？」陳後主大笑，認為孔範說得好，所以不嚴加防備，演奏樂舞、縱情飲酒，賦詩贈答，沒有休止。

這一年，吐谷渾裨王拓跋木彌請求率所屬部落一千餘家降附隋朝。隋主說：「普天之下，都是朕的臣民，朕撫育蒼生黎民，都以仁孝為本。吐谷渾可汗夸呂昏亂猖狂，他的妻兒恐怖不安，都想歸化本朝，以拯救自己免遭屠戮。但是背叛丈夫和父親，不能接納。不過他們的本意只是逃避死亡，現在如果拒絕，又是不仁不義。若再傳來要求降附的音訊，只應該加以慰勉安撫，聽任他們自己率領所屬部落前來歸附，不須出兵接應。如果他的妹夫和外甥想來歸附，也任隨其意，不要進行勸誘。」

隋朝所封吐谷渾河南王移茲裒去世，隋主詔令他的弟弟樹歸繼承王位，統領他的部眾。

【研　析】本卷所記西元五八四—五八八年五年事，反映的主要內容為隋朝統治者勵精為治，政治穩定，經濟發展，陳朝偏安江南，政亂朝危，經濟凋敝，卻妄自尊大，全國統一局面日益成熟。

隋朝按「離彊合弱，遠交近攻」策略，連續打擊突厥沙鉢略可汗所部，迫使其請求「和親」。實際上臣服於隋。在沙鉢略受到達頭可汗等部進攻時，隋朝予以軍事與經濟支持，並允許其率部進駐漠南，靠近隋境，「立約，以磧為界」，以便加以保護，使其「永為藩附」。隋朝統治者之所以不對沙鉢略採取徹底消滅的辦法，是因為草原族群生生不息，不可能通過消滅一個部落的辦法徹底解決游牧者與農耕者之間的衝突，扶持一個願意親近中原的勢力，作為中原與草原之間的緩衝地帶，藉以影響草原其他部族的動向，這在漢代便有接納南匈奴的成功歷史經驗。不過，作為頭腦清醒的統治者，隋文帝並沒為沙鉢略可汗的降附而放鬆必要防範，「於朔方、靈武築長城，東距河，西至綏州，綿歷七百里」，又「於朔方以東，緣邊險要，築數十城」，防止突厥人的騷擾，以關中地區作為防禦的重點。

關中地區為都城所在，不僅需要戰略防禦，經濟上也必須有強大的保障。設置黎陽倉、常平倉、廣通倉，「轉相灌輸。漕關東及汾、晉之粟以給長安。」而以絹布為主要內容的「諸州調物」，「每歲河南自潼關，河北自蒲坂，輸長安者相屬於路，晝夜不絕者數月。」雖然黃河中下游地區的糧食、財物可以水運，運輸量大，且節省費用，但至三門峽附近，必須陸運入潼關，再利用渭河運至長安太倉。鑑於「渭水多沙，深淺不常，漕者苦之」，又命新開廣通渠，「引渭水，自大興城東至潼關三百餘里」，取得「漕運通利」的效果。由於北方統一，長安依托的財源更為廣闊，運輸、倉儲系統的改善，更使帝國新修的大興城，成為全國經濟的中心。長安已不再是西魏北周時期那樣頗為寒酸的城市，這也是隋朝最終解決突厥問題的物質基礎。

作為農業社會，一切財富都得要農民生產出來，而切實掌控農戶與人口，保證國家賦役來源，是古代政權維持自身強大的必要措施，隋朝亦不例外。「時民間多妄稱老、小以免賦役，山東承北齊之弊政，戶口租調，姦偽尤多。」於是推行了歷史上被稱為「大索貌閱」、「輸籍定樣」的政策。「大索貌閱」，即嚴格清查戶口，當面核實各家各戶人口，觀察其年齡、身體狀況，以與戶籍登記內容相吻合；「輸籍定樣」，即一定地區範圍內，人口按時間全部集中於一處，嚴格按新制定的戶籍樣式，重新登記。《隋書》卷二十四〈食貨志〉稱：「每年正月五日，縣令巡人，各隨便近，五黨三黨，共為一團，依樣定戶上下。」一般來說，民戶要主動遞交家內人口性別、年齡、相互關係以及田地等內容的文件，被稱為「手實」，層層上報，縣彙總於州，州呈報於尚書省民部。由於紙張的使用，行政效率大大提高，隋朝時代的中央政府，已不再像漢代那樣，只要求地方政府每年彙報人口總數，而是可以直接掌握具體民戶的相關檔案，國家的控制力更為強大，「姦無所容」。西元五八五年這一次戶口清查行動，「計帳得新附一百六十四萬餘口」，而當時陳朝控制的全部戶籍人口，只有二百萬，兩相比較，強弱之勢，甚為清楚。

這裡我們不得不對隋朝的土地制度作一點分析。隋朝沿用創始於北魏的「均田制」，唐代前期亦加採用。均田制的「均田」，體現的並不是平均分配土地，而是政策關於民戶「應受田」即應有耕地相同的規定上。如北齊規定一夫一婦耕地一百二十畝、北周規定一戶一百四十畝，隋按北齊制度實施，但這只是為空荒土地的分配定了一個規矩，民戶能不能擁有這麼多耕地，政府並不關心，也不可能解決。反映到戶籍實態上，一個民戶「應受田」可能是一百畝，而「實受田」即實際上擁有的耕地，可能只有一、二十畝。當然，人少地多的地方，民戶的耕地自然就多些，反之亦然，任何時代的農業社會都是如此。「均田制」在假定民戶擁有耕地差不多的前提下，規定每戶應承擔的田租與戶調。因為民戶的耕地實在是不均，所以「均田制」下，民戶按財產狀況分為上上至下下九等，即前引《食貨志》所說「定戶上下」。大體來說，一個縣範圍內，民戶按戶等分攤租調，富強多丁者稅重，貧弱者稅少乃至無稅。而力役無論貧弱，概不能免責。嚴酷的力役不僅可能使民戶生產難以正常進行，甚至有可能危及生命，對民戶的影響最為嚴重，逃避徭役便成了民戶擺脫國家戶籍控制最大的驅動力，明乎此，我們才會理解後來隋煬帝濫用民力，何以造成民眾的暴動與國家的崩潰。

如上卷所說，隋文帝輕刑緩役，有助於民戶正常生產。這一時期大型工程建設，也注意在短時間結束，如西元五八七年三月，「發丁男十萬餘人修長城，二旬而罷」，盡量避免對農業生產造成傷害。為了增加農戶對於災害的應對能力，西元五八五年五月，下令設置「義倉」，要求豐收年成，民戶「家出粟麥一石以下，貧富為差，儲之當社，委社司檢校，以備凶年」，「社司檢校」即由民間自己組織管理，而郡、縣督促、監管。雖然「義倉」後來實際上成為官府控制的倉儲，但其初衷畢竟為了維持社會的穩定。

西元五八六年，發生了梁士彥、宇文忻、劉昉等人因政治上失勢試圖舉兵造反的陰謀，文帝妥善處置，除主謀被殺外，其「叔姪、兄弟免死除名」，未造成大的影響。

隋朝國力蒸蒸日上，突厥不再構成威脅，滅陳便提到了議事日程。本卷記錄了大量陳後主昵近群小、耽於酒色、濫殺直臣以至於文武解體、眾叛親離的史實，目的是總結陳朝亡國的教訓，但陳後主即使是一個英明的君主，也只不過增加隋軍滅陳的麻煩，要以二百萬總人口的國家力量，無論如何也難以應對五十一萬滅陳隋軍。滅陳之後，有人鼓動隋文帝封禪泰山，文帝答稱：「豈可命一將軍除一小國，遐邇注意，便謂太平？」十六國以來南北分裂，有時南方政權甚至倡言北伐，主動進攻，所憑藉的並不是英明的君主，而是北方的動盪與民族矛盾，當北方實現穩定的統一，隋朝以全面承襲漢魏傳統自居之後，南方賴以與北方抗衡的條件便不復存在，一切都靠實力說話。而統一，在中國歷史上，是可以讓任何一個有作為的統治者都會魂牽夢繞的理想，隋文帝自不例外。

雖然按國力，滅掉「據手掌之地」的陳朝，是情理中事，但隋朝方面仍做了多方面的工作。除了大張旗鼓的軍事準備之外，值得關注的便是經濟戰與心理戰。在江南收穫季節，調動一支軍隊，作出進攻態勢，迫使陳朝方面屯兵防守而廢農時；南方地下潮溼，糧儲不能像北方那樣藏於地窖，而房舍多是竹子、茅草搭建，暗中派間諜「因風縱火，待彼脩立，復更燒之」，如此這般連續幾年，搞得陳朝「財力俱盡」。公開發布滅陳詔書，列數陳後主二十條罪狀，複製三十萬份，「遍諭江外」，對南方民眾造成巨大心理壓力。這與西晉滅吳之戰比較，絕對是隋朝的創舉，經濟戰瓦解了陳朝民眾抵抗的意志，而心理戰則將隋軍打扮成救民於水火的解放者。長江天險、金陵王氣，均已抵擋不住民族統一的歷史潮流。

◎新譯鹽鐵論

盧烈紅／注譯　黃志民／校閱

《鹽鐵論》是西漢學者桓寬根據漢昭帝時召開的鹽鐵會議之記錄，整理加工而成。鹽與鐵是關係國計民生的兩大商品，也是漢武帝實行一系列官營政策後國家的重要財源。會議中官方與民間代表兩派人馬針對官營或私營、征伐或安撫、法治或禮治等等議題展開激烈的論戰，從中我們不僅能了解當時大環境的樣貌，更可一窺漢武帝獨尊儒術後的學術風氣。本書參考各種版本，校正和補足許多正文的錯誤及衍脫，各篇的題解提綱挈領，注釋與語譯則力求雅俗共賞。

◎新譯貞觀政要

許道勳／注譯　陳滿銘／校閱

唐太宗李世民不僅雄才大略，且能任賢納諫，勵精圖治，在位期間政績顯赫，開創了歷史上少有的太平盛世，史稱「貞觀之治」。史臣吳兢鑑於玄宗晚年日漸奢靡，乃「參詳舊史，撮其指要」，編成《貞觀政要》一書獻上，意欲玄宗知所戒惕。書中選錄了唐太宗和四十五位大臣間的言論，通過君臣之間生動而明白的言談，反映了貞觀時期的人倫之紀和軍國之政，可作為有國有家者政教之典範。其中所彰顯的安本治國之道，至今仍是不易之理，值得讀者用心探究。

◎新譯水經注

陳橋驛、葉光庭／注譯

《水經注》是一部以記載河道水系為主的綜合性地理巨作。全書以《水經》為綱，不僅逐一細述各河流、湖泊等水系的源頭、流程與歸宿，並於相關流域內的地貌氣候、水利土壤、名勝古蹟、地理沿革等，都有詳盡的記載，在中國地理學、考古學、水利學的研究上，具有重要地位。其華美的文字和高明的寫作技巧，更被譽為中國山水寫景的太上之作。本書各篇題解提綱挈領，注譯通俗易曉，篇後並有研析重點解說，不僅有助於一般讀者閱讀，也便於學術界研究參考。

◎新譯東京夢華錄

嚴文儒／注譯
侯迺慧／校閱

《東京夢華錄》可說是一本「文字版的清明上河圖」，所記為宋徽宗時期北宋都城東京開封的方方面面，描繪其間上至王公貴族、下及庶民百姓的日常生活情景，是研究北宋都市社會生活、經濟文化的重要歷史文獻。本書正文以黃丕烈舊藏元刊明印本為底本，參校其他善本，改正部分訛誤，注釋、語譯則吸取了近年相關研究的最新成果，並在「研析」中對於內文的重要章節，從歷史、文化等方面作了評說。